IAK 한국보험계리사회
The Institute of Actuaries of Korea

수정2판

최신 연금수리학

성주호

法文社

머리말

연금수리학(pension science)을 처음 접하는 사람들이 공통적으로 던지는 질문은 '연금수리학이란 무엇을 하는 학문인가?'이다. 저자 또한 이러한 궁금증에서 시작하여 공부하고 연구해온 지도 벌써 15여 년이 지나고 있다. 연금수리학의 학문적 범위를 재단하기는 어려운 일이지만 궁극적으로 연금재정(pension financing and valuation)을 위한 계량적 학문이라는 답을 구하게 된다.

아직까지 반듯한 학문적 성과 없이 진행형으로 점철되어온 이력의 한 꼭지로 국내에서는 처음으로 2013년도에 "연금수리학: 연금재정"이란 도서를 발간하였다. 그러나 본서를 통해 연금수리를 공부하려는 독자들의 이해도를 제고하기 위해서는 개정판을 발간하기보다는 새로이 집필할 필요성이 있었다. 이에 따라 "최신 연금수리학"은 기존 저서에서 학문적 깊이를 보완함과 동시에 실무적 관점에서 사례와 그에 따른 충분한 해석을 덧붙임으로써 독자의 이해에 도움을 주고자 하였다. 향후 본서가 독자들에게 있어 한층 더 높은 발전의 디딤돌로 역할하기를 바라며, 많은 선후배 전문가들의 학문적 기여에도 도움이 되기를 기대한다.

우리나라에 공적연금제도가 도입된 지도 벌써 반세기가 경과하였으며 사적연금제도 또한 30여 년이 넘는 역사를 가지고 있다. 그러나 현재 고령화, 은퇴설계 등의 사회적 이슈가 더욱 확산되고 있는 상황에서 이를 분석하고, 대안을 제시하는 전문가 집단이 부족한 것 또한 사실이다. 금번 집필 작업은 조금이나마 이를 해소하고 불모지에 가까운 연금계리 부분의 이론적 기반을 마련하고자 했다는 점에서 나름대로 자부심을 가질 수 있었다.

본서는 7장으로 구성되어 있다.

제1장에서는 연금수리학에서 반드시 알아야 할 연금제도 전반에 대한 개념을 설명하고 있다.

제2장에서는 연금수리학의 학문적 범위 그리고 보험수리학과의 차별성을 중점적으로 다루고 있다. 또한 근로자퇴직급여보장법에서 요구하는 재정검증 절차를 연금계리 관점에서 종합적으로 검토하였다.

제3장은 연금수리학의 기초지식에 해당하는 부분으로 합리적인 연금재정이 이루어지기 위해서 요구되는 계산기초 산출원칙, 재원적립원칙 등을 전반부에 다루고 있다. 다음으로 후반부에서는 은퇴자산을 연금화(annuitization)하는 다양한 방법론에 대해 설명하고 있다.

제4장에서는 학문적으로 검증된 적립방식들을 먼저 선정하고 적립특성별로 분류하였다. 또한 적립방식별 수리적 특성을 모형화하고 부연 설명하였다.

제5장은 계리적 손익의 산출과정 그리고 미적립채무를 관리하는 절차에 대해서 심도있게 다루고 있다. 또한 한국채택국제회계기준(K-IFRS)에서 규정하고 있는 보험수리적 손익을 계리적 손익 관점에서 비교 설명하였다.

제6장에서는 공적연금제도에 있어서의 연금재정을 다루고 있다. 이를 통해 사적연금재정과의 차별성을 충분히 이해할 수 있을 것으로 기대된다.

마지막으로 제7장에서는 앞 장에서 설명한 이론적 기반을 더욱 공고히 할 수 있는 핵심 문제와 병행하여 충분한 학술적·실무적 해설을 제공하고 있다.

이 책이 나오기까지 상당한 시간과 노력이 투여되었지만 저자 혼자만이 광범위한 학술적 지식을 망라하기에는 한계가 있었음을 부인할 수 없다. 이러한 모자람을 극복하는데 많은 도움을 주신 분들께 감사드린다. 특히, 연금재정이라는 학문의 길을 열어주신 Steve Haberman 학장(Cass Business School, London), 그리고 경희대학교 경영대학 연금금융 전공 석·박사 모든 분께 깊은 감사말씀을 드리는 바이다. 특히 초고를 검토하고 문장을 다듬어 준 최윤호, 이동화, 안준희, 정재엽 군의 노고를 치하하고 싶다. 아울러 이 책이 나오기까지 격려해 주신 한국보험계리사회 그리고 까다로운 교정과정을 묵묵히 수행해 주신 법문사 임직원 모든 분께도 감사드린다.

2021년 6월
저 자 씀

차 례

CHAPTER 01 연금수리를 위한 연금기초

CHAPTER 02 연금수리 개관

CHAPTER 03 연금재정방식 개관

CHAPTER 04 연금재정방식 이론 I

CHAPTER 05

계리적 손익 및 보험수리적 손익

CHAPTER 06 연금재정방식 이론 Ⅱ

CHAPTER 07 핵심문제 및 해설

부 록

표 차례

그림 차례

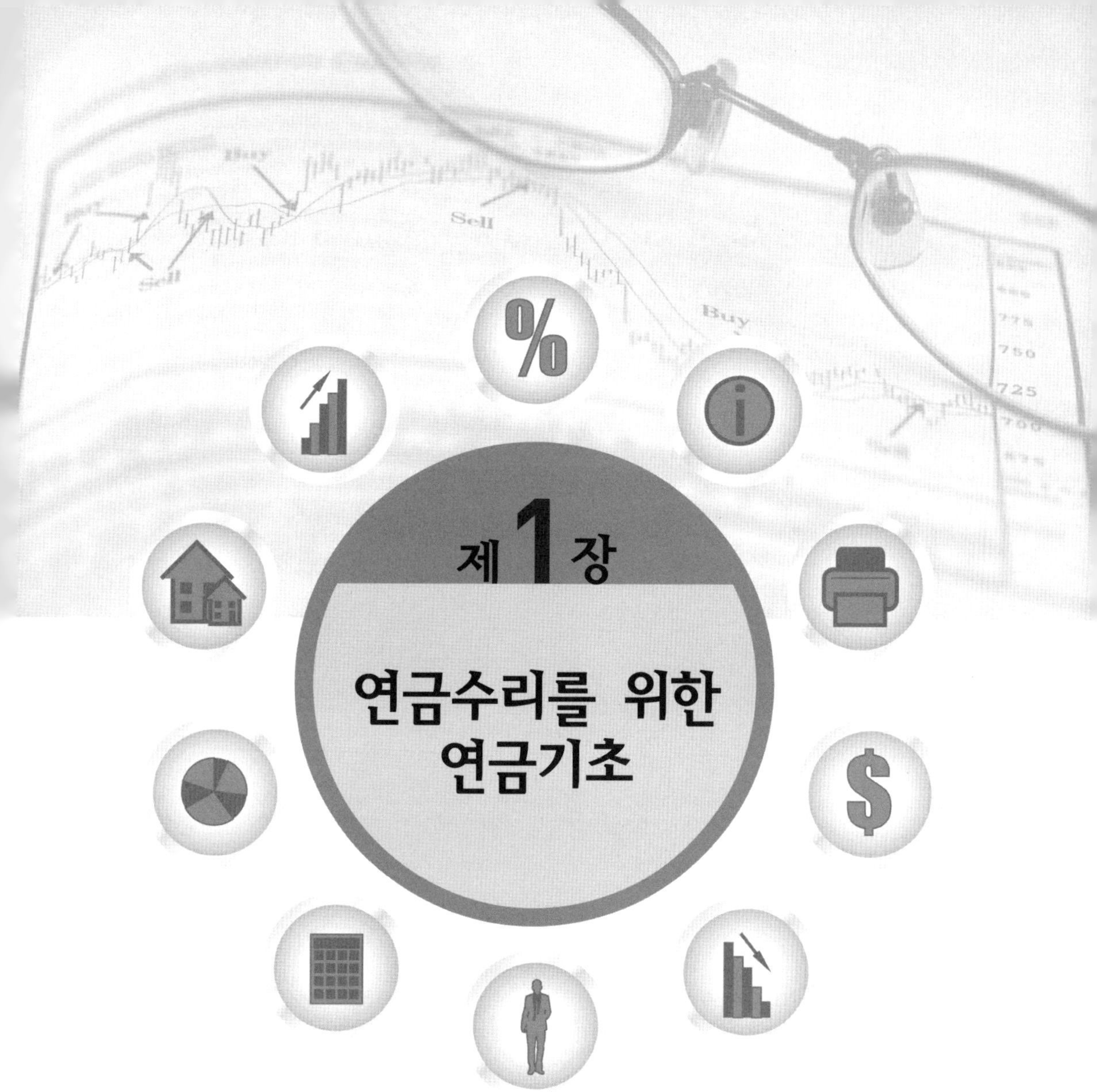

제 1 장 연금수리를 위한 연금기초

1. 연금이란?
2. 확정급여형 연금제도
3. 확정기여형 연금제도
4. 근퇴법과 회계기준 정의 비교
5. 기타 연금제도

평가문항

CHAPTER 01

연금수리를 위한 연금기초

연금수리학을 공부하기 위해서는 연금제도(pension plans)에 대한 이해가 필수적이다. 왜냐하면 연금수리학의 궁극적 목적은 연금제도의 재정적 지속가능성을 제고하고 가입자의 연금수급권 및 가입자 간의 형평성을 확보할 수 있는 계량적 방법론을 제공함에 있기 때문이다. 물론 분류기준에 따라 다양한 연금제도가 존재하고 있고, 그 제도적 특성 또한 나라별로 차이가 있어 이를 충분히 다룰 수 없는 지면상의 한계가 있다. 연금수리학은 사용자(기업, sponsor)가 제공하는 기업연금제도(우리나라에서는 퇴직연금제도라고 함)에 기초하여 발전한 학문이다. 퇴직연금제도는 근로자퇴직급여보장법[1)]에 의해 도입되고 운영되고 있는 제도로서 "확정급여형 퇴직연금제도" 그리고 "확정기여형 퇴직연금제도"로 구분된다. 먼저 연금의 의미를 살펴보고 다음으로 연금수리학을 공부하면서 자주 언급되는 상기 연금제도에 대해서 간략히 설명한다.

1. 연금이란?

우리나라를 포함하여 일본, 중국 등에서 사용하는 연금이라는 표현은 공통적으로 「年金」으로 쓰이고 있다. 이와 달리 영미 등 서구에서 사용하는 연금은 아래와 같이 엄격하게 'pension'또는 'annuity'로 구분하여 표현되고 있

1) 근로자퇴직급여보장법(Guarantee of Worker's Retirement Benefits Act)은 퇴직급여제도의 설정 및 운영을 명시한 강행 법규로서 근로자의 안정적인 노후생활 보장에 기여하는 것을 입법 목적으로 2005년 1월 27일 법률7379호로 제정되어 2005년 12월 1일부터 시행되고 있다.

다. 이러한 이유로 우리가 사용하는 연금이란 표현은 문맥적으로 pension의 의미인지 혹은 annuity의 의미인지를 파악하여야 한다. 우선 이들의 차이에 대해 간략히 설명한다.

1) Pension(연금)

근로를 통해 더 이상 정기적인 근로소득을 얻을 수 없는 상태(퇴직, 장애, 질병, 사망 등)에 직면한 근로자 혹은 그의 유족 등에게 근로소득을 대체하여 생활자금 명목으로 지급되는 정기적 현금급여(cash benefits)를 말한다. 실생활에서 수령하는 연금액이 얼마인가?라고 할 때에 연금액은 바로 'pension amount'를 의미한다. 대표적으로 퇴직연금제도에서 근로자의 퇴직으로 인한 근로소득 상실을 보전해 주는 퇴직연금(retirement pension), 국민연금제도에서 노령으로 인한 근로소득 상실을 보전해주는 노령연금(old-age pension), 질병 또는 사고로 인한 소득상실을 보전해주는 장애연금(disability pension), 연금가입자의 조기 사망으로 인한 정기적 소득 상실을 보전해 주는 유족연금(survivor pension),[2] 부부가 이혼하게 된 경우 연금에 대해서도 재산분할청구권을 인정하여 혼인기간에 비례하는 연금 수령액의 일정비율을 배우자에게 지급하는 분할연금(divorce pension)[3] 등이 있다. 물론 가입한 연금제도(예: 국민연금, 퇴직연금, 개인연금 등)에서 연금을 취득할 수 있는 조건(즉, 연금수급요건)을 만족하여야 한다. 이 경우에 국민연금제도(national pension plans)에서 지급되는 연금을 국민연금, 퇴직연금제도(retirement/company pension plans)에서 지급되는 연금을 퇴직연금, 개인연금제도(personal pension plans)에서 지급되는 연금을 개인연금이라고 한다.

만약 퇴직시점(예: x세)과 특정연금제도에서 제공하는 연금수급개시연령(예: y세) 사이에 차이($y-x>0$)가 발생하게 되면 소득보장의 공백기가 발생하게 된다. 이런 점을 보완하는 연금을 가교연금(Bridge Pension)이라고 한다.

---

2) 특정연금제도의 가입자, 가입자였던 자 혹은 연금수급권자가 조기에 사망한 경우 사망 당시 그에 의해 생계를 유지하고 있던 자 중 최우선 유족(배우자, 19세 미만 자녀, 61세 이상 부모 등으로 순서가 정해짐)에게 지급되는 생활자금을 말하며, 전 세계적으로 국민연금을 포함한 대부분의 공적연금제도는 유족연금을 포함하고 있다.

3) 현행 국민연금제도에서 적용되고 있으며, 가입자와 5년 이상의 혼인 관계를 지속하였다가 이혼한 배우자에게 노령연금 수급권자가 수령받는 연금액 중 혼인 기간에 해당하는 연금액의 1/2을 지급받을 수 있다.

예를 들어, 현행 퇴직연금제도에서 연금수급개시연령이 55세이므로 50세에 조기 퇴직한 가입근로자가 연금수령기간의 단절(5년)을 보완하기 위해 50세부터 54세까지 연금이 지급되는 개인연금상품을 구매하였다면 이 때 수령하는 연금은 가교연금에 해당한다. 또한 국민연금제도에서 노령연금 수급개시연령이 만 60세(2013년에 만 61세로 시작하여 2033년에 걸쳐 매 5년마다 1세씩 증가하여 2033년에는 65세로 상향 조정됨)이므로 퇴직연금제도에서 55세 이후부터 연금을 수령하는 경우 55세부터 59세까지는 퇴직연금이 국민연금의 가교연금 역할을 수행한다고 말할 수 있다.

2) Annuity(연금)

급여(benefits)를 지급하는 하나의 방법으로서 일정기간 또는 생존기간 동안 미리 정해진 주기(연, 분기, 월 등)마다 지급하는 현금흐름을 말한다(a series of payments, which may be subject to increase, made at stated intervals until a particular event occurs). 연금수리학에서는 "pension 설계"보다는 "annuity 설계"에 초점을 두고 있다. 후자의 경우를 특별히 연금화전략(annuitization strategies)이라고 하며 연금지급률(annuitization rate: $\frac{1}{\ddot{a}_x}$, $\frac{1}{\ddot{a}_{x:\overline{n|}}}$, $\frac{1}{\ddot{a}_{\overline{n|}}}$ 등)과 같은 전환요소에 의해 다양한 형태의 연금액 지급방식이 결정된다.

현행 근로자퇴직급여보장법(이하 근퇴법: 법률제정 약칭위원회에서는 퇴직급여법이라고 함)에서는 사용자가 퇴직연금제도를 설정하여 해당 근로자에게 퇴직 이후 지급하는 퇴직급여는 연금(annuity) 혹은 일시금(lump sum)으로만 지급하도록 규정하고 있다. 여기서 연금의 반대적 개념은 바로 일시금을 의미한다. 이 경우 퇴직연금제도에 가입한 근로자(이를 가입근로자라고 함)는 다음의 연금수급요건을 모두 충족해야 퇴직급여를 연금으로 수령할 수 있다. 즉,

- 10년 이상 근속한 가입근로자
- 퇴직한 가입근로자의 연령이 55세 이상(즉, 연금수급개시연령은 55세임)[4)]
- 연금수급기간은 최소 5년 이상이어야 한다.

4) 2016년부터 상시근로자 300인 이상 사업장의 법정퇴직연령은 만 60세이며 2017년부터는 모든 사업장에 대해서 확대 적용되었다.

실제로 적립금, 퇴직일시금 등은 연금화전략에 의해 다양한 현금흐름으로 전환된다. 연금액을 지급하는 다양한 현금흐름에 대해 살펴보자(연금수리적 표현은 제3장에서 구체적으로 다루기로 한다).

(1) 연금지급기간에 의한 분류

연금수령자의 생존을 전제로 연금(pension)이 지급되는 현금흐름을 생명연금(life annuity)이라고 하고, 생존 여부에 관계없이 약정한 일정기간 동안만 연금이 지급되는 현금흐름을 확정(기간)연금(annuity-certain)이라고 한다. 또한, 생명연금의 경우에 정해진 일정 연령까지 생존 시에만 연금이 지급되면 유기연금(temporary life annuity), 사망 시까지 종신토록 연금이 지급되면 종신연금(whole life annuity)이라고 한다.

(2) 연금수령자의 수에 의한 분류

연금수령자 한 개인에 대해서만 생존을 전제로 연금액이 지급되는 현금흐름을 단생연금(single life annuity)이라고 하고, 둘 이상의 연금수령자에 대해 최소한 한 명이 생존하는 한 연금액이 지급되면 연생연금(joint life annuity)이라고 한다. 특히, 2연생연금보험(double-life annuity)에서 가입자(이를 보험에서는 '주피보험자'라고 함)가 사망으로 더 이상 연금을 수급할 수 없게 된 경우에 연금계약에 기명된 배우자, 자녀 혹은 제3자(이를 보험에서는 '종피보험자'라고 함)가 받게 되는 연금을 생잔연금(reversionary/survivorship annuity)이라고 한다. 이 때 수령하는 연금은 유족연금에 해당하며 주피보험자가 수령하는 연금액의 약 50%~70% 수준이다.

(3) 연금수급시점에 의한 분류

퇴직일시금, 저축액, 부동산 판매액 등으로 연금을 구매함과 동시에 연금액이 지급되는 현금흐름을 즉시연금(immediate annuity)이라고 하는 반면에 특정 시점으로 지급이 유예되는 현금흐름을 거치연금(deferred annuity)이라고 한다. 최근 고연령거치종신연금(advanced-life deferred whole-life annuities)에 대한 관심이 높아지고 있다. 이는 퇴직일시금으로 개인연금을 구매하고 연금수급시점을 고연령(75세, 85세 등)으로 지정함으로써 장수리스크를 효과적으로 헤지할 수 있기 때문이다.[5)] 한편 (국민, 퇴직, 개인) 연금제도에서 연금수급요건을 충족한 가입자가 각 제도의 연금수급개시연령에서 연금을 수령하면 즉시연금에 해당하고, 이보다 지연하여 수령하면 거치연금에 해당한다.

(4) 연금액 변동성 여부에 의한 분류

연금수령기간 동안 정기적으로 지급되는 연금액이 일정하면 정액연금(fixed-payout annuity)이라 하고, 연금액이 일정하지 않으면 변동연금(varying-payout annuity)이라고 한다. 예를 들어, 금융기관을 통하여 금리확정형을 구매하면 연금액의 현금흐름이 일정한(guaranteed annuity) 정액연금을 구입한 것이다. 전통적으로 종신연금상품은 정액연금을 제공하였다. 2000년대 전후로 저금리가 확산되고 평균수명이 늘어남에 따라 대부분의 생보사가 이자율/투자리스크(interest rate risk or investment risk), 장수리스크(longevity risk) 등에 상당부분 노출되어 현재는 정액연금의 판매를 중단한 상태이다. 아래와 같이 적립금을 종신연금으로 전환하는 "보증연금지급률"은 더 이상 적용되지 않는다. 즉, 현재의 종신연금시장은 "보증연금옵션(guaranteed annuity option)"을 제공하지 않고 있다.

• **보증연금지급률(guaranteed annuity rate)**

(x)세에 가입하여 $x+n$세에 연금으로 전환하는 종신연금 구매자에게 제공되는 연금지급옵션은 적립단계의 경과기간(t)별로 다르게 부여할 수 있다.

첫째, 적립단계를 거쳐 연금전환시점$(x+n$세$)$에 다음과 같이 연금지급률을 확정하여 보증하는 경우: $\dfrac{1}{\ddot{a}_{x+n(t=n\text{ 시점에 연금 전환 이율 및 연금생명표 확정})}}$.

다음으로, n년 적립단계의 임의의 특정 시점(예: 도입시점 또는 5년 경과시점 등)에서 연금전환시점$(x+n$세$)$에 적용될 연금지급률을 확정하여 보증하는 경우: $\dfrac{1}{\ddot{a}_{x+n(0\le t<n\text{ 시점에 연금전환 이율 및 생명표 확정})}}$.

이와 같이 연금지급률을 사전에 확정한 보증연금(guaranteed annuity)은

---

5) Milevsky(2005)가 연금화전략 차원에서 고연령거치연금이 장수리스크를 헤지하는 최선의 전략이라고 제시한 이후, 미국 생명보험사(Met Life 등)를 중심으로 판매되고 있는 개인연금상품으로 거치기간 중에 사망하면 별도의 보장이 없는 것이 일반적이지만 특약, 보증옵션 등으로 이를 보완할 수 있다.

1980년대 Equitable Life Assurance Society(1762~2000)의 개인연금 주력 상품이었다.

한편, 금리연동형을 구매하면 해당금융기관이 정기적으로 공시하는 금리에 따라 혹은 적용하는 연금생명표의 변경에 의해 지급되는 연금액이 변동하게 되는데, 이를 비보증연금(non-guaranteed annuity)이라고 한다. 물론 비보증연금 또한 연금지급 기간에 연금액이 일정하지 않으므로 정액연금의 상반된 개념인 변동연금으로 분류할 수 있다.[6] 이는 잔여 적립액에 대해 공시시점의 금리를 새로 적용하여 지급할 연금액을 재산정하기 때문이다.

그러나 변동연금의 개념은 연금화전략 관점에서 언급하는 것이 타당하며 대표적 유형은 아래와 같다.

• **체감형 연금(decreasing annuity)**

직전 연금액 대비 일정 비율(또는 일정액)로 연금액을 감액하여 지급하는 연금지급방식을 말한다. 사전에 정해진 비율에 따라 감소하는 정률감소형과 일정액이 감소하는 정액감소형 등이 있다. 은퇴기간이 길어질수록 대외활동 및 생활비가 체감될 것으로 예상하는 퇴직자가 선택하는 연금지급방식이다.

• **체증형 연금(escalating annuity)**

직전 연금액 대비 일정 비율(또는 일정액)로 연금액을 증액하여 지급하는 연금지급방식을 말한다. 대표적인 예로, 물가상승률에 따라 연금액이 증가하는 물가슬라이드형(inflation-linked annuity), 사전에 정해진 비율에 따라 증가하는 정률체증형(constant-growth annuity), 일정액이 가산되는 정액체증형(constant step-up annuity) 등이 있다. 체증형연금은 동일한 연금구입액에 대하여 정액연금(level/fixed annuity)보다 초기 연금수령액은 낮지만 시간이 경과함에 따라 수령액이 체증하는 구조로 설계되어 있어 생활자금의 실질가치(구매력)를 상당부분 보전할 수 있다는 장점이 있다.

6) 현재 우리나라에서 판매되고 있는 개인연금상품은 대부분이 변동연금으로 설계되어 있다. 이는 금융기관(특히 생보사)이 IMF 이후 광범위하게 전개되고 있는 이자율리스크(즉, 이차역마진)를 헤지하기 위한 방안으로 이해할 수 있다.

• **조정연금**(adjustable annuity)

연금지급기간 중에 일정기간(예: 3년)마다 연금액을 재조정할 수 있는 옵션이 부여된 연금지급방식을 말한다. 연금수령자의 생활환경, 재무상태 등을 정기적으로 반영하여 연금액 수준을 재설계할 수 있지만, 상대적으로 높은 유지관리비가 문제점으로 지적된다.

• **스텝다운연금**(step-down annuity)

연금액이 일정 수준에 도달할 때까지는 일정기간 동안은 체감형 연금으로 지급되고, 그 이후부터는 일정액이 지급되는 연금지급방식을 말한다. 이는 연금개시 직후에 노후생활자금을 충분히 확보하고 나이가 들어감에 따라 생활자금을 일정수준으로 유지하는 지급방식이다.

• **이원적 연금**(two-tier annuity)

부담금(기여금)을 납입하는 적립단계에 적용되는 적립이율을 차별적으로 적용함으로써 만기 적립금을 연금으로 수령하도록 유도하기 위한 연금지급방식이다. 영국, 미국 등에서 개인연금계약에 실제로 적용되고 있다. 연금의 전환 여부와 관계없이 일정한 이자율이 적용되는 일원적 연금(one-tier annuity)과는 달리, 가입자들의 중도해지를 방지하기 위한 목적으로 연금 전환 여부에 따라 적립이율을 다르게 적용한다. 즉, 적립금을 연금으로 전환하는 경우에 일원적 연금보다 높은 적립이율을 적용하고 중도해지 혹은 일시금으로 수령하는 경우에는 이보다 낮은 적립이율을 적용함으로써 연금전환을 촉진할 목적으로 도입되었다. 예를 들어, 일원적 연금 가입자는 연금전환 여부와 관계없이 일정한 적립이율(예: 연 3%)을 보장받지만, 이원적 연금 가입자는 만기 적립금을 연금으로 전환하는 경우에 이보다 높은 적립이율(예: 연 4%)을 보장받는다. 그러나 적립단계에 해지하거나 만기 적립금을 일시금으로 수령받는 경우에는 일종의 불이익으로서 일원적 연금의 적립이율보다 낮은 적립이율(예: 2%)이 적용된다.

• **변액연금**(variable-payout annuity or unit-linked annuity)

퇴직일시금 또는 적립단계의 누적적립금 등의 연금전환재원은 주로 실적배당형 펀드(예: mutual funds)에 투자되고, 가입자에게는 일정 수의 연금구좌

(annuity units)가 할당된다. 예를 들어, 변액종신연금을 선택한 경우에 생보사는 정기적으로 지급하는 연금액을 구좌수로 확정하고, 지급시점의 구좌당 시장가격에 따라 연금(pension)을 지급하게 된다. 따라서 구좌의 시장가격이 변동하므로 지급되는 연금액 또한 변동하게 된다. 즉, 매월 지급되는 구좌수가 100 Units인 경우 연금지급액은 "100×(연금 지급시점의 구좌당 시장가격)"으로 결정된다. 최악의 경우 특정시점에 연금액이 지급되지 않을 수 있으므로 구좌당 최저이율을 보증하기도 한다.

(5) 단위기간별 시점에 의한 분류

단위기간(예: 1년, 6개월, 3개월, 월 등)에 따라 정기적으로 지급되는 현금흐름은 단위기간별 지급시점에 따라 아래와 같이 기말급연금과 기시급연금으로 양분된다.

• **기말급연금/정상연금(annuity in arrears or annuity-immediate)**

단위기간의 말(末) 시점에 연금액이 지급되는 현금흐름을 말한다. 회계학에서는 정상연금이라는 용어를 사용하며, 이표채(coupon bond)에서 정기적으로 지급하는 이표(coupon)의 현금흐름은 대부분이 약정한 기간의 말에 발생하므로 기말급연금에 해당한다.

• **기시급연금/이상연금(annuity in advance or annuity-due)**

단위기간의 시작 시점(初)에 연금액이 지급되는 현금흐름을 말한다. 연금액은 노후 생활 자금을 보조하는 것이므로 연금계약에서는 일반적으로 기시급연금에 의해 연금액이 지급된다. 한편 회계학에서는 이상연금이라는 용어를 사용한다. 실제로 금융기관을 통해 차입한 원리금을 정기적으로 균등 상환하는 경우에 발생하는 상환금의 현금흐름은 일반적으로 빠른 회수를 목적으로 하므로 상환단위기간(예: 월, 분기, 연 등)의 초에 상환이 이루어진다. 이와 같이 금융기관과의 거래에 적용되는 현금흐름은 대부분이 기시급연금에 해당한다.

2. 확정급여형 연금제도

확정급여형 연금제도(defined benefit pension plans: DB)는 가입자가 수급할 연금, 일시금 등의 급여수준이 사전에 확정되어 있는 연금제도를 말한다. 급여수준, 급여 수급요건, 가입자격, 부담금을 납입하는 주체 등은 연금제도 설립단계에 작성하는 확정급여형(DB) 규약에 포함되며, 약정한 확정급여는 운영주체(국가, 기업 등)가 최종적인 책임을 진다. 이와 같은 측면에서 조성된 적립금의 자산운용 및 이와 관련된 투자리스크(investment risk)는 전적으로 운영주체가 부담하게 된다. 운영주체가 기업이면 확정급여형 퇴직연금제도, 국가이면 확정급여형 국민연금제도라고 한다.[7] 여기서 급여수준은 "확정급여산출식(defined benefit formula)"에 의해 정의된다. 선진국을 포함한 대부분의 확정급여형 연금제도는 정기적으로 연금을 지급하는 종신연금으로 설계되는 반면, 우리나라의 확정급여형 퇴직연금제도는 일시금으로 설계되어 있다. 이와 같이 일시금으로 급여가 설계된 연금제도를 특별히 연금지분제도(pension equity plan)라고 한다.

1) 확정급여산출식(defined benefit formula)

DB 연금제도는 사전에 확정된 확정급여산출식에 의해 연금액이 결정된다. 여기서 확정급여는 일반적으로 아래와 같은 "단위급여산정식" 혹은 "균일급여산정식"에 의해 결정된다.

① 단위급여산출식(unit benefit formula)

우선 단위급여가 연금으로 설계되는 경우를 살펴본다. 연금수령자가 수급할 연금액이 확정되는 단위 수준에 따라 발생하는 급여가 아래 예시처럼 정률발생형(unit accrual rate)과 정액발생형(unit accrual amount)으로 구분된다. 예를 들어,

---

7) 전 세계적으로 대부분의 국민연금제도는 확정급여형이지만, 최근 연금개혁을 통하여 다음에서 다룰 확정기여형으로 전환한 사례도 있다(예: 칠레, 호주, 홍콩 등).

• **정률발생형 예시**

$$\text{매년 수령할 연금액} = \frac{1}{60} \times \text{가입기간 평균연봉(혹은 최종연봉)} \times \text{가입연수}$$

여기서 정률발생형은 가입연수(혹은 근속연수)가 늘어날수록 $\frac{1}{60}$씩 매년 연금액이 비율적으로 체증·발생함을 의미한다. 이 때 평균연봉을 기준으로 하는 경우를 평균임금방식(career average method), (퇴직 시점의) 최종연봉을 기준으로 하는 경우를 최종임금방식(final salary method)이라고 한다. 물론, 연금수급요건을 충족한 경우 연금 지급을 청구할 수 있는 연금수급가능연령(pensionable age)은 확정급여형 규약에서 별도로 정하게 된다.

• **정액발생형 예시**

$$\text{매년 수령할 연금액} = \text{600만원} \times \text{가입연수}$$

여기서 정액발생형은 가입연수(혹은 근속연수)가 늘어날수록 연금액이 600만원씩 매년 일정하게 증가함을 의미한다. 연금수급가능연령은 확정급여형 규약에서 별도로 정하게 된다.

다음으로 단위급여가 일시금으로 설계되는 경우를 알아보자. 연금지분제도(pension equity plan)에 적용되는 단위급여산출식 또한 다양하게 정의될 수 있으며, 현행 근퇴법에서 규정하고 있는 내용을 중심으로 설명한다. 근퇴법에서 규정하는 급여수준은 "가입자의 퇴직일을 기준으로 산정한 일시금이 계속근로기간 1년에 대하여 30일분의 평균임금[8]에 상당하는 금액 이상이 되도록 하여야 한다."라고 명시하고 있다. 따라서 계속근로기간에 비례하는 최소 퇴직급여(즉, 최소 퇴직일시금)를 규정하고 있으므로 정률발생형에 해당하며 아래와 같이 정의된다.

• **(근퇴법) 확정급여산출식**

$$\text{퇴직일시금} = (30+\theta) \times \text{(퇴직 직전 3개월)평균임금} \times \text{근속연수(단, } \theta \geq 0\text{)}$$

여기서 "$\theta = 0$"이면 근퇴법에서 요구하는 법정최소퇴직급여에 해당하며, 임금상승률이 증가하면 그만큼 가입자의 확정급여액 또한 연동되어 증가하게 된다.[9] 이에 기반하여 사용자(sponsor)는 연금계리업무의 지원을 받아 향후

8) 평균임금이란 퇴직 전 3개월 동안 해당 근로자에게 지급한 총 임금을 해당기간의 총 일수로 나눈 금액을 말한다.

그림 1-1 확정급여형 퇴직연금제도의 퇴직급여

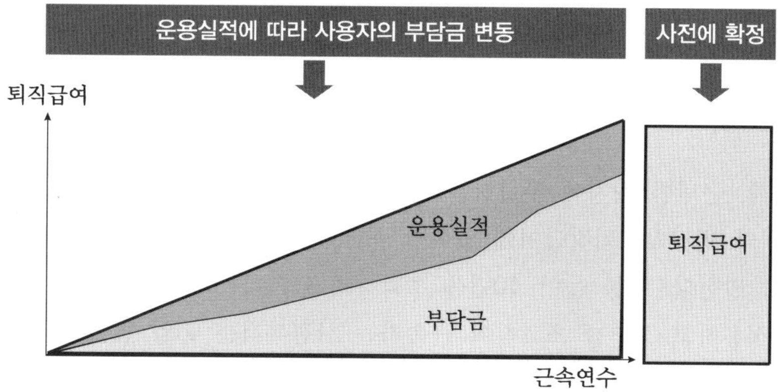

지급해야 할 퇴직일시금을 정기적으로 추정하고 필요한 부담금을 납입하게 된다([그림 1-1] 참조). 또한 적립금에 대한 자산운용 지시권을 갖는 반면에 자산운용결과(즉, 투자수익, 투자손실 등을 야기하는 투자리스크)에 대해서도 전적으로 사용자가 책임을 지게 된다.

• (근퇴법) 확정급여산출식(누진제 적용)

과거 IMF 외환위기 이전에는 많은 기업들이 법정최소퇴직급여를 상회하는 퇴직일시금을 약정하였는데 이는 기업의 노사관계, 재정상태를 반영하여 장기근속을 유도하는 차원에서 추가급여를 제공하는 누진제(progressive retirement plan)를 도입한 이유이다. 물론 외환위기 이후 대부분의 기업들은 누진제를 폐지하고 법정최소퇴직급여만을 보장하고 있지만 여전히 누진제를 적용하고 있는 기업들도 존재한다. 누진제는 기업의 사정에 따라 다양하게 설계될 수 있지만, 여기서는 대표적인 두 가지 형태인 "근무기간방식" 그리고 "급여발생률방식"에 대해 알아본다.

첫째, 근무기간방식은 퇴직급여를 근속연수에 연동시켜 법정최소퇴직급여에 추가하여 산정하는 방식을 말한다. 예를 들어, 10년을 초과하여 근속하는 시점부터 1.5년을 추가 가산하고 20년을 초과하여 근속하는 시점부터는 2년

9) 엄밀하게 말하면 우리나라는 "확정급여형 퇴직연금제도"를 도입한 것이 아니라 "확정급여형 퇴직일시금제도"를 도입한 것으로 이해할 수 있다.

을 추가 가산하는 경우의 누진제 확정급여산출식은 아래와 같이 정의된다.

$$\text{퇴직일시금} = 30 \times (\text{퇴직 직전3개월})\text{평균임금} \times [\text{근속연수}(n) + \alpha]$$

$$\text{여기서 } \alpha = \begin{cases} 0, & \text{if } n \le 10 \\ 1.5, & \text{if } 10 < n \le 20 \\ 2, & \text{if } n > 20 \end{cases}$$

둘째, 근퇴법 취지에 부합하는 급여발생률방식은 퇴직급여를 근속연수에 연동시켜 법정최소퇴직급여에 급여발생률(accrual rate)을 할증하여 산정하는 방식을 말한다. 예를 들어, 10년을 초과하여 근속하는 시점부터 35일 평균임금을 적용하고 20년을 초과하여 근속하는 시점부터는 40일 평균임금을 적용하는 경우의 누진제 확정급여산출식은 아래와 같이 정의된다.

$$\text{퇴직일시금} = [30 + \theta] \times (\text{퇴직 직전3개월})\text{평균임금} \times \text{근속연수}(n)$$

$$\text{여기서 } \theta = \begin{cases} 0, & \text{if } n \le 10 \\ 5, & \text{if } 10 < n \le 20 \\ 10, & \text{if } n > 20 \end{cases}$$

일반적으로 상기의 α, θ 값은 장기근속을 유도하는 목적으로 정해지며 근속연수별로 다양한 단계로 설계할 수 있다.

이상과 같은 단위급여산출식은 공통적으로 장기가입(혹은 장기근속)을 유도하는 장점이 있어 실무에서 보편적으로 사용되고 있다.

② 균일급여산출식(flat benefit formula)

급여수령자가 수급할 급여액이 위와 같이 일정액 혹은 일정 비율로 증가하는 것이 아니라 일정기간 이상을 가입하게 되면 가입연수와 무관하게 급여(연금 혹은 일시금)를 지급하는 방식이다. 간단한 예를 들어 보면,

- $\text{매년 수령할 연금액} = \begin{cases} 3{,}000\text{만원}, & \text{if 가입연수} \ge 10\text{년} \\ 0, & \text{if 가입연수} < 10\text{년} \end{cases}$

- $\text{매년 수령할 연금액} = \begin{cases} \frac{1}{3} \times (\text{가입기간})\text{평균연봉 or 최종연봉}, & \text{if 가입연수} \ge 10\text{년} \\ 0, & \text{if 가입연수} < 10\text{년} \end{cases}$

또는

$$\bullet \text{ 일시금} = \begin{cases} 10 \times (\text{가입기간})\text{평균연봉 or 최종연봉}, & \text{if 가입연수} \geq 10\text{년} \\ 0 & \text{, if 가입연수} < 10\text{년} \end{cases}$$

위에서 임의로 예시된 10년 기준은 단기가입(혹은 단기근속)에 의한 수급자격 미달로 이해할 수 있다. 균일급여산출식은 실무적 적용성은 낮지만, 대부분의 선진국에서 시행하고 있는 수급권부여기준(vesting provisions)[10]에 일부 적용되고 있다. 미국 근로자퇴직소득보장법(ERISA)에서 규정하고 있는 최소규정(minimum vesting standards) 사례를 살펴보면, 노사 단체협약에 의해 설립된 DB 기업연금제도는 가입기간 5년이 경과하면 발생급여의 100%를 최소한 보장하는(이를 'five-year cliff vesting standard'라고 함) 확정급여산출식을 적용하여야 한다. 또는 3년 경과시점에 20%, 4년 경과시점에 40%, 5년 경과시점에 60%, 6년 경과시점에 80% 그리고 7년 경과시점에 100%를 최소한 보장하는(이를 'three-to-seven-year vesting standard'라고 함) 확정급여산출식을 적용하여야 한다. 물론 가입근로자 측면에서 이보다 높은 수준을 보장하는 급여산출식은 적법하다. 참고로, 근퇴법에서는 근속기간 1년 경과시점부터는 발생급여의 100%를 최소한 보장하는 수급권부여기준(one-year cliff vesting standard)을 적용하고 있다.[11]

2) 재무상태 검증

DB 연금제도에서 확정급여산출식이 정해지면, 이에 근거하여 발생한 급여를 정기적으로 평가하여 연금채무(accrued liability or actuarial liability: AL)를 산출하게 된다. 연금채무에 해당하는 지급능력(fund solvency)을 확보하기 위해 미리 적립금을 조성하여야 한다. 적립금은 납입한 부담금과 적립금의 자산운용 결과에 의해 형성되는 연기금(pension fund assets: F)이다. 따라서 DB 연금제도의 재무상태는 [그림 1-2]와 같이 간략히 요약할 수 있다.

---

10) 가입기간(혹은 근속기간)에 의해 발생된 급여(accrued benefits)를 가입기간의 어느 시점부터 얼마만큼을 인정할 것인지 여부를 판정하는 기준으로 사용자(sponsor)가 제공하는 확정급여형 및 확정기여형 기업연금제도에 모두 적용될 수 있다. 예를 들어, 1년 경과시점부터 발생한 급여를 100% 인정할 것인지 혹은 3년 경과시점부터 100% 인정할 것인지 여부를 결정하는 규정을 말함. 퇴직연금 용어해설서(2011, 성주호) 참조.

11) 근퇴법 제4조(퇴직급여제도의 설정)에서 "… 퇴직급여제도 중 하나 이상의 제도를 설정하여야 한다. 다만, 계속근로기간이 1년 미만인 근로자, 4주간을 평균하여 1주간의 소정근로시간이 15시간 미만인 근로자에 대해서는 그러하지 아니하다."

그림 1-2 DB 재무상태 도해

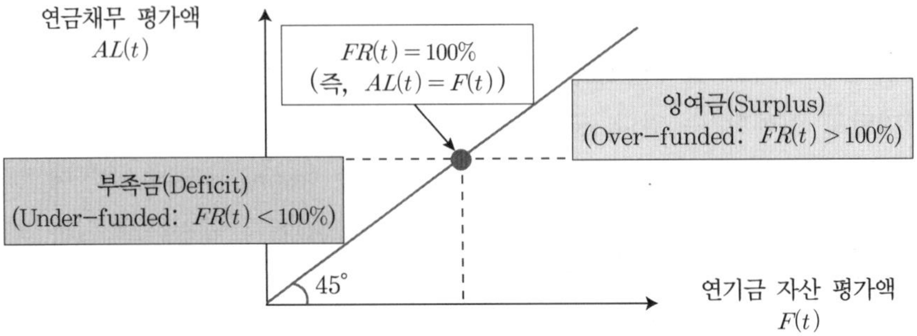

주) 평가시점(t) 적립비율(funded ratio): $FR(t)=\dfrac{F(t)}{AL(t)}$

임의의 평가시점(t)에서 DB 연금제도의 지급능력에 대한 재정검증은 적립비율(funded ratio: FR)에 의해 이루어진다. 적립비율은 연금채무 평가액 대비 연기금 자산 평가액의 비율로 정의한다. 적립비율이 100%를 초과할 경우 연금제도는 초과적립상태(over-funded)라고 하며, 그 정도는 잉여금(초과적립액, surplus)으로 표현된다. 평가시점(t)에 대해,

- 초과적립상태: $FR(t) > 100\%$, 잉여금 $= F(t) - AL(t) > 0$

한편 적립비율이 100% 미만일 경우를 과소적립상태(under-funded)라고 하며 그 정도는 부족금(과소적립액, deficit)으로 표현한다. 평가시점(t)에 대해,

- 과소적립상태: $FR(t) < 100\%$, 부족금 $= AL(t) - F(t) > 0$

다음으로 적립비율이 100%인 경우를 완전적립상태(fully-funded)라고 하며 이 경우 잉여금도 부족금도 없다. 평가시점(t)에 대해,

- 완전적립상태: $FR(t) = 100\%$, 부족금=잉여금$= AL(t) - F(t) = 0$

상기와 같은 재정검증(즉, 급여 지급능력 검증)은 DB 연금제도에서만 요구되는 연금계리업무에 해당한다. 구체적인 연금계리 절차(actuarial procedure of pension funding & valuation)는 제2장에서 다루고 있다.

3. 확정기여형 연금제도

확정기여형 연금제도(defined contribution pension plans: DC)는 정기적으로 가입자의 DC계좌에 납입할 기여금(또는 부담금) 수준이 사전에 결정되어 있는 연금제도를 말한다. 따라서 가입자는 기여금에 의해 형성된 개인별 적립금의 자산운용 주체이며 아울러 이와 관련된 투자리스크를 전적으로 부담하게 된다. 기여금 수준, 기여금을 납입하는 주체, 가입자격 등은 연금제도 설립단계에 작성하는 확정기여형 규약에 포함된다. 연금제도 운영 주체가 기업이면 확정기여형 퇴직연금제도, 국가이면 확정기여형 국민연금제도라고 한다. 일반적으로 운영주체(sponsor)는 약정한 확정기여금을 정기적으로 납입하고 연금제도 운영에 관련된 운영관리비를 부담하면 DC제도 운영과 관련된 재무적 책임을 다하게 된다(이런 특성으로 DC제도를 pay & forget plan이라고도 함).

1) 확정기여산출식(defined contribution formula)

정기적으로 납입할 기여금 수준은 확정기여산출식에 의해 정의된다. 기여단위 수준에 따라 정률기여형(unit contribution rate)과 정액기여형(unit contribution amount)으로 대별된다. 예를 들어보면,

- **정률기여형 예시**

$$\text{연간 납입할 확정기여금} = \frac{1}{10} \times \text{가입자별 연간 임금 총액}$$

가입자들의 연봉 수준에 따라 차등적으로 기여금이 확정되는 경우이며, 선진국을 포함하여 대부분의 DC 연금제도는 이를 준용하고 있다.

- **정액기여형 예시**

$$\text{연간 납입할 확정기여금} = \text{300만원} \times \text{가입자 수}$$

가입자별로 차등없이 일정액을 납입하는 경우이며, 주로 근속연수가 짧은 영세사업장에 적용성이 높지만 최근에는 적용 사례를 찾기가 힘들다.

마지막으로 현행 근퇴법에서 규정하고 있는 확정기여산출식에 대해 알아보자. "… 사용자는 가입자의 연간 임금총액의 12분의 1 이상에 해당하는 부

담금을 현금으로 … 사용자는 매년 1회 이상 정기적으로 … 가입자의 확정기여형퇴직연금제도 계정에 납입하여야 한다. … 가입자는 … 사용자가 부담하는 부담금 이외에 스스로 부담하는 추가부담금을 가입자의 확정기여형 퇴직연금계정에 납입할 수 있다."라고 명시하고 있다. 요약하면,

- **(근퇴법) 확정기여산출식**

$$(\text{사용자가 부담해야 할})\ \text{연간 확정기여금} = \frac{1+\theta}{12} \times \text{가입자별 연간 임금총액}(\text{단, } \theta \geq 0)$$

즉, 정률기여형에 해당하며 근퇴법에서 규정하는 법정최소기여금은 연간 임금총액의 $\frac{1}{12}$(즉, $\theta=0$인 경우)이다. 한편 근로자가 필요에 의해 스스로 부담하는 추가부담금은 (납입 방법, 납입 수준 등에 대한) 법적 강행성이 없는 일종의 임의기여금에 해당하므로 확정기여산출식에 포함될 수 없다.

2) 재무상태 검증

확정기여금에 의해 형성된 가입자 적립금은 투자성과에 의해 적립금 수준이 결정된다(DB와는 달리 적립금에 대한 자산운용지시권 및 자산운용결과는 전적으로 가입자가 부담함). 즉,

- 적립금 수준(t) = 확정기여금 누계액(t) + 자산운용성과 누계액(t)

여기서 자산운용성과에는 투자손실 혹은 투자이익이 발생할 수 있다. 퇴직연금제도의 경우 퇴직 시에 퇴직자에게 지급될 퇴직급여 수준은 확정급여형처럼 미리 확정할 수 없고, [그림 1-3]처럼 퇴직시점까지의 적립금 자산운용결과가 반영된 퇴직급여를 수령하게 된다.

적립금에 대하여 가입자가 직접 자산을 운용하는 적립금을 "provident fund"라고 하며, 각자의 적립금을 모아서 전문가에게 위탁하여 공동으로 운용하는 적립금을 "pooled fund"라고 한다. 후자의 경우는 투자성과를 가입자별 적립금 수준에 따라 분배하며, 이를 통해 상당한 수준의 포트폴리오 효과를 기대할 수 있다.

DC는 DB에서 요구되는 연금채무 산정과 관련된 일체의 연금계리 업무를

그림 1-3 확정기여형 퇴직연금제도의 퇴직급여

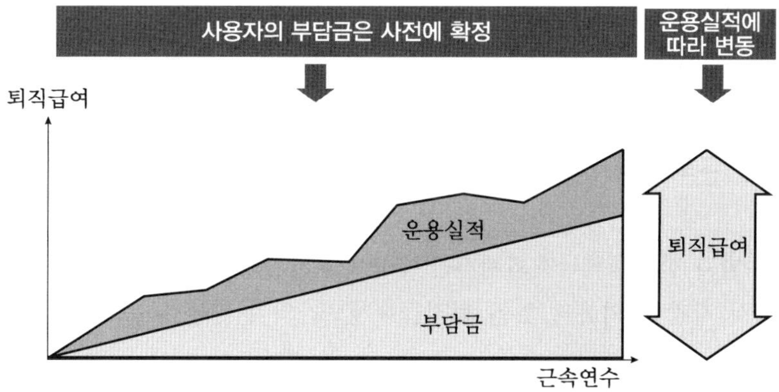

필요로 하지 않는다. 이러한 운영상의 간편성은 적립금 운용지시와 그 자산운용결과에 대한 책임이 가입자 본인에게 있기 때문이다. 따라서 평가시점(t)까지의 개인별 적립금이 가입자의 퇴직급여에 해당한다. DB 관점에서 DC의 특성을 살펴보면, 개인별 적립금(individual pension fund asset: IF)은 항상 약정한 퇴직급여(individual accrued liability: IAL)에 해당한다. 따라서 DC는 [그림 1-4]에서처럼 이론상 매 평가시점(t)마다 완전적립상태임을 알 수 있다.

그림 1-4 DC 재무상태 도해

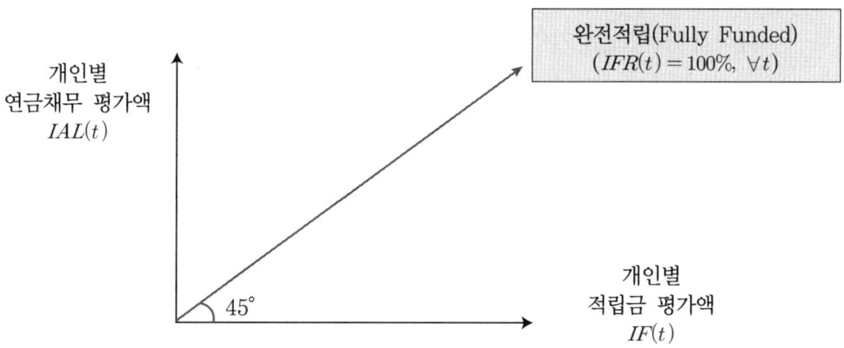

주) 평가시점(t) 개인별 DC 적립비율: $IFR(t)=\dfrac{IF(t)}{IAL(t)}$

결론적으로, DB와는 달리 DC는 항시적 지급능력을 확보한 연금제도이므로 잉여금 혹은 부족금 관련 재정 이슈가 발생하지 않는다. 즉,

- 항시적 완전적립상태: $IFR(t) = 100\%,\ IAL(t) = IF(t),\ \forall\, t$

4. 근퇴법과 회계기준 정의 비교

근퇴법과 한국채택국제회계기준(K-IFRS) 기업회계기준서 제1019호(종업원급여)에서 각각 정의하고 있는 퇴직급여제도간의 관계는 다음과 같다.

- (근퇴법) 확정기여형 퇴직연금제도 ⇔ (K-IFRS) 확정기여제도
- (근퇴법) 확정급여형 퇴직연금제도 ⇔ (K-IFRS) 확정급여제도

먼저 근퇴법 정의를 살펴보면,

- "확정기여형 퇴직연금제도"란 급여의 지급을 위하여 사용자가 부담하여야 할 부담금의 수준이 사전에 결정되어 있는 퇴직연금제도를 말한다.
- "확정급여형 퇴직연금제도"란 근로자가 받을 급여의 수준이 사전에 결정되어 있는 퇴직연금제도를 말한다.[12]

다음으로 K-IFRS 정의를 살펴보면, 먼저 퇴직급여제도를 정의하고 다음으로 확정기여제도와 확정급여제도를 순차적으로 정의하고 있다. 즉,

- 퇴직급여제도는 기업이 한 명 이상의 종업원에게 퇴직급여를 지급하는 근거가 되는 공식 또는 비공식 협약을 말한다. 여기서 "퇴직급여"란 종업원이 제공한 근무용역과 교환하여 종업원이 퇴직한 때 또는 퇴직 이후에 지급하는 종업원급여로서 해고급여는 제외되며, 일시금이나 연금의 형식으로 급여를 지급하도록 명시하고 있다.
- "확정기여제도"란 기업이 별개의 실체(기금)에 고정 기여금을 납부하여야 하고, 그 기금에 당기와 과거기간에 제공된 종업원 근무용역과 관련된 모든 종업원급여를 지급할 수 있을 정도로 충분한 자산을 보유하지 못하더라도 기업에게는 추가로 기여금을 납부해야 할 법적의

12) 여기서 "급여"란 근로자에게 지급되는 연금 또는 일시금을 말한다.

무나 의제의무가 없는 퇴직급여제도를 말한다.

- "확정급여제도"란 종업원에게 지급할 퇴직급여금액이 일반적으로 종업원의 임금과 근무연수에 기초하는 산정식에 의해 결정되는 퇴직급여제도를 말한다. 또한 확정기여제도를 제외한 모든 퇴직급여제도를 말한다. 따라서 퇴직급여제도를 확정급여제도와 확정기여제도로 양분하여 정의하고 있음을 알 수 있다.

상기의 각 정의는 공통적으로 확정급여산출식 및 확정기여산출식에 근거하여 기술되고 있음을 알 수 있다. 한국채택국제회계기준(K-IFRS)은 해고급여를 제외한 종업원급여에 초점을 두고 "기여금"이란 용어를 사용하는 반면에, 근퇴법은 퇴직 시에 지급되는 급여(연금 혹은 일시금)에 초점을 두고 "부담금"이라는 용어를 사용하고 있다. 한편, 사용자(기업)가 노사합의에 의해 설립하는 퇴직연금제도와 관련된 제반 운영은 현행 근퇴법에 근거하여야 하지만, 이를 기업회계기준에 의해 처리하는 것은 한국채택국제회계기준 기업회계기준서 제1019호(종업원급여)를 준용하여야 한다.

5. 기타 연금제도

연금수리학에서는 DB 연금제도가 논의의 중심에 있다. DB은 운영하는 특성에 따라 연금재정이 영향을 받기 때문이다. 그러므로 연금수리학에서 자주 언급되는 DB의 대표적 운영 특성에 대해 살펴보기로 한다. DC는 항시적 완전적립상태이므로 일반적으로 논의의 대상에서 제외된다.

1) 폐쇄형 vs. 개방형

향후에 유입될 신규가입자의 허용 여부에 따라 DB 연금제도는 아래와 같이 폐쇄형과 개방형으로 구분된다.

- **폐쇄형 연금제도(closed pension plan)**

DB 연금제도를 설립하는 단계 또는 설립 이후에 기존의 가입자에 대해서만 약정한 급여를 지급하는 연금제도이다. 향후 유입될 신규가입자를 고려하지 않으므로 기존의 가입자에 대해서만 재정 상태를 검증하고 필요한 부담금을 산출하게 된다. 예를 들어, 사용자(기업)가 특정시점 이후에 고용한 근로자에게는 DC을 제공하고 그 이전 가입자에게는 DB을 제공한다면 이 때 DB의 운영 특성은 폐쇄형에 해당한다. 이 경우 보편적으로 가입자 간의 형평성 문제가 제기될 가능성이 높다. 일반적으로 청산단계에 직면한 기업의 DB은 폐쇄형으로 운영되고 기존 가입자가 모두 탈퇴하게 되면 해당 연금제도는 종료된다. 대부분의 DB 퇴직연금제도는 사업연도 말에 해당 연금제도의 재정상태를 평가하는 재정검증(actuarial valuation and funding)을 실시하게 된다. 이 때 평가 시점 현재의 가입자로만 한정한다는 전제 하에 연금채무를 산정하고 지급능력을 확보할 수 있는 부담금을 산출한다. 이렇게 폐쇄형을 전제로 재정검증하는 것을 폐쇄형 측정(closed group actuarial valuation)이라고 한다(제6장 참조). 실제로 근퇴법 및 K-IFRS에서 종업원에게 지급할 퇴직급여금액은 폐쇄형 측정에 의해 산출되는 값이다. 왜냐하면 퇴직연금제도는 연속성을 보장할 수 없고 또한 부담금에 대해 세제 혜택이 부여되므로 발생하지 않은 미래 가입자의 부담금까지 포함하여 세제 혜택을 줄 수 없기 때문이다.

• **개방형 연금제도(open pension plan)**

신규가입자가 지속적으로 유입되는 것을 허용하는 DB 연금제도를 말한다. 국가에 의해 도입된 연금제도는 개방형에 해당한다. 공적연금제도와 근퇴법에 의해 도입된 퇴직연금제도는 모두 일정한 자격을 갖추면 해당 근로자의 가입이 의무화되므로 개방형이다. 위에서 설명한 폐쇄형 측정과는 달리 향후 유입될 신규가입자까지 예측하여 재정검증을 실시하는 것을 개방형 측정(open group actuarial valuation)이라고 한다. 일반적으로 공적연금제도의 재정평가는 평가 시점에 한정하는 폐쇄형 측정과는 달리, 평가시점 이후 일정기간(즉, 재정추계기간)을 설정하고 연도별로 유입될 총수입(부담금수입+운용수익)과 유출될 총지출(급여지출+운영관리비지출)을 추계하여 연도별 재정수지차(financial cash flows over projection period)를 예측하는 개방형 측정을 사용한다(제6장 참조). 공적연금제도는 지속가능성이 보장되고 아울러 정부가 약정한 급여의 지급을 보증하므로 향후 유입될 신규가입자까지 포함하여 장래 재정상태를 추계하고 중장기 재정계획을 수립하는 것이 국제적 추세이다. 물론,

필요에 따라 폐쇄형 측정을 병행하기도 한다. 우리나라의 경우에도 개방형 측정에 의해 국민연금, 공무원연금 그리고 사학연금은 5년마다 한 번씩 연금재정상태를 파악하기 위해 장기재정추계(최소 60년 이상)를 수행하고 있다.

2) 기여형 vs. 비기여형

연금제도의 수혜자인 가입자가 일정부분 부담금을 기여하는 여부에 따라 기여형과 비기여형으로 양분된다. 이는 DC에도 적용되는 개념이다.

• **기여형 연금제도(contributory pension plan)**

DB 또는 DC 연금제도의 가입자가 부담금(기여금)의 일정부분(전부 또는 일부)을 납입하는 연금제도이다. 예를 들어, 개인연금제도는 가입자가 전액 부담하는 기여형이며, 국민연금제도는 사용자와 가입자가 50%씩 부담하는 기여형이다. 한편, 퇴직연금제도는 근퇴법에서 정한 퇴직급여(최소 퇴직일시금)를 충당하기 위해 사용자가 전액 부담하므로 비기여형이다. DB 퇴직연금제도에 적용되는 사례를 살펴보면,

ⓐ 균형부담형(balance of cost plan)

: 매 사업연도 말 재정검증의 결과로 산출되는 부담금 수준(예: $C(t)$)에 대해 노사 단체협약에 의해 가입근로자가 임금총액($W(t)$)일부를 부담($\theta \cdot W(t)$, $0<\theta<1$)하고 나머지는 사용자가 모두 부담($C(t)-\theta \cdot W(t)$)하는 유형을 말한다. 부언하면, 가입근로자는 확정부담인 반면에 사용자 부담금은 없을 수도 있고 때론 음수[13]도 가능하다.

ⓑ 정률부담형(fixed portion plan)

: 매 사업연도 말 재정검증의 결과로 산출되는 부담금 수준(예: $C(t)$)에 대해 노사 단체협약에 의해 가입근로자가 일정 비율을 부담(예: $\theta \cdot C(t)$, $0<\theta<1$)하면 나머지 부분은 사용자가 모두 부담(예: $(1-\theta) \cdot C(t)$)하는 유형을 말한다. 이와 같은 유형은 DC에도 자주 적용된다. 예를 들어 근로가입자가 매년 $\theta_1 \cdot W(t), \theta_1>0$을 기여하고 사용자가 이에 대해 $\theta_2 \cdot W(t)$, $\theta_2>0$을 부담하는 경우에 확정기여금은 매년 $(\theta_1+\theta_2) \cdot W(t)$가 된다.[14]

13) 사용자 부담금 수준이 음수이면 사용자는 해당 금액을 인출한다는 의미이다.
14) 이 때 사용자 기여금을 특별히 매칭기여금(matching contribution)이라고 한다.

• **비기여형 연금제도(non-contributory pension plan)**

DB 또는 DC 연금제도의 가입자는 부담금(기여금)에 대한 납입의무가 없고 운영주체가 약정한 급여 관련 비용을 전적으로 부담하는 연금제도를 말한다. 현행 확정급여형 퇴직연금제도 그리고 확정기여형 퇴직연금제도는 근퇴법에서 규정한 퇴직급여(최소 퇴직일시금) 관련 비용 전액을 사용자가 부담하도록 규정하고 있다. 따라서 우리나라 퇴직연금제도는 비기여형 퇴직연금제도이다. 선진국 사례를 살펴보면 과거에는 비기여형 연금제도가 보편적이었지만 기업환경 및 경제환경의 불안정성으로 사용자의 부담이 증가함에 따라 근로자가 일정 부분을 부담하는 기여형 연금제도로 전환되고 있는 추세이다. 참고로, 우리나라에서 산재보험(사용자가 산재보험료를 100% 부담함)을 제외한 4대 사회보험의 경우 근로자(수혜자)는 해당 보험료의 50%를 부담하고 있어 기여형 사회보험제도라고 할 수 있다. 한편, 공적부조(social assistance)는 조세에 의해 전적으로 국가가 부담하므로 비기여형 공적부조이다.

6. 연금퍼즐(Annuity Puzzle)

일반적으로 은퇴자는 본인이 소유한 퇴직일시금, 투자자산, 예·적금 등 금융자산을 종신연금으로 전환하여 안정적인 노후소득(retirement income)을 확보하는 것이 합리적인 방법이라고 생각한다. 그러나 많은 은퇴자들은 연금으로 분할수령하기 보다는 목돈을 직접 관리하고 임의적으로 사용하는 것(self-annuitization)을 더 선호하고 실제로 그렇게 행동한다고 한다. 이러한 비합리적 경제행위를 연금퍼즐이라고 경제학자들이 명명하였고 그 이유를 설명하기 위하여 지금도 연구를 진행하고 있다(annuity puzzle remains puzzle). 이러한 연금퍼즐 이슈는 이스라엘 경제학자 Menahem E. Yaari(1935~)가 1965년에 발표한 연구논문에서 시작되었다. 은퇴자가 사망시점을 알 수 없고 상속욕구가 없다면 모든 부(wealth)를 종신연금으로 전환하는 것이 최적의 은퇴설계라고 주장하였다. 연금퍼즐 현상은 나라마다 그리고 사회복지제도에 따라 정도의 차이는 있지만 일반적으로 발생하는 현상이다. 특히 저금리 또는 고물가 상황에서 이러한 현상이 한층 더 강하게 나타난다. 왜냐하면 저금리에서 연금액은 상대적으로 낮게 산정되고 높은 물가는 연금의 구매력이 낮아지기 때문이다.

평가문항

1. 확정급여형 연금제도에서 연금계리업무가 필요한 이유와 확정기여형 연금제도에서는 연금계리업무가 요구되지 않은 이유를 각각 설명하시오.

2. 연금수령단계에서 가교연금(bridge pension)은 어떠한 상황에서 필요한가?

3. 확정급여형 연금제도에서 완전적립상태, 과소적립상태, 초과적립상태는 어떠한 기준으로 판단하는지 적립비율을 사용하여 설명하시오.

4. "Provident fund"와 "Pooled fund"의 장단점을 가입자 입장에서 논하시오.

5. "확정기여형 연금제도는 항시적으로 완전적립상태이다."라는 명제에 대하여 진위 여부를 판단하고, 그 판단의 근거를 제시하시오.

6. 저성장, 저금리, 저소비 등을 특징으로 하는 경기침체기를 뉴노멀시대(New Normal)라고 한다. 향후 이러한 추세가 지속되고 퇴직연금제도에서 제공하는 퇴직급여 수준이 상당수준 동일하다면, 사용자(sponsor) 입장에서 확정급여형 혹은 확정기여형 퇴직연금제도 중에서 어느 제도를 시행하는 것을 선호할 것인지에 대해 서술하고 그 타당한 이유를 제시하시오(사용자의 재무상태, 자본시장 전망, 임금 상승률 전망, 기업의 지속가능성, 근로자의 연령별 구성 및 장기근속 여부 등 다양한 케이스를 설정하여 설명할 수 있음).

7. 종신연금에 대하여 보증연금옵션(guaranteed annuity option)이 사라지고 있는 추세이다. 이에 대한 대안으로 변액연금(variable-payout annuity)을 언급할 수 있다. 이에 대한 합리적 이유를 생보사의 리스크관리 관점에서 설명하시오.

8. 최근 연금저축상품에 대하여 일시금보다는 연금으로 전환하는 경우에 세제 혜택을 상대적으로 많이 부여하고 있다. 이와 같은 정책적 효과를 제고하기 위해서는 일원적 연금(one-tier annuity)보다는 이원적 연금(two-tier annuity)이 효과적이라고 한다. 그 이유를 설명하시오.

9. "현행 우리나라의 퇴직연금제도는 개방형이면서 비기여형이다."라는 명제에 대하여 진위 여부를 판정하고, 그 근거를 제시하시오.

10. DB 연금 재정검증 시에 적용되는 폐쇄형 측정과 개방형 측정의 차이에 대해 비교 설명하시오. 또한 현행 국민연금 재정추계 그리고 확정급여형퇴직연금제도의 재정검증은 각각 어떠한 측정을 적용하고 있는지에 대해 각각 판별하고 그 이유를 기술하시오.

11. 확정급여형퇴직연금제도에서 정년연장 그리고 국민연금과 같은 공적연금제도에서 연금수급연령의 인상 등은 평균수명이 연장되는 추세를 반영한 정책적 선택이다. 또한 이러한 정책이 중장기적으로 해당 연금재정을 안정화할 수 있는 전략적 조치이다. 상기 두 주장에 대하여 비평하시오.

제 2 장

연금수리 개관

CHAPTER 02

연금수리 개관

부담금(기여금) 산정, 연금채무 산정 등에 대한 연금수리 재정모형을 다루기에 앞서 연금수리의 개념, 목적 그리고 연금수리를 수행하는 연금계리 절차에 대해 먼저 살펴본다. 이번 장은 연금수리를 수행하기 위한 기초지식에 해당하는 단락으로, 연금수리에 대한 개념적 이해 제고를 목적으로 하고 있다. 이를 통해 연금수리학은 "연금재정"을 위한 학문이라는 인식을 공유하게 될 것으로 기대된다. 연금수리학은 다양한 형태의 연금제도에 적용되지만, 여기서는 확정급여형 퇴직연금제도에 초점을 둔다. 제1장에서 살펴본 바와 같이, 우리나라는 근퇴법에 의해 퇴직급여가 퇴직일시금으로 설계되어 있지만, 여기서는 더 나아가 연금을 포함하는 넓은 의미의 확정급여형을 다루도록 한다.

I 연금수리 개념

2000년대에 접어들어 저성장, 저금리, 저출산, 저고용 등을 특징으로 하는 경기침체기(New Normal)에 직면하면서 확정급여형 연금재정의 어려움이 전 세계적으로 확산되고 있다. 이로 인해 연기금의 재무건전성을 과학적 합리성에 근거하여 정기적으로 평가하고 이를 개선하는 일련의 재정시스템이 더욱 요구되고 있다. 이는 궁극적으로 가입자의 은퇴자산을 보장하기 위함이다. 이를 실현하기 위한 계량적 방법론(actuarial methods)을 연구하고 이를 사용자, 근로자 등 연금제도와 관련된 이해관계자와 교감하는 능력(actuarial communication skills)을 제공하는 학문을 연금수리학(pension mathematics, pension science or calculus of retirement)이라고 정의할 수 있다.

실무에서는 연금수리와 연금계리를 혼용하고 있지만, 엄격하게 구분하면 연금수리가 적용되는 주된 업무내용이 연금계리(actuarial pension financing & valuation)에 해당한다. 연금수리의 지향점은 바로 연금계리관련 업무의 발전을 도모하는 것이며, 이는 연금수리학에서 연구된 계량적 접근법에 의해 완성된다. 즉, 연금계리는 '연금수리실무'에 해당한다. 따라서 연금수리학을 공부하는 주된 목적은 바로 연금계리관련 업무를 합리적으로 수행하기 위함이라 할 수 있다. 즉, 연금수리는 학문적 관점에 초점을 둔 표현이고 연금계리는 실무적 관점을 강조하는 표현으로 구분할 수 있다. 하지만 상호간의 차별성을 규명하는 것은 큰 의미가 없음을 밝혀 두고자 한다. 물론 개념적으로 연금수리는 연금계리를 포괄한다.

1. 적용 대상

연금수리가 적용되는 대상은 연금계리관련 업무가 요구되는 확정급여형 연금제도이다. 물론 연금수리는 공적연금 및 사적연금 모두에 필요하다. 하지만 역사적으로 연금수리는 확정급여형 퇴직연금제도를 합리적으로 운영관리하기 위해 발전되고 적용되어 왔다. 최근에는 확정기여형(공적 혹은 사적) 연금제도에서도 가입근로자의 노후생활보장(retirement income security)에 대한 과학적 합리성을 제고하기 위해 적용되기도 한다. 예를 들어, 자산운용 목표수익률을 설정하거나 혹은 확정 부담금(기여금) 수준의 적정성 여부 등을 판단할 때 연금수리학 기법이 적용되는 추세이다. 또한 최근에는 모든 종류의 연금제도에 연금수리학 접근법이 확대 적용되는 추세이다.

연금제도는 운영주체에 따라 크게 공적연금제도와 사적연금제도로 나누어진다. 다양한 유형의 사적연금제도가 존재하지만, 정부가 세제혜택을 부여하면서 도입된 사적연금제도는 퇴직연금제도(2005년 12월 1일 시행)와 적격개인연금제도(1994년 6월 20일 시행)이다.[1] 또한 공적연금제도로는 국민연금제도

(1988년 1월 1일 시행), 군인연금제도(1963년 1월 1일 시행), 공무원연금제도(1960년 1월 1일 시행), 사립학교교직원연금제도(1975년 1월 1일 시행) 그리고 별정우체국직원연금제도(1982년 7월 1일 시행)가 존재한다. 이해의 편의상 주요 연금제도별 특성을 요약하면 <표 2-1>과 같다.

표 2-1 공적연금, 퇴직연금, 적격개인연금의 비교

구분	공적연금	퇴직연금		적격개인연금 (연금저축)
		확정급여형	확정기여형	
목적	기존생활의 유지(노후소득보장) 단, 국민연금은 최소 노후소득 보장	기존 생활의 유지(노후소득보장)		보다 여유로운 노후생활보장
가입성격	강제가입	기업 자율가입(단, 퇴직금제도 설정을 하지 않은 경우 의무가입)		자유계약
급여	실질가치 유지를 목적으로 인플레이션에 연계한 종신연금지급	약정한 퇴직일시금이 퇴직 시점에 확정됨	확정기여금에 의한 적립금의 자산운용 결과에 따라 퇴직일시금 변동됨	공시이율형(금리연동형)의 경우 매 공시이율에 의해 적립금 변동, 펀드형 및 신탁형의 경우 운용결과에 따라 적립금 변동
지급기간	종신형	10년 이상 가입, 만 55세 이후 퇴직한 경우 금융기관과 개인연금계약을 체결하여 종신형(생보사만 가능) 혹은 확정기간형(단, 5년 이상) 여부를 선택		만 55세 이상, 10년 이상(2013년 2월 이후 출시된 신연금저축상품은 5년으로 축소) 가입한 경우 종신형(생보사만 가능) 또는 확정기간형(5년 이상에서 2013년 2월 이후 출시된 신연금저축상품에 대해 10년 이상으로 확대) 여부를 선택

1) 이 외에 특수한 형태로서 만 60세 이상 고령자가 소유주택(단, 9억원 이하 주택)을 담보로 종신형 또는 확정기간형 연금을 매월 지급하는 주택연금제도(한국주택금융공사가 2007년 7월부터 시행)와 만 65세 이상, 영농경력 5년 이상인 농업종사자의 소유농지(단, 3만 제곱미터 이하 농지)를 담보로 종신형 또는 확정기간형 연금을 매월 지급하는 농지연금(한국농어촌공사가 2011년 1월부터 시행) 등이 있다.

재정방식	부분적립방식 (저부담·고급여 체계)	원칙적으로 완전적립방식 (수지상등의 원칙 적용)	이론상 항시적 완전적립방식	완전적립방식 (수지상등의 원칙 적용)
적립방식	특정가입연령 방식	예측단위적립 방식	없음	개별가입연령방식
적립금의 운용	제도를 운영하는 관련 공단에서 직접 운용	은행, 증권사, 보험사, 근로복지공단 등 퇴직연금사업자와 운용관리 및 자산관리계약에 의한 위탁 운용		금융회사(보험사, 은행, 증권사, 자산운용사)가 직접 운용
할인율 및 임금상승률과 연금채무관계	영향이 큼 (할인율은 부(−)의 관계, 임금상승률은 정(+)의 관계)	영향이 큼 (할인율은 부(−)의 관계, 임금상승률은 정(+)의 관계)	영향 없음	영향 없음

주) 재정방식, 적립방식, 연금채무 등은 연금수리학의 주요 논제로서 제4장에서 다루고 있다.

구체적으로 현행 근로자퇴직급여보장법(이하 근퇴법)[2] 제28조(운용관리업무에 관한 계약의 체결)에서 확정급여형 퇴직연금제도는 반드시 "연금제도 설계 및 연금 계리(計理)"업무[3]를 수행하도록 함으로써 연금수리학 기법의 적용을 규정하고 있다. 한편 연금재정의 회계처리방법에서도 연금계리적 기법(actuarial approaches)을 적용할 것을 요구하고 있다. 즉, 국제회계기준(IFRS)에서도 공·사 연금제도 구분없이 확정급여형 연금제도에 연금수리학 기법을 적용할 것을 요구하고 있다. 우리나라도 이러한 국제적 회계처리기준의 표준화 추세에 적극 대응하기 위해 한국채택국제회계기준(K-IFRS)을 제정하여 2011년부터 모든 상장기업의 확정급여형 퇴직연금제도에 이를 적용하고 있다. 또한 공적연금에 대해서도 '국가회계기준 연금회계준칙'을 제정하여 2011년부터 공무원연금제도와 군인연금제도에 우선적으로 시행하고 있다.[4] 향후 확정급여형(DB) 연금제도의 재정평가를 위한 회계처리는 공·사 연금제도의 구분

2) 현행 근퇴법은 2005년 1월 27일 제정되어 2005년 12월 1일부터 최초 시행된 기존 근퇴법을 전면 개정한 근퇴법으로 2011년 6월 30일 국회를 통과하여 2012년 7월 26일부터 시행되고 있다.

3) 연금제도 설계는 급여설계(benefit design)에 해당하는 근퇴법상의 표현으로 이 또한 연금계리의 (컨설팅) 업무 영역에 해당한다.

4) 현행 시행되고 있는 4대 공적연금(국민연금, 공무원연금, 사학연금, 군인연금)은 모두 확정급여형 연금제도이다.

이나 국가별 차별없이 모두 연금수리적 기법[5]에 의해 수행될 것이다. 여기서 연금수리 기법이란 확정급여형 연금제도에서 운용관리 및 자산관리 업무 전반에 발생한 운영성과를 계량적으로 분석하고, 그 결과에 근거하여 향후 연기금의 재무건전성을 확보 및 유지하기 위한 방안들을 도출하는데 필요한 과학적 접근법을 말한다. 본 서에서 특별한 언급이 없으면 연금계리는 퇴직연금계리로 한정한다.

연금계리의 기본 개념과 그 목적을 이해하기 위해서는 연금계리를 수행하는 전문인력 그리고 그 업무 범위 및 역할에 대한 이해가 전제되어야 한다. 이들을 순차적으로 알아보기로 한다.

2. 연금계리 전문인력

보험수리 분야에서 공인된 자격을 갖춘 전문인력을 보험계리사(actuary)라고 하는 반면에 연금수리학 분야에서 공인된 자격을 갖춘 실무 전문인력을 연금계리사(pension actuary)라고 한다. 그러나 보험계리사이면서 연금계리 분야에 종사하는 전문 인력을 연금계리사로 인정함이 보편적이다. 연금계리사는 연금제도의 재정상태를 정기적으로 예측하고 평가하여 안정적인 재정계획을 수립하는 역할을 담당한다.

예를 들어, 일본의 경우는 보험계리사로서 연금계리 실무경험 5년 이상, 재정계산보고 실무책임자로서 2년 이상의 경험이 있고 연금계리전문가로서 충분한 사회적 신뢰가 있다고 인정되는 자로서 후생노동성에 신고한 후 검증과정을 거쳐 연금계리사 자격을 득하게 된다(일본에서는 이를 연금수리인(年金數理人)이라고 함). 영국의 경우는 보험계리사(FIA or FFA) 자격이 있으면서 재정검증 등 연금계리 업무를 수행하는 경우 연금계리사라고 한다(영국에서는 이를 'Scheme Actuary'라고 함). 그리고 미국의 경우는 보험계리사(FSA)의 자격을 취득한 후 5년 이상의 보험계리 실무경험(단, 연금계리 실무경험일 필요는 없음)이 있는 경우 혹은 연방정부에서 인증하는 시험을 통과한 후 확정급여형

5) K-IFRS에서는 '연금수리적 기법'을 '보험수리적 기법'으로 표현하고 있지만 그 의미는 동일하며 실무에서는 '연금계리 기법'이라는 표현을 주로 사용한다. 예를 들어, '보험수리적 가정', '보험수리적 손익' 등의 표현을 사용하고 연금수리학에서는 전자는 '계산기초' 그리고 후자는 '계리적 손익'이라는 표현을 주로 사용한다.

연금제도의 재정검증과 같은 연금계리업무에 대해 3년 이상 실무경험을 득한 후 국세청에 등록하면 연금계리사가 된다(미국에서는 전자를 'Pension FSA', 후자를 'Enrolled Actuary'라고 함).

한편, 우리나라는 위와 같은 연금계리사제도를 별도로 운영하고 있지 않지만,[6] 근퇴법에서 확정급여형 퇴직연금제도의 운용관리 업무를 수행하기 위해 퇴직연금사업자는 반드시 연금계리 전문인력을 갖출 것을 규정하고 있다(확정기여형 퇴직연금제도는 연금계리의 필요성이 매우 미미하여 이러한 인적요건을 요구하지 않음). 이는 연금계리업무의 전문성을 인정한 것으로 이해되며, 그 요구조건으로 <표 2-2>와 같이 보험계리사이면서 1년 이상의 연금계리 실무경험과 연금계리업무 교육과정을 수료할 것을 명시하고 있다. 이는 일본의 연금수리인 자격요건과 매우 유사하다.

표 2-2 연금계리 전문인력 요건

근퇴법 (운용관리업무에 관한 계약의 체결)	시행령 (퇴직연금사업자의 등록요건 등)
① 퇴직연금제도를 설정하려는 사용자 또는 가입자는 퇴직연금사업자와 다음 각 호의 업무(이하 "운용관리업무"라 한다)를 하는 것을 내용으로 하는 계약을 체결하여야 한다. 다만, 제2호의 업무는 확정급여형퇴직연금제도를 설정할 때에만 해당한다. 1. 사용자 또는 가입자에 대한 적립금 운용방법 및 운용방법별 정보의 제공 2. **연금제도 설계 및 연금계리(計理)** 3. 적립금 운용현황의 기록·보관·통지 4. 사용자 또는 가입자가 선정한 운용방법을 … 자산관리업무를 수행하는 퇴직연금사업자에게 전달하는 업무 5. 그 밖에 운용관리업무의 적절한 수행을 위하여 대통령령으로 정하는 업무	② … 업무를 수행하려는 퇴직연금사업자는 금융위원회가 정하여 고시하는 바에 따라 다음 각 호의 요건을 모두 갖춘 **연금계리 전문인력**을 반드시 갖추어야 한다. 1. 「보험업법」… 등록된 보험계리사일 것 2. 퇴직연금, 퇴직일시금 신탁 또는 퇴직보험 업무에 1년 이상 종사한 경력이 있을 것 3. 금융위원회가 정하는 연금제도의 설계 및 연금계리에 관한 업무교육을 이수할 것

6) 근퇴법에서는 연금계리사라는 공식적 명칭을 사용하고 있지 않다. 2015년에 퇴직연금계리서비스의 질적 수준 제고를 위하여 한국보험계리사회에서 연금계리사 제도를 도입하여 일정수준의 실무경험이 있고, 계리사회에서 주관하는 시험을 통과한 자에 대하여 자질 검증을 거쳐 매년 정기적으로 연금계리사 자격을 부여하고 있다. 2015년 2월 6일에 27명의 연금계리사가 탄생하여 계리사회에 최초 등록하였다. 현재는 보험계리사와 같은 법적 의무와 책임이 없으며, 2017년에 연금전문계리사로 명칭을 변경하였다.

회계처리 관점에서 살펴보면, IFRS 및 K-IFRS에서도 확정급여형 퇴직연금제도의 연금채무는 자격이 있는 보험계리사(qualified actuary)에 의해 측정할 것을 권고하고 있지만 연금계리사라는 구체적 명칭을 사용하고 있지는 않다.

참고로, 영국의 경우는 1919년에 설립된 정부계리국(Government Actuary's Department)이라는 정부조직이 존재하며 동 부서의 책임자를 대표계리사(chief actuary)라고 한다. 이들은 주로 영국 내 공·사 연금정책, 공적연금 재정전망, 사회보장정책 및 재정전망 그리고 인구통계 분석 등 (연금, 보험 등) 계리관련 정부자문 및 관련 업무를 수행하고 있다. 최근에는 재정적 독립을 추구하면서 외국의 연금제도 및 사회보장 관련 연구용역을 수행하고 있으며, 아울러 외국 정부에 대하여 사회보장과 관련된 재정전망 등 계리관련 정책적 자문을 정기적으로 수행하기도 한다. 최근에는 보험계리사의 자질요건 또한 강화되고 있으며, 영국의 The Equitable Life Assurance Society(1762~2000)의 파산을 계기로 계량적 능력뿐만 아니라 정직성이 한층 더 요구되고 있다.

3. 적용 범위

앞 절에서 이미 설명한 바와 같이 연금수리학은 확정급여형 연금제도에서 연금계리 업무의 과학적 합리성을 견지하기 위해 발전된 학문이다. 따라서 연금계리 업무는 바로 연금수리학의 주요 관심 연구영역에 해당한다. 주요 연금계리업무의 범위는 아래와 같이 요약할 수 있다.

- 정기적으로 부담금 및 연금채무를 산출하기 위한 계산기초(actuarial assumptions) 수립 및 필요시 혹은 정기적인 수정보완
- 연금제도 설계(pension design and structure)
- 합리적 재정방식 선정을 통한 부담금(기여금) 및 연금채무 산출
  : K-IFRS에서 확정급여형 퇴직연금의 연금채무는 예측단위적립방식(PUC)에 의해 보험계리사가 산출할 것을 권고하고 있다. 물론 근퇴법에서도 PUC는 연금채무를 산출하는 2가지 방법 중 하나이다(즉, 계속기준책임준비금을 산출하는 PUC 그리고 비계속기준책임준비금을 산출하는 퇴직금추계액방식이 있음).

- (근퇴법 및 K-IFRS 등의 기준에 근거한) 연금채무 및 적립금의 평가(actuarial valuation)
- 재정검증 및 연금계리평가서 작성
- 재정검증 결과에 대한 대처방안 수립
  : 과소적립상태인 경우에 이를 해소하기 위한 부족금(과소적립액) 상각계획(즉, 재정안정화계획(recovery funding plan)) 그리고 초과적립상태인 경우에 이를 상각하기 위한 잉여금(초과적립액) 상각계획(amortization plan of surplus) 등 중장기 재원조달계획 또는 부담금계획(contribution schedule)을 수립하고 실현한다.
- 장기적 재무건전성 유지 및 자산운용 수익성 확보를 위한 연금자산부채종합관리(PALM) 수립(PALM과 이를 실현하는 핵심 전략인 "부채연계투자(LDI)전략"은 마지막 절에서 다루고 있음)

이상과 같이 연금계리는 재무건전성을 확보하기 위한 의사결정 전(全) 과정 속에서 반드시 필요하다. 이를 위해 정기적으로 재정검증을 수행할 필요성이 있다. 정기적 재정평가의 중요성을 강조하는 최초의 연구결과로 다음을 언급할 수 있다. Grubbs(1972) "Actuarial valuations serve as a guide to steer one's course toward to the objective of meeting eventual benefit payments. …The more frequently(valuations are taken), the less violent the changes in course that will be required." 요약하면, 정기적 평가는 연금재정의 안전성을 제고하기 위함이며 평가주기가 짧을수록 재정의 안정성은 향상된다. 그러나 잦은 평가는 비용문제를 수반하기 때문에 주기를 정해두고 피드백 결과를 검증하는 것이 무엇보다 중요하다.

표 2-3 K-GAAP vs. K-IFRS

	기업회계기준(K-GAAP) 추계액방식(퇴직금제도)	한국채택국제회계기준(K-IFRS) 예측단위적립방식(DB제도)
산정 기초율	• 평균임금, 근속연수	• K-IFRS 확정급여채무 산정 방법 • 평균임금, 근속연수, 할인율, 임금상승률, 퇴직률
장점	• 퇴직금추계액 산출의 편리성	• 환경변화(특히, 할인율 변동)를 반영한 퇴직급여채무(PBO) 산출(퇴직급여수급권 강화)
단점	• 향후 예측되는 상황을 반영할 수 없음	• 산출의 복잡성 • 경제변수(특히 할인율과 임금상승률 간의 차이) 및 연령별 구조의 변화에 따라 PBO의 변동성이 심함.

주) 퇴직급여채무(projected benefit obligations: PBO)는 예측단위적립방식(PUC)에 의해 산출되는 연금채무를 말하며 실무에서 자주 언급된다. K-IFRS에서는 확정급여채무(defined benefit obligations: DBO)라고 표현하고 있으며 이 둘은 동일한 개념이다.

4. 연금수리 기본원리

연금수리의 기본원리는 보험수리에서의 기본원리와 같다. 대수의 법칙, 중심극한정리 그리고 수지상등의 원칙으로 요약된다. 이들을 순차적으로 설명하기로 한다.

1) 대수의 법칙(Law of Large Numbers)

먼저 '대수의 법칙'을 살펴보자. 연금규약 혹은 보험계약은 사전에 정해진 일정 조건이 충족되었을 때 비로소 약정한 급여가 지급된다. 예를 들어, 연금제도에서 퇴직하면 퇴직연금을 지급하는 규약을 작성하였을 때 급여가 지급되기 위한 조건은 가입자의 퇴직이라는 사건이다. 이 때 합리적 · 계리적인 부담금을 책정하기 위해서는 퇴직률에 대한 사전적인 정보가 필요하다. 이러한 발생비율에 대한 정보는 가입자들의 과거 경험자료에 근거하여 산출하게 되는데 자료의 신뢰성(credibility of data set)을 제고하기 위해서는 최소 3년 이상의 경험자료가 필요하다. 대수의 법칙을 확률론적 관점에서 정의하기에 앞서 어떠한 법칙인지 간단한 예를 통하여 설명하기로 한다.

• **대수의 법칙: 동전 던지기 실험**

동전을 던졌을 때 앞면이 나올 비율에 대하여 생각해 보자. 실험의 결과 아래 표와 같은 결과를 얻었다. 표에서 알 수 있듯이 시행 횟수가 많을수록 확률이 0.5에 가까워지고 있다. 동전을 1회 던지는 것을 가입자 1명 그리고 앞면이 나오는 사건을 가입자가 퇴직하는 사건으로 바꾸어 생각하면 "대수의 법칙"이 된다. 즉, 가입자 수가 커지면 커질수록 퇴직이라는 사건이 발생할 비율(즉, 추정된 비율 estimated rates)이 일정한 수치(즉, 미리 알 수는 없지만 진정한 비율, true rates)에 가까워지는 법칙을 의미한다. 실제로 계산기초에서 가정한 위험률(퇴직률, 사망률 등)은 이러한 대수의 법칙이 지속적으로 성립할 것이라는 전제에서 출발한다. 물론 재정검증의 결과로 기존 위험률의 수정이 필요한 경우에는 새로이 위험률을 추정하는 재정재계산 과정을 수행한다.

표 2-4 대수의 법칙 실험

시행 횟수	6회	60회	600회	6,000회
앞면 횟수	2	27	298	3,002
비율	0.3333	0.4500	0.4967	0.5003

대수의 법칙은 보험수리뿐 아니라 연금수리에서도 가입자 수가 크면 클수록 안정된 위험률을 작성할 수 있음을 의미한다. 일반적으로 가입자 수가 많을수록 연금재정의 안정성이 증가한다. 실제로 소규모 동종 업종 간에 연금제도를 합병하여 대규모로 전환, 운영하는 것 또한 바람직한 일이라고 할 수 있다. 종합적으로 살펴보면, 동전 던지기는 시행의 독립성, 결과의 동질성이 보장되는 실험이다. 여기에 시행 횟수를 늘리는 대량성이 확보되면 발생 확률은 0.5에 정확하게 수렴한다는 결론에 도달한다. 즉, 대수의 법칙이 성립하기 위한 전제 조건이 동질성, 독립성 그리고 대량성이다. 이러한 이유로 대수의 법칙에 의한 위험률을 산정하기 위해서는 가입자의 속성별 특성을 반영하여야 한다. 즉, 실무에서 사업장별로 그리고 그 가입자의 연령별, 성별로 위험률을 산출하는 것은 동질성 확보 차원이며, 동종 업종 간에 연합하여 하나의 제도로 통합 운영하는 것은 대량성 확보 차원임을 이해할 수 있다. 물론 가입자별 독립성 문제는 개인별 성향을 인정한다면 별다른 이슈가 되지 못한다.

• **대수의 법칙: 확률론적 의미**

대수의 법칙은 17세기 중엽 많은 학자들에 의해 주사위 던지기, 동전 던지기, 더 나아가 도박의 승률 등을 반복적으로 관찰한 결과 일정한 법칙성이 존재한다는 확신에서 출발하였다. 대표적으로 1695년에 스위스의 수학자인 Jacques Bernoulli(1654~1705)가 처음으로 대수의 법칙을 발표하였다.[7] 이는 확률론의 첫 극한 정리(limit theorem)라는 학문적 가치를 가진다. 하지만 발표 당시 그는 이 법칙에 대한 믿음을 심미적 확신(moral certainty)이라고 표현할 정도로 대수의 법칙에 대한 반론 또한 만만치 않았다고 한다. 확률론 관점에서 표현하면 다음과 같다.

〈대수의 법칙〉

동일한 확률분포를 갖는 상호 독립적인 확률변수 $X_1, X_2, \cdots$ 의 모평균이 $\mu(<\infty)$일 때,

표본크기가 커질수록 표본평균은 모평균에 근접한다. 즉, $\overline{X_n} = \dfrac{\sum_{k=1}^{n} X_k}{n} \longrightarrow \mu$.

위 수식은 샘플링을 많이 하면 할수록 즉, 표본크기 또는 시행 횟수를 확대할수록, 표본평균은 모평균에 수렴한다는 의미이다. 즉, 동일한 위험에 노출되어 있는 집단의 규모가 크면 클수록 경험 자료를 활용한 위험률 추정치의 통계적 신뢰성이 제고되고 아울러 위험률을 적용받는 현재의 집단 또한 동질성, 대량성 속성을 모두 갖추어야 한다는 것이다. 마지막으로 보험수리에서 산출되는 위험률차 손익은 바로 결산기간에 적용된 추정위험률과 실제 실현된 경험률 간의 차이에 의해 발생하는 추정오차 정도를 나타낸다.

다음은 과거 경험 자료에 근거하여 위험률을 산정한 경우 추정의 오차 정도에 대한 통계적 분석을 제공하는 중심극한정리에 대해 다룬다.

---

7) "The law of large numbers is the first limit theorem in probability theory and goes back to Jacques Bernoulli(1695) who called it the golden theorem"(Encyclopedia of Actuarial Science Vol. 3, p.1341).

2) 중심극한정리(The Central Limit Theorem)

임의의 모집단으로부터의 표본평균의 표본분포(sampling distribution)는 표본의 크기 n이 크면 클수록 점점 더 정규분포와 유사해 진다는 극한이론이 바로 아래의 "중심극한정리"이다.

〈중심극한정리〉

동일한 확률분포를 갖는 상호 독립적인 확률변수 $X_1, X_2, \ldots$ 의 모평균이 $\mu(<\infty)$이고 모분산이 $\sigma^2(<\infty)$인 임의의 모집단으로부터 표본크기 n이 충분히 크면 표본평균 $\overline{X}_n$ $(=\frac{1}{n}\sum_{k=1}^{n} X_k)$는 근사적으로 정규분포 $N(\mu, \frac{\sigma^2}{n})$을 따른다. 즉, $\overline{X_n} \longrightarrow N(\mu, \frac{\sigma^2}{n})$.

(표본평균의 표본분포에 대한 극한분포(limiting distribution)는 정규분포임을 의미함)

중심극한정리에서 주목할 점은 모집단의 분포가 어떤 형태이든 간에 표본의 크기가 충분히 크면(대체적으로 $n>30$) 표본평균 $\overline{X}$는 근사적으로 정규분포를 따른다는 점이다. 이러한 특성은 정규분포가 통계적 추론에서 중추적 역할을 하는 이유 중의 하나이다. 대수의 법칙이 Jacques Bernoulli(1654~1705)에 의해 발견된 확률론의 첫 번째 극한이론(first limit theory)이며, 중심극한정리는 1740년경에 프랑스의 수학자인 Abraham de Moivre(1667~1754)에 의해 발표된 두 번째 극한이론이다. 중심극한정리는 Pierre-Simon marqus de Laplace(1749~1827)에 의해 처음으로 증명되었다.

대수의 법칙에서 위험률을 추정할 때는 경험통계를 이용하여 표본평균에 해당하는 원시위험률(crude risk rate)을 먼저 산출한다. 다음으로 추정의 적합성과 오차의 정도를 분석하고 필요시에 안전할증을 부과하기 위해 통계적 추론과정을 거치게 된다. 이 때 적용되는 원리가 중심극한정리이다. 사망률, 탈퇴율 등 대부분의 위험률을 산출하는 과정에서 중심극한정리가 이용된다.

이해의 편의상 사망률 추정과정을 살펴보면, l_x명으로 구성된 피보험자 (x)인 집단의 1년 경과시점에서 생사 여부를 검증한 결과 d_x명이 사망하였다면 표본사망률(원시사망률, $\hat{q}_x$)은 $\frac{d_x}{l_x}$이다. 이 경우 $\hat{q}_x$의 분포는 피보험자의 수가 크면 중심극한정리로부터 모집단 사망률(모평균) q_x 그리고 모집단 분산(모분산) $\frac{q_x \times (1-q_x)}{l_x}$인 정규분포를 근사적으로 따르게 된다. 즉,

- $\hat{q_x} = \dfrac{d_x}{l_x} \xrightarrow[(l_x > 30)]{} N(q_x, \dfrac{q_x \times (1 - q_x)}{l_x})$

이 경우 표본크기 l_x가 큰 경우는 "$\dfrac{q_x \times (1-q_x)}{l_x} \to 0$"이므로, $\hat{q_x}$는 모사망률 q_x에 매우 근접하게 되며(대수의 법칙 성립), 아울러 q_x의 최선추정량(best estimator)이다. 한편, 모집단에 대한 불확실성이 높거나 또는 미래 사망률의 변동성이 예측되는 등의 경우에 중심극한정리를 적용하여 안전할증(safety margins)이 부가된 새로운 $\hat{q_x}$를 재산출할 필요성이 있다. 안전할증을 부여하는 보편적 방법은 모사망률 q_x는 알 수 없지만, 표본의 크기가 크면 정규분포에 근사하므로 $\hat{q_x}$의 우측신뢰수준 $c\%$에 해당하는 근사우측오차한계(asymptotic right-tailed tailed limit of error) $z_{1-c\%} \times \sqrt{\dfrac{\hat{q_x} \times (1-\hat{q_x})}{l_x}}$를 추가하는 방법이다. 우측신뢰수준 $c\% = 97.72\%$이면 $z_{1-c\%} = 2.00$ 그리고 $c\% = 95.05\%$이면 $z_{1-c\%} = 1.65$ 등은 표준정규분포함수에 의해 주어진 값이다. 따라서 $\hat{q_x}$ 대신에 안전할증이 부가된 $\hat{q_x} + z_{1-c\%} \times \sqrt{\dfrac{\hat{q_x} \times (1-\hat{q_x})}{l_x}}$을 사용할 수 있다. 이상과 같이 중심극한정리가 없다면 위험률의 산출과정에 대한 통계적 신뢰성을 제고할 수 없다. 모집단의 특성 값이 생(生) 또는 사(死), 탈퇴 또는 잔존 등과 같이 두 가지로 분류되는 경우에 해당 위험률의 산출과정은 일반적으로 중심극한정리를 적용하며 이를 "이항분포의 정규근사"라고 한다.

〈이항분포의 정규근사: 위험률의 정규근사〉

이항분포 $b(n, q)$를 따르는 확률변수 $X = \sum_{k=1}^{n} X_k$ 그리고 표본평균(표본비율) $\hat{q} = \dfrac{X}{n}$는 중심극한정리로부터 $n(>30)$이 클 때 근사적으로 각각 정규분포를 따른다. 간략히 표현하면,

$$\frac{X - nq}{\sqrt{nq(1-q)}} = \frac{\hat{q} - q}{\sqrt{\dfrac{q(1-q)}{n}}} \xrightarrow[(n > 30)]{} N(0, 1)$$

다음으로 대수의 법칙, 중심극한 정리에 의해 작성된 계산기초(보험수리적 가정)에 근거하여 부담금(보험료)을 계산할 때 적용되는 수지상등의 원칙에 대해 살펴본다.

3) 수지상등의 원칙(Actuarial Equivalence Principle)

수지상등의 원칙은 향후 예상되는 수입과 지출이 균형을 이루도록 재정계획이 수립되어야 한다는 균형재정원칙을 의미한다. 이 때 수입과 지출은 장래에 발생하기 때문에 미래 유입 현금흐름의 기댓값(계리현가)과 장래 지출 현금흐름의 기댓값(계리현가)이 일치하는 기대 균형재정(expected financial equilibrium)을 산출해야 한다. 왜냐하면 수입과 지출은 단순한 금액이 아니라 확률적인 의미를 가지고 있는데, 그것은 대수의 법칙을 전제로 산정된 위험률을 사용하기 때문이다. 그리고 균형재정 산출 시 통상적인 회계결산과 같이 단일연도만 고려하지는 않는다. 수지상등 기간을 일정기간으로 설정하는 경우도 있지만 극단적인 경우에는(공적연금제도에서 흔히 발견되지만) 수지상등 기간을 영구하게 적용하는 경우도 있다. 결론적으로 "수지상등의 원칙"은 "사전에 확정한 기간 내에 현금 수입과 지출의 기대치가 균형을 이루어야 한다"는 의미이다.

보험수리에서 이 원칙은 해당 보험상품에 적용되는 기본 가정들(계산기초)이 현실적으로 오차 없이 보험기간 중에 실현된다는 전제 하에서 지급될 보험급여의 현금흐름(支)의 계리현가와 보험기간 중에 유입될 보험료의 현금흐름(收)의 계리현가를 상등(相等)하게 두고 보험료를 산출하는 원칙이다. 이를 통하여 납입할 평준보험료(level premium)를 산정하게 된다.

한편, 연금수리에서 수지상등의 원칙이란 확정급여형 연금제도에 적용되는 재원적립원칙(principle of funding plan)을 말한다(제3장에서 구체적으로 다루고 있음). 여기서는 기본 원칙에 대해서만 간략히 기술하기로 한다. 확정급여형의 급여는 지급 사유별로 지급액이 미리 규정된 확정급여산정식에 의해 결정된다. 우리나라는 퇴직원인을 불문하고 퇴직 시에 "계속근로기간 1년에 대하여 30일분의 평균임금에 상당하는 금액 이상"을 퇴직급여로 지급할 것을 근퇴법에서 규정하고 있다. 약정한 퇴직급여는 우리가 통제할 수 없는 변수이므로 향후 납입할 부담금 수준을 조율하면서 미래의 퇴직급여를 과부족 없이 균형재정을 유지하는 것을 목적으로 한다. 즉, 유입될 부담금의 계리현가와 유출될 급여의 계리현가를 상등하게 두고 현재까지 적립된 연기금 보유자산은 차감하게 된다. 해당 연금제도 전체 가입자에 대하여, 아래와 같은 적립원칙이 매 산출시점(t)마다 정기적으로 적용된다.

〈재원적립 원칙〉

『향후 납입할 부담금의 계리현가(t)』
=『향후 지급할 급여의 계리현가(t)』 - 『적립금 평가액(t)』

보험수리의 수지상등의 원칙은 피보험자 개인별로 적용되는 원칙인 반면에 재원적립 원칙은 가입근로자 개인별로 적립하는 경우와 가입 집단 전체에 대하여 적용하는 경우로 나누어진다.[8] 한편 보험수리에서는 계약시점에서 산출된 평준보험료가 보험료 납입 기간 전 기간에 일정하게 부과되지만 연금수리의 부담금은 재정검증을 통하여 산출시점마다 균형재정을 위해 변동될 수 있다.

지금까지 설명한 대수의 법칙, 중심극한정리 그리고 수지상등의 원칙이 연금제도를 운영하는 과정에서 어떠한 위치를 차지하고 있는지를 도식화하면 [그림 2-1]과 같이 요약할 수 있다.

그림 2-1 연금수리학 기본 원리 적용 과정

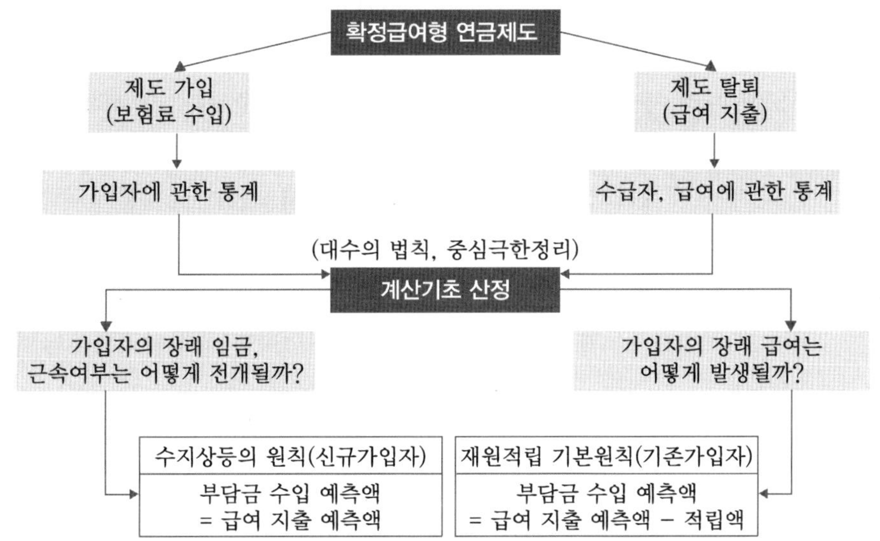

8) 제4장 재정방식에서 자세히 다루고 있다.

5. 연금수리 vs. 보험수리

연금수리학의 기본원리가 17세기경부터 발달해 온 전통적인 보험수리학에 의존하고 있음은 부인할 수 없다. 보험수리학은 확률론, 수리통계학, 미적분 등 수리학 분야에 기초를 두고 생명보험 분야를 중심으로 발전한 학문이다. 하지만 연금수리학은 이러한 순수수리학을 응용하는 데 그치지 않으며 사회·경제제도에 기반한 연금제도를 대상으로 하고 있기 때문에 후생경제학, 재무투자론, 회계학, 사회보장학 등 한층 더 폭넓은 지식을 필요로 한다. 그렇다면 연금수리학과 보험수리학과의 근본적 차이는 무엇인가? 이에 대한 설명은 아래와 같이 정리할 수 있다.

- 첫째, 연금수리학은 확정급여형 연금제도의 재무건전성을 제고하기 위한 계량적 방법론을 개발하고 발전시키는 학문이다. 따라서 특정 연기금 집단(법인, 단체 등)을 대상으로 한다. 부담금 산정은 연기금 집단 전체의 수지상등을 고려하여 산출되는 반면에 보험수리학은 피보험자 개인 주체의 성별, 연령별 그리고 생·사 위험 등 담보위험(insured risks) 정도에 따라 차별적으로 수지상등을 적용하여 산출된다. 따라서 연금수리학은 집단구성원 간의 개별 위험특성을 반영할 수 없어 부담금 형평성 문제가 내재하고 있다. 이와 같은 측면에서 개인연금제도에 적용되는 계량적 방법론은 연금수리학 측면도 다소 존재하지만 엄격하게 구분하면 보험수리학 영역에 속한다. 일반적으로 연금수리학에서 연금제도란 개인연금제도를 제외한 연금제도를 의미하며 확정급여형으로 한정한다.
- 둘째, 연금수리학은 집단 전체의 재정균형을 정기적으로 제고하기 위해서 사전적으로 산출된 부담금에 대해 사후적으로 부담금 조정이 이루어진다. 전자를 표준부담금(normal cost)이라고 하며 후자를 조정부담금(adjusting cost or supplemental cost)이라고 한다.[9] 즉, 「납입부담금=표준부담금+조정부담금」은 정기적 재정검증 결과에 의해 변동된다. 연금

9) 근퇴법 시행규칙 제3조에서 차별적으로 규정하고 있는 보충부담금과 특별부담금 각각은 연금수리학에서는 모두 조정부담금에 해당한다.

수리에서 부담금 납입주체는 확정급여형 연금제도를 시행하는 단체(사용자, 공공기관 등)에게 있지만(이를 비기여형(non-contributory plan)이라고 함), 그 구성원에게 약정한 일정 부분을 부담하게 하는 경우도 있다(이를 기여형(contributory plan)이라고 함). 생보수리에서는 계약단계에 보험계약자에게 부과하는 보험료는 보험료납입기간에 걸쳐 확정된 금액으로 일정하며, 제1차 보험료납입의무는 보험계약자에게 있지만 이를 수행할 수 없는 상황인 경우에는 보험수익자에게 이를 대체할 수 있는 옵션이 부여된다. 이는 평준보험료방식(level premium system) 그리고 수지상등의 원칙을 개인별로 적용하는 보험수리학의 가격산출(pricing) 특성에 기인한다.

- 셋째, 연금수리학에서 연기금 재정의 예측과의 차이에 의해 발생하는 계리적 손익 혹은 계리적 초과적립·과소적립은 연기금 내부에서 처리된다. 예를 들어, 초과적립이 발생하여 퇴직연금을 운영하는 주체(사용자)가 요구하는 경우에 발생한 잉여금을 향후 납입해야 할 부담금과 상계처리[10]할 수 있고, 기업의 운용자금으로 사용할 수도 있다. 반대로 일정수준 이상의 부족금이 발생하면 이를 해소하기 위해 조정부담금(즉, 특별부담금)을 납입하여 재정균형을 조기에 이룰 수 있도록 한다. 그러나 보험수리에서 발생한 계리적 손익 혹은 계리적 잉여·부족은 전적으로 해당 보험회사의 영업 손익으로 전가된다. 물론, 배당부 보험의 경우에 발생한 이익은 사전에 약정된 이원별 배당원칙에 의해 보험계약자에게 할당된다. 이와 같이 연금수리학은 정기적 재정검증의 결과로 부담금 납입계획을 수정 혹은 재산출함으로써 재정균형 상태를 유지할 수 있는 이론적 메커니즘을 제공한다. 보험수리학은 보험계약자와의 관계에 있어서 계약단계에 합리적 보험료를 제공하고, 계약 유지 기간 중에 보험료의 수정변경 사항을 고려하지 않는다.
- 넷째, 재정계획 수립 시 보험수리가 적용되는 기간은 연령, 성별 등 일정조건을 만족시키는 개인에 대하여 일정기간(보험기간)에 걸쳐 수지상등하도록 설정한다. 한편 연금수리가 적용되는 기간은 적용되는 단체에

10) 잉여금을 활용하여 일정기간 동안 사용자의 부담금 납입을 면제하는 기간을 부담금공제기간(sponsor contribution holidays)이라고 한다.

따라 달라진다. 퇴직연금제도의 경우는 해당 기업의 지속가능기간, 즉 유한기간에 대해서 수지상등하도록 재정계획을 수립한다. 공적연금제도는 운영주체인 공적기관의 지속가능성이 무한이므로 연금수리는 존속기간인 무한기간에 대해서 수지상등하도록 장기적 재정계획을 세운다. 근퇴법은 이러한 장기 재정계산의 어려움을 보완하기 위하여 매년 재무건전성을 검증(급여 지급능력 확보)하고, 3년마다 재정재계산(부담금 산정 및 납입)하도록 규정하고 있다. 한편 국민연금제도는 국민연금법 제4조(국민연금 재정 계산 및 급여액 조정)에서 급여수준과 연금보험료는 국민연금 재정이 장기적으로 균형을 유지하고 조정할 수 있도록 규정하고 있다. 동법 시행령 제11조(국민연금의 재정계산 등)에서 5년마다 최소 60년 이상에 걸쳐 「국민연금장기재정추계」를 실시할 것을 규정하고 있다.[11)] 이를 통해 급여 조정, 보험료 조정, 연기금 운용전략 등과 관련된 장기운영계획을 수립하게 된다.

- 다섯째, 보험수리는 다수의 계약에 의해 대수의 법칙이 항시적으로 적용될 것으로 가정하여 약정한 급부에 해당하는 보험료(benefit premium)를 산출한다. 그러나 연금수리는 가입자 구성이 소규모인 집단에 대해서도 적용되는 관계로 대수의 법칙이 항상 적용된다고 볼 수 없다. 이러한 이유로 연금수리는 정기적인 재정검증(결산)과 필요에 따라 재정계획을 수정(재계산)하는 과정이 요구된다. 보편적으로 부담금에 대해서는 세법상 손금인정 한도가 설정되어 있어 기업의 조세전략 또한 고려되어야 한다. 결론적으로 보험수리가 수리적 최적해(optimal solution)를 추구한다면, 연금수리는 연금제도의 주위 안팎의 경제상황을 고려한 최선해(best solution)를 추구한다고 할 수 있다.
- 여섯째, 보험수리학은 실제적으로 Richard Price(1723~1791, 영국)의 업적에서 출발한다. 그는 보험수리학의 고전인 "Observations on Reversionary Payments(1771)"을 집필하였으며 또한 1753년부터 1780년까지 영국 Northampton 지역의 사망통계를 이용하여 실용성이 매우 높은

11) 국가별로 차이는 있지만 재정전망은 통상적으로 최소 60년 이상에 걸쳐 추계하며, 우리나라 국민연금은 2003년에 1차(2070년까지 추계), 2008년에 2차(2078년까지 추계), 2013년에 3차(2083년까지의 추계) 그리고 2018년 제4차 재정추계는 2088년까지 추계함으로써 추계기간은 "Next 70-year"로 정착되었다.

생명표를 작성하였다. 실제로 Price의 생명표는 최초의 근대적 생명보험사인 영국 'Equitable Life Assurance Society(1762~2000)'의 보험료 산정에 오랜 기간 사용되었다. 반면에 연금수리학은 역사적으로 Johan De Witt(1625~1672, 네덜란드)의 업적에서 출발한다. 그는 1671년 네덜란드 정부의 연금사업 계획을 주도하면서 각 도시의 출산사망기록을 집적하고 최초로 확률개념을 적용하여 생명 연금 현가를 산출하였다. 이후에 보험수리학과 연금수리학은 상호 보완적으로 발전하고 있지만, 서로 다른 역사적 배경에 의해서 독자적으로 발전하고 있다.

- 마지막으로, 확정급여형 퇴직연금제도를 설립할 때에 제도 설립 이전의 근속연수(즉, 과거근무기간)를 인정하여 연금수급권을 산정할 수 있다. 이를 초기과거근무채무(initial past service liability: IPSL)라고 한다. 이와 같이 연금수리학에서는 보험수리학에서 다루지 않는 IPSL 개념이 있으며, 이를 통산하여 필요한 부담금을 산출하는 재원조달방법이 개발되어 왔다. 이런 이유로 표준부담금 개념보다는 조정부담금 개념이 한층 더 연금수리적 논제로 부각되어 왔다.

결론적으로 보험수리학은 생명보험 전반에 걸친 계량적 논제에 대하여 합리적으로 문제의 정답을 찾아가는 과정(problem-solving process)을 제공한다고 볼 수 있다. 한편 연금수리학은 연금제도 전반에 걸친 계량적 논제에 대하여 합리적으로 이해관계자간의 합의과정(problem-consulting process)을 제공함에 더 큰 가치를 두고 있다. 그러므로 연금계리사는 연금재정에 영향을 미치는 자본시장 환경변화, 기업의 재무상태 및 가입근로자 구성원의 변화, 정부 정책변화(조세, 재정검증 방법 등) 등에 능동적으로 대응하여 향후 재정계획에 대한 명확한 가이드라인을 제시할 수 있어야 한다. 아울러 노사를 비롯한 다양한 이해관계자간의 견해 차이를 조율하고 융합하는 일련의 의사소통능력 또한 요구된다. 최근에는 저금리 기조와 연금채무의 시가평가가 확산되면서 연기금(적립금)의 효율적 자산운용에도 연금계리사가 적극적으로 참여하고 있다. 대표적으로 1980년대부터 발전되어 온 연금자산부채종합관리(PALM) 분야는 LDI 전략으로 발전되면서 재조명되고 있다(마지막 절에서 다룸).

6. 이해관계자 모델(Stakeholder Model)

연금계리사는 연금계리 업무의 과학적 합리성을 제시함과 동시에 연금재정에 관련된 다양한 이해관계자 간의 이해 상충적 견해를 조율하여야 한다. 확정급여형 퇴직연금제도에 관련된 다양한 이해관계자 그리고 그들의 주요 관심사는 <표 2-5>와 같이 정리할 수 있다.

표 2-5 이해관계자 모델

이해관계자	주요 관심사	주요 내용
가입근로자, 근로자대표	연기금 지급능력 확보 (continued solvency)	퇴직연금제도의 재무건전성이 최대의 관심사이다. 완전적립상태 또는 초과적립상태가 유지되어 발생급여에 대한 지급능력(benefit security)이 항시적으로 확보되기를 바란다. 극단적으로 해당 기업이 파산하더라도 연기금의 재무건전성은 확보되어야 한다는 관점이다.
사용자 (기업)	부담금 안정성 확보 (contribution stability)	사용자는 납입해야 할 부담금 수준이 예측 가능한 일정 범위 이내(즉, 기업재무 관점에서 부담 가능한 수준 이내)에서 안정화되기를 원한다. 궁극적으로, 재정검증 결과로 요구되는 부담금 수준이 표준부담금의 일정 범위 이내에서 확정되기를 바란다.
조세당국	최대 조세혜택 수준 결정 (maximum tax deductible)	일반적으로 퇴직연금제도의 활성화 여부를 결정하는 최대 요인은 조세정책이다. 조세당국은 연기금 운영상 수익(이자수익 및 자산매각수익)에 대한 과세 여부, 납입부담금의 손금인정 여부 등을 결정한다. 또한 세제혜택을 부여하는 경우에 최대 조세혜택 범위 및 조건 등을 설정하여야 한다. 왜냐하면, 일정 수준의 이상의 조세혜택을 부여하면 기업은 조세전략적 관점에서 해당 기업이 이익이 발생하면 필요 이상으로 퇴직연금부담금을 추가 납입하는 등 조세를 회피할 가능성이 높기 때문이다. 즉, 퇴직연금제도를 조세은닉처(tax haven)로 악용할 개연성이 있기 때문이다.
고용노동부 금융위원회 금융감독원	연금수급권 확보 및 가입자 간 형평성(equity) 유지	정부 및 감독기관은 가입근로자의 연금수급권 보호를 최대의 가치로 두어야 한다. 이를 위하여 정기적으로 재정검증을 수행하고 충분치 못한 경우에 사용자로 하여금 재정확충방안(재정안정화 계획서)을 요구하게 된다. 아울러 가입근로자의 형평성 유지(예: DB에서 중도인출 금지 규정)와 퇴직연금사업자 간의 공정한 시장경쟁을 제고할 수 있는 환경을 조성하여야 한다.

주주	기업가치 제고	퇴직연금제도 운영이 기업가치, 주가 및 신용등급에 미치는 영향에 최대의 관심을 두고 있다. 일반적으로 연기금의 재정건전성은 기업가치와 정(+)의 관계가 있다. 특히, M&A, 청산, 구조조정 등의 경우에 연금재정의 건전성 여부가 기업가치를 결정하는 주요한 변수로 작용하게 된다.

Ⅱ 연금계리 주요 절차

연금계리 업무는 모든 종류의 확정급여형 연금제도에 요구되는 내용이다. 여기서는 확정급여형 퇴직연금제도에 한정하여 설명한다. 확정급여형 퇴직연금제도를 운영함에 있어 사용자(기업), 가입 구성원, 제도 운영을 감독하는 정부기관, 해당 제도의 운용관리 및 자산관리 등 운영 전반에 대해서 위탁 받은 금융기관, 세법상의 혜택을 부여하는 국세청 등의 이해관계자가 존재한다. 이들은 공통적으로 해당 연금제도의 재무상태에 관심을 갖고 있다. 이에 연금계리사는 정기적으로 재정검증을 수행하여 재무상태를 파악하고 그 결과에 따라 필요시 부족금 또는 잉여금을 상각하는 재원조달계획을 새로이 작성하고 이를 수행한다. 이와 같이 확정급여형 연금제도에 대하여 정기적으로 재정검증을 수행하고 재원조달계획을 수립하는 일련의 체계적 과정을 연금계리 절차(actuarial procedure of pension funding & valuation)라고 한다. 어떠한 프로세스로 연금계리 업무를 수행하는지 이론적 관점의 일반(一般)절차와 근퇴법에서 규정한 법정(法定)절차로 나누어 살펴본다.

1. 일반(一般)절차

연금계리 업무를 수행하는 주요 절차는 아래와 같이 5가지로 요약할 수 있다. 궁극적인 목표는 연금재정의 지속가능한 지급능력(continued solvency)을 확보하는 것이다.

- 첫째 단계

: 정기적으로 연기금 자산(적립금)과 부채(연금채무)를 평가하여 재무건전성을 검증한다. 일반적으로 재정검증의 결과는 적립비율(funded ratio = 적립금 평가액 ÷ 연금채무 평가액)로 표현되며, 이해관계자에게 그 결과를 통보하게 된다. 실제로 조세혜택이 부여된 퇴직연금제도(즉, 적격퇴직연금제도)에 대해서는 정부가 정기적인 재정검증(periodic valuation)을 요구한다. 예를 들어, 우리나라와 미국은 1년에 한 번, 일본은 최소 5년에 한 번, 영국은 3년에 한 번씩 수행하여 관련 기관에 통보하여야 한다.[12)]

- 둘째 단계

: 연금규약에서 약정한 퇴직급여(퇴직일시금 또는 퇴직연금)가 과부족 없이 지급될 수 있도록 정기적으로 납입하여야 할 사용자 부담금(기여금)을 산출한다. 적격퇴직연금제도인 경우에는 재정검증의 결과로서 "과소적립상태"이면 과소적립액을 해소할 수 있는 중단기 "재정안정화계획"을 수립하여 정부기관의 승인을 받아야 한다. 한편, 우리나라에서는 별다른 규정을 두고 있지 않지만, 영미일 등 선진국들은 "초과적립상태"인 경우에도 최대적립상한(full funding limit)[13)]을 설정하여 이를 초과하는 잉여금은 일정기간 이내에 상각하도록 규정하고 있다. 즉, 납입할 부담금과 상계처리(offset disposal), 급여수준 상향조정 또는 사용자에게 반환(일본은 반환을 허용하지 않음) 등의 방법으로 일정수준 이상의 잉여금은 일정기간 이내에 상각하여야 한다. 이는 사용자가 퇴직연금제도를 기업의 법인세를 줄이거나 혹은 회피하려는 조세피난처(tax haven)로 악용하는 것을 방지하기 위함이다. 예를 들어, 영국은 105%를 초과하는 잉여금은 연금계리사가 향후 5년 이내에 이를 처리하는 상각계획서를 작성하여 정부(국세청 산하 연금제도운영관리처(Pension Schemes Office: PSO))에 보고하고 이를 성실히 이행하여야 한다. 물론 초과잉여금은 PSO가

12) 영국의 경우 연금계리사(scheme actuary)가 재정검증의 결과로서 표준지급능력증명서(Standard Solvency Certificate)를 작성하여 연금감독청(Pension Regulator)에 제출하고 이를 사용자 및 가입자들에게 공시하고 있다.

13) 최대적립상한은 세제 혜택상의 공제한도로서 영국 105%, 미국 150% 그리고 일본 150%이다.

계산기초, 적립금 및 연금채무 평가기준을 제시하며, 상각기간 및 상각방법은 사용자와의 의견조율을 거쳐 연금계리사가 판단한다.

- 셋째 단계

: 재정검증의 결과와 회계감사의 실증적 회계자료(audited accounts)를 기반으로 계산기초의 객관성, 신뢰성, 적합성 등을 정기적으로 검증하고 필요시에는 수정한다. 즉, 경제변수(예: 예상이율, 예상임금상승률) 그리고 인구통계변수(예: 예상퇴직률, 예상사망률) 각각의 추정치와 실제 경험치 간의 차이 정도를 확인하고 그 정도의 심각성 여부에 따라 점진적, 순차적으로 해소해 나아가는 계리적 판단이 요구된다. 여기서 심각성 정도는 결산과정을 통하여 정기적으로 산출되는 연금계리 손익(또는 보험수리적 손익)의 변동성 및 그 추세를 고려하여 판단한다.

- 넷째 단계

: 이상과 같은 재정검증과정을 거쳐 연기금의 지급능력을 지속적으로 확보할 수 있는 연기금 자산운용계획을 수립하고, 향후 부담금 수준의 안정성을 제고할 수 있는 재원조달계획을 결정한다. 자산운용계획과 재원조달계획은 상호 보완적이므로 균형적 관계를 유지하는 것이 매우 중요하다. 왜냐하면, 자산운용이 공격적이면 적립금의 변동성이 높아질 개연성이 높고 그 결과로 부담금 수준의 변동성 또한 높아지기 때문이다. 즉, "부담금의 안정성 제고"와 "기금의 지급능력 제고"는 상호 음의 상관관계가 성립한다.

- 마지막 단계

: 연금계리사의 계리적 판단에 의해 필요하다고 인정되는 경우에는 재정재계산(revaluation)을 실시한다. 셋째 단계에서 설명한 바와 같이, 재정검증의 결과로 수입과 지출의 수지불균형이 예상하는 범위를 벗어나거나 적립비율이 예상 목표범위(solvency band)를 벗어나는 경우에 그 원인을 먼저 규명하게 된다. 그리고 연금수리상의 예측치과 실제 경험치 간의 차이가 발생한 원인이 명확해지면 이를 해소하는 방안(예: 계산기초의 수정)을 수립한다. 이 경우에 연금재정의 안전성 및 안정성을 확보하기 위한 부담금 납입계획을 다시 수립하게 되는데 이를 재정재계산이라고 한다. 재정재계산은 연금재정에 문제가 발생하면 즉시 이루어

그림 2-2 연금계리 일반절차 순환도[14]

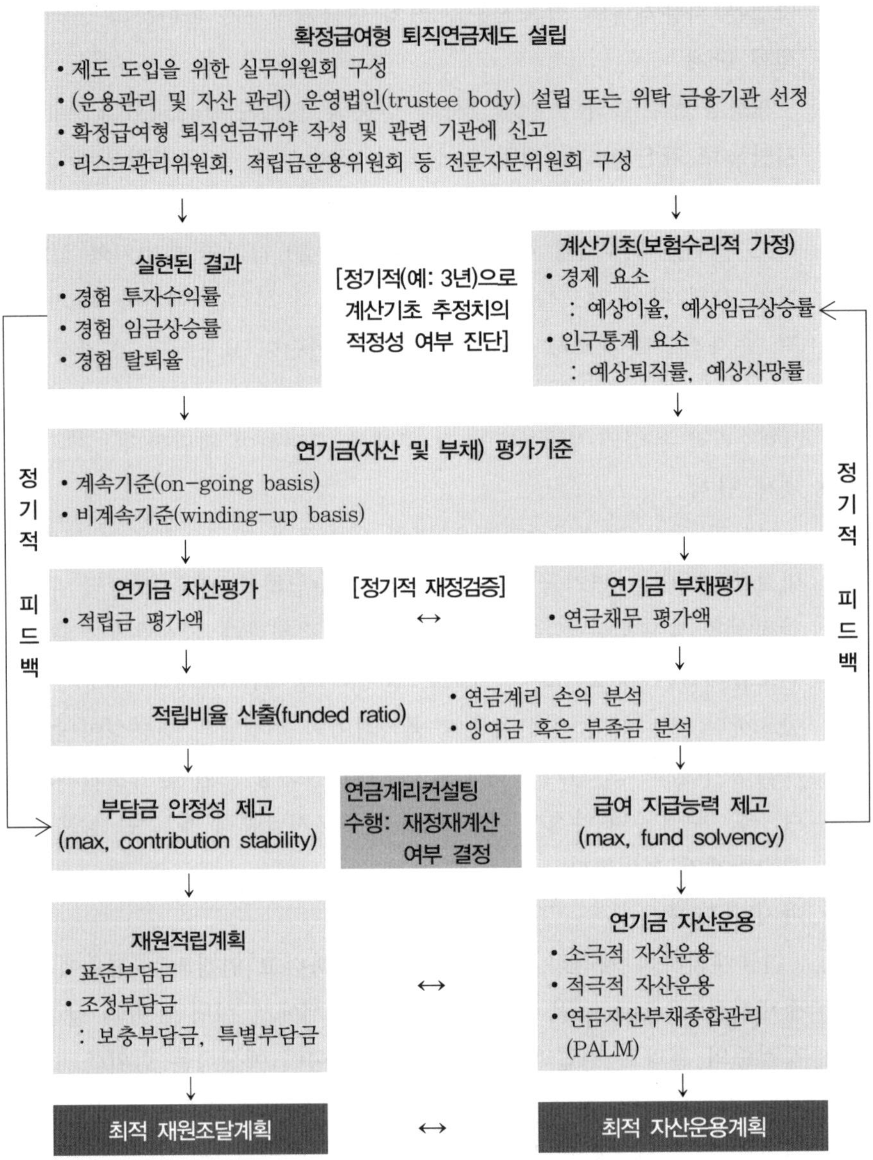

주1) 부담금은 1년마다 한 번씩 정기적으로 납입하는 것이 원칙이다.
주2) 부담금은 표준부담금과 조정부담금으로 대별되며, 후자는 보충부담금과 특별부담금으로 세분된다.
주3) 표준부담금은 당해연도의 근로용역 제공에 의해 발생할 것으로 기대되는 급여의 순증가

14) 평가방법 및 주요 용어는 제3, 4장에 걸쳐 구체적으로 다루고 있다.

분을 충당하기 위해 연초에 납입하는 부담금을 말한다. 단, 당해연도 근로용역의 제공이 완료된 당해사업연도 말에 회계적으로 인식하는 당기근무원가(current service cost)에 대한 계리적 추정치를 의미한다.[15)]

注4) 보충부담금은 제도 도입 이전에 제공한 과거근무에 의해 발생한 급여(초기과거근무채무(past service liability))를 일정기간에 걸쳐 상각/충당하기 위해 표준부담금 외에 추가로 납입하는 조정부담금이다.

注5) 특별부담금은 재정검증 결과로 과소적립상태로 판단된 경우에 즉시적 지급능력 제고를 위해 표준부담금 외에 추가로 납입하는 조정부담금이다.

注6) 운영법인의 운영위원회는 일반적으로 노사 대표 50:50 그리고 위원장으로 구성되며 기금형 퇴직연금제도 운영(운용관리+자산관리)의 전반을 관장하는 의사결정기구이다.

注7) 재원조달계획은 중장기적 관점에서 수립하며 균형재정을 제고하기 위한 부담금납입계획을 말한다.

注8) 자산운용계획(investing plan)은 연금자산부채종합관리(PALM) 관점에서 수립되어야 한다. 이러한 선진사례가 2000년대 이후 꾸준히 증가하고 있는 추세이다(마지막 절에서 보충설명하기로 함).

져야 하지만, 특별한 문제가 없더라도 3~5년마다 정기적으로 실시하는 것이 일반적이다.

요약하면, 적립금 수준(적립비율) 및 부담금 수준의 균형적 최적화를 달성하는 것이 바로 연금계리의 지향점이다. 그러나 사용자의 재무상태, 가입자의 요구사항 그리고 관련 규정 등의 다양한 제약으로 인해 연금계리 업무는 이론적 최적 안보다는 실무적 최선 안을 도출하는 과정으로 이해할 수 있다. 주요 절차에 대해서만 언급하였지만, 전 과정을 도식화하면 [그림 2-2]와 같이 연금계리 일반절차를 정리할 수 있다.

다음은 연금계리 일반절차에 상응하는 근퇴법상의 연금계리규정(일명 연금계리 법정절차)에 대해 살펴보기로 한다.

2. 법정(法定)절차

법정절차는 현행 근퇴법[16)]에서 구체적으로 규정하고 있는 재정검증방법과 그 결과에 대한 조치방법 등에 대한 연금계리업무 절차이다. 이를 수행하는 주체는 확정급여형 퇴직연금제도의 운용관리업무를 수행하는 퇴직연금사업자이다.

15) 이에 대한 구체적 논의는 제5장에서 다루기로 한다.

16) 시행령, 시행규칙, 고용노동부 고시를 포함한다.

1) 개요

퇴직연금사업자는 금융위원회가 인정하는 "연금계리 전문인력"에게 연금계리 업무를 수행하게 하며, 주요 업무범위는 아래와 같다.

- 재정검증 및 부담금 산출의 기초가 될 기초율을 산출한다.
- 매 사업연도 종료 후 6개월 이내에 재정검증(급여 지급능력 검증)을 완료하고 그 결과를 사용자에게 알려야 한다(과소적립이면 근로자대표 포함).
- 정기적으로 연 1회 이상 납입할 부담금은 장기재정균형을 유지할 수 있도록 산출하여야 한다.

단, 근퇴법에서 규정하지 못한 세부적 연금계리 업무처리는 금융감독원, 전국은행연합회, 금융투자협회, 손해보험협회, 생명보험협회가 공동으로 제정한 「퇴직연금 업무처리 모범규준(2006. 9 제정~2017. 6 폐지)」을 준용하였지만, 현재는 한국보험계리사회의 「연금계리 실무 해설서(부록 참조)」로 대체 적용되고 있다(제정 기관의 차이만 있을 뿐이며, 주요 내용의 변화는 없음).

상기와 같은 주요 업무는 법적 강행성이 있는 것으로 이미 설명한 일반절차에 우선한다. 법정절차는 [그림 2-3]과 같이 정기적으로 수행함으로써 연금재정의 안전성 및 안정성을 제고하기 위한 최소한의 업무절차로 이해할 수

그림 2-3 연금계리 법정절차 순환도

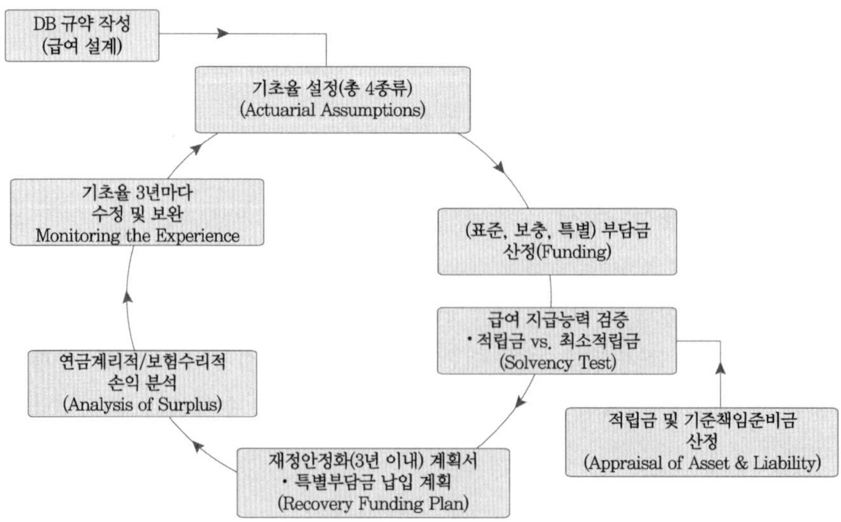

있다.

[그림 2-3]에서 언급된 용어들은 연금계리업무 수행시에 요구되는 연금계리관련 주요 변수들이다. 이들에 대한 법적 정의와 산출방법을 먼저 다루기로 한다.

2) 주요 변수

근퇴법은 연금계리 업무를 수행하기 위해서 사전적으로 산출하여야 할 변수들을 규정하고 그 산출 방법을 명시하고 있다. 이들을 순차적으로 살펴본다.

(1) 기초율 변수

기초율
• **산출원칙** 기초율은 매 3년마다 산출하되, 부담금의 기초가 된 기초율이 실제 상황과 현저한 차이가 발생하는 경우 재산출함. • **종류** 예상이율, 예상임금상승률, 예상퇴직률, 예상사망률 등 총 4종류. ① 예상이율 산출 산출 직전 사업연도 말을 기준으로 금융투자협회가 발표하는 10년 만기 국고채의 36개월 평균수익률로 한다. 매 사업연도 종료 후 6개월 이내에 재정검증을 수행하므로 1년 전 사업연도 말에 확정된 자료(10년 만기 국고채의 과거 3년간 월별 수익률의 평균)에 근거하여 산출한다("연금계리 실무해설서"는 4.374%는 4.25%, 4.376%는 4.50% 등과 같이 0.25% 포인트 단위로 반올림 적용함). 재정검증 시에 재산출하므로 재정검증 결과에 가장 영향력이 높은 기초율이다. ② 예상임금상승률, 예상퇴직률, 예상사망률 산출 해당 사업장의 경험통계를 기초로 하여야 한다. 다음 예외 사항 중 어느 하나에 해당하는 경우에는 고용노동부장관 또는 보험개발원장이 발표하는 기초율을 이용할 수 있다. • **예외 사항** - 해당 사업이 성립된 지 3년 미만인 경우. 다만, 합병 · 분할로 인하여 설립된 경우 - 화재 등으로 경험통계 자료를 분실한 경우 - 경험통계를 장래 예측을 위해 사용하기에 부적합한 경우

즉, 예정이율을 제외한 나머지는 해당 기업의 최소 3년 이상 자사(自社) 경험통계에 근거하여 각각 산출하여야 한다는 원칙이다. 위 3가지 예외 사항은 경험통계로서의 관련성, 신뢰성(relevance & credibility)의 문제가 있는 경우이므로 공신력 있는 기관의 장(고용노동부장관 또는 보험개발원원장)이 발표한 기초율로 대체할 수 있다.

(2) 기준책임준비금 변수

기준책임준비금

- **산출시점**

  해당 사업장의 매 사업연도 말일 현재 시점을 기준으로 산출함.
- **산출목적**

  급여 지급능력 여부의 검증(재정검증)을 위한 표준연금채무(standard pension liability)를 산출하기 위함. 이를 기준책임준비금으로 설정하고 있음.
- **기준책임준비금**= Max {계속기준책임준비금, 비계속기준책임준비금}
- **계속기준책임준비금**
  - 매 사업연도 말일 현재를 기준으로 산정한 가입자의 예상 퇴직시점까지의 가입기간에 대한 급여에 드는 비용 예상액의 현재가치에서 장래 근무기간분에 대하여 발생하는 부담금 수입 예상액의 현재가치를 뺀 금액으로서 고용노동부령으로 정하는 방법에 따라 산정한 금액
  - 고용노동부령으로 정하는 방법이란 한국채택국제회계기준(K-IFRS) 제1019호(종업원급여)에서 명시하고 있는 확정급여채무(defined benefit obligation: DBO) 산출 방법을 말한다. K-IFRS에 의하면 매 사업연도 말일 현재를 기준으로 예측단위적립방식(projected unit credit cost method: PUC)에 의해 보험계리사가 DBO를 산출하도록 규정하고 있다. 즉, 확정급여산출식에 의해 발생한 급여 모두를 PUC에 의해 산정함을 의미한다(단, 근퇴법의 기초율을 적용함).
  - 따라서

    "계속기준책임준비금 = (근퇴법 기초율을 각각 적용한) 확정급여채무(DBO)"
- **비계속기준책임준비금**
  - 가입자와 가입자였던 사람의 해당 사업연도 말일까지의 가입기간에 대한 급여에 드는 비용 예상액을 고용노동부령으로 정하는 방법에 따라 산정한 금액
  - 고용노동부령으로 정하는 방법이란 매 사업연도 말일 현재를 기준으로 해당 근로자가 모두 일시에 퇴직할 경우 지급하여야 할 퇴직일시금을 산출하는 "퇴직금추계액방식"을 말한다. 이는 과거 기업회계기준(K-GAAP)에 적용된 방법

으로써 "퇴직금추계액"을 산출한다. 연금수리학에서는 이 퇴직금추계액을 보장급여채무(vested benefit obligation: VBO)라고 한다(제3장에서 상술함). 이러한 이유로 근퇴법의 기초율을 적용할 필요성이 없다.

- 따라서 "비계속기준책임준비금=퇴직금추계액"

다음으로 다룰 최소적립금은 기준책임준비금의 일정 %에 상응하는 연금채무개념이다. 이는 연금수리적 관점보다는 정책적 관점에서 도입된 변수로서 퇴직연금제도의 도입 단계에 한시적으로 사용자(sponsor)의 재정적 부담을 줄여주기 위함이다. 이론적으로 "적립금 ≥ 기준책임준비금"이면 지급능력을 확보한 것이다. 그러나 기준책임준비금을 100% 모두 적용하면 상당수의 사용자가 재정적 부담을 안게 되어 제도 도입을 주저할 수 있고, 아울러 도입한 사업장의 상당부분이 지급능력 부족으로 판정될 개연성이 높기 때문에 정부가 한시적으로 기준책임준비금의 표준을 완화한 것이다.

(3) 최소적립금 변수

최소적립금

- **산출시점**

  해당 사업장의 매 사업연도 말일 현재 시점을 기준으로 산출함.

- **산출원칙**

  기준책임준비금의 60% 이상으로 대통령령이 정하는 비율(즉, 최소적립비율)을 곱하여 산출함(과거근무기간[17] 포함 여부에 따라 달라짐).

- **산출목적**

  지급능력 여부를 판단(재정검증)하는 기준책임준비금 대신에 확정급여형 퇴직연금제도의 조기 정착(또는 사용자 재정부담 경감 등)을 도모할 목적으로 이를 완화한 새로운 기준금액(즉, 법정연금채무(legal pension liability))을 제시하고 재정검증에 이를 적용함.

17) DB에서만 적용되는 내용으로 제14조(가입기간) 제2항 "해당 퇴직연금제도의 설정 전에 해당사업에서 제공한 근로기간에 대해서도 가입기간으로 할 수 있다."에서 규정한 가입기간이다. 즉, <u>가입자별로 확정급여형 퇴직연금제도의 설정 전에 해당사업에서 제공한 근로기간</u>을 과거근로기간이라고 한다.

① 최소적립금의 산출 I (과거근무기간을 포함하지 않는 경우)

: 최소적립금 = 기준책임준비금 × (사업연도별) 최소적립비율(ⓐ비율)

= Max {계속기준 책임준비금×ⓐ비율, 비계속기준책임준비금×ⓐ비율}

② 최소적립금의 산출 II (과거근무기간을 포함하는 경우)

: 최소적립금 = 기준책임준비금 × (사업연도별) 최소적립비율(ⓑ비율)

= Max {계속기준 책임준비금×ⓑ비율, 비계속기준책임준비금×ⓑ비율}

여기서,

사업연도	2012.7.26 ~2013.12.31	2014.1.1 ~2015.12.31	2016.1.1 ~2018.12.31	2019.1.1 ~2020.12.31	2021.1.1 ~
ⓐ 비율	60%	70%	80%	90%	100%

ⓑ 비율 = $\frac{\text{평균과거근로기간} \times ⓐ^*\text{비율} + \text{평균 퇴직연금설정이후의 가입기간} \times ⓐ\text{비율}}{\text{평균 과거근로기간} + \text{평균 퇴직연금설정이후의 가입기간}(= \text{가입기간 전체})}$

연차구분 \ 평균과거근로기간		1년 미만	1년 이상 3년 미만	3년 이상 6년 미만	6년 이상 10년 미만	10년 이상
ⓐ* 비율	1차년도	60%	30%	20%	15%	12%
	2차년도	70%	60%	40%	30%	24%
	3차년도	80%	70%	60%	45%	36%
	4차년도	90%	80%	70%	60%	48%
	5차년도	100%	90%	80%	70%	60%
	6차년도	-	100%	90%	80%	70%
	7차년도	-	-	100%	90%	80%
	8차년도	-	-	-	100%	90%
	9차년도	-	-	-	-	100%

주1) 고용노동부고시(별첨참조)에 의해 2021년 이후에는 ⓐ비율이 100% 적용되므로 가입자수급권이 선진국 수준으로 강화될 것으로 기대된다.

주2) 과거근무기간 연차 산정은 DB형 도입 시점의 당해 사업연도 종료 시를 1차년도로 산정한다.

주3) 과거근무기간 및 가입기간은 소수점 둘째자리, 최종 산출된 최소적립비율은 소수점 셋째자리까지 반올림하여 적용한다.

주4) 평균과거근로기간은 다음과 같이 산정한다. 예를 들어, DB형 도입 시점에 근로자 갑, 을, 병 각각의 과거근로기간이 10년, 8년, 6년인 경우에 평균과거근로기간 = (10+8+6)년/3 = 8년

주5) ⓐ*비율은 평균과거근로기간에 대해 도입 연차별로 차등 적용됨. 예를 들어, DB형 도입 시점에서 평균과거근무기간이 8년이고, 2016년 사업연도 말 현재 도입 4차년도이면 ⓐ* 비율 = 60%가 적용된다. 동일한 조건에서 2016년 사업연도 말 현재 도입 6차년도이면 ⓐ* 비율 = 80%가 적용된다.

간단한 예제를 통해 최소적립금 산출과정을 알아보자.

예제 한국기업은 2016년 1월 1일 기존의 퇴직금제도를 폐지하고 현재 재직중 근로자에 대해 과거근무기간을 소급 적용하여 퇴직연금제도를 도입하였다. 도입 시점에 근로자는 갑(과거근무기간 = 10년), 을(과거근무기간 = 5년), 병(과거근무기간 = 0년, 즉 신입사원임) 등 총 3명이며, 2016년 사업연도 기간에 근로가입자명부의 변경은 없었다. 또한 연금채무 관련 정보로서 2016년 사업연도 말 시점(12월 31일)의 퇴직금추계액은 25,000만원이고, 확정급여채무(DBO)는 26,000만원이다. 2016년 사업연도 말 시점의 최소적립금을 산출하시오.

해설
- 소급 적용된 평균과거근로기간 = (10+5+0)년/3 = 5년
- 2016년 말(즉, 도입 제1차년도 말)에 적용될 총 가입기간 = 6년
- 최소적립비율(ⓑ비율) = $\dfrac{5\text{년} \times 20\% + 1\text{년} \times 80\%}{6\text{년}} = 30\%$.

따라서,
- 최소적립금
=Max {계속기준 책임준비금×ⓑ비율, 비계속기준책임준비금×ⓑ비율}
=7천 8백만원.

(4) 적립금 변수

적립금

- **산출시점**
  해당 사업장의 매 사업연도 말일 현재 시점을 기준으로 산출함.
- **산출목적**
  최소적립금과의 대소 여부를 검증하여 적립금(연기금 자산) 과부족 여부(지급능력 여부)를 판정하기 위함.
- 적립금 = 예적금 평가액 + 손실이 확정된 자산의 평가액 + 기타 평가액

여기서
- 예적금 평가액 = 사업연도 말 시가(時價)
  단, 예적금이란 특정시점까지 시간이 지나면서 자산가치가 일정하게 상승하는 운용자산 포함.
- 손실이 확정된 자산의 평가액 = 사업연도 말 시가
- 기타 평가액(VA)

사업연도 말 직전 12개월간의 시가 평균액($\overline{MP}$)과 사업연도 말 시가(MP)를 기준으로 다음과 같이 조정하여 결정한다. 즉,

$$Case\,1)\quad 90\% \times MP < \overline{MP} < 110\% \times MP \quad \Rightarrow \quad VA = \overline{MP}$$

$$Case\,2)\quad \overline{MP} \le 90\% \times MP \quad \Rightarrow \quad VA = 90\% \times MP$$

$$Case\,3)\quad \overline{MP} \ge 110\% \times MP \quad \Rightarrow \quad VA = 110\% \times MP$$

왜냐하면, 주식, 채권, 대체투자 등 운용자산은 평가시점에 따라 시가의 변동성이 기타 운용자산에 비해 상대적으로 높으므로, 평가의 안정성을 제고할 필요성이 높기 때문이다.

(5) 부담금 변수

부담금

- **산출원칙**

퇴직연금사업자는 재정균형이 장기적으로 유지될 수 있도록 장래 급여에 사용되는 비용예상액, 예상운용수입액 등을 고려하여 산출하며 매년 1회 이상 정기적으로 산출함.

- **산출목적**

급여 지급능력을 사전적(표준부담금 납입을 통하여) 또는 사후적(보충부담금 혹은 특별부담금 납입을 통하여)으로 확보하기 위함.

- **종류**

표준부담금, 보충부담금, 특별부담금 등 총 3종류

① 표준부담금(normal cost or standard contribution)

퇴직연금제도의 설정 이후로서 표준부담금을 산출하는 시점에서 장래 근무기간분에 대하여 발생하는 급여를 사전적으로 충당하기 위한 표준부담금을 산출하며, 사용자는 매년 1회 이상 정기적으로 납입하여야 한다. 즉, 당해 연도의 근로용역 제공에 의해 발생할 것으로 기대되는 급여의 순증가분을 충당하기 위해 연초에 납입하는 부담금을 말한다(즉, 예측단위적립방식(PUC)에 의해 표준부담금을 산출함). 한편, 한국채택국제회계기준(K-IFRS)은 당기에 종업원이 근무용역을 제공하여 발생한 확정급여채무(DBO) 현재가치의 증가분을 "당기근무원가(current service cost)"라고 정의하고 당기 근로용역이 완료된 당해 사업연도 말

시점에 인식(산출)한다. 부연하면, 회계연도 기초에 당기근로용역에 의해 연금채무가 추가로 발생할 것을 미리 추정한 부담금이 표준부담금이며 이는 기말에 인식하는 당기근무원가의 계리적 추정치에 해당한다. 실무에서는 "당기근무원가 = (1 + 예상이율) × 표준부담금"의 관계에 의해 당기근무원가를 산출하고, 계리적 추정의 오차 여부는 보험수리적 손익[18]으로 인식한다.

② 보충부담금
퇴직연금제도의 설정 전의 과거근무기간분에 대하여 발생한 급여를 충당하기 위한 조정부담금(adjusting cost)을 말한다. 단지 10년 이내에 충당될 수 있도록 산정되어야 하며 상각이 완료되기까지는 매년 1회 이상 정기적으로 납입하여야 한다(즉, 초기과거근무채무(IPSL)가 완전히 상각되면 더 이상 보충부담금은 발생하지 않음). 여기서 유의할 점은 IPSL은 기준책임준비금에서 분리하여 10년 이내에 (균등, 탄력 또는 정률)상각하여야 한다는 의미이다(국제표준은 균등상각임).

③ 특별부담금
사용자는 재정검증을 한 결과로 적립금이 최소적립금의 95%에 미치지 못하는 경우에 과소적립액(최소적립금 × 95% - 적립금 > 0)을 최대 3년 이내에 균등하게 해소(즉, 균등상각)하는 조정부담금을 말한다. 즉, 특별부담금 자금조달 및 납입계획 등을 포함한 계획서(즉, 재정안정화계획서)를 60일 이내에 작성하여 매년 1회 이상 정기적으로 균등상각하여야 한다. 단, 재정안정화계획서는 근로자 대표와 퇴직연금사업자에게 통보하여야 한다.

위 (표준, 보충 및 특별)부담금 각각은 근퇴법에서 규정한 법정부담금(legal contribution)이다. 여기서 연금계리적 이슈가 발생하는 부분은 "보충부담금, 특별부담금 각각을 어떻게 산정하는가?"이다. 현행 근퇴법은 구체적인 상각방법을 제시하고 있지 않다(단, 보충부담금은 "10년 이내에 충당" 그리고 특별부담금은 "3년 이내에 균등하게 해소"라는 규정만을 두고 있음). 아울러 실무처리기준인 "연금계리 실무 해설서(부록참조)" 또한 명시적으로 제시하고 있지 못하다(단, 보충부담금은 균등상각, 탄력상각, 정률상각 중의 하나를 선택하도록 하고 있다. 이는 사용자 부담을 반영한 결과임). 근퇴법 규정의 기본취지와 국제 연금계리

18) 당기근무원가와 표준부담금 관계 그리고 보험수리적 손익은 제5장에서 구체적으로 다루고 있다.

표준 관점에서 이를 명확히 하고자 한다. 국제 연금계리표준은 균등상각이 일반적이다. 그리고 근퇴법 또한 균등상각에 초점을 두고 있으며, 아울러 초기과거근무채무(IPSL)는 재정검증 결과와 분리하여 10년 이내에 완전 해소하여야 한다는 법 취지를 견지하고 있다. 이와 같은 관점에서 보충부담금 그리고 특별부담금 산정절차를 예시를 통해 제시하고자 한다.

① 보충부담금 산정 예시

제1사업연도 말 초기과거근무채무($IPSL$)를 일정기간(n년 $\le$ 10년)에 걸쳐 균등 상각하는 경우에 제1, 2, ... n사업연도 말에 적용될 특별부담금은 동일하며 아래와 같이 두 가지 경우로 나누어 산출할 수 있다. 즉,

- $\dfrac{IPSL}{\ddot{a}_{\overline{n|}}}$ ($IPSL$ 적립이율 $i(\neq 0)$ 적용된 경우);

  $\dfrac{IPSL}{n}$ ($IPSL$ 적립이율 $i(=0)$ 적용된 경우)

따라서 매 사업연도 말에 특별부담금을 정기적으로 납입하면 제n사업연도 말 시점에 $IPSL$는 연금계리적으로 완전히 상각됨을 의미한다.

② 특별부담금 산정 예시

매 사업연도 말의 재정검증 결과로 산출된 과소적립액($UL=$ 최소적립금×95% - 적립금) 그리고 균등상각기간($\le$ 3년)이 다음과 같이 결정되었다.

재정검증 시점	2015. 12. 31	2016. 12. 31	2017. 12. 31
과소적립액	UL_1	UL_2	UL_3
상각 연수	n_1	n_2	n_3

따라서 매 사업연도 말에 새로이 산출해야 할 특별부담금은 다음과 같이 산출된다.

첫째, 2015 사업연도 말 시점에 산출할 특별부담금

- $\dfrac{UL_1}{\ddot{a}_{\overline{n_1}|}}$ (UL_1 적립이율 $i(\neq 0)$ 적용된 경우);

  $\dfrac{UL_1}{n_1}$ (UL_1 적립이율 $i(=0)$ 적용된 경우)

둘째, 2016 사업연도 말 시점에 산출할 특별부담금

- $\dfrac{UL_2}{\ddot{a}_{\overline{n_2}|}}$ (UL_2 적립이율 $i(\neq 0)$ 적용된 경우);

  $\dfrac{UL_2}{n_2}$ (UL_2 적립이율 $i(=0)$ 적용된 경우)

셋째, 2017 사업연도 말 시점에 산출할 특별부담금

- $\dfrac{UL_3}{\ddot{a}_{\overline{n_3}|}}$ (UL_3 적립이율 $i(\neq 0)$ 적용된 경우);

  $\dfrac{UL_3}{n_3}$ (UL_3 적립이율 $i(=0)$ 적용된 경우)

위와 같이 특별부담금은 매 사업연도 말 시점에 확정되는 UL에 대하여 상각기간(n년)의 걸쳐 균등하게 상각되는 부담금임을 알 수 있다. 실무에서는 적립이율의 합리적 선정 문제, 적용의 편의성 등으로 대부분의 경우 적립이율을 적용하지 않고 있다. 그러나 보험수리학 관점에서는 재정검증 시점의 예상이율을 적립이율로 하여 상각하는 것이 일반적이다. 적립이율을 적용한 상각방법을 연금수리학에서는 이연상각법(spread method)이라고 한다. 여기서 "이연"은 미래기간(즉, 상각기간)에 대하여 균등하게 확정된 일정금액을 상각한다는 의미이다(제4장 참조).

예제 (2015년 보험계리사 기출문제)
다음은 2015년 12월 31일 기준 A기업의 퇴직연금 자산・부채 내역이다. 이를 바탕으로 2015년 말 현재 기준책임준비금과 2016년 총 부담금을 구하시오.

* 퇴직연금 자산 · 부채 내역(2015년 말)	
퇴직연금 자산	퇴직연금 부채
110,000원	계속기준 : 200,000원
	비계속기준 : 180,000원
* 표준부담금 : 40,000원	
* 2015년 기준 최소적립비율 : 70%	
* 단, 보충부담금은 0원으로 가정함.	

해설
- 2015년 말 기준책임준비금
  = Max{계속기준, 비계속기준} = 200,000원
- 최소적립금 = 기준책임준비금 × 70% = 140,000원
  최소적립금의 95% = 133,000원
- 재정안정화 계획서에 의한 3년 이내 균등상각 대상액
  = 133,000원 − 110,000원 = 23,000원
  따라서 2016년 특별부담금은 23,000원(전액 상각), 23,000원/2, 23,000원/3 등으로 다양하게 산출 가능함.
- 1차년도에 전액 상각인 경우
  : 총 부담금 = 표준부담금 + 특별부담금 + 보충부담금 = 63,000원

3) 재정검증(Solvency Test)

재정검증은 최소적립금(즉, 법정연금채무) 그리고 주요 변수들을 활용하여 급여 지급능력 여부를 먼저 검증하고, 다음으로 그 검증결과에 대한 사후조치로 구성된다.

(1) 급여 지급능력 검증

확정급여형 퇴직연금제도의 운용관리업무를 수행하는 퇴직연금사업자는 근퇴법에 의해 정기적으로 재정검증을 수행하여야 한다. 사용자(기업)의 매 사업연도 종료 후 6개월 이내에 재정검증을 완료하고 그 결과를 사용자에게 서면으로 알려야 하며, 최소적립금과 적립금의 대소 비교를 통해 적립 과부족 여부(즉, 재정상태)를 판단한다. 이러한 이유로 최소적립금은 법정준비금(legal reserve)의 성격을 갖는다. 여기서 최소적립금과 적립금은 해당 사업연도 말 현재 시점을 기준으로 산출한다. 추가적으로 적립부족상태(즉, 최소적립금 > 적립금)인 경우에는 근로자대표[19]에게도 그 확인 결과를 서면으로 알려야 하고,

근로자대표가 없는 사업장의 경우는 전체 근로자에게 서면, 사내 게시 또는 정보통신망에 의해 알려야 한다. 결론적으로 최소적립금과 적립금을 비교한 결과로써 급여 지급능력 여부를 판단한다. 요약하면,

- "최소적립금 ≤ 적립금" ⇒ 급여 지급능력 확보
- "최소적립금 > 적립금" ⇒ 급여 지급능력 미확보

(2) 검증결과 처리기준

현행 근퇴법은 재정검증(급여 지급능력 여부 검증) 결과에 대해 아래와 같은 3가지 처리기준을 차별적으로 적용하고 있다. 즉,

- 급여 지급능력을 확보한 경우의 처리기준
- 급여 지급능력을 미확보한 경우의 처리기준
- 퇴직급여 전액지급 처리기준

가. 급여 지급능력을 확보한 경우의 처리기준

재정검증의 결과로 급여 지급능력을 확보한 경우(즉, 최소적립금 ≤ 적립금)에 아래와 같은 3가지 유형의 사후처리가 적용된다. 즉,

① "최소적립금 ≤ 적립금 ≤ 기준책임준비금"인 경우에 재정검증 결과는 정상적립으로 처리하며 재원확보를 위한 추가 조치가 불필요하다.

② "기준책임준비금 < 적립금 ≤ 기준책임준비금 × 150%"인 경우에 재정검증 결과는 적립초과(over-funded)로 처리하고, 적립초과액(적립금 - 기준책임준비금)은 사용자가 요구하면 향후 납입할 부담금과 상계(相計) 처리할 수 있다. 이와 같이 부담금을 상계 처리하는 기간을 부담금공제기간(contribution holidays)이라고 한다.

③ "적립금 > 기준책임준비금 × 150%" 인 경우에 재정검증 결과는 적립초과로 처리하고, 적립초과액(적립금 - 기준책임준비금 × 150%)은 사용자가 요청할 경우 사용자에게 반환 처리할 수 있다. 물론 향후 납입할 부담금과 상계 처리할 수도 있다.

---

19) 근로자대표란 근로자 과반수가 가입한 노동조합이 있는 경우에는 그 노동조합을 말하며, 그러하지 않은 경우는 근로자 과반수에 해당하는 근로자 각자를 의미한다.

나. 급여 지급능력을 미확보한 경우의 처리기준

재정검증의 결과가 급여 지급능력을 확보하지 못한 경우(즉, 최소적립금>적립금)에는 아래와 같은 2가지 유형의 사후처리가 행해진다. 즉,

① "최소적립금×95% ≤ 적립금 < 최소적립금"인 경우에 재정검증 결과는 적립부족(under-funded)으로 처리하고, 적립부족을 해소하기 위한 추가 재원확보 노력은 요구되지 않지만(즉, 재정안정화계획서(recovery funding plan) 작성 대상은 아님), 재정건전성 제고 여부는 사용자의 판단에 따른다.

② "최소적립금×95% > 적립금"인 경우에 재정검증 결과는 적립부족으로 처리하고, 부족금액(최소적립금×95% - 적립금)을 최대 3년 이내에 균등 상각하는 「특별부담금 재원조달 및 납입계획」을 수립하여 성실히 이행하여야 한다(즉, 재정안정화계획서 작성 대상이며 이를 3년간 보존하여야 함). 사용자는 퇴직연금사업자로부터 적립부족상태임을 통보 받은 날로부터 60일 이내에 재정안정화계획서를 근로자 대표와 (운용관리업무를 수행하는) 퇴직연금사업자에게 통보하여야 한다.

다. 퇴직급여 전액지급 처리기준

원칙적으로 사용자는 퇴직사유가 발생한 날로부터 14일 이내에 퇴직연금사업자로 하여금 적립금의 범위에서 퇴직급여 전액을 지급하도록 조치하여야 한다. 이러한 조치의 결과로 퇴직근로자는 자산관리업무를 수행하는 퇴직연금사업자에게 퇴직급여를 직접 청구할 수 있다. 단, 급여 지급을 위하여 적립금 운용자산의 매각이 요구될 때 매각이 단기간에 진행되지 않을 경우 14일 이내 지급원칙의 예외로서 사용자, 가입자 및 퇴직연금사업자 간의 3자 합의에 의해 지급기일을 연장할 수 있다. 물론 당사자 간의 합의에 의해 연장된 경우가 아니면 14일이 경과한 다음 날부터 지급하는 날까지의 지연 일수에 대하여 현행 연 20%의 지연이자를 지급하여야 한다. 상기와 같은 "전액지급원칙" 그리고 "14일 이내 지급원칙"은 아래와 같은 재정검증의 결과에 따라 조정될 수 있다. 즉,

① "적립금 < 기준책임준비금 × 사업연도별 최소적립비율(ⓐ비율)"인 경우에 해당 퇴직연금사업자는 퇴직근로자에게 퇴직급여 전액을 지급할

수 없고, 급여 지급비율(즉, $\frac{\text{적립금}}{\text{퇴직금추계액}}$)에 따라 자산관리업무를 수행하는 퇴직연금사업자는 일정한 퇴직급여를 지급한다. 사용자는 그 차액을 퇴직근로자에게 직접 지급하여야 한다.[20] 여기서 사용자와 퇴직자 간의 합의에 의해 14일 이내 지급원칙은 연장이 가능하다.

② "적립금 ≥ 기준책임준비금 × 사업연도별 최소적립비율(ⓐ비율)"인 경우에 퇴직근로자는 자산관리업무를 수행하는 퇴직연금사업자에 대하여 퇴직급여 전액 지급을 직접 청구할 수 있다.

라. 요약

이상의 주요 처리절차를 도식화하면 [그림 2-4]와 같이 요약할 수 있다.

그림 2-4 재정검증 결과에 따른 처리기준 요약

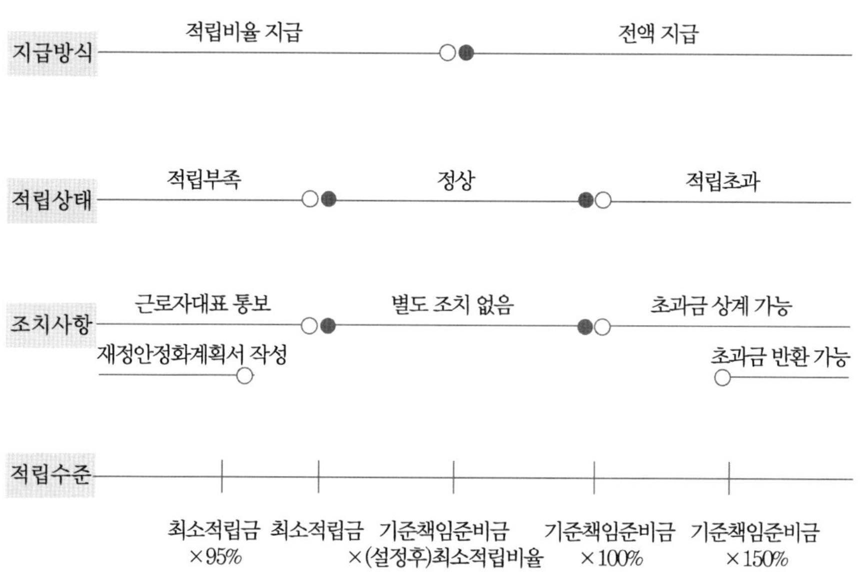

주 1) 최소적립금: 기준책임준비금 × 최소적립비율(가입기간 전체)
주 2) 기준책임준비금: 계속기준 금액과 비계속기준 금액 중 큰 값

20) 현행 근퇴법에서는 급여 지급비율을 산정하는 시점에 대해서는 명시적으로 언급하고 있지 않다(향후 법 개정을 통해 엄격하게 산정시점을 명시하여야 할 것으로 사료됨).

이상에서 살펴본 바와 같이 근퇴법 상에서 요구하는 연금계리 법정절차는 가입자의 퇴직급여 수급권을 최대한 보호함을 목적으로 한다. 기준책임준비금을 재정검증의 기준으로 설정하지 않고 최소적립금을 채택한 점은 사용자의 재무적 부담을 상당부분 고려한 조치로 이해할 수 있다. 이와 같이 법정 재정검증 조치사항들은 사용자의 재무적 부담을 고려함과 동시에 제도의 연속성을 제고하기 위한 엄격한 실무 규정에 해당한다. 대부분의 선진국들은 연금수급권을 한층 더 보호하는 추세이며, 이에 따르는 법정절차 또한 강화되고 있다.

참고로, 영국의 경우를 살펴보면, 맥스웰사기사건(아래 참조) 이전에는 최소한 3년마다 한 번씩 재정검증을 실시하고 담당 연금계리사의 재정검증 보고서(Discontinuance Solvency or Solvency Certificate A)에 전적으로 의지하였다. 그러나 맥스웰사건 이후 이러한 법정절차는 한층 더 엄격하게 규정화 되었다. 주요내용을 살펴보면, 연금채무 대비 100%를 법정적립비율로 설정하고

① 평가 당시 적립비율이 105%를 초과하는 경우
: 105%를 초과하는 적립금은 5년 이내에 해소하는 상각계획서를 제출, 실현하여야 한다.
② 평가 당시 적립비율이 100% 미만~90% 이상인 경우
: 10년 이내에 법정적립비율 100%에 도달하는 적립계획을 수립, 실현하여야 한다.
③ 평가 당시 적립비율이 90% 미만인 경우
: 3년 이내에 법정적립비율의 90%에 도달하는 적립계획을 수립, 실현하여야 한다.

맥스웰사기사건(Maxwell Affair)

1991년 11월 5일 영국의 언론재벌 Robert Maxwell(1923~1991)의 갑작스런 죽음으로 드러난 Maxwell Group의 확정급여형 연기금 횡령사건(Maxwell company pension funds fraud scandal)을 말한다. 피해규모는 약 £6억에 이르며, 32,000명의 가입자에게 피해를 준 20세기 최대의 퇴직연금 관련 사기로 기록되었다. 1990~1991년에 진행된 사업 확장으로 인한 자금난이 사건의 발단이 되었다. 이를 해소하기 위해 Maxwell 회장은 자기 소유 기업의 연기금(대표적으로, Mirror Group Newspapers(MGN) 연기금, Maxwell Communication

Corporation(MCC) 연기금)에 지위상의 압력을 행사하여 불법적 담보 대출(이를 위한 연기금 운영위원회의 법적 절차가 진행된 바가 없음)을 받게 된다(단지 본인 소유 주식의 일부를 해당 연기금에 비공식적으로 담보로 제공하여, 맥스웰 그룹의 경영악화를 대외적으로 숨기려고 하였음). 그러나 신규 진출사업의 경영악화로 Maxwell Group의 주가가 급락하여 결국 Group 전체가 파산하게 되었고, 아울러 연기금에 담보로 제공된 주식의 하락으로 연기금 자체의 피해가 증대되었다. 이 사건을 계기로 영국 정부는 1992년 6월에 Roy Goode(law professor at Oxford Univ.)을 의장으로 한 "Pension Law Review Committee"를 구성하여, 1993년 9월 'Pension Law Reform Report I & II'를 정부에 제출하도록 하였다. 그 후 노사정 공청회를 거쳐 1995년 7월 'Pension Act 1995'를 발표하였으며, 1997년 4월 1일부터 재무건전성을 대폭 강화하는 최소적립요건(minimum funding requirement)을 실시하게 되었다(적립비율 100%를 적립목표로 하고 있음). 현재 영국은 확정급여형 퇴직연금제도의 법정재정검증절차를 몇 차례 수정하였지만 최소적립요건이 여전히 규제의 근간을 이루고 있다. 이후 1998년부터 2003년 사이 기업 파산에 따른 확정급여형 제도의 폐지로 8만여 명의 연금 수급자가 연금을 거의 받지 못하는 상황이 발생하고, 2000년 초 주식시장의 하락 및 연금회계기준의 변경으로 확정급여형 제도를 채택하고 있는 많은 기업에서 적립부족 사태가 발생하였다. 이에 제2차 연금개혁을 실시하여 연금법(Pension Act 2004)을 제정하고, 2005년 4월에 미국 PBGC(Pension Benefit Guaranty Corporation, 1974년 9월 노동부 산하조직)를 모델로 가입자의 수급권을 보호하는 기구(Pension Protection Fund, PPF)를 설립하였다. 이는 확정급여형퇴직연금제도가 파산할 경우에 가입자 수급권보호 및 사기피해보상기금(Fraud Compensation Fund) 운영 등을 통해 가입자 수급권을 항시적으로 보호하는 역할을 수행하고 있다.

한편, 미국의 경우는 매년 재정검증을 실시하며 최근 "Pension Protection Act 2006"에 의해 한층 더 강화된 수급권보호 조치를 취하고 있다. 주요 내용은 법정적립비율을 100%로 설정하고

① 평가 당시 적립비율이 60% 미만인 경우

: 5년 이내에 법정적립비율 100%에 도달하여야 한다.

② 평가 당시 적립비율이 60% 이상 100% 미만인 경우

: 7년 이내 법정적립비율 100%에 도달하여야 한다.

③ 적립의 충실성을 유도하기 위해 적립비율 150%까지는 납입하는 부담금에 대해서는 세제혜택을 부여하고 있다.

끝으로, 연금재정의 항시적 안전성 그리고 부담금의 안정성 등을 제고하기 위해 재정 재계산을 정기적으로 실시하여야 한다. 현행 "연금계리 실무 해설서"는 이를 위해 연금계리상의 조치를 다음과 같이 수행할 것을 규정하고 있다.

제4조(부담금의 재산출)

① 사업자는 퇴직연금제도를 운영함에 있어 부담금의 재산출이 필요하다고 판단되는 경우 부담금을 재계산할 수 있다. 부담금 산출시 적용한 기초율이 다음 각호와 같은 이유로 실제 상황과 현저한 차이가 발생할 것으로 예상되는 경우에는 다시 산출하여야 한다.

1. 가입자의 수가 현저히 변동하는 경우
2. 가입자의 자격 또는 급여의 수준을 변경하는 경우
3. 기타 장래 연금재정의 균형에 상당한 영향을 미칠 것으로 예상되는 경우
4. 사용자가 경험통계를 제공하지 않는 등 기초율 산출을 위한 통계자료 확보가 불가능한 경우

② 사업자는 퇴직연금제도를 운영함에 있어 부담금은 3년마다 산출하여야 한다.

주1) 현저한 재정의 변경이 없어도 최소한 3년마다 한번 씩은 주기적으로 부담금을 재산출하여야 하므로, 경험기초율 또한 최소한 3년 주기로 재산출하여야 함을 의미함.
주2) 여기서 부담금 재산출에 사용될 대표적 가입자 정보는 해설서 제2조(부담금 산정 세부기준)에 의해 부담금 재계산 기준일 이전 6개월 이내의 가입자 명부이어야 함.

3. PALM vs. LDI

우선 연금자산부채종합관리(PALM) 접근법의 기본 개념에 대해 간단히 살펴보고, 이를 실현하는 연기금 자산운용의 핵심 전략인 부채연계투자(LDI) 전략에 대해 설명하기로 한다. 이들 개념은 Leibowitz(1988), Sharpe & Tint(1990), Waring(2004), 성주호 · 정도영(2015) 등의 연구에서 제시된 것처럼, "연기금자산 운용관리의 최우선 과제는 투자수익률을 극대화하는 것이 아니라 미래의 연금채무에 해당하는 연기금을 안정적으로 마련하는 것이다"라는 명확한 명제에서 출발한다.

1) PALM 개념

은행권을 중심으로 1970년대부터 발달하여 온 자산부채종합관리(ALM) 기법은 1980년대에 접어들면서 연금자산부채종합관리(PALM)에 접목되기 시작하였다. 초기 단계의 PALM은 전통적 ALM 접근법(예: 자산 및 부채 듀레이션 매칭)에 기반한 소극적 자산운용으로 시작하였으나, 최근에는 적극적 자산운용을 포함하는 LDI 전략이 PALM의 중심으로 부상하였다. 전통적 PALM은 DB형 연금제도가 성숙단계(즉, 부담금, 투자수익 등 현금유입이 급여지급 등의 현

금유출을 부족함 없이 충당하는 상태)에 접어들면 안정성 위주의 소극적 자산운용관리(safety-first portfolio management)를 제공한다. 이를 수행하는 주요 모듈을 살펴보면,

① 경제 및 인구통계 모듈(Economic & Demographic Module)

: 여러 경제변수(임금, 금리, 주가, 인플레이션 등) 그리고 인구통계변수(탈퇴율, 사망률 등)의 변화 추세를 추정하고 이를 반영한 가상 시나리오를 제시한다.

② 부채모듈(Liability Module)

: 경제 및 인구통계 모듈에서 제시된 가상 시나리오별로 연금채무의 장래 추세를 제시한다.

③ 투자모듈(Investment Module)

: 연금제도 운영 주체의 자산운용 철학을 반영하여 가용 가능한 여려 유형의 투자 포트폴리오를 제시한다.

④ 재원조달모듈(Financing Module)

: 연금제도 운영주체의 재무상태, 제도 운영철학 등을 반영하여 표준부담금 산출 모듈, 잉여금 상각/처리 모듈, 부족금 상각/해소 모듈 등을 구축한다.

⑤ ALM모듈(ALM Module)

: 상기 모듈들을 종합적으로 결합하여 시나리오별 잉여금 변동성을 측정하고 이를 최소화하는 자산운용전략을 제시한다.

위와 같이 5가지 모듈이 일반적으로 사용된다. 이들 각 모듈은 연기금 관리자가 연금재정의 건전성 유지와 부담금 수준의 안정성이라는 상충관계를 중장기적으로 동시에 해소하기 위한 의사결정을 지원한다. 또한 항시적으로 일정 수준의 잉여금이 유지될 수 있도록 연금채무에 연계한 자산운용관리를 지원한다. 이를 통해 [그림 2-5]에서 요약한 것처럼, 잉여금의 변동성(surplus risk)을 최소화하는 전략을 도출한다.

그림 2-5 전통적 PALM 기본 운영체계

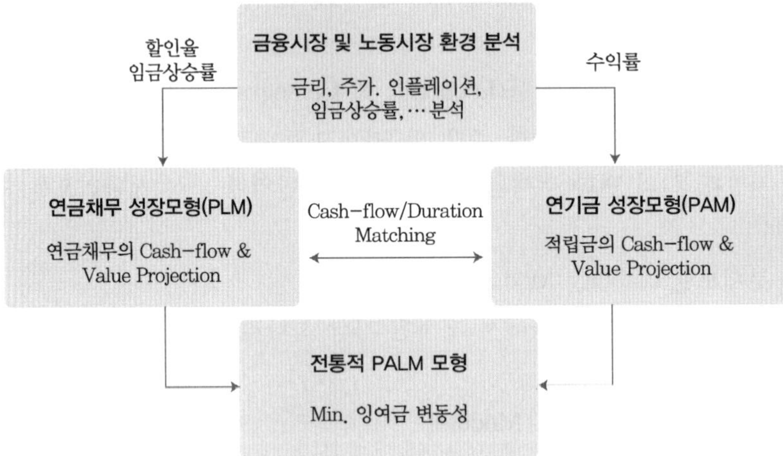

예를 들어, 전통적 PALM에서 보편적으로 활용되는 채권중심 자산운용전략은 아래와 같이 상당수준의 잉여금 변동성을 헤지할 수 있는 것으로 잘 알려져 있다.

- 금리 하락 → 적립금 자산증가 → 연금채무 증가 → 잉여금 변동성 적음
- 금리 상승 → 적립금 자산하락 → 연금채무 하락 → 잉여금 변동성 적음

전통적 ALM과 이에 기반하여 발전된 PALM을 비교하면 <표 2-6>과 같이 요약할 수 있다.

표 2-6 전통적 ALM vs. 전통적 PALM

	전통적 ALM	전통적 PALM
도입 시기	1970년대 중반 은행권	1980년대 중반 투자컨설팅회사
주요 전략	• 면역화 전략 (자산 부채 듀레이션 매칭전략) • 현금흐름 매칭전략	• 잉여금 변동성 최소화 전략
주요 리스크	• 금리, 물가상승률, 환율, 주가, 대출채권의 신용 등 경제리스크	• 금리, 물가상승률, 환율, 주가, 임금상승률 등 경제리스크 • 탈퇴율, 연금사망률, 연금선택률 등 인구통계리스크

공통의 운용방법	• 잉여금리스크(surplus risk)를 중점 관리 • 일정 수준의 잉여금을 지속적으로 유지·관리할 수 있도록 자산과 부채의 mismatching risk를 최소화(즉, 잉여금의 변동성을 최소화)하는 자산운용 전략 수립

다음은 전통적 PALM 접근법을 한층 더 발전시킨 부채연계투자(LDI)전략에 대해 설명한다. 물론, LDI 전략 또한 PALM 접근법의 하나이며 2000년대 초반부터 연기금 자산운용관리전략의 중심으로 급부상하면서 지속적인 발전이 이루어지고 있다.

2) LDI 도입배경

시장금리의 하락 국면(1982년)에서 LDI 개념이 시작되었으며, 이후 투자컨설팅회사에 의해 적극적 PALM 투자전략으로 발전하였다. 2000년대에 접어들면서 저금리, 저성장, 저소비, 고령화 등에 의해 경제침체기가 확산되는 뉴노멀시대(new normal)가 전개되면서 LDI 전략은 연기금 자산운용전략의 중심으로 부상하고 있다. 이에 대한 관심은 2000년~2002년의 IT 버블의 붕괴, 2007년~2008년에 이은 글로벌 금융 위기 등은 연기금 자산 감소의 직접적인 원인이 되었다. 이는 DB형 연금제도의 자산과 부채 간의 mismatching risk 확대에 기인한 바가 크다. 실제로 주식위주 투자전략을 구사한 연기금 자산은 그 가치가 크게 줄어들었으며, 저금리의 확산은 연금채무를 상승시키는 결과를 초래하였다. LDI 전략은 이러한 경제 환경변화에 대한 대응 전략으로 연금선진국을 중심으로 도입되기 시작하여, 최근 PALM의 핵심 자산운용전략으로 자리 잡고 있다(<표 2-7> 참조). 우리나라 또한 K-IFRS 도입 이후연금채무의 시가평가가 시행되고 있어 금리(할인율)의 변동으로 연금채무의 변동성 또한 높아진 상태이다. 또한 근퇴법에서(사업연도별) 최소적립비율을 상향조정(즉, 최소적립금 규제 강화)하고 있어 향후 연금채무의 변동성에 연계되는 자산운용전략이 필요하고, 아울러 일정수준 이상의 자산운용 성과를 도출하는 것 또한 주 관심사로 등장하고 있다. 결론적으로 우리나라를 포함하여 전 세계는 LDI 전략의 성패 여부에 따라 은퇴 이후의 생활권 확보가 결정된다고 해도 과언이 아니다.

표 2-7 LDI 전략을 도입한 미국 기업들

DB형 퇴직연금제도 도입 기업 미국	연기금 규모	세부 사항
Honeywell Intl. Inc.	$ 13,765 mil	2010년 11월에 향후 몇 년에 걸쳐 현재 주식형 자산 80%, 채권형 자산 20%의 투자 전략을 주식형 자산 20%, 채권형 자산 80%로 변경하겠다고 발표함.
FedEx Corp.	$ 13,295 mil	2010년 5월에 "향후 퇴직급여비용과 순부채의 변동성 관리를 위해 부채와 보다 잘 연동되는 채권형 자산에 훨씬 큰 비중을 두는 LDI 전략을 도입했다."라고 밝힘
J.C. Penney co. Inc.	$ 4,314 mil	2010년 1월에 "2009년 동안 우리는 기존의 주식위주 투자전략에서 채권위주 투자전략으로 가는 장기적 목표를 실행하기 위하여 자산의 비중을 재구성했다."라고 명시함.
NCR Corporation	$ 2,582 mil	2010년 첫 분기 동안 회사는 퇴직연금 자산배분전략에 대한 종합적인 분석을 마침. 이를 통해 회사는 연금제도의 변동성을 줄이기 위하여 2012년 말까지 포트폴리오 전체를 채권형 자산으로 배분할 계획을 발표함.
Time Warner Inc.	$ 2,092 mil	2009년 10월에 "자산배분에 대한 검토결과, 현재 주식형 자산 85%, 채권형 자산 15%인 자산배분을 주식형 자산 50%, 채권형 자산 50%로 변경하기로 하였다. 이는 자산의 특성이 연금부채의 특성과 보다 적합하도록 하기 위함이다."라고 명시함.
Sunoco Inc.	$ 804 mil	2009년 10월에 "2009년 동안 목표비중이 변경되어 주식형에 대한 10%의 비중을 채권형으로 변경하였다. 그리고 플랜 부채의 듀레이션과 보다 잘 매치하기 위해 채권형 자산의 듀레이션은 점차 증가될 것이다. 이러한 투자전략 변경의 이유는 투자 수익률, 잉여금(또는 부족금) 및 부담금의 변동성을 줄이기 위함이다."라고 밝힘.

3) LDI 개념

연금계리의 일반절차에서 이미 설명한 바와 같이 재정검증의 결과로 재원조달계획(funding plan)과 자산운용계획(investing plan)을 각각 수립하게 된다. 자산운용계획을 수립할 때에 LDI 전략을 적용한 선진사례는 2000년대 이후 꾸준히 증가하고 있는 추세이다. LDI의 기본 개념은 연금채무의 변동성을 헤지하는 "연금채무 매칭포트폴리오(liability matching/hedge portfolio: LMP)"를 구축하여 부담금의 변동성을 최소화하는 것이다. 그리고 연금채무를 초과하는 잉여금에 대해서는 초과 투자수익을 추구하는 "수익추구포트폴리오(returns-seeking portfolio: RSP)"를 구성한다. 이러한 전략으로 구성되는 LDI 포트폴리오(LDIP)는 잉여금의 변동성을 최소화하는 전통적 PALM에 비하여 적극적으로 초과수익을 추구한다는 점에서 차별화된다. 요약하면, 전략 수립 시점(t)에 대하여

- $LDIP(t) = \theta_t \times LMP(t) + (1-\theta_t) \times RSP(t)$, $0 < \theta_t < 1$

여기서 $LMP(t)$는 연금채무의 듀레이션을 매칭하는 채권위주 투자전략이며, $RSP(t)$는 초과수익(portable alpha)을 추구하는 대체투자, 성장주 등으로 구성된다([그림 2-6] 참조). 또한 θ_t는 사용자의 재무건전성 및 투자위험회피성향 그리고 연금제도의 성숙도 및 적립비율 등을 고려하여 결정된다.

그림 2-6 LDIP 구성 일반 예

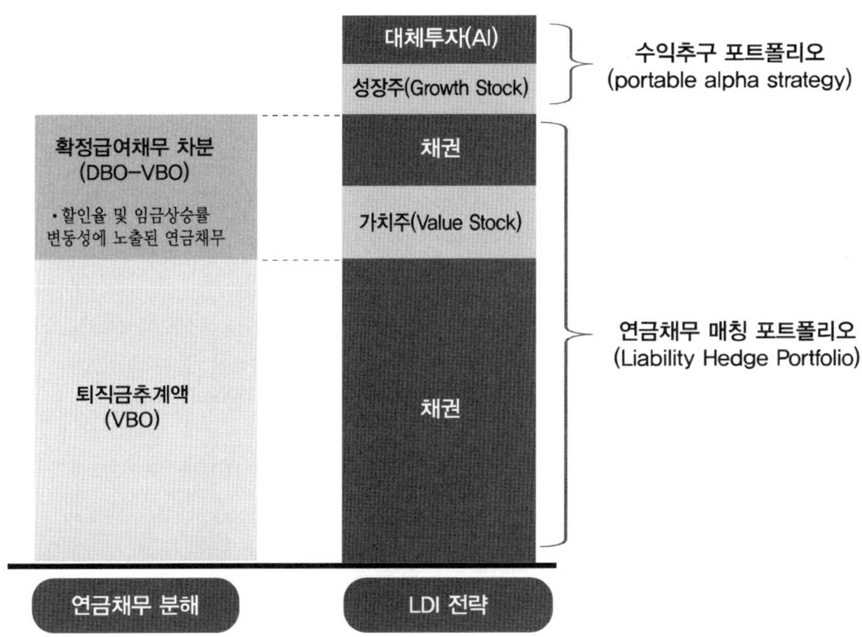

물론, 전략을 수립한 이후에 지속적으로 $LDIP(t)$의 운용성과를 정기적으로 평가하는 것이 중요하다.

다음으로 LDI 운영체계에 대해 살펴보자. LDI 전략은 PALM 접근법의 하나로 발전된 개념이므로 앞 절에서 설명한 전통적 PALM 운영체계와 유사하다. 하지만 전통적 PALM과의 차이점은 크게 3가지로 요약된다. 첫째, 연기금 자산을 연금채무 매칭자산과 비매칭자산으로 분류하는 것이다. 여기서 분류 기준이 되는 연금채무는 근퇴법에서 규정한 연금채무(최소적립금), K-IFRS에서 산출하는 확정급여채무(DBO) 또는 이들의 일정 수준(예: 최소적립금 × 일정 % 혹은 DBO × 일정 %) 등으로 정할 수 있다. 물론 사용자의 재무건전성, 연금제도의 성숙도 및 적립비율 등을 반영하여 연금계리사, 퇴직연금사업자, 자산운용사 등과의 충분한 소통과정을 통해 전략적으로 정할 수도 있다. 이러한 이유로 LDI 전략은 학문적으로 명확히 정의된 바가 없다. 둘째, $LMP(t)$ 그리고 $RSP(t)$의 구성은 상호 독립적이다. 왜냐하면, 전자는 적립비율의 중장기적 안정성을 추구하는 보수적 투자전략으로 구성되는 반면에 후자는 적립비율의 개선을 도모하는 적극적 투자전략으로 구성되기 때문이다. 마지막으로, $LMP(t)$

그림 2-7 LDI 기본 운영체계

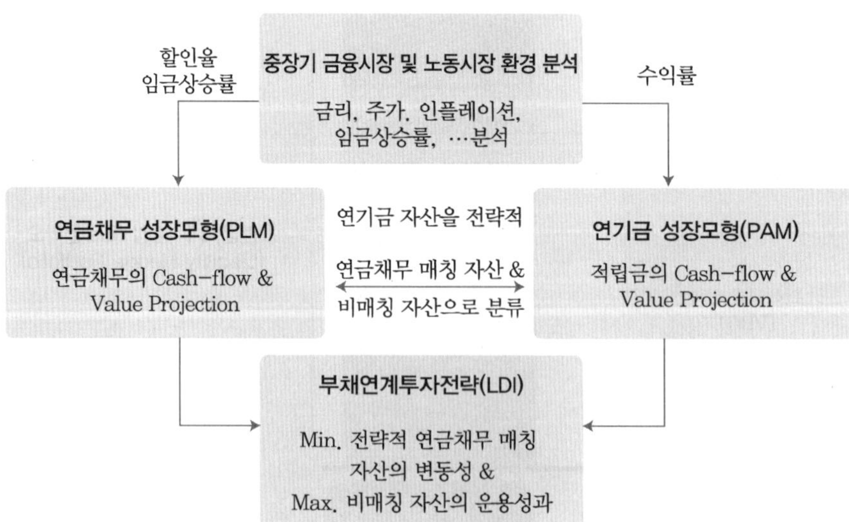

는 해당 연금제도의 환경 특성(예: 임금상승률, 탈퇴율, 할인율 등)을 반영하여 일관된 최적 포트폴리오 구성이 가능한 반면에, $RSP(t)$는 사용자의 투자성향(risk tolerance) 및 재무상태 변동성, 자본시장의 불확실성 등으로 인해 일관된 최적 포트폴리오 구성이 현실적으로 어려우므로, 분명한 가입자의 자산운용 철학이 요구된다. 이러한 이유로 $RSP(t)$의 운용성과는 $LMP(t)$에 비해 정기적으로 자주 검증할 필요성이 있다. 이상의 논의를 종합적으로 요약하면 [그림 2-7]과 같다.

예제 (2015년 보험계리사 기출문제)
최근 우리나라는 저금리 기조로 확정급여채무가 증가하였으며, K-IFRS 도입으로 확정급여채무의 변동성이 커질 개연성이 증가하였다. 하지만 확정급여형 퇴직연금을 도입한 기업 중 97% 이상이 원리금 보장형 상품에 집중적으로 투자함으로써 부담금리스크에 직면해있다. 이에 대한 대응책으로 LDI(Liability Driven Investment) 전략이 활발하게 논의되고 있다. LDI 전략의 정의와 기본개념을 설명하시오.

해설 LDI 정의: 부담금의 변동으로 인한 잉여금리스크를 최소화하면서 추가적인 투자수익을 달성하는 자산운용전략(즉, 전통적/보수적 PALM 운용 전략에서 추가적으로 수익률을 제고하는 자산운용전략)

본문 LDI 개념을 중심으로 기술하면 충분하다. 요약하면, 연금채무의 변동성을 헤지하는 "목표 연금채무 매칭포트폴리오(LMP)"를 먼저 구축하여 부담금의 변동성을 최소화하고, 목표 연금채무를 초과하는 잉여금에 대해서는 초과 투자수익을 추구하는 "수익추구포트폴리오(RSP)"를 구성하는 것이다.

평가문항

1. 연금수리학이 추구하는 연금계리업무의 주요 내용에 대해 기술하시오.

2. 위험률 산정 시에 연금수리학의 기본원칙인 "대수의 법칙" 및 "중심극한정리"가 각각 어떻게 응용되는지에 대해 상술하시오. 그리고 재정재계산이 필요한 이유를 중심극한정리의 관점에서 설명하시오.

3. 연금수리학과 보험수리학은 각각 학문적 발전 과정에서 차이가 있다. 요율산출과정(pricing process)에서 이들의 차이점에 대해 설명하시오.

4. 연금제도에서 재정검증을 위한 연금계리 절차는 (학문적 관점의) 일반절차와 (근퇴법 관점의) 법정절차로 구분할 수 있다. 대표적 차이점을 2가지 언급하시오.

5. 근퇴법에서 규정하고 있는 기준책임준비금 그리고 최소적립금을 각각 정의하고, 이와 같이 구분하는 이유에 대해 논하시오.

6. 근퇴법에서 규정하고 있는 연금계리의 법정절차를 도식화하고, 재정검증 결과에 따른 처리기준에 대해 상술하시오.

7. 보험계리사 재정검증 결과 적립금이 최소적립금에 미달 또는 초과하는 경우, 각각의 처리방안에 대해 설명하시오(2015년 보험계리사 기출문제).

8. 보험수리학의 수지상등의 원칙과 연금수리학의 재원적립 원칙을 각각 정의하고 비교 설명하시오.

9. 맥스웰사기사건(Maxwell Affair, 1991)과 같은 확정급여형 연기금 횡령사건은 영국 정부의 금융 감독 부실로 지적될 수 있다. 그러면 연금계리 관점에서 이와 같은 사건을 미리 방지할 수 있는 방안을 제시하시오.

10. 다음은 2016년 12월 31일 기준 경희기업의 퇴직연금 자산·부채 내역이다. 이를 바탕으로 2016년 말 현재 기준책임준비금과 2017년 기초에 산정하여야 할 총 부담금을 구하시오.

* 퇴직연금 자산·부채 내역(2016년 말)	
퇴직연금 자산	퇴직연금 부채
130,000원	계속기준 : 220,000원
	비계속기준 : 200,000원
* 표준부담금 : 45,000원	
* 2016년 기준 최소적립비율 : 80%	
* 제도 도입 단계의 과거근무채무 미상각액 60,000원을 향후 3년에 걸쳐 균등상각함(단, 미상각액에 대한 이자부리는 없음)	

11. DB형 연금제도에서 잉여금의 변동성을 최소화하는 전략으로 채권위주 투자전략이 자주 언급된다. 그 이유를 시장 금리 상승과 하락으로 나누어 설명하시오. 또한 "전통적 PALM 접근법"과 "LDI 전략"의 근본적 차이점에 대해 설명하시오.

12. 확정급여형 퇴직연금제도의 운영과 관련하여 다양한 이해관계자가 존재한다. 가입자의 최대 관심사와 사용자의 최대 관심사를 각각 언급하고, 그 차이를 비교하시오.

13. 각 사업연도 말 재정검증에 대하여 연금계리 전문인력이 제시한 균등상각방법이 다음과 같다. 2014년에서 2016년까지 산출하여야 할 근퇴법 상의 특별부담금은 총 얼마인가?

재정검증 시점	2014. 12. 31	2015. 12. 31	2016. 12. 31
과소적립액	12억원	6억원	-2억원
상각 연수	3년	1년	2년

(1) 적립이율을 5%로 적용한 경우
(2) 적립이율을 적용하지 않은 경우

14. 근퇴법에 근거한 연금계리 법정절차 과정을 살펴보면, 가입자의 연금수급권보다는 사용자의 재무부담을 한층 더 고려한 조치들이 있다. 이에 해당하는 내용 중 3가지만 언급하시오.

15. 연금재정의 지속적 안전성(수급권 확보)을 제고하기 위해 정기적으로 재정재계산(부담금 재산출)을 수행하게 된다. 사례로, 미국의 국민연금 및 DB퇴직연금은 매년 재정재계산을 수행하는 반면, 우리나라의 국민연금은 최소한 5년마다, DB퇴직연금은 최소한 3년마다 수행하도록 규정하고 있다. 이와 같은 계리적 조치(재정재계산)의 주기 차이가 발생하는 환경적 근거는 무엇이라 판단하는가? (고려사항: 인구통계적 및 경제의 불확실성, 비즈니스 사이클, 연금제도의 성숙도, 연금계리 비용 등).
다음으로, 재정재계산을 수행하는 근본적 이유는 경험기초율(계산기초)의 현저한 변경이 예상되는 경우에 이를 수정 보완하여 표준부담금 그리고 연금채무의 변경에 따른 조정부담금인 (　　)부담금을 재산출, 반영함으로써 연금재정의 항시적 안전성을 도모하기 위함이다. 따라서 (　　)의 재산출 과정이 필수적 절차이다. 즉, 새로운 표본평균의 표본분포(sampling distribution)를 통해 유의한 해당 위험률을 추론할 때 (　　)정리를 적용하게 된다. 이 때 유도된 극한분포(limiting distribution)는 (　　)분포이며 이에 근거하여 신뢰성있는 유의한 위험률을 추정한다.

제 3 장 연금재정방식 개관

CHAPTER 03

연금재정방식 개관

앞 장에서는 근퇴법에서 규정하고 있는 연금계리 절차에 대해 살펴보았다. 제3장에서는 연금수리학의 첫 단계에 해당하는 연금재정의 기초이론에 대해 다루고자 한다. 장래근무에 의해 발생할 급여를 사전적으로 충당하는 표준부담금, 약정한 급여를 사후적으로 충당하는 조정부담금 등은 모두 연금재정이론에 근거한 개념이다. 그리고 평가시점까지 발생한 총 급여(연금채무)의 합리적 평가방법 또한 이에 근거하고 있다. 이하의 논의는 확정급여형 퇴직연금제도에 초점을 두고 있지만 확정급여형 공적연금제도 전반에 대해서도 적용할 수 있다. 물론 퇴직급여는 퇴직일시금으로 국한하지 않고 연금급여까지 포함하여 설명한다.

I 연금수리 기초

연금수리학에서 연금재정이 어떠한 기본 가정에 의해 작동하는지, 그리고 어떠한 연금수리 개념이 적용되는지에 대해 알아보는 것은 매우 중요하다. 이는 연금재정의 핵심인 부담금산출 그리고 연금채무평가를 위해 반드시 알아야 할 내용이다. 본 절에서 이에 해당하는 계산기초, 계리현가 그리고 재원조달을 위한 적립원칙을 순차적으로 설명하기로 한다.

1. 계산기초(Actuarial Assumptions)

일반적으로 재정검증 시점에 산출할 총 급여(연금채무)는 가입근로자의 경우 퇴직시점에 지급하기로 약정한 총 발생급여와 연금수령자의 경우 향후 생존을 전제로 지급해야 할 총 연금급여로 양분된다. 이렇듯 연금채무는 미래의 상황을 설정하고 이에 근거하여 합리적으로 추정되어야 한다. 또한 당기근무에 의해 발생할 연금채무 증가액(즉, 표준부담금)도 사전적으로 적립하므로 추정에 의존하게 된다. 결론적으로 표준부담금과 연금채무는 모두 계리적 가정에 의해 추정된 값이다. 이러한 추정치에 사용될(경제 및 인구통계) 미래변수를 합리적으로 추정하여 확정한 값들의 집합을 “계산기초”라고 한다. 각 구성요소를 계산기초율 또는 예상기초율이라 하며, 간단히 기초율이라고도 한다. 해당 계산기초는 표준부담금 또는 연금채무를 산정하는 시점에는 반드시 확정되어 있어야 한다. 다양한 급여설계를 위해서는 이에 대응하는 기초율 또한 추가로 필요하다. 예를 들어, 퇴직급여를 조기퇴직급여, 병가퇴직급여, 사망퇴직급여 등으로 차별화할 경우 퇴직률은 조기퇴직률, 병가퇴직률, 사망퇴직률 등으로 세분화되어야 한다. 근퇴법에서는 아래와 같이 4가지 기초율만 다루고 있어 급여설계가 매우 한정적일 수밖에 없다.

- 경제 기초율 = 예상이율, 예상임금인상률
- 인구통계 기초율 = 예상퇴직률, 예상사망률

근퇴법에서는 위와 같은 기초율을 3년마다 정기적으로 산출하되 실제 상황과 현저한 차이가 발생하는 경우에는 재산출할 것을 명시하고 있다. 예상이율을 제외한 기초율은 해당 사업장의 3년 이상의 신뢰할 만한 경험통계에 기초하여 합리적으로 산출해야 한다. 단, 경험통계가 부족하거나 신뢰성이 낮을 경우에 고용노동부장관 또는 보험개발원장이 발표하는 해당 기초율(표준퇴직률 및 표준사망률)을 이용할 수 있다. 한편, K-IFRS에서는 계산기초를 ‘보험수리적 가정’이라고 표현하고 있다. 이를 살펴보면, “퇴직급여의 궁극적인 원가를 결정하는 인구통계적, 재무적 변수들에 대한 최선의 추정을 반영하는 것으로서 편의가 없고 서로 양립가능한 것”이라고 명문화하고 있다. 여기서 편의가 없는 최선추정은 통계학 관점에서 최우추정(most likely estimation)을 의미하며, 비관적 혹은 낙관적으로 추정하지 않는다는 의미이다. 그리고 양립가능하다는 것은 기초율의 재무적 요소가 서로 동일한 가치로 추정되어야 함을 의미한다. 즉, 화폐단위에 있어 원(₩)과 달러($)를 혼용하여 추정하는 경우, 그리고 이자율과 관련하여 명목기준(nominal term) 혹은 실질기준(real term)을 혼용하여 추정하는 경우는 모두 서로 양립할 수 없는 추정에 해당한다.

마지막으로 재정검증을 수행하는 시점에 적용되는 가정들의 집합을 연금수리학에서는 "검증기초(valuation assumptions)"라고 한다. 각각의 구성요소들을 검증기초율이라고 하며, 적립금 평가를 위한 가정과 연금채무 평가를 위한 가정으로 구분된다. 여기서 연금채무 평가를 위해 계산기초와 검증기초를 다르게 적용할 수 있다. 왜냐하면 계산기초는 과학적 합리성에 근거하여 보수적으로 산출하지만, 검증기초는 이해관계자의 관심 정도(특히 정부기관)에 따라 보수적으로 혹은 낙관적으로 결정될 수 있기 때문이다. 예를 들어, 가입자의 연금수급권을 강화하는 것이 목적이라면 계산기초에 비해 검증기초는 한층 더 보수적으로 추정되어야 한다. 현행 근퇴법은 연금채무 평가와 관련하여 이 둘을 구분하지 않고 동일하게 적용하고 있다. 이미 제2장에서 살펴본 바와 같이, 적립금 평가는 계산기초에서 다루는 내용이 아니므로, 근퇴법은 이에 대해 평가방법을 별도로 규정하고 있다.

1) 예상이율(Assumed Interest Rate)

표준부담금(normal cost: NC) 산출에 사용되는 이자율을 말하며, 명목기준(nominal term)이면서 실효이자율(effective interest rate)개념이다. 표준부담금은 향후 발생할 급여를 사전에 보충하는 금액이므로 단위기간 초에 납입하는 선납형식(prepayment system)을 취한다. 따라서 표준부담금은 자산운용에 의한 투자수익이 발생하므로, 이에 해당하는 예상 이자 발생 분을 공제하기 위해 예상이율 가정이 필요하다. 예상이율은 당해 회계연도의 기초에 예상 투자수익률을 추정하여 확정된다. 예를 들어, 연 예상이율이 10%이고 연초에 납입한 부담금이 100이라면 10% 이자가 가산된 결과로서 연말에 110이 되어있을 것이다. 이는 연말에 110에 해당하는 채무를 연초에 100을 선납함으로써 채무가 상쇄된다는 의미이다. 따라서 예상이율과 표준부담금 수준은 역의 관계에 있다. 전통적으로 예상이율은 연기금 투자의 장기성을 고려하여 장기채권 경험수익률을 근거로 하여 산출해 왔다. 이와 같은 전통적 연금수리관점을 반영하여 근퇴법에서도 표준부담금 산출의 통일성을 기할 목적으로 예상이율을 산출함에 있어 다음과 같이 엄격하게 규정하고 있다.

> 예상이율은 산출 직전 사업연도 말을 기준으로 한국금융투자협회가 발표하는 10년 만기 국고채의 36개월 평균수익률로 한다.

상기 내용을 뒷받침하는 연금수리학의 최초 연구로 Fujiki(1994)를 언급할 수 있다. 그의 연구결과는 실제경험치의 성과에 따라 예상이율을 변경해야 연기금의 안정성(변동성을 최소화)을 제고할 수 있음을 밝히고 있다. 구체적으로 Fujiki는 과거 실현된 경험치의 장기평균방법(long-term averaging of past experience)과 시간적 차이를 둔 지연변경방법(delaying of changes in the actuarial valuation)을 병행할 것을 제시하고 있다. 근퇴법의 예상이율 산출식과 비교하면, 장기평균방법은 '10년 만기 국고채의 36개월 평균수익률', 지연변경방법은 '산출 직전 사업연도 말을 기준(즉, 1년 전 기준)'에 해당하는 것으로 이해할 수 있다.

다음으로 계산기초 설정에 관한 대표적 연금수리학의 연구로 Thornton & Wilson(1992)을 언급할 수 있다. 그들은 적합성이 높은 계산기초(realistic actuarial assumptions) 설정을 위해서는 무엇보다도 경제 및 인구통계 각 변수들의 경험추세를 지속적으로 축적하고 그 추세를 추적·분석하여 이들 변수들 각각에 대해 최선추정(best estimation)을 시행하는 것이 중요하다고 분석했다. 아울러 경제변수 및 인구통계변수의 불안정성을 해소하거나 재무건전성 제고가 요구된다면 각 변수별로 안전할증 혹은 안전할인을 부과하는 신중추정(prudent estimation)과 조심추정(cautious estimation)할 것을 각각 제안하였다. 결론적으로 예상이율에 대하여 아래와 같은 명시적 산출 원칙을 제시하고 있다.

표 3-1 예상이율 vs. 안전할인

추정 기준	장기적 관점에서 재무건전성에 유리할/불리할 확률	적정 예상이율
최선추정	50% / 50%	x%
신중추정	60% / 40%	$(x-0.5)$%
조심추정	70% / 30%	$(x-1.0)$%

주) 연금수리관점에서 x%는 일반적으로 일정기간의 경험치 평균으로 추정한다(예: mean-reverting return). 현재와 같은 저금리 상황에서는 위의 안전할인 수준(0.5%)은 축소될 필요성이 있다. 예를 들어 0.25% 단위로 축소해야 할 개연성이 높다.

한편, 향후 지급해야 할 발생급여의 계리현가(연금채무)에 적용되는 검증기초율을 할인율(discount rate), 평가이율(valuation interest rate) 또는 준비금부리이율이라고 한다. 물론 할인율은 명목기준(nominal term)으로 결정하며, 할인율과 연금채무는 역의 관계에 있다. 상기의 두 논문은 모두 연금채무 산출을 위한 할인율과 표준부담금 산출을 위한 예상이율을 동일하게 적용하는 단일률 체계(single interest system)에서 도출된 연구결과임에 유의해야 한다. 재무건전성 관점에서 연금채무를 보수적으로 산출할 필요가 있는 경우에는 할인율을 예상이율보다 더 낮게 설정하기도 한다. 이와 같이 할인율과 예상이율을 차별적으로 설정하는 경우를 이원율 체계(dual interest system)라고 한다. 현행 근퇴법은 할인율과 예상이율이 동일한 단일률 체계를 채택하고 있다. 실제로 할인율은 연금채무에 가장 큰 영향력을 미치며 급여수급권(vested rights) 문제와도 직결되는 변수이다. 이러한 이유로 연금계리사, 경제학자, 회계사 등은 서로 견해의 차이는 있지만, "어떻게 합리적으로 할인율을 산출할 것인가?"에 대한 관심은 현재도 진행 중이다. 이에 대해 구체적으로 살펴보기로 한다.

2) 할인율(Discount Rate or Settlement Rate)

K-IFRS에서의 연금채무는 예측단위적립방식(PUC)에 의해 산출되는 확정급여채무(DBO)로 정의되며, 이 때 적용되는 할인율 관련 주요 기준을 순차적으로 살펴보기로 한다.

첫째, DBO 산출시 적용되는 할인율은 명목할인율로서 보고기간 말 현재(즉, 12월 31일) 우량회사채(high-quality corporate bond)의 시장수익률을 참조하여 기말에 결정한다. 여기서 우량회사채에 관한 객관적인 정의는 없지만, DBO는 시가평가(market-based valuation)에 의해 매년 재 산출한다는 의미이다(이는 보험수리학에서 책임준비금을 매년 재산출하는 "lockout method"와 유사함). 따라서 확정급여형 퇴직연금제도를 도입한 사업장마다 적용하는 회사채의 신용등급이 다를 수 있다. 실무에서는 기업회계처리의 보수성 차원에서 AA 신용등급 이상의 회사채 수익률을 주로 사용하고 있다. 일단 적용된 신용등급은 매 사업연도마다 회계정보의 비교가능성 차원에서 일관되게 적용된다. 물론 신용등급을 상향조정하는 것은 연금수급권을 강화하는 조치에 해당하므로 권고사항이며, 하향조정하는 경우에는 그 합리적 근거를 제시하여야 한다. 만약 회사채의 활성거래시장(deep corporate-bond market)[1)]이 없는 경우에는 보고기간 말 현재 국공채 시장수익률을 대신 사용할 수 있다.

둘째, 회사채나 국공채의 통화 및 만기는 DBO의 통화 및 예상지급시기와 일관성이 있어야 한다. 실무적으로는 퇴직급여의 예상지급시기, 예상금액과 지급통화를 반영하는 단일의 가중평균할인율을 적용함으로써 할인율에 퇴직급여의 예상지급시기를 반영할 수 있다는 입장이다. 예상지급시기와 회사채 만기와의 일치성 문제는 연금계리적 논제이다. 결론적으로 "단일의 가중평균할인율"의 산정방법으로 아래의 다섯 가지 방안[2)]을 제안할 수 있을 것이다.

① 예상평균잔여근무기간법

: 가입근로자 전체의 예상평균잔여근무기간(expected service life of existing employees)에 상응하는 만기를 가진 회사채를 적용할 수 있다. 적용 예를 들어 보면, 어떤 기업의 정상퇴직연령이 55세이고 52세에 도달한 근로자가 3명, 53세에 도달한 근로자가 4명 그리고 연령별 퇴직률이 10%로 균일하고 퇴직은 연령 중앙에서 발생한다고 가정한다. 이 경우 평균잔여근무기간은 약 2.13년으로 산출되므로 적용할 우량회사채의 만기 또한 2.13년이다. 즉,

1) 거래되는 항목이 동일하고, 일반적으로 거래의사가 있는 구매자들과 판매자들을 언제든지 찾을 수 있으며 가격이 공개되어 이용 가능한 시장을 말한다.

2) 이하 5가지 방안은 저자가 연금수리학 관점에서 제안하는 내용이며 해당 이름 또한 저자가 지칭한 것이다.

$$\bullet \ \frac{\left\{3\text{명} \times \left[\frac{1}{2}\text{년} \times 0.1 + \frac{3}{2}\text{년} \times 0.9 \times 0.1 + \frac{5}{2}\text{년} \times 0.9^2 \times 0.1 + 3\text{년} \times 0.9^3\right] + 4\text{명} \times \left[\frac{1}{2}\text{년} \times 0.1 + \frac{3}{2}\text{년} \times 0.9 \times 0.1 + 2\text{년} \times 0.9^2\right]\right\}}{7\text{명}}$$

$$\fallingdotseq 2.134786$$

따라서 만기 2.13년에 상응하는 할인율은 만기 2년과 3년의 동일 우량회사채의 각 만기수익률(yield to maturity)의 가중평균(즉, 직선보간법(linear interpolation))을 적용한 값 혹은 내분점(internally dividing point)으로 산출할 수 있다. 예를 들어, 2년 만기수익률 5.5% 그리고 3년 만기수익률 6.2%라고 하면 직선보간법(또는 내분점)에 의한 만기 2.13년의 할인율은 아래와 같이 산출된다.

$$i = 5.5\% + (6.2\% - 5.5\%) \times \frac{13}{100} \overset{\text{or}}{\Longleftrightarrow} 5.5\% \times \frac{87}{100} + 6.2\% \times \frac{13}{100} = 5.591\%$$

② 연금채무 듀레이션법

: DBO 듀레이션(liability duration: LD)을 산정하여 이를 해당 우량회사채의 만기로 적용하는 것이다. 예를 들어 보면, DBO 평가시점(t)에서 퇴직급여의 예상현금흐름(expected cash-flows of pension liabilities)이 제1차년도 말에 100, 제2차년도 말에 200, 제3차년도 말에 300으로 추정되었다고 하자(기타 현금흐름은 없음). 평가시점(t)에서 특정 우량회사채의 만기별 수익률은 1년 만기채는 연 6%, 2년 만기채는 연 7%, 3년 만기채는 연 8%이다. 이러한 경우에 $LD(t)$는 다음과 같이 산출할 수 있으며, 산출방법은 Macaulay 듀레이션의 응용으로써 산출 값은 약 2.3년이다(듀레이션 개념은 본 절의 마지막에서 보충설명하고 있음).

$$\bullet \ LD(t) = \frac{1 \times 100 \times \frac{1}{1+0.06} + 2 \times 200 \times (\frac{1}{1+0.07})^2 + 3 \times 300 \times (\frac{1}{1+0.08})^3}{100 \times \frac{1}{1+0.06} + 200 \times (\frac{1}{1+0.07})^2 + 300 \times (\frac{1}{1+0.08})^3}$$

따라서 만기 2.3년에 상응하는 할인율은 만기 2년과 3년의 동일 우량회사채의 각 만기수익률에 직선보간법을 적용한 가중평균으로 산출할 수 있다.

위의 ① 방안은 퇴직률만을 고려한다는 점에서 산출의 편의성이 있지만, 경제변수를 전혀 반영하지 못한다는 단점이 있다. 이러한 단점을 해소하기 위해 ② 방안은 연금채무의 기대현금흐름을 먼저 추정하여 퇴직급여의 예상지급시기 및 예상금액을 모두 고려하고 있다. 이러한 이유로 ② 방안은 ① 방안보다 더 높은 합리성을 견지하고 있다.

③ 예상현금흐름가중법

: K-IFRS에서 규정하고 있는 '단일의 가중평균할인율'을 직접 산출하는 간편법인 예상현금흐름가중법을 고려할 수 있다. 이는 평가시점에 퇴직급여의 예상현금흐름을 추정하고 가중현금흐름비율을 재산정하여 해당 회사채 수익률을 직접 적용하는 방식이다. 상호 비교를 위해 상기 ②방안의 산출 가정을 그대로 적용하여 산출해 보기로 한다. 연금채무 평가시점에서 어떤 기업의 연금채무 기대현금흐름이 제1차년도 말에 100, 제2차년도 말에 200 그리고 제3차년도 말에 300으로 추정되고(기타 현금흐름은 없음), 평가시점(t)에서 적용할 특정 우량회사채의 만기별 수익률은 1년 만기채는 연 6%, 2년 만기채는 연 7% 그리고 3년 만기채는 연 8%이다. 이 경우 평가시점에 DBO 산출을 위해 적용할 할인율(i_t)은 아래와 같이 약 7.33%이다.

- $i_t = \frac{100}{600} \times 6\% + \frac{200}{600} \times 7\% + \frac{300}{600} \times 8\%$

④ 현물이자율 수익률곡선법

: 회사전체 예상퇴직급여가 기말에 지급된다고 가정하는 것이 무리가 없다면 "현물이자율 수익률곡선법(full spot-rate yield curve method)"을 적용할 수 있다. 이는 만기별 우량회사채 수익률을 사용하여 먼저 현가를 구하고 다음으로 하나의 현물이자율을 공통적으로 적용한 현가를 구한다. 이 둘을 같게 하는 현물이자율을 단일 할인율로 사용하는 방법이다. 예를 들어 보면, 예상퇴직급여가 제1차년도 100, 제2차년도 200, 제3차년도 300 그리고 우량회사채 만기수익률(YTM)이 1년 만기 3.55%, 2년 만기 3.76%, 3년 만기 4.21%인 경우에 우선 각 만기별 수익률을 적용하여 예상퇴직급여의 현가를 산출한다.

- $PV = \frac{100}{1.0355} + \frac{200}{1.0376^2} + \frac{300}{1.0421^3} \fallingdotseq 547.43$

다음으로 상기 현가와 동일한 값을 제시하는 할인율을 도출한다. 즉,

- $PV(i) = \frac{100}{1+i} + \frac{200}{(1+i)^2} + \frac{300}{(1+i)^3} = PV, \quad i \fallingdotseq 4.06\%$

⑤ 산업평균법

: 상기의 4가지 방법을 적용할 수 없는 기업의 경우는 대안적으로 고용노동부가 제공하는 최근 기업규모별 평균근속연수를 사용할 수 있다.

표 3-2 기업규모별 평균근속연수(고용노동부 제공)

구분	5~9인	10~29인	30~99인	100~299인	300~499인	500인 이상
평균근속연수	4.3년	4.8년	5.7년	6.4년	7.2년	10년

예를 들어, 50인 사업장의 경우는 5년 만기 및 6년 만기 우량회사채 각각의 만기수익률을 가중평균(직선보간법 적용)하여 산출할 수 있다.

셋째, 할인율에는 퇴직급여의 예상지급시기와 화폐의 시간적 가치만을 반영할 것을 요구하고 있다. 이는 연기금자산의 투자위험이나 사용자(기업)의 신용위험 등은 반영되어서는 안 된다는 의미이다. 그러므로 상당히 신용등급이 높은 우량회사채 혹은 국공채의 수익률을 기준으로 할인율을 산정하여야 한다. 실무적으로 AA 등급이상의 회사채 적용기준은 이를 상당부분 반영하고 있다고 볼 수 있다.

마지막으로 할인율 산출기준에 대한 연금수리학적 관점과 경제학적 관점에 대해 살펴보자. 경제학적 관점은 무위험할인율(risk-free discount rate)을 적용하여 연금채무를 산정하여야 한다는 입장을 취하고 있다. 반면에 연금수리학 관점은 전통적으로 해당 연기금의 경험 투자수익률 또는 예상 투자수익률을 고려하여 연금채무를 평가하여야 한다는 입장을 견지하고 있다. 이러한 견해의 차이를 살펴보기 위해 [그림 3-1]을 참고하자. 역사적으로 대부분의 연기금은 주식 60%, 채권 40%의 비율로 투자포트폴리오를 구성하여 왔다(다만 최근에는 LDI 전략에 의해 채권위주로 편중되어 있다). 이러한 전통적 투자는 위험이 잘 분산되지 않고 전체 위험의 90%가 주식에 편중되어 있음을 알 수 있다.

그림 3-1 전통적 자산운용과 리스크

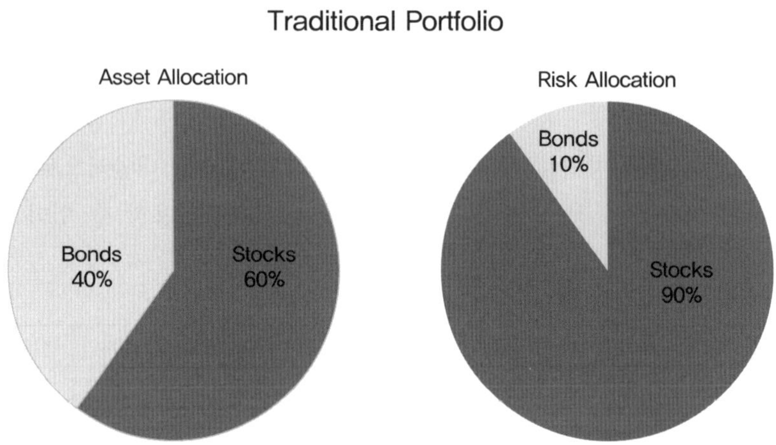

이런 점을 강조하여 경제학자들은 투자자산의 리스크프리미엄을 반영한 할인율을 적용하게 되면 무위험할인율을 적용할 때보다 연금채무는 낮게 평가되는 문제점을 지적하고 있다. 부연설명하면, 위험자산에 집중적으로 투자하고 있지만(즉, 투자수익률의 변동성, 불확실성이 높아짐에도 불구하고) 연금채무는 오히려 낮게 평가되는 문제점 그리고 투자포트폴리오를 재구성하면 연금채무 또한 매번 변경되는 문제점 등을 제기함으로써 연금수리학 관점을 비판하여 왔다. 이에 관한 대표적 논지로서 Petersen(1996)을 언급할 수 있으며 그의 주장을 원문으로 옮기면 다음과 같다. "… by using a discount rate that incorporates an equity-risk premium, the expected value of the pension liabilities is reduced(as if by magic, pension liabilities can be reduced by investing in riskier assets), but the *promised value* of the pension liabilities has not been and cannot be changed by changing the discount rate, The present value of future promise should be calculated using the riskless rate."[3] 또한 연금수리학 관점을 다음과 같이 직접적으로 비판한 Treynor (1977)의 주장도 Petersen과 같은 맥락에서 이해할 수 있다. "There is no justification for the present actuarial practice of discounting pension

3) 위험자산에 투자할수록 연금채무가 감소하는 점을 비판하고 연금채무는 약정한 것이기에 평가시점마다 변동될 수 없으므로 무위험할인율이 타당하다는 논지이다.

liabilities at a rate somehow related to the historical rate of return on pension assets."[4)]

실제로 Ryan & Fabozzi(2002)는 미국 확정급여형 퇴직연금제도가 얼마나 할인율의 변화에 취약한지를 실증 분석하였다([그림 3-2] 참조). 실증분석결과, 1994년에 연기금의 평균 수익률은 약 0.02%를 기록하였으나 연금채무평가에 적용된 회사채 수익률의 상승으로 연금채무는 오히려 12.6% 정도 하락하였다. 결국 투자수익률이 저조한 상황에서도 적립비율이 12.58%로 개선되는 일종의 『재정평가역설(valuation paradox)』이 발생한 것이다. 그 다음 해인 1995년에는 약 28.7%라는 높은 투자수익률을 달성했음에도 불구하고 회사채 수익률의 하락으로 연금채무는 약 41.16% 증가하여 적립비율이 오히려 12.46%만큼 악화되었다.

그림 3-2 할인율 변화에 따른 적립비율 변동(미국 사례)

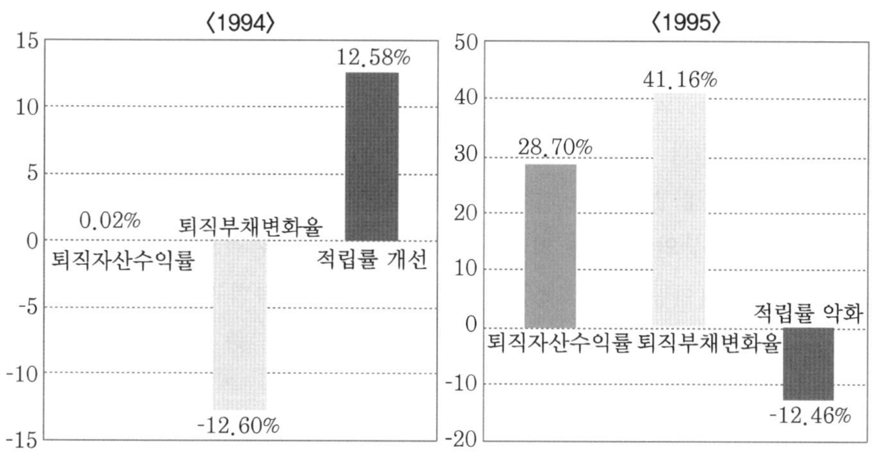

주) Ryan & Fabozzi(2002), Rethinking Pension Liabilities and Asset Allocation: A pension crisis looms: 논문 주요 결과를 도식화하였다.

제2장에서 이미 설명한 바와 같이, 이러한 극단적 경험들로 인해 미국기업들은 적극적으로 PALM 접근에 근거한 LDI 전략을 도입하는 계기를 마련하

4) 과거 경험 투자수익률을 반영하여 연금채무를 평가하는 연금수리 접근은 그 정당성이 없다는 논지이다.

였다.

결론적으로, 현행 K-IFRS에서 권고하는 우량회사채나 국공채 수익률을 참조하여 할인율을 결정한다는 것은 연금수리학 관점보다는 경제학자들의 논지를 상당부분 반영하는 것으로 이해할 수 있다. 현행 근퇴법 또한 무위험자산으로 분류될 수 있는 '10년 만기 국고채의 36개월 평균수익률'을 예상이율(즉, 할인율)로 규정하고 있기에 경제학적 관점을 한층 더 반영한 것이라 할 수 있다.

3) 예상임금상승률(Assumed Salary Growth Rate)

예상임금상승률은 근속기간이나 연령의 증가 등에 따라 가입근로자의 임금이 장래 어느 정도의 비율로 상승할 것인가를 추정한 값이다. 이는 근퇴법에서 규정하고 있는 정상퇴직연령(normal retirement age: NRA) 시점까지의 임금 수준을 추정하기 위해 필요한 예상기초율이다. 예상이율과는 달리, 예상임금상승률은 그 값을 높게 적용하면 연금채무 또한 높게 산출된다.

예상임금상승률은 일반적으로 연령별 승급지수 또는 급여지수(base-up by merit & seniority)와 연간 임금인상률(shift-up by inflation and productivity effects)로 구성된다. 연령별 승급지수(급여지수)는 해당 사업장의 호봉체계, 승진체계 등에 의해 결정되는 지수로서 추정의 적합성(fitness)을 제고하기 위하여 최근 3년 이상의 재직자 임금통계가 필요하다. 보편적으로 추정의 적합성을 위해 재직자(연령, 연령별 평균임금) 경험자료에 선형회귀식을 적용하며, 그 결과로 연령별 보정평균임금(graduated salary average), 즉 보증급여를 산출한다. 연령별 "승급지수산정식"은 다음과 같이 정의된다. 즉,

- $$x\text{세 승급지수}(b_x) = \frac{x\text{세 연령 보정 평균임금}(S_x)}{\text{기준연령}(a)\text{ 보정 평균임금}(S_a)},\ x \geq a$$

$$= \begin{cases} 1, & x = a \\ \prod_{k=a}^{x-1} \dfrac{S_{k+1}}{S_k}, & x > a \end{cases}$$

여기서 $\dfrac{S_{k+1}}{S_k} = 1 + \text{임금상승률}_{k+1\text{세}}$

따라서 기준연령의 승급지수 $b_a = 1.0$ 그리고 $S_x = b_x \times S_a$ 임을 쉽게 확인할 수 있다. 연간 임금인상률은 해당 기업의 생산력 전망, 과거 임금정책, 물가상승률 전망 등을 반영하여 결정하며 단일률로 산출함이 일반적이다. 예를 들어, 현재 x세인 가입근로자의 실제임금(AS_x), 연령별로 추정한 승급지수 (b_{x+t}) 그리고 추정한 연간 임금인상률(s)을 기준으로 $x+t$세 시점의 예상임금(ES_{x+t})을 추정하면 아래와 같이 지수함수로 표현된다. 즉,

- $ES_{x+t} = AS_x \dfrac{b_{x+t}}{b_x}(1+s)^t$

예제 1 보험계리사(2014년) 기출문제

㈜한국연금의 보정급여 S_x가 다음과 같이 주어졌을 때, 32세의 급여지수 b_{32}를 구하시오(단, 소수점 다섯째자리에서 반올림하여 소수점 넷째자리까지 사용함).

연령 x	S_x	b_x
30	1,214,500	1
31	1,263,080	
32	1,311,077	b_{32}

해설 상기 승급지수 산정식에 의해

연령 x	S_x	b_x
30	1,214,500	1
31	1,263,080	1.0400 (= 1,263,080÷1,214,500)
32	1,311,077	1.0795 (= 1,311,077÷1,214,500)

예제 2 연금계리사(2015) 기출문제

연령별 임금상승률 "1+B_x"는 다음과 같이 산출된다. 20세의 임금을 200만원이라 할 때 40세의 임금(S_{40})과 승급지수(b_{40}, 기준연령 20세)를 산출하시오.

$$B_x = \frac{1.02 \times f(x+1) - f(x)}{f(x)}, \quad f(x) = \frac{x^2}{50}, \quad x : \text{연령}(\text{단, } 1.02^{20} = 1.4859)$$

해설 문제에서의 연령별 임금상승률 B_x의 의미는 $S_{x+1}=(1+B_x)\times S_x$ 관계식에 근거한 표현임에 유의하여야 한다. 따라서

- $b_{40}=(1+B_{39})\times(1+B_{38})\times\cdots\times(1+B_{21})\times(1+B_{20})$

$$=1.02\times\frac{f_{(40)}}{f_{(39)}}\times1.02\times\frac{f_{(39)}}{f_{(38)}}\times\cdots\times1.02\times\frac{f_{(22)}}{f_{(21)}}\times1.02\times\frac{f_{(21)}}{f_{(20)}}$$

$$=1.02^{20}\times\frac{f_{(40)}}{f_{(20)}}=1.02^{20}\times\frac{\frac{40^2}{50}}{\frac{20^2}{50}}=1.02^{20}\times\left(\frac{40}{20}\right)^2=5.9436$$

- $S_{40}=S_{20}\times5.9436\fallingdotseq$ 1,189만원

예제 3 보험계리사(2015년) 기출문제

아래의 자료를 이용하여 52세 경험승급률을 구하시오.

보험계리사 A씨는 (주)홍길동의 경험승급률($1+B_x$)을 산출하기 위해 선형분석을 한 결과 다음과 같은 보정급여선을 산출하였다.

$$y=150{,}000x-900{,}000$$

(단, y=보정급여, x=연령, 50세 급여지수는 1로 가정)

해설 용어를 정리할 필요성이 있다. 즉, 급여지수는 승급지수로, 경험승급률은 (1+임금상승률)로 용어를 정리하면 52세의 (1+임금상승률)을 구하는 문제이다.

즉, $S_{53}=(1+B_{52})\times S_{52}$, $1+B_{52}\fallingdotseq1.0217$

연령(x)	보정급여(S_x)	$1+B_x$
50	6,600,000	1.0227
51	6,750,000	1.0222
52	6,900,000	1.0217 (답)
53	7,050,000	

4) 예상퇴직률(Assumed Retirement or Withdrawal Rate)

가입근로자가 향후 어느 정도의 비율로 언제 퇴직할 것인가를 추정한 값이다. 이는 해당 사업장의 연령별 재직자 및 퇴직자 통계를 근거로 산출되며, 추정의 적합성 차원에서 산출시점의 가입자명부 그리고 산출 직전 3개년 이상의 퇴직관련 퇴직자명부가 필요하다. 예상퇴직률은 가입근로자별 연금채무 그리고 표준부담금 규모를 산정하기 위해 필요한 예상기초율이다. 통상적으로

산출의 기본단위는 1년으로 하며 연시 가입자, 연중 신규가입자 및 연중 퇴직자를 연령별로 집계하여 다음과 같은 연령별 기초퇴직률(x)을 산출한다. 즉,

$$\bullet \text{ 기초퇴직률}(x) = \frac{\text{기시재직자 중 퇴직자}(x) + \dfrac{\text{기중입사자 중 퇴직자}(x)}{2}}{\text{기시재직자}(x) + \dfrac{\text{기중입사자}(x)}{2}}$$

그러나 추정치의 평활성을 제고할 필요성이 있을 경우에는 직선보간법, 5점 이동 평균법, 그레빌(Greville)법 등을 사용하여 보정(graduation)하여야 한다. 특히 '연금계리 실무해설서'에서는 예상퇴직률에 한해서 80%~120% 범위내에서 퇴직연금사업자가 합리적으로 안전(할인 또는 할증)율을 적용하는 것을 허용하고 있다. 일반적으로 퇴직률은 저연령대에서 높게 시작하여 점차적으로 체감하다가 정년 연령에 가까워지면 다시 증가하는 U자 형태를 취한다.

퇴직 원인에 따라 급여설계를 다양화할 필요성이 있는 경우에는 탈퇴의 원인별로 산출하여야 한다. 현행 근퇴법은 퇴직 요인별로 차등 지급하는 것을 금지하고 있지는 않지만, 그 어떤 경우라도 퇴직사유 발생시 "계속근로기간 1년에 대하여 30일분의 평균임금에 상당하는 금액 이상"을 퇴직급여로 지급할 것을 규정하고 있다. 실무에서는 연금설계의 간편성, 운용관리의 편의성 등으로 퇴직 사유를 구분하지 않고, 이를 모두 포함하는 하나의 탈퇴율(aggregated withdrawal rate)만을 산출하여 적용하고 있다. 다시 말해서, 현행 근퇴법은 중도탈퇴와 정상탈퇴만이 존재하는 이중탈퇴모형(double decrement model)을 적용하고 있다. 예상퇴직률 속에 사망에 의한 퇴직이 포함되지 않은 경우는 보험요율산출기관(보험개발원)이 정기적(3년마다)으로 산출하는 예상사망률을 별도로 적용하게 된다.

향후 퇴직연금설계가 보다 자유롭게 기업의 인사관리차원에서 전개된다면 근로기간 중에 발생한 질병, 장애 등에 의한 병가탈퇴율, 근로기간 중 사망에 의한 사망탈퇴율 또는 근로자의 이직 등 자유의지에 의한 조기탈퇴율 등으로 구분하여 탈퇴 원인별로 퇴직급여를 달리 설계할 수 있다. 예를 들어 [그림 3-3]과 같은 다중탈퇴모형(multiple decrement model)을 적용하여 선진국에서처럼 퇴직원인별 급여의 차별성을 부여할 수 있다.

그림 3-3 다중퇴직탈퇴모형

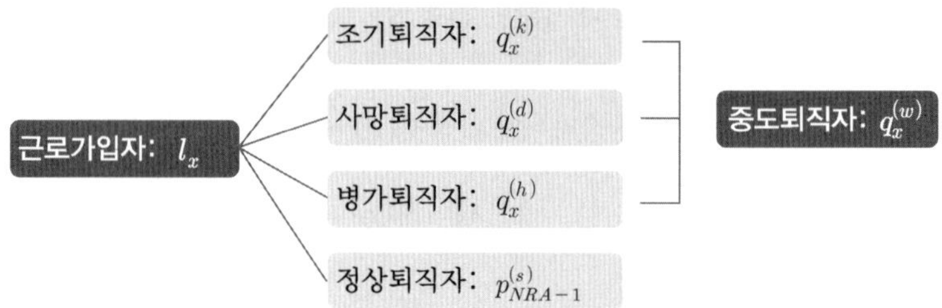

여기서 {조기퇴직}∩{사망퇴직}∩{병가퇴직}∩{정상퇴직} = ∅이고 {사망퇴직}∪{조기퇴직}∪{병가퇴직}∪{정상퇴직} = Ω(퇴직 표본 집단, withdrawal sample space)이다. 즉, 각 퇴직사건은 서로 배반사건(mutually exclusive events)임을 알 수 있다. 따라서, 정상퇴직연령 NRA에 대하여, 다음과 같은 다중탈퇴관계를 파악할 수 있다.

- $q_x^{(w)} = q_x^{(k)} + q_x^{(d)} + q_x^{(h)}$

  : $\forall\, x = ..., NRA-2, NRA-1$에 대하여, x세 근로가입자가 $(x, x+1)$ 사이에 탈퇴할 중도탈퇴율을 나타낸다.

- $p_x^{(s)} = 1 - q_x^{(w)}$

  : $\forall\, x = ..., NRA-2, NRA-1$에 대하여, x세 근로가입자가 $(x, x+1)$ 사이에 계속해서 근로할 잔존근속률(surviving service rate)을 나타낸다. 특히, $(NRA-1, NRA)$기간의 잔존근속률 $p_{NRA-1}^{(s)}$에 한해서 정상퇴직률(normal retirement rate)이라고 한다. 실무에서는 중도퇴직률에 의해 잔존근속률 및 정상퇴직률이 모두 표현되므로 별도로 산정하지 않는다.

생명보험사에서 사용하고 있는 생명표(life table)는 사망에 대한 하나의 탈퇴모형에 근거하지만, 퇴직연금제도는 상기와 같이 다양한(조기, 병가, 사망) 탈퇴사건을 포함한 다중퇴직탈퇴모형(multiple retirement decrement model)을 일반적으로 적용한다. 이를 적용하여 해당 퇴직연금제도에 적합한 <표 3-3>과 같은 "종업원탈퇴잔존표"를 작성하게 된다.

표 3-3 종업원탈퇴잔존표(예시)

연령 x	근로가입자수 l_x	사망퇴직자수 d_x	조기퇴직자수 k_x	병가퇴직자수 h_x	정상퇴직자수 l_{NRA}
18	100,000	86	9,500	6	0
19	90,408	77	8,588	6	0
20	81,737	69	7,602	6	0
…	…	…	…	…	…
37	31,795	38	445	12	0
38	31,300	41	376	13	0
39	30,870	44	340	13	0
…	…	…	…	…	…
$NRA-2$	25,020	208	20	86	0
$NRA-1$	24,706	225	12	92	0
NRA	24,337	0	0	0	24,337

마지막으로,

- $SP_{NRA}(x) = \prod_{j=0}^{NRA-x-1}(1-q_{x+j}^{(w)}) = \prod_{j=0}^{NRA-x-1} p_{x+j}^{(s)}$

: x세 근로가입자가 NRA세에 도달하기까지 잔존하고 정상 퇴직할 확률 (probability of surviving in service from current age x to NRA)을 나타낸다.

상기 종업원탈퇴잔존표에 근거하여 각 연령별로 정상퇴직할 확률을 구하여 보면 <표 3-4>와 같다.

표 3-4 $SP_{NRA}(x)$ 산출(예시)

연령 x	$q_x^{(d)}$	$q_x^{(k)}$	$q_x^{(h)}$	$SP_{NRA}(x)$
18	0.00086	0.09500	0.00006	0.08881
19	0.00085	0.09499	0.00007	0.10462
20	0.00084	0.09301	0.00007	0.12183
…	…	…	…	…
37	0.00120	0.01400	0.00038	0.50401

38	0.00131	0.01201	0.00042	0.52155
39	0.00143	0.01101	0.00042	0.53879
…	…	…	…	…
$NRA-2$	0.00831	0.00080	0.00344	0.97429
$NRA-1$	0.00911	0.00049	0.00372	0.98668
NRA	0.00000	0.00000	0.00000	1.00000

다음으로 다룰 두 논제(예상순이율 및 듀레이션)는 계산기초에 포함되는 내용은 아니지만, 예상이율과 관련된 주요 논제이므로 추가로 설명하도록 한다.

5) 예상순이율(Assumed Net Interest Rate)

현행 근퇴법처럼 최종임금을 기준으로 퇴직급여가 설계되는 경우에 연금채무는 예상임금상승률에 비례하고, 예정이율에 반비례하는 관계를 가진다. 이 둘은 연금채무(DBO) 그리고 표준부담금(NC)을 산출할 때 아래와 같은 새로운 할인함수에 연동되어 표시된다. 즉,

- $\dfrac{1+h}{1+i} \cong \dfrac{1}{1+i^*}$ (단, $i^* \equiv i - h$)

여기서 h는 예상임금상승률, i는 예상이율 그리고 i^*는 예상순이율을 각각 나타낸다. 위의 간편식은 피셔효과(Fisher effect)[5]의 개념을 적용하여 간편히 도출된 결과임에 유의하기 바란다. 결론적으로 예상이율과 예상임금상승률을 각각 추정하기 힘든 상황에서 대안적으로 추정하는 이자율 개념이다.

간단한 적용 예를 들어 보면, 근퇴법에서 재정검증을 수행할 때 이미 설명한 바와 같이 먼저 기준책임준비금을 산출하게 된다. 즉, 기준책임준비금 = Max{계속기준책임준비금(PBO), 비계속기준책임준비금(퇴직금추계액)}이다. 이 때 예상순이율을 적용하면, [그림 3-4]에서 알 수 있듯이, 이 둘의 대소 관계를 명확히 파악할 수 있다.

5) 명목이율(nominal interest rate)=실질이율(real interest rate)+인플레이션율+(실질이율×인플레이션율). 이 때 '실질이율×인플레이션율=0'이라고 가정하면, '실질이율=명목이율−인플레이션율'로 추정됨을 의미한다.

:: 그림 3-4 예상순이율, PBO, 퇴직금추계액 관계

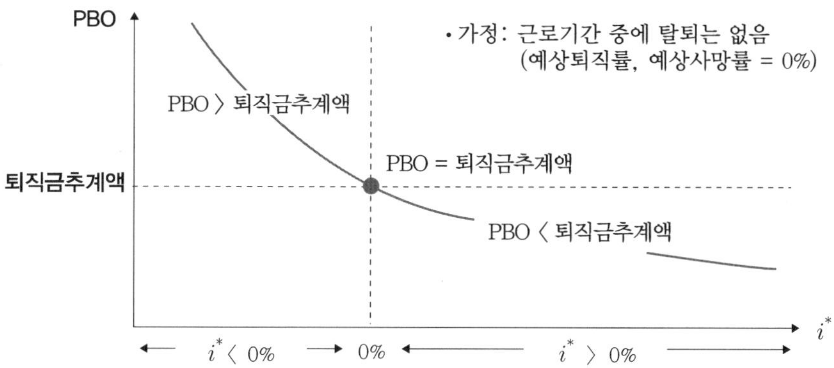

6) 듀레이션(Duration)

채권투자의 경우 만기 때까지 채권을 보유하고 있으면 채권가격의 변화는 중요하지 않다. 그러나 대다수의 투자자들은 주식과 마찬가지로 채권가격 상승에 따른 자본이득에도 관심이 있다. 따라서 금리의 변화에 따른 채권가격의 변화에도 민감할 수밖에 없는데, 이를 측정하기 위해 생긴 개념이 듀레이션(Duration)이다. 실제로 다양한 형태의 듀레이션 개념이 있으며 이들에 대해 순차적으로 살펴본다.

① Macaulay Duration(MD)

일반적인 듀레이션은 F.R. Macaulay에 의하여 1938년에 처음으로 개발된 Macaulay Duration(MD)을 의미한다. 기본 개념은 '현가로 환산된 채권 현금흐름의 가중평균만기'이다. 이는 실제로 채권에 투자된 원금을 회수하는 데 걸리는 평균회수기간을 의미하며, 시중금리가 상승하면 상대적으로 원금회수기간은 짧아진다(아래 공식에서 금리에 대해 감소함수임을 알 수 있음). 즉,

$$\bullet\ MD = \frac{\sum_{t=1}^{n} t \times \frac{CF_t}{(1+r)^t}}{P} = -\frac{dP}{P} \times \frac{1+r}{dr}$$

여기서 P: 채권의 현재가치 $= \sum_{t=1}^{n} \frac{CF_t}{(1+r)^t}$, $\frac{dP}{dr} = -\frac{1}{1+r} \times \sum_{t=1}^{n} \frac{t \times CF_t}{(1+r)^t}$

r : 평가시점에서의 연(年)표시 시장금리(할인율)

CF_t : 미래시점 t에서 채권의 현금흐름

예를 들어 액면가액 2,000원, 액면이자율 10%, 시장금리 11% 그리고 만기 2년인 이표채(coupon bond)인 경우 MD(단위기간은 1년임)는 다음과 같다.

$$\frac{1\times 200\times \frac{1}{1+0.11}+2\times 2{,}200\times \frac{1}{(1+0.11)^2}}{200\times \frac{1}{1+0.11}+2{,}200\times \frac{1}{(1+0.11)^2}}=1.90834(\text{년})$$

무이표채(zero-coupon bond)의 경우 듀레이션은 만기와 같지만 이표채의 경우 만기 이전에 이자를 회수하기 때문에 이표채의 듀레이션은 만기보다 짧다.

② 수정듀레이션(Modified Duration: MoD)

다음으로 수정듀레이션(MoD)을 살펴보자. 이는 시장금리변동(%)에 따른 채권가격의 변화율(%)을 나타내는 민감도 지표이다. 예를 들어 보유하고 있는 특정채권의 수정듀레이션이 2.35으로 계산되었다면, 이는 해당 채권에 적용되는 시장금리가 1% point 움직일 경우에 아래 식처럼 해당 채권의 가격이 2.35% 움직인다는 의미이다. 수정듀레이션 산출식은 다음과 같이 정의된다.

- $MoD=-\frac{dP}{dr}\times\frac{1}{P} \quad \overset{e.g.}{\longleftrightarrow} \quad \frac{2.35\%}{1.0\%}=2.35$
- $\frac{dP}{P}=MoD\times(-dr)$

수정듀레이션(MoD)은 MD 식을 약간 변형해서도 나타낼 수 있다. 즉,

- $MD=\frac{-(1+r)\times\frac{dP}{dr}}{P}=\frac{\frac{dP}{P}}{\frac{dr}{(1+r)}}=-\frac{dP}{dr}\times\frac{(1+r)}{P}$

따라서 MD와 MoD의 관계식은 다음과 같다. 즉,

- $MoD=\frac{MD}{(1+r)}$

앞에서 사용한 예를 통해 수정듀레이션 그리고 채권가격의 변화를 산정해

보기로 한다. 액면가액 2,000원, 액면이자율 10%, 시장금리 11% 그리고 만기 1년인 이표채가 발행된 경우 수정듀레이션은 1.90834/1.11=1.71923. 따라서 시장금리가 1% point 상승(즉, $dr=1\%/$년)하면 채권가격은 약 1.72% 하락함을 의미한다. 즉,

$$\frac{dP}{P} = MoD \times (-dr) = \frac{1.90834}{1.11} \times (-0.01) = -1.71923\%$$

수정듀레이션은 채권가격에 대한 금리민감도를 알려주고 있다. 투자자 채권포트폴리오의 가치가 금리에 얼마나 민감한가에 대한 답을 제시할 수 있다는 점에서 실무적으로 수정듀레이션이 많이 활용되고 있다.

③ 유효듀레이션(Effective Duration: ED)

수정듀레이션에서는 시장금리의 변화가 현금흐름에 영향을 미치지 않는다고 가정하고 있다. 그러나 옵션부사채와 같이 채권에 부가적인 옵션이 부여된 경우에는 이 가정이 적용되지 않는다. 이와 같은 채권에서는 시장금리의 변화가 채권 현금흐름에 영향을 미치는데, 유효듀레이션(Effective Duration: ED)은 이러한 옵션이 내재된 채권의 듀레이션을 구하는 데에 사용된다. 유효듀레이션의 산출식은 다음과 같다.

- $$ED = \frac{PV(r-\Delta r) - PV(r+\Delta r)}{2 \times \Delta r \times PV(r)} = \frac{\left\{\dfrac{PV(r-\Delta r) - PV(r+\Delta r)}{PV(r)}\right\}}{2 \times \Delta r} \overset{eg.}{\longleftrightarrow} \frac{x\%}{1\%} = x$$

여기서 Δr: 연(年)표시 시장금리의 변화량(주로 ±1.0%가 적용됨)
$PV(r)$: 채권의 현재가치
$PV(r-\Delta r)$: 시장금리가 Δr만큼 하락했을 때의 채권가격
$PV(r+\Delta r)$: 시장금리가 Δr만큼 상승했을 때의 채권가격

예를 들어, 현재 수의상환채권(callable bond)의 액면가액 2,000원, 액면이자율 15%, 시장금리 15.5%, 만기 1년 그리고 기업이 2,000원에 수의상환이 가능한 회사채라고 하자. 이 경우에 해당 채권의 시장금리가 1% point 변동하면 유효듀레이션(즉, 금리민감도)은 다음과 같이 구할 수 있다.

$$\frac{2{,}000-\dfrac{2{,}300}{1+0.165}}{2\times 0.01\times \dfrac{2{,}300}{1+0.155}}=0.64658$$

여기서 수의상환채권은 만기 이전이라도 기업이 원하는 시기에 특정 가격에 채권을 상환할 수 있는 권리가 부여된 채권을 의미한다. 즉 채권에 Call 옵션이 가미되어 있는 형태의 회사채이다. 위 예에서 2,000원에 수의상환이 가능하기 때문에 상환가격이 2,000원을 넘어설 수 없다. 따라서 시장금리가 14.5%일 때 채권가격 $PV(r-\Delta r)$이 2,000원을 초과하므로 2,000원으로 계산한다. 이 채권의 경우 금리가 1% point 변할 때 채권가격은 0.64658% 변함을 의미한다. 수정듀레이션이나 유효듀레이션은 수리적 구조는 근본적으로 같기 때문에 옵션이 내재되어 있지 않은 이표채의 경우 수정듀레이션과 유효듀레이션은 같은 값을 갖는다. 한편, 금융거래는 계약자가 유리한 경우에 언제든지 계약을 해지할 수 있는 거래관계(중도 해지 옵션)에 있으므로 금리민감도는 수정듀레이션 개념보다는 유효듀레이션 개념을 금융거래에 적용하는 것이 타당하다.[6)]

④ 연금수리 적용 예

실제로 연기금자산과 연금부채 각각은 금리 변화에 민감한 금리부 연기금자산($F(t)$) 그리고 금리부 연금채무($AL(t)$, 예: PBO)에 해당한다. 특히 $F(t)$가 PALM 접근법(LDI 전략 등)에 의해 채권 위주의 투자포트폴리오가 구성되면 더욱 그러하다. 이 경우에 $F(t)$의 금리민감도가 ED_F이고 연금채무의 금리민감도가 ED_L라고 하면 연기금자산과 부채의 금리민감액은 아래와 같다.

- 연기금자산의 금리민감액: $\Delta F(t) = -F(t)\times(ED_F\times\Delta r_F)$
- 연금채무의 금리민감액: $\Delta AL(t) = -AL(t)\times(ED_L\times\Delta r_L)$

6) 보험회사의 위험기준 자기자본(RBC)제도에서 향후 1년간 금리변동에 따른 순자산(보험자산-보험부채)의 변동분(즉, 금리리스크)을 산출할 때에 금리민감도는 수정듀레이션 개념보다는 유효듀레이션 개념을 적용하고 있다. 이는 금리변동에 따라 계약자가 유리한 방향으로 계약을 해지할 수 있는 옵션이 부여되어 있는 경우를 고려하기 위해서이다.

예제 1 시장금리 1%의 상승 변화(Δr_F, $\Delta r_L = +1\%$)에 대해 현재 채권위주 연기금자산은 $F(t)$ = 100, ED_F = 3.0 그리고 현재 시장금리에 연동된 연금채무는 $AL(t)$= 100, ED_L = 5.0 인 경우에 연기금자산 및 연금채무의 변화에 따른 적립비율을 새로이 추정하시오.

해설 $FR(t: \Delta_{F,L} = 1\%) = \dfrac{100 - 100 \times 3.0 \times 0.01}{100 - 100 \times 5.0 \times 0.01} \cong 102\%$

예제 2 채권 투자자산의 시장금리 1% 상승 변화($\Delta r_F = +1\%$)에 대해 현재 채권위주 연기금자산은 $F(t)$ = 100, ED_F = 3.0 그러나 연금채무에 적용되는 할인율은 1% 하락($\Delta r_L = -1\%$)이고 현재 시장금리에 연동된 연금채무는 $AL(t)$= 100, ED_L = 5.0 인 경우에 연기금자산 및 연금채무의 변화에 따른 적립비율을 새로이 추정하시오.

해설 $FR(t: \Delta_F = 1\%, \Delta_L = -1\%) = \dfrac{100 - 100 \times 3.0 \times 0.01}{100 + 100 \times 5.0 \times 0.01} \cong 92\%$

예제 3 할인율별로 연금채무(AL)가 다음과 같이 각각 산출되었다. 이 경우 할인율 1% point 변동에 따른 유효듀레이션을 구하는 산식을 도출하시오.

$$AL(i=5\%) = A,\ AL(i=4\%) = B,\ AL(i=3\%) = C$$

해설 할인율 변동에 대한 연금채무 민감도를 구하는 문제이다. 따라서 유효듀레이션은 본문의 정의에 의해 $ED = \dfrac{PV(r - \Delta r) - PV(r + \Delta r)}{2 \times \Delta r \times PV(r)}$ 을 적용하면, $ED = \dfrac{AL(i=3\%) - AL(i=5\%)}{2 \times 1\% \times AL(i=4\%)} = \dfrac{C - A}{0.02 \times B}$.

마지막으로 다룰 내용은 계산기초에 포함되는 내용은 아니지만, 연금채무 및 표준부담금 산정에 있어 반드시 필요한 가입자명부에 관한 내용이다.

7) 기타 사항: 가입자명부

가입자명부는 해당사업장의 연금채무, 표준부담금, 당기근무원가 등 연금계리 관련 추정치를 산출함에 있어 필요한 기초 자료로서, 종업원급여 회계결산 그리고 재정검증 등 일련의 연금계리과정에 필요한 대상 모집단 정보이다. 필수 기재사항은 다음 표와 같다.

(작성기준일: ××××년 ××월 ××일)

사번	성명	생년월일 (남, 여)	임직원 구분	입사일	중간 정산일	평균임금	퇴직금 추계액

주1) 사번
: 회계결산 및 연금계리 평가에서 동명이인의 오류를 방지하기 위한 정보이다.

주2) 생년월일
: 작성기준일 시점으로부터 정년 퇴직시점까지의 잔여근무기간을 산정하기 위해 필요한 기재사항이다.

주3) 임직원구분
: 임원의 경우는 직원과는 달리 단기(예: 1년)로 재계약하는 경우가 대부분이므로 임원의 표준부담금 및 연금채무는 1년 후에 퇴직을 전제로 산정할 수 있으므로 임직원 구분이 요구된다(물론, 퇴직연금규약에서 임직원을 구분하지 않고 통합하여 회계 처리 및 연금계리를 수행한다면 이러한 구분은 불필요함).

주4) 입사일
: 퇴직급여산정의 기준이 되는 개시일로서 금속연수 산정에 필요한 기재 사항이며 해당 사업자에 최초 입사한 날짜를 의미한다.

주5) 중간정산일
: 중간정산제도는 퇴직금제도에서만 허용되고 제도이며 이는 중간정산일 시점에서 과거 근로에 의해 발생한 퇴직일시금을 청산한 결과이다. 따라서 중간정산일의 다음 날(즉, 근속연수 기산일)부터 근속연수가 새로이 산정됨을 의미한다.

주6) 평균임금[7)]
: 퇴직급여를 산정하는 기준임금을 말하며, 퇴직사유 발생 직전 3개월을 기준으로 산출한다. 근퇴법에서 근속연수 1년마다 30일분 이상의 평균임금을 퇴직급여로 산출하도록 규정하고 있어 반드시 필요한 임금 정보이다. 1년 미만 근속 근로자의 경우는 근퇴법 적용 대상이 되지 않지만, K-IFRS에서는 안분 산정하여 당기근무원가 및 연금채무를 산정하도록 하고 있다. 따라서 사업연도 말 결산시점에서 3개월 내외 근무한 근로자의 경우에 일반적으로 수습기간이 적용되어 평균임금이 축소될 개연성이 높다. 이러한 경우 사업연도 초에 입사한 것으로 간주하여 평균임금을 산정하는 것을 연금계리사는 권고한다.

주7) 퇴직금추계액
: 작성기준일 현재 과거근로용역 제공에 의해 발생한 퇴직일시금(청산기준에 의해 산정된 퇴직급여)으로써 연금계리 과정보다는 단순 계산에 의해 산출되며 근퇴법 재정검증에서 요구되는 필수 정보이다. 즉, 퇴직금추계액 = (30일 + Θ)분 평균임금 × (근속연수). 단 Θ = 0이면 법정퇴직금추계액이며, 적용사업장의 노사협의에 의해 "Θ > 0"로 설정할 수 있다.

7) 임금은 근로기준법 제2조에 규정한 임금을 의미하며, 사용자가 근로의 대가로 근로자에게 임금·봉급, 그 밖에 어떠한 명칭으로든지 지급하는 일체의 금품을 말한다. 대법원 판례에 의하면 "임금이란 사용자가 근로의 대상으로 지급하는 일체의 금품을 말하고, 의례적·호의적 의미에서 지급되는 것은 포함하지 아니한다. … 근로자에게 계속적·정기적으로 지급되며, 그 지급에 관하여 단체협약, 취업규칙, 급여규정, 근로계약, 노동관행 등에 의하여 사용자에게 그 지급의무가 지워져 있고, 또한 일정요건에 해당하는 근로자에게 일률적으로 지급되는 것이라면 그 명칭 여하를 불문하고 평균임금 산정의 대상이 되는 임금이라고 보아야 한다"고 판시하고 있다.

2. 계리현가(Actuarial Present Value: APV)

평가시점을 기준으로 향후 발생할 현금흐름을 평가하는 방법은 크게 현가(present value)와 계리현가(actuarial present value)로 구분된다. 전자는 재무관리에서 주로 사용되며, 향후 발생할 현금흐름에 할인율을 적용함으로써 화폐적 시간가치(time value of money)만을 고려한 개념이다. 후자는 계리학(actuarial science)에서 주로 사용되며, 화폐의 시간적 가치뿐만 아니라 향후 퇴직과 같은 특정사건(contingency)에 의해서만 현금흐름이 발생한다고 전제하는 경우에 적용되는 현가로서, 조건부 기대현가(conditional expected present value) 개념이다. 예를 들어, 단위기간(일, 월, 년 등)에 적용되는 할인율이 10%이고, 단위기간 말에 채권자에게 110원이 지급된다면 단위기간 초에 100원(현가 = 110원 / 1.1)을 지급함으로써 채권·채무관계를 청산할 수 있다. 반면에, 단위기간 동안의 채권자의 생존율이 90%이고 단위기간 말에 채권자가 생존해 있을 경우 110원을 지급하기로 하였다면 이는 단위기간 초에 90원(계리현가 = 110 × 0.9 / 1.1)을 지급함으로써 채권·채무관계를 청산할 수 있음을 의미한다.

확정급여형 퇴직연금제도에서 계리현가는 발생할 퇴직급여를 사전에 충당하는 표준부담금(NC) 그리고 근로를 통해 발생한 총 급여(연금채무)를 평가시점에서 산출할 때 적용된다. 또한 가입근로자의 재직을 전제로 표준부담금의 현금흐름이 발생하므로 예상되는 표준부담금의 평가액은 계리현가를 의미한다. 그리고 가입근로자의 퇴직을 전제로 퇴직급여가 지급되므로 예상되는 퇴직급여의 평가액 또한 계리현가로 산출된다.

예를 들어 보기로 한다. 연령별 예상퇴직률이 $q(0 < q < 1)$, 할인율(예상이율)이 $i(> 0)$이고 부담금은 재직 기간 동안 연초에 C씩 정기적으로 납입하며, 퇴직급여는 퇴직발생년도 말에 $B\times$(퇴직 직전 근속년수)를 지급하기로 약정하였다. 현재 30세 신규 가입자(단, 정년은 만 60세 도달시점)에 기대되는 총 퇴직급여의 계리현가와 납입할 총 부담금의 계리현가는 아래와 같이 각각 산출된다.

$$APV(B) = \sum_{x=30}^{59} \frac{(1-q)^{x-30} \cdot q}{(1+i)^{x-30+1}} \times (x-30) \cdot B + \frac{(1-q)^{30}}{(1+i)^{30}} \times 30B$$

여기서 마지막 항은 신규가입자가 정년퇴직할 경우에 기대되는 퇴직급여의 계리현가를 나타낸다.

$$APV(C) = \sum_{x=30}^{59} \frac{(1-q)^{x-30}}{(1+i)^{x-30}} \times C$$

일반적으로 현가를 나타내는 대표적인 국제계리기호는 $\ddot{a}_{\overline{n}|}$, $a_{\overline{n}|}$ 등이 있으며 계리현가를 나타내는 대표적 국제계리기호는 $\ddot{a}_x$, $\ddot{a}_{x:\overline{n}|}$, a_x, $a_{x:\overline{n}|}$ 등이 있다.

3. 재원적립원칙(Principle of Funding Plan)

보험상품의 가격을 결정하는 일반원칙을 수지상등의 원칙이라고 한다. 이는 앞에서 설명한 계산기초의 가정들이 현실적으로 보험기간 중에 100% 실현된다는 기본 전제에서 출발한다. 즉, 계약시점에서 필요한 계산기초를 먼저 확정하고 보험기간 중에 유입될 보험료의 현금흐름(收)의 계리현가와 보험기간 중에 지급될 보험급여의 현금흐름(支)의 계리현가를 상등(相等)하게 두고 보험료를 산출한다. 이 때 산출된 보험료를 평준순보험료(level net premium)라고 하며, 우리가 보험계약에서 실제로 지불해야 할 납입보험료는 평준순보험료에 예정사업비(이를 부가보험료라고 함)가 부가된 영업보험료(gross premium)이다. 수지상등의 원칙은 계약시점 이후에도 적용되며 이 때 산출되는 값이 보험료적립금 개념이다.

이와 같은 기본 원리는 확정급여형 연금제도에도 적용된다. 이를 특별히 재원적립원칙(principle of funding plan)이라고 한다. 확정급여형 연금제도에서의 급여발생 여부는 확정급여산출식에 의해 사전에 결정된다. 따라서 부담금(기여금) 수준을 조율하면서 미래의 퇴직급여를 과·부족 없이 충당하는 것이 무엇보다 중요하다. 보험에서 수지상등의 원칙처럼 연금제도에서도 100% 완전적립을 목표로 하는데, 연금제도에서는 가입자별로 또는 가입자 전체에 대해 평가시점 $t(=0,1,2,\ldots)$에서 재원적립원칙이 적용된다. 재원적립원칙이 설정되는 과정을 순차적으로 알아본다.

첫째, 확정급여산출식에 의해 급여 관련은 다음 관계식이 성립한다. 즉,

- $APV(TB(t)) = APV(PSB(t)) + APV(FSB(t))$

여기서

$APV(TB(t))$: 지급될 총 급여(total benefits to be paid) 현금흐름의 계리현가.

$APV(PSB(t))$: 이미 발생한 급여(past service benefits) 현금흐름의 계리현가로서 연금채무(accrued liability, actuarial liability or prior service liability: $AL(t)$)에 해당하며, 채택한 연금재정방식(제4장에서 다룸)에 의해 산출된다. 그리고

$APV(FSB(t))$: 향후 발생할 급여(future service benefits) 현금흐름의 계리현가로서 향후 유입될 표준부담금 현금흐름의 계리현가에 의해 충당될 부분이다. 즉, $APV(NC(t)) = APV(FSB(t))$.

둘째, 재정검증 결과로 제시되는 과소적립 또는 초과적립 여부는 다음과 같이 정의되는 미적립채무로 판정한다. 즉,

- 미적립채무($UL(t)$) = 연금채무 평가액($AL(t)$) − 연기금자산 평가액($F(t)$)

여기서 '$UL > 0$'이면 과소적립상태이고 UL만큼의 부족금(actuarial deficit)이 발생한 것이다. 이러한 경우 해당 부족금을 체계적으로 충당하기 위한 부족금상각계획을 수립한다. 반면에 '$UL < 0$'이면 초과적립상태이고 UL만큼의 잉여금(actuarial surplus)이 발생한 것이다. 이러한 경우 해당 잉여금을 체계적으로 처리하는 잉여금상각계획을 수립한다. 국내외를 막론하고, 부족금 또는 잉여금은 $\frac{UL(t)}{\ddot{a}_{\overline{n|}}}$ 혹은 $\frac{UL(t)}{n}$에 의해 균등상각하는 것이 일반적이다. 이러한 과정에서 산출된 균등상각액을 표준부담금(NC) 이외에 추가 납입되는 조정부담금(adjusting cost: AC)[8]이라고 하며, 재정검증의 결과에 따라 그 수준은 변동하게 된다. 따라서 평가시점에 부담금관련 관계식은 아래와 같다.

- 부담금: $C(t) = NC(t) + AC(t)$
- 유입될 부담금의 계리현가: $APV(C(t)) = APV(NC(t)) + APV(AC(t))$

여기서 $APV(AC(t)) = UL(t)$ 그리고 $APV(NC(t)) = APV(FSB(t))$.

상기의 관계식들로부터 다음과 같은 재원적립원칙을 도출할 수 있다.

8) 조정부담금은 근퇴법에서 제도 설립이전의 과거근무에 기인한 미적립채무인 경우에는 보충부담금으로, 제도 설립 이후에 발생한 미적립채무인 경우에는 특별부담금으로 처리한다.

〈재원적립원칙〉

매 평가시점 $t(=0,1,2,\ldots)$에서

$$
\begin{aligned}
& APV(C(t)) \\
&= APV(TB(t)) - F(t) \\
&= APV(FSB(t)) + AL(t) - F(t) \\
&= APV(NC(t)) + UL(t)
\end{aligned}
$$

위 산식에서 계리현가는 사전적으로 확정된 계산기초에 근거하여 산정한다. 매 평가시점마다 사용자가 납입하여야 할 (표준, 보충, 특별)부담금 수준은 재원적립원칙에 근거하여 결정할 사항이며, 평가 시점마다 차이가 발생함이 일반적이다. 특히, 매 평가시점마다 부담금(C) 수준이 표준부담금(NC) 수준으로 충당되고 100% 완전적립상태라고 하면 계산기초의 가정들이 100% 실현되고 있음을 시사한다. 이러한 경우를 부담금의 안정성(contribution stability)이 100% 확보되었다고 하며, 재원적립원칙은 최적상태에 도달하였다고 한다. 이상의 논의는 [그림 3-5]와 같이 연금채무 명세서로 요약할 수 있다.

그림 3-5 평가시점(t)에서 연금채무(책임준비금) 명세서

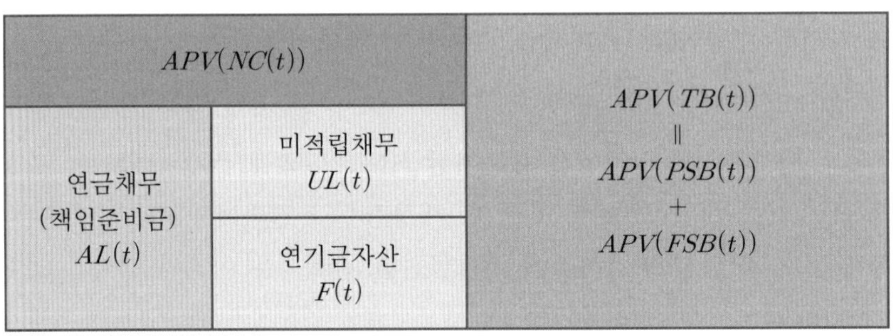

4. 회계연금채무(Accounting Pension Obligations)[9]

확정급여형(DB) 퇴직연금제도를 설립·운영하는 사용자가 인식해야 할 채무는 계리적 연금채무와 회계적 연금채무로 구분된다. 다음 장에서 구체적으로 다룰 연금채무는 적립방식에 의해 계리적으로 산출되는 연금채무로서 별 다른 언급이 없으면 이를 의미한다. 혼돈을 방지하기 위해 회계학 관점에서 언급하는 연금채무(편의상 회계연금채무라고 함)에 대해 먼저 살펴 보기로 하자. 회계연금채무는 보장급여채무(VBO), 누적급여채무(ABO), 예측급여채무(PBO)로 구분된다. 추가적으로 총급여채무(RBO) 그리고 물가연동채무(IBO)를 언급할 수 있으며 여기서는 이들을 순차적으로 설명하기로 한다(이하 언급되는 적립방식은 제4장에서 다루고 있음).

- **보장급여채무(Vested Benefit Obligation: VBO)**

연금채무를 평가하는 시점에서 해당 연금제도가 종료되었다고 가정(이를 청산기준(winding-up base)이라고 함)하여 퇴직급여 수급권을 획득한 (근로, 퇴직)가입자에 대해서만 발생한 퇴직급여를 인식하는 연금채무를 말한다. 가입근로자라고 하더라도 확정된 급여수급권이 발생하지 않은 상태라면 인식하지 않는다. 현행 근퇴법에서 평가일 현재 가입기간이 1년 미만인 가입근로자는 퇴직급여 수급자격이 없으므로 평가에서 제외된다. 또한 근퇴법 재정검증에서 퇴직금추계액방식을 적용하여 산출하는 "비계속기준 책임준비금"과 여전히 퇴직금제도를 유지하는 기업에서 인식하는 "퇴직급여충당부채"는 모두 VBO로 산출한 값이다.

---

9) Obligation과 Liability는 동일한 의미로 사용되기도 한다. 그러나 전자는 이해관계자들의 합의, 연금개혁 등으로 변경 가능한 채무를 강조한 표현이며, 후자는 사전에 약정한 의무를 이행해야 하는 채무를 강조한 표현이다. 엄밀한 의미에서 공적연금제도는 사회적 합의 또는 연금개혁 등으로 사전에 약정한 채무를 제한 또는 개정할 수 있으므로 Obligation 표현이 적합하다. 퇴직연금제도 또한 노사간의 단체협약에 의해 사전에 약정한 채무를 변경할 수 있으므로 Obligation 표현이 더 적합하다. 이러한 이유로 IFRS는 연금채무가 변경 가능한 채무임을 강조하여 Liability 표현보다는 Obligation이라는 표현을 주로 사용하고 있다. 한편 연금수리학에서는 연금채무 평가시점에서 산출된 연금채무는 계리적으로 추정된 확정된 값임을 강조하고 또한 이는 향후 변경 가능성을 배제한 추정값임을 강조하여 Obligation 표현보다는 Liability 표현을 일반적으로 사용하고 있다.

• **누적급여채무**(Accumulated Benefit Obligation: ABO)

연금채무를 평가하는 시점에서 퇴직급여 수급권을 획득한 (근로, 퇴직)가입자 그리고 연금수급권을 획득하지 못한 1년 미만 가입근로자라고 하더라도 이미 제공한 근로용역에 의해 발생한 연금채무 일체를 합산하여 인식하는 연금채무를 말한다. 단, 모든 연금채무는 평가일 현재의 임금을 기준으로 산정된다. ABO는 제4장 적립방식에서 다룰 현재단위적립방식(CUC)에 의해 산출되는 연금채무와 일치한다.

• **예측급여채무**(Projected Benefit Obligation: PBO)

연금채무를 평가하는 시점에서 퇴직급여 수급권을 획득한 (근로, 퇴직)가입자 그리고 연금수급권을 획득하지 못한 1년 미만 가입근로자라고 하더라도 이미 제공한 근로용역에 의해 발생한 연금채무 전체를 합산하여 인식한다. 단, PBO는 ABO와 달리 향후 예상되는 임금상승률을 반영하여 예상 퇴직시점의 예상임금(예: 연금규약에 의한 정상퇴직연령의 예상임금)을 기준으로 산출한다는 차이가 있다. PBO는 제4장 적립방식에서 다룰 예측단위적립방식(PUC)에 의해 산출되는 연금채무이다. 또한 한국채택국제회계기준(K-IFRS)에서 정의하고 있는 확정급여채무(DBO)는 PBO로 산출한 값이다.

이상과 같이 회계연금채무는 VBO, ABO 그리고 PBO로 한정되며 이들은 공통적으로 발생주의 회계처리 기준(accrual base)에 근거하고 있다. 이러한 특성으로 인해 이들을 발생급여채무(accrued benefit obligations)라고 한다. 다음으로, 회계연금채무에서 일반적으로 언급되지는 않지만, 연금수리 관점에서 활용되는 두 가지 개념을 추가적으로 설명한다.

• **총급여채무**(Retirement Benefit Obligation: RBO)

평가일 현재 향후 연금수급권 발생 여부와 상관없이 가입근로자는 약정한 정상퇴직연령까지의 잔여근무기간을 근속한다는 전제 하에 예상되는 연금채무 전부를 산정한다. 따라서 PBO처럼 임금상승률을 반영하여 정상퇴직시점의 임금을 추정하여 산출한다. 이는 재원적립원칙에서 정의한 $APV(TB(t))$와 일치한다. 기업 간 M&A 혹은 연기금 재정건전성 제고를 목적으로 확정급여산출식의 변경(예: 퇴직금 누진제에서 단수제로 전환 등), 지급조건의 변경(예: 연금수급연령의 연장) 등이 이행될 경우 기존 가입근로자들이 불이익을 받을 수 있다. RBO는 이러한 잠재적 손실액을 산정하여 일정 수준을 보상할 목적으로 사용되는 일종의 벤치마크 채무(reference obligation)를 말한다. 다시 말해서, 사용자 입장에서는 지속적으로 일정 수준 이상의 미래 총 급여를 경감함과 동시에 가입근로자에게는 이에 상응하는 현금/현물 보상을 지급할 경우에 적용되는 연금채무이다. 실무에서는 노사 간 윈-윈 상생 전략으로 활용되기도 한다.

• **물가연동채무(Indexed Benefit Obligation: IBO)**
사적연금제도에서는 흔치 않지만, 전 세계적으로 공적연금제도는 대부분이 연금수령자에게 물가상승률에 연동된 종신연금을 제공함으로써 연금액이 일정수준 이상의 구매력을 유지할 수 있도록 연금액을 설계(inflation-indexed pension design)한다. 이와 같이 연금수령기간에 물가에 연동된 종신연금이 제공되는 경우에 산출되는 PBO를 특별히 IBO라고 하며, Ezra (1991)에 의해 처음으로 명명되었다. 따라서 IBO 산출을 위해서는 추가로 예상물가상승률 추정이 필요하며, 계산기초에 포함되어야 한다.

회계적 관점에서 ABO, PBO, RBO 그리고 IBO는 연금수급권 획득 여부와 상관없이 모든 가입근로자에 대하여 연금채무를 산정하므로, 가입기간 1년 미만 가입근로자에 대해서도 근로기간 발생분에 상응하는 연금채무를 산정하여야 한다. 물론, 근퇴법은 1년 미만 단기근로에 대해서는 적립의 법적 강행성을 두고 있지 않아 실무에서는 일반적으로 이 부분은 제외할 수 있다. 한편 실무에서는 PBO 산출에 초점을 두고 있다. 왜냐하면, 근퇴법에서 기준책임준비금 산출에 필요하며 또한 K-IFRS의 확정급여채무(DBO)는 PBO로 산출된 값이기 때문이다. 모든 조건이 동일하고 임금상승률이 0%보다 크면 "ABO < PBO < RBO" 관계가 명확하다. 연금수령자에 대해서는 모두 동일한 연금채무를 산정하므로, 이를 명확히 하기 위해서는 가입근로자에 대한 연금채무의 차이만을 비교하면 충분하다. 아래와 같은 간단한 예제를 통하여 이를 설명하고자 한다.

예제 확정급여형 퇴직연금제도에 현재 (x)인 가입근로자의 현재임금은 $S(x)$이며 만 a세 도달연령에 입사하였고 만 r세 도달연령에서 정년퇴직한다. 정년 퇴직시점의 예상임금은 $S(r-1)$이며, 확정급여산정식은 1년 근속연수에 대하여 θ에 해당하는 종신연금발생률을 약정하며 중도탈퇴급여는 없다.
$S(a) < S(a+1) < \ldots < S(r-1)$로 추정될 경우에 현재 (x)인 가입근로자의 ABO, PBO 그리고 RBO을 각각 산출하는 식을 표현하시오.

해설
- $ABO(x) = (x-a) \times \theta \times S(x-1) \times {}_{r-x}E_x \times \ddot{a}_r$
- $PBO(x) = (x-a) \times \theta \times S(r-1) \times {}_{r-x}E_x \times \ddot{a}_r$
- $RBO(x) = (r-a) \times \theta \times S(r-1) \times {}_{r-x}E_x \times \ddot{a}_r$

여기서 $x=a$인 경우 그리고 전 근로기간에 대하여 임금상승률이 0.0%인 경우는 모두 $ABO(x) = PBO(x)$임을 확인할 수 있다.

5. 정상구성원 vs. 성숙방정식

정상(定常)구성원(stationary membership)은 확정급여형(DB) 연금제도 가입구성원의 연령별 구조가 시간이 경과하더라도 항상 일정한 분포(stationary age distribution)를 유지하는 가입자구조를 말한다. 이는 인구통계학에서 연령별 인구구조를 분석하기 위해 도입된 개념이며, 시간이 경과하더라도 연령별 인구수의 변화율이 0%인 정상상태(steady state)를 의미한다. 일반적으로 퇴직연금제도를 운영하는 특정 기업의 가입구성원은 시간이 경과함에 따라 전체 가입자 수뿐만 아니라 연령별 가입자의 수 또한 변동한다. 그러나 기업 경영이 안정적이고 연금제도가 성숙단계(mature stage)로 발전하면, 매년 특정연령을 중심으로 일정수의 가입자가 발생하고 아울러 예정된 연령별 퇴직률에 따라 탈퇴하게 되어 정상구성원에 수렴할 개연성이 높아진다. 부언하면, 가입구성원의 연령별 구조가 아래 식과 같이 시간의 경과와는 무관하게 일정한 연령별 구조를 유지한다. 수리적으로 정의하면, 평가시점 $t(=0,1,2,\ldots)$에서 연령 x세인 가입자 수를 $l_x(t)$ 그리고 연령별 연간 증가율을 λ_x라고 하면

- 정상구성원은 "$l_x(t+1) = (1+\lambda_x) \times l_x(t) \Rightarrow [\lambda_x = 0\%, \ \forall x]$"를 만족하는 연령별 가입자구조로 정의된다. 여기서 $[\lambda_x = \lambda(\neq 0\%), \ \forall x]$을 만족하는 가입자집단을 특별히 안정구성원(stable membership)이라고 한다. 정상

구성원은 안정구성원의 특별한 경우임을 알 수 있다. 실제로 생명표(life table), 종업원탈퇴잔존표(multiple retirement decrements table) 등은 정상구성원을 가정하여 작성된 것이다.

현재 기업별로 작성되는 가입근로자별 탈퇴잔존표는 향후에도 이와 같은 연령별 구조가 지속되는 정상구성원을 가정한 것이다. 가장 간단한 예로서 아래와 같은 연령별 구성원 수가 동일한 정상균등구성원(stationary uniform-age structure)을 언급할 수 있다.

그림 3-6 정상균등구성원

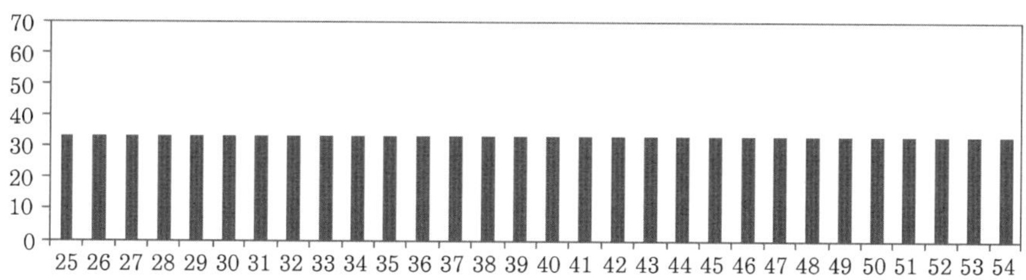

한편, 확정급여형(DB) 연금제도가 정상구성원, 임금상승률이 0% 그리고 예상이율(할인율)이 i로 일정하다고 가정[10]하면, 각 평가시점 $t(=0,1,2,\ldots)$에서의 연금채무(AL_t), 표준부담금(NC_t) 그리고 $(t,t+1)$기간의 예상급여지출액(EB_t)은 모두 평가시점(t)과 독립적인 상수가 된다. 즉,

- $AL_t = AL\,,\ NC_t = NC\,,\ EB_t = EB\,,\ \forall\, t$

이러한 가정들에 근거하여 위와 같은 연금재정관련 변수들의 특성을 처음으로 규명한 사람은 Charles L. Trowbridge(1952)이다. 그는 표준부담금 및 예상급여지급액의 현금흐름이 기간$(t,t+1)$의 시작점에서 발생하고 예상이율 i가 일정하다면, 제4장에서 다룰 합리적 개별적립방식(individual funding methods)은 아래의 연금채무재귀식(recursive equation of accrued liability or liability

10) Trowbridge(1952)가 제시한 가정으로서 Haberman & Sung(2005)은 이를 정상(定常)평가가정이라고 한다(stationary valuation assumptions: that is, there is no economic and demographic growth over time).

growth equation)을 통해 성립됨을 제시하였다(단, 중도퇴직연금은 없고 정상퇴직연금만을 가정하고 있으며, 엄격한 수리적 증명은 제시하지 못했지만 모형의 간편성 및 해석의 편의성 등으로 많은 학자들에 의해 사용되고 있음). 즉,

- $AL_{t+1} = (1+i) \times (AL_t + NC_t - EB_t), \ \forall t$

아울러 상기 식에 위의 Trowbridge 가정들을 적용하면,

- $AL = (1+i) \times (AL + NC - EB) \ \Leftrightarrow \ NC + \frac{i}{1+i} AL = EB.$

상기 방정식을 Trowbridge(1952)는 특별히 성숙방정식(equation of maturity)이라고 하였지만 균형방정식(equation of equilibrium)으로 더 잘 알려져 있다. 이 균형방정식은 대부분의 연금제도가 이상적으로 생각하는 궁극적인 연금채무 수렴 상태를 표현하고 있으며, 재원적립의 필요성을 명시적으로 제시하고 있다. 적립방식은 보편적으로 NC 그리고 AL만을 산정하기 때문에 EB는 적립방식과는 무관하므로 연금채무 관점에서 재원조달 특성을 아래와 같이 유추할 수 있다.

① AL에 상응하는 연기금자산을 확보하지 못할수록 예상급여를 지급하기 위한 재무적 부담은 가중된다.

② 극단적인 경우로, AL에 상응하는 연기금자산이 전혀 없는 경우에 $EB = NC$ 관계가 성립하므로 재원조달의 부담은 한층 더 가중된다.

③ 결론적으로, AL 대비 일정수준 이상의 연기금자산을 미리 체계적으로 확보하여야 재정부담을 경감할 수 있음을 의미한다.

마지막으로, 상기의 논의과정 및 가정들을 예측단위적립방식(PUC)을 채택하고 있는 K-IFRS 회계결산관점에서 확정급여채무(DBO)의 재귀식을 구축하여 보자(제5장에서 구체적으로 다루고 있음). 편의상 가입근로자 甲 1인에 대해 다루기로 한다. 유의할 점은 회계결산처리는 발생주의 원칙에 의해 모든 거래는 연도 말 시점에 인식(산출)하며, 재귀식 또한 이에 근거하여야 한다는 것이다. 가입근로자 甲은 제t회계연도(사업연도) 전 기간 근속하였고, 당기에 제도 운영과 관련된 개정 변경사항은 없다고 하자. 따라서 제t회계연도에서 가입근

로자(甲)에 대한 재귀식은 아래와 같이 구축됨을 알 수 있다(단, 해당 연금제도의 개정 및 계산기초의 변경이 없음. 따라서 $DBO_1(t-1:甲)=DBO_0(t:甲)$). 즉,

- DBO 재귀식: $DBO_1(t:甲)=(1+i)\times DBO_0(t:甲)+CS_1(t:甲),\ \forall t$

여기서 가입근로자 甲이 근속하고 있기에 당기의 예상급여지출액 $EB_1(t:甲)=0$이다. 아래 첨자 0은 회계연도 기초 시점, 아래 첨자 1은 회계연도 기말 시점을 각각 의미한다. $CS_1(t:甲)$은 DBO 재귀식에서 알 수 있듯이 제t 회계연도에 근무용역을 제공함에 따라 발생하는 확정급여채무(DBO)의 현재가치 증가액(즉, 당기 귀속 퇴직급여)을 나타낸다. K-IFRS에서는 이를 특별히 당기근무원가(current service cost)라고 한다. 한편 회계연도 기초에 PUC방식에 의해 산출되는 표준부담금은 당기근무원가에 대한 계리적 추정치에 해당한다. 실무에서는 "당기근무원가=(1+예상이율)×표준부담금"의 관계식에 의해 당기근무원가를 인식하고, 추정의 오차 여부는 보험수리적 손익[11)]으로 인식한다. 즉,

- $CS_1(t:甲)=(1+i)\times NC_0(t:甲)$

결론적으로 해당 연금제도의 개정(예: 확정급여산정식의 변경), 계산기초의 변경 및 계산기초 추정의 오차가 없으면 가입근로자별 재귀식은 모두 다음과 같은 형식을 취한다.

- 기말확정급여채무=기초확정급여채무+퇴직급여(이자원가)+퇴직급여(당기근무원가)

마지막으로 제5장에서 구체적으로 다루고 있지만, 가입근로자 甲에 대한 제t회계연도 기말 시점의 분개(확정급여채무 인식)는 아래와 같다.

- (차변) 퇴직급여(당기근무원가) $CS_1(t:甲)$
  퇴직급여(이자원가) $i\times DBO_0(t:甲)$
  (대변) 확정급여채무 $CS_1(t:甲)+i\times DBO_0(t:甲)$

11) 당기근무원가와 표준부담금 관계 그리고 보험수리적 손익은 제5장에서 구체적으로 다루고 있다.

6. 정상상태 vs. 극한방정식

앞 절의 균형방정식은 연금채무관련 변수들의 제도운영이 장기화되고 안정화됨에 따라 일정하게 유지되는 상태를 표현하고 있다. 즉,

- $AL_{t+1} = (1+i) \times (AL_t + NC_t - EB_t) \;\rightarrow\; AL = (1+i) \times (AL + NC - EB)$
  $(\because\; NC_t \rightarrow NC,\; EB_t \rightarrow EB,\; AL_t \rightarrow AL)$

한편으로 연금채무 균형방정식 유도과정처럼 $(t, t+1)$의 시작점에서 실제 급여지급액 B_t, 그리고 실제 납입부담금 C_t의 현금흐름이 발생하고 해당 기간의 투자수익률 i_{t+1} 등이 일정수준으로 각각 수렴한다고 가정하자. 그러면 다음의 연기금재귀방정식(혹은 연기금성장방정식)은 연기금균형방정식으로 전환됨을 알 수 있다. 즉,

- $F_{t+1} = (1+i_{t+1}) \times (F_t + C_t - B_t)$
  $\rightarrow\; F = (1+i^*) \times (F + C - B) \;\Leftrightarrow\; C + \dfrac{i^*}{1+i^*} \times F = B$
  $(\because\; C_t \rightarrow C,\; B_t \rightarrow B,\; F_t \rightarrow F)$

상기 균형방정식은 연기금관련 성숙방정식을 의미하며 이와 같은 균형상태가 이루어지면 연기금은 "정상상태(steady state)"에 도달하였다고 표현한다. 실제로 연기금의 정상상태는 대부분의 연금제도가 이상적으로 생각하는 궁극적 수렴 상태를 의미한다. 이러한 점을 강조하여 일본학자들은 이를 극한방정식(極限方程式)이라고 표현하고 있다. 연금채무 균형방정식에서 살펴 본 바와 마찬가지로 이 또한 재원적립의 필요성을 다음과 같이 각각 제시하고 있다.

① F규모가 클수록 재원조달의 부담 C가 경감됨을 알 수 있다(즉, $F \propto \dfrac{1}{C}$).

② 투자수익률 i^* 가 높을수록 재원조달의 부담 C가 경감된다(즉, $i^* \propto \dfrac{1}{C}$ $\because\; \dfrac{d}{di^*}\left\{\dfrac{i^*}{1+i^*}\right\} > 0$).

③ 마지막으로, $F=0$이면 $C = B$이므로 재정부담이 가장 많다. 이를 해소하기 위해서는 일정한 수준 이상의 연기금을 형성하고 이로부터 발생

하는 투자수익을 B의 재원으로 활용하여야 한다.

Ⅱ 계리평가기준(Actuarial Valuation Basis)

확정급여형 퇴직연금제도는 연기금의 재정건전성, 사용자(sponsor)의 재무건전성 그리고 사업의 지속가능성에 의해 가입근로자의 급여수급권(benefit security) 및 사용자의 부담금안정성(contribution stability) 여부가 결정된다. 물론 사용자의 재무상태 및 사업의 안정성 여부가 연금제도의 지속가능성을 결정하는 주요 요소이다. 따라서 연기금자산과 연금채무를 어떠한 관점에서 평가하는가라는 문제는 연금제도의 연속성 여부에 따라 달라질 수 있다. 실제로 사용자가 해당 연금제도를 지원하기에 충분한 재무능력과 사업의 안정성을 견지하고 있다면 재정검증을 엄격하게 수행할 필요성이 낮다. 이와 같이 퇴직연금제도의 향후 지속가능성 여부에 대하여 어떠한 가정을 전제로 재정검증을 수행하는가?라는 문제는 연금수리학에서 어떠한 평가기준을 채택하는가의 문제로 귀결된다. 그리고 채택한 평가기준에 따라 계산기초 산출 그리고 연기금자산 및 연금채무 평가 등은 영향을 받게 된다. 연금수리학에서 채택하는 평가기초는 다음과 같이 구분된다.

- 계속기준
- 비계속기준: 청산기준 vs. 준청산기준

1. 계속기준(Going-Concern Valuation Basis)

확정급여형 퇴직연금제도가 활성화되던 60년대~80년대에 주로 선진국을 중심으로 채택되었던 평가기준이다. 이는 해당 기업의 연속성을 전제로 하여 해당 연금제도 또한 지속가능하다고 가정한 것이다. 즉, 사용자가 지속적으로 연금제도를 후원할 수 있다는 낙관적 전제에서 출발한다. 연금제도의 수명이 영구하다는 전제 하의 평가기준이므로 연기금의 재정검증은 주요한 이슈가

되지 못한다. 단지 중장기 관점에서 가입근로자가 용역을 제공함에 따라 발생하는 퇴직급여를 어떻게 충당할 것인가라는 향후 부담금 추세(이를 연금수리학에서는 적립속도(funding pace)라고 함)에 대한 논의가 최대관심사이다. 요약하면 계속기준은 가입자의 급여수급권보다는 사용자의 부담금안정성을 한층 더 강조하는 평가기준이다. 즉, 재정검증의 결과로 제시되는 적립비율 수준, 부족금 규모 등이 계속기준에서는 급여수급권 확보 여부로 직결되지 않는다는 의미이다.

이러한 이유로 재정검증은 중장기적으로(예: 3년마다 혹은 5년마다) 시행되며 예상기초율(검증기초율)은 단기적 편차보다는 장기적 관점에서 추정되는 최선추정치를 채택한다. 아울러 재원조달방식은 제4장에서 다룰 가입연령방식(ENT), 부과방식(PAYG) 혹은 사내충당금방식(book reserving method) 등을 적용한다. 현행 우리나라 퇴직금제도는 퇴직금을 사외적립하지 않고, 퇴직금 추계액방식에 의해 산출된 "퇴직급여충당부채(VBO)"를 대차대조표(재무상태표)에만 인식하는 사내충당금방식을 채택하고 있다. 이는 기업의 연속성을 전제로 한 재정방식으로 북유럽국가(예: 독일, 핀란드)의 많은 기업들이 사용해왔던 방식이다. 그러나 기업의 파산에 대비하여 별도의 급여안전장치가 운영되지 않으면 가입자의 급여수급권은 보장되지 못한다.

한편 공적연금제도(국민연금, 공무원연금, 사학연금, 군인연금 등)의 운영주체는 해당 연금제도의 연속성을 보장하고 아울러 지속가능한 급여지급능력(continued solvency)을 확보하고 있다고 전제함이 보편적이다. 따라서 이 경우 계속기준이 기타 평가기준보다 적합할 수 있다. 실제로 공적연금은 구조적으로 100% 적립을 목표로 하는 재원적립원칙에 충실하지 못하더라도 추가 재원조달능력(무한 조세권) 또는 필요에 의해 급여지급 조건, 수준 등을 조정하는 연금개혁(pension reform)을 수행할 수 있다. 이러한 정책적 수단을 가지고 있으므로 공적연금제도에서 적립수준은 현안 이슈가 되지 못한다. 그러나 사적연금제도에서는 해당 기업의 연속성 그리고 항시적 급여지급능력을 전제하기에는 현실적 한계가 있다. 이러한 이유로 공적연금과 사적연금에 적용되는 연금수리는 근본적으로 차이가 있다(제6장 참조).

2. 비계속기준(Discontinuance Valuation Basis)

계속기준에 상반되는 개념으로서 연금제도의 연속성을 보장할 수 없는 사적연금제도에 주로 적용된다. 정기적 재정검증은 부담금안정성보다는 급여수급권(급여지급능력)을 확보함에 초점을 둔 평가방법이다. 비계속기준은 청산기준과 준청산기준으로 구분된다.

1) 청산기준(Winding-Up or Liquidation Valuation Basis)

청산기준은 확정급여형 퇴직연금제도를 설립한 사용자가 지속적으로 연금재정을 지원할 수 없는 경영상의 불확실성이 내재한다는 전제에서 출발한다. 이는 평가시점마다 해당 연금제도를 청산한다는 가정에서 수행하는 단시평가방법(snapshot valuation approach)이다. 청산기준은 미래의 급여지급능력보다는 평가시점 현재 급여지급능력 여부를 검증하겠다는 보수적 입장을 취한다. 우리나라를 포함하여 국제회계기준(IFRS)에서도 평가시점 현재의 급여지급능력 여부를 기업회계에 반영하는 데 초점을 두고 있다. 살펴보면, IFRS는 연기금자산과 연금채무는 모두 시가평가(mark to market valuation)를 원칙으로 하고 있는데, 이는 청산기준을 채택한 결과이다. 왜냐하면, 연기금자산은 평가시점의 공정가액(시가)으로 산출하고 연금채무는 평가시점의 우량회사채 시장수익률을 참조한 확정급여채무(DBO)로 산출하도록 권고하고 있기 때문이다. 실제로 평가시점마다 급여지급능력을 확보하기 위해서는 적립속도를 단기적 관점에서 운용해야 하므로, 부담금 안정성이 상당부분 약화될 수 있고 이로 인해 사용자의 재원조달부담이 지속적으로 가중될 개연성이 높다.

이러한 점을 해소하기 위한 자산운용 방안으로 연기금자산과 연금채무 간의 비대칭문제로 야기되는 잉여금의 변동성을 축소하는 투자전략이 필요하다. Bodie(1990)는 주식에 투자하면 높은 기대수익률을 기대할 수 있지만 인플레이션 리스크는 효율적으로 헤지하지 못하므로 채권을 통한 면역화 전략을 강화하고 주식투자비중을 줄여야 함을 강조하였다. 또한 Amir et al.(2007)은 실증분석을 통하여 IFRS의 도입으로 영국과 미국의 연기금자산 배분전략이 주식위주에서 채권위주로 변화하고 있음을 제시하였다.

실제로 자산운용 실적이 좋더라도 금리의 하락으로 연금채무의 가치가 급격하게 상승할 경우에 잉여금은 오히려 감소할 수 있으며, 자산운용 실적이 저조한 경우에도 금리의 상승으로 연금채무가 급격하게 감소하면 잉여금이 증가할 수도 있다(1994, 1995년 미국의 확정급여형 퇴직연금제도에서 실제로 발생함). 따라서 청산기준이 적용되면 이러한 잉여금리스크(surplus risk)에 대처하는 PALM 투자전략 또한 병행되어야 한다. 잉여금리스크를 먼저 정의하고 이를 축소하는 투자전략을 소개하고자 한다.

- **잉여금리스크**

  : 확정급여형 연금제도의 재정 안정성 및 안전성은 연기금자산(F)과 연금채무(AL) 간의 변동성에 의해 결정되며, 이들 각각의 상대적 가치 변화에 따른 불균형으로 야기되는 잉여금의 변동성(mismatching volatility)을 말한다.

논의의 편의상, 잉여금 확률변수는 $S \equiv F-AL$ 그리고 잉여금리스크는 아래와 같이 S의 표준편차(σ_S)로 각각 정의하자. 즉,

- $\sigma_S = \sqrt{Var(F-AL)} = \sqrt{\sigma_F^2 + \sigma_L^2 - 2 \times \rho_{F,L} \times \sigma_F \times \sigma_L}$

여기서 σ_F=연기금자산의 표준편차, σ_L=연금채무의 표준편차 그리고 $\rho_{F,L}$=연기금자산과 연금채무간의 상관계수를 각각 나타낸다.

따라서 잉여금리스크를 최소화하기 위해서는 첫째, 연기금자산의 변동성(σ_F)와 연금채무의 변동성(σ_L)을 동일하게 유지(즉, $\sigma_F=\sigma_L$)하여야 하고 둘째, 이들 간의 상관관계가 "$\rho_{F,L}=1$"이어야 한다. 이러한 두 조건을 충족하는 자산운용전략은 잉여금리스크를 완전히 해소($\sigma_S=0$)할 수 있음을 쉽게 확인할 수 있다. 이론적으로 "$F = AL + b,\ b \in R$" 관계가 유지되면 위의 두 조건을 모두 만족하므로, "$\sigma_S=0$"가 성립한다. 부연설명하면, 일정수준 이상의 지급능력을 확보(즉, $F \geq AL$)한 이후에는 연금채무의 변동성을 상당수준 매칭하는 투자 포트폴리오를 구성할 경우 잉여금의 변동성 또한 상당수준 헤지할 수 있음을 의미한다. 실제로 Sharpe and Tint(1990)는 연기금자산과 부채의 차이인 잉여금 중심의 최적화 포트폴리오 구축을 강조하고, 자산증가율과 부채증가율 간

의 상관계수가 높은 자산의 투자비중을 늘리는 것이 필요하다고 주장하였다.

결론적으로, 청산기준은 가입자의 연금수급권을 항시적으로 보호하는 취지에서 적용될 수 있는 엄격한 재정검증 기준으로 적합하다. 현행 근퇴법 또한 청산기준에 근거하여 재정검증을 받는 것을 원칙으로 하고 있지만, 다음에서 설명할 준청산기준을 일부 병행하고 있다.

2) 준청산기준(Run-Off Valuation Basis)

준청산기준은 앞에서 설명한 두 가지 평가기준의 중도적 특성을 가진다. 여기에서 중도적 특성이란 사용자 측면에서 강조되는 부담금안정성과 가입자 측면에서 요구하는 항시적 급여수급권 사이의 극단적인 이해관계를 절충시켜 적용한다는 의미이다. 이는 청산기준에서 요구되는 사용자의 재무적 부담을 일정수준 완화하는 평가방법으로 이해할 수 있다. 실제로 근퇴법에서 이를 준용하는 대표적 규정으로 다음을 언급할 수 있다(제2장에서 설명한 "연금계리 법정 절차" 참조).

- 근퇴법 시행령 규정(적립금 부족의 판단기준 및 해소방안)에서 부족금액(=최소적립금×95%-평가적립금)을 최대 3년 이내에 균등 상각하는 재정안정화계획서(recovery funding plan)를 성실히 이행할 것을 규정하고 있다. 여기서 최소적립금의 100%를 적용하지 않고 95%를 적용한 점과 부족금액을 즉시 상각하지 않고 3년 이내에 균등상각할 수 있도록 허용한 점 등은 모두 준청산기준에 의한 조치로 이해할 수 있다. 그리고
- 근퇴법 규정(급여지급능력 확보 등)에서 재정검증의 기준으로『연금채무=기준책임준비금』을 적용하지 않고(즉, 100% 완전적립을 검증의 가이드라인으로 적용하지 않음),『연금채무=기준책임준비금×연도별 최소적립비율, 즉 최소적립금』을 재정검증의 기준으로 설정하고 있는 점과 과거근로기간에 의해 발생한 과거근무채무를 즉시 상각하지 않고 최대 10년 이내 상각기간에 걸쳐 연차별로 상각하는 것을 허용한 점 등은 모두 준청산기준에 의한 조치로 이해할 수 있다.

결론적으로 준청산기준은 확정급여형 연금제도에서 필요한 부담금을 납입할 의무가 있는 경제주체의 재원조달 능력을 일정수준 인정하는 평가방법이

다. 아울러 평가시점 현재 연기금자산과 연금채무의 불일치가 향후 할인율의 변화, 자산운용 수익률의 변화 등으로 일정기간 이내에 자동적으로 상쇄될 가능성을 인정하는 중도적 접근법이라고 할 수 있다.

3. 평가기준 요약

이상 설명한 세 가지 평가기준은 <표 3-5>로 간단히 요약할 수 있다.

표 3-5 평가기준별 특성

특성 \ 평가기초	계속 (Going-concern)	청산 (Winding-up)	준청산 (Run-off)
연기금 수명 (재원조달 가능 기간)	영구	평가시점에만 존속	일정 유한기간 존속
재정검증 관점	낙관적 관점	비관적 관점	중도적 관점
계산기초 산출	최선/최우추정 (best or most likely estimation)	조심추정 (cautious estimation)	신중추정 (prudent estimation)
연기금자산 및 연금채무의 매칭	장기적 관점	평가시점 현재 관점	단기적 관점
가입자입장(M) vs. 부담금 후원자입장(S)	M << S	M >> S	M > S

주) 기호 '<'는 선호도를 나타낸다.

최근 국제회계기준이 지구촌 경제의 중심으로 자리를 잡고 있다. 아울러 저금리 · 저성장 기조(New Normal)가 일정하게 지속된다면 기업의 연속성을 담보할 수 없는 경영환경에 직면할 가능성 또한 높아지고 있다. 또한 국내외를 막론하고 정부의 감독 정책은 한층 더 가입자의 급여수급권을 강조하는 추세이다. 이러한 환경변화를 잘 보여주는 것이 연금채무 및 연기금자산의 시가평가이다. 이는 청산기준이 재정검증의 평가기준으로 더욱 요구되고 있음을 시사한다. 물론 정책적 필요성에 의해 한시적으로 재원적립부담을 다소 완화시키는 준청산기준이 일부 병행되고 있다.

Ⅲ 연금지급방식 및 수리(Annuitization)

현재 우리나라 퇴직연금시장은 마케팅 중심의 시장(accumulation market: 즉, pension business)에서 연금화 시장(decumulation market: 즉, annuity business)으로 빠르게 전환되고 있다. 따라서 은퇴자들의 노후소득보장을 강화하고 아울러 그들의 재무행위를 잘 반영하는 다양한 유형의 연금지급방식을 도출하는 것 또한 연금수리학의 주요 논제가 아닐 수 없다. 여기에서 우선, 전통적인 연금지급방식 및 관련 수리를 다룬 후 저금리 기조, 경제성장 불안 등이 가중되면서 이에 대한 대안으로 활용성이 높은 프로그램인출방식(programmed income withdrawals)에 대해 설명한다.

1. 연금수리 가정

현행 우리나라의 퇴직연금제도는 확정급여형, 확정기여형 모두 퇴직시점에 일시금을 수령하여 금융기관으로부터 자유로이 필요한 연금을 구입하는 형태이다. 단, 퇴직시점에 개인형 퇴직연금제도(IRP)로 이전하는 예외사유(예: 55세 이후 퇴직, 담보대출 상환 목적, 이민 혹은 퇴직금이 150만원 이하 등)가 아니면 IRP로 강제 이전되지만 언제든지 계약 해지를 통해 적립금을 일시금으로 수령할 수 있다. 따라서 퇴직자는 자신의 은퇴자산을 활용하여 연금설계(annuity design)를 금융기관을 통하여 합리적으로 할 수 있다. 퇴직일시금을 이용한 연금전략(annuitization strategy)을 어떻게 수립할 것인가는 가까운 장래에 퇴직연금사업자의 현안 이슈가 될 것이다.

그림 3-7 적립금 전개 구조

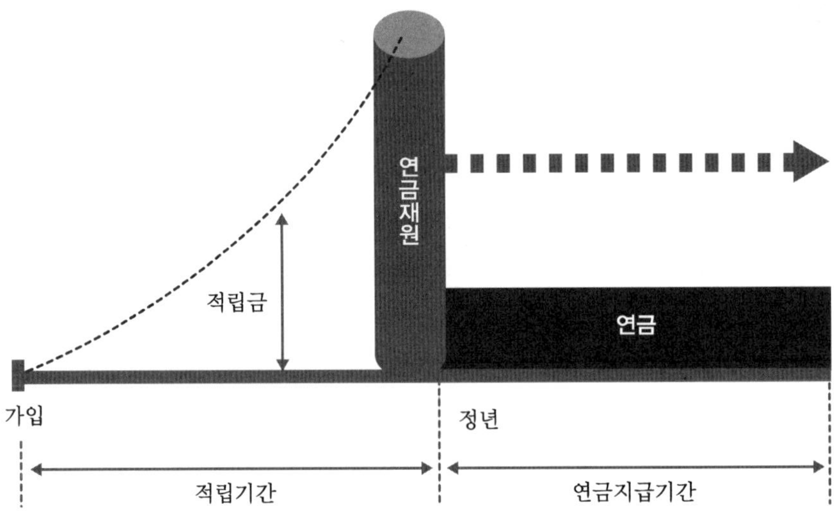

이후에 다룰 연금지급방식의 수리적 비교가능성을 제고하기 위하여 아래와 같은 동일한 가정들을 적용하기로 한다.

- 퇴직자의 연금전환시점($t(=0,1,2,...)$)의 연금재원(적립금)은 $F(t)$로 표현한다.
  단, (x)인 퇴직자의 퇴직시점은 $t=0$이다.
- 퇴직자의 연금수령시점은 연금지급방식에 따라 달라질 수 있으며 퇴직자가 연금수령자(annuitant)이다.
- 한계연령(limiting age)은 ω로 표현하며, 연금사망률은
  $q_s = \dfrac{d_s}{l_s}$ $(s=x, x+1, ..., \omega-1)$로 표현한다.
- 해당 금융기관이 적용하는 예상이율(즉, 연금재원에 대한 보증이자율 개념임)은 연 i이며(즉, $v=\dfrac{1}{1+i}$, $i>0$), 연금계약 전 기간에 동일하게 적용된다. 단, 연금구입에 따르는 사업비는 고려하지 않는다.
- 연금지급은 연시(年始)에 지급한다(즉, 기시급 연금).
- 연금을 수령하는 시점 혹은 연령($h(=0,1,2,...$ 혹은 $x, x+1, x+2, ...)$)에서의 해당 연금액은 $P(h)$로 표현한다.

2. 정액형 연금지급방식(Fixed-Payout Design)

전통적 연금지급방식은 정기적으로 정액 연금액이 제공되는 현금흐름을 말한다. 전통적으로 금융기관이 제공하는 확정(기간)연금, 생명연금 등은 연금액이 연금수령기간 동안 일정한 정액연금(fixed-payout annuity)의 특성을 갖는다. 최근에는 저금리, 금융시장 불안정성(즉, 이자율 리스크) 그리고 평균수명의 증가(즉, 장수 리스크) 등으로 정액연금을 제공하는 금융기관을 찾아보기가 매우 힘든 상황이다.

1) 확정연금 또는 확정기간연금(Annuities-certain)

① 즉시 n년 확정연금(immediate n-year annuity-certain)

퇴직시점 $t=0$에서 즉시 확정연금을 구입한 경우이므로 연금액의 현금흐름은 정액연금(level annuity)으로 다음과 같다. 즉,

- $P(h)=\dfrac{F(0)}{\ddot{a}_{\overline{n|}}}$, $\forall\, h=0,1,...,n-1$

② m년 거치 n년 확정연금(m-year deferred n-year annuity-certain)

퇴직시점 $t=0$에서 m년 거치 이후에 n년 확정연금을 수령하는 구조이므로 연금액의 현금흐름은 정액연금으로 다음과 같다. 즉,

- $P(h)=\dfrac{F(0)}{{}_{m|}\ddot{a}_{\overline{n|}}}=\dfrac{F(0)}{v^m\times\ddot{a}_{\overline{n|}}}$, $\forall\, h=m,m+1,...,m+n-1$

③ 즉시 영구연금(immediate perpetuity)

퇴직시점 $t=0$에서 연금의 지급기간을 무한대로 하는 연금액의 현금흐름은 정액연금으로 다음과 같다. 즉,

- $P(h)=\dfrac{F(0)}{\ddot{a}_{\overline{\infty|}}}=\dfrac{i}{1+i}\times F(0)$, $\forall\, h=0,1,2,...$
- 영구연금(perpetuity): 단위기간마다 1의 현금흐름이 영원히 발생하는 현가

$$\ddot{a}_{\overline{\infty}|} = \lim_{n\to\infty} \ddot{a}_{\overline{n}|} = \lim_{n\to\infty} \frac{1-v^n}{d} = \frac{1}{d} = \frac{1+i}{i}$$

$$a_{\overline{\infty}|} = \lim_{n\to\infty} a_{\overline{n}|} = \lim_{n\to\infty} \frac{1-v^n}{i} = \frac{1}{i}$$

④ m년 거치 영구연금(m-year deferred perpetuity)

퇴직시점 $t=0$에서 m년 거치 이후에 영구히 연금을 지급하는 구조이며 연금액의 현금흐름은 정액연금으로 다음과 같다. 즉,

- $P(h) = \dfrac{F(0)}{{}_{m|}\ddot{a}_{\overline{\infty}|}} = \dfrac{F(0)}{v^m \times \ddot{a}_{\overline{\infty}|}} = i \times (1+i)^{m-1} \times F(0),$

  $\forall h = m, m+1, m+2, \ldots$

⑤ 연금적립보험

생명보험사를 제외한 금융기관이 제공하는 연금상품은 연금수령자의 생사와 관계없이 이자만을 고려한 확정연금 상품을 취급하고 있다. 생명보험사도 확정연금 상품을 판매하는 경우에 보험상품으로 인정하여 일본에서는 특별히 연금적립보험이라고 한다. 일반적인 상품 구성은 m년간 적립한 후 n년간 기시 정액연금액 B를 수령하는 경우에 연납순보험료(π)는 다음과 같이 산출된다.

- $\pi = \dfrac{B \times \ddot{a}_{\overline{n}|}}{\ddot{s}_{\overline{m}|}} = \dfrac{B \times {}_{m|}\ddot{a}_{\overline{n}|}}{\ddot{a}_{\overline{m}|}}$

따라서, 연금개시 이전 $t(\le m)$년 경과시점(보험년도 말)에서의 책임준비금(policy value: V_t)은 아래와 같이 산정된다. 즉,

- $V_t = B \times \ddot{a}_{\overline{n}|} \times \dfrac{\ddot{s}_{\overline{t}|}}{\ddot{s}_{\overline{m}|}} = B \times \ddot{a}_{\overline{n}|} \times v^{m-t} - \pi \times \ddot{a}_{\overline{m-t}|}$

다음으로, 연금개시 이후 $t(m < t \le m+n)$년 경과시점(보험년도 말)에서의 책임준비금(policy value: V_t)은 다음과 같이 산출된다.

- $V_t = B \times \ddot{a}_{\overline{n}|} \times (1+i)^{t-m} - B \times \ddot{s}_{\overline{t-m}|}$

$$= B \times \ddot{a}_{\overline{m+n-t|}}$$

상기 첫 등식은 연금 개시 시점의 기금액에서 지급된 연금을 공제한 잔여 기금을 나타내므로 과거법 책임준비금(retrospective policy value)을, 다음 등식은 향후 지급할 연금의 현가를 나타내므로 미래법 책임준비금(prospective policy value)을 각각 의미한다.

2) 생명연금(Life Annuities)

① 즉시 종신(생명)연금(immediate whole life annuity)

퇴직시점 (x)인 피보험자(연금수령자)[12]가 즉시 종신연금을 구입한 경우이므로 연금액의 현금흐름은 정액연금(level annuity)으로 다음과 같다(단, 퇴직자의 생존을 전제로 함). 즉,

- $P(h) = \dfrac{F(0)}{\ddot{a}_x}, \quad \forall\, h = x, x+1, ..., \omega - 1$

② m년 거치 종신연금(m-year deferred whole life annuity)

퇴직시점 (x)인 피보험자(연금수령자)가 m년 거치 이후에 종신연금을 수령하는 구조이며 연금액의 현금흐름은 정액연금으로 다음과 같다(단, 연금수령자의 생존을 전제로 함). 즉,

- $P(h) = \dfrac{F(0)}{{}_{m|}\ddot{a}_x} = \dfrac{F(0)}{{}_mE_x \times \ddot{a}_{x+m}} = \dfrac{D_x \times F(0)}{N_{x+m}},$

$$\forall\, h = x+m, x+m+1, ..., \omega - 1$$

이와 같은 연금계약은 최근 은퇴자산이 충분하지 못한 퇴직자가 장수리스크(longevity risk)에 효율적으로 대응할 수 있는 하나의 대안으로 적극 활용되고 있다. 퇴직시점에 고연령(예: 75세, 85세)부터 약정된 정액 종신연금을 수령

---

12) 국제계리기호 (x)는 x세인 피보험자(life-aged-x)를 나타내므로 간단히 (x)라고 표현해도 되며 x세 의미는 도달연령(attained age)을 의미한다. 또한 연금설계에서 정년(NRA)에 퇴직한다고 할 경우 가입자가 정년에 도달하면 퇴직한다는 의미이다.

할 수 있는 연금계약을 체결하는 것이다. Milevsky(2005)가 처음으로 이와 같은 연금설계의 효율성을 검증한 이후 미국 생명보험사(Met Life 등)들 사이에서 판매가 활성화되고 있는 고연령거치종신연금(advanced-life delayed annuities: ALDA)이 이에 해당한다. 가장 큰 장점은 약정한 거치기간 이후에 생존할 경우에만 약정된 정액 종신연금이 지급되고, 해지환급금과 사망보험금이 없도록 설계되어 적은 비용으로 장수리스크에 대처할 수 있다는 점이다. 그러나 장기간 거치로 인해 인플레이션 리스크에 취약하며, 가입자가 연금지급개시 전에 사망할 경우 구입비용 전액이 보험사로 귀속된다.

③ 즉시 n년 유기(생명)연금(immediate n-year temporary lifeannuity)

퇴직시점 (x)인 피보험자(연금수령자)가 즉시 n년 유기연금을 구입한 경우이므로 연금액의 현금흐름은 정액연금으로 다음과 같다(단, 연금수령자의 생존을 전제로 함). 즉,

- $$P(h) = \frac{F(0)}{\ddot{a}_{x:\overline{n}|}}, \ \forall\, h = x, x+1, ..., x+n-1$$

④ m년 거치 n년 유기연금(m-year deferred n-year temporary life annuity)

퇴직시점 (x)인 피보험자(연금수령자)가 m년 거치 이후에 n년 유기연금을 수령하는 구조이며 연금액의 현금흐름은 정액연금으로 다음과 같다(단, 연금수령자의 생존을 전제로 함). 즉,

- $$P(h) = \frac{F(0)}{{}_{m|}\ddot{a}_{x:\overline{n}|}} = \frac{F(0)}{{}_{m}E_x \times \ddot{a}_{x+m:\overline{n}|}} = \frac{D_x \times F(0)}{N_{x+m} - N_{x+m+n}},$$

$$\forall\, h = x+m,\ x+m+1,\ ...,\ x+m+n-1$$

⑤ 종신연금현가의 재귀방정식(recursive equation)

생명연금설계에서 주요하게 다루어지며 이를 간단히 정리하면,

- $$\begin{aligned} \ddot{a}_x &= 1 + p_x \times v \times \ddot{a}_{x+1} \\ &= 1 + v \times \ddot{a}_{x+1} - q_x \times v \times \ddot{a}_{x+1} \\ &= \ddot{a}_{\overline{\infty}|} - \sum_{k=0}^{\infty} q_{x+k} \times v^{k+1} \times \ddot{a}_{x+k+1} \end{aligned}$$

즉, 종신연금의 계리현가는 영구연금의 현가에서 매년 예상되는 사차익(expected mortality gain)의 계리현가를 차감한 값과 같다.

- $\ddot{a}_x = 1 + p_x \times v \times \ddot{a}_{x+1}$
  $= 1 + v \times \ddot{a}_{x+1} - q_x \times v \times \ddot{a}_{x+1}$

$$\Leftrightarrow \ d \times \ddot{a}_{x+1} = 1 + (\ddot{a}_{x+1} - \ddot{a}_x) - q_x \times v \times \ddot{a}_{x+1} \ (d = \frac{i}{1+i})$$

$$(\Rightarrow \delta \times \bar{a}_x = 1 + \frac{d}{dx}\bar{a}_x - \mu_x \times \bar{a}_x)$$

즉, 예상이율(i)에 의한 할인 효과는 예상되는 사차익과 연금개시 시점의 차이에 의한 종신연금 차분으로 설명된다.

물론 기말급 종신연금에 대한 재귀식은 위와 동일한 방법으로 $\ddot{a}_x = 1 + a_x$ 관계식을 위 식에 적용하면 된다.

⑥ $\ddot{a}_{x+u}$**의 최선근사치(단,** x **정수,** $0 < u < 1$**)**

지금까지 다룬 생명연금현가 $\ddot{a}_{x+k}$는 x, k 모두 정수인 경우를 가정하였다. 그러나 보험연령으로 반올림하지 않는 한, 연금수령자의 연금개시 연령이 정수인 경우는 흔치 않다. 여기에서 연금수령자의 연령이 단수경과($0 < u < 1$)한 경우에 연금수리적으로 적용할 수 있는 최선근사치에 대해 알아본다. $\ddot{a}_{x+u}$(x 정수, $0 < u < 1$)의 최선근사치는 다음과 같이 추정된다.

먼저, ${}_up_x \times {}_kp_{x+u} = {}_kp_x \times {}_up_{x+k}$ 관계식에서 UDD(uniform distribution of deaths throughout the year) 가정을 적용하면, $(1 - u \times q_x)\,{}_kp_{x+u} = {}_kp_x(1 - u \times q_{x+k})$.

양변에 v^k을 곱한 후에 k에 대해 합하게 되면, $(1 - u \times q_x)\ddot{a}_{x+u} = \ddot{a}_x - u \times (1+i)A_x$.

다음으로 $A_x = 1 - d\ddot{a}_x$ 항등식을 위 식에 적용하면,

- $\ddot{a}_{x+u} = \dfrac{(1 + u \times i)\ddot{a}_x - u \times (1+i)}{1 - u \times q_x}$.

최종적으로 종신연금현가의 재귀식($\ddot{a}_x = 1 + v \times p_x \times \ddot{a}_{x+1}$)을 바로 위 식에 적용하면 구하고자 했던 최선근사치를 구할 수 있게 된다. 즉,

- $$\ddot{a}_{x+u} = \frac{1-u}{1-u \times q_x}\ddot{a}_x + \frac{u \times (1-q_x)}{1-u \times q_x}\ddot{a}_{x+1}.$$

결론적으로 $\ddot{a}_{x+u}$는 $\ddot{a}_x$와 $\ddot{a}_{x+1}$의 가중평균(weighted mean)으로 최선 추정됨을 알 수 있다. 실무에서는 편의상 $\ddot{a}_{x+u} \cong (1-u) \times \ddot{a}_x + u \times \ddot{a}_{x+1}$의 관계식을 적용하여 근사치를 종종 산출한다. 이는 $\ddot{a}_x$ 와 $\ddot{a}_{x+1}$에 직선보간(linear interpolation)을 적용한 결과이다. 특히 $q_x \simeq 0.0$인 경우에는 가중평균에 의한 근사치와 직선보간에 의한 근사치는 별나른 차이가 없다.

3) 보증기간부 생명연금(n-year Certain and Life Annuities)

보증기간부 생명연금이란 연금지급개시 이후의 일정기간을 보증기간으로 하고 이 기간 중에 연금수령자가 사망하더라도 보증기간만료시점까지 지정된 제3자(예: 유족)에게 잔여기간에 걸쳐 연금을 지급하는 생명연금계약을 말한다. 근퇴법(급여 종류 및 수급요건 등)에서는 연금을 수령할 수 있는 퇴직자는 55세 이상으로서 가입기간이 10년 이상이어야 하며, 퇴직일시금의 전부 혹은 일부 등을 연금으로 전환할 경우에는 연금의 지급기간은 최소한 5년 이상이어야 한다고 규정하고 있다. 이는 보증기간부 종신연금과 보증기간부 유기(생명)연금으로 구분된다. 실무에서 종신연금을 계약할 때에 보증기간부가 주로 사용되므로, 여기서 보증기간부 종신연금에 대해서만 다룬다. 물론 보증기간부 유기연금의 수리적 모형 또한 위에 다룬 내용을 중심으로 쉽게 표현된다.

① 즉시 n년 보증기간부 종신연금(immediate n-year certain and whole life annuity)

퇴직시점 (x)인 피보험자(연금수령자)에게 즉시 지급이 개시되는 n년 보증기간부 기시급 종신연금이다. 그러므로, n년 확정연금과 $x+n$세까지 종신연금을 거치하는 구조이며 연금액의 현금흐름은 정액연금으로 다음과 같다. 즉,

$$\bullet\ P(h) = \frac{F(0)}{\ddot{a}_{x:\overline{n|}}} = \frac{F(0)}{\ddot{a}_{\overline{n|}} + {}_{n|}\ddot{a}_x} = \frac{F(0)}{\ddot{a}_{\overline{n|}} + \ddot{a}_x - \ddot{a}_{x:\overline{n|}}} = \frac{F(0)}{\dfrac{1-v^n}{1-v} + \dfrac{N_{x+n}}{D_x}},$$

$\forall h = 0, 1, 2, ..., n-1$ (확정연금 지급기간), 그리고

$\forall h = x+n, x+n+1, ..., \omega-1$(종신연금 지급기간)

② m년 거치 n년 보증기간부 종신연금(m-year deferred n-year certain and whole life annuity)

퇴직시점 (x)인 피보험자(연금수령자)가 m년 거치 이후에 n년 보증기간부 종신연금을 수령하는 구조이다. 따라서, 거치기간을 확정연금지급부분과 종신연금지급부분을 각각 구분하여 독립적으로 거치기간을 적용하고 이 때 발생하는 연금액의 현금흐름은 정액연금이다. 즉,

$$\bullet\ P(h) = \frac{F(0)}{v^m \times \ddot{a}_{\overline{n|}} + {}_{m+n|}\ddot{a}_x} = \frac{F(0)}{v^m \times \dfrac{1-v^n}{1-v} + \dfrac{N_{x+m+n}}{D_x}}$$

$\forall h = 0, 1, ..., n-1$ (확정연금 지급기간), 그리고

$\forall h = x+m+n, x+m+n+1, ..., \omega-1$(종신연금 지급기간)

여기서 유의할 점은 거치기간 중에 퇴직자(연금수령자)가 사망하게 되면, 거치기간이 만료되는 시점까지 지급이 유예되고 사망자 연령을 기준으로 $x+m$세부터 약정된 n기간 확정연금만을 제3자(예: 유족)에게 지급하는 정액현금흐름이라는 점이다.

③ 거치기간 중 사망 시에 그 다음 기간 초부터 확정연금을 지급하는 보증기간부 종신연금

이는 거치기간이 상당기간이고 퇴직자가 거치기간 초기에 사망하게 되면 유족에게 지급될 확정연금부분은 실제로 유족 생활 보증의 실효성이 떨어질 수밖에 없는 문제점을 해소하는 하나의 방안이다. 즉, 기존의 m년 거치 n년 보증기간부 종신연금에서 거치기간 중에 사망할 경우에 (거치기간의 전 기간을 기다리지 않고) 바로 다음 기간의 초에 보증된 확정연금을 약정대로 지급하는

계약내용을 말한다. 따라서 m년 거치 n년 확정연금부분과 종신연금부분을 분리하여 고려하면 된다. 확정연금부분만 위의 거치기간과 다르게 일종의 조기지급 확정연금 보장설계가 추가로 이루어진 것이다. 사망 시점의 다음 기간 초에 지급 개시되는 확정연금의 현가를 나타내는 확률변수를 Z라고 하면,

- $$Z = \begin{cases} {}_{K(x)+1|}\ddot{a}_{\overline{n}|} \ (= v^{K(x)+1} \times \ddot{a}_{\overline{n}|}), & \text{if } K(x) = 0, 1, ..., m-1 \\ v^m \times \ddot{a}_{\overline{n}|}, & \text{if } K(x) = m, m+1, ... \end{cases}$$

다음으로 $E(Z)$를 구하면,

- $$E(Z) = \left(\frac{d_x}{l_x} v + \frac{d_{x+1}}{l_x} v^2 + ... + \frac{d_{x+m-1}}{l_x} \times v^m + \frac{l_{x+m}}{l_x} \times v^m\right) \times \ddot{a}_{\overline{n}|}$$
$$= \left(\frac{C_x}{D_x} + \frac{C_{x+1}}{D_x} + ... + \frac{C_{x+m-1}}{D_x} + \frac{D_{x+m}}{D_x}\right) \times \ddot{a}_{\overline{n}|}$$
$$= \frac{M_x - M_{x+m} + D_{x+m}}{D_x} \times \frac{1-v^n}{1-v}$$

즉, 거치기간 중에 사망할 경우에 약정한 확정연금을 조기에 지급하는 확정연금의 계리현가에 해당한다. 결론적으로, 거치기간(m년) 중 사망 시에 그 다음 기간 초부터 보증된 확정연금(n년)을 조기에 지급하는 n년 보증기간부 종신연금의 현금흐름은 정액연금으로 다음과 같이 산출됨을 알 수 있다.

- $$P(h) = \frac{F(0)}{E(Z) + {}_{m+n|}\ddot{a}_x} = \frac{F(0)}{\frac{M_x - M_{x+m} + D_{x+m}}{D_x} \times \frac{1-v^n}{1-v} + \frac{N_{x+m+n}}{D_x}}$$

$\forall h = x+1, x+2, ..., x+m-1$(거치기간중 사망시의 확정연금 조기집행기간),

$\forall h = x+m, x+m+1, ..., x+m+n-1$(확정연금 지급기간),

$\forall h = x+m+n, x+m+n+1, ..., \omega-1$(종신연금 지급기간)

4) 연생연금(Joint Life Annuities)

두 사람의 생사 조건에 따라 연금액이 지급되는 현금흐름을 2연생연금이라고 한다. 다연생연금(multiple life annuities)에 대한 수리모형은 적용의 빈도가 낮으므로 2연생연금에 대해 살펴보기로 한다.

① 주요 생명확률

$(x), (y)$ 연생 피보험자(연금수령자)의 생명확률에 대해 먼저 살펴보기로 한다.

$\forall\, n = 0, 1, 2, \ldots$에 대하여

- $(x), (y)$ 연생 피보험자가 모두 n기간 생존할 확률

  : ${}_n p_{xy} = {}_n p_x \times {}_n p_y$

- $(x), (y)$ 연생 피보험자가 모두 n기간 이내에 사망할 확률

  : ${}_n q_{\overline{xy}} = {}_n q_x \times {}_n q_y$

- $(x), (y)$ 연생 피보험자에 대하여 2인 중 적어도 1인이 n기간 이내에 생존할 확률

  : ${}_n p_{\overline{xy}} = {}_n p_{\frac{1}{xy}} = 1 - {}_n q_{\overline{xy}} = {}_n p_x + {}_n p_y - {}_n p_{xy}$

- $(x), (y)$ 연생 피보험자에 대하여 2인 중 n기간 이내에 적어도 1인이 사망할 확률

  : ${}_n q_{xy} = 1 - {}_n p_{xy}$

- $(x), (y)$ 연생 피보험자에 대하여 2인 중에서 n기간 이후에 1인만이 생존할 확률

  : ${}_n p_{\frac{[1]}{xy}} = {}_n p_x \times {}_n q_y + {}_n q_x \times {}_n p_y = {}_n p_x + {}_n p_y - 2 \times {}_n p_{xy}$

② 연생연금 계리현가

$(x), (y)$ 연생 피보험자(연금수령자)에 대하여 실무적으로 중요하게 다루어지는 생명연금의 계리현가에 대해 설명한다.

$\forall\, n = 0, 1, 2, \ldots$에 대하여,

- $(x), (y)$ 연생 피보험자에 대하여 모두 생존하고 있는 경우에 n기간 동안 연금액 1을 지급하는 기시급 유기연금의 계리현가

$$: \ddot{a}_{xy:\overline{n|}} = \sum_{k=0}^{n-1} v^k \times {}_kp_{xy} = \sum_{k=0}^{n-1} v^k \times \frac{l_{x+k}}{l_x} \times \frac{l_{y+k}}{l_y} = \sum_{k=0}^{n-1} v^k \times \frac{l_{x+k:y+k}}{l_{xy}}$$

$$= \frac{1}{D_{xy}} \sum_{k=0}^{n-1} D_{x+k:y+k} = \frac{N_{xy} - N_{x+n:y+n}}{D_{xy}}$$

$$(\text{단, } D_{xy} = v^{\frac{x+y}{2}} \times l_{xy}, \quad l_{xy} = l_x \times l_y)$$

- $(x), (y)$ 연생 피보험자에 대하여 모두 공생하고 있는 경우에 연금액 1을 지급하는 기시급 종신연금의 계리현가

$$: \ddot{a}_{xy} = \sum_{k=0}^{\infty} v^k \times {}_kp_{xy} = \frac{1}{D_{xy}} \sum_{k=0}^{\infty} D_{x+k:y+k} = \frac{N_{xy}}{D_{xy}}$$

- $(x), (y)$ 연생 피보험자에 대하여 n기간 거치 이후에 모두 공생하고 있는 경우 연금액 1을 지급하는 기시급 거치 종신연금의 계리현가

$$: {}_{n|}\ddot{a}_{xy} = v^n \times {}_np_{xy} \times \left(\sum_{k=0}^{\infty} v^{k+n} \times {}_kp_{x+n:y+n} \right) = \frac{N_{x+n:y+n}}{D_{xy}}$$

- $(x), (y)$ 연생 피보험자에 대하여 2인 중 어느 쪽이든 1인이라도 생존하고 있으면 n기간 동안 연금액 1을 지급하는 기시급 유기연금의 계리현가

$$: \ddot{a}_{\overline{xy}:\overline{n|}} = \sum_{k=0}^{n-1} v^k \times {}_kp_{\overline{xy}} = \sum_{k=0}^{n-1} v^k ({}_kp_x + {}_kp_y - {}_kp_{xy}) = \ddot{a}_{x:\overline{n|}} + \ddot{a}_{y:\overline{n|}} - \ddot{a}_{xy:\overline{n|}}$$

- $(x), (y)$ 연생 피보험자에 대하여 2인 중 어느 쪽이든 1인이라도 생존하고 있으면 연금액 1을 지급하는 기시급 종신연금의 계리현가로서 연생 종신연금 설계에 자주 활용된다.

$$: \ddot{a}_{\overline{xy}} = \sum_{k=0}^{\infty} v^k \times {}_kp_{\overline{xy}} = \sum_{k=0}^{\infty} v^k ({}_kp_x + {}_kp_y - {}_kp_{xy}) = \ddot{a}_x + \ddot{a}_y - \ddot{a}_{xy}$$

- $(x), (y)$ 연생 피보험자에 대하여 거치기간(n) 만료 시점에 $(x), (y)$ 2인 중 어느 쪽이든 1인이라도 생존하고 있으면 연금액 1을 지급하는 기시급 거치 종신연금의 계리현가

$$: {}_{n|}\ddot{a}_{\overline{xy}} = v^n {}_np_{xy}\ddot{a}_{\overline{x+n:y+n}} + v^n {}_np_x(1-{}_np_y)\ddot{a}_{x+n} + v^n {}_np_y(1-{}_np_x)\ddot{a}_{y+n}$$

$$= v^n {}_np_x \times {}_np_y\left(\ddot{a}_{x+n} + \ddot{a}_{y+n} - \ddot{a}_{x+n:y+n} - \ddot{a}_{x+n} - \ddot{a}_{y+n}\right)$$

$$+ v^n {}_np_x\ddot{a}_{x+n} + v^n {}_np_y\ddot{a}_{y+n}$$

$$= {}_{n|}\ddot{a}_x + {}_{n|}\ddot{a}_y - {}_{n|}\ddot{a}_{xy}$$

즉, 거치기간(n) 만료 시점에 $(x),(y)$ 모두 생존하는 경우, (x)만 생존하는 경우 그리고 (y)만 생존하는 경우 등 총 3가지 경우로 나누어 계리현가를 산출하여야 한다.

- $(x),(y)$ 연생 피보험자에 대하여 2인 중 어느 쪽이든지 1인만 생존하고 있으면 연금액 1을 지급하는 기시급 종신연금의 계리현가

$$: \ddot{a}_{\underset{xy}{\underline{[1]}}} = \sum_{k=0}^{\infty} v^k \times {}_kp_{\underset{xy}{\underline{[1]}}} = \ddot{a}_{\overline{xy}} - \ddot{a}_{xy} = \ddot{a}_x + \ddot{a}_y - 2\ddot{a}_{xy}$$

또한 동일한 논리를 적용하면 연생 유기연금에 대해서도 다음이 성립한다.

$$: \ddot{a}_{\underset{xy}{\underline{[1]}}:\overline{n|}} = \ddot{a}_{\overline{xy}:\overline{n|}} - \ddot{a}_{xy:\overline{n|}} = \ddot{a}_{x:\overline{n|}} + \ddot{a}_{y:\overline{n|}} - 2\ddot{a}_{xy:\overline{n|}}$$

- $(x),(y)$ 연생 피보험자에 대하여 거치기간(n) 만료시점에 $(x),(y)$ 중 어느 쪽이든 1인만 생존하고 있으면 연금액 1을 지급하는 기시급 종신연금의 계리현가

$$: {}_{n|}\ddot{a}_{\underset{xy}{\underline{[1]}}} = {}_{n|}\ddot{a}_{\overline{xy}} - {}_{n|}\ddot{a}_{xy} = {}_{n|}\ddot{a}_x + {}_{n|}\ddot{a}_y - 2 \times {}_{n|}\ddot{a}_{xy}$$

- $(x),(y)$ 연생 피보험자에 대하여 (y)가 먼저 사망하고 사망연도 말에 (x)가 생존해 있으면 기시에 연금액 1을 지급하는 종신연금의 계리현가로서, 연생 종신연금 설계에 자주 활용된다.

$$: \ddot{a}_{y|x} = \ddot{a}_x - \ddot{a}_{xy} = \frac{N_x}{D_x} - \frac{N_{xy}}{D_{xy}}$$

즉, (x)의 종신연금에 대하여 $(x),(y)$의 공생 종신연금을 차감하는 구조이다. 이는 (y)의 생존 중에는 연금급여의 지급이 없음을 의미한다. 이와 같은 연금설계를 생존연금 혹은 생잔연금(reversionary or survivorship annuity)이라고 하며, 대부분의 공적연금제도에서 지급되는 유족연금(survivor pension)[13]은 생존연금에 의해 설계된다.

예를 들어, 연금계약 당시 $(x),(y)$ 부부에 대하여 (y)에게 약정 급여의 100%를 지급하고, (y)사망 시 배우자 (x)에게 급여의 θ%만을 지급하는 부부연생 기시급 종신연금의 계리현가는 $\ddot{a}_y + \frac{\theta}{100} \times \ddot{a}_{y|x}$ 임을 알 수 있다. 또한 동일한 논리를 적용하면 연생 유기연금에 대해서도 $\ddot{a}_{y|x:\overline{n|}} = \ddot{a}_{x:\overline{n|}} - \ddot{a}_{xy:\overline{n|}}$ 가 성립한다.

지금까지 기시급 연금에 대해서만 수리모형을 정의하였다. 연금의 형태가 기말급인 경우는 위의 각 기시급 수리모형의 $\sum_{k=0}^{n-1 \text{ or } \infty}$ 부분을 $\sum_{k=1}^{n \text{ or } \infty}$ 로 대체하면 된다.

예제 (x), (y)의 2인을 피보험자로 하여, 연금지급기간을 n년, 연 1회 기시급 연금액을 아래와 같이 지급할 때의 각각의 연금계리현가를 구하시오.

ⓐ 2인 모두 생존하고 있을 때의 생존 연금액 : S

ⓑ 어느 누군가 1인이 생존하고 있을 때의 생존 연금액 : $0.6S$

ⓒ 2인 모두 사망한 이후의 유족 연금액 : $0.2S$

해설 ⓐ (x), (y) 모두 생존하고 있는 경우에 대한 연금계리현가: $S \times \ddot{a}_{xy:\overline{n|}}$

ⓑ (x)가 생존하고, (y)가 사망한 경우에 대한 연금계리현가

: $0.6S \times (\ddot{a}_{x:\overline{n|}} - \ddot{a}_{xy:\overline{n|}})$

(y)가 생존하고, (x)가 사망한 경우에 대한 연금계리현가

: $0.6S \times (\ddot{a}_{y:\overline{n|}} - \ddot{a}_{xy:\overline{n|}})$

ⓒ $(x),(y)$ 모두 사망한 경우의 유족연금계리현가

: $0.2S \times (\ddot{a}_{\overline{n|}} - \ddot{a}_{x:\overline{n|}} - \ddot{a}_{y:\overline{n|}} + \ddot{a}_{xy:\overline{n|}})$

---

13) (공적, 사적)연금제도 가입자의 사망 당시 배우자・자녀・부모・손(孫)・조부모 등 가입자와 가족법상의 신분이었던 자로서, 사망 시까지 주로 가입자에 의해 생계를 유지했고 생활을 같이 했던 자를 유족으로 규정하고 있다. 현행 공적연금제도는 부부연생연금으로 설계되어 있으며 연금을 받던 가입자의 사망으로 인한 유족의 생계 보호를 위해 유족연금이 지급된다. 유족연금액은 가입자의 가입기간에 따라 차등을 두지만 일반적으로 가입자 연금액의 40%~60% 수준이다.

따라서 이들 모두의 연금계리현가

$$: S\times \ddot{a}_{xy:\overline{n}|}+0.6S\times(\ddot{a}_{x:\overline{n}|}-\ddot{a}_{xy:\overline{n}|})+0.6S\times(\ddot{a}_{y:\overline{n}|}-\ddot{a}_{xy:\overline{n}|})$$

$$+0.2S\times(\ddot{a}_{\overline{n}|}-\ddot{a}_{x:\overline{n}|}-\ddot{a}_{y:\overline{n}|}+\ddot{a}_{xy:\overline{n}|})$$

$$=0.2S\times\ddot{a}_{\overline{n}|}+0.4S\times\ddot{a}_{x:\overline{n}|}+0.4S\times\ddot{a}_{y:\overline{n}|}$$

③ $(x),(y)$ 연생연금

앞에서 다양한 연생연금의 계리현가를 살펴보았다. 연생연금(joint life annuities)을 설계하는 것 또한 연생연금 계리현가를 연금전환자산 $F(0)$에 대하여 나누어 주면 각 연생연금의 특성을 반영한 정액 현금흐름 $\{P(h)\}$이 발생하게 된다. 본 서에서는 $n(\geq 5)$년 이상의 보증기간이 부여되는 연생연금을 설명하는 것으로 마치고자 한다. 사적연금제도에서 가장 보편적으로 사용되는 연생연금이 $(x),(y)$ 부부 중 한명이라도 생존하면 연금이 지급되는 최종생존자종신연금(last-survivor whole-life annuity)이므로 이를 대표적 연생연금으로 설정하기로 한다.

기타 연생연금에 대한 수리모형 또한 큰 차별성이 없으므로(반복성을 피하기 위하여) 『즉시 n년 보증기간부 최종생존자종신연금(immediate n-year certain and last-survivor whole-life annuity)』에 대해서만 설명하기로 한다. 이 연금계약은 퇴직시점 $(x),(y)$ 연생 피보험자(연금수령자)에 대해서 계약시점($t=0$)에 n년 보증기간부 연생종신연금을 즉시 지급하는 계약이다. 즉, n년 확정연금과 $x+n$, $y+n$세까지 연생종신연금을 거치하는 구조이므로, 연금액의 현금흐름은 정액연금으로 다음과 같다.

- $P(h) = \dfrac{F(0)}{\ddot{a}_{\overline{\overline{xy}:\overline{n}|}}}$

$$= \frac{F(0)}{\ddot{a}_{\overline{n}|}+{}_{n|}\ddot{a}_{\overline{xy}}}$$

$$= \frac{F(0)}{\dfrac{1-v^n}{1-v}+\dfrac{N_{x+n}}{D_x}+\dfrac{N_{y+n}}{D_y}-\dfrac{N_{x+n:y+n}}{D_{xy}}} = P,\ \forall h$$

여기서

$h=0,1,...,n-1$(확정연금지급기간)

$h=n,n+1,...$(최종생존자종신연금지급기간)

3. 변동형 연금지급방식(Varying-Payout Design)

정액형 연금지급방식은 연금제공 금융기관과 퇴직 시점 전후에 일회성 계약에 의해 해당 연금을 구매하는 전통적 지급방식이다. 연금수령자는 은퇴자산의 일부 혹은 전부를 일시납으로 납입하고 연금계약에 의해 정액연금(level annuity)을 수령하게 된다. 이는 금융기관이 제공하는 연금계약을 퇴직자가 단순히 인수하는 부합계약성(contracts of adhcsion)에 근거한다. 이러한 기존의 전통적 지급방식에 추가적으로 연금수령자의 자산운용권을 상당부분 인정하고, 아울러 거치기간에 사망하는 경우에 손실이 발생하는 부분을 보완하여 개발된 것이 최근의 변동형 연금지급방식이다.

먼저 전통적인 변동형을 살펴보고 다음으로 최초의 변동형인 톤틴연금을 다룬다. 마지막으로 선진 각국에서 최근 활용성이 높은 프로그램 인출방식에 대해 설명한다. 각 변동연금의 수리모형을 참고한다면 연금지급방식별 특성을 더욱 잘 이해하게 될 것이다.

우선 전통적인 변동연금으로 체증변동연금과 체감변동연금에 대해 살펴보자. 이 둘은 모두 일정한 법칙에 의해 현금흐름이 증가 또는 감소하는 특성을 갖는다.

1) 체증형 확정(기간)연금(n-year regular increasing annuity-certain)

퇴직시점 $t=0$에서 연금전환자산(적립금) $F(0)$을 납입하고 매년 한 단위씩 n년 간 체증하는 확정기간연금을 구입한 경우를 말한다. 연금액의 현금흐름은 변동확정기간연금(varying annuity-certain) $\{P(h)\}$으로 다음과 같이 산출된다. 즉,

- $\{P(0)=\pi_1, P(1)=2\pi_1, P(2)=3\pi_1, ..., P(n-1)=n\pi_1\}$

여기서 $\pi_1=\dfrac{F(0)}{(I\ddot{a})_{\overline{n|}}}$ 그리고 $(I\ddot{a})_{\overline{n|}}=\dfrac{\ddot{a}_{\overline{n|}}-n\times v^n}{d}$ $(=(1+i)\times(Ia)_{\overline{n|}})$는 기시

급 누가확정기간연금현가(present value of standard increasing annuity-due)를 나타낸다.

2) 체증형 영구연금(regular increasing perpetuity)

퇴직시점 $t=0$ 에서 적립금 $F(0)$을 납입하고 매년 한 단위씩 체증하는 영구연금을 구입한 경우를 말한다. 연금액의 현금흐름은 변동영구연금 $\{P(h)\}$으로 다음과 같이 산출된다. 즉,

- $\{P(0)=\pi_2, P(1)=2\pi_2, P(2)=3\pi_2, \ldots, P(n-1)=n\pi_2, \ldots\}$

여기서 $\pi_2=\dfrac{F(0)}{(I\ddot{a})_{\overline{\infty|}}}=d^2\times F(0)$ 그리고 $(I\ddot{a})_{\overline{\infty|}}=\dfrac{1}{d^2}$ $(=(1+i)\times(Ia)_{\overline{\infty|}})$는 기시급 누가영구연금현가(present value of standard increasing perpetuity-due)를 나타낸다.

3) 체감형 확정연금(regular decreasing n-year annuity-certain)

퇴직시점 $t=0$ 에서 적립금 $F(0)$을 납입하고 매년 한 단위씩 n년간 체감하는 확정기간연금을 구입하는 경우를 말한다. 연금액의 현금흐름은 변동확정기간연금 $\{P(h)\}$으로 다음과 같이 산출된다. 즉,

- $\{P(0)=n\pi_3, P(1)=(n-1)\pi_3, P(2)=(n-2)\pi_3, \ldots, P(n-1)=\pi_3\}$

여기서 $\pi_3=\dfrac{F(0)}{(D\ddot{a})_{\overline{n|}}}$ 그리고 $(D\ddot{a})_{\overline{n|}}=\dfrac{n-a_{\overline{n|}}}{d}$ $(=(1+i)\times(Da)_{\overline{n|}})$는 기시급 누감확정연금현가(present value of standard decreasing annuity-due)를 나타낸다.

한편, 체감형 영구연금은 $(D\ddot{a})_{\overline{n|}}=\dfrac{n-a_{\overline{n|}}}{d}\xrightarrow{n\to\infty}\infty$ 이므로 연금지급설계가 불가능하다.

4) 체증형 종신연금(regular increasing whole-life annuity)

퇴직시점 $t=0$ 에서 (x)인 피보험자(연금수령자)가 적립금 $F(0)$을 납입하고 매년 한 단위씩 체증하는 종신연금을 구입한 경우를 말한다. 연금액의 현금흐름은 변동생명연금(varying life annuity) $\{P(h)\}$으로 다음과 같이 산출된다(생

존 시에 지급됨).

- $\{P(x)=\pi_4,\ P(x+1)=2\pi_4,\ P(x+2)=3\pi_4,\ ...\}$

여기서 $\pi_4 = \dfrac{F(0)}{(I\ddot{a})_x}$ 그리고 $(I\ddot{a})_x = E\left(I\ddot{a}_{\overline{K(x)+1|}}\right) = \sum_{k=0}^{\infty}(k+1)\times {}_kp_x \times v^k = \dfrac{S_x}{D_x}$는 기시급 누가종신연금의 계리현가(APV of standard increasing whole-life annuity-due)를 나타낸다.

기말급인 경우는 기시급에 비해 연령 1세가 어긋나는 현금흐름이므로, $(Ia)_x = E\left(Ia_{\overline{K(x)|}}\right) = \sum_{k=1}^{\infty} k\times {}_kp_x \times v^k = \dfrac{S_{x+1}}{D_x}$ 임을 알 수 있다.

5) 체증형 유기연금(regular increasing temporary-life annuity)

퇴직시점 $t=0$에서 (x)인 피보험자(연금수령자)가 적립금 $F(0)$을 납입하고 매년 한 단위씩 체증하는 n기간 유기(생명)연금을 구입한 경우를 말한다. 연금액의 현금흐름인 변동생명연금 $\{P(h)\}$은 다음과 같이 산출된다(생존 시에 지급됨). 즉,

- $\{P(x)=\pi_5,\ P(x+1)=2\pi_5,\ P(x+2)=3\pi_5,\ ...,\ P(x+n-1)=n\pi_5\}$

여기서 $\pi_5 = \dfrac{F(0)}{(I\ddot{a})_{x:\overline{n|}}}$ 그리고

$(I\ddot{a})_{x:\overline{n|}} = \sum_{k=0}^{n-1}(k+1)\times {}_kp_x \times v^k = \dfrac{S_x - S_{x+n} - n\times N_{x+n}}{D_x}$ 는 기시급 누가유기연금의 계리현가(APV of standard increasing temporary life annuity-due)를 나타낸다.

기말급인 경우는 기시급에 비해 연령 1세가 어긋나는 현금흐름이므로, $(Ia)_{x:\overline{n|}} = \sum_{k=1}^{n} k\times {}_kp_x \times v^k = \dfrac{S_{x+1} - S_{x+n+1} - n\times N_{x+n+1}}{D_x}$ 임을 알 수 있다.

6) n기간 체증형 종신연금(n-year regular increasing whole-life annuity)

퇴직시점 $t=0$에서 (x)인 피보험자(연금수령자)가 적립금 $F(0)$을 납입한 후 적립금이 매년 한 단위씩 n기간 체증하고 그 이후에는 n단위로 일정한 종신연금을 구입한 경우이다. 연금액의 현금흐름은 변동생명연금(varying life annuity) $\{P(h)\}$으로 다음과 같이 산출된다(생존 시에 지급됨). 즉,

- $\{P(x)=\pi_6,\ P(x+1)=2\pi_6, \ldots, P(x+n-1)=n\pi_6,\ P(x+n)=n\pi_6,\ \ldots\}$

여기서 $\pi_6 = \dfrac{F(0)}{\left(I_{\overline{n|}}\ddot{a}\right)_x}$ 그리고

$\left(I_{\overline{n|}}\ddot{a}\right)_x = \sum_{k=0}^{n-1}(k+1)\times {}_kp_x \times v^k + \sum_{k=n}^{\infty} n \times {}_kp_x \times v^k = \dfrac{S_x - S_{x+n}}{D_x}$ 는 기시급 n기간 누가종신연금의 계리현가를 나타낸다.

기말급인 경우는 기시급에 비해 연령 1세가 어긋나는 현금흐름이므로, $\left(I_{\overline{n|}}a\right)_x = \sum_{k=1}^{n} k \times {}_kp_x \times v^k + \sum_{k=n+1}^{\infty} n \times {}_kp_x \times v^k = \dfrac{S_{x+1} - S_{x+n+1}}{D_x}$ 임을 알 수 있다.

7) 체감형 유기연금(regular decreasing temporary life annuity)

퇴직시점 $t=0$에서 (x)인 피보험자(연금수령자)가 적립금 $F(0)$로 매년 한 단위씩 체감하는 n기간 유기(생명)연금을 구입한 경우이다. 이 때 발생하는 연금액의 현금흐름은 변동생명연금 $\{P(h)\}$으로 다음과 같이 산출된다(생존시에 지급됨). 즉,

- $\{P(x)=n\pi_7,\ P(x+1)=(n-1)\pi_7,\ P(x+2)=(n-2)\pi_7, \ldots,$
  $P(x+n-1)=\pi_7\}$

여기서 $\pi_7 = \dfrac{F(0)}{(D\ddot{a})_{x:\overline{n|}}}$ 그리고

$(D\ddot{a})_{x:\overline{n|}} = \sum_{k=0}^{n-1}(n-k)\times {}_kp_x \times v^k = (n+1)\ddot{a}_{x:\overline{n|}} - (I\ddot{a})_{x:\overline{n|}} = \dfrac{n\times N_x - (S_{x+1} - S_{x+n+1})}{D_x}$ 는 기시급 누감유기연금의 계리현가(APV of standard decreasing temporary life annuity-due)를 나타낸다. 기말급인 경우는 기시급에 비해 연령 1세가 어긋나는 현금흐름이므로,

$(Da)_{x:\overline{n|}} = \sum_{k=1}^{n}(n+1-k)\times {}_kp_x \times v^k = \dfrac{n\times N_{x+1} - (S_{x+2} - S_{x+n+2})}{D_x}$ 임을 알 수 있다.

8) 보증기간부 체증형 종신연금(n–year certain and regular increasing whole–life annuity)

퇴직시점 $t=0$에서 (x)인 피보험자(연금수령자)가 적립금 $F(0)$를 납입하고

매년 한 단위씩 체증하는 종신연금을 구입한 경우를 말한다. 단, 처음 n년 동안은 지급이 보증되며 이후에는 생존시에 체증된 연금액을 지급하는 변동연금계약이다. 다시 말해서 처음 n년은(생사 구분없이) 체증형 확정연금을 지급하고 $x+n$세부터는 $(n+1)$단위에서 시작하여 매년 한 단위씩 체증하는 거치형 종신연금이므로 발생하는 현금흐름 $\{P(h)\}$은 다음과 같이 산출된다. 즉,

- $\left\{\begin{array}{l} \text{확정연금}: P(x)=\pi_8,\ P(x+1)=2\pi_8, \dots, P(x+n-1)=n\pi_8, \\ \text{생존연금}: P(x+n)=(n+1)\pi_8,\ P(x+n+1)=(n+2)\pi_8, \\ \qquad\qquad P(x+n+2)=(n+3)\pi_8, \cdots \end{array}\right\}$

여기서

$$\pi_8 = \frac{F(0)}{(I\ddot{a})_{\overline{n}|}+\sum_{k=n}^{\infty}(k+1)\times {}_kp_x\times v^k} = \frac{F(0)}{\dfrac{1-v^n}{d^2}-\dfrac{n\times v^{n-1}}{i}+\dfrac{n\times N_{x+n}+S_{x+n}}{D_x}}.$$

마지막으로 투자실적에 따라 연금액이 변동하는 변액연금에 대해 알아본다.

9) 변액연금(variable-payout Annuity or unit-linked Annuity)

변액확정(기간)연금과 변액종신연금으로 구분하여 살펴본다. 변액확정연금은 퇴직시점 $t=0$에서 (x)인 피보험자(연금수령자)가 적립금 $F(0)$를 납입하면 금융기관은 실적배당형 펀드에 투자하고, 가입자에게는 확정기간(n)에 대하여 일정 수의 연금구좌(annuity units)가 할당된다. 이 때 발생하는 연금액의 현금흐름은 아래와 같은 변동연금 $\{P(h)\}$이다. 즉,

- $\{P(x)=u_0\times S(0),\ P(x+1)=u_1\times S(1), \dots,\ P(x+n-1)=u_{n-1}\times S(n-1)\}$

부연설명하면, 연금지급시점 $t(=0,1,2,\dots n-1)$마다 u_t개의 연금구좌가 할당되면 연금지급을 위하여 펀드 구좌 당 환매가격(시가) $S(t)$으로 현금화하여 연금액을 지급하는 변동현금흐름(즉, $\{P(x+t)=u_t\times S(t):\ t=0,1,2,\dots,n-1\}$)을 창출한다. 이에 반해 변액종신연금은 생존 시에 해당 구좌를 환매하여 연금액을 지급하므로 생보사는 보편적으로 일정한 u개의 연금구좌를 할당하게 된다. 따라서 구좌 당 시장가격이 연금지급시점마다 변동되고 지급되는 연금

액 또한 다음과 같이 변동된다.

- $\{P(x+t) = u \times S(t) : t = 0, 1, 2, ...\}$

여기서 몇 개의 연금구좌 u를 할당할 것인지 여부는 여전히 연금수리학의 논제이며 잔여생존기간(기대여명) 등을 고려한 계리적 판단에 주로 의존하게 된다. 이러한 연금구좌 할당의 문제로 인해 생명보험사는 아래와 같은 대안적 연금설계를 제시하기도 한다. 즉, (x)인 연금수령자의 적립금 $F(0)$에 대해 연금지급시점마다 $u_t\ (t=0,1,...,n)$개를 각각 할당하고 $(x+n)$세가 되면 마지막으로 할당된 u_n개의 연금구좌를 환매하여 정액종신연금을 구매하는 혼합형 연금지급방식으로 설계하는 것이다.

- $$\left\{\begin{array}{l} P(x+t) = u_t \times S(t) : t = 0, 1, ..., n-1 \text{ (확정변액연금지급)} \\ P(x+n+k) = \dfrac{u_n \times S(n)}{\ddot{a}_{x+n}} : k = 0, 1, ... \text{ (정액종신연금지급)} \end{array}\right\}$$

4. 종신연금의 가치(Money's Worth of Whole-life Annuity)

이미 설명한 바와 같이, 연금전환자산(적립금) $F(0)$을 투자하여 연금제공 금융기관이 제시한(계산기초에 의해 제공된) 연금상품을 구매하는 경우 연금액의 현금흐름을 살펴보았다. 이는 은퇴자가 자신의 퇴직자산을 통하여 부합계약성에 의해 이미 만들어진 전통적인 연금상품을 구매하는 경우였는데, 이 때 구입한 연금상품의 화폐가치에 대한 검토가 필요하다. 일반적으로 장수리스크를 헤지하기 위해 즉시종신연금을 구입하는 것이 합리적인 의사결정이다. 그러나 현실은 일시금 또는 기타 투자 목적을 위해 종신연금을 즉시 구매하지 않는 재무행태를 보이는 경우가 많다. 이와 같은 비합리적 재무행위 현상을 연금퍼즐(p. 24 참조)이라고 표현하며, 종신연금의 이론적 가치와 실제 사람들의 구매 패턴이 보이는 괴리를 의미한다. 지금부터 즉시종신연금의 이론적 가치 평가에 대해 알아보기로 한다.

1) 즉시종신연금의 가치 평가

즉시종신연금 상품의 가치에 대한 대표적 연구결과로 Mitchell et al.(1999)[14]을 언급할 수 있으며, 그들은 개인연금상품(연생연금은 고려되지 않았음)의 경제적 구매 효과를 분석하기 위하여 화폐 가치 측정법을 도입하였다. 지금까지 우리가 사용하고 있는 수리적 기호를 사용하여 그들이 도입한 측정법을 수정하여 표현하면 아래와 같다. 즉,

- $$MW(\%) = \frac{\displaystyle\sum_{k=0}^{\omega-x-1} \frac{P(x+k) \times {}_kp_x}{\displaystyle\prod_{j=0}^{k}(1+r_j)}}{F(0)} \times 100$$

여기서 $P(x+k)$는 (x)인 연금수령자가 즉시종신연금을 구입한 경우 $x+k$세에 지급되는 기시급 연금액을 나타내며 연금제공기관별로 약정한 연금액은 달라질 수 있다. 이는 연금제공기관이 제시하는 계산기초율(특히 예상이율)의 차이와 사업비 정도가 다르기 때문이다. ${}_kp_x$는 (x)인 연금수령자가 k년 생존할 확률로서, 분석을 위해 채택하는 (과거 혹은 현재) 국민연금생명표 또는 (과거 혹은 현재) 개인연금생명표 등 채택하는 연금생명표에 따라 달라진다. r_j는 제j년도 국채수익률을 의미하며 할인율로서 채택되었다(단, 시작연도(제0년도)에서의 $r_0 = 0$이며, r_j는 국채수익률 곡선에 의해 추정됨). 국채수익률을 적용하는 이유는 안정적 수익률(일종의 무위험이자율)을 할인율로 설정함으로써 분석상의 객관적 비교가능성을 제고하기 위함에서 이다.

만약 연금액이 공정하게 산출되었다면 $MW = 100\%$이어야 한다. 그러나 연금제공기관은 사업상 일정수준의 관리비용과 기대이익을 고려하여 연금액을 산출하므로 대부분의 즉시 개인연금상품은 $MW < 100\%$이다. 특히, 연금상품을 구매하는 집단은 상대적으로 장수할 것이라는 기대 심리가 작용하는 선택집단(select group)이다. 예를 들어, 생명확률만을 고려한다면 개인연금생명표는 국민연금생명표에 비해 연금수령자들이 자유롭게 구매하는 자유선택리스크(volunteer and selection risk)를 반영하고 있다. 그러므로 국민연금생명표 ${}_kp_x$

14) Mitchell, O., Poterba, J., Warshawsky, M. and Brown, J.(1999), New evidence on the money's worth of individual annuities. American Economic Review, 89, 1299-1318.

를 적용하면 당연히 $MW < 100\%$임을 알 수 있다.

결론적으로 위의 측정법은 생명보험사에서 출시하고 있는 일시납 즉시종신연금 상품들의 화폐 가치를 각각 비교분석할 경우에 매우 객관적인 비교지표로 활용된다.

2) 즉시종신연금의 사망률 견인(Mortality Drag)

사망률 개념이 적용되지 않는 확정연금에 비해 종신연금을 구입하는 것이 왜 유리한지를 설명할 때 도입되는 개념이 사망률 견인이다. Harberman et al.(2009)은 아래 식으로부터 사망률 견인을 도출하고, 이를 종신연금 구입자 간의 상호공제효과(mutuality effect)로부터 발생하는 수익률개념으로 설명하고 있다.

살펴보면, (x)인 은퇴자가 퇴직자산 $F(0)$로 즉시종신연금을 구입하는 경우 연금수령자에 대한 보험회사의 책임준비금(혹은 펀드)의 재귀방정식은 다음으로 정의된다. $t=1,2,...,\omega-x-1$에 대하여 $V_0=F(0)$(단, 구입에 따른 사업비는 고려하지 않음) 그리고 V_t는 제t보험연도말 시점에서의 연금수령자 각 개인에 대한 책임준비금(reserve)이라고 할 때, 관계식은 아래와 같다.

- $l_{x+t} \times V_t = l_{x+t-1} \times V_{t-1} \times (1+i) - l_{x+t} \times B$

이를 다시 정리하면,

- $V_t = V_{t-1} \times (1+i) \times (1+\theta_{x+t}) - B$
- $\theta_{x+t} = \dfrac{l_{x+t-1} - l_{x+t}}{l_{x+t}} = \dfrac{d_{x+t-1}}{l_{x+t}}$

여기서 l_{x+t}는 x세에 즉시연금을 구입하여 $x+t$연령에 도달한 연금수령자수(ω는 한계연령을 의미하며 $l_\omega=0$), B는 매년도($t=1,2,...,\omega-x-1$) 말 생존 시에 지급되는 정액 종신연금액, i는 연 예상이율(혹은 적립금 부리이율)을 각각 의미한다.

부연설명하면, t시점에서 생존하는 연금수령자를 위한 준비금 V_t는 i로 부리한 $V_{t-1}(1+i)$에 $V_{t-1}(1+i)\theta_{x+t}$만큼을 더 요구하게 된다. 이 때, $x+t$시점 생존자가 $(t-1,t)$ 기간의 사망자($l_{x+t-1}-l_{x+t}$)로부터 추가적으로 얻는 수익률

(extra-yield) 개념이 θ_{x+t}이며, 이를 연금수리에서 사망률 견인이라고 한다. 이는 먼저 사망한 연금수령자의 몫을 모아서 생존한 연금수령자에게 할당하는 개념이다(즉, $\frac{d_{x+t-1}}{l_{x+t}}$). 다시 말해서 사망률 견인이란 생명연금(유기연금 및 종신연금) 지급방식을 선택하지 않는 경우, 즉 확정연금을 선택한 경우 혹은 펀드 상품에 투자하는 경우에 은퇴자 상호간의 상호부조(mortality cross-subsidy)가 없기 때문에 생명연금에 비해 사망률 견인만큼 상대적으로 더 높은 투자수익률(최소한 매년 θ_{x+t} 만큼)의 보상이 필요하다는 점을 강조하는 개념이다. 종신연금의 책임준비금의 차액으로 구성됨을 알 수 있다. 즉,

- $V_t - V_{t-1} = V_{t-1} \times i + V_{t-1} \times \theta_{x+t} \times (1+i) - B$

실제로 사망률 견인은 저연령대 보다는 고연령대에서, 여성보다는 남성에서 높게 나타난다. 왜냐하면 나이가 많은 사람은 젊은 사람보다 사망할 가능성이 높으며, 여성은 남성보다 평균적으로 수명이 길어서 동일한 연령에서 남성의 사망확률이 높기 때문이다. 예를 들어, 사망률 견인(%/년), 즉시종신연금에 적용되는 예정이율(%/년), 펀드 운용과 관련된 연 사업비율(%/년)이 아래와 같다고 하자. 이 때 55세 퇴직자가 퇴직일시금을 종신연금으로 전환하는 것보다 투자형 펀드를 운영하는 것이 더 효과적이기 위해서는 60세에 종신연금 구입 전까지 각 연령마다 "펀드 최소 요구수익률(%/년)"보다 펀드 수익률이 높아야 한다.

표 3-6 사망률 견인과 펀드 요구수익률

연령	경험생명표상의 사망률 견인	즉시종신연금 적용 (금리연동) 예정이율	펀드 사업비율	펀드 최소 요구수익률
55(퇴직)	1.5%	4.0%	1.0%	6.5%
56	1.6%	4.1%	1.2%	6.9%
57	1.8%	4.3%	1.3%	7.4%
58	1.9%	4.2%	1.6%	7.7%
59	2.1%	4.2%	1.9%	8.2%
60(종신연금 구입)	-	-	-	-

3) 즉시종신연금의 위험보험금(death strain at risk(DSAR), net amount at risk)

지금까지 연금수령자의 관점에서 즉시종신연금의 가치를 평가하였다. 그러나 이러한 상품을 판매하는 생명보험사의 관점에서는 상대적으로 장수리스크에 직면할 개연성이 높다. 보험사는 매 보험기간 마다 정기적으로 사차손익을 산출하여 이를 확인하는 절차를 밟는다. 사차손익 산출 과정을 알아보기 위해, 먼저 (x)인 퇴직자가 적립금 $F(0)$을 납입하고 즉시종신연금을 구입하는 경우를 가정하여 보험사의 책임준비금 재귀방정식을 도출한다. $t=1,2,...,\omega-x-1$(ω는 한계연령)에 대하여, $V_0=F(0)$(단, 구입에 따른 사업비는 고려하지 않음), V_t는 제t보험연도 말 시점의 보험사 책임준비금, B는 매 보험연도 말 시점에 생존하면 지급되는 연금액 그리고 $v=\dfrac{1}{1+i}$, $i>0$ 이다. 제t보험연도 $(t-1,t)$에 적용되는 책임준비금 재귀방정식은 아래와 같이 산출된다.

$$
\begin{aligned}
\bullet\ V_{t-1} &= p_{x+t-1}\times V_t\times v+p_{x+t-1}\times B\times v \\
&= (V_t+B)\times p_{x+t-1}\times v \\
&= (V_t+B)\times v-(V_t+B)\times q_{x+t-1}\times v
\end{aligned}
$$

위 재귀방정식은 생사혼합보험에서 자주 접하는 형태와 다르므로 수리적 의미를 재해석할 필요성이 있다. 이를 요약하면,

① 제t보험연도에 연금수령자가 사망할 경우에 생명보험사가 추가적으로 지불하여야 할 위험보험금(DSAR)은 $-(V_t+B)$로 산출된다. 즉, 종신연금은 생보사가 생존위험을 부담하므로 음의 값을 갖는다.

② 제t보험연도에 연금수령자가 사망할 경우에 생명보험사가 추가적으로 지불할 것으로 예상되는 기대보험금(expected death strain: EDS)은 $-(V_t+B)\times q_{x+t-1}$로 산정된다.

③ 제t보험연도에 연금수령자가 실제로 사망하면 실제지불보험금(actual death strain: ADS)은 $-(V_t+B)$이다(즉, V_t+B 만큼의 이익이 발생한다).

④ 제t보험연도에 연금수령자에 대한 사차이익(mortality profit: MP)은 $MP(t)=EDS(t)-ADS(t)$로 산정된다. 예를 들어, (x)인 은퇴자 l_x명이 각자 퇴직자산 $F(0)$로 즉시연금을 구입한 후 제t보험연도 초에 l^*_{x+t-1}

명이 생존하고 제t보험연도 기간 중에 d^*_{x+t-1}명이 사망한 경우에 제t 보험연도의 사차이익은

- $MP(t) = EDS(t) - ADS(t)$
  $= l^*_{x+t-1} \times [-(V_t + B)] \times q_{x+t-1} - d^*_{x+t-1} \times [-(V_t + B)]$

마지막으로, 제t보험연도 $(t-1, t)$에 적용되는(자연보험료식) 연단위 생존위험보험료(survival risk premium)는 $(V_t + B) \times p_{x+t-1} \times v$ 이다.

5. 톤틴연금 분석(Analysis of Tontine Annuity)

연금수리학 발전에 크게 기여한 역사적 산물인 톤틴연금에 대해 살펴보자. 톤틴연금제도는 이자율 개념과 사망률 개념의 정립 필요성이 제기된 최초의 연금지급방식이다.

1) 개요

프랑스의 절대군주 루이 14세가 오랜 전쟁과 내란으로 어려워진 국가재정을 복원시키기 위해서 이탈리아 나폴리 출신의 은행가 Lorenzo de Tonti(1602~1684)에게 국가재원확충방안을 요청하여 제안된 것이 톤틴연금이며 이러한 제도를 톤틴(연금)제도(tontine scheme)라고 한다. 일종의 국채를 발행하여 톤틴기금을 만들고 1년마다 쿠폰을 지급하는 운영 구조이다. 톤틴제도의 운영 특성을 살펴보면,

첫째, 톤틴제도에 참여하는 투자자를 연령별로 구분한다(처음 톤틴제도 도입 시에는 14그룹으로 분류하고 동일연령대는 각자 동일한 금액을 투자함. 단, 저연령대는 고연령대보다 구입금액이 많음).

둘째, 국가는 각 그룹별로 납입된 총액에 대하여 일정한 톤틴연금재원을 지급한다(처음 톤틴제도 도입 시에 납입총액의 10%를 톤틴연금재원으로 매년 각 그룹에 지급하였음).

셋째, 각 그룹에 지급되는 톤틴연금재원은 그룹 내 생존자들에게만 연도말에 균등하게 지급한다(즉, 그룹별로 수익의 차등은 발생할 수 있지만 오래 생존

할수록 투자수익이 높은 일종의 생존게임으로 평가됨).

다음으로 톤틴제도에서 지급되는 톤틴연금의 수리적 모형을 살펴보기로 한다. 연령 그룹별로 동일한 운영 구조이므로 특정 연령그룹으로 한정하고, 위에서 설명한 제도적 특성을 반영하여 다음과 같이 가정한다.

- 톤틴연금 구매 당시($t=0$)에 (x)인 연금수령자의 총수는 l_x명 그리고 각 연금수령자는 S를 일시금으로 지급한다.
- 판매 당시($t=0$)에 조성된 톤틴기금($TF(0)$)은 매년 이율 i의 이자를 지급한다. 매년 지급되는 이자는 매 연도 말($t=1,2,3,\ldots$) 생존한 연금수령자에게만 균등하게 $P(x+t)$를 지급하며 연금수령자가 모두 사망하면 톤틴제도는 종료된다.

따라서

- 조성된 톤틴기금: $TF(0)=S\times l_x$ 그리고
- 매년 발생하는 이자: $TF(0)\times i$ (단, $i>0$)

그러므로 매년 말($t=1,2,3,\ldots$)에 생존한 연금수령자가 받을 연금액의 현금흐름은 생존할수록 연금액이 증가하는 변동연금이다. 이는 사망자가 생존자에게 자기의 몫을 생존자에게 균등하게 보조(cross subsidy)하는 체증 현금흐름이다. 즉,

- $$P(x+1)=\frac{TF(0)\times i}{l_{x+1}}\le P(x+2)=\frac{TF(0)\times i}{l_{x+2}}\le P(x+3)=\frac{TF(0)\times i}{l_{x+3}}\le\ldots$$

상기 톤틴제도는 신규가입자의 유입이 없는 폐쇄형연금제도이므로 제도의 지속가능성을 예측할 수 있다. 톤틴제도의 지속가능기간(duration)을 나타내는 확률변수를 $D(t)$라고 하면,

- $$D(t)=Max\left\{T_1(x+t),\ T_2(x+t),\ \ldots,\ T_{l_{x+t}}(x+t)\right\},\quad \forall\, t=0,1,2,\ldots$$

여기서 $T_n(x+t)$는 $(x+t)$인 n번째 연금수령자의 장래생존기간을 나타내는 확률변수이다(random future lifetime of n-th annuitant). 특히 $D(0)$는 제도 도입 시점에서 예상되는 제도의 듀레이션을 나타내는 확률변수이다.

한편, 톤틴제도에서 연금이 지급되는 기간(年)은 아래와 같이 정의됨을 알 수 있다.

- $[D(t)] = D^*(t) = Max\{K_1(x+t),\ K_2(x+t),\ \ldots,\ K_{l_{x+t}}(x+t)\},$
  $\forall\ t = 0, 1, 2, \ldots$

여기서 $[.]$는 가우스기호를 나타내며, $K_n(x+t)$는 $(x+t)$인 n번째 연금수령자의 개산여명을 나타내는 확률변수이다(random curtate future lifetime of n-th annuitant).

상기와 같은 특성을 갖는 톤틴연금의 수익 구조를 파악하기 위하여 두 가지 관점에서 수지상등의 원칙을 적용해야 한다. 개인의 수지상등의 원칙 관점과 집단 전체의 수지상등의 원칙을 각각 구분하여 판매자가 유리한지 혹은 구매자가 유리한지 여부를 파악한다.

2) 개인별 수지상등의 원칙

구매시점$(t=0)$에서 (x)인 연금수령자가 S를 납입하고 기말급 즉시종신연금을 구매하면 수지상등의 원칙에 의해 생존 시에 수령하는 연금액 P는 정액연금이며 아래와 같이 산출된다. 즉,

- $P = \dfrac{S}{E\left(a_{\overline{K(x)}|}\right)} = \dfrac{S}{a_x}$

한편, 톤틴제도에서 매 연도 말 생존시에 수령하는 변동연금의 연금액은 아래와 같이 표현된다.

- $P(x+t) = \dfrac{TF(0)\times i}{l_{x+t}} = \dfrac{S\times l_x \times i}{l_{x+t}} = \dfrac{S}{{}_tp_x \times a_{\overline{\infty}|}} \quad \left(< \dfrac{S}{{}_tp_x \times a_{\overline{\omega-x}|}}\right)$

여기서 ω는 톤틴연금제도에 참여한 집단의 한계연령을 나타낸다.

상기 "P $vs.$ $P(x+t)$"의 대소에 의해 유·불리 여부를 판단하게 된다. 이

는 "$a_x \ vs. \ {}_tp_x \times a_{\overline{\infty|}}$" 간의 대소에 의해 결정됨을 확인할 수 있다. 톤틴연금제도에 가입한 집단의 생존율 $\{p_x\}$와 할인율의 크기에 따라 대소는 차이가 발생한다. 우선, 이들 각각의 수리적 정의는 다음과 같다.

- $$a_x = p_x \times v + {}_2p_x \times v^2 + _{\dots} + {}_tp_x \times v^t + {}_{t+1}p_x \times v^{t+1} + \dots + {}_{\omega-x}p_x \times v^{\omega-x}$$

$${}_tp_x \times a_{\overline{\omega-x|}} = {}_tp_x \times v + {}_tp_x \times v^2 + _{\dots} + {}_tp_x \times v^t + {}_tp_x \times v^{t+1} + \dots + {}_tp_x \times v^{\omega-x}$$

$${}_tp_x \times a_{\overline{\infty|}} = {}_tp_x \times v + {}_tp_x \times v^2 + _{\dots} + {}_tp_x \times v^t + {}_tp_x \times v^{t+1} + \dots$$

따라서 ${}_tp_x \times a_{\overline{\infty|}} \cong a_x$를 만족하는 $t = t^*$에 대하여

$$\Rightarrow \begin{cases} {}_tp_x \times a_{\overline{\infty|}} > a_x, & \text{if } t = 1, 2, \dots, t^* - 1 \\ {}_tp_x \times a_{\overline{\infty|}} \cong a_x, & \text{if } t = t^* \\ {}_tp_x \times a_{\overline{\infty|}} < a_x, & \text{if } t = t^* + 1, t^* + 2, \dots, \omega - x \end{cases}$$

상기 식을 적용하면 작은 t값에 대해서는, 예를 들어 t^*보다 작은 값에 대해서, 항상 다음 부등식이 성립함을 알 수 있다. 즉,

- $$P(x+t) = \frac{S}{{}_tp_x \times a_{\overline{\infty|}}} < P = \frac{S}{a_x}, \ \forall \ t = 1, 2, \dots, t^* - 1$$

$$P(x+t) = \frac{S}{{}_tp_x \times a_{\overline{\infty|}}} \cong P = \frac{S}{a_x}, \ \forall \ t = t^*$$

$$P(x+t) = \frac{S}{{}_tp_x \times a_{\overline{\infty|}}} > P = \frac{S}{a_x}, \ \forall \ t = t^* + 1, t^* + 2, \omega - x$$

개인별로 수지상등의 원칙을 적용하여 계리적 관점에서 분석하면 연금수령자는 초기 단계에는 불리하고 장수할수록 더욱 더 유리함을 알 수 있다. 이는 톤틴연금의 급여설계가 조기사망자가 잔존하는 생존자들에게 자신의 몫을 전부 분배하는 상호공제효과(mutuality effects)에 근거하여 이루어졌음을 의미한다. 다음은 집단 전체에 대하여 수지상등의 원칙을 적용할 경우에 대해 살펴보기로 한다.

3) 그룹 전체에 대한 수지상등의 원칙

구매시점($t=0$)에서 (x)인 연금수령자 전체(tontine group)가 $TF(0)=S\times l_x$를 납입하고 기말급 즉시종신연금을 구매하면 수지상등의 원칙에 의해 매년말 생존 시에 수령하는 기말급 연금액은 아래와 같이 산출되는 정액연금이다. 즉,

- $\dfrac{TF(0)}{E\left(a_{\overline{K(x)|}}\right)} \ \left(=\dfrac{TF(0)}{a_x}\right)$

그러나 톤틴연금에서 매년 생존한 연금수령자 전체에 대하여 지불하는 연금액 또한 정액연금이지만 그 연금액은 이미 설명한 바와 같이 아래와 같다. 즉,

- $TF(0)\times i \ \left(=\dfrac{TF(0)}{a_{\overline{\infty|}}}\right)$

따라서 매년 동일한 이율 $i(>0)$가 적용된다면, 상기 두 식의 대소 관계는 아래와 같이 명확하게 나타낼 수 있다.

- $\dfrac{TF(0)}{a_{\overline{\infty|}}} < \dfrac{TF(0)}{a_{\overline{\omega-x|}}} < \dfrac{TF(0)}{a_x} \quad (\because a_x < a_{\overline{\omega-x|}} < a_{\overline{\infty|}})$

결론적으로, 톤틴제도는 톤틴그룹 전체에 대하여 수지 불균형 관계가 이루어지고 판매자에게 절대적으로 유리하게 설계된 연금제도임을 알 수 있다. 이러한 이유로 프랑스, 영국, 네덜란드 등 유럽에서 국가재원조달 방법으로 널리 채택되었으나, 20세기에 접어들면서 과학적 합리성 결핍, 가입자를 대상으로 하는 살인 등의 도덕적 문제로 불법화되었다. 역사적으로 톤틴연금은 사망률에 따라 연금수령액이 변동한다는 점에서 최근 신파생금융상품으로 분류되는 장수채권(longevity bond)의 기본 골격을 제공한 것으로 높이 평가되고 있다.

다음의 연금소득프로그램은 최근 영미 등 서구에서 은퇴자들의 관심을 모으고 있는 연금지급방식으로 연금수령자의 자유로운 자산운용, 인출액의 변동, 인출시점의 자유설계 등이 일부 혹은 상당부분 허용되는 새로운 형식의

노후소득 설계방식이다.

Ⅳ 연금소득 프로그램(Income Programmes)

연금소득 프로그램은 전통적인 연금구매 행위에 대한 대안적 연금지급방법이며, 연금을 구입하는 경우에 연금수령자가 직면하게 되는 다음과 같은 리스크에 대처하기 위해 도입되었다. 첫째로, 이자율 리스크가 있다. 이는 연금제공 금융기관이 저금리를 이유로 낮은 예상이율을 제시할 경우에 수령하는 연금액이 줄어들 가능성을 말한다. 다음으로는 인플레이션 리스크가 있다. 이는 수령할 정액연금액의 실질가치가 물가상승으로 인해 하락함으로써 은퇴 생활비가 부족해질 가능성을 말한다. 일반적으로 위험회피성향이 강할수록 종신연금을 구매함으로써 개인의 장수리스크에 대처하는 성향이 강하다. 반면 위험회피성향이 약할수록 공격적인 투자를 통하여 이자율 리스크와 인플레이션 리스크에 대처하려는 성향이 강하다. 여기서 다룰 내용은 후자의 경우로서 실무적으로 활용성이 높은 연금소득 프로그램을 중심으로 살펴보기로 한다.

1. 정액소득형(Fixed-income Programme)

퇴직시점 $t=0$에서 (x)인 피보험자(연금수령자)가 은퇴자산 $F(0)$를 연금제공기관이 제공하는 실적투자펀드(은퇴자의 위험선호도에 따라 다양한 투자펀드가 제공됨)에 투자하고, 약정한 일정기간(n년)에 매년 일정액을 수령한다. 그리고 약정한 기간이 경과하는 시점에 잔여기금으로 종신연금을 구매하는 프로그램을 말한다. 이는 일종의 두 단계로 연금소득이 설계되는 구조이며, 수리 모형은 다음과 같다.

〈제1단계〉

: 약정된 n기간 $t=0,1,2,...,n-1$에 대하여 일정액을 연금소득으로 수령하고 그 나머지를 자산 운용하는 은퇴소득설계 단계이다.

- $P_1(t) = \dfrac{F(0)}{\ddot{a}_x}$, $t = 0, 1, 2, ..., n-1$

: $P_1(t)$ 에 해당하는 정액연금액을 생존 시(n기간에 한함)에 연금소득으로 수령한다.

다음으로 투자된 펀드 성장 모형은 아래와 같다.

- $F(t+1) = (1 + i_{t+1}) \times (F(t) - P_1(t) + B(t))$

: $(t, t+1)$기간에 대하여, 기시 잔여 기금 $F(t)$에서 기시 유출액 $P_1(t)$, 기시 유입액 $B(t)$ 그리고 펀드수익률(i_{t+1})에 의해 $F(t+1)$는 결정된다(필요에 따라 최저 보증이율 옵션을 부여할 수 있음). $B(t)$는 사전에 약정된 사차배당액(mortality bonus)으로 기시 시점의 적립금에 비례하여 지급함이 일반적이다. 따라서 $B(t) = \dfrac{q_{x+t-1}}{p_{x+t-1}} \times (F(t) - P_1(t))$. 물론 사차배당 약정을 하지 않은 경우는 $B(t) = 0, \ \forall \ t$ 이다. 사차배당 여부는 잔여 펀드의 상속 여부와 연관된다. 사차배당을 약정한 경우는 n기간 중에 사망하면 잔여 기금은 금융기관으로 귀속되며, 그러하지 않은 경우는 유족에게 상속된다.

〈제2단계〉

: 약정된 n기간이 경과 시점($t = n$)에 생존한 경우에 잔여 기금으로 종신연금을 구입하는 은퇴소득설계 단계이다.

- $P_2(t) = \dfrac{F(n)}{\ddot{a}_{x+n}}$, $t = n, n+1, n+2, ...$

: $P_2(t)$에 해당하는 정액연금액을 생존 시에 매년 수령하게 된다.

이상에서 살펴본 바와 같이, 제1단계에서의 은퇴자산규모($F(0)$), 자산운용실적(i_{t+1}) 그리고 설정기간(n)에 의해 종신연금 전환자산의 규모가 주로 결정된다. 연금수리적 최종 관심사는 설정기간에 초점을 두고 있다. 이에 대한 주요 학문적 결과로 Milevsky(1998) 그리고 Black(2006)을 언급할 수 있으며 그들은 은퇴자의 위험 회피 성향이 아주 낮을 경우 65세에 은퇴한다면 종신연금으로 전환하는 최적의 연령을 각각 81세, 80세로 산출하였다. 즉, 이는 은퇴 이후 약 15년 이후에 종신연금으로 전환하고 그 이전에는 자산운용을 통하여 종신연금 전환기금을 증대할 필요성이 있음을 시사한다. 이는 금융권의 연금상품이 획일적으로 제공하는 소극적 연금소득(passive income)보다는 일정수준의 투자위험을 감내하고 적극적 연금소득(active income)을 설계하려는 연금수령자에게 적합하다. 물론 연금수령자가 투자에 대한 위험성향과 은퇴시점의 경제상황 등을 고려하여 판단할 문제지만, 근본적으로 은퇴전문가의 컨설팅이 필요하다. 이상의 논의를 도식화하면 [그림 3-8]과 같다.

그림 3-8 정액소득형 현금흐름

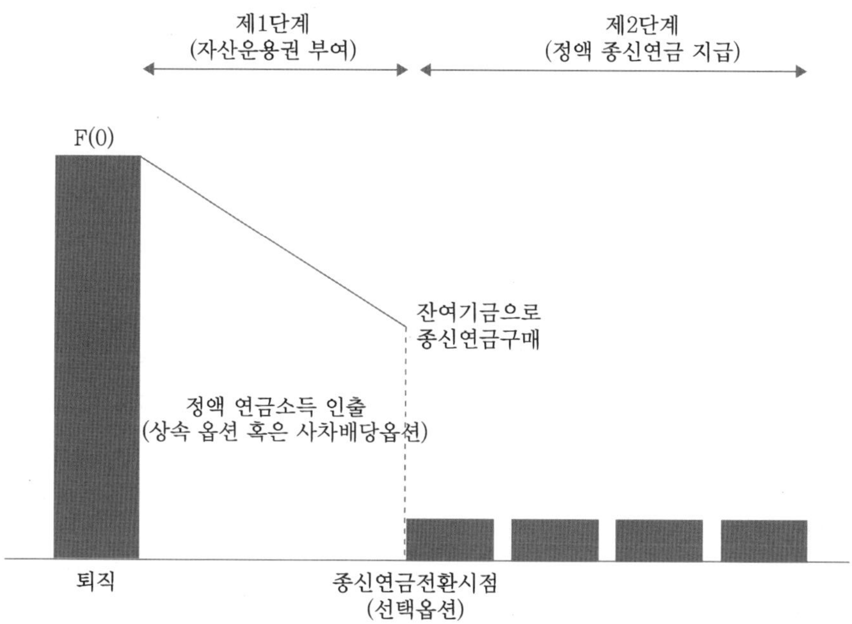

2. 유연소득형(Flexible-income Programme)

위에서 살펴본 '정액소득형'은 투자수익의 하락으로 종신연금전환시점에 기금이 고갈될 가능성이 있다. 이러한 단점을 보완하기 위해 개발된 '유연소득형'은 정액소득형에서 제시된 $P_1(t), F(t)$가 모두 양의 값을 갖도록 설계되었다. 나머지는 '정액소득형'과 동일한 구조로 운영된다. 수리 모형은 다음과 같다.

〈제1단계〉

: 약정된 n기간 $t=0,1,2,...,n-1$에 대하여, 매 기간마다 재산정된 변동연금을 수령하고 그 나머지를 자산 운용하는 소득설계 단계이다. 즉,

- $P_1(t)=\dfrac{F(t)}{\ddot{a}_{x+t}}$, $t=0,1,2,...,n-1$

: $P_1(t)$ 에 해당하는 변동연금액을 생존 시에(n기긴에 한힘) 연금소득으로 수령한다.

다음으로 펀드 성장 모형은 $\forall t, P_1(t)>0$ 및 $F(t)>0$ 을 상당 수준 이상으로 보증할 수 있는 아래의 투자전략을 적용하는 것 이외에는 정액소득형과 차별성이 없다.

- $F(t+1)=(1+i_{t+1})\times\left(F(t)-P_1(t)+B(t)\right)$

: $(t,t+1)$ 기간의 펀드수익률(i_{t+1})은 무위험자산 투자비율($0<\theta<1$) 및 투자수익률(rf) 그리고 위험자산 투자비율($1-\theta$) 및 투자수익률(r_{t+1})에 의해 결정되는 포트폴리오전략을 적용한다. 즉, $i_{t+1}=\theta\times rf+(1-\theta)\times r_{t+1}$.

〈제2단계〉

: 약정된 n기간의 경과 시점($t=n$)에 생존하면 잔여 기금으로 종신연금을 구입하며 이는 정액소득형과 동일하다.

- $P_2(t)=\dfrac{F(n)}{\ddot{a}_{x+n}}$

: $P_2(t)$에 해당하는 정액연금액을 생존 시에 수령하는 종신연금을 구매한 결과이다.

3. 거치유연소득형(Flexible-income Programme with a deferred annuity)

위에서 살펴본 '정액소득형' 그리고 '유연소득형'은 모두 제2단계에서 필요한 연금액을 확보할 수 없을 가능성이 있다. 이들은 종신연금을 통하여 잔여 생애에 발생할 수 있는 장수리스크를 헤지하려는 은퇴자들의 니즈를 충분히 반영하고 있지 못하다. 거치유연소득형은 이러한 단점을 보완하기 위해 개발된 연금설계이다. 퇴직시점 $t=0$ 에서 (x) 인 피보험자(연금수령자)의 은퇴자산 $F(0)$ 의 일부를 납입하여 거치종신연금(즉, 고연령 거치 종신연금)을 구매하고, 잔여자산은 거치기간에 자유롭게 모두 인출한다. 수리 모형은 다음과 같다.

〈제1단계〉

: 거치기간 n을 설정하고 거치종신연금을 먼저 구매한다. 순차적으로 설명하면,

- $DP=\dfrac{F(0)}{\ddot{a}_x}$

: 거치기간 n 이후에 매 기간마다 생존할 경우 지급되는 정액 거치연금액(deferred pension: DP)을 나타낸다.

- $F(0)-DP\times {}_{n|}\ddot{a}_x$

: $t=0$ 시점에서 거치종신연금 구입금액($DP\times {}_{n|}\ddot{a}_x$) 지급 이후의 잔여기금을 의미한다.

- $P(0)=\dfrac{F(0)-DP\times {}_{n|}\ddot{a}_x}{\ddot{a}_{x:\overline{n|}}}$

: 제1거치기간 $(0,1)$ 초($t=0$)에 지급될 연금소득을 말한다.

- $F(1)=(1+i_1)\times\left(F(0)-DP\times {}_{n|}\ddot{a}_x-P(0)+B(0)\right)$

: 제1거치기간 $(0,1)$의 투자수익률(i_1), 사차배당 계약을 약정하지 않은 경우$(B(0)=0)$이고 약정한 경우$\left(B(0)=\dfrac{q_x}{p_x}\times\left(F(0)-DP\times {}_{n|}\ddot{a}_x-P(0)\right)\right)$로서 제1거치기간 말의 잔여기금을 나타낸다. 상기의 정액형, 유연형과 동일하게 사차배당을 약정한 경우는 제1거치기간 중에 사망하면 잔여기금은 금융기관으로 귀속되며, 그렇지 않은 경우는 유족에게 상속된다.

〈제2단계〉

: 제1거치기간 이후의 잔여 거치기간 $t=1,2,...,n-1$에 대해서는 거치기간 만료시점에 잔여기금이 완전히 소멸되도록 설계하는 것이다. 현금흐름을 $t=1,2,...,n-1$에 대하여 순차적으로 설명하기로 한다.

- $P(t)=\dfrac{F(t)}{\ddot{a}_{x+t:\overline{n-t|}}}$

: 제t거치기간 $(t,t+1)$ 초에 지급되는 변동연금액이며 마지막 거치기간 $(n-1,n)$ 초에 지급될 연금액은 잔여기금 $P(n-1)=\dfrac{F(n-1)}{\ddot{a}_{x+n-1:\overline{1|}}}=F(n-1)$임을 쉽게 확인할 수 있다.

- $F(t+1)=(1+i_{t+1})\times(F(t)-P(t)+B(t))$

: 거치기간에 걸쳐 성장하는 잔여기금 재귀모형(recursive equation of remaining fund)으로서 사차배당을 약정한 경우$\left(B(t)=\dfrac{q_{x+t-1}}{p_{x+t-1}}\times(F(t)-P(t))\right)$이며, 이 때 사망하면 잔여기금은 금융기관으로 귀속되고, 그러하지 않은 경우$(B(t)=0,\ \forall t)$는 유족에게 상속된다. 따라서 거치기간 만료시점 $t=n$에서의 잔여기금은 $F(n)=0$ 임을 쉽게 확인 할 수 있다(왜냐하면, $F(n-1)=P(n-1)$이기 때문임). 거치기간에 행해지는 자산운용은 이를 위해 개발된 특정 펀드를 활용하는 적극적 자산운용도 가능하며, 필요에 따라서는 금융기관의 자산운용수익률에 연동하는 소극적 자산운용도 권고된다.

이상의 논의를 간략히 도식화하면 [그림 3-9]로 요약된다.

그림 3-9 거치유연소득형 현금흐름

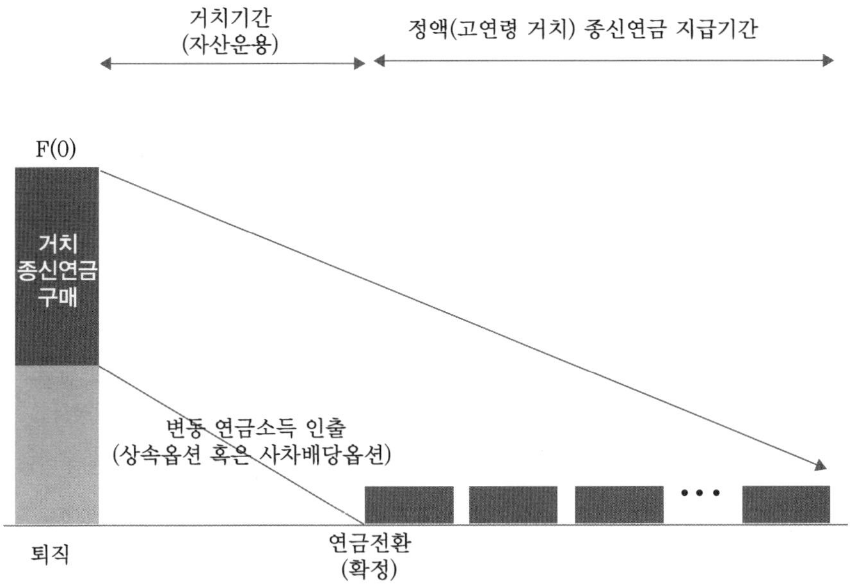

이상에서 살펴본 바와 같이 다양한 연금화 전략을 구사하여 노후소득보장(retirement income security)을 설계할 수 있다. 위의 모든 논의는 금융기관이 제공하는 연금상품을 활용한다는 공통점이 있다. 하지만 연금상품을 구입하여 연금을 수령하게 되면 긴급자금이 필요한 경우에 계약을 해지할 수 없는 유동성 문제가 발생한다. 또한 시장금리가 상승하는 경우에는 확정금리로 구매한 연금상품은 기회비용의 문제가 발생한다. 이러한 문제점들을 상당 수준 해소할 수 있는 대안적 연금설계가 바로 프로그램 인출방식이다.

4. 프로그램 인출방식(Programmed Income Withdrawals)

1) 개요

지금까지 다루었던 정액형 혹은 변동형 지급방식은 공통적으로 금융기관과의 부합계약에 의해 연금소득이 창출되는 구조였다. 그러나 프로그램 인출방식은 이들보다 상당부분 은퇴자의 재무행위를 반영하고 있는 새로이 등장

그림 3-10 은퇴소득설계(Retirement Income Design) 패러다임 변화

한 인출방식이다([그림 3-10] 참조). 특히, 은퇴 이후의 생활비를 개인의 상황에 따라 자유롭게 설계할 수 있으며 자산운용 또한 개인의 투자 성향에 따라 자유롭게 선택할 수 있다. 이는 금융기관을 통한 연금지급방식과 더불어 정부기관에 의해 권고되는 지급방식이며, 금융기관은 단지 이를 운영 관리하는 역할을 수행하게 된다. 물론 장기 저금리 기조에 대응하는 소비자의 재무행위를 반영하기 위해 도입되었지만, 궁극적으로는 퇴직일시금이 은퇴 이후 생활자금으로 사용되지 않고 상속자산 혹은 투기자산으로 전용되는 것을 막기 위해서 최소한의 인출 규칙을 적용하는 방식으로 그 역할을 하고 있다.

실제로 1980년대 이후 미국, 칠레, 영국, 호주 등에서 연금구입의 변동성과 불확실성을 줄이기 위한 방안으로 도입되었다. 대부분의 프로그램 인출방식은 매월 인출 금액의 최대한도를 설정하며, 인출한도는 일반적으로 잔여자산과 퇴직자의 평균적인 기대여명의 함수로 설계된다. 일시금 지급방식에 비해 일정한 제한을 가하는 방식이지만, 종신연금 지급방식에 비해서는 제한이 상당부분 완화된 방법이다. 인출 이후 잔여 자산을 어떻게 투자하는가는 노후소득보장의 지속가능성 여부를 결정하는 중요한 결정요소가 된다. 은퇴 이후 퇴직자산이 계속적으로 연기금 펀드 등에 투자되고 일정액이 인출되기 때문에 연금제공 금융기관의 예상이율보다 높은 투자수익을 실현할 가능성이 높다. 반면에 퇴직자가 생존해 있으면 퇴직자산이 소진될 수 있어(즉, 종신연금이 아니므로) 장수리스크에 노출될 개연성이 상존한다. 일반적으로 인출금액의 변동성 여부에 따라 정액인출방식과 변동인출방식으로 구분된다. 여기서 변동인출방식은 다시 정률인출방식, 최종연령인출방식, 기대여명인출방식, 할당인출방식, 자유인출방식 등으로 구분된다.

2) 정액인출방식(Fixed Benefit)

가입시점($t=0$)에서 퇴직자산($F(0)$)에 대하여 은퇴자가 설정한 일정한 금액(B)을 기시에 정기적으로 인출하고 그 잔여 기금은 은퇴자가 결정한 투자자산의 운용성과(i_{t+1})에 의해 증감하게 된다. 은퇴자는 기금이 소진될 때까지 인출하지만 기대여명의 증가와 투자 수익률 하락 등으로 장수리스크에 직면할 개연성이 높다. 반면에 조기사망 시에 잔여자산이 있으면 유가족에게 상속되는 장점이 있다. 수리모형은 아래와 같다. $\forall\, t=0,1,2,\ldots$에 대하여,

- $B(t) = \min\{B, F(t)\}$

$$F(t+1) = \begin{cases} (1+i_{t+1}) \times [F(t) - B(t)] & , \ F(t) > B(t) \\ 0 & , \ F(t) \le B(t) \end{cases}$$

3) 정률인출방식(Fixed-percentage Benefit)

가입시점($t=0$)에서 은퇴자가 정기적으로 잔여기금($F(t)$)에 대하여 일정 비율(θ)을 인출하는 대표적인 변동인출방식이다. 기시에 정기적으로 인출하고 그 잔여 기금은 은퇴자가 결정한 투자자산의 운용성과(i_{t+1})에 의해 증감하게 된다. 투자실적에 따라 인출액이 변동될 수 있지만 일반적으로 인출액은 시간이 경과함에 따라 체감하는 형태를 취한다(물론, 잔여기금이 일정수준 이하이면 전액 인출하게 됨). 이 또한 정액방식처럼 장수리스크에 직면할 개연성이 높지만 조기 사망 시에 잔여기금은 유족에게 상속된다. 수리모형은 아래와 같다. $\forall\, t=0,1,2,\ldots$에 대하여,

- $B(t) = \theta_t \times F(t)$

$$F(t+1)=(1+i_{t+1})\times[F(t)-B(t)]=(1+i_{t+1})\times(1-\theta)\times F(t)$$

4) 최종연령인출방식(Limiting-age Benefit)

은퇴자가 생존 가능한 최대 기간을 반영하여 인출비율을 결정한다. 일반적으로(국민생명표, 경험생명표 등) 특정생명표의 한계연령을 최대 생존 기간으로 설정할 수 있다. 기시에 정기적으로 인출하고 그 잔여 기금은 은퇴자가 결정한 투자자산의 운용성과(i_{t+1})에 의해 증감하게 된다. 가입시점($t=0$)에서 (x)인 은퇴자의 한계연령이 ω세인 경우 최대생존가능연령은 $\omega-1$세이다. 따라서 인출비율은 가입시점($t=0$)에서 $F(0)$에 대하여 $\frac{1}{\omega-x-0}$, $x+1$세가 되는 $t=1$시점에서 $F(1)$에 대하여 $\frac{1}{\omega-x-1}$ 그리고 최대생존가능연령 $\omega-1$세가되는 $t=\omega-x-1$시점에서 $F(\omega-x-1)$가 모두(즉, 인출비율 100%) 지급되도록 설계된다. 즉, 인출비율은 생존 할수록 체증하는 구조이다. 물론 조기 사망시에 잔여기금은 모두 유족에게 상속되는 점은 위의 방식들과 동일하다. 수리모형은 아래와 같다. $\forall\, t=0,1,2,...,\omega-x-1$에 대하여,

- $B(t)=\dfrac{1}{\omega-(x+t)}\times F(t)=\theta_t\times F(t)$

  $F(t+1)=(1+i_{t+1})\times[F(t)-B(t)]=(1+i_{t+1})\times(1-\theta_t)\times F(t)$

한편, 위의 인출방식에 확정연금현가 개념을 적용하는 방식이 실무적으로 적용되기도 한다. 즉, $\forall\, t=0,1,2,...,\omega-x-1$에 대하여

- $B(t)=\dfrac{1}{\ddot{a}_{\overline{\omega-(x+t)|}}}\times F(t)=\lambda_t\times F(t)$

  $F(t+1)=(1+i_{t+1})\times[F(t)-B(t)]=(1+i_{t+1})\times(1-\lambda_t)\times F(t)$

여기서 확정연금현가를 산정할 때 적용되는 예상이율은 일반적으로 금융기관의 일정기간(예: 3년) 동안의 평균투자수익률이다.

5) 기대여명인출방식(Life-expectancy Benefit)

최종연령방식과 유사한 방식이지만, 연금수리적 합리성이 보완된 변동인출방식이며, 최근에 그 활용성이 높아지고 있다. 인출비율은 정기적인 인출시

점에서 은퇴자의 도달연령(attained age)에 대한 기대여명의 역수로 결정한다. 여기에서 기대여명은 특정 생명표 상에서 향후 생존할 것으로 예상되는 확률론적 생존기간으로서 $E[T(x+t)]$로 정의되고 $E[T(\omega-1)]\cong 0.5$ 이다. 즉, 가입시점($t=0$)에서 (x)인 은퇴자의 생존기간이 길어질수록 인출비율이 높아지며 조기 사망 시에 잔여기금은 상속재산으로 전환되는 구조이다. 기시에 정기적으로 인출되면 그 잔여 기금은 은퇴자가 결정한 투자자산의 운용성과(i_{t+1})에 의해 증감하게 된다. 실제로 미국의 국세청은 401(k)제도에서 퇴직자산이 상속 재원으로 활용되는 것을 막기 위하여 기대여명방식을 프로그램 인출방식의 기본지급방식(default option)으로 채택하고 있다. 수리모형은 아래와 같다. $\forall\, t=0,1,2,\ldots,\omega-x-1$에 대하여,

- $B(t) = \dfrac{1}{E[T(x+t)]}\times F(t) = \theta_t \times F(t)$
- $F(t+1) = (1+i_{t+1})\times[F(t)-B(t)] = (1+i_{t+1})\times(1-\theta_t)\times F(t)$

한편, 위의 인출방식에 확정연금현가 개념을 적용하는 방식이 실무적으로 응용되기도 한다. 즉, $\forall\, t=0,1,2,\ldots,\omega-x-1$에 대하여

- $B(t) = \dfrac{1}{\ddot{a}_{\overline{E(T(x+t))}|}}\times F(t) = \lambda_t \times F(t)$
- $F(t+1) = (1+i_{t+1})\times[F(t)-B(t)] = (1+i_{t+1})\times(1-\lambda_t)\times F(t)$

단, $E(T(x+t))$의 값이 실수 값이면 $\ddot{a}_{\overline{E(T(x+t))}|}$는 직선보간법을 적용하여 산출하며, 확정연금현가를 산정할 때 예상이율은 금융기관의 일정기간(예: 3년) 평균투자수익률을 일반적으로 적용한다.

6) 할당인출방식(Allocated Benefit)

가입시점($t=0$)이 (x)인 은퇴자의 퇴직자산($F(0)$)에 대하여 정기적으로 인출할 수 있는 최저인출비율을 연령별로 차등 적용하는 변동인출방식으로서, 은퇴자의 개별 계좌 적립금(individual account balance)을 활용한다는 점을 강조하여 계좌인출방식(account based pension)이라고도 한다. 일반적으로 아래와 같이 연령대별로 최소인출비율을 차등 적용하며, 은퇴 소득흐름의 불균형

연금수령자 연령[15]	연령대별 최소연금인출비율(θ_j)[16]
$x \sim x+n-1$	θ_1
$x+n \sim x+2n-1$	θ_2
$x+2n \sim x+3n-1$	θ_3
$x+3n \sim x+4n-1$	θ_4
⋮	⋮

을 해소할 필요가 있을 경우에는 연령대별로 인출비율을 조정하게 된다.

실제로 이러한 인출방식은 호주 정부에서 은퇴자의 재무행위를 반영하고 아울러 퇴직자산의 연금화를 유도하기 위하여 1992년에 호주 정부에 의해 최초 도입된 연금지급방법(pension arrangement)이다. 이는 슈퍼애뉴에이션펀드[17]에서 제공되는 프로그램 인출방식이다(운영 내용은 동일하지만 생명보험사에서 제공되는 상품은 pension 대신에 annuity라는 표현을 사용함). 호주 정부가 매 회계연도마다 연금수령자의 연령별로 연간 최소연금인출비율을 공시하면 당해 회계연도 이내에 연금수령자는 반드시 (당해 연도 중에 인출 횟수와 인출금액에 제한이 없지만) 최소한도($\theta_j \times F(t)$) 이상을 인출해야 한다(단, 적립금 전액 인출도 가능하며, 인출 이후에 미사용한 인출액은 다시 환입도 가능함). 60세 이후 인출금액 및 투자수익에 대해서는 전액 비과세 혜택을 부여하고 있다(다음의 국가별 연금과세체계 참조). 인출의 최대한도는 없으며, 인출 이후의 잔여 기금은 은퇴자가 선택한 투자자산의 운용성과에 의해 증감하게 된다. 인출은 연금수령자가 사망할 때까지 또는 재원이 고갈될 때까지 계속적으로 이루어지게 되며, 사망 시에 잔여기금은 상속되거나 혹은 기존의 최소연금인출비율을 그대로 특정 상속인에게 지급(reversionary income)할 수 있다.

15) 특정 시점을 기준으로 연금수령자의 만 연령을 적용한다(호주 정부는 매년 7월 1일을 기준으로 만 연령을 산출하며, 10세 군단별($n=10$) 그리고 연금수령가능연령은 $x=55$세임).

16) 일반적으로 $\theta_1 < \theta_2 < \theta_3 < \dots$ 관계가 적용된다(호주의 경우 연령대별로 0.5% 차이를 두고 있음).

17) 현재 호주의 연금제도는 국민연금과 퇴직연금이 합쳐진 법정 확정기여형제도로서 임금 대비 일정 %의 법정기여율이 규정되어 있으며 해당 사용자는 법정기여율 이상을 기여할 의무가 있다. 이를 슈퍼애뉴에이션보증제도(Superannuation Guarantee)라고 하며, 이를 통해 가입자별로 형성된 연기금(individual provident fund)들로 구성되는 거대 공적 연기금을 말한다.

〈OECD 국가별 사적연금 과세체계〉

국가가 인정하는 적격 사적연금제도(퇴직연금, 연금저축 등)에 대해서 나라별로 과세하는 체계는 크게 아래의 7가지 유형으로 분류된다. 예를 들어,

- EET System

: 부담금(보험료)납입단계(면세, Exempt), 운용단계(면세, Exempt), 연금수령단계(과세, Taxed)을 각각 의미한다.

납입단계	→	운용단계	→	급여단계	연금과세체계
Exempt		Exempt		Taxed	EET: 한국, 미국, 영국, 독일
Taxed		Taxed		Exempt	TTE: 뉴질랜드, 호주
Taxed		Exempt		Taxed	TET: 프랑스, 벨기에
Taxed		Exempt		Exempt	TEE: 체코, 멕시코
Exempt		Taxed		Taxed	ETT: 일본, 스웨덴
Exempt		Exempt		Exempt	EEE: 슬로바키아
Taxed		Taxed		Taxed	TTT: 헝가리

주) 우리나라는 EET System이었지만, 소득세법 개정(2014.12.02, 국회 통과)으로 2015년부터 납입보험료에 대해 소득공제에서 세액공제로 변경하였으므로 엄밀한 의미에서는 "TET 체계"로 분류할 수도 있다.

7) 자유인출방식(Drawdown Pensions)

1990년대 중반 이후 전개되어 온 저금리 기조가 더욱 확산되면서 전통적 종신연금 전환방식에 대한 은퇴자의 불만을 해소하고, 아울러 은퇴자의 재무행위를 반영한 지급방식으로 현재 영국에서 적용되고 있다. 또한 자유인출방식은 세제혜택을 받은 적격 확정기여형(approved DC)에 대해 적용되는 인출방식이며, 인출 이후의 잔여기금에 대하여는 은퇴자의 자산운용 지시권을 인정하고 있다. 이에 대한 역사적 변천사를 간단히 소개하기로 한다.

- 「Finance Act 1956」에서 은퇴자의 퇴직자산은 모두 종신연금으로 전환할 것을 규정하였다. 1990년대 이후 명목금리가 하락하면서 퇴직자산을 종신연금화하는 것에 대한 은퇴자의 불만이 증가하여 「Finance Act 1995」에서 퇴직자산의 25% 이내에서 일시금으로 수령할 수 있도록 허용하고 잔여 퇴직자산은 만 50세(2010년부터 만 55세로 상향됨)에서 만 75세 이전에 종신연금으로 전환하도록 규정하였다. 전환 이전에는 영국정

부계리국(Government Actuaries Department: GAD)이 매 5년마다 정기적으로 제공하는 연령별, 성별 연간 표준인출액 대비 35%~100% 수준을 자유로이 인출(income withdrawal)하도록 허용하였다.

- 「Finance Act 2004」에서 만 75세 연령 제한을 폐지하는 대신에 만 74세까지는 (연령별, 성별)표준인출액 대비 0%~120% 그리고 만 75세부터는 (연령, 성별 구분없는) 단일 표준인출액 대비 0%~70%까지 자유로이 필요에 따라 인출하도록 허용하였다.
- 「Finance Act 2011」에서 영국의 프로그램 인출방식을 「Drawdown Pensions」으로 명명하고, Capped Drawdown, Flexible Drawdown 두 가지로 분리하였다. 두 상품은 인출한도 및 최대인출가능금액 등이 상이하다.
- 가장 최근의 개정은 2015년에 이루어진 것으로서, 기존의 Capped Drawdown과 Flexible Drawdown을 Flexi-access Drawdown으로 통

그림 3-11 자유인출방식의 구성(영국 사례)

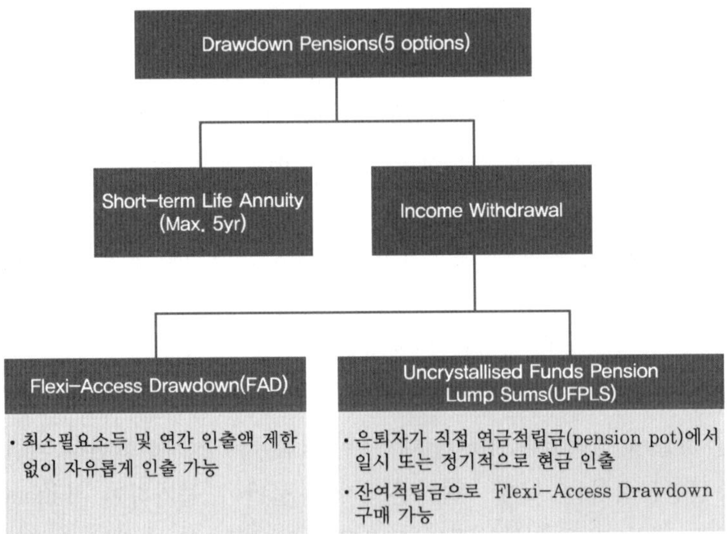

주) 5 options의 의미는 총 5가지 선택옵션이 주어짐을 의미한다. 즉, short-term life annuity, Flexi-access Drawdown, Uncrystallised Funds Pension Lump Sums, Flexi-access Drawdown+short-term life annuity, Uncrystallised Funds Pension Lump Sums+short-term life annuity.

합하여 은퇴자의 자율성을 최대화 시키는데 초점을 맞추었다. Flexi-access Drawdown은 최소필요소득 및 급여인출한도 요건이 적용되지 않는다. 그리고 만 55세 이후 별도의 연금구입 또는 Income Drawdown 옵션을 사용하지 않고, 은퇴자가 직접 연금적립계좌(pension pot)에서 일시 또는 정기적으로 현금을 인출할 수 있는 UFPLS(Uncrystallised Funds Pension Lump Sum) 옵션을 신설하였다. 이를 요약하면 [그림 3-11]과 같다.

위에서 살펴본 6가지의 대표적인 프로그램 인출방식의 공통적인 장단점을 정리하면 <표 3-7>과 같다.

표 3-7 프로그램 인출방식의 장단점

장점	단점
1. 매년 소득 인출의 유연성 제고 2. 퇴직지산에 대한 투자 운용력 높음 (필요에 따라 투자포트폴리오 변경 가능) 3. (일정기간) 정기적인 소득확보 가능 4. 은퇴자의 생활패턴을 반영할 수 있음 5. 사망 시 유족에게 잔여자산 상속가능	1. 종신까지 소득흐름을 보장하지 못함 (장수리스크에 노출될 가능성 높음) 2. 금융시장의 불안전성을 감내해야 함 (투자리스크를 감수하여야 함) 3. 투자실적에 따른 인출액의 변동성을 감수하여야 함(정액방식 제외)

지금까지 연기금자산(적립금)을 활용하는 다양한 연금지급방식을 다루었다. 이를 간단히 정리하면 [그림 3-12]로 요약된다.

그림 3-12 은퇴소득옵션

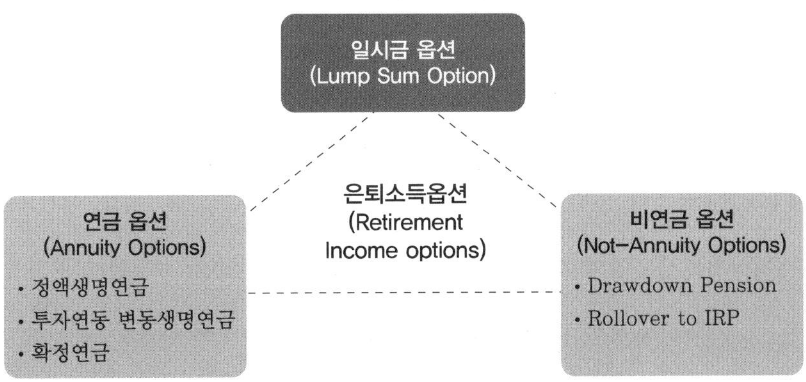

5. 변액연금보험의 최저보증옵션

변액연금보험의 경우 연금지급 개시 전(제1보험기간)까지 특별계정으로 연기금자산을 주식, 펀드 등에 투자하고, 연금지급이 개시된 후(제2보험기간)에는 그 투자실적을 반영하여 (확정, 생명) 연금을 지급하는 실적배당형 상품이다. 물론 은퇴자금을 납입하고 변액펀드(특별계정)로 일정기간 운용한 이후에 연금으로 수령하는 변액거치연금(variable deferred annuity)의 경우에도 거치기간에는 실적배당형으로 운용된다. 투자로 인한 리스크가 모두 계약자에게 귀속되는 상품의 특성으로 인해 수익률 하락 시, 보험사고(사망, 연금개시 등) 시점에서 특별계정의 펀드 가치가 약성한 수준(보험가입금액)을 하회할 경우에 해당 생명보험사는 그 차액의 지급을 보증할 수 있다. 실제로 변액연금보험을 판매하고 있는 생보사들은 보험료 납입금액의 100% 또는 그 이상을 최저보증으로 설정하는 등 여러 가지 투자리스크를 헤지하는 다양한 최저보증옵션을 부가하고 있다. 일반적으로 이러한 옵션은 특약(rider)으로 계약이 체결되며 이에 대한 대가로 계약자적립금에 대하여 일정 %의 보증수수료를 매년 납입한다. 변액연금에 부가되는 최저보증종류는 다양하게 설계될 수 있지만 현재 활용성이 높은 것은 다음과 같다.

표 3-8 변액연금보험의 최저보증옵션

최저보증 종류	보증내용
최저연금적립금 보증 (GMAB)	연금 개시 시점에서 특별계정의 계약자적립금과 기납입보험료를 비교하여 큰 금액을 보증하는 것으로 제1보험기간에만 적용되는 보증옵션
최저중도인출금 보증 (GMWB)	특별계정의 투자성과와 관계없이 연금개시 이후 약정한 일정기간 동안 약정한 인출금(연금)을 지급 보증하는 옵션이다. 기납입보험료(또는 일시납 금액)의 100%를 최소한 환급하는 목적으로 설계되었다. 일반적 유형은 연금기준금액 = Max{기납입보험료, 최저보증금액}, 최저보증금액은 특별계정적립금과 연동되며, "연금액 = 연금기준금액×지급률(%)"로 확정되고 일정기간 지급 보장된다. 여기서 지급률은 "지급기간(단위기간 갯수)×지급률(%/단위기간) = 100%"을 만족한다. 예를 들어, 기납입보험료의 100%를 환급보증하는 경우에 기납입보험료의 10%를 10년 동안 혹은 8%씩 12.5년 동안 지급한다.

종신중도인출금 보증 (GLWB)	특별계정의 투자성과와 관계없이 연금개시 이후 연금수령자의 연령에 따라 약정한 인출금(연금)을 종신토록 지급하는 것을 보증하는 지급옵션이다. 예를 들어, 은퇴자금을 납입하고 변액펀드(특별계정)로 일정기간 운용한 이후에 종신연금을 지급하는 변액거치연금을 구입하고 GLWB 옵션을 특약으로 체결한 경우에, 연금기준금액 = Max{특별계정적립금, 최저보증금액}, 최저보증금액은 특별계정적립금과 연동되며 그리고 "연금액 = 연금기준금액×연금지급률(%)"로 확정되고 종신토록 일정액이 지급 보장된다(일반적으로 지급률은 납입보험료의 4%~6% 수준에서 결정됨). 한편, 위와 같은 연금기준금액에 대하여 종신연금으로 전환을 보증하는 것을 최저소득급여보증(GMIB)이라고 한다. 여기서 Income은 종신연금 지급액을 의미하며 "연금기준금액×연금지급률(%)"에 의해 결정된다. 물론, 연금지급률(annuitization rate)은 연금 개시시점의 연령, 연금전환이율, 연금생명표 등에 의해 결정된다.

주) GMAB = Guaranteed Minimum Accumulation Benefit
GMWB = Guaranteed Minimum Withdrawal Benefit
GLWB = Guaranteed Lifetime Withdrawal Benefit
GMIB = Guaranteed Minimum Income Benefit

예제 홍길동은 2010년 1월 1일 퇴직일시금 10억원을 수령하여 일시납 변액거치연금에 가입하였다. 거치기간은 5년으로 약정하였으며 거치기간 종료시점에 연금으로 전환하였다(단, 연금전환시점의 연령은 만 60세임). 기간별 변액펀드의 성과는 다음과 같았다.

1월 1일 현재	변액펀드 적립금(단위: 천만원)
2010년	100
2011년	99
2012년	102
2013년	105
2014년	104
2015년	106

1) 퇴직일시금 원금을 보증하는 최저중도인출금보증(GMWB) 특약을 체결하여 10년간 정액 연금액을 수령한다. 단, 최저보증금액은 연금수령 직전 최근 3년간의 적립금 평균이다. 이 경우 연 인출금을 구하시오.

해설 연금기준금액=Max{100, 105}=105
연 중도인출금(확정기간 연금액)=105 × 10%=1억 5백만원

2) 종신중도인출보증(GLWB) 특약체결로 연금기준금액에 5%를 매년 종신연금액으로 지급하기로 하였다. 단, 연금기준금액은 연금수령 직전 최근 3년간의 적립금 또는 퇴직일시금 중에서 최대값을 적용한다.

해설 연금기준금액=Max{100, 105, 104, 106}=106
연 중도인출금(종신 연금액)=106×5%=5천 3백만원

3) 최저소득급여보증(GMIB) 특약을 통해 '최저보증금액 = 퇴직일시금 × 110%'로 계약하였다. 이 경우 연 인출금을 구하시오. 단 종신연금 전환시에 $\ddot{a}_{60}=\frac{100}{6}$을 적용하고 종신연금 전환관련 비용은 없음.

해설 연금기준금액(2015년)=Max{110, 106}=110
연 중도인출금(종신 연금액)$-110\times\frac{6}{100}$=6천 6백만원

참고로, 생명보험사는 최저보증리스크 관리를 위해 보증준비금 및 RBC 요구자본(보증위험액)을 계약자적립금과는 별도로 적립한다. 보증준비금은 예측 가능한 범위 이내의 투자손실이 발생할 경우에 최저보증보험금 지급을 충당하는 재원을 말한다. 한편, 보증위험액은 예측하지 못한 최악의 시나리오가 발생할 경우에 최저보증보험금 지급을 충당하는 재원을 말한다. 펀드가치의 변동성에 기인한 최저보증리스크를 요약하면 [그림 3-13]과 같다.

그림 3-13 특별계정 펀드가치에 따른 최저보증리스크

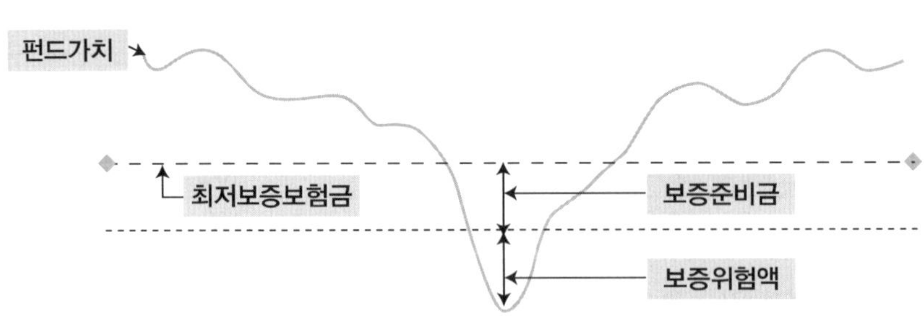

현재 우리나라 생명보험사의 경우는 변액연금보험의 판매(2002/10/07) 역사가 오래되지 않아 최저보증리스크가 현실화된 적은 없다. 그러나 향후 변액

연금시장이 한층 더 발전 된다면 최저보증리스크의 관리 또한 중요한 이슈가 될 것이다. 실제로 미국 최대 변액연금보험 판매회사인 Hartford Financial Services Group의 경우 2008년 금융위기 때 보증리스크가 발생하여 주가가 50% 이상 급락하였다. 이에 리스크관리 책임을 물어 경영진이 교체되었고 이 여파로 2012년에는 변액연금보험을 포함한 개인생명보험사업부를 Prudential Financial(Inc.)에 매각하였다.

V 퇴직 옵션 vs. 자가 연금 옵션

연금수리학은 확정급여형 연금제도의 기획단계, 개정단계, 결산단계 및 재결산단계 등 재정운용관리 전 과정을 통하여 연금제도가 항시적 지급능력을 유지 · 관리할 수 있도록 계량적인 운용지침을 제공하는 학문으로 정의할 수 있다. 최근에는 연금지급방법을 설계하는 것 또한 연금수리학의 주요 연구 영역으로 확대되고 있다. 여기에서 우리는 최근 관심이 집중되고 있는 퇴직자의 재무의사결정 관련 두 가지 이슈에 대해 살펴본다.

1. 개요

지금까지 살펴본 바와 같이 연금지급 설계는 수지상등의 원칙에 의해 퇴직 이후 수령하는 퇴직일시금을 은퇴자의 니즈에 부합하는 계리현가를 적용하여 연금화하면 충분한 것으로 판단하여 왔다. 이는 확정급여형인 경우에도 아래의 단서 조건을 충족한 퇴직자인 경우 퇴직일시금을 연금으로 전환하여 줄 수 있다고 규정하고 있기 때문이다.

근퇴법(급여 종류 및 수급요건 등)
① 확정급여형 퇴직연금제도의 급여 종류는 연금 또는 일시금으로 하되, 수급요건은 다음 각 호와 같다.
1. 연금은 55세 이상으로서 가입기간이 10년 이상인 가입자에게 지급할 것. 이 경우 연금의 지급기간은 5년 이상이어야 한다.
2. 일시금은 연금수급 요건을 갖추지 못하거나 일시금 수급을 원하는 가입자에게 지급할 것

그러나 은퇴자는 일반적으로 개인의 재무행태론에 따라 다양한 퇴직관련 옵션을 행사하게 된다. Milevsky & Robinson(2005)이 [그림 3-14]와 같이 제안한 것처럼 퇴직자는 퇴직시점의 연령, 건강상태, 퇴직일시금을 투자할 수 있는 투자환경 등 퇴직 재무 3요소(retirement finance triangle)를 충분히 고려하여야 한다.

그림 3-14 퇴직 재무 3요소

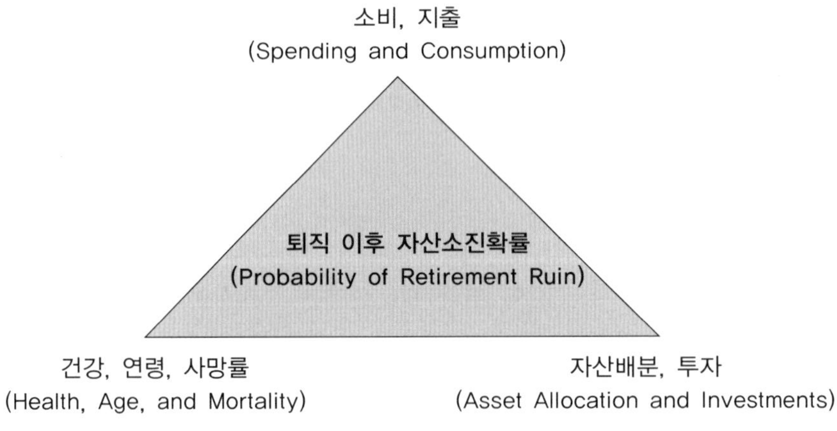

자료: Milevsky & Robinson(2005).

상기 3요소는 많은 컨설팅회사 그리고 문헌에서 언급될 정도로 보편적으로 받아들여지는 핵심 은퇴설계 요소이다. 여기에서 퇴직시점과 관련된 퇴직옵션(상기 3요소 중에서 건강, 연령, 사망률 관련 요소)과 퇴직일시금을 수령한 은퇴자가 선택할 수 있는 투자관련 옵션(상기 3요소 중에서 자산배분, 투자 관련 요

소)에 대해 순차적으로 살펴본다.

2. 퇴직옵션(Retirement Options)

대부분의 선진국 확정급여형은 정상퇴직연령(NRA)에 종신연금을 지급하는 것을 원칙으로 하고 있다. 이러한 원칙에 추가적으로 근로자의 요구를 반영한 것이 퇴직옵션(retirement options)이다. 물론 노사의 협의에 의해 다양한 옵션이 제공될 수 있지만, 크게 조기퇴직옵션과 연장퇴직옵션으로 구분된다.

1) 조기퇴직옵션(early retirement option)

가입근로자가 퇴직연금규약에 설정되어 있는 조기퇴직연령에 도달했고 요구되는 최소한의 근속연수를 충족한 경우에 적용된다. 정상퇴직연령보다 이른 나이에 퇴직을 한 후 이에 해당하는 퇴직연금을 수령할 수 있는 선택권을 조기퇴직옵션이라고 한다. 물론 조기퇴직옵션은 퇴직연금규약에서 자격요건, 조기퇴직 연령구간, 조기퇴직연금 수령액 산출방법 등이 명확히 규정되어야 한다. 종신연금이 조기에 지급되므로 정상퇴직연금보다 낮게 측정되지만, 조기퇴직시점까지 발생한 연금수급권(accrued benefit)을 모두 인정하지 않는 경우도 발생한다. 이에 대한 연금수리적 해석은 다음과 같이 요약된다.

- 조기퇴직자의 역선택(adverse select) 가능성을 배제할 수 없다. 예를 들어, 건강상의 악화로 정상퇴직연금을 수령할 가능성이 낮다고 판단될 때에 조기퇴직연금을 신청하는 경우를 언급할 수 있다.
- 향후 해당 기업의 경영이 어려울 것으로 판단하여(임금상승이 낮을 것으로 판단하여) 조기퇴직을 신청할 수 있다.
- 연기금 재정이 어려울 것으로 판단하여(예를 들어, 연기금의 낮은 투자율로 연금재정이 불안전 요소가 증가하는 경우) 연금을 먼저 수령할 목적으로 조기퇴직을 신청할 수 있다.
- 해당 기업에 대한 충성심이 낮아지고 이직에 따른 임금을 확보할 수 있는 경우 혹은 한층 더 오랜 기간 연금을 수령할 자신이 있는 경우 등을 언급할 수 있다.

이 때 조기퇴직 연금액 B는 아래와 같이 산출된다.

- $B \times \ddot{a}_x = (1-\theta_x) \times B_x \times \frac{D_r}{D_x} \times \ddot{a}_r$

여기서 B_x는 조기퇴직 $x(<r)$세 현재 조기퇴직자의 근속연수와 임금을 근거로 예상되는 정상퇴직 종신연금액으로 적립방식의 특성에 따라 달리 정의될 수 있다. r은 정상퇴직연령을 각각 나타내며, θ_x는 조기퇴직자의 연금수급권 $B_x \times \frac{D_r}{D_x} \times \ddot{a}_r$에 대한 조기퇴직 연령별 벌칙비율($0\% \le \theta_x < 100\%$)을 의미한다.

2) 연장퇴직옵션(Deferred Retirement Option)

가입근로자가 퇴직연금규약에 설정되어 있는 정상퇴직연령에 도달했지만 정상퇴직연령보다 더 늦은 나이에 퇴직을 선택하고 이에 해당하는 퇴직연금을 수령할 수 있는 선택권을 연장퇴직옵션이라고 한다. 연장퇴직옵션은 퇴직연금규약에서 자격요건, 연장퇴직 연령구간, 연장퇴직연금 수령액 산출방법 등이 명확히 규정되어야 한다. 연장퇴직옵션은 실제로 기능직 전문근로자의 장기근속을 유도하기 위해 주로 실시된다. 연장퇴직연금 수령액은 정상퇴직연금 수령액과 같게 설계할 수 있고 혹은 연장퇴직시점의 임금과 근속기간을 모두 인정하여 연금 수령액을 결정할 수도 있다. 노사 합의에 의한 사항이지만, 연장근무에 따르는 임금소득이 확보되므로 정상퇴직연금액으로 확정하는 것이 일반적이다.

예를 들어, 정상퇴직연령은 r세이고 이 이후에 수령할 종신연금액은 B_r로 확정되고 선택에 의해 $r+1$ 또는 $r+2$세에 퇴직할 수 있는 연장퇴직옵션이 추가되었다고 하자. 이 경우 근로자는 r세에 퇴직을 연장할 수 있으며 $r+1$세에도 1년 더 퇴직을 연장할 수 있다. 그러나 $r+2$세에 도달하면 반드시 퇴직하여야 한다. 이와 같이 연장퇴직옵션이 부여되었다면, 가입근로자 (y)에 대한 연금채무는 아래와 같이 산출된다.

- $B_y \times \frac{D_r}{D_y} \times \left[q_r \times \ddot{a}_r + p_r \times q_{r+1} \times v \times \ddot{a}_{r+1} + p_r \times p_{r+1} \times v^2 \times \ddot{a}_{r+2} \right]$

: 즉, 정상퇴직연령 이전 단계($\forall\, y < r$)에서 요구되는 연금채무 산출액

- $B_r \times \left[p_r \times q_{r+1} \times v \times \ddot{a}_{r+1} + p_r \times p_{r+1} \times v^2 \times \ddot{a}_{r+2} \right]$

: 즉, 정상퇴직연령($y=r$)에서 퇴직을 연장한 경우에 요구되는 연금채무 산출액

- $B_r \times \left[p_{r+1} \times v \times \ddot{a}_{r+2} \right]$

: 즉, $y=r+1$에서 퇴직을 더 연장한 경우에 요구되는 연금채무 산출액

- $B_r \times \ddot{a}_{r+2}$

: 즉, 허용된 최대연장퇴직연령에 도달하여($y=r+2$) 퇴직을 하는 경우의 연금채무 산출액

상기의 p_x, q_x $(p_x + q_x = 1)$는 각각 연령별 잔존율(근속률) 그리고 퇴직률을 의미한다(단, $r+2$세에 반드시 퇴직하여야 하므로 $q_{r+2}=1$). B_y는 $y(<r)$세 현재 근로자의 과거 근속연수와 임금을 근거로 예상되는 정상퇴직 종신연금액을 나타낸다(단, 채택한 적립방식에 따라 달리 정의될 수 있음).

다음으로 투자관련 요소에 대해 살펴보자.

3. 자가 연금 옵션(Self-Annuitization Options)

우리나라의 퇴직급여제도는 공통적으로 퇴직일시금을 수령하는 것을 원칙으로 하고 있다. 그러므로 퇴직자에게 주어진 또 다른 선택권은 언제 종신연금으로 전환하는가에 대한 문제이다. 이에 대한 연금수리적 해법이 자가 연금 옵션이다.

1) 기간별 요구수익률

(x)인 퇴직자 홍길동이 즉시 종신연금을 구입한 경우($t=0$ 시점) 매년 생존연금액 1을 기시에 수령하는 연금 계리현가는 편의상 다음과 같이 정의하자(단, i_t는 매년 초에 결정되는 변동 예상이율(할인율)).

- $\ddot{a}_x = 1 + \sum_{t=1}^{\infty} \frac{{}_tp_x}{\prod_{m=0}^{t-1}(1+i_m)}$

만약 홍길동이 종신연금의 구매를 1년 뒤로 연기하였다면 그의 투자론적 의사 결정을 뒷받침하기 위한 전제 조건을 무엇인가? 이는 분명히 연금 구매보다 더 많은 현금흐름을 창출할 수 있다는 확신에서 출발한다. 따라서 $(0, 1)$ 기간의 투자수익률(r_0)은 아래 조건을 만족하여야 한다.

- $\ddot{a}_x(1+r_0) - (1+i_0) \geq \ddot{a}_{x+1} \Leftrightarrow r_0 \geq \frac{\ddot{a}_{x+1} + i_0 + 1}{\ddot{a}_x} - 1$

동일한 방법으로 수학적 귀납법을 적용하면, (x)인 퇴직자 홍길동이 종시 연금 구매시점을 m기간 이후로 연기한 경우에 홍길동의 투자수익률은 다음의 부등식 관계를 만족시켜야 한다. 편의상 $[t, t+1)$기간의 투자수익률을 r_t 그리고 예상이율을 i_t라고 표현하면,

- $m=2$:

  $\ddot{a}_x \times (1+r_0)(1+r_1) - [(1+i_1) + (1+i_0)(1+i_1)] \geq \ddot{a}_{x+2}$

- $m=3$:

  $\ddot{a}_x \times (1+r_0)(1+r_1)(1+r_2) - [(1+i_2) + (1+i_1)(1+i_2) + (1+i_0)(1+i_1)(1+i_2)]$

  $\geq \ddot{a}_{x+3}$

  $\vdots$

- $m=n$:

  $\ddot{a}_x \times (1+r_0)(1+r_1) \cdots (1+r_{n-1})$

  $-[(1+i_{n-1}) + (1+i_{n-1})(1+i_{n-2}) + \cdots + (1+i_0)(1+i_1) \cdots (1+i_{n-1})]$

  $\geq \ddot{a}_{x+m}$

만약 $i_t = i$ & $r_t = r$, $\forall t$라고 하면 아래와 같이 간단히 표현된다. 즉,

- $r \geq \left(\dfrac{\ddot{a}_{x+n} + \ddot{s}_{\overline{n}|}}{\ddot{a}_x} \right)^{\frac{1}{n}} - 1, \quad \forall\, n = 1, 2, 3, \ldots$

2) 자가 연금화 전략

상기의 요구수익률 개념과 자가 연금화 전략이 어떠한 관계가 있는지를 예시를 통해 살펴보도록 한다.

먼저, 65세에 정년 퇴직한 홍길동은 퇴직일시금 100,000을 가지고 즉시 종신연금으로 전환하고자 한다. 홍길동이 원하는 연금의 조건은 가입 후 10년간 홍길동의 생사와 관련 없이 연금수령이 가능하면서 10년 이후부터는 생존 시까지 연금을 수급하는 것이다. 홍길동은 보험사를 통해 매달 정액 연금액 678.22만큼을 받을 수 있다는 사실을 확인하였다.

한편 75세에 정년 퇴직한 乙은 퇴직일시금 100,000을 가지고 홍길동과 동일한 조건(10년 보증 종신연금)으로 연금을 전환하고자 한다. 보험사 확인 결과 매달 乙이 받을 수 있는 정액 연금액은 975.90이다. 한편 乙이 10년의 보증기간 없이 홍길동과 동일한 종신 연금액(678.22)을 수령하기 위해서는 69,396만큼을 지급하면 된다고 한다. 이는 홍길동이 10년의 보증기간 이후 받을 수 있는 연금의 가치와 동일한 수준이다. 그렇다면 현재 홍길동이 매년 본인의 100,000 중 매달 678.22씩을 10년간 인출하고, 10년 뒤 지급보장이 없으면서 매달 정액 연금액 678.22를 받을 수 있는 종신연금을 구매하기 위해서는(즉, 자가 연금화 전략을 위해서는) 매년 어느 정도의 투자수익률을 달성해야 할까? 이에 대한 요구 투자수익률이 5.90%라고 할 때, 자가 연금화 전략을 이행하기 위해서 홍길동은 대체 투자를 통해 매년 5.90% 이상의 투자수익률을 구매연기기간 동안 창출할 수 있어야 한다. 만약 5.90% 이상의 수익률을 가지는 대체 투자수단이 있을 경우 홍길동은 연금전환시기를 늦춤으로써 보다 나은 수준의 자가 연금화 전략을 추구할 수 있다. 그렇지 않을 경우 즉시 종신연금을 구매하는 것이 바람직할 것이다. CANNEX Financial Exchanges(캐나다)는 이와 같이 연령별, 성별, 연금구입 지연기간 그리고 보험사가 사용하는 예정이율 및 연금생명표 등에 의해 결정되는 최소투자수익률을 Implied Longevity Yield(이하 ILY)[18]라고 하고 이를 상표 등록하여 연금컨설팅업무에 활용하고 있다.

예를 들어, 앞에서 도출한 관계식 $r \geq \left(\frac{\ddot{a}_{x+n} + \ddot{s}_{\overline{n|}}}{\ddot{a}_x}\right)^{\frac{1}{n}} - 1, \ \forall n = 1, 2, 3, \ldots$ 에서 ILY는 $ILY_x(n) = \left(\frac{\ddot{a}_{x+n} + \ddot{s}_{\overline{n|}}}{\ddot{a}_x}\right)^{\frac{1}{n}} - 1$ 이다.

이상의 논의를 간략히 요약하면 [그림 3-15]로 표현할 수 있다.

그림 3-15 자가 연금화 전략 vs. ILY

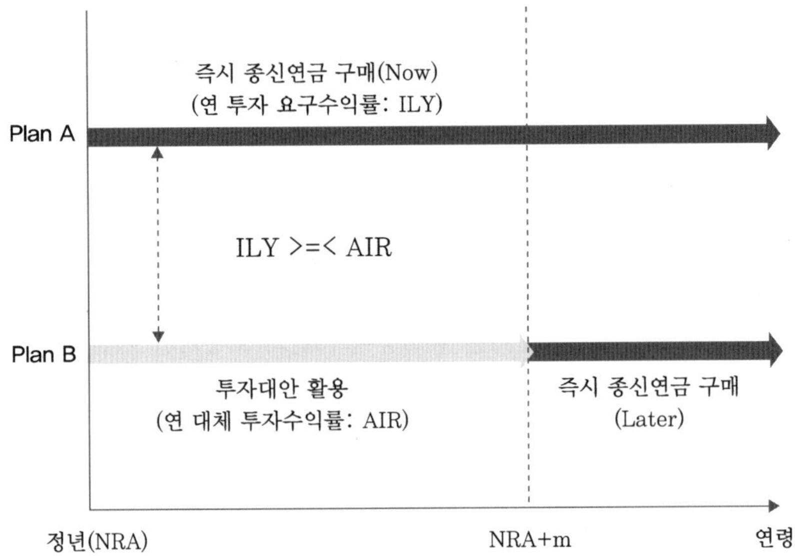

그러나 ILY 지표는 자가 연금화 전략에 대한 완벽한 비교 기준이 될 수는 없다. 자본시장의 불확실성, 개인의 재무행위 그리고 향후 보험사에서 적용할 예상이율 및 연금생명표에 대해 정확하게 추정하는 것은 사실상 불가능하기 때문이다.

18) ILY는 CANNEX Financial Exchangcs의 지적소유권으로 등록되었다. 그러나 ILY 개념은 Milevsky(2005) 논문에서 시작되었다.

평가문항

1. 계산기초와 검증기초에 대해 정의하고, 그 차별적 특성에 대해 설명하시오.

2. 연금채무 산출과정에 적용되는 할인율에 대한 연금수리학적 논지와 경제학적 논지를 비교하시오. 또한 이를 근거로 현행 K-IFRS의 입장과 근퇴법의 입장을 각각 논평하시오.

3. 1990년대 중순 미국 확정급여형 퇴직연금제도에서 나타난 재정평가역설(valuation paradox)에 대해 설명하고, 연금채무 시가평가에 대응하는 자산운용전략에 대해 간단히 설명하시오.

4. 아래의 산출근거를 이용하여 K-IFRS에서 규정하고 있는(즉, 할인율 산정에 적용될 수 있는) 회사채의 만기를 구하시오.

(1) 산출근거: 예상평균잔여근무기간

조건: 정상퇴직연령 = 55, 52세 가입근로자 수 4명, 53세 가입근로자 수 6명, 그리고 연령별 퇴직률은 10% 단, 퇴직은 연령 중앙에서 발생한다고 가정함.

(2) 산출근거: 연금채무의 듀레이션

■ 연금채무 기대현금흐름 : 제1차년도 말에 200, 제2차년도 말에 300, 그리고 제3차년도 말에 500 발생함 ■ 우량회사채의 만기수익률 : 1년 만기채 5%, 2년 만기채 6%, 그리고 3년 만기채 7%

5. 다음의 조건을 이용하여 x세 가입근로자의 t년 후 예상임금을 구하기 위한 산식을 완성하고 산식의 의미를 기술하시오.

x세 가입자의 현재임금 수준	100
x세 승급지수	b_x
$x+t$세 승급지수 (t=0, 1, 2, ...)	b_{x+t}
연간정기상승률	5%
t년 후 예상 임금	ES_{x+t}

6. 다음의 조건을 이용하여 신규가입자의 기대되는 총 퇴직급여의 계리현가(APV_B)와 납입할 총 부담금의 계리현가(APV_C)를 산출하기 위한 식을 완성하시오.

신규가입연령 33세	연령별 예상 퇴직률 5%
NRA=55세	예정이율 4%
퇴직급여=B×근속연수	매년 기시에 부담금 납입 300
단, 퇴직급여는 퇴직발생연도 말에 지급하기로 함	

(1) APV_B

(2) APV_C

7. ㈜한국연금의 2015년 KIFRS 1019호에 의한 종업원급여의 재무상태표를 작성 중이다. 민감도 Test결과 주석 공시하기 위해서 할인율 3%를 기준으로 다음과 같은 결과를 도출하였다. 할인율이 0.5% 하락하는 경우 확정급여채무의 예측치와 변동된 적립비율(funded ratio)을 산출하시오(2015년 연금계리사 기출문제 수정: 기출문제에서 유효듀레이션 단위가 년으로 표현된 점은 오류이므로 수정하였으며 유효듀레이션은 단위가 없음에 유의하여야 함).

<table>
<tr><td colspan="4">㈜한국연금재무상태표(단위 : 억원) ×××1.12.31</td></tr>
<tr><td colspan="2">자산</td><td colspan="2">부채</td></tr>
<tr><td>현금</td><td>150</td><td rowspan="2">확정급여채무</td><td rowspan="2">500
(유효듀레이션 10)</td></tr>
<tr><td>주식형펀드
(주식100%)</td><td>50</td></tr>
<tr><td>채권형A</td><td>100
(유효듀레이션 3)</td><td rowspan="2">순확정급여부채</td><td rowspan="2">50</td></tr>
<tr><td>채권형B</td><td>150
(유효듀레이션 5)</td></tr>
<tr><td>자산계</td><td>450</td><td>부채계</td><td>500</td></tr>
</table>

해설

- 확정급여채무 예측치 = 500 + 25 = 525억

  △채무 = 500 × 10 × 0.5% = 25억

- 적립금 사외자산 예측치 = 450 + 5.25 = 455.25억

  △자산 = 100 × 3 × 0.5% + 150 × 5 × 0.5% = 5.25억

따라서 변동된 적립비율 = $\frac{455.25억}{525억} = 86.71\%$

8. 다음의 조건을 이용하여 ABO, PBO, RBO 각각의 산출식을 완성하시오.

입사연령 25세	현재임금 100
현재연령 30세	퇴직시점의 최종예상임금 200
정상퇴직연령 60세(중도퇴직 없음)	할인함수 $v = 0.9$

급여설계: 1년 근속마다 θ만큼 종신연금발생률이 주어짐.

(1) ABO

(2) PBO

(3) RBO

9. Trowbridge(1952)의 성숙방정식(equation of maturity)을 기술하고 이를 도출하기 위해 적용된 기본 가정과 성숙방정식의 연금수리적 의미를 부여하시오.

10. $F_{t+1} = (1+i_{t+1}) \times (F_t + C_t - B_t)$를 이용하여 정상상태에 도달한 연기금의 균형방정식을 도출하고, 이를 활용하여 사전 재원적립의 필요성을 설명하시오.

11. 연금수리학 관점에서 확정급여형 퇴직연금제도의 재정검증 시에 계속기준, 청산기준, 준청산기준 등을 적용할 수 있다. 아래의 각 관점에서 이러한 기준을 비교하시오(즉, ×××관점에서 ×××기준이 가장 적합하고 차선으로 ×××기준이 적합하다 등으로 표현함).

(1) 폐쇄형제도 관점

(2) 지급능력 제고 관점

(3) 계산기초 산출 관점

(4) 연기금자산 및 채무(부채)의 매칭 관점

(5) (재정을 후원하는) 사용자의 관점

12. 현재 2연생 피보험자 甲(만 65세)와 乙(만 60세) 있을 때, 다음 각 조건을 연생연금계리현가 기호로 표현하시오(단, 즉시연금(immediate annuities)을 가정함).

(1) 연생 피보험자가 모두 n기간 생존할 경우 매월 기시에 12 지급

(2) 연생 피보험자 2인 중 어느 쪽이든 1인이라도 생존하면 매월 기시에 종신연금액 12 지급

(3) 연생 피보험자에 대하여 甲의 사망을 전제로 乙에게 매월 기시에 종신연금액 12 지급

(4) 연생 피보험자에 대하여 2인 중에서 1인만이 생존할 경우 매월 기시에 종신연금액 12 지급

13. 보험계리사 홍길동은 프랑스 루이14세 때 개발한 톤틴제도(tontine scheme)의 수익구조를 파악하려고 한다. 분석을 위한 기본 가정이 다음과 같을 때 물음에 답하시오(2012년 보험계리사 기출문제).

조건 1. 판매당시($t=0$)에 (x)인 톤틴연금 구매자 총수는 l_x명이며, 구매자는 각각 C를 일시금으로 지불함.
조건 2. 총 판매금액에 대하여 매년 이율 i의 이자가 발생하며, 매년 발생한 이자는 연도 말($t=1,2,3,\ldots,\omega-x$)에 생존한 구매자들에게 균등하게 지급함.
조건 3. 구매자 모두가 사망하면 톤틴제도는 종료됨.

(1) 연도 말 t시점에서 생존자 각자에게 지급되는 톤틴연금액(amount of tontine annuity)을 b_t라 할 때, b_t를 수식으로 표현하시오.

(2) 톤틴제도의 지속기간을 나타내는 확률변수를 D라고 할 때, $K_j(x)$ ($j=1,2,3,\ldots,l_x$)를 사용하여 D를 정의하시오(단, $K_j(x)$는 j번째 (x)인 구매자의 개산여명을 나타내며, 사망은 연 중앙에서 발생하는 것으로 가정함).

(3) 톤틴제도는 수지상등의 관점에서 구매자보다는 판매자에게 유리하다는 것을 증명하시오.

14. 확정급여형 연기금에서 지급하는 연속종신연금에 대한 연금수령자의 구성원은 다음 표와 같다. 연금수령자 모두에게 지급되는 연금채무의 확률변수를 A라 할 때 다음 자료를 이용하여 아래 물음에 답하시오.

연령(세)	(r)	$(r+10)$	$(r+20)$
연금수령자 수(명)	50	30	20

조건:

- 연금수령자 각자는 매년 1씩 종신연금액을 지급받는다.
- 모든 연령에 대해 사력 $\mu=0.04$, 이력 $\delta=0.06$
- 모든 생존자는 서로 독립적이다.
- Z는 표준정규분포의 확률변수이며 $\Pr(Z\leq 1.645)=0.95$

(1) 기댓값과 분산을 구하여라.

(2) 상기 연기금에서 연금수령자에게 연금을 충분히 지급할 수 있을 확률이 95%가 되기 위해서 요구되는 연기금 수준은 얼마인가?

15. 한국보험(주)가 다음과 같은 3종류의 상품을 판매하고 있다.

■ 정기보험
: 사망연도 말에 사망보험금 20,000을 지급하는 10년 만기 전기연납 정기보험

■ 생존보험
: 만기 생존시에 만기보험금 10,000을 지급하는 10년 만기 전기연납 생존보험

■ 유기생명연금
: 매년 말 1,000을 지급하는 5년 만기 일시납 기말급 즉시생명연금

상품판매 현황은 2009년 1월 1일에 만 40세인 피보험자들에 대하여 정기보험 6,000건, 생존보험 2,000건을 계약하였으며, 만 43세인 피보험자들에 대하여 1,000건의 유기생명연금을 판매하였다. 피보험자는 하나의 보험계약만을 체결하며 각 피보험자의 생사는 서로 독립적이다. 단, 부가보험료는 고려하지 않는다. 아래의 기수표를 이용하여 다음 물음에 답하시오(단, 소수점 이하 셋째 자리에서 반올림함)(2012년 보험계리사 기출문제).

x	D_x	N_x	M_x
40	1,091	14,145	104
41	1,013	13,054	102
42	940	12,041	100
43	872	11,101	98
44	810	10,229	96
45	752	9,419	95
46	698	8,667	93
47	648	7,969	91
48	600	7,321	90
49	556	6,721	88
50	516	6,165	86

(1) 제3보험연도 말(즉, 2011년 말)에 유효한 보험계약에 대하여 정기보험, 생존보험 그리고 유기생명연금 각 1건당 위험보험금(sum at risk or net amount at risk)을 각각 구하시오.

(2) 제3보험연도 초(즉, 2011년 초)에 정기보험의 유효 계약건수는 5980건이며 2011년도에 5건의 사망사고가 발생하였을 때 제3보험연도의 사차손익(mortality profit or loss)을 구하시오(단, 예정이율은 5%이며 중도해약은 없음).

16. 프로그램 인출방식의 특징 및 장 · 단점에 대해 기술하시오. 그리고 이러한 연금 인출방식이 탄생하게 된 경제적, 사회적 환경 변화를 설명하시오.

17. 다음의 각 문항에 대하여 주어진 다음의 조건을 이용하여 53세 가입자가 55세에 인출할 수 있는 금액을 계산하시오(단, 53세부터 인출이 시작되며 최소한 55세 지급 시까지는 생존함). 53세 현재 시점 퇴직자산은 1,000, 급여지급시점은 기시급이며 투자수익률은 연 6%이다. 다음을 구하시오.

(1) 정액인출방식(인출금액 B=50)

(2) 정률인출방식(인출율 α=5%)

(3) 최종연령인출방식(최종연령 $\omega=100$)

18. 다음 중 아래의 조건을 이용하여 즉시종신연금을 구입한 (x) 가입자의 제t 보험연도 $(t-1, t)$에 적용되는 책임준비금 재귀방정식을 완성하시오.

(1) $V_{t-1} = p_{x+t} \times \square \times v + p_{x+t} \times \square \times \square$

$\quad = (V_t + B) \times v - (V_t + B) \times \square \times v$

V_t : t년 (경과)시점에서의 연금수령자에 대한 책임준비금($V_0 = F(0)$) B : 매년도($t=1, 2, ..., \omega-x-1$) 말 생존 시에 지급되는 정액 종신연금액 현가함수: $v = \dfrac{1}{1+i}$. 단, 연금구매에 따르는 사업비는 없음.

(2) 상기 재귀방정식을 활용하여, 제t보험연도 $(t-1, t)$의 사망률 견인(mortality drag)을 도출하고 그 연금계리 의미를 부여하시오.

19. 퇴직일시금을 종신연금으로 즉시 전환하는 것(즉, 즉시 연금화 전략)은 사망률견인 관점에서 유리할 수 있다. 한편, 자가 연금화 전략(self annuitization)을 사용할 경우에는 CANNEX Financial Exchanges(캐나다)가 제공하는 ILY(implied longevity yield) 관점에서 연금전환 시점을 연기할 수도 있다.

(1) 이와 같은 두 가지 관점을 은퇴자의 (자본시장 전망, 건강 상태 등) 가능한 상황들을 설정하고 각 상황별로 비교하시오.

(2) 연금수리학 관점에서 이들 관점의 장단점을 비교 설명하시오.

20. "퇴직 옵션"의 활용과 "자가연금 옵션"의 활용을 Milevsky & Robinson(2005)의 "퇴직재무 3요소" 관점에서 논평하시오.

21. 한국기업의 제t회계연도 기초시점의 퇴직연금가입근로자명부에 대한 정보이다.

(1) 연령별 구조는 $\{l_x(t): x=25, 26, ..., 59\}$이다. 한국기업의 가입근로자 연령별 연간 성장률은 $\lambda(>0)$이고 가입근로자의 연령별 연간 탈퇴율은 $q(>0)$로 균일하다. 다음 괄호 안을 λ, q 등을 활용하여 알맞게 채우시오.

$$l_{x+1}(t) = l_x(t-1) \times (\qquad) = l_x(t) \times (\qquad) \times (\qquad)$$

(2) 연령별 구조 $\{l_x(t): x=25, 26, ..., 59\}$는 오래전에 정상구성원(stationary population)에 도달하였다. 다음 괄호 안을 알맞은 숫자로 채우시오.

$$l_x(t+1) = l_x(t) \times (\qquad \%) = l_x(t-1) \times (\qquad \%)$$

22. 국가차원에서 국민의 장수리스크를 측정하는 대표적 지표로서 UN은 다음과 같은 노인빈곤율(old-age poverty rate)을 채택하고 있다. 즉, (　　)세 이상 노인가구 중 소득이 중위소득의 (　　)% 수준(poverty line) 미만에 해당하는 가구의 비율(2015년 기준: 일본 19.0%, 한국 45.7%). 한편 개인차원에서 장수리스크를 측정하는 지표는 아래와 같이 정의할 수 있다.

$$\begin{aligned} & \Pr(T_x > W_x) \\ \textit{continuous type}: = & \int_0^{\infty} \Pr(T_x - t > 0 \mid W_x = t) \times f_W(t)\, dt \\ = & \int_0^{\infty} \Pr(T_x > t) \times f_W(t)\, dt \end{aligned}$$

$$\begin{aligned} \textit{discrete type}: = & \sum_{t=0}^{\infty} \Pr(T_x - t > 0 \mid W_x = t) \times \Pr(W_x = t) \\ = & \sum_{t=0}^{\infty} \Pr(T_x > t) \times \Pr(W_x = t) = \sum_{t=0}^{\infty} {}_t p_x \times \Pr(W_x = t) \end{aligned}$$

여기서

T_x 는 (x)세 은퇴자의 장래생존기간(future lifetime)을 나타내는 연속확률 변수

W_x 는 (x)세 은퇴자의 자산이 고갈되는 시점을 나타내는 연속확률변수

$f_W(\cdot)$는 W_x의 확률밀도함수(pdf), 그리고

T_x, W_x는 상호독립(stochastically independent)을 가정함.

(1) 괄호 안을 알맞은 숫자로 채우시오.

(2) 위 장수리스크 측정지표의 수리적 의미를 충분히 설명하시오. 그리고 두 변수의 상호독립가정은 현실적 관점에서 어떠한 문제점이 있는가?

제4장 연금재정방식 이론 Ⅰ

CHAPTER 04

연금재정방식 이론 I

확정급여형 연금제도에서는 확정급여산정식(급여 지급 사유와 급여 내용)이 결정되고 가입자 실태에 대한 내용 파악이 완료되면, 장래의 연금수급자와 향후 지급하여야 할 약정 급여액에 대한 추정이 가능하게 된다. 이에 따라 "제3장 연금재정 개관"에서 살펴본 바와 같이 계산기초에 의한 추정이 상당히 정확하게 이루어진다. 이러한 장래 예측과정을 통하여 미래의 재정상태를 파악할 수 있으며(현재의 재정상태를 기준으로 중장기 재정추계가 가능하게 되며), 이를 기초로 연금재원의 적립에 대한 재원조달계획을 수립하게 된다. 연금수리학은 이러한 재정계획에 대한 합리적 실행방안(즉, 연금재정방식)을 제공하고 있다. 연기금 재정에 대한 장래예측 그리고 재정상태에 대한 정기적 재정검증을 통하여 재정의 지속가능성을 유지할 수 있다. 이를 위한 다양한 연금재정방식이 연금계리 전문인력에 의해 개발되어왔다. 이번 제4장에서는 다양한 연금재정 방법론에 대해 이해하고 이를 활용할 수 있는 능력을 배양할 수 있도록 중점적으로 다루고자 한다.

I 연금재정방식의 개요

연금재정방식(pension financing system)이란 향후에 발생할 급여지출에 대비하여 필요한 재원을 합리적으로 조달하는 것이다. 이를 통해 연기금자산(적립금)을 조성하게 된다. 평가시점을 기준으로 연기금자산은 정기적 혹은 비정기적인 일련의 현금흐름이 발생하게 된다. 부담금의 현금흐름 $\{C(t)\}$, 투자수익의 현금흐름 $\{I(t)\}$ 그리고 급여지출액의 현금흐름 $\{B(t)\}$ 등 현금의 유입과 유출이 빈번하게 발생하는 일련의 순현금흐름(net cash-flows)을 통하여 기금이 누적되어 가는 구조이다([그림 4-1] 참조).

그림 4-1 확정급여형 연기금자산의 현금흐름 구조

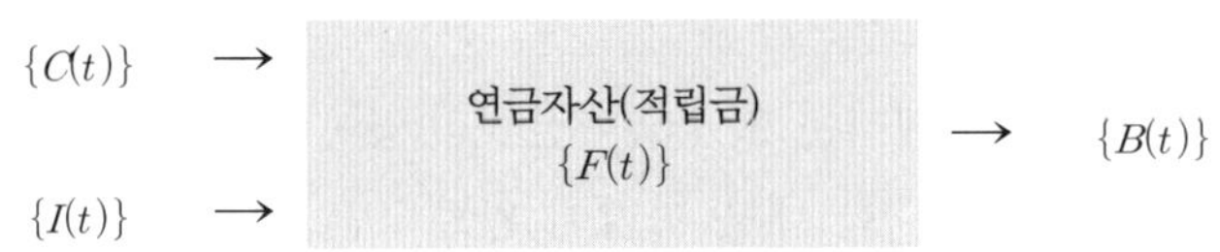

한편 정기적인 평가시점마다 연기금자산 $\{F(t)\}$의 적정성 여부는 연금채무 $\{AL(t)\}$ 대비 적립금의 규모에 의해 결정된다. 그러므로 적정 수준 이상의 재무건전성을 장기적으로 유지하기 위해서는 장기적으로 수입현금흐름과 지출현금흐름의 수지 균형을 확보할 수 있도록 수입현금흐름 $\{C(t)\}$와 $\{I(t)\}$을 관리하여야 한다. 후자의 경우는 투자 포트폴리오를 어떻게 구성하는가에 의해 주로 결정되는 요소이며, 전자는 부담금 재원조달계획에 의해 결정되는 요소이다. 유출에 관련된 $\{B(t)\}$는 현실적으로 연금수리학에서 관리될 수 있는 요소가 아니고 (퇴직연금의 경우) 노사관계, (공적연금의 경우) 정부와 국민 간의 이해관계, 그리고 정책적 요소에 의해 결정된다. 먼저 연금재정방식별 특성에 대해 살펴보고 그 다음으로 수리모형에 대해 다루기로 한다.

1. 연금재정방식 분류 및 개념

연금재정방식이란 확정급여형(DB) 연금제도에서 약정한 급여를 지급하기 위해 언제 그리고 얼마만큼 부담금을 산정하여야 하는지를 합리적으로 결정하는 재원조달방법을 말한다. 확정기여형(DC) 연금제도는 납부해야 할 부담금이 사전에 결정되므로 연금재정방식이 별도로 언급될 여지가 없다. 연금재정방식은 연기금 재원을 확보하는지 여부에 따라 [그림 4-2]와 같이 부과방식과 적립방식으로 구분되며 적립방식은 부분적립방식과 완전적립방식으로 분류된다. 부과방식은 완전부과방식 그리고 수정부과방식으로 재분류된다. 일반적으로 부과방식이라 하면 완전부과방식을 의미한다(이에 대한 설명은 제6장 부과방식 참조).

그림 4-2 연금재정방식 대분류

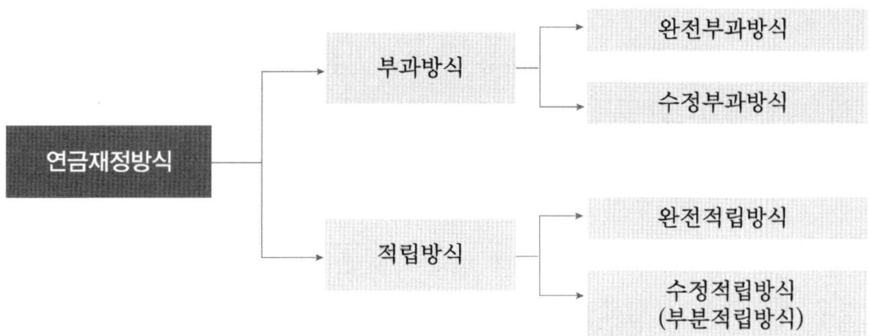

대표적으로 퇴직연금제도와 같은 사적연금제도에서는 완전적립방식만이 그 효용성을 인정받고 있다. 이는 사용자의 기업 연속성 및 항시적 재무건전성을 보장할 수 없기 때문에 연금채무에 상응하는 충분한 연기금을 확보하기 위해서이다. 그러나 국민연금과 같은 공적연금제도는 제도의 조기 확산 및 의무가입에 따른 가입자들의 불만 해소를 위해 '저부담 · 고급여' 체계로 운영됨이 일반적이다. 그러므로 제도 도입 단계에서는 부분적립방식으로 운영되다가 점차적으로 (완전 혹은 수정) 부과방식으로 전이되는 특성을 갖는다. 특히, 우리나라 국민연금의 경우는 시간이 경과함에 따라 이와 같은 변화가 해외사례에서처럼 뚜렷하게 나타나고 있다. 부분적립방식은 완전적립방식과 부과방식의 중간 형태를 취하게 되고, 제도 운영의 주체는 (지속가능한 지급능력을 보유하는) 공적기관이어야만 가입자들의 급여수급권을 항시적으로 보장할 수 있다. 또한 부분적립방식의 재원확보는 신규 가입자의 증가를 토대로 운영되어야 한다. 그렇지 못할 경우 국민의 조세부담으로 운영되는 부과방식으로 전환될 수밖에 없는 한계가 있다. 궁극적으로는 '적정부담 · 적정급여' 체계로 전환된다면 완전적립방식으로 변화하게 된다. 이러한 부분적립방식의 한계를 조기에 차단하기 위해 우리나라 국민연금, 사학연금 및 공무원연금 각 제도는 5년마다 한 번씩 정기적으로 장기재정추계를 시행하여 제도 운영의 지속가능성을 점검하고 있다.

1) 부과방식(Pay-As-You-Go Fiancing Method: PAYG)

약정된 급여의 지급 사유가 발생할 때마다 그 발생 급여액을 조달하는 연금재정방식으로, 원칙적으로 적립 재원이 없이 운영되는 방식이다(단, 유동성 문제를 해소하기 위해 일정수준의 유동성기금을 보유함). 이를 특별히 완전부과방식이라고 하며 이러한 특성을 반영하여 "당기적립방식(current funding method)"이라고도 한다. 여기서는 편의상 부과방식이라 하면 완전부과방식을 의미한다. 이는 공적연금제도의 재원조달 방법으로 널리 사용되고 있으며, 필요한 재원은 사회보장세(social insurance tax)와 같은 세금에 의해 주로 조달한다. 이 경우 부과하는 보험료율을 "부과방식비용률(PAYG rate) 혹은 수지균형보험료율"이라고 하며 다음과 같이 정의된다.

- $\dfrac{\text{회계연도}(t)\ \text{급여지출 총액}(total\ benefit\ payments: B_t)}{\text{회계연도}(t)\ \text{부과대상 임금보수 총액}(total\ taxable\ payroll: TR_t)} \equiv K_t$

과거 회계 결산 결과를 활용하는 경우는 정확하게 부과방식비용률을 산출할 수 있지만 미래 시점의 부과방식비용은 향후 연도별 급여지출 총액과 부과대상 보수 총액을 먼저 예측하여 산출한다.

부과방식의 재원조달 특성은 연기금 성장방정식으로 설명할 수 있다. 현금 유입 및 유출이 평가연도 초에 발생한다고 가정하면, 연기금의 성장은 아래 식으로 설명된다. 즉,

- $F_{t+1} = (1+i_{t+1}) \times (F_t + C_t - B_t) \ \Rightarrow \ F_t = 0,\ \forall\, t$

여기서

$i_{t+1} = (t, t+1)$기간의 연기금 투자수익을 나타낸다.

따라서 부과방식은 제도 도입 초기의 출연 연기금 $F_0 = 0$이고 보험료 수입이 $C_t\,(= K_t \times TP_t) = B_t,\ \forall\, t = 0, 1, 2, \ldots$이면, 제도가 경과하더라도 연기금 형성

이 이루어지지 않는 재원조달방식을 말한다. 즉,

- $F_{t+1} = (1+i_{t+1}) \times (F_t + C_t - B_t) \Rightarrow F_t = 0, \forall t$

그러나 부담금 유입 시점과 급여 유출 시점의 차이, 유입액과 유출액의 차이 등으로 인한 유동성리스크를 해소하기 위하여(즉, 재정안전성을 확보하기 위해) 일정 수준의 유동성기금(notional funds for liquidity)을 보유하거나 또는 미래 경제 환경변화, 인구변화 등으로 인한 보험료수준의 급격한 변동을 방지하기 위하여(즉, 재정안정성을 확보하기 위하여) 일정 수준의 예비기금(contingency funds)을 별도로 적립하기도 한다.[1)] 그러면 어느 정도의 유동성기금을 보유하여야 하는가에 대한 의문이 발생한다. 부과방식에 의해 운영되는 대부분의 선진국 국민연금제도에서 이에 대한 정책적 해답은 다소 차이가 있다. 하지만 이들은 공통적으로 적립배율(trust fund ratio)이라는 재정지표를 사용하여 국민연금제도 재정의 안전성 및 안정성을 검증하고 있다. 부언하면 매년(미국), 3년마다(캐나다) 그리고 5년마다(한국, 일본, 영국) 국민연금의 장기재정추계를 실시하며, 이 경우 적립배율이 대표적인 재정지표로 사용되며 아래와 같이 정의된다(영국은 60년, 미국과 캐나다는 모두 75년, 일본은 100년 그리고 우리나라는 70년 이상에 걸쳐 장기재정추계를 정기적으로 실시하고 있음). 즉,

- 당해회계연도 (기금)적립배율 $= \dfrac{\text{직전회계연도}(t-1)\text{ 말 적립기금}}{\text{당해회계연도}(t)\text{ 지출총액}} = \dfrac{F_{t-1}}{B_t}$

부연 설명하면, 평가연도(보고연도) 말 현재 보유하고 있는 적립금(F_{t-1})으로 향후 몇 년간 지출을 충당할 있을 것인가를 예측하는 재정지표로 주로 사용된다. 또한 적립금 고갈년도를 추정하는 주요 지표로도 활용성이 높다.

상기의 국가들은, 다소의 차이가 있지만, 이러한 재정추계과정을 거쳐 재정추계기간 중에는 기금의 고갈 없이, 그리고 추계가 끝나는 시점에 적립배율이 목표치(예: 100%, 200% 등)에 도달할 수 있는 재정안정화 계획을 수립하게 된다. 예를 들어, 부과방식비용률(K_t), 급여비용 수준(B_t), 연금수급연령(pen-

---

1) 예비기금은 크게 3가지 유형으로 분류된다. 즉, 완충기금(precautionary funds), 평활기금(smoothing funds) 그리고 영구기금(permanent funds)이다. 이들에 대한 내용은 제6장에서 설명하고 있다.

sionable age)을 조정하거나 이들을 혼합하여 조정하는 등의 재정안정화 조치를 취하게 된다. 적립배율 100%는 차기연도에 예상되는 총 지출액을 미리 확보한다는 의미이다.

한편, 퇴직연금제도에서 사용자가 급여 발생분에 대한 지속적 지급능력(continued solvency)을 갖추고 가입자 간의 지속적 선의(continued goodwill)를 보장할 수 있다면 부과방식을 적용할 수 있다. 그러나 사용자의 지급능력위험, 파산위험, 적대적 인수합병위험 등 기업 환경을 둘러싼 다양한 재무적 위험에 노출되어 있기 때문에 부과방식을 적용하는 것은 현실적으로 불가능하다. 이러한 이유로 어느 정도의 유동성기금을 추가 보유하는 것이 최근 추세이다.

그림 4-3 PAYG 현금흐름 구조

$\{C(t)\}$ → 연기금자산(적립금) $\{F(t) \cong 0 : C(t) \cong B(t)\}$ → $\{B(t)\}$

〈선인의 균형재정 지혜〉

: 김육(金堉, 1580년~1658년 9월)의 양입위출(量入爲出)

• 양입위출(量入爲出)의 어원

수입(收入)에 맞게 지출한다는 의미로 그 원말은 양입이위출(量入以爲出)이며 양입계출(量入計出)로 사용하기도 한다. 출전은 <예기(禮記)> 제5왕제(王制)에서 발췌한 것으로, 『주(周)나라 육관의 책임자인 총재는 나라의 경비를 정하는 경우에 반드시 추수가 끝나 오곡(五穀)이 다 들어온 다음에 그 비용을 결정하여야 한다. 또한 땅의 크고 작음을 따지고, 그 해의 풍작과 흉작을 보아서 향후 30년간의 상황을 통산하여 나라의 경비를 정하고, 수입을 헤아려 지출을 정한다』는(즉, 量入以爲出) 조세정책을 말한다.

• 조선시대의 양입위출

양입위출의 원칙은 수입을 먼저 책정한 다음에 그 수입액을 기준으로 지출을 조정하는 조선시대 조세정책이다. 세입세출의 균형이 이루어지도록 건전한 예산수립이 되어야 한다는 것을 의미한다. 당시의 양입위출 원칙을 지출 측면에서 보면 수입의 3분의 1은 저축하고 나머지 3분의 2만을 지출하는 것을 의미한다. 1년에 수입의 3분의 1씩 저축하면, 3년 후에는 1년간 소비할 수 있는 저축이 가능해진다. 이렇게 30년을 운영하면 10년치(즉,

기금적립배율 10에 해당하는) 적립금을 미리 확보할 수 있게 된다. 이것이 조선 초기 정도전의 부국론이었으며, 농업생산력을 제고하여 수입을 늘리고 재정지출에서 절약을 병행함으로써 예비재정을 확보하는 것이다. 김육(金堉)은 이러한 양입위출에 근거한 대동법의 시행을 주장한 대표적 인물로서, 대동법은 그가 죽은 후에 전국적으로 실시되었으며 국가수입 증대, 농민의 조세부담 감소 그리고 상업 활동 활성화 등이 이루어졌다고 한다.

• **균형재정 관점에서의 평가**
김육의 "양입위출" 조세정책은 조세의 연간 수입과 연간 지출의 균형을 유지하는 완전부과방식에 근거하고 있지만, 향후 조세 수지의 악화에 대비하여 매년 일정 수준의 조세절감을 통하여 이를 중장기 준비금 재원으로 매년 축적하는 부분적립방식을 제안한 것으로 이해할 수 있다. 여기서 김육의 적립목표는 기금적립배율 1000% 수준임을 알 수 있다. 이는 향후 조세 재정의 일시적 변동에 대비한 예비기금 혹은 유동성기금의 성격보다는 일정 수준의 부분적립금을 중장기적으로 확보하려는 취지로 파악된다.

2) 적립방식(Funding Methods)

부과방식에 배치되는 개념으로, 약정한 확정급여산정식에 의해 발생한 총급여(즉, 연금채무)를 평가하여 사전에 연기금을 적립하는 재원조달방식을 말한다. 적립방식은 부분적립방식과 완전적립방식으로 구분된다. 확정급여형 사적연금제도는 해당 연금제도의 연속성 그리고 부담금 주체(sponsor)의 항시적 재무능력을 보장할 수 없다. 이러한 이유로 100% 적립을 원칙으로 하는 완전적립방식을 주로 채택한다.

① 완전적립방식(full funding methods)

적립비율(=연기금자산(적립금) 평가액 ÷ 연금채무 평가액)이 매 평가시점마다 100%가 되도록 연금재원을 사전적으로 확보하는 연금재정방식이다. 아래와 같은 연기금자산 및 연금채무 성장방정식을 설정하여 살펴보면, 매 평가시점 $\forall\, t=1,2,3,\ldots$에 대하여,

- $AL_{t+1} = (1+i) \times (AL_t + NC_t - EB_t)$
- $F_{t+1} = (1+i_{t+1}) \times (F_t + C_t - B_t)$

여기서

i : 예상이율 그리고 i_{t+1}: $(t, t+1)$기간의 연기금 투자수익율을 각각 나타낸다.

따라서 $AL(t)-F(t)=0$ 혹은 적립비율$(\frac{F(t)}{AL(t)})=100\%$

완전적립방식은 위 관계식이 연금수리적 관점에서 항시적으로 성립하도록 부담금 확보 계획 $\{C(t)\}$을 수립하는 것을 원칙으로 하는 재원조달방식이다. 매 평가시점마다 상기 관계가 성립하는 것은 아니기 때문에 매 시점마다 목표 적립비율을 100%로 설정하여 부담금 수준을 결정하게 된다. 확정급여형 사적연금제도는 완전적립방식을 주로 채택하고 있으며, 제도 도입단계에는 $\frac{F(t)}{AL(t)}<100\%$이지만, 제도가 성숙됨에 따라 점차적으로 $\frac{F(t)}{AL(t)}\cong 100\%$가 되도록 운영하는 것을 원칙으로 한다.

다음 절에서 다룰 적립방식은 공통적으로 연기금을 100% 완전 적립하는 것을 원칙으로 개발된 것([그림 4-4] 참조)으로 매우 다양한 적립방식이 존재한다. 연금수리학에서 적립방식이라 함은 통상적으로 완전적립방식을 의미한다.

그림 4-4 완전적립방식 현금흐름 구조

$\{C(t)\}$ →
$\{I(t)\}$ →

적립비율
$\left\{\frac{F(t)}{AL(t)}\cong 100\%\right\}$

→ $\{B(t)\}$

② 부분적립방식 또는 수정적립방식(partial funding methods)

부분적립방식은 연금수리 관점에서 특별한 의미를 가지는 것은 아니며, 단지 목표 적립비율을 100%보다 낮게 설정하는 재원조달방식을 말한다. 따라서 적립의 특성은 부과방식과 완전적립방식의 혼합형으로 이해할 수 있으며, 부분적립비율(θ)은 시간이 경과함에 따라 일정하게 유지되기 보다는 변동함이 일반적이다. 따라서 부분적립비율 $0<\theta_t<1$에 대하여 다음과 같이 나타낼 수 있으며, 일반적으로 θ_t가 60% 내외에서 유지되어야 부분적립방식(수정적립방식)의 특성이 강하다고 말한다.

- 부분적립방식(t) = $\theta_t \times$ 완전적립방식 + $(1-\theta_t) \times$ 완전부과방식

부분적립방식은 연금제도를 운영함에 따라(제도가 성숙해 짐에 따라) 적립비율이 상승하여 완전적립방식으로 수렴하는 경우와 적립비율이 체감하여 완전부과방식으로 수렴하는 경우로 나누어 생각할 수 있다.

예를 들어, 우리나라의 퇴직연금제도는 현재 부분적립방식으로 운영되지만 점차적으로 완전적립방식으로 전이되는 구조를 갖는다. 즉, $\theta_t < \theta_{t+1} < \cdots < \theta_{t+n} \cong 1$. 반면에 국민연금제도는 현재 부분적립방식이지만 점차적으로 완전부과방식으로 전이될 것으로 예상되고 있다. 즉, $\theta_t > \theta_{t+1} > \cdots > \theta_{t+n} \cong 0$.

그러므로 재원 조달 규모 또한 위의 적립 특성에 의해 산출된다. 즉,

$$
\begin{aligned}
\bullet\ C(t) &= \theta_t \times C(t: full) + (1-\theta_t) \times C(t: payg) \\
&= \theta_t \times C(t: full) + (1-\theta_t) \times B(t: payg)
\end{aligned}
$$

여기서

$C(t: full)$은 완전적립방식에서 요구되는 부담금 수준을 의미하며, $C(t: payg)$ $(= B(payg))$는 완전부과방식에서 요구되는 부담금 수준(=급여 지출액)을 나타낸다.

그림 4-5 부분적립방식 현금흐름 구조

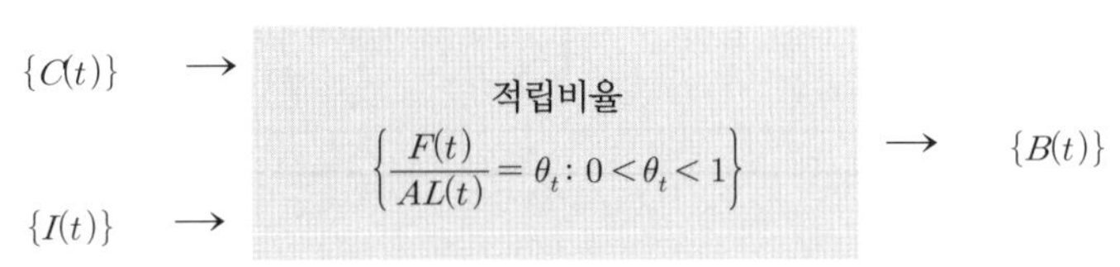

참고로, 사적연금제도에서 부분적립방식을 원칙으로 적용하는 경우에는 가입자의 연금수급권을 보장하기 위한 별도의 지급보장장치를 요구하기도 한다. 이는 가입자의 연금수급권을 완전적립방식에서처럼 상당 수준 보호하기 위한 정부적 차원의 조치로 이해할 수 있다. 대표적으로, 미국은 근로자퇴직소득보장법(ERISA)에 의해 1974년 9월 노동부 산하에 설립된 연금지급보증공사(Pension Benefit Guaranty Corporation, PBGC)에서 운영하는 제도종료보험

(termination insurance)에 가입할 것을 요구한다. 그리고 기업의 파산으로 연금 지급 불능상태가 되면 해당 연기금을 PBGC가 인수하여 일정 한도 이내에서 미적립분을 지급보장한다. 영국도 미국의 PBGC를 기본 모델로 하여 2005년 4월에 연금보호기금(Pension Protection Fund, PPF)을 설립하였으며 운영의 기본 틀은 미국과 유사하다. 한편, 독일에서는 부분적립방식으로 운용되는 연금제도에 대해 (정부에 의해 허가된) 생명보험사가 출연하여 공동으로 운영하는 지급불능보험(insolvency insurance)에 의무적으로 가입하도록 규정하고 있으며, 현재는 룩셈부르크도 가입되어 있다.

③ 부과방식 vs. 적립방식 비교

완전부과방식의 재정특성 그리고 적립방식의 적립특성은 위에서 살펴본 바와 같이 재원조달 방법론의 차이에 기인한다. [그림 4-6]과 같이 이러한 재원조달의 결과는 바로 이들의 차이점으로 해석할 수 있다.

그림 4-6 재원조달 특성: 부과방식 vs. 적립방식

<table>
<tr><td rowspan="2">연금채무
$AL(t)$</td><td>미적립채무
(unfunded liability)
$UL(t)$</td></tr>
<tr><td>연금자산
(pension fund assets)
$F(t)$</td></tr>
</table>

완전부과방식의 경우 적립금 수준이 유동성 관리차원에서 머물게 되며, 반대로 연금충당부채는 발생급여의 계리현가와 비슷한 수준이 된다. 즉,

- $F(t) \approx 0 \ \ \& \ \ AL(t) \approx UL(t)$

한편 완전적립방식의 경우는 발생급여에 해당하는 적립재원을 충분히 마련한 경우로 완전부과방식과는 완전히 다른 재원조달 결과에 도달한다. 즉,

- $AL(t) = F(t) \ \ \& \ \ UL(t) = 0$

다음으로 부분적립방식의 경우는 위 재원조달 결과들의 혼합형으로 이해할 수 있다. 즉,

- $AL(t) > F(t) > 0$ & $UL(t) > 0$

다음 절에서는 이러한 재원조달 결과가 가입자 입장에서는 어떠한 장점이 있는지에 대해서 수리모형을 통하여 검증하기로 한다.

2. 완전부과방식과 완전적립방식의 비교우위

완전부과방식과 완전적립방식의 비교 우위에 대한 연구는 경제학뿐만 아니라 연금수리에서도 주요 관심 대상이다. 사회보험에 대한 가입자의 경제적 효율성분석은 Samuelson(1958) 및 Aaron(1966)에 의해 제기된 사회보험역설(social insurance paradox)에 학문적 근거를 두고 있다. 사회보험역설은 완전부과방식과 완전적립방식의 비교우위를 분석함으로써 제기되는 내용이며, 비교우위의 분석도구로 신규가입자의 생애순소득(net lifetime incomes) 혹은 내부수익률(internal rate of return)을 주로 사용한다. 생애순소득 비교는 주로 경제학자들에 의해 채용되는 비교기준이지만, 여기서는 연금수리적 접근을 따르기로 한다. 여기에서 생애소득은 확정급여형 연금제도에 가입시점에서 근로기간에 창출되는 근로소득 그리고 퇴직기간에 수급하는 연금소득 등 전 생애기간에 걸쳐 발생하는 순현금흐름의 계리현가로 정의된다.[2] 비교 분석을 위한 기본 가정을 먼저 설정한다.

1) 기본가정

- 단위기간은 1년이며, 현금흐름은 연초에 발생한다.
- (25)인 가입자는 25세에 가입하여 65세에 정상 퇴직한다. 즉, 근로기간(25세~64세) 그리고 퇴직기간(65세~$\omega-1$세)
- 가입시점($t=0,1,2,\ldots$)의 근로소득은 $w(t)$이며, 근로소득 증가율은 $h(>-1)$로서 매년 일정하게 증감한다(단, 연공서열에 의한 소득증가는 없음).[3]

---

2) 성주호 · 최기홍(2008)의 보험금융연구 게제논문을 요약하고 수정, 보완하여 재기술하였다.

3) 일정시점 t에서의 연령별 근로소득을 $w(t,x)$라고 하면,

- 연금대체율은 퇴직시점의 근로소득 대비 $\beta\,(0<\beta<1)$로서 종신연금을 수령한다(단, 중도탈퇴급여가 없는 정상퇴직 종신연금만 고려함).
- 퇴직기간중의 연금소득 성장률은 근로소득 증가율(h)과 동일하다.[4)]
- 적용되는 예상이자율은 $i\,(>0)$이다.
- 가입자의 연령별 증가율은 $\lambda\,(>-1)$로서, 매년 전 연령에 대하여 일정하게 증가하는 안정구성원(stable membership)을 형성한다. 즉,
  $l_x(t)=l_x(t-1)\times(1+\lambda),\ \forall x$

2) 수지상등에 의한 부담률 산출

비교 우위 분석을 위하여 완전적립방식 및 완전부과방식 각각에 대한 합리적 부담률을 먼저 산출한다. 완전적립방식 최적부담률(π_F)은 (25)인 가입자의 가입시점 t에서 근로기간 부담금유출의 계리현가와 퇴직기간의 노령연금 유입의 계리현가가 일치하는 부담률이다. 즉,

$$\bullet\ \pi_F\times w(t)\times\left[\sum_{x=25}^{64}{}_{x-25}p_{25}\times\left(\frac{1+h}{1+i}\right)^{x-25}\right]$$
$$=\beta\times w(t)\times\left[\sum_{x=65}^{\omega-1}{}_{x-25}p_{25}\times\left(\frac{1+h}{1+i}\right)^{x-25}\right]$$

위 산식에 $1+i^*=\dfrac{1+i}{1+h}\left(i^*=\dfrac{i-h}{1+h}\right)$ 관계식을 이용하여 간략히 표현하면,

$$\bullet\ \pi_F\ =\ \beta\times\frac{\displaystyle\sum_{x=65}^{\omega-1}{}_{x-25}p_{25}\times\left(\frac{1}{1+i^*}\right)^{x-25}}{\displaystyle\sum_{x=25}^{64}{}_{x-25}p_{25}\times\left(\frac{1}{1+i^*}\right)^{x-25}}\equiv\beta\times\Phi(i^*)$$

다음으로, 완전부과방식 최적부담률(π_P)을 도출한다. 산출시점 t에서 가입근로자 총 보수 대비 일정비율로서 연금수급자의 총 연금액이 일치하도록 산출된다. 즉,

---

$w(t,25)=w(t),\ w(t,26)=(1+h)\times w(t-1,25)=w(t),$
$\ldots,\ w(t,64)=(1+h)^{39}\times w(t-39,25)=w(t)$

4) 연공서열을 고려하지 않은 가정에 대한 보완적 상쇄 효과(trade-off effects)를 가진다.

- $\pi_P \times w(t) \times l_{25}(t) \times [\sum_{x=25}^{64} {}_{x-25}p_{25} \times \left(\frac{1}{1+\lambda}\right)^{x-25}]$

  $= \beta \times w(t) \times l_{25}(t) \times [\sum_{x=65}^{\omega-1} {}_{x-25}p_{25} \times \left(\frac{1}{1+\lambda}\right)^{x-25}]$

따라서,

- $$\pi_P = \beta \times \frac{\sum_{x=65}^{\omega-1} {}_{x-25}p_{25} \times \left(\frac{1}{1+\lambda}\right)^{x-25}}{\sum_{x=25}^{64} {}_{x-25}p_{25} \times \left(\frac{1}{1+\lambda}\right)^{x-25}} \equiv \beta \times \Phi(\lambda)$$

위에서 도출된 두 최적부담률 π_F, π_P 중 어느 것이 가입자의 입장에서 유리한지 여부는 $\Phi(i^*), \Phi(\lambda)$의 대소에 의해 결정됨을 알 수 있다.

아래 <정리>에 의해 $\Phi(i^*), \Phi(\lambda)$는 각각 i^*, λ에 대하여 감소함수이다. 따라서 우리는 다음과 같은 결론을 도출할 수 있다. 즉,

- $i^* (= \frac{i-h}{1+h}) < \lambda \iff \pi_F > \pi_P$

부담금 수준의 관점에서 「1+예상이율(i) < (1+가입자증가율(λ))×(1+근로소득증가율(h))」가 성립하면 합리적 의사결정자는 적립방식보다 부과방식을 더 선호한다는 것이다.

〈정리: 함수 $\Phi(z)$는 z에 대하여 감소함수이다〉

임의의 독립변수 z에 대하여,

$$\Phi(z) = \frac{\sum_{x=r}^{\omega-1} {}_{x-a}p_a \times v(z)^{x-a}}{\sum_{x=a}^{r-1} {}_{x-a}p_a \times v(z)^{x-a}} = \frac{\sum_{x=r}^{\omega-1} {}_{x-a}p_a \times v(z)^{x}}{\sum_{x=a}^{r-1} {}_{x-a}p_a \times v(z)^{x}} \equiv \Omega[v(z)]$$

여기에서, a는 가입연령, r은 퇴직연령, 그리고 $v(z) = \frac{1}{1+z}$을 각각 의미한다($a < r < \omega$).

$$\frac{d\Omega[v(z)]}{dv(z)}$$

$$= \frac{\left({}_{r-a}p_a \times r \times v(z)^{r-1} + {}_{r+1-a}p_a \times (r+1) \times v(z)^{r} + \dots + {}_{\omega-1-a}p_a \times (\omega-1) \times v(z)^{\omega-2}\right) \times \left(\sum_{x=a}^{r-1} {}_{x-a}p_a \times v(z)^{x}\right)}{\left(\sum_{x=a}^{r-1} {}_{x-a}p_a \times v(z)^{x}\right)^2}$$

$$-\frac{\left(a\times v(z)^{a-1}+{}_{1}p_a\times(a+1)\times v(z)^a+\ldots+{}_{r-1-a}p_a\times(r-1)\times v(z)^{r-2}\right)\times\left(\sum_{x=r}^{\omega-1}{}_{x-a}p_a\times v(z)^x\right)}{\left(\sum_{x=a}^{r-1}{}_{x-a}p_a\times v(z)^x\right)^2}$$

$$=\frac{{}_{r-a}p_a\times(r-a)\times v(z)^{a+r-1}+{}_{r-a}p_a\times{}_{1}p_a\times(r-a)\times v(z)^{a+r}+\ldots+{}_{\omega-1-a}p_a\times{}_{r-1-a}p_a\times(\omega-r)\times v(z)^{\omega+r-3}}{\left(\sum_{x=a}^{r-1}{}_{x-a}p_a\times v(z)^x\right)^2}$$

$\dfrac{d\Omega[v(z)]}{dv(z)}>0$ 임을 알 수 있다($\because a<r<\omega$). 따라서 $\Omega[v(z)]$는 $v(z)$에 대하여 증가함수이고 $v(z)$은 z에 대하여 감소함수이다. 결론적으로, $\Omega[v(z)]$는 z에 대하여 감소함수이므로 $\Phi(z)$ 또한 z에 대하여 감소함수이다.

3) 생애소득 비교우위

거시경제학의 생애소득 정의와 동일한 관점에서 (x)인 신규가입자의 가입시점(t)에서 근로기간 및 퇴직기간(즉, 생애기간)에 걸쳐 발생하는 순현금소득의 계리현가를 정의한다. 산출한 최적부담률 π_F, π_P을 각각 적용하여 완전적립방식 생애소득(LI_F라고 표기함)과 완전부과방식 생애소득(LI_P라고 표기함)을 산출하여 보면,

- $$\begin{aligned} LI_F &= (1-\pi_F)\times w(t)\times\sum_{x=25}^{64}{}_{x-25}p_{25}\times v(i^*)^{x-25} \\ &\quad+\beta\times w(t)\times\sum_{x=65}^{\omega-1}{}_{x-25}p_{25}\times v(i^*)^{x-25} \\ &= w(t)\times\sum_{x=25}^{64}{}_{x-25}p_{25}\times v(i^*)^{x-25} \end{aligned}$$

- $$\begin{aligned} LI_P &= (1-\pi_P)\times w(t)\times\sum_{x=25}^{64}{}_{x-25}p_{25}\times v(i^*)^{x-25} \\ &\quad+\beta\times w(t)\times\sum_{x=65}^{\omega-1}{}_{x-25}p_{25}\times v(i^*)^{x-25} \\ &= LI_F-\beta\times w(t)\times\left(\sum_{x=25}^{64}{}_{x-25}p_{25}\times v(i^*)^{x-25}\right)\times\left(\Phi(\lambda)-\Phi(i^*)\right) \end{aligned}$$

따라서 합리적 의사결정자는 $\Phi(\lambda), \Phi(i^*)$의 대소 관계에 의해 완전부과방식 혹은 완전적립방식 선호 여부를 결정하게 된다. 상기의 <정리>에 의해

- $i^*(=\frac{i-h}{1+h}) < \lambda \Leftrightarrow 1+i < (1+\lambda)\times(1+h) \Leftrightarrow LI_F < LI_P$

즉, "1+예상이율(i) < (1+가입자증가율(λ)) × (1+근로소득증가율(h))" 관계가 성립하면 합리적 의사결정자는 완전부과방식을 더 선호하게 된다. 위와 같은 관계식이 성립하는 인구구조와 경제구조를 갖는 사회는 바로 사회보험역설이 실현되는 사회이다. 이와 같은 측면을 강조하여 Samuelson(1915~2009)은 인구증가율을 생물학적 이자율이라고 표현한 바 있다. 참고로 거시경제학적 비교 분석은 생사관련 확률을 고려하지 않는다는 점에서 만 차이가 있다(상기 모형에서 ${}_{x-25}p_{25}=1,\ \forall x$을 적용함).

〈생물학적 이자율(Biological Interest Rate)〉

1970년 노벨경제학 수상자 P. A. Samuelson(1915~2009)에 의해 처음으로 도입된 개념으로 인구증가율을 뜻한다. 그는 신규 가입자의 생애소득 비교를 통하여 부과방식의 사회보험과 적립방식의 사회보험 간 비교우위를 분석하였다. 인구증가율 혹은 가입자증가율이 높으면 높을수록 부과방식에 의한 사회보험 운영이 적립방식보다 가입자의 경제적 복리를 증진시킨다는 분석 결과를 1958년에 발표하였다. 여기에서 그는 인구증가율을 생물학적 이자율이라고 정의하고, 일정 수준 이상의 인구증가율이 지속된다면 부과방식에 의한 사회보험 운영체계가 적립방식보다 효율성이 높다는 사회보험역설(social insurance paradox)을 제시한 것이다.

자료: 퇴직연금용어 해설서(성주호, 2011)에서 발췌함.

4) 내부수익률 비교우위

내부수익률(internal rate of return)은 투자안의 경제성 분석을 위해 개발된 순현재가치(net present value, NPV) 분석과 함께 보편적으로 사용되는 분석도구이다. 내부수익률은 아래와 같이 어떤 투자로부터 예상되는 현금유입의 현가와 예상되는 현금유출의 현가를 같게 하는 할인율을 말하며 또는 다음과 같이 예상되는 순현금흐름(net cash flows. NCF)의 현가를 0으로 만드는 할인율(r)로 정의된다.

- $NPV=\sum_{t=0}^{n}\frac{NCF_t}{(1+r)^t}=0$

공적연금제도는 가입자 관점에서 근로기간의 보험료 투자와, 은퇴 이후의 종신 연금액의 회수라는 일종의 금융투자로 생각할 수 있다. 그러므로 공적연금제도에서 내부수익률에 의한 경제성 비교 분석은 그 의의를 가진다. 먼저 완전적립방식 내부수익률(r_F라고 표기함)은 최적보험료율(π_F)에 의한 현금 유출흐름과 연금수령으로 인한 현금 유입흐름의 계리현가를 일치시키는 할인율로 정의된다.

- $$\pi_F \times w(t) \times \left[\sum_{x=25}^{64} {}_{x-25}p_{25} \times \left(\frac{1+h}{1+r_F} \right)^{x-25} \right]$$
$$= \beta \times w(t) \times \left[\sum_{x=65}^{\omega-1} {}_{x-25}p_{25} \times \left(\frac{1+h}{1+r_F} \right)^{x-25} \right]$$

상기 r_F대신에 예상이율(i)을 대입하면 완전적립방식 최적부담률 산출과정과 일치함을 알 수 있다. 이는 예상이율만큼 매년 재투자수익률을 보장하고 있다는 의미이다. 같은 방법으로 완전부과방식 내부수익률(r_P라고 표기함)은 아래의 식을 만족하는 할인율임을 알 수 있다.

- $$\pi_P \times w(t) \times \left[\sum_{x=25}^{64} {}_{x-25}p_{25} \times \left(\frac{1+h}{1+r_P} \right)^{x-25} \right]$$
$$= \beta \times w(t) \times \left[\sum_{x=65}^{\omega-1} {}_{x-25}p_{25} \times \left(\frac{1+h}{1+r_P} \right)^{x-25} \right]$$

$$\pi_P = \beta \times \frac{\sum_{x=65}^{\omega-1} {}_{x-25}p_{25} \times \left(\frac{1+h}{1+r_P} \right)^{x-25}}{\sum_{x=25}^{64} {}_{x-25}p_{25} \times \left(\frac{1+h}{1+r_P} \right)^{x-25}}$$

$$= \beta \times \frac{\sum_{x=65}^{\omega-1} {}_{x-25}p_{25} \times \left(\frac{1}{1+k} \right)^{x-25}}{\sum_{x=25}^{64} {}_{x-25}p_{25} \times \left(\frac{1}{1+k} \right)^{x-25}}$$

$$\equiv \beta \times \Phi(k), \quad 1+k = \frac{1+r_P}{1+h}$$

앞에서 도출한 완전부과방식 최적부담률($\pi_P = \beta \times \Phi(\lambda)$)과 비교하면, 다음과 같은 관계식을 얻을 수 있다.

- $\Phi(\lambda)=\Phi(k),\ k\equiv\frac{r_P-h}{1+h} \Leftrightarrow \lambda=\frac{r_P-h}{1+h} \quad \Leftrightarrow \quad r_P=(1+\lambda)\times(1+h)-1$

완전적립방식에서처럼 완전부과방식 또한 "(1+가입자증가율(λ))×(1+임금성장률(h))−1" 만큼의 재투자수익률을 보장함을 의미이다.

결론적으로 내부수익률의 비교우위는 생애소득 비교우위와 동일한 결과를 얻는다. 즉,

- $1+i < (1+\lambda)\times(1+h) \Leftrightarrow r_F < r_P$

마지막으로 공적연금은 일종의 강제저축의 성격을 가지고 있고, 세대 간 및 세내 간 연대성(소득재분배) 기능이 상당부분 포함될 경우 가입자별 연금소득의 차이가 발생한다. 따라서 가입자 개개인의 기여금에 따른 내부수익률 비교기준이 상당부분 설득력 있는 판단기준으로 활용될 수 있다.

5) 내부수익률 범용성

이상에서 살펴본 바와 같이 내부수익률은 현재 제도 가입자가 내고 있는 보험료와 수급하게 될 연금액의 총 금액을 같게 만드는 할인율이다. 달리 말하자면 수지비율(benefit cost ratio)을 1로 만들어 주는 할인율로서, 가입기간 동안 납부한 총 보험료의 계리현가와 수급기간 동안 받은 총 연금액의 계리현가의 비율을 1로 만드는 할인율이다. 이는 결국 가입기간 동안 적립금 운용을 통해 내부수익률만큼의 수익을 올리게 되면 수급자의 급여를 충당할 수 있다는 의미이기도 하다.

최근 공적연금 재정평가 시에 재정지표 중 하나로 연령별 내부수익률을 첨가하는 추세이다. 이를 통하여 어떠한 세대 혹은 어떠한 연령이 상대적으로 더 많은 혜택을 받고 있는지를 제시하는 중요한 지표로 활용되기도 한다. 대표적인 사례로 미국과 캐나다를 들 수 있다(현재까지 우리나라의 모든 공적연금제도는 내부수익률을 제시한 바가 없음).

미국의 국민연금제도 OADSI는 1935년 사회보장법의 제정으로 1937년부터 기금적립이 시작되었고, 1940년부터 급여가 지급되기 시작하여 현재 미국

사회보장제도의 근간을 이루고 있는 제도이다. OASDI는 직전 년도의 기금운영상황과 단기(10년)재정추계, 장기(75년)재정추계를 매년 시행하고 있고, 이와는 별도로 2005년부터 해마다 연령별, 소득수준별, 가족구성원별 등 다양하게 세분화하여 내부수익률을 제시하고 있다. 캐나다의 경우 1966년 도입된 소득비례연금인 캐나다연금제도(CPP)는 3년마다 장기(75년)재정평가를 시행하고 있는데, 최근 재정평가 시 내부수익률을 추가로 제시하여 각 세대가 어느 정도의 혜택을 누리고 있는지를 평가하고 있다. 유의할 점은 내부수익률에 의한 비교분석을 실시할 경우 예상되는 현금흐름이 (+)와 (−)로 두 번 이상 변경되는 비정상적 현금흐름(flip flop cash flows)이 발생할 경우 여러 개의 내부수익률이 존재할 수 있어 분석의 오류를 범할 수 있다는 점이다.

3. 적립방식 요건

이미 언급한 바와 같이 이상적인 적립방식은 모두 완전적립방식을 의미한다. 실제로 다양한 적립방식이 개발되어 사용되었지만, 합리적인 적립방식은 아래와 같은 4가지 요건을 상당 수준 이상 갖추어야 한다. 즉, 기금 안전성, 부담금 안정성, 부담금 항상성, 부담금 유연성이 위의 4가지 요건에 해당한다. 참고로, 적립방식의 영어식 표현은 "Actuarial Cost Methods" 또는 "Actuarial Funding Methods"가 주로 사용된다. 전자는 주로 미국에서 사용되는 표현으로 Cost는 다분히 회계적 의미를 강조한 표현이다. 반면에 후자는 영국에서 주로 사용되는 표현으로 Funding은 연금수리 의미를 강조한 것이다.

1) 기금 안전성(fund solvency: FS)

연금채무를 상당부분 충족할 수 있을 정도로 적립에 충실한 적립방식이어야 한다. 가입자의 최대 관심사인 급여수급권(benefit security)을 항시적으로 보장할 수 있고, 아울러 "지급능력리스크(solvency risk)"를 최소화할 수 있는 적립방식이어야 한다. 이를 반영하는 연금수리모형은 아래와 같이 구축할 수 있으며,[5] 이를 실현할 수 있는 적립방식에 의해 부담금계획 $\{C(t): t=0,1,\dots,n\}$

5) Haberman & Sung(1994, 2002, 2005), Chang & Chen(2002) 등에 의해 주로 연구된 모형이다.

을 정기적으로(예를 들어, n기간마다) 실시하여야 한다.

- $\underset{\{C(t):t=0,1,...,n\}}{Min} \sum_{t=0}^{n} v^{t+1} \times E\{(F(t+1)-AL(t+1))^2 \times I_{\{F(t+1)<AL(t+1)\}}\}$

혹은

- $\underset{\{C(t):t=0,1,...,n\}}{Min} \sum_{t=0}^{n} \Pr\{F(t+1)<AL(t+1)\}$

여기서 $I_{\{F(t)<AL(t)\}} = \begin{cases} 1 \text{ if } F(t) < AL(t) \\ 0 \text{ if } F(t) \geq AL(t) \end{cases}$ 와 같이 정의된다.

상기 식은 향후 발생할 미적립상태(즉, $F(t) < AL(t)$)에 대하여 제곱 승을 함으로써 일정한 벌칙을 부여하는 것을 성과지표(performance index)로 설정하고 있다. 이를 최소화하는 부담금 계획(계획기간 n)을 정기적으로 수립하여 적립의 충분성을 확보하여야 한다. 이는 기업의 도산 또는 인수·합병 등 경영상의 악화로 해당 연금제도를 지속적으로 유지할 수 없을 가능성에 대비하여 발생한 연금채무를 항시적으로 보상할 수 있는 재원조달계획을 사전적으로 미리 작성하여야 한다는 의미이다. 위와 같이 특정 관리기간 n에 대하여 미리 미적립상태를 최소화하는 적립방식을 구현하는 것은 적립방식이 단기적 재원조달계획이기 보다는 중장기적 재원조달계획임을 시사한다. 한편, 적립방식은 자산운용의 성과에 의해 연기금 $\{F(t): t=1,2,...,n+1, F(0)\, given\}$이 영향을 많이 받기 때문에 안정적 투자수익을 유지 관리하는 전략과 병행되어야 한다. 즉, 일정한 목표 적립비율(예: $\left\{\frac{F(t)}{AL(t)} = 100\% : t=1,2,...,n,\ \frac{F(0)}{AL(0)} given\right\}$ 을 성취하면, 소극적 자산운용(passive asset management) 및 보수적 계산기초(conservative actuarial assumptions) 환경하에서 적립방식이 수행되어야 한다. 이러한 보수적 환경설정은 사용자에게 다소 재정 부담이 많아지는 단점이 있지만 향후 실질(경제적, 인구통계적) 경험의 악화에 대비하는 장기적 효과를 기대하기 위한 것이다. 이와 같은 재정 환경이 달성되면 ALM[6]적 적립방식이 성취되었다고 한다. 참고로, 국민연기금의 재원고갈문제는 부담금 수준의 점차적인 상향조정(즉, 연차별 부담요율은 표준보수월액대비 1988~1992: 3%; 1993~

6) Asset & Liability Management.

1997: 6%; 1998~2010: 9%; 2010 후 5년마다 재조정), 국민연금급여율의 하향조정(즉, 생애평균급여율의 70%에서 40%로 하향조정) 및 연금수급연령을 연장(즉, 현행 60세에서 2033년에 65세로 연장) 등 정책적 변수를 조정함으로써 기금의 안전성을 도모하고 있다.

2) 부담금 안정성(contribution stability: CS)

장기적으로 부담금 현금흐름의 변동성을 최소화하는 적립방식이어야 한다. 이는 "부담금리스크(contribution risk)"를 최소화함으로써 부담금 현금흐름의 평활성을 중장기적으로 제고할 수 있어야 한다는 것이다. 실제로 기금 안전성이 가입자의 최대 관심사인 반면 부담금 안정성은 사용자의 최우선 관심사이다. 연금계리에서 확정되는 표준부담금 $\{NC(t)\}$은 논의의 대상이 아니며, 재정검증의 결과로 요구되는 특별부담금 $\{C(t)-NC(t)\}$의 변동성(즉, 부담금리스크)을 최소화할 수 있는 적립방식이어야 한다. 이를 반영하는 연금수리모형은 다음과 같이 구축할 수 있으며,[7] 이를 실현할 수 있는 적립방식에 의해 부담금계획 $\{C(t): t=0,1,...,n\}$을 정기적으로(예를 들어, n기간마다) 실시하여야 한다. 여기서 결정된 $\{C(t): t=0,1,...,n\}$는 직접적으로 연기금 $\{F(t): t=1,2,...,n+1, F(0)\, given\}$에 유입되어 기금 안전성에 영향을 미치게 된다.

- $$\underset{\{C(t):\, t=0,1,...,n\}}{Min} \sum_{t=0}^{n} v^t \times E\big\{ (C(t)-NC(t))^2 \times I_{\{NC(t)<C(t)\}} \big\}$$

혹은

- $$\underset{\{C(t):\, t=0,1,...,n\}}{Min} \sum_{t=0}^{n} \Pr\{ C(t) > NC(t) \}$$

위 식에서 $I_{\{NC(t)<C(t)\}} = \begin{cases} 1 & \text{if } NC(t) < C(t) \\ 0 & \text{if } NC(t) \ge C(t) \end{cases}$ 와 같이 정의된다.

기본개념은 적립방식에 의해 산출된 부담금의 현금흐름을 경제 및 인구의 변화에 대응하여 비교적 예정된 수준을 유지하도록 하여 부담금의 안정성을

---

7) Haberman & Sung(1994, 2002, 2005), Chang & Chen(2002) 등에 의해 주로 연구된 모형이다.

확보하여야 한다는 것이다. 갑작스런 환경변화 요인으로 부담금 수준의 등락폭이 심하게 되면 결국 경영주가 받아들일 수 있는 부담금 수준을 벗어나 사용자의 기업재무를 어렵게 할 가능성이 높다. 궁극적으로 확정급여형 연금제도는 재원 조달과 관련된 부담금리스크 그리고 재정검증과 관련된 지급능력리스크에 항시적으로 노출되어 있기 때문에, 연기금 자산운용과 병행하여 부담금 안정성을 확보하여야 한다. 일반적으로 이를 실현하는 자산운용전략이 바로 ALM적 접근이다. 실제로 이를 통하여 기금 안전성 및 부담금 안정성을 상당 수준 이상으로 실현할 수 있다.

3) 부담금 항상성(contribution durability: CD)

앞서 설명한 부담금 안정성은 연금제도가 계속적으로 운용된다는(즉, 신규 가입자가 지속적으로 있다는) 전제하의 개념이다. 부담금 항상성은 극단적인 부담금안정성개념이다. 이는 향후 신규 가입자가 없다고 전제할 경우에 사용자의 재무부담의 심각성 여부를 진단하는 기준으로 사용된다. 폐쇄형으로 운영되면 자연히 기존 가입자들의 평균연령 상승으로 재정적 부담률이 증가하게 된다. 즉, 기존의 개방형에 비해 단기적 부담률이 상승하는 문제가 발생하게 된다. 따라서 채택된 적립방식이 기업의 M&A, 연금제도의 일시적 혹은 영구적 폐쇄 등 극단적 환경 변화에도 지속적으로 적용될 수 있는 항상성이 있어야 한다. 다음 절에서 다루게 될 발생급여평가방식(accrued benefits valuation methods)이 일반적으로 예측급여평가방식(projected benefits valuation methods)보다 항상성이 높은 것으로 평가된다. 왜냐하면 매 평가시점마다 전자는 연금제도의 청산을 전제(winding-up approach)로 연금채무를 산정하는 반면, 후자는 연금제도의 지속 가능을 전제(going-concern approach)로 평가하기 때문이다.

실제로 기업의 M&A 또는 파산 등으로 상대 인수자는 인수하게 될 기존 연금제도를 하나의 단체(closed group)로 취급한다. 이 때 부담금 항상성은 기존의 적립방식이 평균연령 상승에 따른 연기금의 안전성문제로 부담금의 상승이 얼마나 요구되는지를 측정하는 개념으로 활용성이 높다. 예를 들어, 항상성이 높으면 M&A 대상 기업의 적립방식이 타당하다는 의미이며 M&A 이후에도 계속하여 기존의 적립방식을 적용할 수 있음을 시사한다. 결론적으로 항상성이 낮게 되면 기존의 적립방식을 변경하여야 한다. 일반적으로 예측급여평가방식을 채택하고 있었다면 발생급여평가방식으로 전환하여야 한다.

4) 부담금 유연성(contribution flexibility: CF)

적립방식에 의해 단기기간마다 산출되는 부담금 현금흐름 $\{C(t): t=0,1,\dots,n\}$ 그리고 자산운용에 의해 발생하는 투자수익 현금흐름 $\{I(t): t=0,1,\dots,n\}$ 등 총 현금유입액이 단위기간마다 발생하는 급여 현금흐름 $\{B(t): t=0,1,\dots,n\}$을 상쇄할 수 있을 정도의 유동성을 제공할 수 있는 유연한 적립방식이어야 한다. 지금까지 다른 적립방식의 요건들과 마찬가지로 유동성 역시 연기금의 투자포트폴리오 현금흐름과 깊게 관련되어 있음을 알 수 있다. 그러므로 유동성을 제고할 수 있는 적립방식은 아래와 같은 수리모형을 만족할 수 있어야 한다. 즉,

- $$\underset{\{C(t):\,t=0,1,\dots,n\}}{Min} \sum_{t=0}^{n} v^t \times E\left\{(C(t)+I(t)-B(t))^2 \times I_{\{C(t)+I(t)<B(t)\}}\right\}$$

혹은

- $$\underset{\{C(t):\,t=0,1,\dots,n\}}{Min} \sum_{t=0}^{n} \Pr\{C(t)+I(t)<B(t)\}$$

여기서 $I_{\{C(t)+I(t)<B(t)\}}=\begin{cases}1 & \text{if } C(t)+I(t)<B(t)\\ 0 & \text{if } C(t)+I(t)\ge B(t)\end{cases}$ 와 같이 정의된다.

상기와 같은 모형을 만족하게 되면 장기적으로 투자되는 연기금을 도중에 환매하는 투자리스크를 줄일 수가 있게 된다. 따라서 급여의 현금흐름에 부합하는 자산운용과 적립방식이 요구된다. 예를 들어, 연금제도가 초기단계인 경우는 급여의 현금흐름이 매우 낮기 때문에 유동성 문제가 발생할 개연성 또한 매우 낮을 것이다. 그러나 제도가 성숙됨에 따라 급여 유출이 빈번하게 발생하고 그 규모 또한 일정 수준 이상으로 유지되는 성숙단계에서는 유동성 문제에 대처할 수 있는 상기와 같은 적립방식이 요구된다. 물론 적립방식에 전적으로 의존할 수 없는 구조이므로 자산운용 또한 현금으로 전환이 빠른 투자자산(예: 단기 채권)의 비율을 늘려나가는 포트폴리오 전략이 필요하다.

5) 요약

연금재정방식, 특히 어떠한 적립방식을 적용할 것인가?하는 과정에서 노사 간의 이해갈등요소가 존재한다. 무엇보다 근로자는 향후 있을지도 모르는 사용자의 파산 및 M&A에 대비하여 기금 안전성을 제고할 수 있는 적립방식을 선호할 것이며 사용자는 향후 부담금 현금흐름의 장기적 안정성에 역점을 둘 것이다. 연금계리사는 이러한 갈등요소의 합의점을 도출할 수 있는 적립방식을 제시하여야 할 본연의 책임이 있다. 아울러 앞에서 언급한 네 가지 판단기준들은 모두 채택된 계산기초 그리고 연기금 투자전략에 의해 크게 영향을 받게 되므로 적립방식을 선택하기에 앞서 이러한 상황을 먼저 검토하여야 한다. 종합적으로 이상의 논의를 수리모형으로 표현하면 아래와 같이 구성할 수 있으며, 궁극적인 최선 혹은 최적의 적립방식은 이를 실현하는 적립방식이어야 할 것이다.

- $$\underset{\{C(t)\,:\,t=0,1,\ldots,n\}}{Max} \sum_{t=0}^{n} \{\theta_1 \times FS_t + \theta_2 \times CS_t + \theta_3 \times CD_t + \theta_4 \times CF_t\}$$

$$where \qquad \sum_{k=1}^{4} \theta_k = 1,\ \ 0 \le \theta_k \le 1$$

여기에서 θ_k는 상대적 중요도를 나타내는 가중모수(weighting parameter)이다.

마지막으로, 유의할 점은 현행 K-IFRS 체제에서 권고하고 있는 예측단위적립방식(PUC)은 표준부담금(NC) 및 연금채무(DBO)만을 산출하는 메커니즘이다. 그러므로 연금재정방식의 적합성을 결정하는(재정검증의 결과로 발생하는) 조정부담금(특별부담금 및 보충부담금)에 대한 적립원칙은 제공하지 못한다. 이러한 이유로 적립방식은 주적립방식(primary funding methods)과 보조적립방식(supplemental funding methods)으로 구성된다. 이에 대해서는 다음 절에서 다루게 된다.

Ⅱ 적립방식의 분류 및 개념

앞에서 설명한 바와 같이, 약정한 급여가 발생함에 따라 필요한 연금재원을 조달하는 연금재정방식은 부과방식, 부분적립방식, 완전적립방식으로 구분된다. 연금제도의 연속성을 보장할 수 없는 사적연금제도에서 관심대상은 연금채무 대비 100%의 연기금을 마련하는 것을 원칙으로 하는 완전적립방식이다. 이러한 이유로 적립방식(funding methods or actuarial cost methods)이라 함은 일반적으로 완전적립방식을 의미한다. 여기에서는 좀 더 구체적으로 연기금 재원을 충당하는 특성에 따라 어떻게 적립방식을 분류할 수 있는지 그리고 그 개념적 정의[8]에 대해 알아본다. 이번 절에서 다룰 적립방식별 분류 기준 및 개념적 정의는 다음 장에서 다룰 각종 적립방식의 수리모형을 이해하기 위한 기초지식에 해당한다.

1. 적립방식의 분류

적립방식이란 확정급여형(DB) 연금제도에서 약정한 확정급여산정식(predetermined benefit formula)에 의해 발생하는 미래 급여지급액을 확보하기 위한 합리적 재원조달 계획이라고 정의할 수 있다. 여기에서 합리적 재원조달 계획으로 인정받기 위한 요건들은 이미 앞에서 설명한 바와 같다. 즉, 과학적이고 사전적(事前的)이며, 예측 가능한 부담금을 산출하여 부담금 납입자의 재무적 부담을 분산하고 연금재정의 건전성을 일정 수준 이상 확보하기 위해 요구되는 조건들이다. 공적연금제도보다는 사적연금제도에서 주로 적용되며 연금채무에 상응하는 체계적인 연기금 조성 계획이다. 적립방식은 적립특성에 따라 아주 다양하게 개발되었으며 그 분류기준에 따라 다음과 같이 구분된다.

8) 퇴직연금용어 해설서(성주호, 2011)의 내용을 참조하여 수정 보완하였다.

○ 적립방식 분류: 주(主)적립방식 vs. 보조(補助)적립방식
  - 주적립방식 분류: 후일시금적립방식 vs. 사전적립방식
  - 보조적립방식 분류: 이연상각방식 vs. 손실상각방식

○ 사전적립방식 분류: 선일시금적립방식 vs. 정기적립방식 vs. 완결적립방식
  - 정기적립방식 분류 I: 개별적립방식 vs. 통합적립방식
  - 정기적립방식 분류 II: 예측급여적립방식 vs. 발생급여적립방식

위의 분류기준에 의한 적립방식 분류 체계는 아래와 같이 요약된다.

그림 4-7 적립방식 분류 체계도

그림 4-8 정기적립방식 분류 체계도

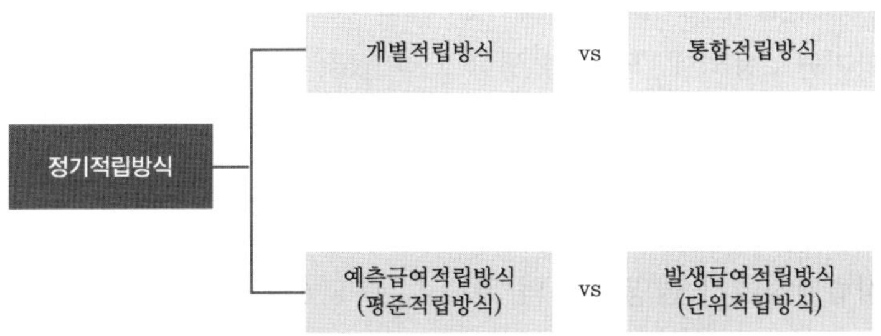

2. 적립방식의 개념 정의

완전적립방식과 부분적립방식에 대한 개념적 정의는 이미 설명한 바가 있다. 이번에는 앞에서 다룬 적립방식 분류 체계도에 따라 순차적으로 각 적립방식의 개념에 대해 설명하기로 한다. 각종 적립방식은 확정급여형(DB) 사적연금제도(현행 퇴직연금제도) 관점에서 주로 개발되었다. 이러한 이유로 여기서는 각종 적립방식의 개념을 사적연금제도 관점에서 정의하기로 한다. 여기에서 유의할 점은 주적립방식은 가입근로자를 그 대상으로 한다는 점이며, 보조적립방식은 연금제도에 존속하는 연금수급권을 가진 모든 가입자(즉시 연금수령자, 가입근로자, 거치 연금수령자 등)를 대상으로 하고 재정검증의 결과에 의해 산출된 적립의 과소 여부를 해소하는 조정역할을 수행한다는 것이다. 각종 적립방식의 수리모형은 제III절에서 구체적으로 다루기로 한다.

1) 주적립방식(Primary Funding Methods)

확정급여형 퇴직연금제도에 가입한 근로자는 근로용역을 제공함에 따라 사전에 확정된 확정급여산정식에 의해 연금수급권이 발생한다. 가입근로자 개인별 예상장래급부(expected total future benefits)는 평가일 현재를 기준으로, 평가일 이전에 발생한 과거근무급여(past service benefits)와 향후 퇴직 시까지 발생할 장래근무급여(future service benefits)로 양분할 수 있다. 이때 장래근무급여 부분에 대한 재원을 조달하는 목적으로 개발된 것이 주적립방식이다(단, 적립의 특성상 후일시금적립방식과 통합적립방식은 제외). 즉, 평가시점 $t(=0, 1, 2, \ldots)$에 대하여,

- 『향후 지급될 총 급여의 계리현가($APV(TB)_t$)』
  =『과거근로용역에 의해 발생한 급여(past service benefits)의 계리현가($APV(PSB)_t$)』+『장래근무(future service benefits)에 의해 발생할 급여의 계리현가($APV(FSB)_t$)』

재원적립원칙에서 설명한 바와 같이 "『$APV(FSB)_t$』=『향후 납입될 표준부담금의 계리현가($APV(NC)_t$)』" 관계가 성립하도록 표준부담금 산출 계획 $\{NC(t)\}$

을 제공하는 적립방식을 주적립방식이라고 한다. 한편, 과거근무급여 $APV(PSB)_t$에 대한 적립자산의 과소 여부에 해당하는 미적립채무(actuarial unfunded liability) UL_t를 확인하여 이를 해소하는(특별부담금, 보충부담금 등) 조정부담금(adjusting/-supplemental cost) 산출 계획 $\{AC(t)\}$을 제공하는 적립방식을 보조적립방식이라고 한다.

주적립방식은 가입근로자가 근무용역을 제공함에 따라 발생할 것으로 예상되는 당기근무원가(current service cost)의 계리현가를 표준부담금으로 적립하는 합리적 메커니즘을 제공한다. 연금수리 관점에서 주적립방식은 정기적립방식으로 한정하여 다루는 것이 일반적이다. 물론 주적립방식은 표준부담금, 연금채무 등 연금재정에 필요한 추정값을 제공한다. K-IFRS 그리고 근퇴법에서는 모두 예측단위적립방식(PUC)만을 주적립방식으로 인정하고 있다. 한편, 주적립방식 기능과 보조적립방식 기능이 통합되어 하나의 적립방식으로 작동하는 일종의 하이브리드형 적립방식도 있다. 이를 통합적립방식이라고 하며, 대표적으로 영국에서 1990년대에 활용성이 높았던 종합보험료방식이 여기에 해당한다.

2) 보조적립방식(Supplemental Funding Methods, Methods of Amortization)

확정급여형(DB) 연금제도의 검증 결과로서 나타나는 미적립채무 또는 계리적손익을 상각하기 위하여 사용되는 적립방식이다. 주적립방식은 평가 시점을 기준으로 장래근무급여 부분에 대한 재원을 사전적으로 조달할 목적으로 개발된 적립방식인 반면에 보조적립방식은 과거근무급여 $APV(PSB)_t$에 대한 적립자산의 과소 여부(즉, 미적립채무 UL_t)를 확인하여 이를 해소하는(특별부담금, 보충부담금 등) 조정부담금 산출 계획$\{AC(t)\}$을 제공하는 적립방식이다. 즉, 보조적립방식은 주적립방식에서 적용한 계리적 가정과 경험치 간의 오차가 발생하여 "$UL_t \neq 0$"일때 연기금의 과소 여부를 사후적으로 조정하기 위해 개발되었다. 보조적립방식은 미적립채무 UL_t를 포괄적으로 상각하는 이연상각방식과 당기 계리적 손익을 매기 정기적으로 상각하는 손실상각방식으로 구분된다. 전자는 K-IFRS에서 인정하는 상각방법이며 후자는 과거에 미국에서 사용된 방법이었지만 '2006 Pension Protection Act'에 의해 현재는 이연상각방식으로 대체되었다. 이해의 편의를 위하여 이상의 내용을 간략히 요약하면 [그림 4-9]와 같다.

그림 4-9 적립 과소 상각 체계도

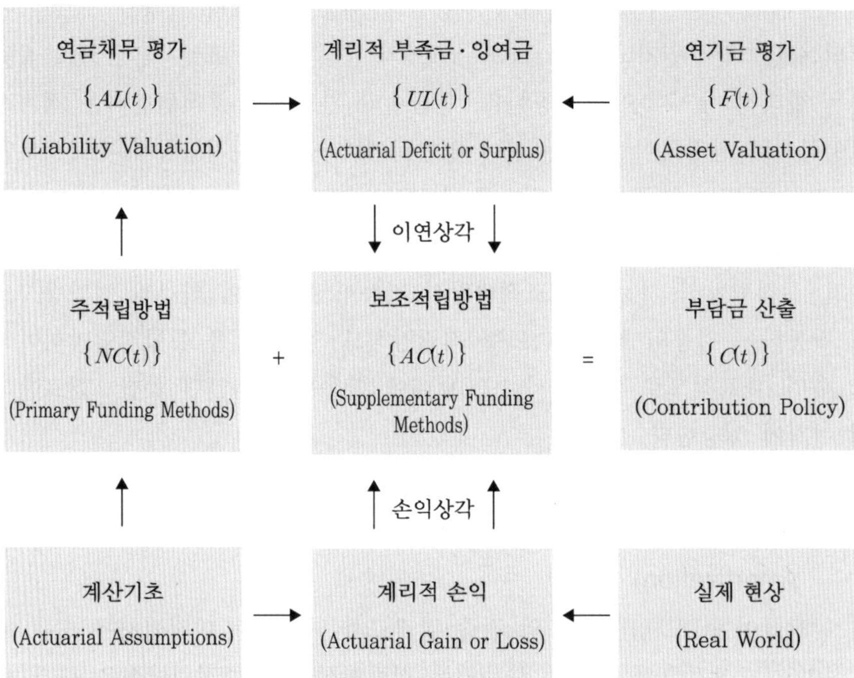

다음으로 이러한 보조적립방식이 필요하게 되는 원인(즉, 미적립채무 발생 원인)에 대해 다루기로 한다.

① 미적립채무 발생 원인

연기금의 안전성(FS)을 제고하기 위해 정부기관은 연기금의 재정건전성을 정기적으로 평가할 것을 요구하게 된다. 나라마다 연기금 재정을 평가하는 주기는 차이가 있지만 한국, 일본, 미국은 매년, 영국은 3년마다 정기적으로 시행할 것을 규정하고 있다. 이와 같이 정기적으로 재정건전성 평가를 요구하는 근본적 이유는 평가 주기마다 새로운 미적립채무 혹은 계리적 손익 등이 발생하여 연기금 재정의 변동이 생기기 때문이다. 따라서 재정의 안전성 그리고 부담금의 안정성을 제고하기 위해 재정건전성 평가를 정기적으로 시행하게 된다. 이러한 연기금 재정의 변동성을 발생시키는 주요 원인은 4가지로 구분되며 각각에 대한 설명은 다음과 같다.

첫째, 확정급여형 연금제도를 도입하고 시행하는 시점에서 연기금 재정을 평가하게 되면 일회성으로 초기과거근무채무(initial past service liability: IPSL)가 발생하게 된다. 이 경우 IPSL에 대응하는 초기 납입 연기금 $F(0)$와의 차액이 초기 미적립채무로 산정된다.

- $AL(0) = IPSL \Rightarrow UL(0) = AL(0) - F(0)$

둘째, 연금제도 설립 이후에 급여발생률(accrual rate) 변경, 기존 급여를 폐지 혹은 신설 등과 같은 확정급여산정식의 변경(amendments to benefit policy)을 기존 가입자에 대하여 소급적용하는 경우에 일시적으로 후발 과거근무채무(post past service liability: PPSL)가 발생하게 되고 궁극적으로는 아래 식처럼 연금채무가 변동하게 된다. 이 중 급여발생률을 변경하는 경우가 일반적이다. 예를 들어, 현행 근퇴법 제15조(급여수준)에서 규정하고 있는 최소기준인 "계속근로기간에 1년에 대하여 30일분 평균임금"을 "계속근로기간 1년에 대하여 30일$\pm x$일분 평균임금"으로 변경하는 경우이다. 따라서 PPSL은 일반적으로 양의 값을 가지지만, 연금재정의 안전성이 심각한 경우에 일괄적으로 급여수준을 삭감하게 되면 음의 값을 가지기도 한다. 즉, 평가시점(t)에서 변경 전후(new vs. old)의 연금채무의 변동액은 다음과 같이 산출된다.

- $PPSL(t) = AL(t:new) - AL(t:old)$
  $\Rightarrow UL(t) = AL(t:old) + PPSL(t) - F(t)$

셋째, 상기와 같이 급여수준을 직접적으로 조정하는 경우도 있지만, 계산기초 혹은 적립방법 등을 수정하게 되면(amendments to actuarial assumptions and/or funding methods) 전체 가입자에 대해 당연히 소급 적용하게 되므로, PPSL이 발생하여 궁극적으로는 연금채무가 변경된다. 즉, 평가시점(t)에서 변경 전후(new vs. old)의 연금채무의 변동액은 다음과 같이 산출된다.

- $PPSL(t) = AL(t:new) - AL(t:old)$
  $\Rightarrow UL(t) = AL(t:old) + PPSL(t) - F(t)$

여기에서 $PPSL(t)$를 상기 두 번째 경우와 차별을 두기 위해서 특별히 "수정 손익(actuarial revaluation gains and losses)"이라고 한다.

마지막으로, 계산기초(actuarial assumptions)와 실제 실현된 결과치(actual experiences)와의 차이에 의해 발생하는 당기 손익이 원인이다. 상기의 IPSL 혹은 PPSL처럼 일시적, 일회성으로 발생하는 것이 아니고 재정평가 시점마다 발생하는 특성을 갖는다. 경험치와 가정치의 차이에 의해 발생하므로 "경험 손익(experience gains and losses)"이라는 표현을 사용하기도 한다. 보편적으로 투자손익이 주요 요인으로 작용한다. 연금수리학에서 "계리적 손익(actuarial gains and losses)"이라고 표현하는데 경험손익으로 한정하여 언급함이 일반적이다. 평가시점(t)에서 당기 계리적 손익을 $L(t)$라고 표현하고 계산기초가 100% 실현될 것이라는 가정상의 미적립채무(expected UL)를 $EUL(t)$ 그리고 실제로 평가된 미적립채무(actual UL)를 $AUL(t)$라고 하면, 다음과 같이 계리적 손익이 정의된다(이에 대한 구체적 분석은 계리적 손익 분석에서 다시 다루도록 한다).

- $L(t) = AUL(t) - EUL(t) \;\Rightarrow\; AUL(t) = EUL(t) + L(t)$

여기에서, 평가결과 $L(t) > 0$이면 계리적 손실 그리고 $L(t) < 0$이면 계리적 이익이 각각 발생하였음을 의미한다.

이상에서 설명한 바와 같이, 평가시점(t)에서 연금채무 $AL(t)$는 제도 도입 시점에 설정한 계산기초의 모든 가정이 제도 도입 이후에도 정상적으로 실현되었다는 전제하의 표준부담금채무(normal cost liability: NCL) 그리고 상기와 같은 $IPSL(t)$, $PPSL(t)$, $L(t)$ 등 미적립채무 발생 원인에 의해 증감된 보충부담금채무(supplemental cost liability: SCL)의 합으로 산출된다. 부언하면, 표준부담금을 산정하는 일반적인 연금재정방식에서는 평가시점(t)에서 최종적으로 산출되는 연금채무 $AL(t)$는 정기적으로 산출된 표준부담금들의 원리합계에 해당하는 표준부담금채무 $NCL(t)$ 그리고 (초기 및 후발) 과거근무채무, 계리적 손익 등에 기인한 미적립채무액에 해당하는 보충부담금채무 $SCL(t)$으

로 각각 분리할 수 있다. 즉,

- $AL(t) = NCL(t) + SCL(t)$

② 이연상각방식(Spread Method)

이연상각방식은 확정급여형(DB) 퇴직연금제도에서 매 평가연도 말 시점 (t) 재정검증 결과로 산출된 미적립채무 $UL(t)$를 상각하는 대표적 보조적립방식이다. 여기에서 미적립채무란 미인식된 (초기 및 후발) 과거근무채무(PSL) 그리고 계리적 손익 등의 누적액으로 "$UL(t) > 0$"이면 (계리적) 부족금, "$UL(t) < 0$"이면 (계리적) 잉여금을 각각 의미한다. K-IFRS에서 $UL(t)$를 상각하는 하나의 방법으로 이연상각방식을 허용하고 있다. 이는 실제로 연금계리컨설팅 분야에서 가장 보편적으로 사용되고 있는 상각방법이다.

일반적인 수리모형을 살펴보면, 연기금 적립 스케줄 $\{C(t):\ t = 0,\ 1,\ 2, \ldots\}$은 주적립방식에 의해 산정된 표준부담금 $NC(t)$과 보조적립방식에 의해 산정되는(보충부담금, 특별부담금 등) 조정부담금 $AC(t)$로 결정된다. 즉,

- $C(t) = NC(t) + AC(t)$

여기에서 $AC(t)$가 $UL(t)$을 일정기간에 걸쳐 원리균등상각(annuity amortization)을 하게 되면 $AC(t)$는 이연상각방식에 의해 산출되었다고 한다. 실제로 부담금의 안정성 여부(부담금리스크)는 조정부담금의 변동성에 의해 결정된다.

따라서 이연상각방식을 적용하면,

- $$\begin{aligned} C(t) &= NC(t) + AC(t) \\ &= NC(t) + k \cdot [AL(t) - F(t)], \quad k = 1/\ddot{a}_{\overline{n|}} \\ &= NC(t) + k \cdot UL(t), \quad k = 1/\ddot{a}_{\overline{n|}} \end{aligned}$$

여기에서, $n(\in\{\text{자연수}\})$은 상각기간(amortization period)을 나타내며 $k(= 1/\ddot{a}_{\overline{n|}})$는 이연상각모수(spread parameter)라고 한다. 특히, "$n \to 1$ or $k \to 1$"은 목표적립비율 100%를 신속히 회복하기 위한 조기상각을 의미하며 "$n \to \infty$ or

$k \to d = \dfrac{i}{1+i}$ (i= 예상이율)"은 상각의 필요성이 매우 낮음을 의미한다. 이러한 이유로 k를 상각할인율(또는 벌칙이자율, penalty interest rate)이라고도 한다.

한편 실무적 편의상, $k = \dfrac{1}{n}$로 정의하여 간편히 적용하기도 한다. 물론 $AC(t)$의 값이 양수, 0 혹은 음수의 값을 가질 수 있으며 $AC(t) > 0$이면 부족금($UL(t) > 0$)을 n기간에 걸쳐 상각함을 의미하는 반면 $AC(t) < 0$이면 잉여금($UL(t) < 0$)을 n기간에 걸쳐 상각함을 의미한다. 특히 $C(t) = NC(t) + AC(t) = 0 \Leftrightarrow AC(t) = -NC(t)$가 성립되는 기간을 「부담금공제기간 혹은 부담금납입유예기간(contribution holidays)」이라고 한다. 물론 잉여금이 발생한 경우는 부족금이 발생한 경우와 달리 상각기간을 차별적으로 적용할 수 있다.

실제로 영국에서 연기금 재정의 안전성을 제고하기 위해 정부기관에서 요구하는 상각규정을 살펴보면, 정기적 평가시점(t)에서 산출된 적립비율 ($\dfrac{F(t)}{AL(t)} = FR(t)$)이 100%에 미치지 못할 경우 다음과 같은 재원조달계획서를 연금계리사가 작성하여 감독당국(Pension Regulator)에 제출하여야 하고 사용자는 이를 성실하게 실천하여야 할 의무를 부여하고 있다. 살펴보면,

- $90\% \leq FR(t) < 100\%$이면 10년 이내에 적립비율이 100%에 도달할 수 있는 재원조달계획을 수립하고 실천하여야 한다.
- $FR(t) < 90\%$이면 3년 이내에 적립비율이 90%에 도달할 수 있는 재원조달계획을 수립하고 실천하여야 한다. 추가적으로, 연금제도로 인한 과도한 법인세 누수현상을 막기 위해 영국 국세청이 요구하는 강행규정 또한 법적 효력이 발생한다.
- $FR(t) > 105\%$이면 5년 이내에 적립비율 105%를 초과하는 잉여금을 처리하는 계획서를 작성하고 이를 성실하게 수행하여야 한다. 이와 같은 초과 잉여금은 사용자에게 환급하거나 혹은 향후 납입할 표준부담금과 상계 처리하는 절차(즉, 부담금 공제기간)를 주로 취하게 된다.

근퇴법에 규정하고 있는 재정검증 절차와 그 결과에 대한 재정안정화 방안은 제2장 법정연금계리절차에서 상술하였다.

③ 손실상각방식(Amortization of Losses Method)

확정급여형(DB) 퇴직연금제도에서 매 회계연도에 산출된 계리적 손실을 일정 상각기간에 걸쳐 원리균등하게 상각하고, 초기과거근무채무는 이와 분리하여 원리균등하게 상각하는 보조적립방식이다. 미국에서 '2006 Pension Protection Act' 시행 이전에 ERISA(미국의 근퇴법)에 의해 모든 퇴직연금제도에 적용되었으며 현재는 이연상각방식을 적용하고 있다.

일반적인 수리모형을 살펴보면, 연기금 적립 스케줄 $\{C(t): t = 0, 1, 2, ...\}$은 주적립방식에 의해 산정된 표준부담금 $NC(t)$와 보조적립방식에 의해 산정되는(보충부담금, 특별부담금 등) 조정부담금 $AC(t)$로 결정된다. 즉,

- $C(t) = NC(t) + AC(t)$

여기에서 $AC(t)$가 아래와 같이 결정되면 손실상각방식이 적용되었다고 한다. 즉,

- $AC(t) = P(t) + U(t)$

- $P(t) = \begin{cases} \dfrac{UL(0)}{\ddot{a}_{\overline{n}|}} & , t = 0, 1, ..., n-1 \\ 0 & , t = n, n+1, ... \end{cases}$

: 초기 미적립채무 $UL(0) = AL(0) - F(0)\ (> 0)$을 상각기간 n에 걸쳐 원리균등하게 상각하고 상각기간이 만료되기 직전까지 매기 미적립 조정부담금 $P(t)$으로 처리한다(이는 근퇴법에서 보충부담금에 해당한다). 따라서 상각기간이 완료되면 $UL(0)$가 완전히 상각되므로 이후의 미적립 조정부담금은 발생하지 않는다.

- $U(t) = \sum_{h=0}^{m-1} \dfrac{L(t-h)}{\ddot{a}_{\overline{m}|}}$

: 매 회계연도 말에 산출된 계리적 손실(informed inter-valuation loss)을 일정 상각기간 m년에 걸쳐 완전 상각함을 의미한다. 살펴보면, 당해 연도 말의 계리적 손실 $L(t)$, 직전연도 말의 $L(t-1)$, ⋯, $(m-1)$ 전년도 말의

$L(t-m-1)$ 각각에 대하여 균등상각하고 이를 합산하여 매기 손실 조정부담금 $U(t)$를 산정한다. 따라서 당해 연도 말(t)에 상각대상이 되는 계리적 손실은 $\{L(t), L(t-1), ..., L(t-(m-1))\}$이며, 동일한 절차에 의해 차기연도 말$(t+1)$에 상각대상이 되는 계리적 손실은 $\{L(t+1), L(t), L(t-1), ..., L(t-(m-2))\}$임을 알 수 있다. 즉, $L(t-(m-1))$의 상각이 완료되고 $L(t+1)$가 새로이 상각대상으로 유입되었음을 의미한다. 결론적으로, 특정연도 말에 발생한 계리적 손실 $L(t-h)$은 상각기간 m년에 걸쳐 완전 상각되는 구조이다.

유의할 점은 "$L(t-h)>0$"이면 "계리적 손실(actuarial loss)"을, "$L(t-h)<0$"이면 "계리적 이익(actuarial gain)"을 각각 의미한다. 손실상각방법은 계리적 손실을 일정기간에 걸쳐 완전 상각하는 것을 목적으로 도입되었지만, 계리적 이익이 발생한 경우도 동일하게 적용하여 사용자의 재정적 부담을 경감할 수 있다. 계리적 손실 혹은 미적립채무의 발생 원인별로 그 중요성을 고려하여 상각기간을 달리 적용할 수 있는데, 실제로 과거 미국의 ERISA에서 매년 최소 1회 이상 재정검증을 수행하고 다음과 같은 손실상각 절차를 준용하도록 규정하고 있다. 1988년 1월 1일부터 시행된 상각기간에 대한 규정을 살펴보면, 재정검증 결과로 발생한 초기과거근무채무(IPSL) 혹은 급여설계의 변경으로 발생하는 후발과거근무채무(PPSL)는 최대 30년에 걸쳐 각각 상각하도록 하고 있다(예를 들어, $P(t)$로 처리). 한편, 당기에 발생한 계리적 손익(actuarial gains and losses)은 손익의 유무와 상관없이 단일기업연금인 경우에 최대 5년에 걸쳐 그리고 복수기업연금인 경우에 최대 10년에 걸쳐 상각하도록 규정하였다(예를 들어, $U(t)$). 마지막으로, 계산기초의 변경, 자산 혹은 부채의 평가방법의 변경, 적립방식의 변경 등에 기인한 후발과거근무채무(PPSL)인 경우에 단일기업연금은 최대 10년에 걸쳐, 그리고 복수기업연금은 최대 30년에 걸쳐 상각하도록 규정하였다(예를 들어, $P(t)$와 동일한 방법으로 $P^{*}(t)$를 추가로 정의함). 참고로 상기와 같이 과소 적립된 부분에 대해서 ERISA는 최대상각기간만을 명시하고 있지만 조기 상각에 따른 조세혜택을 부여하는 당시의 조세당국에서는 최소상각기간을 10년으로 규정하는 10-year rule을 적용하였다(즉, $UL(0)$ 그리고 당기에 발생한 $L(t)$는 모두 ERISA 규정과는 별도로 10년 이상에 걸

쳐 상각하라는 규정). 이는 퇴직연금제도가 기업의 복지제도로 운용되는 관계로 사용자의 부담금에 대해 손금으로 인정하는 구조였기에 해당기업이 부담금 납입을 통해 과도한 절세전략을 행사하는 것을 방지하기 위함에서였다.

④ 이연상각방식 vs. 손실상각방식 비교

기금 안전성(즉, 지급능력리스크 최소화) 그리고 부담금 안정성(즉, 부담금리스크 최소화)은 적립방법에서 추구하는 최대의 가치이다. 이러한 관점에서 어떠한 보조적립방식이 우수한가? 이에 대한 대표적 연구로 Owadally & Haberman (2004)[9] 그리고 Cairns(1995)[10]의 연구 결론을 언급할 수 있다. 그 들은 공통적으로 부담금리스크를 $Var(C(t))$ 그리고 연기금의 지급능력리스크를 $Var(F(t))$로 각각 측정하고, 양자 모두를 최소화하는 상각법이 무엇인지를 시뮬레이션 방법을 사용하여 비교 우위를 측정하였다. 그 결과로 [그림 4-10]과 같은 결론을 도출하고 이연상각방식이 비교 우위에 있음을 강조하였다. 국제회계기

그림 4-10 이연상각방식 vs. 손실상각방식 효율성 비교

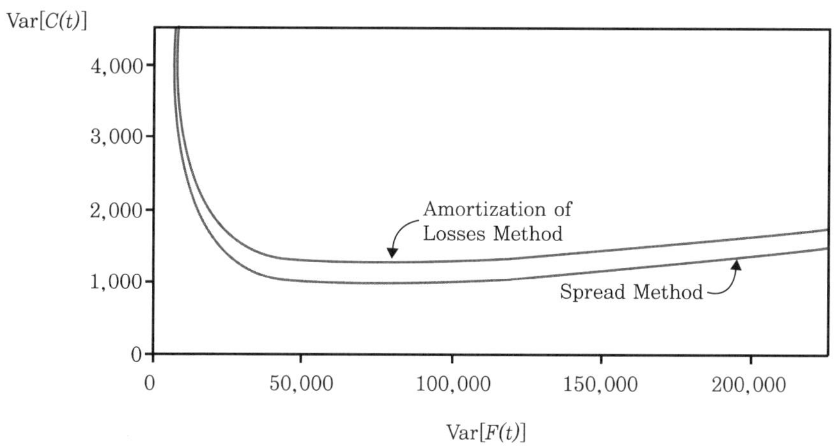

9) 그들의 연구 결론은 다음으로 함축된다. "Ignoring country-specific regulationary requirements, we conclude that, for the most stable funding levels and contributions gains and losses should be paid off by being spread than amortised."

10) "... the Spread Method is certainly more efficient than the Amortization of Losses Method: that is, for any value of m in combination with the Amortization of Losses Method there is a (different) value m for which the variance of both the fund size and the contribution rate can be reduced by switching to the Spread Method."

준(IFRS)에서도 손실상각방식을 허용하지 않고 이연상각방식을 허용한 것 또한 이러한 연구결과에 기인한 바 크다.

마지막으로 상각방식에 대한 이상의 논의는 [그림 4-11]과 같이 도식화할 수 있다.

그림 4-11 미적립채무 vs. 조정부담금

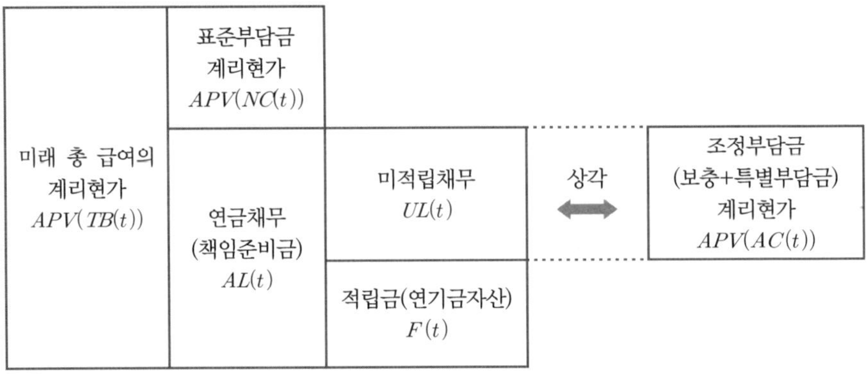

주) 상기그림은 연금수리에서 일반적으로 설정하는 적립비율 100%를 재정건전성 기준으로 설정한 경우에 대한 도식이다. 여기에서 보충부담금은 퇴직연금제도의 설정 전의 과거근무기간분에 대하여 발생한 급여(IPSL)를 충당하는 부담금이며 특별부담금은 제도 설정 이후의 미적립채무를 해소하는 부담금을 의미한다. 이 둘을 합쳐서 조정부담금이라고 한다.

3) 후일시금적립방식(Terminal Funding Method)

확정급여형 퇴직연금제도에 가입한 근로자는 근로용역을 제공함에 따라 사전에 확정된 확정급여산정식에 의해 연금수급권이 발생한다. 후일시금적립방식은 퇴직 시점까지 발생한 퇴직급여 전체를 퇴직 시점에 일괄적으로 100% 적립하는 사후(事後) 일시금방식(once-for-all payment)이다. 현행 우리나라의 퇴직금제도에서 근로자가 퇴직하게 되면 퇴직일시금을 추계액방식에 의해 산정하는 것과 동일하다. 이러한 이유로 「퇴직시일시금적립방식」이라고도 한다. 퇴직 시점에서 평가된 연금채무는 계리적 추정이 필요 없는 확정채무이므로, 잉여금 혹은 부족금을 상각하는 보조적립방식은 불필요하다. 단, 사용자의 적립 부담을 분산할 수 없다는 단점이 있어 부담금 안정성(CS)은 확보할 수 없다. 또한 퇴직 시점까지 연금채무에 해당하는 연기금을 조성하지 않으므로 사용자의 파산 혹은 폐업 등 극단적인 상황이 발생하면 가입근로자의 연금수급권을 보장할 수 없다. 즉, 기금 안전성을 보장할 수 없으므로 가입근로자 간의 형평성 문제가 발생한다. 이러한 이유로 퇴직연금제도의 적립방식으로 활용성이 매우 낮고, 기업회계 측면 그리고 정부감독 측면에서 인정하기 힘든 방식이다. 그러나 가입근로자별로 회계연도 말 결산 시점에서 당해 연도(t)에 발생한 연금채무(즉, $AL_t - AL_{t-1}$)를 정기적으로 사외적립하면 이는 「연 단위 후일시금적립방식(annual terminal funding method)」이라고 할 수 있다. 실제로 이러한 방식은 부담금 산정의 편의성이 높아 실무에서 활용성이 높다.

4) 선일시금적립방식(Initial Funding Method)

확정급여형 퇴직연금제도에 가입한 근로자는 근로용역을 제공함에 따라 사전에 확정된 확정급여산정식에 의해 연금수급권이 발생한다. 선일시금적립방식은 가입 시점에서 향후 발생할 예상 퇴직급여액 전체의 계리현가를 가입 시점에 일시납(once-for-all payment)하는 대표적 사전(事前)적립방식이다. 연금수리학에서 사전적립방식은 일정수준 이상의 적립수준을 유지하는 것을 전제 조건으로 하고 있는데 선일시금적립방식은 이를 충분히 만족하고 있기 때문이다. 여기서 일정수준이라 함은 제3장에서 설명한 발생급여채무(ABO 혹은 PBO)를 의미한다. 물론 초기과거근무채무(IPSL)가 있는 경우에 이를 포함하여 산출하여야 한다. 이러한 이유로 「가입시일시금적립방식」이라고도 한다. 이는 계리적 관점에서 가입근로자의 연금수급권을 가입 시점에서 100% 보장하는 방법으로 평가되지만 사용자의 재무적 부담을 분산시키지 못하는 단점이 있다. 기금 안전성(FS)이 매우 높은 반면에 부담금 안정성(CS)은 신규가입자 규모에 의해 변동하므로 후일시금적립방식과 마찬가지로 매우 낮다. 또한 신규 가입자에 대해 연금계리에서 추정된 일시금을 적립하므로 추정상의 오류가 발생하게 된다. 따라서 후일시금적립방식과는 달리 잉여금 혹은 부족금을 상각하는 보조적립방식이 필요하다. 현실적으로 적용 가능성이 매우 낮으며, 사용자가 세제상의 편의(즉, 절세를 위해 일시금으로 비용처리하고 손금인정을 받음)를 도모하기 위해 악용하는 측면도 있어 감독당국에서 인정하기 힘든 적립방식이다.

5) 정기적립방식(Regular Funding Methods)

확정급여형 퇴직연금제도에 가입한 근로자는 근로용역을 제공함에 따라 사전에 확정된 확정급여산정식에 의해 연금수급권이 발생한다. 이와 같이 가입 시점부터 근로용역을 제공함에 따라 발생할 것으로 예상되는 당기급여의 계리현가를 정기적으로 적립하여 나가는 사전적립방식이다. (선 혹은 후)일시금적립방식에 비하여 사용자의 재무적 부담을 근로기간에 대하여 분산 할당시키는 장점이 있다. 따라서 부담금안정성과 기금안전성이 상당 수준 이상으로 충족되는 적립방식으로 평가된다. 또한 당기근무용역의 대가로 발생하는 급여를 이연된 임금(즉, 임금후불적 성격)으로 규정하는 학문적 접근과 일치하며, 아울러 세금누수 현상을 방지하기 위해 당기 발생분만을 비용처리하고 손금으로 인정하는 조세 당국의 입장을 가장 잘 나타내는 방식이다. 실제로 연금수리에서 관심의 대상은 정기적립방식으로 한정함이 보편적이다.

정기적립방식은 공통적으로 매기 산출되는 당기근무원가(current service cost)의 계리적 추정치에 해당하는 표준부담금(normal cost) 산출 그리고 연금채무를 산정하는 메커니즘을 제공한다. 예외적으로 종합보험료방식 그리고 초기채무동결방식은 표준부담금을 별도로 산정함이 없이 재정건전성에 필요한 납입부담금 전체를 산출하는 특성을 가진다. 일반적으로 사적연금제도에서 적용되는 적립방식은 정기적립방식이며 다양한 유형의 정기적립방식이 개발되어 있다(다음 제III절에서 구체적으로 다루고 있음). K-IFRS에서 권고하고 있는 예측단위적립방식(PUC) 또한 대표적 정기적립방식 중 하나이다.

6) 완결적립방식(Complete Funding Method)

이론적 측면에서 언급되는 사전적립방식의 특수한 경우로서, 향후 유입되는 부담금의 현금흐름 $\{C(t)\}$이 없는 사전적립방식이다. 왜냐하면 사전적으로 완벽하게 적립금 $\{F(t)\}$이 충족되어 있어 지급될 급여의 현금흐름 $\{B(t)\}$은 적립금의 발생이자 $\{i_t \times F(t)\}$의 일정부분(θ_t)으로 지급하기에 충분하기 때문이다. 이는 현재의 가입자뿐만 아니라 미래의 가입자에 대해서도 예상되는 급여가 이미 완벽하게 적립되어 있음을 의미한다. 다음 관계식은 항시적으로 충족되는 이상적인 적립방식으로 적립방식이 갖추어야 할 요건들, 부담금 안정성(CS), 기금 안전성(FS), 부담금 항상성(CD) 그리고 부담금 유연성(CF)

등을 가장 완벽하게 만족시킨다.

- $B(t) = \theta_t \times I(t),\ I(t) = i_t \times F(t) \quad \Rightarrow \quad C(t) = 0,\ \forall t$

일정 수준 이상의 연기금을 미리 마련한 경우에만 적용된다. 실제로 장학재단, 학술연구재단 등의 운영기금은 상기와 같은 현금흐름을 만족하는 경우가 많다.

3. 정기적립방식 분류기준과 특성

이미 앞에서 설명한 바와 같이, 연금수리의 관심영역은 정기적립방식의 개발에 있으며 적립의 특성에 따라 [그림 4-12]와 같이 분류된다. 여기에서 우리는 각 분류기준에 대해 그리고 그 적립특성에 대해 알아보기로 한다.

그림 4-12 정기적립방식 분류 체계도

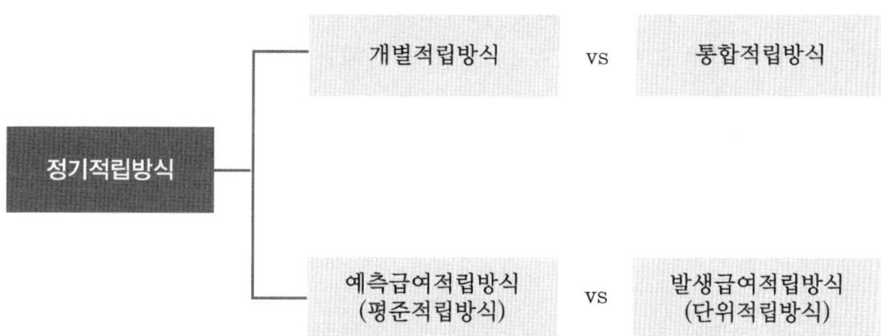

1) 개별적립방식 vs. 통합적립방식

정기적립방식을 분류하는 기준은 표준부담금 산출단위나 연금급여 산정방식 등에 따라 위 [정기적립방식 분류 체계도]와 같이 구분된다. 대표적 분류기준으로 가입자별로 표준부담금을 산정하는 메커니즘이 존재하는지 여부에 따라 개별적립방식(individual funding/cost methods)과 통합적립방식(aggregate funding/cost methods)으로 구분된다.

개별적립방식은 가입근로자별로 예상되는 당기의 연금채무 순증가분(당기근무원가)의 계리현가를 표준부담금으로 각각 산정하여 합산함으로써 연금제도 전체의 표준부담금을 산정하는 정기적립방식이다. 물론 개인별로 표준부담금을 산출하므로 연금채무 또한 개인별로 산정한 후 합산한다. 일반적 적립특성을 요약하면, 재정계산시점(평가시점 t)에서 가입자별(j)로 $NC_j(t)$, $AL_j(t)$를 각각 산정한 후 합산한다. 즉,

- $NC(t) = \sum_{j=1}^{n} NC_j(t),\ AL(t) = \sum_{j=1}^{m} AL_j(t)$ (단, $m \geq n$)

개별적립방식에서 공통적으로 적용되는 적립특성은 신규가입자에 대해 수지상등에 해당하는 균형재정(financial equilibrium)을 달성하도록 표준부담금을 먼저 산정하고, 다음으로 미적립부분에 대해 조정(특별+보충)부담금을 산정하여 기존 가입자구성원 전체에 대한 균형재정(closed-fund equilibrium)을 유지하는 것이다. 가입연령방식, 개인평준보험료방식, 예측단위적립방식 등 개별적립방식별로 적립특성의 차이는 있지만 최초 신규가입시점에 균형재정을 달성하는 표준부담금을 산정한다는 점은 공통점이다. 각 적립방식별 수리모형은 뒤에서 다루고 있지만 우선 개념적 이해를 제고하기 위해 개별적립방식의 전형적인 수리모형을 살펴보기로 한다. 신규가입자 (a)에 대하여 정상퇴직연령 r세에 근로기간에 비례하여 정상퇴직연금만을 지급(중도퇴직급여 없음)하는 전형적인 최종임금형(final salary plan)인 경우 신규가입자에 대한 균형재정은 아래와 같다.

- $\sum_{z=a}^{r-1} K(z) \times S(z) \times {}_{z-a}E_a = (r-a) \times S(r-1) \times \ddot{a}_r \times {}_{r-a}E_a$

여기서 $K(z)$는 z세의 임금 $S(z)$ 대비 표준부담률을 나타내며, $S(z)$은 현재 임금 수준 $S(a)$에 근거하여 예상임금상승률을 적용하여 계리적으로 추정한 값이다.

따라서 상기 균형재정을 만족하는 $K(a)$가 신규가입자에게 요구되는 표준부담률이며 표준부담금은 $NC(a) = K(a) \times S(a)$로 산출된다. 가장 대표적인 개별적립방식인 가입연령방식에서는 "$K(z) = K, \forall z$" 특성에 의해 표준부담금을 산정한다(이는 가입연령방식에서 구체적으로 설명하고 있음).

아래의 식은 개별적립방식의 전형적인 연금채무 수리모형이다. 신규가입자 (a)가 x세에 도달하는 시점의 연금채무(혹은 책임준비금) $AL(x)$는 아래와 같이 산출된다.

- $AL(x) = NC(a) \times \frac{D_a}{D_x} + NC(a+1) \times \frac{D_{a+1}}{D_x} + \ldots + NC(x-1) \times \frac{D_{x-1}}{D_x}$

상기 연금채무 산정식은 보험수리에서 언급되는 과거법책임준비금과 유사함을 알 수 있다(구체적 수리모형은 개별적립방식별로 후술하고 있음).

이에 반해 통합적립방식은 전체 가입근로자에 대하여 재정계산시점(평가시점 t)에서 가입자별(j)로 $NC_j(t)$, $AL_j(t)$를 직접 산출하지 않고 통산한 결과치인 $NC(t)$ 혹은 연기금 재정의 안전성을 위해 필요한 부담금 전체 $C(t)$을 정기적으로 산출한다. 여기서 $NC(t)$을 산출하지 않고 직접 $C(t)$만을 산출하는 대표적 적립방식으로 종합보험료방식(aggregate cost method)이 있다. 따라서 개별적립방식은 보조적립방식이 재정안전성을 위해 반드시 필요하지만, 통합적립방식은 별도의 보조적립방식이 필요하지는 않다. 이해의 편의상 통합적립방식을 대표하는 종합보험료방식의 일반적 수리모형을 살펴보기로 한다. 재정계산시점(평가시점 t)에서 가입자별(j)로 $NC_j(t)$, $AL_j(t)$를 직접 산출하지 않고 연기금 재정의 안전성을 위해 요구되는 필요부담금(recommended contribution)만을 정기적으로 산출한다. 즉,

- $C(t) = \frac{APV(TB(t)) - F(t)}{APV(S(t))} \times S(t) = \frac{APV(TB(t)) - F(t)}{\frac{APV(S(t))}{S(t)}}$

여기에서, $APV(TB(t))$는 향후 지급될 총 급여의 계리현가, $APV(S(t))$는 향후 지급될 총 임금의 계리현가(임금상승률을 반영함) 그리고 $S(t)$는 평가시점 현재의 가입근로자 전체에 대한 총 임금을 각각 나타낸다.

상기 식에서 $\frac{APV(S(t))}{S(t)} \cong \ddot{a}_{\overline{n|}}$을 만족하는 n을 산출할 수 있다. 그러므로 향후 적립이 요구되는 "$APV(TB(t)) - F(t)$"을 가입근로자의 예상근속기간(n)에 걸쳐 균등하게 상각하는 부담금 $C(t)$만을 정기적으로 적립함을 의미한다. 따라서 미적립채무가 없으므로($UL(t) = 0, \forall t$) 이연상각 혹은 손실상각과

같은 보조적립방식은 불필요하게 된다(이에 대한 설명은 종합보험료방식에서 구체적으로 다루고 있음).

2) 예측급여적립방식 vs. 발생급여적립방식

정기적립방식을 분류하는 기준은 위 [정기적립방식 분류 체계도]에서 알 수 있듯이 다양하다. 연금수리에서 주요하게 고려되는 또 다른 분류기준으로 필요한 연기금을 조성하는 산정 대상을 어디에 초점을 두는가에 따라 예측급여적립방식(prospective/projected benefits funding methods)과 발생급여적립방식(accrued benefits funding methods)으로 나눌 수 있다.

전자는 연금제도의 연속성을 전제(going-concern basis)로 향후 지급될 총급여의 계리현가 $APV(TB(t))$에 초점을 두는 반면, 후자는 연금제도의 청산을 전제(winding-up basis)로 평가시점까지 과거근무에 의해 발생한 급여(past service benefits)의 계리현가 $APV(PSB(t))$에 초점을 둔다.

예측급여적립방식의 적립원리는 특정 산출시점(예: 가입시점 혹은 특정연령)에서 향후 발생할 급여(future service benefits)(즉, 사용자 입장에서는 총 비용)를 먼저 산정한 후, 이를 향후 근속기간(예: 정상퇴직연령-가입연령 혹은 정상퇴직연령-특정연령)에 걸쳐 (계리적으로) 균등하게 할당하고, 당기 적립 할당분을 당기 표준부담금(혹은 납입부담금)으로 매칭하는 구조이다. 이와 같이 총 예상급여를 적립기간 전 기간에 비용으로 균등 할당하고 매칭하는 비용할당접근법(i.e. cost allocation approach)을 취하게 된다. 이러한 이유로 부담금중심적립방식(contribution-driven methods)이라고도 한다. 그러므로 예측급여적립방식은 단적으로 비용할당접근법에 의해 개발되었음을 알 수 있다. 실제로 확정급여 산정식이 퇴직시점의 최종임금을 기준으로 설계된 최종임금형(final salary plan)인 경우에 적용성이 높다. 요약하면,

- 예측급여적립방식은 비용할당접근법에 의해 개발된 부담금중심적립방식이며, 최종 임금형 연금제도에 적용성이 높다.

표준부담금을 산정한 이후에 연금채무를 산정하게 되는데 이는 표준부담금을 합리적으로 산정하는 것에 중점을 둔 적립방식임을 시사한다. 이 때 균등할당은 급여가 임금비례인 경우 임금대비 일정비율 혹은 급여가 정액인 경

우 일정액으로 적립기간에 걸쳐 평준화하여 할당한다. 이러한 적립 특성을 갖는 적립방식을 평준적립방식(level funding methods)이라고 하며 예측적립방식은 평준적립방식의 특성을 잘 반영하고 있다. (비용할당, 평준적립 등) 부담금 안정성(CS)을 먼저 고려하는 정기적립방식이다. 한편, 연금채무의 평가방법은 각 가입근로자(j)에 대하여 평가일 현재(t) 향후 지급할 총 급여의 계리현가 $APV(TB_j(t))$에서 향후 유입될 표준부담금의 계리현가 $APV(NC_j(t))$를 공제한 차액으로 산출된다(단, 종합보험료방식은 예외). 즉,

- $AL(t) = \sum_{j=1}^{n} [APV(TB_j(t)) - APV(NC_j(t))], \ \forall t$

위 방식은 보험계약과 관련된 보험자의 계약상 부채를 산출하는 방법 중 미래법 책임준비금(prospective reserve)의 산출방식과 유사하다.

다음으로, 예측급여적립방식과는 적립특성이 상반되는 발생급여적립방식에 대해 알아보기로 한다. 발생급여적립방식은 가입근로자에 대해 연금채무를 먼저 산정한 이후에 표준부담금을 산출한다. 이는 연금수급권이 발생한 연금채무에 상응하는 연기금을 과부족 없이 적립함을 목적으로 개발되었기 때문이다. 연금채무의 평가방법은 평가일 현재(t) 가입근로자별(j)로 현재 시점까지 근로용역을 제공함으로써 발생한 급여(past service benefits)의 계리현가 $APV(PSB_j(t))$로 산출된다. 즉, $AL(t) = \sum_{j=1}^{n} APV(PSB_j(t))$이다. 보험계약과 관련된 보험자의 계약상 부채를 산출하는 방법 중에서 과거법 책임준비금(retrospective reserve)의 산출방식과 유사하며, 발생주의원칙(accrual basis)에 의해 해당 부채를 산정하는 회계원칙에 부합하는 접근방식이다.

이와 같이 연금채무를 산정한 다음에 향후 근로기간에 걸쳐 매기 발생할 것으로 예상되는 급여의 계리현가 $APV(FSB_j(t))$와 향후 납입될 표준부담금의 계리현가 $APV(NC_j(t))$를 수지상등하도록 산정한다. 그리고 잔여근로기간(적립기간)에 균등하게 할당하여 당기 할당분을 표준부담금으로 산출한다. 즉, 필요한 표준부담금은 차기에 할당된 급여 수준(발생할 것으로 예측되는 급여수준)으로 결정되는 구조이므로 발생급여방식을 급여할당접근법(benefit allocation approach)에 의해 개발되었다고 한다. 또한 발생한 연금채무에 상응하는 연기금을 확보하는 것을 최우선 과제로 두고 이를 실현하는 부담금 수준을 결정

하게 된다. 이러한 적립특성을 반영하여 기금중심적립방식(fund-driven methods)이라고 한다. 요약하면,

- 발생급여적립방식은 발생급여할당접근법에 근거하여 개발된 기금중심 적립방식이며, 회계적 적용성이 높다.

부연설명하면, 가입근로자가 가입하는 시점에 전(全) 근로기간에 대하여 발생할 것으로 예상되는 총 급여를 근로기간에 대응하여 단위(unit)로 먼저 분할한다. 예를 들어, 정상퇴직연령이 r세이고 신규 가입자(j)의 연령이 a이면 전 근로기간(적립기간)은 $r-a$이므로 분할할 단위 개수 또한 $r-a$이다. 그리고 평가시점(t)에서 해당 가입근로자의 연령이 $x(a \le x \le r)$세이면 과거근무기간은 $x-a$기간이므로 근로에 의해 획득한 급여단위(unit credit) 또한 $x-a$개다. 따라서 획득한 누적발생단위의 계리현가를 연금채무로 인식하고 향후 근로기간에 의해 발생될 연금채무는 표준부담금으로 할당하는 적립방식이다. 즉, 평가시점(t)에서 해당 가입근로자(j)의 연령이 x세이면 누적급여단위는 $x-a$이므로 연금채무는 아래와 같다.

- $AL_j(t) = APV(PSB_j(t)) = \dfrac{x-a}{r-a} \times APV(TB_j(t))$

그리고 향후 잔여적립기간이 $r-x$이므로, 가입근로자(j)가 $(t, t+1)$기간에 용역을 제공함으로써 발생할 한 단위 급여의 계리현가를 표준부담금으로 산정한다.

- $APV(FSB_j(t)) = \dfrac{r-x}{r-a} \times APV(TB_j(t)) \Rightarrow NC_j(t) = \dfrac{1}{r-a} \times APV(TB_j(t))$

상기 식에서 평가시점(t)에서 가입근로자(j)가 x세이면 다음 관계식이 성립한다.

- $APV(TB_j(t)) = APV(PSB_j(t)) + APV(FSB_j(t))$

$$= \frac{x-a}{r-a} \times APV(TB_j(t)) + \frac{r-x}{r-a} \times APV(TB_j(t))$$

결론적으로 발생급여적립방식은 상기와 같이 가입근로자의 잔여근무기간

(적립기간)에 대응하는 급여단위(unit credit)로 할당하고 이를 각 해당 연도에 할당하는 적립 특성을 갖는다. 이러한 적립 특성을 강조하여 단위적립방식(unit credit methods)이라고도 한다. 발생급여적립방식은 연금채무와 표준부담금을 발생주의원칙에 근거하여 산출하므로 회계원칙과 가장 적합성이 높다. 이러한 이유로 연금계리사 및 회계사 모두가 공감하고 인정하는 적립방식으로 자리를 잡았다. 실제로 대표적인 발생급여적립방식인 예측단위적립방식(PUC)은 IFRS뿐만 아니라 K-IFRS에서 유일하게 인정하는 적립방식이다.

요약하면, 예측급여적립방식은 근로 전(全) 기간에 대하여 평준적인 표준부담금 혹은 임금대비 표준부담률을 산정하므로 보험수리에서 평준보험료방식(level premium pricing system)과 유사하다. 이에 반해 발생급여적립방식은 각 근로기간에 할당된 발생단위를 표준부담금 혹은 임금대비 표준부담률로 산정하므로 보험수리에서 자연보험료방식(natural premium pricing system)과 매우 유사함을 알 수 있다. 아래의 그림에서처럼 예측급여적립방식은 발생급여적립방식에 비해 조기에 상대적으로 많이 적립하게 된다. 이 때문에 예측급여적립방식은 적립금의 부리이자에 대한 의존도가 높아지므로 연금채무 또한 상대적으로 높은 수준을 유지하게 된다. 참고로, 이상에서 다룬 적립방식은 표준부담금을 산정하는 원칙에 초점을 두어 예측급여적립방식과 발생급여적립방식으로 분류하였다.

연금채무를 어떻게 평가할 것인가에 초점을 둔 경우에는 예측급여평가방식(projected benefits valuation methods)과 발생급여평가방식(accrued benefits valuation methods)으로 분류할 수 있다. 그러나 이와 같은 연금채무 평가방식을 별도로 다루지 않은 이유는 예측급여적립방식은 연금채무 산정 시에 예측급여평가방식을 준용하고 발생급여적립방식은 발생급여평가방식을 따르기 때문이다.

마지막으로, 사적연금 감독당국의 입장에서 정기적립방식은 일정수준 이상의 적립수준을 제공할 수 있어야 하며, 일정수준에 해당하는 연금채무는 발생급여적립방식에 의해 산출된다.

그림 4-13 예측급여 vs. 발생급여 표준부담률 일반 추이

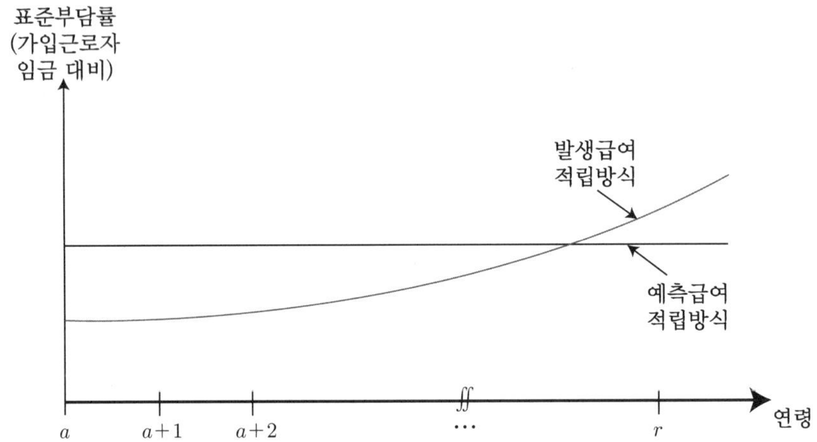

그림 4-14 예측급여 vs. 발생급여 연금채무 일반 추이

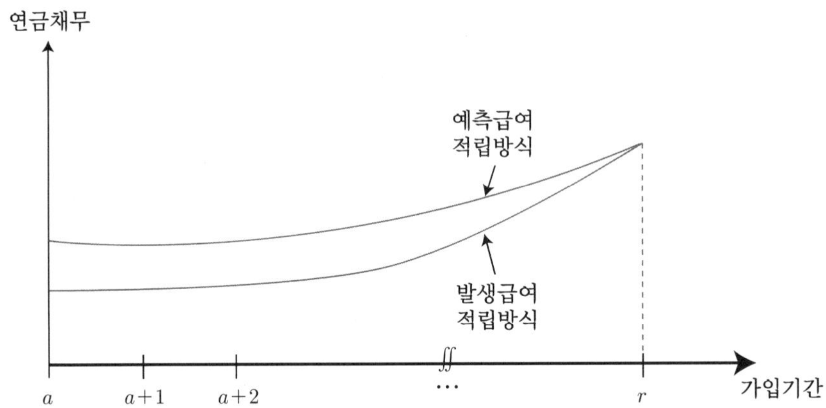

3) 초기과거근무채무 분리방식 vs. 결합방식

연금제도를 발족하기 이전에 가입근로자별로 과거근로기간에 의해 발생한 초기과거채무(initial past service liability: IPSL)는 이미 설명한 바와 같이 일반적으로 보조적립방식에 의해 상각하는 절차를 따른다. 그러나 IPSL을 산정하는 절차는 정기적립방식에서 제공하지만 추가적으로 산정된 IPSL에 대해서

는 특별한 처리절차를 명시하는 정기적립방식이 존재한다. 예를 들어, IPSL은 연금제도 설립 이후의 연금재정 결과(계리적 손익 혹은 잉여금 및 부족금)와 완전 분리하여 일정기간에 걸쳐 상각한다면, 보조적립방식은 두 개의 부담금을 다음과 같이 구분하여 산정하여야 한다. 즉, IPSL 상각액은 보충부담금으로 처리하게 되고, 제도 설립 이후의 적립과소는 특별부담금으로 각각 산출하여야 한다. 즉, 조정부담금의 구성요소(보충부담금, 특별부담금)를 명확히 하는 장점이 있고, 각 부담금별로 상각하는 절차/기간을 달리하여 사용자의 적립부담을 조율할 수 있다. 이와 같은 조정부담금 산출절차를 요구하는 정기적립방식을 「초기과거근무채무분리방식(separate past service benefit methods)」이라고 한다. 현재 근퇴법 시행규칙 제3조(확정급여형 퇴직연금규약의 부담금 산정 및 납입)에 명시되어 있는 바와 같이 우리는 이러한 분리방식을 채용하고 있다. 따라서 근퇴법상의 부담금 구성은 표준부담금, 특별부담금 그리고 보충부담금으로 구성된다.

한편 과거근로기간을 인정받은 신규가입자에 대하여 IPSL를 포함하여 향후 발생할 연금비용을 예상근로기간(정상퇴직시점－연금제도 가입시점)에 걸쳐 계리적으로 균등하게 할당하고 그 해당액을 표준부담금으로 산정하는 정기적립방식이 존재한다. 그리고 이미 설명한 종합보험료방식에서처럼, 설립 전후를 통산하여 발생할 총 연금채무(IPSL 포함)에 대하여 연기금자산을 차감한 미적립채무 상당액 $APV(TB(t))-F(t)$을 가입근로자의 예상근속기간(n)에 걸쳐 균등하게 상각하는 부담금 $C(t)$만을 정기적으로 산정하는 적립방식 또한 존재한다. 이상과 같이 IPSL를 통합하여 부담금 산정에 반영하는 적립방식을 「초기과거근무채무결합방식(single benefit methods)」이라고 한다. 과거 연금재정에 대한 감독규정이 미비하였던 서구 선진사회에서 1990년대까지는 결합방식이 연금계리법인들 사이에서 많이 활용되었지만, 현재 IFRS를 채용하는 국가들은 공통적으로 분리방식만을 정부의 표준방식으로 인정하고 있다. 물론 IFRS에서 유일하게 인정하는 적립방식인 예측단위적립방식(PUC) 또한 분리방식 중의 하나이다. 이상의 논의를 간략히 도식화하면 [그림 4-15]와 같다.

그림 4-15 초기과거채무 분리 혹은 결합방식 분류도

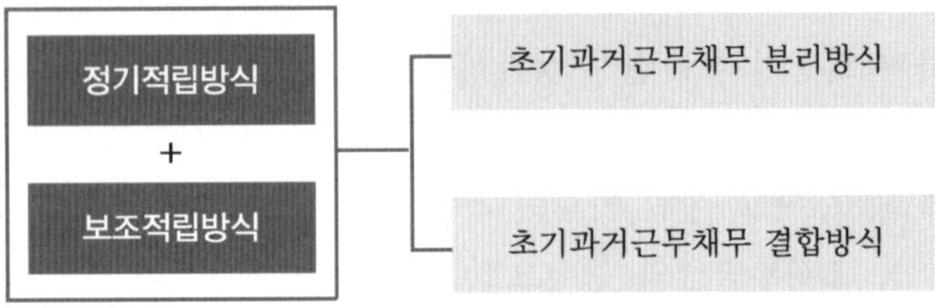

4) 정기적립방식별 세부종류

지금까지 살펴본 분류기준은 일종의 대분류기준에 해당한다(개별적립방식 vs. 통합적립방식 그리고 예측급여적립방식 vs. 발생급여적립방식). 그러면 각 분류기준에 해당하는 적립방식에는 어떠한 것들이 있는가?에 대한 궁금증은

그림 4-16 정기적립방식별 분류 체계도

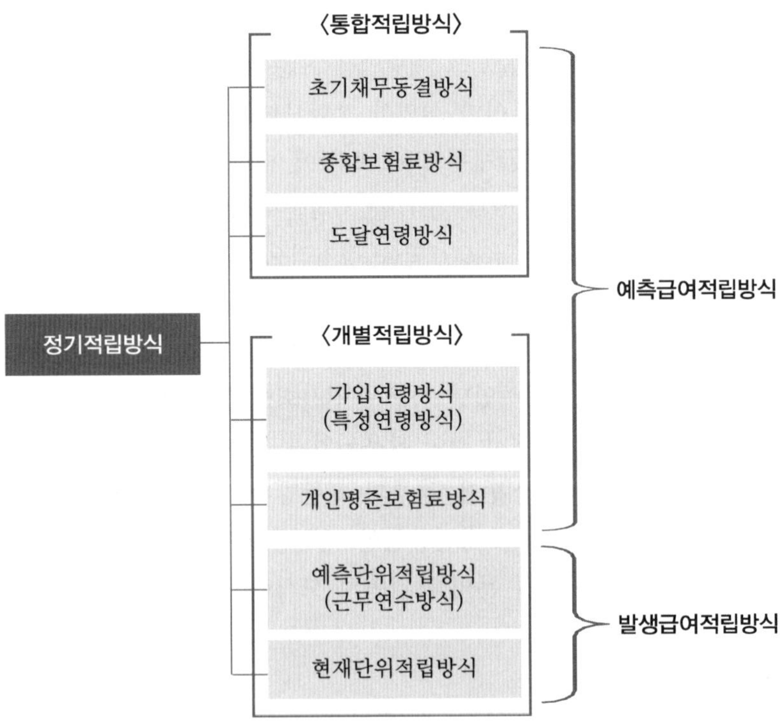

[그림 4-16]으로 요약, 압축된다. 본 연금수리에서는 [그림 4-16]에서 요약한 바와 같이 총 7개의 적립방식을 다룬다. 다음 절에서는 다양한 정기적립방식 각각의 개념적 정의 그리고 수리모형을 다룬다.

Ⅲ 정기적립방식별 수리모형

전술한 각종 연금재정방식의 개념적 정의, 수리적 이해에 이어 본 절에서는 구체적인 수리모형을 다룬다. 먼저 간단한 확정급여형 퇴직연금제도를 가정한다. 여기서 설명할 각종 연금재정방식의 수리모형은 가정한 제도에 근거하여 구축되지만 연금수리의 일반성을 잃지 않는다. 확정급여형 퇴직연금제도는 사회경제 변화, 해당 사업장의(재무적, 연령별 인구 구조) 환경 변화, 관련 법규 및 (공·사 연금관련) 정책의 변화 등이 상호 복합적으로 연계되어 장·단기적으로 연기금 재정에 영향을 주는 일종의 복잡계(complex world)이다. 수리모형은 이러한 복잡한 현실세계의 주요 관심 변수들을 단순화하고 분석하는 수리적 접근법으로 계량분석을 요하는 제반 학문 분야에서 널리 채용되고 있는 효율적 방법론이다.[11] 연금수리학에서 수리적 접근의 첫 시작은 각종 연금재정방식에 대한 수리모형의 구축하고 분석하는 것이다. 단순화 가정을 통하여 각종 연금재정방식별 수리모형을 구축하고 분석한 것은(제3장에서 설명한) Trowbridge(1952)에서 시작한다.

11) 이를 지지하는 주요 연구자들의 견해를 언급하면 다음과 같다. Haberman & Sung(2001) "As with any model of a real world problem, it is necessary to make a number of simplifying assumptions in order that we may focus effectively on the key features of the problem to be solved." 그리고 Huber(1996) "As all models are controversial, an alternative approach is to select the most general mathematically tractable model that is broadly consistent with financial economic theory. Until an empirically adequate and theoretically consistent model is discovered, these hypothetical models are often the most pragmatic alternative."

1. 수리모형 가정

일반성을 벗어나지 않으면서 논의의 편의를 위하여 다음과 같은 확정급여형 퇴직연금제도를 설정한다.

① 신규 가입근로자는 a세(가입연령)에 퇴직연금제도에 가입한다.

② 정상퇴직연령(NRA)은 r세이고 정상 퇴직할 경우에만 즉시 기시급 종신연금을 지급한다(즉, 정상퇴직연금 이외의 기타 중도탈퇴급여는 없으며, 정상퇴직연령이 연금개시연령임).

③ 가입자 구성원은 가입근로자로 한정하며 연금제도 발족부터 정상(定常)구성원(stationary membership)의 연령 분포 특성을 가진다. 즉, 선정된 탈퇴잔존표에 의해 매년 l_a명이 신규가입하고 매년 l_r명이 퇴직하는 일정한 연령별 분포를 가지며, 탈퇴율의 특성은 $\left\{q_x = \dfrac{l_x - l_{x+1}}{l_x} : x = a, a+1, ..., r-1\right\}$에 의해 지배된다(연금수령자는 논의의 편의상 고려하지 않음).

④ 정상퇴직자가 수령할 종신연금액은 매년 기시에 지급하는 정액연금(level annuity)으로 연금액은 $\theta \times (r-a) \times S(r-1)$로 정의된다. 즉, 확정급여산정식(benefit formula)은 "급여발생률(θ) × (근속연수) × (퇴직시)임금"으로 설정된다. 그리고 $S(x), x = a, a+1, ..., r-1$는 연령구간 $(x, x+1)$에 적용되는 임금수준으로 연령에 대해 일정하다.

⑤ 임금상승률(salary inflation rate)은 연 h로 일정하고 승급지수(salary scale index)는 고려하지 않는다.

⑥ 정상퇴직시점($x=r$)의 단위금액 1에 대한 연금계리현가는 $\ddot{a}_r (= \dfrac{N_r}{D_r})$이다(단, $x \le r$).

⑦ 연 단위 평가이율은 i로서 단일 할인율(즉, 예정이율=준비금부리이율)을 적용하며 현가함수는 $v = \dfrac{1}{1+i}$이다.

⑧ 모든 화폐단위($S(r-1), h, i, \ddot{a}_x (= \dfrac{N_x}{D_x})$ 등)는 동일한 명목기준(nominal terms) 혹은 실질기준(real terms)을 적용한다(즉, 화폐 측정 기준이 일치함).[12]

12) 일반적으로, 보험수리 및 연금수리에서는 재무적/경제적 변수는 명목기준을 주로 채택한다.

상기 모형 가정 ③에 의해 가입근로자(active members)에 대하여 적립방식별 수리적 특성을 알아보기로 한다. 왜냐하면 적립방식이 가입근로자의 재원조달을 목적으로 개발되었고 연금수령자에 대한 재원조달은 보조적립방식에 의존하기 때문이다. 그리고 적립방식을 다루면서 가정 ⑤처럼 승급지수를 별도로 고려하지 않는 이유에 대해 간단히 언급하도록 한다. 가입근로자에 대한 연령별 승급지수 $\{s_a, s_{a+1}, \dots, s_{r-2}, s_{r-1}, s_r (\equiv s_{r-1})\}$를 고려한다면, (x)인 가입근로자가 수령하게 될 향후 종신연금의 계리현가 $APV(TB(x))$는 아래의 식과 같이 정의된다(단, 아래의 수식은 보편적으로 적용되지만, 특히 뒤에서 다룰 예측단위적립방식(PUC)을 적용한 경우임).

- $$\begin{aligned} APV(TB(x)) &= \theta \times (r-a) \times S(r-1) \times {}_{r-x|}\ddot{a}_x \\ &= \theta \times (r-a) \times S(r-1) \times v^{(r-x)} \times \frac{l_r}{l_x} \times \ddot{a}_r \\ &= \theta \times (r-a) \times S(x) \times (1+h)^{(r-x-1)} \times \frac{s_r}{s_x} \times v^{(r-x)} \times \frac{l_r}{l_x} \times \ddot{a}_r \\ &= \theta \times (r-a) \times S(x) \times (1+h)^{(r-x-1)} \times v^{(r-x)} \times \frac{l_r^*}{l_x^*} \times \ddot{a}_r \end{aligned}$$

여기서 $S(x)$는 가입근로자의 도달연령 x세 시점부터 다음 도달연령 $x+1$세 사이에 적용되는 연간 임금을 나타낸다. 그리고 생존자함수(survivorship function) l_x를 승급생존자함수(salary-survivorship function) $l_x^* (\equiv l_x \times s_x)$로 기존의 종업원퇴직잔존표를 전환하면(<표 4-1> 참조), 승급지수를 별도로 표현할 필요가 없다.

표 4-1 승급지수를 포함한 종업원퇴직잔존표(예시)

연령	예정 가입근로자수	예정 승급지수	예정 승급가입근로자수
a(가입연령)	l_a	s_a	$l_a^* = l_a \times s_a$
$a+1$	l_{a+1}	s_{a+1}	$l_{a+1}^* = l_{a+1} \times s_{a+1}$
$\vdots$	$\vdots$	$\vdots$	$\vdots$
$r-1$	l_{r-1}	s_{r-1}	$l_{r-1}^* = l_{r-1} \times s_{r-1}$
r(퇴직연령)	l_r	$s_r (= s_{r-1})$	$l_r^* = l_r \times s_r = l_r \times s_{r-1}$

다음으로 적립방식별 수리모형을 구축할 때 자주 사용되는 연금함수에 대해 간단히 정리하기로 한다. 여기에서 다룰 3개의 연금함수별 재귀식(recursion formula)은 적립방식(가입연령방식, 예측단위적립방식 등)의 재귀관계식을 유도할 때 매우 유용하게 적용된다.

- $\ddot{a}_{x+1} = \dfrac{1}{{}_1E_x} \times (\ddot{a}_x - 1) = \dfrac{l_x}{l_{x+1}} \times (1+i) \times (\ddot{a}_x - 1) = \dfrac{N_{x+1}}{D_{x+1}}$
- ${}_{n-1|}\ddot{a}_{x+1} = \dfrac{1}{{}_1E_x} \times {}_{n|}\ddot{a}_x = \dfrac{l_x}{l_{x+1}} \times (1+i) \times {}_{n|}\ddot{a}_x = \dfrac{N_{x+n}}{D_{x+1}}$
- $\ddot{s}_{x:\overline{n+1}|} = \dfrac{1}{{}_1E_{x+n}} \times (\ddot{s}_{x:\overline{n}|} + 1) = \dfrac{l_{x+n}}{l_{x+n+1}} \times (1+i) \times (\ddot{s}_{x:\overline{n}|} + 1)$

  $= \dfrac{N_x - N_{x+n+1}}{D_{x+n+1}}$

  $(\because \ddot{s}_{x:\overline{n}|} = \dfrac{\ddot{a}_{x:\overline{n}|}}{{}_nE_x} = \dfrac{N_x - N_{x+n}}{D_{x+n}},\ \ddot{a}_{x:\overline{n}|} = \dfrac{N_x - N_{x+n}}{D_x})$
- $\dfrac{D_r}{D_{x+1}} = \dfrac{D_r}{D_x} \times (1+i) + \dfrac{D_r}{D_{x+1}} \times q_x \quad (r > x+1)$

한편 가장 보편적인 연금의 지급은 월(月) 지급형이다. 논의의 편의상 연(年)단위를 기본으로 설명하고 있으며, 월단위로 전환하는 문제는 아래의 관계식에 의해 상당부분 해결될 수 있다.

- $N_x^{(12)} = N_x - \dfrac{11}{24} \times D_x$

앞으로 전개될 적립방식의 모형을 설명함에 있어 이해의 편의상 초기에 도입되었던 가입연령방식을 먼저 살펴본다. 이어서 유사하게 예측급여방식을 사용하며, 개별적립방식을 사용하는 개인평준보험료 방식, 도달연령방식을 살펴본다. 아울러 부담금 통합방식을 사용하는 종합보험료방식과 초기채무동결방식을 알아본다. 마지막으로 현재 국제적으로 통용되는 발생급여방식인 예측단위적립방식을 다루고, 이와 적립특성이 유사한 현재단위방식을 살펴본다. 가입연령방식은 예측급여적립방식의 적립특성을 가장 잘 표현하고 있으며, 예측단위적립방식은 발생급여적립방식의 적립특성을 잘 보여주고 있다.

2. 가입연령방식(Entry Age Normal Cost Method: ENT)

예측급여적립방식을 대표하는 가입연령방식의 적립특성을 우선 살펴보고, 다음으로 수리모형을 다루기로 한다. 실제로 가입연령방식은 가장 오랫동안 그리고 사적연금 및 공적연금 구분 없이 가장 광범위하게 사용되었던 보편적인 적립방식이다. 현재는 연금제도의 연속성 및 급여수급권이 보장되는 공적연금제도에서만 그 활용성이 높다.

1) 적립특성

가입연령방식(ENT)은 모든 가입자는 각자의 실제가입연령을 고려하지 않고 사전에 결정된 하나의 가상가입연령(normal entry age)에서 모두 처음 가입한다고 전제한다. 이러한 이유로 "특정가입연령방식"이라고도 한다. 모든 가입근로자에게 동일한 가상적립기간(정상퇴직연령-가상가입연령, normal funding period)을 적용하게 되므로, 모든 가입근로자에 대해서(향후 가입할 신규가입자에 대해서도) 임금 대비 일정 비율로 표준부담률(normal cost percentage)을 산출하는 특징이 있다. 전산시스템을 활용하기 힘들고 신뢰할 만한 경험통계치가 부족했던 과거 시절부터 사용해 온 가장 오래된 그리고 적용상의 편의성이 높은 적립방식이다. 가입자별로 표준부담금(NC)과 연금채무(AL)를 산정하여 합산하는 개별적립방식으로 1936년 Porteous에 의해 처음으로 개발되었다. 기본 전제에서 추론할 수 있는 것처럼 그는 다음과 같은 문제 제기에서 이러한 적립방식을 개발하였다고 한다. 즉, 신규가입자가 근로기간에 걸쳐 정기적으로 임금대비 얼마만큼의 비율로 납입하면 정상퇴직시점(NRA)에 약정한 연금을 구입하기에 적합한 연기금을 적립할 수 있을까?[13] 이러한 특성으로 인하여 신규가입자의 진입이 활발하고 제도의 연속성을 보증할 수 있는 연금제도에서 주로 채택되었으며, 전 세계적으로 회계제도의 정비가 활발하게 진행되었던 1980년대 말까지는 대기업의 약 60% 이상이 가입연령방식에 의해 표준부담금과 연금채무를 산정하였다.

---

13) What contribution rate(as a percentage of salary) should a new member pay throughout his career in order to have the right amount of cash available at NRA to buy the promised pension?

표준부담률의 산출 원리는 가상가입연령에서(퇴직시점에) 지급할 약정한 총 급여(정상퇴직급여, 중도탈퇴급여 등)의 계리현가(expected total benefits)와 가상적립기간에 걸쳐 예상되는 표준부담금(=표준부담률×예상임금)의 계리현가를 동일하게 두는 수지상등원칙을 적용한다. 이 경우 예상임금상승률, 예상탈퇴율, 예상이율 등을 고려하여 계리현가를 취하게 되며, 표준부담률은 모든 가입근로자에게 동일하게 적용되지만 납입하여야 할 표준부담금은 "표준부담률×가입근로자별 실제임금"에 의해 산출된다. 보험수리학 관점에서 살펴보면 표준부담률을 산출하는 원리는 평준보험료방식(level-premium pricing)과 유사하지만, 납입하여야 할 표준부담금은 임금이 증가하면 자연보험료방식(natural-premium pricing)처럼 퇴직연령이 가까울수록 체증한다. 또한, 이미 설명한 바와 같이 근로용역 제공에 의해 발생할 총예상급여액을 전(全) 근로기간에 걸쳐 연도별 임금 대비 일정한 표준부담률로 균등하게 할당하고 매칭하는 구조이므로 "비용할당접근법"에 의한 "부담금중심적립방식"이다. 그러나 제도 도입 시에 이미 발생한 초기과거근무채무(IPSL)가 있는 가입근로자에 대해서는 표준부담금만으로는 적립부족현상이 발생하게 된다. 이를 상각하기 위한 보조적립방식이 필요하게 되며 일정기간에 걸쳐 상각하는 보충부담금을 별도로 산출하여 납입함으로써 연기금 전체의 수지상등을 실현하는 적립특성을 갖는다. 즉, "초기과거근무채무 분리방식"을 따르고 있다. 연금채무는(퇴직시점에 수령할) 총예상급여의 계리현가에서 향후 유입될 표준부담금의 계리현가를 차감하는 미래법 책임준비금 산출 원칙을 적용한다. 이러한 이유로 실제 발생한 연금채무 그리고 당기에 필요한 당기근무원가 등 발생기준(accrual basis)에 근거한 회계적 정보를 정확하게 제공할 수 없다는 근본적 한계가 있다. 그럼에도 불구하고 과거 퇴직보험의 적립방식으로 활용된 바 있다.

가입연령방식이 가지는 근본적인 단점(즉, 신규 가입자의 연령별 특성을 전혀 고려하지 않음)을 보완하기 위해 개발된 적립방식을 "개별가입연령방식(individual ENT: IENT)"이라고 한다. 개별가입연령방식에서는 가입자 개인별로 가입 시점의 실제 연령을 기준으로 근로기간 중에 임금 대비 일정 비율로 표현되는 표준부담률을 산출한다. 이는 가입연령방식의 변형으로 이해할 수 있으며, 적립특성은 신규가입자의 실제연령을 적용한다는 점 이외에 특별한 차이가 없다. 이 때 산정된 개인별 표준부담률은 근로기간 전 기간에 걸쳐 일정하게 적용된다(단, 계산기초의 변경 등으로 재정재계산이 필요하여 재산출할 때까지는 유지됨).

□ 이상의 적립특성은 다음과 같이 요약할 수 있다.

- 정상퇴직시의 예측임금을 기준으로 표준부담금을 먼저 산출하고 연금채무를 산정하는 “부담금중심적립방식”이다.
- 표준부담금과 초기과거근무채무를 상각하는 보충부담금을 별도로 산출하는 “초기과거근무채무 분리방식”을 채택하고 있다.
- 표준부담률은 전체 가입근로자에 대해서 하나의 가상가입연령을 기준으로 산정되므로 전체 가입근로자에게 동일한 단일률이 적용된다. 그러나 개별가입연령방식은 개인별 실제가입연령을 기준으로 가입연령방식과 동일한 방법으로 산정하지만 연령별로 표준부담률이 다를 수 있다.
- 표준부담률이 평준보험료방식으로 산출된다. 이러한 이유로 발생기준 관점에서 연금채무가 실제로 발생한 연금채무보다 높게 산출되어 신뢰할 만한 회계정보를 제공할 수 없다는 단점이 있다.
- 초기과거근무채무, 후발과거근무채무 그리고 계리적 손익에 의한 미적립채무는 보조적립방식에 의해 일정하게 상각되어야 한다.
- 신규 가입이 없는 폐쇄형 연금제도에는 적용하기가 힘들며, 신규 가입이 활발한 개방형 연금제도에서 적용성이 높다. 그리고 연령별 구조가 정상구조(stationary age-structure membership)이고 기업집단이 크면 클수록 표준부담금 및 연금채무의 안정성이 높다.
- 종합적으로 개별적립방식, 정기적립방식, 예측급여적립방식, 부담금중심적립방식 그리고 초기과거근무채무 분리방식 등의 적립특성을 갖는다.

2) 수리모형

가입연령방식(ENT)은 연금제도의 연속성을 전제로 향후 발생할 총 예상급여(즉, 총 예상급여비용)를 가상근로기간에 계리적으로 균등하게 할당하는 비용할당접근법(cost allocation approaches on going-concern basis)의 적립특성을 따른다. 설정한 가정 ①~⑧에 근거하여 표준부담률 산출 과정에 대해 먼저 알아보기로 한다.

① 표준부담금(NC) 산출 모형

기타 적립방식과 마찬가지로, 표준부담금(NC)은 가상가입연령에서 수지상등의 원칙에 의해 산출된다. 가입근로자의 실제연령 및 실제 가입연령 모두를 무시하고, 가상가입연령(가정 ①에 의해 a세) 그리고 정상퇴직 시점의 예측임금 $S(r-1)$을 기준으로 하나의 임금대비 일정한 표준부담률(level standard contribution rate)을 산출하는 구조이다. 즉, 모든 가입근로자는 가상가입연령에서 처음으로 가입한 것으로 전제하고 있다. 물론 가상가입연령에서 수지상등의 원칙을 적용하여 하나의 일정액(표준부담금)을 산출할 수도 있다.[14)]

- $NC(x) = K(x) \times S(x) = K(a) \times S(x) = K \times S(x),\ x = a, a+1, ..., r-1$

다음으로 개별적립방식의 균형재정에서 설명한 바와 같이 (a) 신규가입자에 대한 표준부담금 $NC(a) = K \times S(a)$을 산출한다. 따라서 신규가입자 (a)에 대해 다음과 같은 균형재정식을 만족하는 K를 구하게 된다.

- $\sum_{z=a}^{r-1} K \times S(z) \times {}_{z-a}E_a = \theta \times (r-a) \times S(r-1) \times \ddot{a}_r \times {}_{r-a}E_a$

모든 가입근로자에 대하여 근로기간(적립기간)에 걸쳐 각자의 현재임금 대비 균일한 표준부담률(K)을 적용한다는 의미이다. 예를 들어 가정 ⑤에서 임금상승률이 $h = 0.0\%$이라고 하면「$NC(x) = NC(a), \forall x$」가 된다.

상기 논의를 좀 더 구체적으로 설명하기로 한다. 가상적립기간(normal funding period, $r-a$)을 단위기간별(basic time unit, 1년)로 분할하고 향후 수령하게 될 향후 종신연금의 계리현가 $APV(TB(a))$를 단위기간별로 계리균등하게 할당하게 된다(actuarially equivalent allocation). 이해의 편의를 위해 이를 간략히 도식화하면 [그림 4-17]과 같다.

상기 가정 ①~⑧에 근거하여 가입연령방식(ENT)에 의한 표준부담금 산출과정에 대해 알아보자. 평가일 현재(예: 20××년 1월 1일) a세에 도달한 가상가입근로자 (a), 정상퇴직시의 예측임금 $S(r-1)$ 그리고 가정 ④에 근거하여 정상퇴직시점 (r)에서의 연금계리현가 $APV(TB(r))$를 지급하는 연금급여 설

14) 보험수리학의 평준보험료에 해당하며, 하나의 정액 표준부담금을 산정하므로 이를 상조하여 정상(正常)보험료라고도 한다.

그림 4-17 가입연령방식(ENT)의 표준부담금 산출 구조

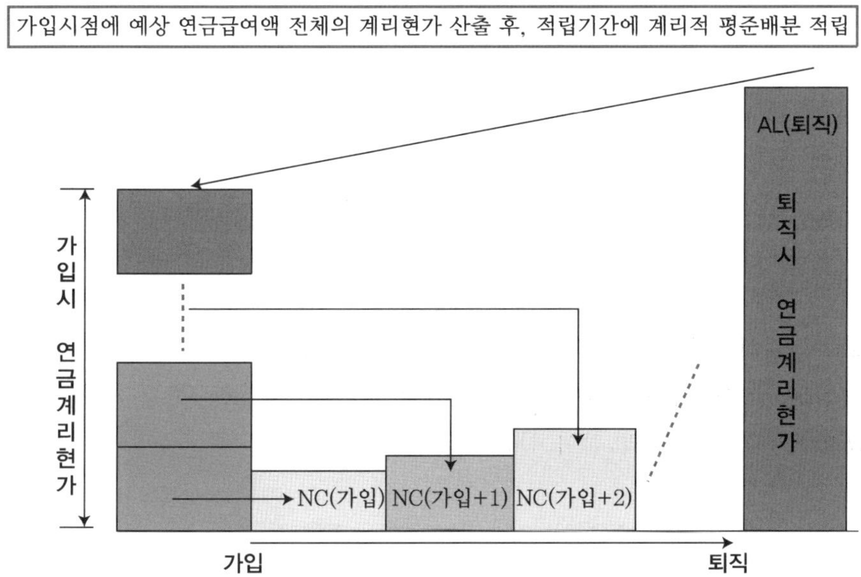

계이다. 즉,

$$\bullet\ APV(TB(r)) = \theta \times (r-a) \times S(r-1) \times \ddot{a}_r$$
$$= \theta \times (r-a) \times S(a) \times (1+h)^{r-a-1} \times \ddot{a}_r$$

여기서 가상근로기간 $(r-a)$ 전체 그리고 정상퇴직 시의 임금 $S(r-1)$을 모두 고려하여 가입연령방식의 적립특성을 전개하고 있다는 점이다. 이는 가입근로자가 중도탈퇴 없이 정상 퇴직할 것이라는 낙관적 전제에서 적립이 이루어짐을 시사한다.

한편, 상기의 연금급여 설계 내용을 보험수리 관점에서 살펴보면, (a)인 피보험자가 보험기간$(r-a)$ 동안 생존하면 만기보험금 $APV(TB(r))$를 지급하는 생존보험(pure endowment insurance)의 급여설계와 같다(왜냐하면 가정 ②에 의해 중도탈퇴급여가 없기 때문이다).

다음으로, 가상가입연령 (a)세에서의 연금계리현가 $APV(TB(a))$를 산출하면,

- $APV(TB(a)) = {}_{r-a}E_a \times APV(TB(r))$

$$= \theta \times (r-a) \times S(r-1) \times {}_{r-a|}\ddot{a}_a$$

$$= \theta \times (r-a) \times \frac{S(a)}{1+h} \times \frac{l_r \times (v^*)^r}{l_a \times (v^*)^a} \times \ddot{a}_r$$

$$= \theta \times (r-a) \times \frac{S(a)}{1+h} \times \frac{D_r^*}{D_a^*} \times \ddot{a}_r$$

여기서 $\frac{1+h}{1+i} = \frac{1}{1+j} = v^*$ 그리고 생존자 기수함수 $D_x^* = l_x \times (v^*)^x$ 로 각각 새로이 정의된다.

한편, 가상가입시점에서 향후 유입될 표준부담금 현금흐름의 계리현가 $APV(NC(a))$는 아래와 같이 산출된다.

- $APV(NC(a)) = \sum_{x=a}^{r-1} \frac{l_x}{l_a} \times v^{x-a} \times NC(x)$

$$= \sum_{x=a}^{r-1} \frac{l_x}{l_a} \times v^{x-a} \times K \times S(x)$$

$$= K \times APV(S(a))$$

위의 $APV(S(a))$는 가상가입시점에서의 향후 예상되는 임금 현금흐름의 계리현가를 나타낸다. 즉,

- $APV(S(a)) = \sum_{x=a}^{r-1} \frac{l_x}{l_a} \times v^{x-a} \times S(x)$

$$= S(a) \times \sum_{x=a}^{r-1} \frac{l_x}{l_a} \times (\frac{1+h}{1+i})^{x-a}$$

$$= S(a) \times \sum_{x=a}^{r-1} \frac{l_x \times (v^*)^x}{l_a \times (v^*)^a}$$

$$= S(a) \times \sum_{x=a}^{r-1} \frac{D_x^*}{D_a^*}$$

$$= S(a) \times \ddot{a}^{(j)}_{a:\overline{r-a|}}$$

(단, $\ddot{a}^{(j)}_{a:\overline{r-a|}}$ 에서 위첨자 j는 할인함수 $\frac{1+h}{1+i}=\frac{1}{1+j}=v^{*}$가 적용됨을 의미함)

최종적으로 신규가입자에 대한 수지상등(재정균형), $APV(NC(a))=APV(TB(a))$이 성립하는 표준부담률 K를 산출하게 된다. 즉,

$$\bullet\ K=\frac{APV(TB(a))}{APV(S(a))}=\frac{\frac{APV(TB(a))}{S(a)}}{\frac{APV(S(a))}{S(a)}}$$

$$=\frac{\frac{APV(TB(a))}{S(a)}}{\ddot{a}^{(j)}_{a:\overline{r-a|}}}=\frac{\theta\times(r-a)\times D_r^{*}}{(1+h)\times(\sum_{x=a}^{r-1}D_x^{*})}\times\ddot{a}_r$$

따라서 가입근로자별 표준부담금은 다음과 같이 산출된다. 즉 가입근로자의 연령에 상관없이 일정한 표준부담률(K)이 적용된다. 이러한 측면을 강조하여 표준부담률을 "정상(正常)보험료율"이라고도 한다.

$$\bullet\ NC(x)=K\times S(x),\ \forall\ x=a,a+1,...,r-1$$

결론적으로 가입연령방식(ENT)은 가상가입연령에서의 임금 $S(a)$에 대비하여 가상근로기간($r-a$)에 걸쳐 향후 발생한 총 예상급여(사용자 측면에서는 총 예상 비용)의 계리현가 $\frac{APV(TB(a))}{S(a)}$를 계리적으로 균등하게 할당(evenly spreading forward over notional working period, $\frac{APV(TB(a))/S(a)}{\ddot{a}^{(j)}_{a:\overline{r-a|}}}$)하도록 설계되었음을 알 수 있다.

위와 같은 표준부담금 산출 과정은 가입연령방식이 예측급여적립방식의 적립특성인 비용할당방식(cost allocation methods)에 근거하고 있음을 보여준다. 참고로, 연금회계에서는 비용할당방식을 "이연법"이라고 한다. 이는 발생한 원가(accrued service cost)를 적립하는 것이 아니라 전 근로기간에 대하여(평준보험료 방식처럼) 균등한 표준부담률을 적용함으로써 초기 단계의 과대적립부분(평준보험료 방식에서 저축보험료처럼)을 미래 시점으로 이연시킨다는 회계적 의미를 반영한 것으로 생각할 수 있다.

② 연금채무(AL) 산출 모형

각 적립방식에 의해 산출되는 연금채무(actuarial liability or accrued liability: AL)는 설정된 계산기초가 100% 완전히 실현되었다는 기본 전제에서 산출되는 일종의 예측채무이다. 실제 발생한 연금채무와 적립방식에 의해 산출된 예측채무와의 차이가 발생하면 연금채무 관련 계리적 손익(actuarial gains and losses) 혹은 후발과거근무채무(PPSL) 등이 발생하게 된다. 구체적으로 살펴보면, 평가일 현재(예: 20××년 12월 31일) 가입근로자 (x)세 그리고 확정급여산정식 가정 ④에 근거하여 예상되는 총 급여의 계리현가 $APV(TB(x))$을 먼저 산출하고 향후 유입될 표준부담금의 계리현가 $APV(NC(x))$를 차감하여 산출한다. 즉, 예측급여평가방식(projected benefits valuation methods)의 연금채무 산출특성을 반영하는 것으로 보험수리의 미래법 책임준비금 산출과정과 매우 유사하다.

$$\bullet\ APV(TB(x)) = {}_{r-x}E_x \times APV(TB(r))$$
$$= \theta \times (r-a) \times S(r-1) \times {}_{r-x|}\ddot{a}_x$$
$$= \theta \times (r-a) \times \frac{S(x)}{1+h} \times \frac{l_r \times (v^*)^r}{l_x \times (v^*)^x} \times \ddot{a}_r$$
$$= \theta \times (r-a) \times \frac{S(x)}{1+h} \times \frac{D_r^*}{D_x^*} \times \ddot{a}_r$$

상기 식에 표준부담률 $K = \dfrac{\theta \times (r-a) \times D_r^*}{(1+h) \times (\sum_{z=a}^{r-1} D_z^*)} \times \ddot{a}_r$를 대입하면, 임의의 $(x), x = a, a+1, ..., r-1$에 대하여

$$\bullet\ APV(TB(x)) = K \times S(x) \times \frac{(\sum_{z=a}^{r-1} D_z^*)}{D_x^*}$$ 로 간단히 정리된다.

한편 경계시점인 정상퇴직 연령(r세)에서의 경계값(boundary value)은 아래와 같음을 쉽게 확인할 수 있다(단, $S(r) = (1+h) \times S(r-1)$로 전제함).

$$\bullet\ APV(TB(r)) = K \times S(r) \times \frac{(\sum_{z=a}^{r-1} D_z^*)}{D_r^*}$$

$$= K \times S(r) \times \ddot{s}^{(j)}_{a:\overline{r-a|}}$$

$$= \theta \times (r-a) \times S(r-1) \times \ddot{a}_r$$

(단, $\ddot{s}^{(j)}_{a:\overline{r-a|}}$에서 위첨자 j는 할인함수 $\frac{1+h}{1+i} = \frac{1}{1+j} = v^*$가 적용됨을 의미함)

다음으로 표준부담금의 현금흐름을 살펴보면 임의의 $(x), x = a, a+1, ..., r-1$에 대하여

$$\bullet\ APV(NC(x)) = K \times APV(S(x))$$

$$= K \times \left[\sum_{z=x}^{r-1} \frac{l_z}{l_x} \times (v^*)^{z-x} \times S(x) \right]$$

$$= K \times S(x) \times \left[\sum_{z=x}^{r-1} \frac{D_z^*}{D_x^*} \right]$$

(단, $APV(NC(r)) = 0$임)

따라서 연금채무 $AL(x) = APV(TB(x)) - APV(NC(x))$로 정의되므로,

$$\bullet\ AL(x) = K \times S(x) \times \frac{\sum_{z=a}^{r-1} D_z^* - \sum_{z=x}^{r-1} D_z^*}{D_x^*}$$

$$= K \times S(x) \times \frac{N_a^* - N_x^*}{D_x^*}$$

$$= NC(x) \times \ddot{s}^{(j)}_{a:\overline{x-a|}}$$

(단, $\ddot{s}^{(j)}_{a:\overline{x-a|}}$에서 위첨자 j는 할인함수 $v^* \equiv \frac{1}{1+j}$가 적용됨을 의미함)

상기 관계식을 보험수리학 관점에서 보면 미래법 책임준비금에 해당하는 $AL(x)= APV(TB(x))-APV(NC(x))$은 결국 과거법 책임준비금에 해당하는 $AL(x) = NC(x) \times \ddot{s}^{(j)}_{a:\overline{x-a}|}$ $(\neq NC(a) \times \ddot{s}^{(j)}_{a:\overline{x-a}|})$와 일치함을 알 수 있다. 여기서 유의할 점은 과거 표준부담금이 아니라 현재의 표준부담금 $NC(x)$의 연금종가로 표현된다는 것이다.

그러면 가입연령방식은 어떠한 속도로 연기금을 적립하여 나아가는지에 대해 알아보기로 하자. 실제로 연기금 적립속도(pace of funding)는 가입근로자의 연금수급권을 확보하는 주요한 측도로 활용되며, 적립방식별로 연기금의 안전성을 누가 먼저 확보하는지 여부를 상호 비교할 때 유용하게 적용된다. 일반적으로 적용되는 측도는 $\dfrac{AL(x)}{APV(TB(r))}$로 정의된다. 따라서 가입연령방식의 적립속도는 아래와 같다. 즉,

- $$\frac{AL(x)}{APV(TB(r))} = \frac{S(x) \times \ddot{s}^{(j)}_{a:\overline{x-a}|}}{S(r) \times \ddot{s}^{(j)}_{a:\overline{r-a}|}} \xrightarrow{x \to r} 1$$

마지막으로, 이상의 산출과정을 통하여 정상퇴직시점에서의 연금채무는 다음과 같음을 쉽게 확인할 수 있다. 즉,

- $$AL(r)= APV(TB(r))-APV(NC(r)) = APV(TB(r))$$

③ 연금채무 재귀식 및 표준부담금 분해

임의의 $(x), x=a, a+1, ..., r-1$인 가입근로자에 대하여 위에서 도출한 연금채무 및 표준부담금에 대한 결과를 간단히 정리하면 다음과 같다.

- $$NC(x)= K\times S(x)$$
- $$AL(x)= K\times S(x) \times \frac{\sum_{z=a}^{x-1} D^*_z}{D^*_x}$$

따라서

- $$AL(x)+NC(x) = K\times S(x) \times \frac{\sum_{z=a}^{x} D^*_z}{D^*_x}$$

한편 (x)인 가입근로자가 차기 $(x, x+1)$기간을 근속하게 되면 결국 $(x+1)$인 가입근로자가 되므로 이 경우에 연금채무는 $AL(x)$와 동일한 방법으로 산출하여 아래와 같음을 알 수 있다.

- $AL(x+1) = K \times S(x+1) \times \dfrac{\sum_{z=a}^{x} D_z^*}{D_{x+1}^*}$

다음으로 (x)인 가입근로자가 $(x+1)$로 잔존하게 될 경우에 AL, NC 간의 상호 관련성을 파악하기로 한다. 즉, $\forall (x), x = a, a+1, ..., r-1$에 대하여 연속되는 두 연령에 대한 연금채무의 재귀식(recursive equation)은 수리적으로 다음과 같이 구축됨을 확인할 수 있다. 즉, $AL(a) = 0$ 혹은 $AL(r) = APV(TB(r))$을 재귀식의 초기값으로 설정하면 K 값이 먼저 산출되었기 때문에 연금채무를 반복적으로 생성할 수 있다.

- $$\begin{aligned} AL(x+1) &= [AL(x) + NC(x)] \times (1+h) \times \frac{D_x^*}{D_{x+1}^*} \\ &= [AL(x) + NC(x)] \times \frac{1}{{}_1E_x} \\ &= [AL(x) + NC(x)] \times \frac{D_x}{D_{x+1}} \end{aligned}$$

$$\Leftrightarrow \quad p_x \times v \times AL(x+1) = AL(x) + NC(x)$$

$$\Leftrightarrow \quad AL(x+1) = [AL(x) + NC(x)] \times (1+i) + q_x \times AL(x+1)$$

$$\Leftrightarrow \quad l_{x+1} \times AL(x+1) = l_x \times [AL(x) + NC(x)] \times (1+i)$$

상기 재귀식이 가지는 수리적 의미를 살펴보면, 계산기초상의 계리적 가정이 정확하게 실현된다면, (x)인 가입근로자 l_x명이 단위기간 초에 적립한 연기금 $[AL(x) + NC(x)]$가 예상이율(i)로 부리 되어 (가정 ②에 의해 중도탈퇴급여가 없으므로) 단위기간 말에 잔존하는 $(x+1)$인 l_{x+1}명 가입근로자의 연기금 재원으로 활용된다는 것이다.

한편 상기 재귀식에서 $p_x = 1 - q_x$의 관계식을 대입하면, 보험수리에서 연납평준순보험료(net level annual premium)를 위험보험료(risk premium)와 저축보험료(saving premium)로 분해하는 것과 같이 표준부담금 또한 아래와 같이 분해(decomposition)할 수 있다. 즉,

- $NC(x) = [AL(x+1) \times v - AL(x)] - AL(x+1) \times v \times q_x$

여기서 $[AL(x+1) \times v - AL(x)]$ 항목은 저축보험료에 해당한다. 이는 정상퇴직연금의 재원을 적립하는 저축부담금(saving contribution for normal retirement annuity)으로 이해할 수 있다. 그리고 $[-AL(x+1) \times v \times q_x]$ 항목은 위험보험료에 해당한다. 살펴보면, 중도탈퇴에 따른 중도탈퇴급여재원을 적립하는 중도탈퇴위험부담금(withdrawal risk contribution)으로 해석할 수 있다. 아울러, 음수 값은 가정 ②에 의해 중도탈퇴급여가 없으므로 저축부담금을 차감하는 요소가 된다.

이상의 논의 과정은 다음에 다룰 개인평준보험료방식에서도 유사하게 적용되며, 이 두 적립방식은 적립 특성에 근거한 수리적 접근상의 차별만 존재한다.

마지막으로, 상기의 연금채무 재귀식 $AL(x+1) = [AL(x) + NC(x)] \times \dfrac{D_x}{D_{x+1}}$ 에 대하여 수학적 귀납법을 적용하여 정리하면 과거 표준부담금들의 변동연금종가로 표현됨을 확인할 수 있다. 즉,

- $AL(x) = NC(a) \times \dfrac{D_a}{D_x} + NC(a+1) \times \dfrac{D_{a+1}}{D_x} + \ldots + NC(x-1) \times \dfrac{D_{x-1}}{D_x}$

한편 상기 식은 이미 앞에서 도출한 바와 같이, 평가시점 현재의 표준부담금 $NC(x)$의 연금종가로 간단히 표현됨을 재확인할 수 있다.

- $$AL(x) = NC(x) \times \left[\frac{(1+h)^{-(x-a)} D_a + (1+h)^{-(x-a-1)} D_{a+1} + \cdots + (1+h)^{-1} D_{x-1}}{D_x} \right]$$

$$= NC(x) \times \left[\frac{D_a^* + D_{a+1}^* + \cdots + D_{x-1}^*}{D_x^*} \right]$$

$$= NC(x) \times \ddot{s}^{(j)}_{a:\overline{x-a|}}$$

여기서 $\ddot{s}^{(j)}_{a:\overline{x-a}|}$ 에서 위첨자 j는 할인함수 $v^* \equiv \frac{1}{1+j}$, $\frac{1+h}{1+i} = \frac{1}{1+j}$ 그리고 생존자기수함수 $D_x^* = l_x \times (v^*)^x$ $(\forall x = a, a+1, ..., r-1)$ 로 정의된다.

예제 1 아래 정보들을 이용하여 다음 물음에 답하시오.

ⓐ 고용관계 정보

홍길동은 만 45세에 첫 직장에 취업하여 10년을 근속한 직후에 두 번째 직장에서 10년을 근속하고 65세에 정년퇴직할 계획이다(정상퇴직연령 65세). 아래 연봉정보에서처럼 연봉 50,000(천원)로 시작해서 매년 3%의 연봉 인상이 있었다.

ⓑ 퇴직급여 정보

홍길동에게 제공되는 퇴직급여는 첫 직장과 두 번째 직장 모두 동일한 확정급여산정식이 적용된다. 확정급여산정식은 "퇴직직전 최근 5개년 평균연봉×2%×근속연수"에 해당하는 연금액이 연시에 지급되는 기시급 종신연금이다. 단, 첫 직장과 두 번째 직장에서 각각 65세 퇴직 시점에 해당 연금액을 수령하기 시작한다.

ⓒ 계리 정보

• 연봉 정보(단위: 천원): 첫 직장과 두 번째 직장의 임금체계는 동일함

연도	연봉 (첫 직장)	최근 5년 평균연봉	연도	연봉 (두 번째 직장)	최근 5년 평균연봉
1(45세)	50,000		11(55세)	67,195	
2	51,500		12	69,211	
3	53,045		13	71,287	
4	54,636		14	73,426	
5	56,275		15	75,629	
6	57,963		16	77,898	
7	59,402		17	80,235	
8	61,493		18	82,642	
9	63,338		19	85,121	
10(54세)	65,238	61,547	20(64세)	87,675	82,714

• 예상이율은 연 5%, ${}_{15}p_{50} = 0.75$, $\ddot{a}_{65}(5\%) = 12$, $v^{15}(5\%) = 0.48$

$\ddot{a}_{45:\overline{20}|} = 13.46$, ${}_{20}p_{45} = 0.67$, $v^{20}(5\%) = 0.377$, $\ddot{a}_{50:\overline{15}|} = 11.38$

1) 홍길동이 65세 퇴직시점에 수령하게 될 연간 연금액을 산출하시오.

2) 만약 홍길동이 첫 직장에서 20년을 근무하고 퇴직할 경우 매년 수령할 연간 연금액을 산출하시오.

3) 홍길동은 이직 없이 첫 직장에서 정년퇴직한다고 하자. 비용할당방식(Cost Allocation Methods) 중 대표적인 개별가입연령방식(IENT)의 표준부담금 그리고 5년 근속시점(49세 말 시점)에서의 연금채무 평가액을 각각 산출하시오.

해설 1) 첫 직장에서 매년 수령할 종신연금액(0.02 × 61,547 × 10) + 두 번째 직장에서 매년 수령할 종신연금액(0.02 × 82,714 × 10) = 28,852(천원)

2) 이직 없이 첫 직장에서 정년퇴직 시에 매년 수령할 종신연금액 : 0.02 × 82,714 × 20 = 33,086(천원)

3) 45세 신규 가입자에 대한 수지상등(균형재정)이 적용되고 균등하게 비용할당이 이루어지므로 매년 납입할 정액 표준부담금은 $APV(NC(45\text{세})) = APV(TB(45\text{세}))$ 만족하여야 한다. 따라서

• $NC = \dfrac{33{,}086 \times 12 \times 0.67 \times 0.377}{13.46} \fallingdotseq 7{,}450$

4) 연금채무 $AL(x) = APV(TB(x)) - APV(NC(x))$로 정의되므로

• $AL(5\text{년 근속시점}) = 33{,}086 \times 12 \times 0.75 \times 0.48 - 7{,}450 \times 11.38$
$= 58{,}448$

예제 2 (2015년 보험계리사 기출문제 수정)
아래의 상황을 가정할 경우 가입연령방식(Entry Age Normal)에 따른 표준부담률(K)을 구하고 40세 근로자의 표준부담금(NC_{40})을 구하시오.

- 기시에 매월 지급될 종신연금액: 1.5% × 퇴직 시 연봉의 10% × 근무연수
- 현재 40세 연봉: 40,000,000원
- 임금인상률: 4.0%
- 할인율: 7.0%
- 입사연령(가상가입연령): 35세(단, 입사와 동시에 퇴직연금제도에 가입함)
- 정년가정: 55세 도달 시점(단, 정년시점까지 사망 및 중도퇴직은 없음)

계리관련 정보: $\ddot{a}_{55}^{(12)} = 10$, ${}^{s}v = 0.9720$, ${}^{s}v^{20} = 0.5662$, $v_{7\%}^{20} = 0.2584$, $1.04^{-5} = 0.8219$, $1.04^{15} = 1.8009$ (단, ${}^{s}v$=임금상승률과 할인율을 동시에 고려한 새로운 할인율임)

해설 35세에 실제로 가입하였고 중도퇴직이 없으며 총 근속기간은 20년이다. 현재 40세 연봉에서 55세 직전 연봉(즉, 54세 연봉)까지의 임금상승기간은 총 14년임을 알 수 있다. 따라서

$$APV(TB(35)) = 0.015 \times 40{,}000{,}000 \times 0.1 \times (1.04)^{14} \times 12 \times 10 \times 20 \times v_{7\%}^{20}$$
$$= 64{,}434{,}988$$

$${}^{s}\ddot{a}_{\overline{20|}} \fallingdotseq 15.4712,\ 35\text{세 연봉} = 40\text{세 연봉} \times \frac{1}{1.04^5} = 32{,}877{,}080$$

$$K = \frac{APV(TB(35))}{{}^{s}\ddot{a}_{\overline{20|}} \times (35\text{세 연봉})} \fallingdotseq 0.12668$$

$$NC(40) = K \times (40\text{세 연봉}) = 5{,}067{,}200$$

3. 개인평준보험료방식(Individual Level Premium Method: ILP)

개인평준보험료방식(ILP)은 수지상등의 원칙에 근거하여 산출하는 정액 연납 순보험료(net level annual premium)를 산출하는 평준보험료방식(level premium pricing system)과 개념상 동일하다.

1) 적립특성

표준부담금을 연금제도 시행 시점에 가입근로자 개인별(가상가입연령이 아니라) 실제연령을 기준으로 수지상등의 원칙에 의해 산정하는 "개별적립방식"이다. 연금규약에 의해 가입근로자 개인별로, 연금제도 도입 이전의 과거근무에 의해 발생한 초기과거근무채무(IPSL)를 모두 포함하고, 향후 발생할 모든 급여의 계리현가와 향후 유입될 정액 표준부담금 계리현가를 일치시키는 수지상등의 원칙에 의해 개인평준 표준부담금을 산출한다. 표준부담금을 먼저 산출하고 연금채무를 산출하는 과정을 거치므로 "부담금중심적립방식"에 해당한다. 제도시행 시점($t=0$)에서의 연금채무는 모든 가입근로자에 대해 $AL_0 = 0$로 설정된다. 이는 가입연령방식(ENT)이 초기과거근무채무를 인식하지 않고 임금 대비 일정 비율로 표현되는 표준부담률을 산정하는 "초기과거근무채무 분리방식"이지만 개인평준보험료방식(ILP)은 "초기과거근무채무 통합방식"에 해당하기 때문이다. 엄밀하게 말해 ILP 방식에서 산출된 표준부담금은 당기근무원가뿐만 아니라 초기과거근무채무의 일정 상각액까지 포함하고 있어 표준부담금이라고는 할 수 없다(단, ILP의 적립특성에 의해 산출되는 부담금으로 그 의미를 부여할 수 있지만, 연금 회계적 의미를 부여하기는 어렵다). ILP

방식은 잔여근무기간(즉, 정상퇴직연령-실제 제도가입연령)에 일정액(level premium)을 단위기간(예: 1년)에 균등 할당하는 "비용할당방식"이며, 계약 단계에서 피보험자 연령별로 차별화된 일정 보험료를 산출하는 평준보험료방식과 보험료 산정 원리가 동일하다. 그러나 제도 도입 이후 시행됨에 따라 예측임금이 변경되면 새로이 균등부담금을 재산출하여야 한다는 점에서 평준보험료방식과는 다르다. 부언하면 정기적으로 평가할 때마다 계산기초 상의 예상임금상승률보다 현재의 임금이 체감 혹은 체증하게 되면 미래 예측임금 또한 비례적으로 체감 혹은 체증하게 되어 이에 상응하는 급여조정액(slice of pension)이 발생하게 된다.

예를 들어, 만기생존보험금에 해당하는 $APV(TB(r))=\theta\times(r-a)\times S(r-1)\times\ddot{a}_r$는 예측임금 $S(r-1)$에 의해 변경되므로 평가시점마다 현재의 실제임금을 기준으로 $S(r-1:new)$을 재산출하게 된다.

따라서 $\triangle APV(TB(r))=APV(TB(r):new)-APV(TB(r):old)$만큼을 기존의 표준부담금에 추가적으로 가감하는 절차를 평가시점마다 행하게 된다. 물론 제도 도입시점에서 설정한 예상임금상승률이 정확하게 실현된다면 최초로 산출한 부담금 수준은 변경이 없다. 이와 같은 이유로 장래 예측임금의 추정상의 오차에 기인한 계리적 손익은 발생하지 않는다. 다음으로 연금채무에 관련된 내용은 예측급여평가방식에 의해 평가되므로 가입연령방식(ENT)의 산출결과와 매우 유사하다. 이는 수리모형에서 구체적으로 설명하기로 한다.

□ 이상의 적립특성은 다음과 같이 요약할 수 있다.

- 정상퇴직시의 예측임금을 기준으로 표준부담금을 먼저 산출하고 연금채무를 산정하는 "부담금중심적립방식"이다.
- 표준부담금을 산출할 때 초기과거근무채무(IPSL)를 상각하는 보충부담금을 구분하지 않고 함께 통합하여 산출하는 "초기과거근무채무 통합방식"을 채택하고 있다.
- 표준부담금은 제도 도입시점에서의 가입근로자의 실제연령을 기준으로 정액 부담금을 산출한다. 그러나 예상임금상승률에 오차가 발생하면, 평가시점마다 이를 반영하여 기존의 산출된 표준부담금을 조정하게 된다. 즉, 기존 표준부담금에 이를 합산함으로써 신규 표준부담금을 재산

출하는 것이다. 따라서 가입연령방식(ENT)과는 달리 전 기간에 걸쳐 임금관련 계리적 손익(이를 간단히 경험임금손익(experience salary gains and losses)이라고 함)은 존재하지 않는다.

- 다만 초기과거근무채무는 표준부담금으로 상각하지만, 후발과거근무채무 그리고 임금을 제외한 그 밖의 계리적 손익에 발생하는 미적립채무는 보조적립방식에 의해 상각하게 된다.
- 가입연령방식에 비해 상대적으로 높은 표준부담금을 산출하게 되며 회계적 의미를 부여하기는 힘들다. 특히 임금의 변동이 심한 전문직 소형 연금제도에서는 표준부담금의 변동성이 심하고 또한 이를 통하여 퇴직 시점에 필요한 연금재원을 마련할 가능성이 낮아 적용상의 한계가 있다.
- 종합적으로 개별적립방식, 정기적립방식, 예측급여적립방식, 부담금중심적립방식 그리고 초기과거근무채무 통합방식 등의 적립특성을 갖는다.

2) 수리모형

앞 절에서 설정한 가정에 근거하여 먼저 표준부담금을 산출하기로 한다. 개인평준보험료방식의 적립특성을 이해하기 위해 “① 신규 가입근로자는 a세(가입연령)에 퇴직연금제도에 가입한다”라는 가정을 “신규 가입근로자는 a세에 취업하였고 확정급여형 퇴직연금제도는 x세에 도달하였을 때 처음으로 시행되었다”라고 대체하기로 한다.

① 표준부담금(NC) 산출 모형

제도 도입시점($t=0$)에서의 가입근로자 (x), 정상퇴직시의 예측임금 $S(r-1)$ 그리고 가정 ④에 근거하여 정상퇴직시점 (r)에서 연금계리현가 $APV(TB(r))$을 지급하는 종신연금 설계이다.

$$\begin{aligned} \bullet\ APV(TB(r)) &= \theta\times(r-a)\times S(r-1)\times \ddot{a}_r \\ &= \theta\times(r-a)\times(1+h)^{r-x-1}\times S(x)\times \ddot{a}_r \end{aligned}$$

여기서 유의할 점은 가입연령방식과는 달리 제도시행 시점의 실제 임금 $S(x)$을 기준으로 정상퇴직 시의 임금 $S(r-1)$을 예측한다는 점이다.

상기 급여설계는 전체 근로기간 $r-a$를 모두 반영하고 있어 가입연령방식(ENT)처럼 예측급여적립방식의 특성을 그대로 반영하고 있다. 보험수리 관점에서 살펴보면, (a)인 피보험자가 보험기간$(r-a)$ 동안 생존하면 만기보험금 $APV(TB(r))$을 지급하는 생존보험(pure endowment insurance)의 급여설계와 같다(왜냐하면 가정 ②에 의해 중도탈퇴급여가 없기 때문임).

다음으로, 제도 도입시점$(t=0)$에서의 연금계리현가 $APV(TB(x))$는 아래와 같다.

$$\bullet\ APV(TB(x)) = {}_{r-x}E_x \times APV(TB(r))$$

$$= \frac{D_r}{D_x} \times APV(TB(r))$$

$$= \theta \times (r-a) \times S(r-1) \times {}_{r-x|}\ddot{a}_x$$

$$= \theta \times (r-a) \times \frac{S(x)}{1+h} \times \frac{l_r \times (v^*)^r}{l_x \times (v^*)^x} \times \ddot{a}_r$$

$$= \theta \times (r-a) \times \frac{S(x)}{1+h} \times \frac{D_r^*}{D_x^*} \times \ddot{a}_r$$

여기서 $\dfrac{1+h}{1+i} = \dfrac{1}{1+j} = v^*$ 그리고 $D_x^* = l_x \times (v^*)^x \ (\forall x = a, a+1, ..., r-1)$

한편, 제도 도입시점$(t=0)$에서의 향후 유입될 개인평준 표준부담금의 계리현가 $APV(NC(x))$는 아래와 같다.

$$\bullet\ APV(NC(x)) = \left[\sum_{y=x}^{r-1} \frac{l_y}{l_x} \times v^{y-x}\right] \times NC(x)$$

$$= NC(x) \times \frac{N_x - N_r}{D_x}$$

따라서 수지상등의 원칙(즉, 적립원칙)에 의해 $APV(TB(x)) = APV(NC(x))$을 적용하면 제도 도입시점$(t=0)$ 가입근로자별 실제연령 $x(=a, a+1, ..., r-1)$에 대하여 개인 평준 표준부담금 $NC(x)$는 다음과 같이 산출된다.

- $NC(x) \times \dfrac{N_x - N_r}{D_x} = \dfrac{D_r}{D_x} \times APV(TB(r))$

$$NC(x) = \frac{D_r}{N_x - N_r} \times APV(TB(r))$$

다음으로 제도가 시행됨에 따라 가입근로자별 실제 임금 수준은 제도 도입시점의 예상임금과 차이가 발생할 수 있으므로 정기적 평가시점($t=1, 2, ...$)마다 표준부담금을 조정하게 된다. 이러한 과정을 거치므로 경험임금손익은 발생하지 않는 것이다. 이를 살펴보면, 제도 시행 1년이 경과하는 시점($t=1$)에서 (x)인 가입근로자는 $(x+1)$이 되며 이 때 실제 임금은 $S(x+1)$된다. 부언하면 $t=0$시점에서 산출한 $NC(x)_{t=0}$은 $S(x)$을 기준으로 $S(r-1)$을 예측한 것이며 $t=1$시점에서 산출하여야 할 $NC(x+1)_{t=1}$은 $S(x+1)$을 기준으로 $S(r-1)$을 예측하게 된다. 따라서 이들 예상임금의 차이를 반영하여 기존의 $NC(x)_{t=0}$에 가감하는 추가 표준부담금을 아래와 같은 과정을 통해 산출하게 된다.

- $APV(TB(r))_{t=0} = \theta \times (r-a) \times (1+h)^{r-x-1} \times S(x) \times \ddot{a}_r$
- $APV(TB(r))_{t=1} = \theta \times (r-a) \times (1+h)^{r-x-2} \times S(x+1) \times \ddot{a}_r$
- $\triangle APV(TB(r))_{t=1} = APV(TB(r))_{t=1} - APV(TB(r))_{t=0}$

$$= \theta \times (r-a) \times (1+h)^{r-x-2} \times$$
$$[S(x+1) - (1+h) \times S(x)] \times \ddot{a}_r$$
$$= \theta \times (r-a) \times [S(r-1)_{t=1} - S(r-1)_{t=0}] \times \ddot{a}_r$$

평가시점($t=1$)에서 미래 총 급여의 변경분 $\triangle APV(TB(r))_{t=1}$이 발생하게 되면 잔여근로기간에 걸쳐 기존의 표준부담금에 합산하는 조정 표준부담금을 아래와 같이 산출하게 된다.

- $\triangle NC_{t=1} \times \ddot{a}_{x+1:\overline{r-x-1|}} = \dfrac{D_r}{D_{x+1}} \times \triangle APV(TB(r))_{t=1}$

$$\triangle NC_{t=1} = \triangle APV(TB(r))_{t=1} \times \frac{D_r}{N_{x+1} - N_r}$$

동일한 방법으로 이를 확장하면

- $\triangle NC_{t=2} = \triangle APV(TB(r))_{t=2} \times \dfrac{D_r}{N_{x+2} - N_r}$
- $\triangle NC_{t=3} = \triangle APV(TB(r))_{t=3} \times \dfrac{D_r}{N_{x+3} - N_r}$

$\vdots$

최종적으로 제도 도입시점($t=0$)에 (x)인 가입근로자에게 적용되는 개인평준 표준부담금의 조정 과정은 평가시점($t=1,2,\ldots$)에 대하여 수학적 귀납법을 적용하면 아래와 같다.

- $NC(x+1)_{t=1} = NC(x)_{t=0} + \triangle NC_{t=1}$
- $NC(x+2)_{t=2} = NC(x)_{t=0} + \triangle NC_{t=1} + \triangle NC_{t=2}$

$\vdots$

- $NC(x+n)_{t=n} = NC(x)_{t=0} + \triangle NC_{t=1} + \cdots + \triangle NC_{t=n-1} + \triangle NC_{t=n}$ (단, $x+n \le r-1$)

결론적으로 표준부담금은 평가시점($t=1,2,\ldots$)마다 가입근로자별로 재산정하는 조정과정을 거치게 된다. 평가시점별로 변동하는 표준부담금(time-related varying normal cost)을 산정하며 개별적립방식이므로 가입근로자별(k)로 산출된 표준부담금의 합산이 당기의 표준부담금 총액으로 산정한다. 즉, 평가시점 t에서의 가입근로자 집단을 W_t라고 표기하면 $NC(t) = \sum_{W_t} NC_k(t)$.

② 연금채무(AL) 산출 모형

각 적립방식에 의해 산출되는 연금채무(actuarial liability or accrued liability, AL)는 설정된 계산기초가 100% 실현되었다는 기본 전제에서 산출되는 이상적 예측채무이다. 이미 언급한 바와 같이 발생한 연금채무와 적립방식에 의해 산출된 예측채무와의 차이가 발생하면 연금채무 관련 계리적 손익(actuarial gains and losses) 혹은 후발과거근무채무(PPSL) 등이 발생하게 된다. 표준부담금 산출과정에서 설정한 바와 같이 개인평준보험료방식의 연금채무 산정특성을 이해하기 위해 "① 신규 가입근로자는 a세(가입연령)에 퇴직연금제도에 가입한다"라는 가정은 "신규 가입근로자는 a세에 취업하였고 확정급여형 퇴직연금제도는 x세에 도달하였을 때 처음으로 시행되었다"라고 대체하기로 한다. 즉, 제도 도입시점($t=0$)에서의 가입근로자 (x), 이 때 실제 임금 $S(x)$ 그리고 가정 ④에 근거하여 정상퇴직시점 (r)에서 연금계리현가 $APV(TB(r))$을 지급하는 종신연금 설계이다. 가입연령방식과는 달리 제도 시행 시점($t=0$)에서 가입근로자별 실제임금을 기준으로 초기과거근무채무(IPSL)를 표준부담금에 포함하는 "초기과거근무채무 통합방식"의 적립특성을 갖는 관계로 $AL(x)_{t=0}=0$이다. 이는 이미 설명한 가입연령방식의 연금채무 산정방식과 동일한 예측급여평가방식(projected benefits valuation methods)이다. 평가일 현재 시점($t=1$)에서 $x+1$세에 도달한 가입근로자 $(x+1)$ 그리고 확정급여산정식 가정 ④에 근거하여 예상되는 총 급여의 계리현가 $APV(TB(x+1))$을 먼저 산출하고 향후 유입될 표준부담금의 계리현가 $APV(NC(x+1))$를 차감하는 보험수리의 미래법 책임준비금 산출과정과 유사하다.

- $APV(TB(x+1))_{t=1} = {}_{r-x-1}E_{x+1} \times \left[APV(TB(r))_{t=0} + \triangle APV(TB(r))_{t=1}\right]$

$$= \frac{D_r}{D_{x+1}} \times \left[APV(TB(r))_{t=0} + \triangle APV(TB(r))_{t=1}\right]$$

- $APV(NC(x+1))_{t=1}$

$$= \left[NC(x)_{t=0} + \triangle NC(x)_{t=1}\right] \times \ddot{a}_{x+1:\overline{r-x-1|}}$$

$$= \left[APV(TB(r))_{t=0} \times \frac{D_r}{N_x - N_r} + \triangle APV(TB(r))_{t=1} \times \frac{D_r}{N_{x+1} - N_r}\right] \times \frac{N_{x+1} - N_r}{D_{x+1}}$$

따라서 평가일 현재 시점($t=1$)에서 가입근로자 $(x+1)$의 연금채무는 다음과 같이 정의된다.

- $AL(x+1)_{t=1} = APV(TB(x+1))_{t=1} - APV(NC(x+1))_{t=1}$

또한 상기 식을 정리하면 아래와 같이 간단히 표현됨을 확인할 수 있다.

- $AL(x+1)_{t=1} = NC(x)_{t=0} \times \frac{D_x}{D_{x+1}}$

$$= \left[AL(x)_{t=0} + NC(x)_{t=0}\right] \times \frac{D_x}{D_{x+1}} \ (\because AL(x)_{t=0} = 0)$$

왜냐하면, 표준부담금 산출과정에서 다음 관계식이 성립하기 때문이다. 즉,

- $NC(x)_{t=0} = \frac{D_r}{N_x - N_r} \times APV(TB(r))_{t=0}$

$$\Delta NC_{t=1} \times \ddot{a}_{x+1:\overline{r-x-1|}} = \frac{D_r}{D_{x+1}} \times \Delta APV(TB(r))_{t=1}$$

다음으로 $t=2$인 시점에서의 연금채무를 산정하기로 한다. 상기와 동일한 방법을 적용하면

- $APV(TB(x+2))_{t=2}$

$$= {}_{r-x-2}E_{x+2} \times \left[APV(TB(r))_{t=0} + \Delta APV(TB(r))_{t=1} + \Delta APV(TB(r))_{t=2}\right]$$

$$= \frac{D_r}{D_{x+2}} \times \left[APV(TB(r))_{t=0} + \Delta APV(TB(r))_{t=1} + \Delta APV(TB(r))_{t=2}\right]$$

- $APV(NC(x+2))_{t=2}$

$$= \left[NC(x)_{t=0} + \Delta NC(x)_{t=1} + \Delta NC(x)_{t=2}\right] \times \ddot{a}_{x+2:\overline{r-x-2|}}$$

$$= \begin{bmatrix} APV(TB(r))_{t=0} \times \frac{D_r}{N_x - N_r} + \Delta APV(TB(r))_{t=1} \times \frac{D_r}{N_{x+1} - N_r} \\ + \Delta APV(TB(r))_{t=2} \times \frac{D_r}{N_{x+2} - N_r} \end{bmatrix} \times \frac{N_{x+2} - N_r}{D_{x+2}}$$

따라서 평가일 현재 시점($t=2$)에서 가입근로자 $(x+2)$의 연금채무는 다음과 같이 정의된다.

- $AL(x+2)_{t=2} = APV(TB(x+2))_{t=2} - APV(NC(x+2))_{t=2}$

그리고 위에서 도출한 $AL(x+1)_{t=1} = NC(x)_{t=0} \times \frac{D_x}{D_{x+1}}$ 관계식과 표준부담금 산출과정의 $\Delta NC_{t=2} = \Delta APV(TR(r))_{t=2} \times \frac{D_r}{N_{x+2} - N_r}$ 등을 활용하면 상

기 식은 아래와 같이 간단히 표현된다. 즉,

- $AL(x+2)_{t=2} = \left[AL(x+1)_{t=1} + NC(x+1)_{t=1}\right] \times \dfrac{D_{x+1}}{D_{x+2}}$

$$= NC(x)_{t=0} \times \frac{D_x}{D_{x+2}} + NC(x+1)_{t=1} \times \frac{D_{x+1}}{D_{x+2}}$$

이상의 과정을 반복적으로 수행하면 수학적 귀납법에 의해 다음과 같은 연금채무 재귀식의 일반식을 유도할 수 있으며 또한 과거 표준부담금들의 변동연금종가로 표현됨을 쉽게 확인할 수 있다. 즉, $n=0,1,2,\ldots,\ x=a,a+1,\ldots,r-1$ (단, $x+n \le r-1$)에 대하여

- $AL(x+n+1)_{t=n+1}$

$$= \left[AL(x+n)_{t=n} + NC(x+n)_{t=n}\right] \times \frac{D_{x+n}}{D_{x+n+1}}$$

$$= NC(x)_{t=0} \times \frac{D_x}{D_{x+n+1}} + NC(x+1)_{t=1} \times \frac{D_{x+1}}{D_{x+n+1}} + \cdots + NC(x+n)_{t=n} \times \frac{D_{x+n}}{D_{x+n+1}}$$

결론적으로 표준부담금의 조정 과정은 정기적으로 평가시점마다($t=1,2,\ldots$) 가입근로자 각자에 대하여 수행되며, 개별적립방식이므로 가입근로자(k)별로 연금채무의 합산이 당기의 연금채무 총액으로 인식한다. 평가시점 t 현재의 가입근로자 집단을 W_t라고 하면, $AL(t) = \sum_{W_t} AL_k(t)$.

③ 연금채무 재귀식 및 표준부담금 분해

임의의 $(x), x=a,a+1,\ldots,r-1,$인 가입근로자에 대해 $t=0$인 시점에서 연금제도가 시행되면 제도가 성숙됨에 따라 $(n, n+1)$ 두 시점에서 전개되는 가입근로자의 연금채무 재귀식은 아래와 같다(논리 전개의 편의상 시점을 나타내는 아래첨자는 생략함). 즉, $n=0,1,2,\ldots,\ x=a,a+1,\ldots,r-1$ (단, $x+n \le r-1$)에 대하여,

- $AL(x+n+1) = [AL(x+n) + NC(x+n)] \times \dfrac{D_{x+n}}{D_{x+n+1}}$

$\Leftrightarrow l_{x+n+1} \times AL(x+n+1) = l_{x+n} \times [AL(x+n) + NC(x+n)] \times (1+i)$

$\Leftrightarrow AL(x+n+1) = [AL(x+n) + NC(x+n)] \times (1+i) + q_{x+n} \times AL(x+n+1)$

상기 재귀식에 대한 수리적 의미는 이미 가입연령방식에서 살펴 본 바와 동일하다. 부연설명하면, 계산기초상의 계리적 가정이 정확하게 실현된다면, (x)인 가입근로자 l_x명이 단위기간 초에 적립한 연기금 $[AL(x) + NC(x)]$가 예상이율(i)로 부리 되어 (가정 ②에 의해 중도탈퇴급여가 없으므로) 단위기간 말에 잔존하는 $(x+1)$인 l_{x+1}명 가입근로자의 연기금 재원으로 활용된다는 것이다.

한편 상기 재귀식은 보험수리에서 연납순보험료를 위험보험료와 저축보험료로 분해하는 것과 같이 표준부담금 또한 아래와 같이 분해할 수 있다. 즉,

- $NC(x+n) = [AL(x+n+1) \times v - AL(x+n)] - AL(x+n+1) \times v \times q_{x+n}$

여기서 $[AL(x+n+1) \times v - AL(x+n)]$ 항목은 정상퇴직연금의 재원을 적립하는 저축부담금(saving contribution for normal retirement annuity)으로 이해할 수 있다. 그리고 $[-AL(x+1) \times v \times q_x]$ 항목은 중도탈퇴에 따른 중도탈퇴급여재원을 적립하는 중토탈퇴위험부담금(withdrawal risk contribution)으로 해석할 수 있으며, 가정 ②에 의해 중도탈퇴급여가 없으므로 궁극적으로는 저축부담금을 차감하는 요소가 된다.

이상의 논의 과정은 모두 "예측급여적립방식"의 적립특성을 공통적으로 따르고 있다. 다음에서 다룰 예측단위적립방식은 발생급여적립방식으로 회계적 관점이 강조된다.

4. 예측단위적립방식(Projected Unit Credit Cost Method: PUC)

발생급여적립방식을 대표하는 그리고 IFRS 및 K-IFRS에서 유일하게 인

정하는 적립방식이다. 예측급여적립방식과 예측단위적립방식은 모두 예측(projected)이란 용어가 사용되어 오해를 야기하기도 한다. 전자의 예측은 가입시부터 퇴직 시까지의 총급여 예측을 강조한 반면, 후자는 최종임금 예측을 강조한 표현이다. 실무적 관점은 제5장에서 추가적으로 다룰 것이다.

1) 적립특성

가입근로자 각각에 대한 연금채무(AL)를 먼저 산정한 이후에 표준부담금(NC)을 산정하는 개별적립방식이다. 역사적으로는 1980년 말 연금선진국을 중심으로 연금회계의 목적 적합성을 강조하면서 발생기준(accrual basis)이 점차적으로 확산하게 된다. 이에 기존의 대기업들이 주로 채용해온 가입연령방식(ENT)에 발생주의를 적용해서 과도한 추가적 잉여금이 산출되어 정부가 일정수준 이상의 잉여금에 대해 세금을 부과하는 양상으로 발전되었다. 기존의 예측급여적립방식을 발생급여적립방식으로 전환하면서 잉여금 문제를 최소화할 수 있는 적립방식으로 많은 연금계리전문가들이 예측단위적립방식(PUC)을 제시하게 되었다. 왜냐하면 (수리모형에서 구체적으로 설명하겠지만) PUC는 연금채무를 산정할 때에 최종 예측임금을 기준으로 산출하기 때문이다. 역사적으로 'Pension Scheme Surpluses (Valuation) Regulation 1987(영국)'에서 처음으로 PUC에 의해 연금채무를 평가하도록 규정하였고 이후 점차적으로 연금선진국을 중심으로 확산된 발생급여적립방식이다(당시 법 규정은 PUC을 'Projected Accrued Benefit Method'라고 명명함). K-IFRS에서도 국제적 비교가능성을 제고하기 위해 PUC만을 적용하여 확정급여채무(defined benefit obligation: DBO) 그리고 표준부담금을 산출할 것을 권고하고 있다.

연금채무 산출원리는 다음과 같다. 가입근로자가 근로용역을 제공하면 매 근무기간마다 급여수급권 한 단위가 추가적으로 발생하며, 총 근무기간에 대한 누적 단위의 계리현가를 당기의 연금채무(DBO)로 산출한다. 다음으로, 차기 근무용역 제공으로 발생될 한 단위의 급여수급권의 계리현가를 차기의 표준부담금으로 산정한다. 임금이 상승하면 표준부담금 또한 상승하는 적립특성으로 인하여 자연보험료방식과 매우 유사하다. 여기서 계리적 판단이 요구되는 최종 예측임금(임금상승률을 고려함)을 기준으로 연금채무 및 표준부담금을 산정한다는 점에서 발생주의를 반대해 온 연금계리사들 또한 그 회계적 접근 논지를 받아들이게 되었다.

한편, 제도 도입 시에 이미 발생한 초기과거근무채무(IPSL)가 있는 가입근로자에 대해서는 보충부담금을 별도로 산출하는 적립특성은 제공하지 못한다. 따라서 이를 상각하기 위해서는 보조적립방식에 의존하게 되며 (허용된) 일정기간에 걸쳐 상각함으로써 연기금 전체의 수지상등을 실현하는 "초기과거근무채무 분리방식"을 따르고 있다. 기타의 적립특성은 이미 설명한 발생급여적립방식의 일반특성과 같다. 참고로, 예측단위적립방식은 '근무기간비례퇴직급여계산법(accrued benefit method pro-rated on service) 혹은 근무연수법(years of service method)'이라고 불리기도 한다. 연금수리에서는 PUC에 의해 산출된 연금채무를 예측급여채무(projected benefit obligation: PBO)라고도 하며, 이는 확정급여채무(DBO)와 동일한 개념이다.

□ 이상과 같은 예측단위적립방식(PUC)의 적립특성은 다음과 같이 요약할 수 있다.

- 가입근로자별로 연금채무를 먼저 산출하고 다음으로 표준부담금을 산정하는 "기금중심적립방식" 그리고 "개별적립방식"이다.
- 가입근로자별로 과거 근로기간에 의해 이미 취득한 발생기준의 연금수급권만을 연금채무로 산정하므로 회계정보의 적합성이 높다. 특히, K-IFRS에서는 PUC에 의해 산출된 연금채무를 확정급여채무(DBO)라고 한다.
- 매년 평가일의 표준부담금은 발생급여 증가분의 계리현가이다(즉, 발생급여할당접근법을 채택하고 있음). 특히, K-IFRS에서는 PUC에 의해 산출된 표준부담금이라는 용어 대신에 "표준부담금×(1+예상이율)"로 재산정한 값을 회계연도 말에 당기근무원가(current service cost)로 회계 처리한다.
- 표준부담금은 임금이 체증하면 정년이 가까울수록 체증하는 구조이다(즉, 자연보험료방식과 유사함).
- 초기과거채무를 상각하는 보충부담금은 보조적립방식에 의존하므로 "초기과거근무채무 분리방식"에 해당한다.
- 적립특성으로 언급되는 "초기과거채무 분리방식"을 적용하고, "발생급

여할당접근법"에 의해 표준부담금을 산출하기 때문에 기타 적립방식에 비해 상대적으로 적게 산출된다.

- 발생기준에 근거하여 연금채무를 산출하므로 이직에 따른 연금채무의 통산성(portability) 문제는 기타 적립방식에 비해서 상대적으로 아주 낮다. 즉, 발생기준에 근거하여 연금채무를 산출하므로 조기탈퇴(이직 등)하거나 회사의 M&A 등이 발생할 때 연금채무를 용이하게 산출할 수 있다는 장점이 있다. 단, 미래 정상퇴직 시점의 예측임금을 기준으로 표준부담금 및 연금채무를 산정하므로 연금제도의 비연속기준 중에서 준청산기준(run-off basis)에 근거한다. 반면에 다음 절에서 다룰 현재단위적립방식은 청산기준(winding-up basis)에 근거한다.

2) 수리모형

예측단위적립방식(PUC)은 연금제도의 불연속성을 전제로 이미 발생한 연금채무를 먼저 산정한 다음에 표준부담금을 산출하는 기금중심적립방식이다. 설정한 가정 ①~⑧에 근거하여 연금채무 산출 과정에 대해 먼저 알아보기로 한다. K-IFRS의 종업원급여규정에서 '확정급여채무의 현재가치(present value of defined benefit obligations)[15]는 종업원이 당기와 과거 기간에 근무용역을 제공하여 발생한 채무를 결제하는 데 필요한 예상지급액의 현재가치' 그리고 '당기근무원가(current service cost)는 당기에 종업원이 근무용역을 제공함에 따라 발생하는 확정급여채무의 현재가치의 증가액'으로 정의하고 있다. 아울러 '확정급여채무의 현재가치와 당기근무원가를 결정하기 위해서는 예측단위적립방식을 사용하며, 적용 가능하다면 과거근무원가를 결정할 때에도 이와 동일한 방식을 사용한다'라고 규정하고 있다. 실무에서 회계연도 말에 당기근무원가(current service cost)는 「표준부담금×(1+예상이율)」로 회계처리한다.

① 확정급여채무($AL \equiv DBO$) 산출 모형

각 적립방식에 의해 산출되는 연금채무는 계산기초가 100% 완전히 실현

---

15) 연금수리에서 확정급여채무는 현재가치가 취해진 값이지만, K-IFRS에서는 "확정급여채무의 현재가치"라는 중복적 표현을 사용하고 있다. 별다른 언급이 없으면 확정급여채무는 "확정급여채무의 현재가치"를 의미하는 것으로 한다.

되었다는 전제에서 산출되는 일종의 예측채무이다. 평가 결과 실제 발생한 연금채무와 적립방식에 의해 산출된 예측채무와의 차이가 발생하면 연금채무 관련 계리적 손익(actuarial gains and losses) 혹은 (초기 혹은 후발)과거근무채무(IPSL or PPSL) 등이 발생한 것이다. 지금부터는 발생기준에 의해 산출되는 확정급여채무(이하 간단히 연금채무)에 대해 살펴보기로 한다.

평가일 현재(예: 20××년 12월 31일) x세에 도달한 가입근로자 (x)가 현재까지 취득한 연금액은 $PSB(x)=\theta\times(x-a)\times S(r-1)$이다. 여기서 PUC는 발생급여적립방식 중에서 정년시점의 예측임금(projected terminal salary) $S(r-1)$을 기준으로 적립함에 유의하여야 한다. 따라서 평가시점 현재에 가입근로자 (x)의 연금채무 $AL(x)$는 $PSB(x)$의 계리현가로 산출된다. 즉,

$$
\begin{aligned}
\bullet\ AL(x) &= APV(PSB(x)) \\
&= PSB(x)\times {}_{r-x}E_x \times \ddot{a}_r \\
&= \theta\times(x-a)\times S(r-1)\times {}_{r-x|}\ddot{a}_x \\
&= \left[\theta\times\frac{x-a}{1+h}\times\frac{l_r\times(v^*)^r}{l_x\times(v^*)^x}\times\ddot{a}_r\right]\times S(x) \\
&= \left[\theta\times\frac{x-a}{1+h}\times\frac{D_r^*}{D_x^*}\times\ddot{a}_r\right]\times S(x) \\
&= SR(x)\times S(x)
\end{aligned}
$$

여기서 $\frac{1+h}{1+i}=\frac{1}{1+j}=v^*$, $D_x^*=l_x\times(v^*)^x$ $(\forall x=a,a+1,\ldots,r-1)$로 각각 정의되며, 이는 가입연령방식(ENT)에서 이미 정의된 바와 같다. 그리고 $SR(x)$는 가입근로자 (x)에 대한 표준책임준비금률(standard reserve ratio at age x)을 나타내며 상기 식을 통해 $j\geq 0$ 이면 연령 x에 대해 증가함수임을 확인할 수 있다. 한편 IFRS 및 K-IFRS의 권고 규정에 의하면 예측단위적립방식(PUC)에 의해 산출된 연금채무를 확정급여채무(defined benefit obligation, DBO)로 회계처리한다(즉, $AL(x)=DBO(x)$).

- $SR(x) = \theta \times \dfrac{x-a}{1+h} \times \dfrac{D_r^*}{D_x^*} \times \ddot{a}_r$

가입연령방식(ENT)에서 살펴본 바와 같이 예측단위적립방식(PUC)의 적립속도(pace of funding)에 대해서 알아보자. 적립속도는 가입근로자의 연금수급권 확보 정도를 측정하는 주요 기준으로 활용되며, 연기금의 안전성을 얼마나 빨리 확보하는지를 적립방식별로 상호 비교할 때 유용하게 적용된다. 가입연령방식에서처럼 $APV(TB(r)) = \theta \times (r-a) \times S(r-1) \times \ddot{a}_r$에 대하여 $\dfrac{AL(x)}{APV(TB(r))}$로 정의되며 적립속도는 아래와 같다.

- $\dfrac{AL(x)}{APV(TB(r))} = \dfrac{x-a}{r-a} \times {}_{r-x}E_x \xrightarrow{x \to r} 1$

다음으로, $AL(x)$을 $APV(TB(x))$와의 관계식으로 유도하면

- $AL(x) = APV(PSB(x))$

$$= \frac{x-a}{r-a} \times APV(TB(x)) \xrightarrow{x \to r} APV(TB(r))$$

여기서 $APV(TB(x)) = {}_{r-x}E_x \times APV(TB(r))$

$$= \theta \times (r-a) \times S(r-1) \times {}_{r-x|}\ddot{a}_x$$

위 식에서 알 수 있듯이 정상퇴직시점 (r)인 가입근로자의 연금채무는 $APV(TB(r))$과 일치함을 확인할 수 있다. 그리고 $\dfrac{x-a}{r-a}$는 정상퇴직급여에 대하여 현재까지 취득한 과거서비스급여의 비율을 나타낸다(즉, $\dfrac{x-a}{r-a} = \dfrac{PSB(x)}{PSB(r)}$). 아래의 식은 평가시점 (x)인 가입근로자의 총 서비스급여(total service benefits)를 근로서비스에 의해 이미 취득한 과거서비스급여(past service benefits: PSB)와 향후 취득할 미래서비스급여(future service benefits: FSB)로 구분하여 나타낸 것이다.

- $APV(TB(x)) = APV(PSB(x)) + APV(FSB(x))$

$$= \frac{x-a}{r-a} \times APV(TB(x)) + \frac{r-x}{r-a} \times APV(TB(x))$$

마지막으로 예측단위적립방식(PUC)은 개별적립방식이므로 가입근로자(k)별 연금채무의 합산을 당기의 연금채무 총액으로 인식한다. 평가시점 t 현재의 가입근로자 집단을 W_t라고 하면, $AL(t)=\sum_{W_t} AL_k(t)$.

② 표준부담금(NC) 산출 모형

기타 적립방식과 마찬가지로, 표준부담금(standard contribution or normal cost: NC)은 수지상등의 원칙(즉, 적립원칙)에 의해 산출된다. 따라서 평가일 현재(예: 20××년 12월 31일) x세에 도달한 가입근로자 (x)에 대하여 $APV(FSB(x))$는 향후 유입될 표준부담금의 현금흐름의 계리현가 $APV(NC(x))$와 일치하여야 한다. 즉,

- $APV(FSB(x)) = APV(NC(x))$

여기에서 각각은 아래와 같이 정의된다.

- $APV(FSB(x))=\dfrac{r-x}{r-a}\times APV(TB(x))$

$$=\theta\times(r-x)\times S(r-1)\times {}_{r-x|}\ddot{a}_x$$

- $APV(NC(x))=\sum_{z=x}^{r-1}\dfrac{l_z}{l_x}\times v^{z-x}\times NC(z)$

따라서

- $\sum_{z=x}^{r-1}\dfrac{l_z}{l_x}\times v^{z-x}\times NC(z) = \theta\times(r-x)\times S(r-1)\times {}_{r-x|}\ddot{a}_x$

상기 식에 대해 수학적 귀납법(mathematical induction)을 적용하면 순차적으로 $NC(x)$을 도출할 수 있다. 살펴보면,

먼저, $x=r-1$일 경우를 살펴보면,

- $NC(r-1)=\theta\times S(r-1)\times {}_{r-(r-1)|}\ddot{a}_{r-1}$

$x=r-2$이면,

- $NC(r-2)+\frac{l_{r-1}}{l_{r-2}}\times v\times NC(r-1)$

$=2\times\theta\times S(r-1)\times {}_{r-(r-2)|}\ddot{a}_{r-2}$

$\Leftrightarrow \quad NC(r-2)+\theta\times S(r-1)\times {}_{r-(r-2)|}\ddot{a}_{r-2}$

$=2\times\theta\times S(r-1)\times {}_{r-(r-2)|}\ddot{a}_{r-2}$

$\Rightarrow NC(r-2)=\theta\times S(r-1)\times {}_{r-(r-2)|}\ddot{a}_{r-2}$

다음으로 $x=r-3$이면,

- $NC(r-3)+\frac{l_{r-2}}{l_{r-3}}\times v\times NC(r-2)+\frac{l_{r-1}}{l_{r-3}}\times v^2\times NC(r-1)$

$=3\times\theta\times S(r-1)\times {}_{r-(r-3)|}\ddot{a}_{r-3}$

$\Leftrightarrow \quad NC(r-3)+2\times\theta\times S(r-1)\times {}_{r-(r-3)|}\ddot{a}_{r-3}$

$=3\times\theta\times S(r-1)\times {}_{r-(r-3)|}\ddot{a}_{r-3}$

$\Rightarrow NC(r-3)=\theta\times S(r-1)\times {}_{r-(r-3)|}\ddot{a}_{r-3}$

따라서 위와 같이 규칙적으로 $NC(x), \forall x=a, a+1, ..., r-1$가 제시되고 있으므로 이에 대한 일반해는 다음과 같음을 알 수 있다. 즉,

- $NC(x)=\theta\times S(r-1)\times {}_{r-x|}\ddot{a}_{x}$

$$=\left[\frac{\theta}{1+h}\times\frac{l_r\times(v^*)^r}{l_x\times(v^*)^x}\times\ddot{a}_r\right]\times S(x)$$

실무에서는 "표준부담금×(1+예상이율)"을 당기근무원가(current service cost)로 회계 처리한다. 표준부담금은 사업연도 기초에 산출되는 당기근무원가의 추정치이며 이로 인한 추정(가정)의 오차는 보험수리적 손익으로 인식하게 된다. 예상이율로 부리하는 것은 기초와 기말 시점 간의 차이를 조정하는 의미이다.

결론적으로 예측단위적립방식의 표준부담금 $NC(x)$ 산정원리는, 위 식에서 확인할 수 있듯이, 차기 근무기간인 $(x, x+1)$ 1년 동안에 취득할 것으로

예상되는 연금급여의 순증가분 $\theta \times S(r-1)$의 연금계리현가로 산출된다. 여기서 매 근로기간마다 근로용역에 의해 발생하는 연금액의 순증가분 $\theta \times S(r-1)$을 예측단위 적증액(projected unit credit)이라고 한다. 이상의 적립 특성을 간략히 도식화하면 [그림 4-18]과 같다.

그림 4-18 예측단위적립방식(PUC)의 표준부담금 산출 구조

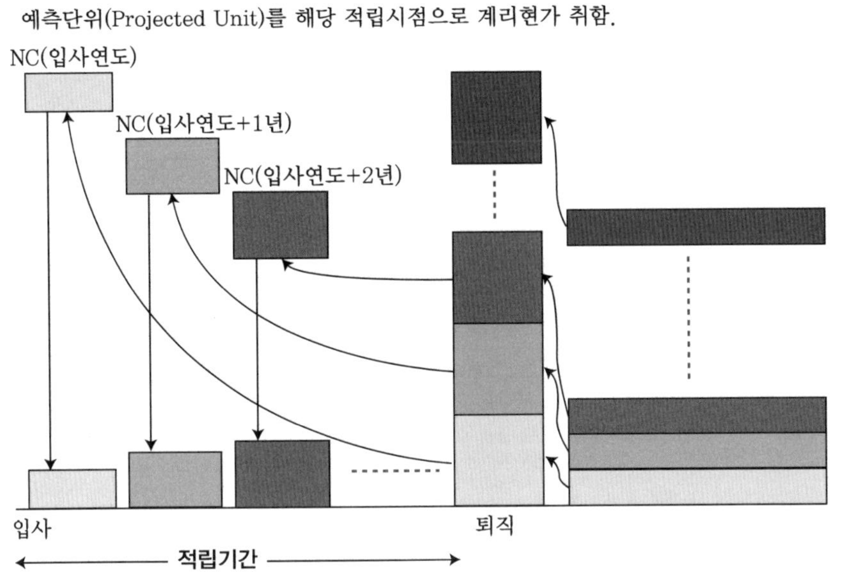

마지막으로 PUC방식은 개별적립방식이므로 가입근로자(k)별로 표준부담금의 합산이 당기의 표준부담금 총액으로 인식된다. 평가시점 t 현재의 가입근로자 집단을 W_t라고 하면, $NC(t) = \sum_{W_t} NC_k(t)$.

③ 연금채무 재귀식 및 표준부담금 분해

(x)인 가입근로자에 대하여 이미 위에서 도출한 연금채무 및 표준부담금을 간단히 정리하면 다음과 같다.

- $NC(x) = \theta \times S(r-1) \times {}_{r-x|}\ddot{a}_x$
- $AL(x) = \theta \times (x-a) \times S(r-1) \times {}_{r-x|}\ddot{a}_x$

한편 (x)인 가입근로자가 차기 $(x, x+1)$기간을 근속하게 되면 결국 $(x+1)$인 가입근로자가 되므로 이 경우 연금채무는 $AL(x)$와 동일한 방법으로 다음 식과 같음을 알 수 있다.

- $AL(x+1) = \theta \times (x+1-a) \times S(r-1) \times {}_{r-(x+1)|}\ddot{a}_{x+1}$

다음으로 (x)인 가입근로자가 $(x+1)$가 되면 AL, NC 간의 상호 관련성을 파악하기로 한다. 즉, $\forall (x),\ x = a, a+1, ..., r-1$에 대하여 연속되는 두 연령에 대한 연금채무의 재귀식(recursive equation)은 다음과 같다.

$$\bullet\ AL(x+1) = [AL(x) + NC(x)] \times \frac{1}{{}_1E_x}$$

$$= [AL(x) + NC(x)] \times \frac{D_x}{D_{x+1}}$$

$$\Leftrightarrow\ p_x \times v \times AL(x+1) = AL(x) + NC(x)$$

$$\Leftrightarrow\ l_{x+1} \times AL(x+1) = l_x \times [AL(x) + NC(x)] \times (1+i)$$

이는 $AL(a) = 0$ 혹은 $AL(r) = APV(TB(r))$을 재귀식의 초기값으로 설정하고 $\{NC(x) : x = a, a+1, ..., r-1\}$ 값을 순차적으로 대입하면(단, 제도의 변경 및 계산기초의 변경이 없음을 전제로 함) 연금채무를 별도로 산정하지 않고 반복적으로 생성할 수 있음을 의미한다.

상기 재귀식이 가지는 수리적 시사점을 살펴보기로 한다. 계산기초상의 계리적 가정이 정확하게 실현된다면 (x)인 가입근로자 l_x명이 단위기간 초에 적립한 연기금 $[AL(x) + NC(x)]$은 예상이율(i)로 부리되어 (가정 ②에 의해 중도탈퇴급여가 없으므로) 단위기간 말에 잔존하는 $(x+1)$인 l_{x+1}명 가입근로자의 연기금 재원으로 활용된다는 의미이다. 이는 가입연령방식(ENT)의 재귀식이 가지는 수리적 의미와 일치한다.

한편 가입연령방식에서 이미 설명한 바와 같이, 보험수리학에서 연납평준순보험료(net level annual premium)는 위험보험료(risk premium)와 저축보험료(saving premium)로 분해된다. 이와 동일한 접근방법을 상기 재귀식에 적용하면 표준부담금 또한 다음과 같이 분해(decomposition)된다. 즉, $p_x = 1 - q_x$을 재귀식에 대입하면

- $NC(x) = [AL(x+1) \times v - AL(x)] - AL(x+1) \times v \times q_x$

여기에서 $[AL(x+1) \times v - AL(x)]$ 는 보험수리에서의 저축보험료에 해당한다. 왜냐하면 정상퇴직연금의 재원을 적립하는 저축부담금(contribution saving for normal retirement annuity)으로 수리적 의미를 갖기 때문이다. 그리고 $[-AL(x+1) \times v \times q_x]$는 위험보험료에 해당한다. 마찬가지로, 중도탈퇴에 따른 중도탈퇴급여재원을 적립하는 중토탈퇴위험부담금(withdrawal risk contribution)으로 그 수리적 의미를 부여할 수 있다. 그러나 음수 값에서 알 수 있듯이 가정 ②(정상퇴직연금만 보장하고 중도탈퇴급여는 없음)에 의해 중토탈퇴위험부담금은 표준부담금을 보충하여 저축부담금 항목을 증액시키는 결과로 작용한다. 즉,

- $NC(x) + AL(x+1) \times v \times q_x = AL(x+1) \times v - AL(x)$

이상의 논의 과정은 다음에 다룰 현재단위적립방식에서도 매우 유사하게 적용되며, 적립 특성의 차이에 의한 약간의 차별성만 존재할 뿐이다.

다음으로 가입연령방식에서 검토한 바와 같이, 상기의 연금채무 재귀식 $AL(x+1) = [AL(x) + NC(x)] \times \dfrac{D_x}{D_{x+1}}$ 에 대하여 수학적 귀납법을 적용하여 정리하면 과거 표준부담금들의 연금종가로 표현됨을 쉽게 확인할 수 있다. 즉,

- $AL(x) = NC(a) \times \dfrac{D_a}{D_x} + NC(a+1) \times \dfrac{D_{a+1}}{D_x} + \ldots + NC(x-1) \times \dfrac{D_{x-1}}{D_x}$

연금수리학에서 예측단위적립방식은 국제회계기준을 도입한 모든 나라가 공통으로 사용하는 유일한 적립방식이므로 이에 대한 이해를 명확히 할 필요가 있다. 이에 아래 간편 예제들을 통하여 개념적 이해를 돕고자 한다.

예제 1 아래 정보들을 이용하여 다음 물음에 답하시오.

ⓐ 고용관계 정보

홍길동은 만 45세에 첫 직장에 취업하여 10년을 근속한 직후에 두 번째 직장에서 10년을 근속하고 65세에 정년퇴직할 계획이다(정상퇴직연령 65세). 아래 연봉 정보에서처럼 연봉 50,000(천원)로 시작해서 매년

3%의 연봉 인상이 있었다.

ⓑ 퇴직급여 정보

홍길동에게 제공되는 퇴직급여는 첫 직장과 두 번째 직장 모두 동일한 확정급여산정식이 적용된다. 확정급여산정식은 "퇴직직전 최근 5개년 평균연봉×$\frac{1}{12}$×근속연수"에 해당하는 연금액이 연시에 지급되는 기시급 종신연금이다. 단, 첫 직장과 두 번째 직장에서 각각 65세에 도달하는 퇴직시점에서 해당 연금액을 수령하기 시작한다.

ⓒ 계리 정보

• 연봉 정보(단위: 천원): 첫 직장과 두 번째 직장의 임금체계는 동일함

연도	연봉 (첫 직장)	최근 5년 평균연봉	연도	연봉 (두 번째 직장)	최근 5년 평균연봉
1(45세)	50,000		11(55세)	67,195	
2	51,500		12	69,211	
3	53,045		13	71,287	
4	54,636		14	73,426	
5	56,275	53,091	15	75,629	
6	57,963		16	77,898	
7	59,402		17	80,235	
8	61,493		18	82,642	
9	63,338		19	85,121	
10(54세)	65,238	61,547	20(64세)	87,675	82,714

• 예상이율은 연 5%, ${}_{15}p_{50} = 0.75$, $\ddot{a}_{65}(5\%) = 12$, $v^{15}(5\%) = 0.48$

$\ddot{a}_{45:\overline{20|}} = 13.46$, ${}_{20}p_{45} = 0.67$, $v^{20}(5\%) = 0.377$, $\ddot{a}_{50:\overline{15|}} = 11.38$

1) 홍길동이 65세 퇴직시점에 수령하게 될 연간 연금액을 산출하시오.

2) 만약 홍길동이 첫 직장에서 20년을 근무하고 퇴직할 경우 매년 수령할 연간 연금액을 산출하시오.

3) 홍길동은 이직 없이 첫 직장에서 정년퇴직한다고 하자. 급여할당방식(Benefit Allocation Methods) 중 대표적인 예측단위적립방식(PUC)에 대한 물음이다.

3-1) 50세 당해 연도에 할당된 연금액을 산출하시오.

3-2) 5년 근속한 시점(49세 말 시점)에서 산출되어야 할 연금채무액을 구하시오.

3-3) 50세 당해 연도에 할당된 표준부담금을 구하시오.

해설 1) 첫 직장에서 매년 수령할 종신연금액($\frac{1}{12} \times 61{,}547 \times 10$)+ 두 번째 직장에서 매년 수령할 종신연금액($\frac{1}{12} \times 82{,}714 \times 10$) = 120,218(천원)

2) 이직 없이 첫 직장에서 정년퇴직할 경우의 매년 수령할 종신연금액
: $\frac{1}{12} \times 82{,}714 \times 20 = 137{,}857$(천원)

위와 같이 한 회사에서 근속하지 못하고 여러 직장을 옮겨 다닐 때 생기는 퇴직급여의 감소 가능성을 이직리스크(mobility risk)라고 한다.

3-1) PUC는 보편적으로 정상퇴직시점의 연봉(64세 연봉)을 퇴직급여 산정임금으로 설정하지만, 문제의 조건에서 확정급여산정식은 정상퇴직 직전 5년 평균연봉(즉, 60세, 61세, ..., 64세의 평균연봉)으로 기준임금으로 설정하고 있다. 따라서 연령별(또는 사업연도 별)로 할당된 1-Unit 연금액은 아래와 같이 동일하다.

즉, $B_x = \frac{1}{12} \times 82{,}714 \fallingdotseq 6{,}893$

또한 연령별(또는 사업연도 별)로 할당된 1-Unit 퇴직급여는 연령별로 동일하며 일정하다.

즉, $B_x \times \ddot{a}_{65}(5\%) = 6{,}893 \times 12 = 82{,}716$

3-2) 본문에서 설명한 바와 같이 5년 근속한 시점(49세 말 즉, 50세 도달 시점)에서 산출하여야 할 연금채무액(문제의 조건에서 중도퇴직급여는 없음)은 발생한 퇴직급여의 계리현가이므로 149,199천원이다. 즉,

- $AL(5\text{년 근속시점}) = 6{,}893 \times 5 \times 12 \times 0.75 \times 0.48 \fallingdotseq 148{,}889$

3-3) 50세 당해 연도에 할당된 표준부담금은 50세 시점에 할당된 1-Unit 퇴직급여의 계리현가(문제의 조건에서 중도퇴직급여는 없음)이므로 29,778천원이다.

- $NC(50\text{세 시점}) = 6{,}893 \times 12 \times 0.75 \times 0.48 \fallingdotseq 29{,}778$

예제 2 아래 정보들을 이용하여 다음 물음에 답하시오.

ⓐ 고용관계 정보

홍길동은 2011년 1월 1일 최초 입사하여 퇴직연금제도에 가입하였다. 정년퇴직일은 2016년 12월 31일이다. 2013년 사업년도 홍길동의 연봉은 3천만원이다.

ⓑ 퇴직급여 정보

퇴직 전 최종급여(연봉)의 1%에 근속연수를 곱하여 산출하며, 연금수급기간은 10년 확정기간연금이 매년 기시에 제공된다.

ⓒ 계리 정보

연 임금상승률은 10%, 예상이율은 5% 그리고 중도탈퇴율은 모든 연령

에서 0%이며 예측단위적립방식을 채택하고 있다. $\ddot{a}_{\overline{10|}}(5\%) = 4.3295$

1) 각 사업연도에 할당된 1-Unit 연금액 그리고 1-Unit 퇴직급여를 구하시오.
2) 2012 사업연도 말에 산정하여야 할 연금채무액을 구하시오.
3) 2013년 사업연도 초에 산정하여야 할 표준부담금을 구하시오.
4) 2013년 사업연도 말에 인식하여야 할 당기근무원가를 구하시오.
5) 2013년 사업연도 말에 산정하여 할 연금채무액을 구하시오.
6) 2013년 사업연도 말에 확정급여채무를 인식하는 분개를 하시오

해설 1) PUC에서 각 사업연도에 할당되는 1-Unit 연금액 및 퇴직급여는 동일하다. 따라서 퇴직 직전 최종급여:

$30{,}000{,}000 \times (1+10\%)^3 = 39{,}930{,}000$

확정기간부 1-Unit 연금액 = 0.01 × 39,930,000 = 399,300

확정기간부 1-Unit 퇴직급여 = 399,300 × $\ddot{a}_{\overline{10|}}(5\%)$= 1,728,769

2) 2년 근속시점의 연금채무는 발생한 퇴직급여의 계리현가에 해당하므로

$AL(2012\text{년}) = 2 \times 399{,}300 \times 4.3295 \times (1.05)^{-4} \fallingdotseq 2{,}844{,}526$

3) 2013년 초에 산정하여야 할 표준부담금은 1-Unit 퇴직급여에 대한 계리현가이므로

$NC(2013\text{년}) = 399{,}300 \times 4.3295 \times (1.05)^{-4} \fallingdotseq 1{,}422{,}263$

4) 2013년 사업연도에 인식하여야 할 당기근무원가(CS)는 2013년 표준부담금의 원리금이므로

$CS(2013\text{년}) = NC(2013\text{년}) \times 1.05 \fallingdotseq 1{,}493{,}376$

5) 3년 근속시점의 연금채무는 발생한 퇴직급여의 계리현가에 해당하므로

$AL(2013\text{년}) = 3 \times 399{,}300 \times 4.3295 \times (1.05)^{-3} \fallingdotseq 4{,}480{,}128$

또는 연금채무 재귀식을 적용하면

$AL(2013\text{년}) = (1+i) \times AL(2012) + CS(2013) \fallingdotseq 4{,}480{,}128$

6) (차변) 퇴직급여(당기근무원가) 1,493,376
(대변) 확정급여채무 1,635,602 퇴직급여(이자원가) 142,226

위 PUC 산출과정을 종합적으로 도해하면 [그림 4-19]와 같다.

그림 4-19 PUC 산출 도해

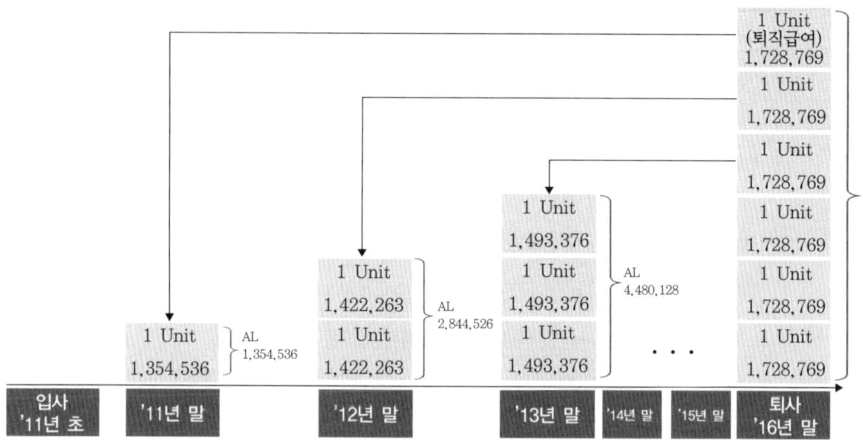

다음으로 다룰 현재단위적립방식 또한 발생급여적립방식의 대표적 하나이며, 예측단위적립방식의 적립특성을 따른다. 예측단위적립방식보다 먼저 개발되어 활용되어 온 전통적 단위적립방식(traditional unit credit cost method)이지만 국제회계기준의 도입으로 활용성이 낮다. 그러나 미국 퇴직연금제도에서는 여전히 사용되고 있는 방식이다. 현재 미국은 예측단위를 중심으로 연금채무를 산정하고 현재단위에 의한 연금채무 또한 주석으로 공시하고 있다.

5. 현재단위적립방식(Current Unit Credit Cost Method: CUC)

예측단위적립방식의 한 특수 형태가 현재단위적립방식이다. 적립특성은 동일하며 단지 산출 기준의 차이만 있다. 부언하면, 예측단위적립방식은 정상퇴직시점의 예측임금(projected terminal salary)을 기준으로 연금채무 및 표준부담금을 산출하는 반면 현재단위적립방식은 산출시점의 가입근로자의 현재임금(current salary)을 기준으로 산출한다는 점이다. 이러한 이유로 예측단위적립방식의 주요 결과를 현재단위적립방식으로 쉽게 전환할 수 있다. 수리모형은 별다른 유도과정 없이 결과 중심으로 표준부담금 및 연금채무를 각각 다루기로 한다.

1) 적립특성

현재단위적립방식(CUC)은 평가시점 이전의 근로용역 제공에 따라 발생한 연금수급권을 산정하는 발생급여적립방식이며 가입근로자의 현재 임금을 적용하여 표준부담금과 연금채무를 산정하게 된다. 그리고 예측단위적립방식(PUC)과 동일한 적립특성을 갖는다. 다만, 예측단위적립방식이 연금채무 및 표준부담금 산정 시에 모두 정상퇴직 시점의 예상임금을 추정하여 적용하는 반면, CUC는 가입근로자의 현재의 임금을 기준으로 산정한다는 점에서만 차이가 있다. 측정의 정확성, 간소성 등으로 이 방식은 정부당국의 재정건전성 관리 감독 측면에서 활용성이 높다. 특히 연금제도를 청산할 경우에 현재의 임금을 기준으로 발생한 연금수급권을 산정하는 것이 논리적 정합성을 갖게 된다. 즉, 청산기준(winding-up basis)에 가장 적합하다는 평가를 받고 있다. 이러한 이유로 이미 발생한 연금수급권에 해당하는 최소적립수준을 제시한다는 점이 강조되어 선진국을 중심으로 IFRS 도입 전 단계에 법정책임준비금(legal reserve)으로 활용성이 높았다. 구체적 산출 원리는 평가시점의 현재 임금을 기준으로 산출한다는 점을 제외하고 예측단위적립방식과 동일하다. 참고로, 현재단위적립방식에 의해 산출된 연금채무를 회계학에서는 누적급여채무(ABO)라고 하고, 예측단위적립방식에 의해 산출된 연금채무를 예측급여채무(PBO)라고 하며 특별히 IFRS에서는 이를 확정급여채무(DBO)라고 한다.

□ 예측단위적립방식의 적립특성과 동일하므로 적립특성은 다음과 같이 요약된다.

- 가입근로자별로 연금채무를 먼저 산출하고 다음으로 표준부담금을 산정하는 "기금중심적립방식" 그리고 "개별적립방식"이다.
- 가입근로자별로 과거 근로기간에 의해 이미 취득한 발생기준의 연금수급권만을 연금채무로 산정하므로 회계정보의 적합성이 높다(단, 평가시점에 가입근로자별로 현재의 임금을 기준으로 산출함).
- 매년 평가일의 표준부담금은 발생급여 증가분의 계리현가이다(즉, 발생급여할당접근법을 채택하고 있음).
- 표준부담금은 임금이 체증하면 정년이 가까울수록 체증하는 구조이다(즉, 자연보험료방식과 유사함).

- 초기과거채무를 상각하는 보충부담금은 보조적립방식에 의존하므로 "초기과거근무채무 분리방식"에 해당한다.
- 적립특성으로 언급되는 "초기과거채무 분리방식" 그리고 "발생급여할당접근법"에 의해 표준부담금은 기타 적립방식에 비해 상대적으로 적게 산출된다(현재임금을 기준으로 산정하므로 정상적인 임금구조에서는 예측단위적립방식에 비해 상대적으로 적은 값을 제시함).
- 발생기준에 근거하여 연금채무를 산출하므로 이직에 따른 연금채무의 이관성(portability) 문제는 기타 적립방식에 비해서 상대적으로 아주 낮으며, 연금수급권을 보장하는 최소한의 적립수준을 제시한다.
- 산정된 연금채무는 청산기준을 적용한 누적급여채무로서의 회계적 의미를 가지며 IFRS가 도입되기 이전에 선진국을 중심으로 법정최소적립수준으로 활용성이 높았다.

2) 수리모형

예측단위적립방식(PUC)과 마찬가지로 연금제도의 불연속성을 전제로 이미 발생한 연금채무를 먼저 산정한 다음에 표준부담금을 산출하는 기금중심 적립방식이다. 예측단위적립방식이 예측임금을 기준으로 산출하는 반면 현재단위적립방식은 평가시점의 현재 임금을 기준으로 산출하는 점에서 근본적 차이가 있다. 이러한 관계로 현재단위적립방식의 연금채무 및 표준부담금 수리모형을 현재단위적립방식으로 전환한 결과로서 기술하고자 한다.

① 연금채무($AL \equiv ABO$) 산출 모형

각 적립방식에 의해 산출되는 연금채무는 계산기초가 100% 실현되었다는 전제에서 산출되는 일종의 예측채무이다. 발생기준에 의해 산출되는 현재단위적립방식의 연금채무(즉, 누적급여채무 ABO)에 대해 살펴보기로 한다.

평가일 현재(예: 20××년 12월 31일) x세에 도달하는 가입근로자 (x)가 현재까지 취득한 급여(past service benefits) $PSB(x)$는 $[x-1, x)$ 연령구간에 적용되는 현재 임금(current salary) $S(x-1)$을 기준으로 적립함에 유의하여야 한다.

- $PSB(x) = \theta \times (x-a) \times S(x-1)$
- $APV(TB(x)) = {}_{r-x}E_x \times APV(TB(r))$

$$= \theta \times (r-a) \times S(x-1) \times {}_{r-x|}\ddot{a}_x$$

따라서 연금채무 $AL(x)$는 $PSB(x)$의 계리현가로 산출된다. 즉,

- $AL(x) = APV(PSB(x))$

$$= \theta \times (x-a) \times S(x-1) \times {}_{r-x|}\ddot{a}_x$$

$$= \left[\theta \times (x-a) \times \frac{D_r}{D_x} \times \ddot{a}_r\right] \times S(x-1)$$

예측단위적립방식의 적립속도를 정의한 바와 같이 현재단위적립방식의 적립속도를 정의하면 아래와 같다.

- $\dfrac{AL(x)}{APV(TB(r))} = \dfrac{x-a}{r-a} \times {}_{r-x}E_x \times \dfrac{S(x-1)}{S(r-1)} \xrightarrow{x \to r} 1$

끝으로 현재단위적립방식은 개별적립방식이므로 가입근로자(k) 별로 연금채무의 합산이 당기의 연금채무 총액으로 인식한다. 평가시점 t 현재의 가입근로자 집단을 W_t라고 하면, $AL(t) = \sum_{W_t} AL_k(t)$.

② 표준부담금(NC) 산출 모형

기타 적립방식과 마찬가지로, 표준부담금(standard contribution or normal cost, NC)은 수지상등의 원칙(즉, 적립원칙)에 의해 산출된다. 따라서 평가일 현재(예: 20××년 12월 31일) x세에 도달한 가입근로자 (x)에 대하여 $APV(FSB(x))$는 향후 유입될 표준부담금의 현금흐름의 계리현가 $APV(NC(x))$와 일치하여야 한다. 즉,

- $APV(FSB(x)) = APV(NC(x))$

여기에서 좌변과 우변 각각은 아래와 같이 정의된다.

- $APV(FSB(x)) = \sum_{z=x}^{r-1} \theta \times S(z) \times {}_{r-x|}\ddot{a}_x$

$$= \left[\sum_{z=x}^{r-1} S(z)\right] \times \theta \times {}_{r-x|}\ddot{a}_x$$

- $APV(NC(x)) = \sum_{z=x}^{r-1} \frac{l_z}{l_x} \times v^{z-x} \times NC(z)$

따라서

- $\sum_{z=x}^{r-1} \frac{l_z}{l_x} \times v^{z-x} \times NC(z) \;=\; \left[\sum_{z=x}^{r-1} S(z)\right] \times \theta \times {}_{r-x|}\ddot{a}_x$

상기 식에 대해 수학적 귀납법(mathematical induction)을 적용하면 순차적으로 $NC(x)$을 도출할 수 있다. 살펴보면,

먼저, $x=r-1$일 경우를 살펴보면,

- $NC(r-1) = \theta \times S(r-1) \times {}_{r-(r-1)|}\ddot{a}_{r-1}$

$x=r-2$이면,

- $NC(r-2) + \frac{l_{r-1}}{l_{r-2}} \times v \times NC(r-1)$

$$= [S(r-2) + S(r-1)] \times \theta \times {}_{r-(r-2)|}\ddot{a}_{r-2}$$

$$\Leftrightarrow NC(r-2) + \theta \times S(r-1) \times {}_{r-(r-2)|}\ddot{a}_{r-2}$$

$$= [S(r-2) + S(r-1)] \times \theta \times {}_{r-(r-2)|}\ddot{a}_{r-2}$$

$$\Rightarrow NC(r-2) = \theta \times S(r-2) \times {}_{r-(r-2)|}\ddot{a}_{r-2}$$

다음으로 $x=r-3$이면,

$$\bullet\ NC(r-3) + \frac{l_{r-2}}{l_{r-3}} \times v \times NC(r-2) + \frac{l_{r-1}}{l_{r-3}} \times v^2 \times NC(r-1)$$

$$= [S(r-3) + S(r-2) + S(r-1)] \times \theta \times {}_{r-(r-3)|}\ddot{a}_{r-3}$$

$$\Leftrightarrow NC(r-3) + \theta \times S(r-2) \times {}_{r-(r-3)|}\ddot{a}_{r-3} + \theta \times S(r-1) \times {}_{r-(r-3)|}\ddot{a}_{r-3}$$

$$= [S(r-3) + S(r-2) + S(r-1)] \times \theta \times {}_{r-(r-3)|}\ddot{a}_{r-3}$$

$$\Rightarrow NC(r-3) = \theta \times S(r-3) \times {}_{r-(r-3)|}\ddot{a}_{r-3}$$

따라서 위와 같이 규칙적으로 $NC(x), \forall x = a, a+1, ..., r-1$가 제시되고 있으므로 이에 대한 일반해는 다음과 같음을 알 수 있다. 즉,

$$\bullet\ NC(x) = \theta \times S(x) \times {}_{r-x|}\ddot{a}_x$$

$$= \left[\theta \times \frac{D_r}{D_x} \times \ddot{a}_r\right] \times S(x)$$

현재단위적립방식에서 매 근로기간마다 근로용역에 의해 발생하는 연금액의 순증가분 $\theta \times S(x)$을 현재단위 적증액(current unit credit)이라고 한다. 이는 예측단위적립방식에서 매 근로기간마다 근로용역에 의해 발생하는 연금액의 순증가분 $\theta \times S(r-1)$을 예측단위 적증액(projected unit credit)이라고 한 점과 개념적 정의에서 차이가 없음을 알 수 있다. 단지 평가시점의 현재임금을 기준으로 단위 적증액을 설정할지 혹은 정상퇴직 시점의 예측임금을 기준으로 단위 적증액을 설정할지에 따라 적립특성이 다름을 알 수 있다. 개별적립방식이므로 가입근로자(k)별로 표준부담금의 합산을 당기의 표준부담금으로 인식한다. 즉, 평가시점 t 현재의 가입근로자 집단을 W_t라고 하면, $NC(t) = \sum_{W_t} NC_k(t)$.

예제 아래 정보를 활용하여 다음 물음에 답하시오(이하 문제 내용은 PUC에서 다룬 예제 1)과 동일하며, PUC 산출 결과와 비교하기 바람).

ⓐ 고용관계 정보

홍길동은 만 45세에 첫 직장에 취업하여 10년을 근속한 직후에 두 번째 직장에서 10년을 근속하고 65세에 정년퇴직할 계획이다(정상퇴직연령 65세). 아래 연봉 정보에서처럼 연봉 50,000(천원)로 시작해서 매년

3%의 임금 인상이 있었다.

ⓑ 퇴직급여 정보

홍길동에게 제공되는 퇴직급여는 첫 직장과 두 번째 직장 모두 동일한 확정급여산정식이 적용된다. 확정급여산정식은 "퇴직직전 최근 5개년 평균연봉×$\frac{1}{12}$×근속연수"에 해당하는 연금액이 연시에 지급되는 기시급 종신연금이다. 단, 첫 직장과 두 번째 직장에서 각각 65세에 도달하는 퇴직 시점에 해당 연금액을 수령하기 시작한다.

ⓒ 계리 정보

• 연봉 정보(단위: 천원): 첫 직장과 두 번째 직장의 임금체계는 동일함

연도	임금 (첫 직장)	최근 5년 평균 연봉	연도	임금 (두 번째 직장)	최근 5년 평균 연봉
1(45세)	50,000		11(55세)	67,195	
2	51,500		12	69,211	
3	53,045		13	71,287	
4	54,636		14	73,426	
5	56,275	53,091	15	75,629	
6(50세)	57,963		16	77,898	
7	59,402		17	80,235	
8	61,493		18	82,642	
9	63,338		19	85,121	
10(54세)	65,238	61,547	20(64세)	87,675	82,714

• 예상이율은 연 5%, ${}_{15}p_{50}=0.75$, $\ddot{a}_{65}(5\%)=12$, $v^{15}(5\%)=0.48$

$\ddot{a}_{45:\overline{20|}}=13.46$, ${}_{20}p_{45}=0.67$, $v^{20}(5\%)=0.377$, $\ddot{a}_{50:\overline{15|}}=11.38$

1) 홍길동이 65세 퇴직시점에 수령하게 될 연간 연금액을 산출하시오.

2) 만약 홍길동이 첫 직장에서 20년을 근무하고 퇴직할 경우 매년 수령할 연간 연금액을 산출하시오.

3) 홍길동은 이직 없이 첫 직장에서 정년퇴직한다고 하자. 급여할당방식(Benefit Allocation Methods) 중 대표적인 현재단위적립방식(CUC)에 대한 물음이다.

3-1) 50세 당해 연도에 할당된 연금액을 산출하시오.

3-2) 5년 근속한 시점(49세 말 시점)에서 산출하여야 할 연금채무액을 구하시오.

3-3) 50세 당해 연도에 할당된 표준부담금을 구하시오.

해설 1) 첫 직장에서 매년 수령할 종신연금액($\frac{1}{12}\times 61{,}547\times 10$) + 두 번째 직장에서 매년 수령할 종신연금액($\frac{1}{12}\times 82{,}714\times 10$) = 120,218(천원)

2) 이직 없이 첫 직장에서 정년퇴직할 경우의 매년 수령할 종신연금액
: $\frac{1}{12}\times 82{,}714\times 20$ = 137,857(천원)

3-1) CUC는 일반적으로 현재임금을 기준으로 설정하지만, 문제의 조건에서 확정급여산정식이 퇴직직전 5년 평균연봉(즉, 45세, 46세, ..., 49세의 평균연봉)을 기준임금으로 설정하고 있다. 따라서 연령별(또는 사업연도 별)로 할당된 "1-Unit 연금액"은 변동하며, 50세에 할당된 연금액은 4,424천원이다.

즉, $B_{50}=\frac{1}{12}\times 53{,}091 \fallingdotseq 4{,}424$

또한 연령별(또는 사업연도 별)로 할당된 "1-Unit 퇴직급여"는 연령별로 변동하며 50세에 할당된 퇴직급여는 53,088천원이다.

즉, $B_{50}\times \ddot{a}_{65}(5\%)=4{,}424\times 12=53{,}088$

3-2) 본문에서 설명한 바와 같이 5년 근속한 시점(49세 말 즉, 50세 도달 시점)에서 산출하여야 할 연금채무액(문제의 조건에서 중도퇴직급여는 없음)은 발생한 퇴직급여의 계리현가이므로 95,558천원으로 산출된다. 즉,

- $AL(5\text{년 근속시점})=4{,}424\times 5\times 12\times 0.75\times 0.48 \fallingdotseq 95{,}558$

3-3) 50세 당해 연도에 할당된 표준부담금은 50세 시점에 할당된 1-Unit 퇴직급여의 계리현가(문제의 조건에서 중도퇴직급여는 없음)이므로 19,112천원으로 산출된다. 즉,

- $NC(50\text{세 시점})=4{,}424\times 12\times 0.75\times 0.48 \fallingdotseq 19{,}112$

지금까지 다룬 적립방식은 개별적립방식이라는 공통점을 가지고 있다. 앞으로 다룰 종합보험료방식, 초기채무동결방식 그리고 도달연령방식은 모두 통합적립방식이라는 공통점이 있다. 다음으로 이들을 순차적으로 설명하기로 한다.

6. 종합보험료방식(Aggregate Cost Method: AGG)

종합보험료방식은 대표적인 "통합적립방식"으로 가입근로자 개별 표준부담금 및 연금채무를 산정하지 않는다. 종합보험료방식의 변형으로 개인별로

산출하는 개별종합보험료방식(individual AGG)도 있지만 이는 북미를 중심으로 언급되는 방식이고 보편적이지 않다. 단지 종합보험료방식의 적립특성을 가입근로자 개인별로 적용하고 있어 종합보험료방식의 특수한 경우로 간주된다. 개별종합보험료 방식은 종합보험료방식과 적립특성이 다르지 않으므로 마지막 부분에서 이를 간략히 설명하기로 한다. 앞에서 통합적립방식의 적립특성을 다루면서 이미 종합보험료방식에 대해 간략히 설명한 바 있다. 여기서는 종합보험료 방식의 적립특성에 초점을 두고 추가적으로 설명한다. 또한 수리적 특성 또한 적립특성에 의해 간단히 표현되므로 함께 다루도록 한다.

1) 적립특성 및 수리모형

연금제도가 시행($t=0$)되면 적립의 대상은 가입근로자 전체이며 이들에 대한 연금채무를 항시적으로 보장할 수 있도록 부담금을 산출하는 것이 적립방식의 궁극적 목표이다. 정기적인 재정평가를 통하여 미적립채무가 발생하게 되면 부담금 수준을 조정하는 재정검증을 수행하게 된다. 종합보험료방식은 이를 충실히 수행하는 “부담금중심적립방식”으로서 가입근로자 전체에 대하여 통합부담금을 산출하는 “통합적립방식”의 특성을 갖는다. 정기적 재정평가시점($t=0,1,2,\ldots$)에서 가입근로자(j)별로 $NC_j(t)$, $AL_j(t)$을 직접 산출하지 않고 연기금 전체의 재정안전성(즉, $AL(t)=F(t) \Leftrightarrow UL(t)=0,\ \forall\, t$)을 위해 필요한 부담금만을 정기적으로 재산출한다. 또한 연금제도의 연속성을 전제로 개발된 예측급여적립방식이므로 평가시점마다 임금상승률의 수정이 필요하게 되면 미래 지급될 총 예상급여(projected total benefits)의 계리현가 또한 이를 반영하여 수정하게 된다. 이상의 논의를 수리적으로 표현하면 아래와 같이 부담금 $C(t)$는 평가시점마다 새로이 재산출되는 균형재정 부담금이다.[16]

- $C(t) = \dfrac{APV(TB(t)) - F(t)}{\ddot{a}_{\overline{n_t}|}}$

16) 이를 표준부담금이라는 표현을 사용하기도 하지만 엄격한 의미에서는 매기 재산정하는 납입해야 할 부담금(time-related recommended contribution)을 나타내며, 회계적 의미가 부여되는 단기근무원가의 추정치는 아니다.

위 식에서 알 수 있듯이 평가시점 t에서 재정안전성을 위해 필요한 부담금 수준으로서 표준부담금, 특별부담금, 보충부담금의 각 요소가 구분 없이 하나로 통합된 부담금 $C(t)$을 산출하고 있다. 즉, 제도 운영상 발생하는(초기, 후발) 과거근무채무, 계리적 손익 등에 기인한 미적립채무를 상각하는 조정(특별+보충)부담금 $AC(t)$가 납입부담금에 합산되어 제시되는 것이다. 이러한 이유로 연금재정의 안전성을 위한 별도의 보조적립방식이 적용되지 않는다. 그리고 현재의 재정 상태를 "$APV(TB(t)) - F(t)$"로 측정하는 관계로 연금채무를 별도로 산정하지 않는다. 한편 $\ddot{a}_{\overline{n_t}|}$에서 평가시점 t에서의 부담금의 적립기간 n_t을 어떻게 설정하는가에 의해 재정목표의 달성 여부가 결정된다. 계리적 합리성을 근거로 n_t을 설정하여야 하며 일반적으로 평가일 현재 가입근로자들의 예상평균잔여근무기간(expected remaining working lifetime)을 반영하게 된다. 물론 n_t이 작을수록 재정안전성은 비례적으로 제고되지만 사용자의 적립부담은 한층 더 가중된다. 평가시점 t 현재 가입근로자 집단을 W_t, 예상이율을 (i) 그리고 예상임금상승률을 (h)라고 하면 평균근속연금(average working-life annuity of working lives) $\ddot{a}_{\overline{n_t}|}(j)$는 다음과 같이 정의된다.

- $$\frac{APV(S(t))}{S(t)} = \frac{\sum_{W_t} \frac{N_x^* - N_r^*}{D_x^*} \times S_{k,t}(x)}{\sum_{W_t} S_{k,t}(x)} \cong \ddot{a}_{\overline{n_t}|}(j), \quad \frac{1+h}{1+i} = \frac{1}{1+j}$$

여기서 $APV(S(t))$는 현재(t) 가입근로자들이 향후 수령할 임금 총액의 계리현가(임금상승률을 반영함)이고, $S(t)$는 현재 가입근로자들의 실제 임금 총액, $S_{k,t}(x)$는 현재 (x)인 가입근로자(k)의 임금 수준 그리고 n_t는 평가시점 t에서 산출된 상각기간을 나타내며 정상가입구성원(stationary membership)인 경우에 $n_t = n, \forall t$ 이다. 그리고 $\frac{1+h}{1+i} = \frac{1}{1+j}$, $v^* \equiv \frac{1}{1+j}$, $D_x^* = l_x \times (v^*)^x$ $(\forall x = a, a+1, ..., r-1)$ 는 앞에서 정의한 바와 동일하다.

위 식을 정리하면

$$\bullet\ C(t) = \frac{APV(TB(t)) - F(t)}{\ddot{a}_{\overline{n_t}|}(j)}$$

$$\cong \frac{APV(TB(t)) - F(t)}{APV(S(t))} \times S(t)$$

$$= H(t) \times \sum_{W_t} S_{k,t}(x)$$

종합보험료 방식은 상기와 같이 향후 적립이 요구되는 "$APV(TB(t)) - F(t)$"를 현재 가입근로자들의 예상근속기간(n)에 걸쳐 균등하게 상각(evenly spreading over the expected remaining working lifetime)하는 적립특성을 갖는다. 그리고 가입근로자 개별적으로 표준부담금 및 계리연금채무를 산정하지 않고, 현 재정 상태에서 요구되는 납입부담금 $C(t)$를 개인별 임금수준에 균등부담률($H(t) \equiv \frac{APV(TB(t)) - F(t)}{APV(S(t))}$)을 적용하여 합산하고 있다. 따라서 산출과정에서 개인별 부담금을 산정하지 않지만, 결과적으로 개인별 부담금 $H(t) \times S_{k,t}(x)$을 산출하는 형식을 취하고 있다.

마지막으로 종합보험료방식이 어떠한 이론적 배경에서 개발되었는지를 살펴보자. 궁극적인 적립특성은 위에서 살펴본 바와 같이 "$C(t) \times \ddot{a}_{\overline{n_t}|}(j) =$" $APV(TB(t)) - F(t)$로 집약된다. 이는 종합보험료방식이 예측급여적립방식의 하나로 개발되었고, 미적립채무를 상각하는 보조적립방식이 필요하지 않으며 매 평가시마다 완전적립을 달성하는 부담금을 산출하는 방식임을 보여준다. 이러한 적립특성은 가입연령방식처럼 예측급여적립방식에서 일반적으로 정의되는 연금채무 개념을 아래와 같이 적용할 때 더욱 명확해진다. 재정 평가시점 $t=0,1,2,\ldots$에 대하여

$$\bullet\ C(t) \times \ddot{a}_{\overline{n_t}|}(j) = APV(TB(t)) - F(t)$$

$$\Leftrightarrow\ F(t) = APV(TB(t)) - C(t) \times \ddot{a}_{\overline{n_t}|}(j) = AL(t)$$

상기 관계식은 매 평가시점마다 현재 가입근로자 전체에 대하여 균형재정(즉, 완전적립), $F(t) = AL(t),\ \forall\, t$이 달성되도록 $C(t)$을 새로이 산출하므로 미적립채무는 없다. 물론 연(年) 단위기간 중에 일반적으로 발생하는 계리적 손익은 "$APV(TB(t)) - F(t)$"에 포함되어 예상 근무기간에 할당하는 적립방식

이므로 명시적인 계리적 손익은 없다(no explicit gain or loss).

마지막으로 대표적 통합적립방식인 종합보험료방식(AGG)과 대표적 개별적립방식인 가입연령방식(ENT)은 어떠한 관계가 있는가? 계리적 가정에 의해 적립이 이루어진다면 이 둘의 관계는 궁극적으로 초기과거근무채무(IPSL)에 의해 차이가 발생하게 된다. 이를 개념적으로 살펴보면 다음과 같다. 평가시점 $t=0,1,2,\dots$에서 미래 총 급여채무의 계리현가를 중심으로 각 적립방식을 정리하면 아래와 같다(단, 위첨자는 해당 적립방식을 나타냄).

- $^{AGG}APV(TB(t)) = {}^{AGG}APV(C(t)) + {}^{AGG}F(t)$

  $^{ENT}APV(TB(t)) = {}^{ENT}APV(NC(t)) + {}^{ENT}AL(t)$

그리고 종합보험료방식의 상기 각 요소는 다음과 같이 정의된다.

- $^{AGG}APV(TB(t)) = {}^{AGG}APV(C(t)) + {}^{AGG}F(t)$

  $^{AGG}APV(TB(t)) = {}^{ENT}APV(TB(t)) + IPSL(t)$

  $^{AGG}F(t) = {}^{ENT}AL(t) + [IPSL\text{상각누계액}(t)]$

따라서 $IPSL$의 상각이 완료되는 시점을 $t=T$라고 하면 "$IPSL$상각누계액$(T) = IPSL(T)$" 관계가 성립한다. 이를 위 관계식에 적용하면

- $^{ENT}APV(TB(T)) + IPSL(T) = {}^{AGG}APV(C(T)) + {}^{ENT}AL(t) + IPSL(T)$

  $\Leftrightarrow \ {}^{ENT}APV(TB(T)) = {}^{AGG}APV(C(T)) + {}^{ENT}AL(T)$

결론적으로 초기과거근무채무(IPSL)의 상각이 완료된 이후는 아래의 관계식에서 알 수 있듯이 가입연령방식의 적립특성과 일치한다. 즉,

- $^{ENT}APV(TB(T)) = {}^{AGG}APV(C(T)) + {}^{ENT}AL(T)$

  $^{ENT}APV(TB(T)) = {}^{ENT}APV(NC(T)) + {}^{ENT}AL(T)$

  $\therefore \ \forall t \geq T, \ {}^{AGG}APV(C(t)) = {}^{ENT}APV(NC(t))$

□ 이상의 적립특성은 다음과 같이 요약할 수 있다.

- 가입근로자별 표준부담금 및 연금채무를 산정하지 않으며 연기금 재정

안정화를 위한 균형재정 부담금만을 산출하는 통합적립방식이다.

- 매 평가시점마다 균형재정 "$F(t) = AL(t),\ \forall\, t$"이 달성되도록 적립계획을 수립하기 때문에 명시적 계리적 손익은 없으며 미적립채무 또한 발생하지 않는다(따라서 이연상각방식과 같은 보조적립방식은 불필요함). 일반적 적립특성과 비교하면 종합보험료 방식에서 산출된 부담금 속에 표준부담금, 특별부담금 그리고 보충부담금 요소가 구분없이 모두 포함되어 매기 정기적으로 하나의 값이 제시된다. 이러한 이유로 산출된 부담금을 표준부담금으로 명명하는 것은 이론적 한계가 있다.
- 평가시점에서 발생할 수 있는 재정의 불균형은 현재 가입근로자들의 예상평균잔여근무기간에 걸쳐 상가함으로써 해소되는 예측급여적립방식이다. 따라서 가입근로자 집단이 많고 연령별 분포가 안정적인 대형 연금제도에 적합한 반면, 중소형 연금제도에는 적합하지 않다.
- 계리적 가정이 100% 실현되고 초기과거근무채무(IPSL)가 완전히 상각되면 종합보험료방식은 가입연령방식과 일치한다.
- 종합적으로 통합적립방식, 정기적립방식, 예측급여적립방식, 부담금중심적립방식 그리고 초기과거근무채무 통합방식 등의 적립특성을 갖는다.

연금수리에서 특별한 논의의 대상은 아니지만 가입근로자 개인별로 종합보험료방식을 적용하는 특수 형태를 간단히 살펴보기로 한다.

2) 개별종합보험료방식(Individual AGG)

평가시점마다 가입근로자 전체에 대하여 하나의 균형재정 부담금을 산출하는 종합보험료방식의 적립특성과 다르지 않다. 단지 가입근로자별로 종합보험료방식을 적용한다는 의미에서 개별종합보험료방식이라고 한다. 따라서 평가시점에 적립된 연기금 $F(t)$을 어떻게 가입근로자별로 할당하는 문제가 제기된다. 다양한 할당방식을 언급할 수 있지만 근본적으로 계리적 합리성을 견지하면 충분하다. 일반적으로 적용되는 방법은 3가지 정도로 함축되며 특별한 사유가 없는 한, 재정 평가시점($t=0, 1, 2, \ldots$)마다 일관되게 적용되어야 한다. 논의의 편의상 가입자군은 가입근로자로만 구성된 것으로 가정한다.

첫째, 가장 간단한 방법으로 가입근로자 수로 균등할당하는 방법이 있다.

예를 들어, 평가시점 현재(t)의 가입근로자 총수가 $N(t)$이면 개별 가입근로자(k)별로 할당되는 균일한 적립기금은 $F_k(t)=\frac{F(t)}{N(t)}$이다.

둘째, 가입근로자(k)별로 $APV(TB_k(t))$를 산정하여 비례적으로 할당하는 방법을 적용할 수 있다. 예를 들어, 평가시점 현재(t)의 가입근로자(k)별로 할당되는 적립기금은

$$F_k(t)=\frac{APV(TB_k(t))}{\sum_{W_t} APV(TB_k(t))}\times F(t)\text{ 이다.}$$

마지막으로, 가입연령방식(ENT), 개인평준보험료방식(ILP), 예측단위적립방식(PUC) 등과 같이 가입근로자별로 연금채무를 산출하는 특정한 개별적립방식을 먼저 선정한 후 그 선정된 적립방식에 따라 가입근로자(k)별로 연금채무 $AL_k(t)$을 산정하여 전체 가입근로자별로 연금채무에 비례적으로 할당하는 방법이 있다. 예를 들어, 평가시점 현재(t)의 가입근로자(k)별로 할당되는 적립기금은 $F_k(t)=\frac{AL_k(t)}{\sum_{W_t} AL_k(t)}\times F(t)$이다.

결론적으로 상기 개인별 할당 적립기금에 대하여 종합보험료방식의 적립특성을 가입근로자별로 적용하게 된다. 즉, 예상이율을 (i) 그리고 예상임금상승률을 (h)라고 하면재정 평가시점($t=0,1,2,\ldots$)마다 가입근로자(k)별로 납입해야 할 부담금 수준[17]은 다음과 같다.

- $$C_k(t)=\frac{APV(TB_k(t))-F_k(t)}{\ddot{a}_{\overline{n_{t,k}|}}(j)}\cong\frac{APV(TB_k(t))-F_k(t)}{APV(S_k(t))}\times S_k(t)$$

여기서

상각기간 "$n_{t,k}$"는 평가시점 t에서 가입근로자(k)의 예상평균잔여근무기간을 나타내며, 가입근로자 k의 평균근속연금 $\ddot{a}_{\overline{n_{t,k}|}}(j)$, $\frac{1+h}{1+i}=\frac{1}{1+j}$는

17) 이를 표준부담금이라는 표현을 사용하기도 하지만 엄격한 의미에서는 매기 재산정하는 납입해야 할 부담금(time-related recommended contribution)을 나타내며, 회계적 의미가 부여되는 표준부담금은 아니다.

$\dfrac{APV(S_k(t))}{S_k(t)}$에 의해 추정된다.

이상의 논의 과정은 다음에 다룰 초기채무동결방식에서도 매우 유사하게 적용된다. 이는 종합보험료방식의 적립특성을 대부분 따르고 있기 때문이다.

예제 (2015년 보험계리사 기출문제 수정)
다음 1인의 자료를 이용하여 예측단위적립방식(PUC)과 종합보험료방식(AGG)에서 각각 산출되는 부담금이 같아지는 현재 퇴직연금자산을 구하시오(단, 계산기준일은 2015.1.1.임.)

- 생년월일: 1965/01/01
- 입사일: 2003/01/01
- 30일 평균임금: 5,000,000원
- 사망 및 중도퇴직가정: 0.0%
- 할인율: 3.0%
- 임금상승률(가정): 4.0%
- 급여지급률: 법정퇴직금지급
- 정년가정: 55세

해설 먼저 PUC에 의한 표준부담금(NC)을 구하여야 한다. 상기 가입자정보를 파악하면 가입근로자는 계산기준일 현재 만 50세에 도달하였으며, 현재 만 12년 근속하였고 총 근속가능기간은 17년이며, 5년 뒤에 정년퇴직한다. 따라서 PUC 관련 정보는 다음과 같이 산출된다. 즉,

- $NC_{50\text{세}} = 5{,}000{,}000 \times \dfrac{(1+0.04)^5}{(1+0.03)^5} \fallingdotseq 5{,}247{,}477$

  $AL(12\text{년 근속시점}) = 5{,}000{,}000 \times 12 \times \dfrac{(1+0.04)^5}{(1+0.03)^5} \fallingdotseq 62{,}969{,}729$

다음으로 본문에서 설명한 바와 같이 종합보험료방식은 예상 미적립채무를 잔여근로기간에 대하여 일정하게 균등 상각하도록 설계된 방식이다. 그러므로 종합보험료방식에서 산출되는 부담금(C)은 다음으로 확정된다. 즉,

- $APV(TB(50\text{세})) = 5{,}000{,}000 \times 17 \times \dfrac{(1+0.04)^5}{(1+0.03)^5} \fallingdotseq 80{,}207{,}116$

- $C_{50\text{세}} = \dfrac{APV(TB(50\text{세})) - F}{\ddot{a}_{\overline{5|}}(j)} = \dfrac{80,207,116 - F}{5.098}$, $\dfrac{1.04}{1.03} = \dfrac{1}{1+j}$

따라서 문제의 조건에 의해(즉, $NC_{50} = C_{50}$) 현재 적립되어 있어야 할 퇴직연금자산은 62,455,294원이다

- $F = APV(TB(50\text{세}) - NC_{50\text{세}} \times \ddot{a}_{\overline{5|}}(j) \fallingdotseq 62,455,294$

7. 초기채무동결방식(Frozen Initial Liability Cost Method: FIL)

연금제도를 도입하는 단계에서 기업의 재정부담이 가중된다면 사용자는 제도 도입 자체를 포기 혹은 연기할 가능성이 높다. 특히 제도 시행단계에서 기존 근로자층이 두터운 경우에 초기과거근무채무(IPSL)를 상각하는 적립부담은 한층 더 가중된다. 이러한 재정부담을 경감하기 위해 도입된 적립방식이 초기채무동결방식이다. 제도 도입 단계부터 100% 완전적립을 수행하는 종합보험료방식은 분명 사용자의 재정부담을 높일 가능성이 높다. 이러한 재정부담을 다소 해소하기 위한 대안적 적립방식으로 초기채무동결방식이 개발되었다.

1) 적립특성

먼저 "초기채무동결(frozen initial liability)"의 의미를 살펴보기로 한다. 초기채무의 대상은 제도 도입 단계에서 기존근로자들의 과거근무에 의해 발생하는 초기과거근무채무(IPSL)를 말한다(즉, $IPSL(= FIL)$). 그리고 "동결"의 의미는 제도 도입 이후에 발생하는 후발과거근무채무(PPSL) 그리고 계리적 손익과는 분리하여 IPSL을 독립적으로 상각한다는 의미이다. 그러므로 "초기채무동결방식"은 "초기과거근무채무분리방식"에 해당함을 알 수 있다. 이로써 제도 시행단계에서 사용자의 재정부담으로 작용하는 IPSL은 제도 도입시점의 총 급여채무 $APV(TB)$에서 분리 상각하는 별도의 절차를 따르게 된다. IPSL 상각기간이 길수록 사용자의 재정부담은 한층 더 경감된다.

따라서 초기채무동결방식에서 제기되는 첫 과제는 "어떠한 방식을 적용하여 IPSL을 산정하는 것이 합리적인가?"라는 것이다 이에 대한 해결 방안으로 연금수리 관점에서 두 가지가 제기된다.

IPSL은 가입근로자 개별적으로 산정하여야 하므로 개별적립방식 중에서 선정하여야 한다. 대표적인 예측급여적립방식인 개별가입연령방식(IENT)에 의해 IPSL이 산정되면 "초기채무동결방식"[18]이라고 하는 반면에, 대표적인 발생급여적립방식인 예측단위적립방식(PUC)에 의해 IPSL을 산정하면 "도달연령방식(attained age normal cost method)"[19]이라고 한다. 이번 절의 마지막 부분에서 이들 방식에 의한 IPSL 산출 방법에 대해 추가로 비교 설명한다.

실무에 있어서는 초기채무동결방식이 다음 절에서 다루고 있는 도달연령방식보다 활용성이 높다. 일반적으로 IPSL의 상각기간은 15년, 20년 등 사용자의 재정상태를 고려하여 결정한 다음에 매기 일정한 상각액(즉, 보충부담금)을 산정하게 된다. 물론 IPSL을 가입근로자 전체의 예상 잔여근무기간에 근거하여 상각기간을 결정하는 것이 이론적 합리성을 견지한다.

즉, 제도 도입시점 $t=0$에서 $\dfrac{APV(S(0))}{S(0)} \cong \ddot{a}_{\overline{m}|}(j)$, $\dfrac{1+h}{1+i}=\dfrac{1}{1+j}$에 의해 상각기간 m을 결정할 수 있다(종합보험료방식에서 이미 수리적 의미를 설명한 바 있음). 한편 초기채무동결방식은 기본적 적립특성이 종합보험료방식(AGG)에서 출발하므로 IPSL의 상각이 완료되면 종합보험료방식과 일치하게 된다. 적립특성상 사용자가 납입하여야 할 부담금은 IPSL 상각액 그리고 미상각된 IPSL을 차감한 이후의 종합보험료방식 부담금으로 구성된다.

□ 이상의 적립특성은 다음과 같이 요약할 수 있다.

- 가입근로자별 표준부담금 및 연금채무를 산정하지 않으며 초기과거근무채무를 $APV(TB)$에서 분리하여 상각하는 "초기과거근무채무 분리방식"이며, 초기과거근무채무는 개별가입연령방식(IENT)에 의해 산출된다.
- 미상각초기채무에 해당하는 미적립채무가 일정기간 발생하지만 종합보험료방식처럼 계리적 손익은 산정되지 않으며 미래의 부담금 속에 포

18) Frozen-Entry-Age Method라고 표현하기도 한다.
19) Frozen-Attained-Age Method라고 표현하기도 한다.

함되어 근로기간 동안에 안분된다.

- 초기과거채무의 상각이 완료되면 균형재정 "$F(t) = AL(t), \forall t$"이 달성되므로 미적립채무는 발생하지 않는다.
- 계리적 가정이 100% 실현되고 초기과거근무채무(IPSL)가 완전히 상각되면 적립특성은 종합보험료방식 혹은 가입연령방식과 일치한다.
- 종합적으로 초기과거근무채무 분리방식, 통합적립방식, 정기적립방식, 예측급여적립방식, 부담금중심적립방식의 적립특성을 갖는다.

2) 수리모형

제도 시행시점 $t=0$에서 (x)인 가입근로자 k 각각에 대하여 개별가입연령방식(IENT)을 적용하여 $IPSL(=FIL)$을 먼저 산출한다. 이 때 가입근로자 집단을 $W_{t=0}$라고 표기하자. 가입연령방식을 적용할 경우에 개인별 실제 가입연령을 기준으로 ${}^{IENT}NC_k(x) = K_k \times S(x)$을 산출할 수도 있지만, 대표적인 가상가입연령을 설정하여 ${}^{ENT}NC_k(x) = K \times S(x)$로 산정할 수 있다. 초기과거근무채무를 산출할 때 개별가입연령방식이 일반적인 가입연령방식보다 편의성은 낮지만 정확성이 높다고 할 수 있다. 이를 적용하면,

- $${}^{IENT}IPSL\ [=FIL(0)] = \sum_{W_0}\left[APV(TB_k) - APV({}^{IENT}NC_k)\right]$$

혹은 모든 근로자가 (a)인 신입사원으로 시작하여 제도시행시점 $t=0$에서 (x)인 가입근로자가 된 경우라면 이미 도출한 가입연령방식의 결과를 적용할 수 있다. 즉,

- $${}^{IENT}IPSL = \sum_{W_0} NC(x) \times \ddot{s}^{(j)}_{a:\overline{x-a|}}$$

여기서 $\ddot{s}^{(j)}_{a:\overline{x-a|}}$ 에서 위첨자 j는 할인함수 $v^* \equiv \dfrac{1}{1+j}\left(\dfrac{1+h}{1+i} = \dfrac{1}{1+j}\right)$이다.

다음으로 상각기간을 m으로 설정한 경우에 매기 균등하게 상각하는 보충부담금 SC는 아래와 같이 정의된다.

- $SC = \frac{{}^{IENT}IPSL}{\ddot{a}_{\overline{m}|}}$, ${}^{IENT}IPSL = FIL(0)$

따라서 매기 균등하게 상각이 진행되면 $t = 0, 1, 2, \ldots$에 대하여, 미상각초기채무(unamortized portion of FIL, UFIL)는 아래와 같다.

- $FIL(0) = UFIL(0) = SC \times \ddot{a}_{\overline{m}|}$,

  $UFIL(1) = SC \times \ddot{a}_{\overline{m-1}|}$, ..., $UFIL(m-1) = SC$

- $UFIL(t+1) = [UFIL(t) - SC] \times (1+i)$

보충부담금 이외에 요구되는 납입부담금 $C(t)$은 미상각초기채무를 차감하고 산출한다는 점 이외에는 종합보험료방식과 일치한다. 즉,

- $$C(t) = \frac{APV(TB(t)) - UFIL(t) - F(t)}{APV(S(t))} \times S(t)$$
  $$= H(t) \times \sum S_{k,t}(x)$$
  $$\cong \frac{APV(TB(t)) - UFIL(t) - F(t)}{\ddot{a}_{\overline{n_t}|}(j)}$$

여기서 평균근속연금 $\ddot{a}_{\overline{n_t}|}(j)$는 $\frac{APV(S(t))}{S(t)}$에 의해 추정되고 n_t는 평가시점 t에서 산출된 상각기간으로써 정상가입구성원(stationary membership)이면 $n_t = n, \forall t$이다. 종합보험료방식에서처럼 $H(t) \equiv \frac{APV(TB(t)) - UFIL(t) - F(t)}{APV(S(t))}$는 현재정상태에서 개인별 임금수준에 할당되는 "균등부담률"을 의미한다.

상기 관계식은 매 평가시점 t 현재 가입근로자 전체에 대하여, 미상각초기채무($UFIL(t)$)를 제외하면, 균형재정(즉, 완전적립) "$F(t) = AL(t), \forall t$"가 달성되도록 $C(t)$를 새로이 산출하는 적립특성을 보여주고 있다. 단, $UFIL(t)$가 보충부담금에 의해 모두 상각되면 종합보험료방식처럼 완전적립이 달성된다. 물론 연(年) 단위기간 중에 일반적으로 발생하는 계리적 손익은 "$APV(TB(t)) - UFIL(t) - F(t)$"에 포함되어 예상근로기간 n_t에 걸쳐 균등하게 할당되므로 명시적인 계리적 손익은 없다(no explicit gain or loss). 한편 산출과정은 개인별

부담금을 산정하지 않지만 결과론적으로 개인별 부담금 $H(t) \times S_{k,t}(x)$을 산출하는 형식을 취하고 있다.

그러므로 상각이 완료되는 $t=m$ 시점 이전과 이후에 납입하여야 할 총 부담금 $TC(t)$은 각각 다음과 같이 정의된다.

- $TC(t) = \begin{cases} SC + C(t), & t = 0, 1, \ldots, m-1 \\ C(t), & t = m, m+1, \ldots \end{cases}$

따라서 미상각초기채무가 모두 상각된 이후에는 종합보험료방식의 부담금 산정식과 동일하다. 일단 상각이 완료되면 균형재정 "$F(t) = AL(t),\ \forall\, t = m,$ $m+1, \ldots$"이 달성되므로 미적립채무는 발생하지 않는다($\because AL(t) = APV(TB(t)) -$ $APV(C(t)) = F(t)$).

이상에서 살펴본 수리모형은 사용자가 위와 같은 부담금 납입 계획(IPSL)을 분리하여 별도 상각하는 적립계획)을 수행할 경우에 해당한다. 그러나 실제에 있어서 사용자는 초기과거근무채무(${}^{IENT}IPSL$)의 분리 상각을 위해 별도의 상각기간을 두지 않을 수 있다. 또한 제도 도입단계에 사용자의 출연 기금 $F(0)$가 있을 수 있다. 아울러 사용자는 기업 재무상황에 따라 계획된 부담금 수준보다 작게 혹은 많게 또는 납입을 하지 못하는 경우가 빈번하게 발생한다. 이러한 점들을 반영한 일반 수리모형에 대해 살펴보기로 한다.

매 평가시점 마다 미상각초기채무(UFIL)는 다음 재귀관계식에 의해 산출된다.

- $UFIL(t+1) = [\,UFIL(t) + C(t)\,] \times (1+i) - {}^{act}C(t) - I_c,\ \forall\, t = 0, 1, 2, \ldots$

여기서 초깃값 $UFIL(0) = {}^{IENT}IPSL - F(0)$ 은 제도시행 시점에 산출된 값, $C(t)$는 t년 회계연도 기초에 초기채무동결방식의 부담금 산정식 $C(t) = \dfrac{APV(TB(t)) - UFIL(t) - F(t)}{APV(S(t))} \times S(t)$에 의해 산출된 부담금 그리고 ${}^{act}C(t)$는 t년 회계연도에 납입된 실제 부담금 그리고 I_c는 부담금 실제납입액 ${}^{act}C(t)$의 납입시점에 의해 예정이율로 부리한 이자를 각각 의미한다.

다음으로 $UFIL(t)$는 "$[\,UFIL(t-1) + C(t-1)\,] \times (1+i) - {}^{act}C(t-1) - I_c$"에 의해 추정된다. 특히, 초기 출연기금 $F(0) = 0$인 경우에 도입연도 초의 산출 부

담금은 개별가입연령방식(IENT)의 표준부담금과 같다. 즉,

- $C(0) = \dfrac{APV(TB(0)) - {}^{IENT}AL(0)}{APV(S(t))} \times S(t) = {}^{IENT}NC(0)$

한편, 초기채무동결방식 하에서 계리적 손익은 가입자들의 장래 평균 잔여근무연수에 걸쳐 자동적으로 상각되므로 미상각초기채무에 영향을 미치지 않는다. 이는 실제 미상각초기채무(actual UFIL)는 예상 미상각초기채무(expected UFIL)와 같음을 의미한다. $UFIL(t)$의 상각속도는 ${}^{act}C(t)$의 수준에 의해 주로 결정되며, "$UFIL(t) \to 0$"이면 종합보험료방식에서 산출하는 부담금과 동일한 값을 제공하게 된다.

3) IPSL 산정법 비교

본 절 도입 부분에서 언급한 개별가입연령방식(IENT)에 의한 IPSL의 산정 그리고 예측단위적립방식(PUC)에 의한 IPSL의 산정은 각 적립방식의 특성을 반영한다. 이에 대한 이해를 돕기 위하여 다음과 같은 상황을 설정하여 설명하고자 한다. 아래 그림에서 예시하고 있는 것처럼, 홍길동은 a세에 입사하였고 $a+n$세에 확정급여형 퇴직연금제도가 도입되었다. 도입 당시에 홍길동은 과거근속기간($a+n-a=n$)에 대해 100% 인정받아 초기과거근무채무(IPSL)가 발생하였다. 그리고 약정한 확정급여산출식은 정년퇴직시점(r세 도달시점)에 기시급 종신연금액 B를 매년 지급한다(단, 중도퇴직급여는 없음).

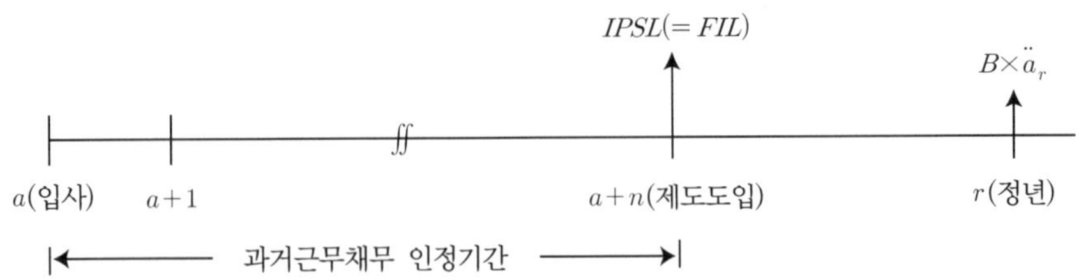

상기와 같은 연금제도에서 홍길동의 IPSL를 산정하기 위해 먼저 IPSL 산정 시점($a+n$세)에서의 총 급여채무는 다음과 같다. 즉,

- $APV(TB(a+n\text{세})) = {}_{r-a-n}E_{a+n} \times B \times \ddot{a}_r$

그러면 총 급여채무 중에서 어느 정도를 IPSL로 산정하여 분리 상각할 것인가? 이에 대한 방법론으로 연금수리학은 다음과 같은 두 가지 방법론을 제시하고 있다.

① 개별가입연령방식(IENT)에서 설명한 바와 같이, IENT 적립특성을 반영하여 IPSL을 산정하는 경우는 아래와 같다. 즉,

- $^{IENT}IPSL = APV(TB(a+n\text{세})) \times \dfrac{\ddot{a}_{a:\overline{n|}}}{\ddot{a}_{a:\overline{r-a|}}}$

② 예측단위적립방식(PUC)에서 설명한 바와 같이, PUC의 경과기간별 단위(unit) 적립특성을 적용하면 IPSL를 산정하는 경우는 아래과 같다. 즉,

- $^{PUC}IPSL = APV(TB(a+n\text{세})) \times \dfrac{n}{r-a}$

적립방식에 대해 마지막으로 다룰 도달연령방식은 초기채무동결방식과 적립특성은 동일하며 위와 같이 초기과거근무를 산정하는 방법상의 차이만 있을 뿐이다. 이러한 이유로 도달연령방식은 주요 결과를 중심으로 간단히 설명하기로 한다.

8. 도달연령방식(Attained Age Normal Cost Method: AAN)

초기채무동결방식에서 이미 언급한 바와 같이 도달연령방식은 초기과거근무채무(IPSL)를 산정하는 적립방식이 단위적립방식(unit credit cost methods, PUC 혹은 CUC)이라는 차이가 있을 뿐 기타 적립특성은 초기채무동결방식(FIL)과 동일하다. 여기서는 편의상 예측단위적립방식(PUC)을 적용하기로 한다. 도달연령방식은 “Frozen-Attained-Age Method”라고 표현하기도 한다.

1) 적립특성 및 수리모형

도달연령(attained age)방식이란 제도 시행일 현재($t=0$) 가입근로자별 실제연령을 기준으로 초기과거근무채무(IPSL)를 예측단위적립방식(PUC)에 의해 산정한다는 의미이다. 부연설명하면, 제도 도입시점을 기준으로 개인별 도달연령은 이미 발생된 과거근무급여(past service benefits)와 향후 발생할 장래근무급여(future service benefits)로 나누는 기준연령에 해당한다. 일반적으로 IPSL의 상각기간은 사용자의 재무상태를 고려하여 결정한 다음에 매기 일정한 보충부담금을 산정하여 상각하게 된다. 적립의 안전성 관점에서는 IPSL을 가입근로자 전체의 예상 잔여근무기간을 상각기간으로, $\frac{APV(S(0))}{S(0)} \cong \ddot{a}_{\overline{m}|}(j)$, $\frac{1+h}{1+i} = \frac{1}{1+j}$에 의해 상각기간 m을 결정하는 것이 합리적이다.

초기채무동결방식과 동일한 방법으로 우선 앞에서 설명한 예측단위적립방식(PUC)을 적용하여 다음과 같이 ${}^{PUC}IPSL$(즉, FIL)를 산출한다. 단, 모든 근로자 k는 (a)세에 취업하여 제도 도입시점 $t=0$에서 (x)인 가입근로자가 된 것으로 가정한다.

- $${}^{PUC}IPSL \equiv \sum_{W_0} IPSL(x) = \sum_{W_0} APV(PSB(x)) = \sum_{W_0} \frac{x-a}{r-a} \times APV(TB(x))$$

여기서

$$APV(TB(x)) = {}_{r-x}E_x \times APV(TB(r)) = \theta \times (r-a) \times S(r-1) \times {}_{r-x|}\ddot{a}_x$$

다음으로 상각기간을 m으로 설정한다. 평가시점 $t=0,1,2,\ldots$마다 균등하게 상각하는 보충부담금 SC와 미상각초기채무(UFIL)는 아래와 같이 정의된다.

- $SC = \dfrac{{}^{PUC}IPSL}{\ddot{a}_{\overline{m}|}(j)}$, ${}^{PUC}IPSL = FIL(0)$
- $FIL(0) = UFIL(0) = SC \times \ddot{a}_{\overline{m}|}(j)$, $UFIL(1) = SC \times \ddot{a}_{\overline{m-1}|}(j), \ldots,$

  $UFIL(m-1) = SC$
- $UFIL(t+1) = [UFIL(t) - SC] \times (1+i)$

보충부담금 이외에 매기 재 산정되는 납입부담금 $C(t)$ 그리고 상각이 완료되는 시점 $t=m$ 이전과 이후에 납입하여야 할 총 부담금 $TC(t)$는 각각 다음과 같다. 즉,

- $C(t) = \dfrac{APV(TB(t)) - UFIL(t) - F(t)}{APV(S(t))} \times S(t)$

$$\cong \frac{APV(TB(t)) - UFIL(t) - F(t)}{\ddot{a}_{\overline{n_t|}}(j)}$$

- $TC(t) = \begin{cases} SC + C(t), & t = 0, 1, ..., m-1 \\ C(t), & t = m, m+1, ... \end{cases}$

상기 관계식은 매 평가시점 t 현재 가입근로자 전체에 대하여 미상각초기채무($UFIL(t)$)를 제외하면 균형재정(완전적립), $F(t) = AL(t)$, $\forall t$이 달성되도록 $C(t)$을 새로이 산출하는 적립특성을 보여주고 있다. 물론 $UFIL(t)$가 보충부담금에 의해 모두 상각되면 종합보험료방식처럼 제도 개정 및 계산기초의 변경이 없으면 완전적립(균형재정)이 달성되므로 미적립채무(계리적 손익 포함)는 발생하지 않는다. 즉, 적립기간 전 기간에 대하여 별도의 특별부담금이 산정되지 않는다. 또한 단위기간 중에 발생하는 계리적 손익은 "$APV(TB(t)) - UFIL(t) - F(t)$"에 포함되어 n_t기간에 걸쳐 균등하게 할당된다. 이미 설명한 바와 같이 미상각초기채무가 모두 상각된 이후에 적립특성은 종합보험료방식과 동일하다.

다음으로, 초기채무동결방식에서 설명한 바와 같은 동일한 이유로 도달연령방식에서도 다음과 같은 일반 수리모형이 적용된다.

매 평가시점 마다 미상각초기채무(UFIL)는 다음 재귀관계식에 의해 추정된다.

- $UFIL(t+1) = [UFIL(t) + C(t)] \times (1+i) - {}^{act}C(t) - I_c, \ \forall t = 0, 1, 2, ...$

여기서 초깃값 $UFIL(0) = {}^{PUC}AL(0) - F(0)$ 은 제도시행 시점에 산출된 값이며, $C(t)$는 t년 회계연도 기초에 $C(t) = \dfrac{APV(TB(t)) - UFIL(t) - F(t)}{APV(S(t))} \times S(t)$ 에 의해 산출된 부담금 그리고 $UFIL(t)$는 "$[UFIL(t-1) + C(t-1)] \times (1+i) - {}^{act}$

$C(t-1)-I_c$"에 의해 추정된 값이다. 한편, ${}^{act}C(t)$는 t년 회계연도에 납입된 실제 부담금 그리고 I_c는 부담금 실제 납입액 ${}^{act}C(t)$의 납입 시점에 의해 예정이율로 부리한 이자를 각각 의미한다.

현재 IFRS의 도입으로 PUC가 보편적으로 활용되고 있지만, 여전히 도달연령방식은 청산단계에 접어든 폐쇄형연금제도(closed plans)의 적립방식으로 적합하다. 폐쇄형은 가입근로자의 노령화로 인하여 개방형에 비해 적립속도(funding pace)가 높다. 왜냐하면 폐쇄형은 신규가입자의 유입이 허용되지 않는 쇠퇴기에 접어든 산업의 연금제도에서 주로 발견되며 가입근로자의 임금총액이 시간흐름에 따라 0원으로 접근하게 됨에 따라 표준부담금도 0원으로 접근하기 때문에 근로기간 중에 빠른 속도로 연금재원을 마련할 수 있기 때문이다.

□ 적립특성은 다음과 같이 요약할 수 있다.

- 가입근로자별 표준부담금 및 연금채무를 산정하지 않으며 초기과거근무채무를 $APV(TB)$에서 분리하여 상각하는 "초기과거근무채무 분리방식"이다. 여기서 초기과거근무채무는 예측단위적립방식(PUC)에 의해 산정된다.
- 미상각초기채무에 해당하는 미적립채무가 일정기간 발생하지만 종합보험료방식처럼 명시적 계리적 손익은 산정되지 않지만, 향후 부담금 속에서 포함되어 근로기간 동안에 안분되는 적립특성을 갖는다(즉, 특별부담금 개념이 없음).
- 초기과거채무의 상각이 완료되면 그 이후에 균형재정 "$F(t)=AL(t),\ \forall\, t$"이 달성되므로 연금제도의 개정 및 계산기초의 변경이 없으면 원칙적으로 미적립채무는 발생하지 않는다.
- 계리적 가정이 100% 실현되고 초기과거근무채무(IPSL)가 완전히 상각되면 적립특성은 종합보험료방식 혹은 가입연령방식과 일치한다.
- 청산단계에 접어든 폐쇄형연금제도의 적립방식으로 적합하며, (현재 또는 예측)단위적립방식 다음으로 발생주의 회계처리 관점에 부합한다.
- 종합보험료방식에 비해 사용자의 재정부담을 경감할 수 있으며, 초기채무동결방식에 비해 활용성은 상대적으로 낮다.

- 종합적으로 통합적립방식, 정기적립방식, 예측급여적립방식, 부담금중심적립방식, 초기과거근무채무 분리방식의 적립특성을 갖는다.

예제 홍길동은 근로자 1인 기업에 (x)세 취업하였다. 홍길동이 $(x+t)$세에 확정급여형 퇴직연금제도가 도입되었고 홍길동만이 유일한 가입근로자이며, 과거근무기간에 대해 100% 인정받았다. 약정한 확정급여산정식은 홍길동이 정년 (r)세에 퇴직하면 기시급 연금액 B를 지급하는 종신연금계약이다. 홍길동에 대한 표준부담금은 가입연령방식에 의해 산정하며 기시에 납입한다. 한편 과거근무기간에 대해서는 $r-x-t$년으로 균등 상각하며 $\ddot{a}_{\overline{r-x-t|}}$가 아닌 $\ddot{a}_{x+t:\overline{r-x-t|}}$로 나누어 매년의 기시에 균등상각액을 납입한다. 홍길동이 $(x+t)$세(즉, 제도 도입 첫해)의 표준부담금과 과거근무기간 균등 상각액의 합은 도달연령방식에 있어서의 부담금과 일치함을 증명하시오. 여기서 도달연령방식은 초기과거근무채무를 분리 상각하지 않고 통합하여 부담금을 산정하며 초기 출자 연기금은 없다. 또한 홍길동의 계속근로를 전제로 부담금은 납부된다.

해설 먼저, 문제의 조건에 의해 홍길동 1인만 있는 연금제도이므로 근속을 전제(중도퇴직급여는 없음)로 부담금이 산정되어야 한다. 또한 초기 납입자본금은 없으며, 도달연령방식은 초기과거근무채무(IPSL)를 통합하여 부담금을 산정한다고 했으므로 다음과 같이 일정액이 산출된다(아래 계리관련 기호 $p_x, \ddot{a}_x$ 등은 모두 홍길동의 생존 또는 연금제도 가입 존속과 관련된 기호로 해석하여야 함).

- $${}^{AAN}C = \frac{APV(TB(x+t\text{세}))}{\ddot{a}_{x+t:\overline{r-x-t|}}} = \frac{B\times \ddot{a}_r \times v^{r-x-t} \times {}_{r-x-t}p_{x+t}}{\ddot{a}_{x+t:\overline{r-x-t|}}}$$

또한 문제 조건에서 홍길동은 과거근무기간(t년)을 100% 인정받았기에 가입연령은 x세이다. 가입연령방식에서 x세 가입연령의 표준부담금은 일정액으로 다음과 같다.

- $$NC = \frac{B\times \ddot{a}_r \times v^{r-x} \times {}_{r-x}p_x}{\ddot{a}_{x:\overline{r-x|}}}$$
$$= \frac{B\times \ddot{a}_r \times v^{r-x-t} \times {}_{r-x-t}p_{x+t} \times v^t \times {}_tp_x}{\ddot{a}_{x:\overline{r-x|}}}$$

한편, 가입연령방식에 의한 과거근무기간 $t(=x+t-x)$ 의 초기과거근무채무(IPSL)는 연금계리 관점에서 $APV(TB(x+t\text{세}))$을 안분 산정한 값이다. 즉,

$$\bullet\ IPSL = APV(TB(x+t\text{세})) \times \frac{\ddot{a}_{x:\overline{t|}}}{\ddot{a}_{x:\overline{r-x|}}}$$

$$= \frac{B \times \ddot{a}_r \times v^{r-x-t} \times {}_{r-x-t}p_{x+t} \times \ddot{a}_{x:\overline{t|}}}{\ddot{a}_{x:\overline{r-x|}}}$$

그리고 문제 조건에서 제시한 IPSL 균등상각법을 적용하면 보충부담금(SC)은 다음과 같이 산출된다. 즉,

$$\bullet\ SC = \frac{IPSL}{\ddot{a}_{x+t:\overline{r-x-t|}}} = \frac{B \times \ddot{a}_r \times v^{r-x-t} \times {}_{r-x-t}p_{x+t} \times \ddot{a}_{x:\overline{t|}}}{\ddot{a}_{x:\overline{r-x|}} \times \ddot{a}_{x+t:\overline{r-x-t|}}}$$

다음으로 표준부담금과 보충부담금의 합은

$$\bullet\ NC + SC = \frac{B \times \ddot{a}_r \times v^{r-x-t} \times {}_{r-x-t}p_{x+t}}{\ddot{a}_{x:\overline{r-x|}}} \left\{ v^t \times {}_tp_x + \frac{\ddot{a}_{x:\overline{t|}}}{\ddot{a}_{x+t:\overline{r-x-t|}}} \right\}$$

여기서

괄호 안은 $v^t \times {}_tp_x + \frac{\ddot{a}_{x:\overline{t|}}}{\ddot{a}_{x+t:\overline{r-x-t|}}} = \frac{\ddot{a}_{x:\overline{r-x|}}}{\ddot{a}_{x+t:\overline{r-x-t|}}}$ 관계가 성립한다.

따라서

$$\bullet\ NC + SC = \frac{B \times \ddot{a}_r \times v^{r-x-t} \times {}_{r-x-t}p_{x+t}}{\ddot{a}_{x+t:\overline{r-x-t|}}}$$

$$= \frac{APV(TB(x+t\text{세}))}{\ddot{a}_{x+t:\overline{r-x-t|}}} = {}^{AAN}C$$

9. 적립특성 요약

지금까지 설명한 총 7개의 적립방식들은 각자의 적립특성에 의해 연기금의 재원을 적립한다. 살펴본 바와 같이 연기금 재원은 부담금이라는 형식으로 산출되며, 부담금의 수준을 결정하는 요소는 크게 5가지로 분류된다. 부담금 산출시점 t에서

ⓐ 당기 근로용역 제공에 의해 발생할 것으로 예상되는 표준부담금(t)

ⓑ 미적립채무(초기과거근무채무 통합, 계리적 손익 포함)의 당기 상각액(t)

ⓒ 미적립채무(초기과거근무채무 분리, 계리적 손익 포함)의 당기 상각액(t)

ⓓ 초기과거근무채무의 당기 상각액(t)
ⓔ 계리적 손익의 당기 상각액(t)

다음으로 적립방식별로 산출하는 부담금 요소를 정리하기로 한다.

- 첫째, 가입연령방식의 부담금(t) = ⓐ.
  나머지 ⓑ, ⓒ, ⓓ 혹은 ⓔ 각 요소는 보조적립방식를 적용하여 합리적인 조정부담금(보충부담금 혹은 특별부담금)을 산출하게 된다.
- 둘째, 개인평준보험료방식의 부담금(t) = ⓐ + ⓓ + ⓔ(단, 임금관련 손익만 포함됨).
  여기서 ⓐ와 ⓓ 각각의 부담금은 구분계리할 수 없지만 부담금 ⓔ 요소는 구분계리할 수 있다. 나머지 ⓑ 혹은 ⓔ(단, 임금관련 이외의 손익) 요소는 보조적립방식을 적용하여 합리적인 특별부담금을 산출하게 된다.
- 셋째, 예측단위적립방식 혹은 현재단위적립방식의 부담금((t) = ⓐ.
  나머지 ⓑ, ⓒ, ⓓ 혹은 ⓔ 각 요소는 보조적립방식를 적용하여 합리적인 조정부담금(보충부담금 혹은 특별부담금)을 산출하게 된다.
- 넷째, 종합보험료방식의 부담금(t) = ⓐ + ⓑ.
  여기서 ⓐ와 ⓑ 각각의 부담금은 구분계리할 수 없다. 이러한 적립특성으로 인하여 별도의 보조적립방식은 필요하지 않으며 항시적으로 완전적립(균형재정)이 이루어진다. 이는 통상적으로 산출되는 계리적 손익이 산출된 부담금 ⓑ 속에 포함되어 미래 적립기간에 균등하게 할당되므로 명시적인 계리적 손익은 산출할 수 없다.
- 다섯째, 초기채무동결방식의 부담금(t) = ⓐ + ⓒ + ⓓ.
  여기서 ⓐ와 ⓒ 각각의 부담금은 구분 계리할 수 없지만, 부담금 ⓓ 요소는 이들과 구분되어 산출된다. 이러한 적립특성으로 인하여 별도의 보조적립방식은 필요하지 않으며 초기과거근무채무를 분리하여 상각하는 보충부담금(ⓓ)이 부가적으로 존재한다는 점이 종합보험료방식과 다르다. 일단 초기채무가 완전히 상각된 이후는 완전적립(균형재정)이 이루어지며 적립특성은 종합보험료방식과 동일하다. 통상적으로 산출되는 계리적 손익은 부담금 ⓑ에 포함되어 미래 적립기간에 균등하게 할당되므로 명시적인 계리적 손익은 산출할 수 없다.

- 마지막으로 도달연령방식의 부담금(t) = ⓐ + ⓒ + ⓓ.
  이는 적립특성이 초기채무동결방식과 동일하므로 이에 대한 설명은 상기와 같다. 단, 초기채무동결방식과는 달리 도달연령방식은 초기과거근무채무를 예측단위적립방식에 의해 산출한다.

이상과 같이 적립방식별 적립특성은 공통적 요소와 차별적 요소가 혼재하고 있다. 특히 연금수리에서 주요하게 다루는 계리적 손익이 적립방식에 의해 산출된 부담금 요소 속에 포함되어 정기적으로 상각(분리되어 상각되지 않음)되는 특성은 통합적립방식(종합보험료방식, 초기채무적립방식, 도달연령방식)에 공통적으로 적용되는 적립특성이다. 반면에 개별적립방식(가입연령방식, 예측단위적립방식, 현재단위적립방식)은 계리적 손익을 산정할 수 있으며 산출된 손익은 분리되어 별도의 적립방식(즉, 보조적립방식)에 의해 상각절차를 따르게 된다. 전자의 적립특성을 갖는 적립방법을 "통합상각적립방식(spread gain cost methods)"이라고 하며, 후자의 경우를 "즉시상각적립방식(immediate gain cost methods)"이라고 한다. 끝으로 개인평준보험료방식은 임금관련 손익은 적립방식에 포함되어 근로기간에 이연시키는 반면(즉, 통합상각적립특성을 가지고 있지만), 이를 제외한 기타 손익은 정기적으로 즉시 산출하여 일정기간에 걸쳐 상각하는 보조적립방식을 설정하게 된다(즉, 즉시상각적립특성을 갖는다). 따라서 개인평준적립방식은 개별적립방식임에도 불구하고 통합적립방식의 적립특성을 일부 포함하고 있음에 유의할 필요가 있다.

평가문항

1. 연금재정방식은 재원적립의 충실성 여부에 따라 크게 3가지로 분류된다. 3가지 연금재정방식을 제시하고 각각의 차별성을 기술하시오.

2. 부과방식에서 부과방식 비용률 그리고 적립배율을 각각 정의하시오. 만약 이러한 두 가지 재정지표가 폐쇄형 연금제도에 적용될 경우 제도가 경과됨에 따라 이들 지표는 어떠한 변화 추세를 따를 것으로 예상되는가?

3. 연금계리 관점에서 합리적인 적립방식이 갖추어야 할 4가지 요건을 언급하고, 각각의 차별성에 대해 설명하시오(단, 연금수급권을 확보한 가입자의 입장과 적립의무가 있는 사용자의 입장에서 논하시오).

4. 사회보험역설(social insurance paradox)의 내용이 무엇인지 기술하시오. 이를 검증하기 위해 사용되는 대표적인 재정지표 두 가지를 제시하고 각각을 개념적으로 정의하시오.

5. "모든 적립방식은 주적립방식과 보조적립방식으로 구분된다"라는 명제의 참과 거짓을 판별하고, 그 근거를 제시하시오.

6. 정기적으로 연금계리적 재정 평가를 수행해야 하는데 이 때마다 새로운 미적립채무가 발생할 개연성이 높다. 그 발생 원인에 대해 언급하고 각각의 차별성에 대해 설명하시오.

7. IFRS는 이연상각방식(spread method)을 채택하고 있다. 과거 미국에서 사용한 손실상각방식(amortization of losses method)보다 어떠한 비교 우위가 있는지 기술하시오. 단, 부담금리스크, 지급능력리스크 관점에서 설명하시오.

8. 적립방식은 발생하는 수급권을 어떠한 기준으로 산정하는가에 따라 예측급여적립방식과 발생급여적립방식으로 분류할 수 있다. 이 둘의 분류기준은 무엇인지 설명하고 대표적 적립방식 2가지를 언급하시오.

9. 가입연령방식과 예측단위적립방식을 비교 설명하시오(단, 각각의 장단점을 비교 우위 관점에서 기술할 것).

10. 발생주의(accrual basis) 회계원칙에 부합하는 적립방식 3가지를 언급하고 각각의 차별성을 논하시오.

11. 초기채무동결방식과 도달연령방식의 공통점 그리고 차이점에 대해 논하시오.

12. 공익장학재단 설립을 위한 논의가 진행되고 있다. 재단 운영에 필요한 재원을 정기 후원금에 의한 방안과 초기 출연금에 의한 방안을 고려하고 있다. 이 두 가지 방안을 적립방식 관점에서 설명하고 장단점을 논하시오.

13. 정년퇴직자에게 근속 연수 1년당 $\dfrac{1}{r-a}$의 종신연금을 지급한다(a는 가입 가능한 최저연령, r은 정상퇴직연령). 그리고 개별가입연령방식을 적용하여 실제 가입연령 마다 표준부담률을 산정한다. 실제 가입연령 x세($a \le x \le r-1$)의 표준부담률을 π_x라고 할 때에 π_x는 x에 대하여 증가함수 혹은 감소함수

여부를 판별하고, 그 이유를 설명하시오.

14. 종합보험료방식은 항시적으로 "연금채무 평가액 = 연기금 자산(적립금) 평가액" 즉, 적립비율 = 100%이 성립한다. 그 이유를 설명하고 적립특성을 기술하시오.

15. 개별적립방식과 통합적립방식에 속하는 적립방식을 각각 언급하고, 언급된 적립방식별로 계리적 손익을 분리할 수 있는지 여부에 대해서 논하시오.

16. 적립방식은 비용할당접근법에 의해 혹은 급여할당접근법에 의해 개발되었는지 여부에 따라 적립특성에 큰 차이가 발생한다. 이를 설명하고, 각 접근법의 대표적 적립방식을 언급하고 그 적립특성을 기술하시오.

17. 연금수급권 보장 관점에서 아래의 연금재정방식들의 순서를 정하시오. 그리고 그 합리적 근거를 제시하시오(단, 판별이 어려운 경우는 특정 상황을 설정하여 조건부 비교우위 관점에서 판별하시오).

① 후일시금적립방식

② 선일시금적립방식

③ 완전적립방식

④ 완결적립방식

⑤ 부과방식

18. 평가시점 t 현재 가입근로자 집단을 W_t라고 할 때, 평균근속연금(average working–life annuity) $\ddot{a}_{\overline{n|}}(j)$는 다음과 같이 정의된다. 이를 증명하시오.

$$\frac{APV(S(t))}{S(t)} = \frac{\sum_{W_t} \frac{N_x^* - N_r^*}{D_x^*} \times S_k(x)}{\sum_{W_t} S_k(x)} \cong \ddot{a}_{\overline{n|}}(j)$$

여기서 $v^* \equiv \frac{1}{1+j}$, $\frac{1+h}{1+i} = \frac{1}{1+j}$ 그리고 $D_x^* = l_x \times (v^*)^x$

19. 아래 괄호 안을 알맞게 채우시오.

예측단위적립방식(PUC) 특성	가입연령방식(ENT) 특성
▪ 발생급여 적립방식	▪ (　　　) 적립방식
▪ (　　　) 중심 적립방식	▪ 부담금 중심 적립방식
▪ (준)청산기준	▪ (　　　) 기준
▪ 가입자의 급여수급권(재정안전성) 확보에 초점	▪ 재원조달의 안정성(부담금안정성) 확보에 초점
▪ 사적연금제도에서 주로 채택	▪ (　　　)연금제도에서 주로 채택

20. 아래 네모 안을 PUC 예시와 같이 적립방식 특성에 해당하면 ○, 아니면 × 로 표시하시오.

적립특성		연금채무 산정기준		연금채무 적립 혹은 산정단위		도입시점 IPSL 적립기준	
		발생급여	예측급여	개별적립	통합적립	분리방식	통합방식
적립방식	예측단위적립방식 PUC	○	×	○	×	○	×
	현재단위적립방식 CUC						
	가입연령방식 ENT						
	개인평준보험료방식						
	종합보험료방식						
	초기채무동결방식(ENT적용)						
	도달연령방식(PUC적용)						

제 5 장

계리적 손익 및 보험수리적 손익

CHAPTER 05

계리적 손익 및 보험수리적 손익

지금까지 "계리적 손익"에 대한 수리적 분석을 다루지 않았지만, 개념적으로 그 의미를 설명하여 왔다. 하지만 이번 장에서는 연금계리 전문인력에 의해서만 수행되는 연금계리 핵심논제인 계리적 손익을 수리적으로 정의하고 분석한다. 계리적 손익 개념은 보험수리학, 연금수리학 등 계리학(actuarial science) 전 분야에서 비슷하다. 실제로 계리적 손익 분석은 계리사가 재정평가의 정확도를 독립적으로 확인할 수 있는 방법이며, 공제기관, 보험회사 혹은 (공사)연기금에 지속가능한 재무건전성 방향을 제시한다. 또한 K-IFRS에서 규정하고 있는 보험수리적 손익을 계리적 손익 관점에서 비교 설명한다. 마지막 부분에서는 미적립채무를 해소하기 위한 장기적 관리방안을 제시하며 이 때 사용되는 방법론은 극한 평균-분산 모형이다.

I 계리적 손익(Actuarial Gains & Losses)

K-IFRS 제1019호(종업원급여)에서 접하는 생소한 항목 중 하나가 "보험수리적 손익"이라는 항목이다. 다음에서 설명하는 바와 같이, 보험수리적 손익은 계리적 손익과 개념상 동일하지만 처리방법에서는 다소 차이가 있다. 연금재정은 연금제도의 장기성을 강조하므로 단기적 측면보다는 장기적 측면에

근거하여 계산기초(K-IFRS에서는 이를 "보험수리적 가정"이라고 하며 개념적 차별성은 없음)를 설정하게 된다. 이에 따라 단기적 측면에서 발생하는 추정의 오차를 정기적으로 검증하는 절차가 필요하며, 이러한 과정에 의해 산출되는 결과가 계리적 손익이라는 항목이다. 따라서 매기 산출하는 계리적 손익은 중장기 재정전망의 안정성 여부를 결정하는 핵심적 항목으로써 연금수리의 주요 관심 내용이다. 여기서는 계리적 손익을 어떻게 산출하며 이것이 어떠한 의미를 가지는지를 파악하고자 한다.

1. 개요: 계리적 손익과 보험수리적 손익

연금회계 전문가와 연금수리 전문가가 언급하는 손익 개념은 다소 차이가 있어 가끔씩 소통의 문제가 발생한다. 이러한 문제는 손익의 범위를 어디까지 정의하는가의 차이에 기인한 것으로, 무엇보다 이를 명확하게 하는 것이 중요하다. 지금까지는 계리적 손익 개념을 경험손익 개념으로 한정하여 설명해 왔다. 그러면 계리적 손익과 보험수리적 손익 두 개념 간의 차이가 무엇인지에 대해 알아보기로 한다. 우선, 연금회계 전문가가 언급하는 손익 개념은 보험수리적 손익을 의미하며, 이는 "K-IFRS 제1019호(종업원급여) 문단 7"에 근거한다. 보험수리적 손익은 그 산출과정이 복잡함에도 불구하고, 의외로 다음과 같이 간단히 정의된다.

- 보험수리적 손익: 다음으로 구성된다.
  ① 보험수리적 가정과 실제로 발생한 결과의 차이에서 생기는 손익
  ② 보험수리적 가정의 변경으로 인해 발생하는 손익

그러면 연금수리의 관점에서 상기 항목 ①, ②를 순차적으로 재조명하기로 한다.

위 항목 ①은 연금수리학에서 다루는 "경험손익(experience gains and losses)"에 해당하는 항목으로서 이는 지금까지 언급해 온 "계리적 손익(actuarial gains and losses)"과 일치한다. 계리적 손익은 계산기초(actuarial assumptions)와 실제 실현된 결과치(actual experiences)와의 차이에 의해 발생하는 손익항목이다. 다시 말해서, 초기과거근무채무(IPSL) 혹은 후발과거근무채무(PPSL)

처럼 일시적, 일회성으로 발생하는 항목이 아니라 재정평가 시점마다 평가기간의 초(初)와 말(末) 사이에 실현된 계산기초 각 요소의 추정 오차에 의해 산출되는 정기적 손익 항목이다. 그러므로 계산기초의 각 요소가 100% 실현되었다면 당기에 인식하여야 할 계리적 손익은 없다.

다음으로 항목 ②는 연금수리학에서 다루는 "수정손익(actuarial revaluation gains and losses)"에 해당한다. 연금수리학에서 수정손익은 계리적 손익으로 포함하지 않는 것이 일반적이다. 하지만 계산기초의 변경 내용을 가입자에 대해 일괄적으로 소급적용하면 기존의 연금채무는 변경되는데 이러한 수정 변경분을 후발과거근무채무(PPSL)로 정의하고 이를 연금재정에 반영하고 있다. 즉, 평가시점(t)에서 계산기초 변경으로 연금채무(new vs. old)가 변동될 경우 그 변화량을 PPSL로 정의한다. 대표적인 예로서 할인율의 변경을 언급할 수 있다. 연시 시점의 할인율(=직전 연도 말 할인율)과 당해 연도 말 시점의 할인율이 다르게 되면 후발과거근무채무(PPSL)가 발생한다. K-IFRS에서는 이를 "당기 연금채무의 변동량"으로 인식하고 보험수리적 손익으로 회계처리한다. 즉,

- $PPSL(t) = AL(t: new) - AL(t: old) \Rightarrow AL(t: new) = AL(t: old) + PPSL(t)$

최근 K-IFRS의 도입으로 회계적 처리가 강조되고 있고, 경험손익 및 수정손익 모두 넓은 의미에서 손익항목이므로 여기서는 두 개념 모두 계리적 손익으로 다루기로 한다. 당해 연도(t)에서 연도 초에 적용된 자산 및 채무 관련 계산기초 상의 모든 요소가 연도 말까지 변함없이 100% 실현될 경우 연도 말의 미적립채무(expected UL)를 $EUL(t)$, 연도 말에 실제로 평가된 미적립채무(actual UL)를 $AUL(t)$라고 하면 당해 연도 말에 인식해야 할 계리적 손익 $G(t)$은 다음과 같이 정의된다.

- $G(t) = EUL_1(t) - AUL_1(t)$

$$EUL_1(t) \equiv {}^{\exp}AL_1(t) - {}^{\exp}F_1(t)$$

$$AUL_1(t) \equiv {}^{act}AL_1(t) - {}^{act}F_1(t)$$

여기서 평가연도 t의 연시 시점을 아래첨자 "0", 연말 시점을 아래첨자

"1" 그리고 위 첨자 "act"는 실제 평가된 경험치, "exp"는 연초 계산기초에 근거한 예상치를 각각 나타낸다. 그리고 "$G(t)>0$" 이면 "계리적 이익"이 "$G(t)<0$" 이면 "계리적 손실"이 당기에 각각 발생하였음을 의미한다.

지금부터 계리적 손익과 보험수리적 손익 모두 수정손익을 포함한 개념으로 둘의 구분을 두지 않고 사용할 것이다. 그리고 계리적 손익의 원천이 경험손익인지 혹은 수정손익인지 여부를 구분하여 강조할 필요성이 있을 경우에는 이를 구분하여 표현한다.

2. 계리적 손익 개념

계리적 이익이 발생하였다는 것은 평가기간 기초에 적용한 (인구통계 가정 및 경제 가정으로 구성되는) 계산기초의 각 요소가 당기에 100% 실현되지 않고 재정의 부담을 경감하는 방향으로(재정 건전성을 향상하는 방향으로) 실현되었다는 것을 의미한다. 매 평가연도(t) 말에 인식하여야 할 계리적 이익은 연금계리 재정검증절차에 의해 산출되는 분석 결과이며 위와 같이 $G(t)=EUL_1(t)-AUL_1(t)$로 정의된다. 이를 세분화하면 당기의 계리적 이익(total actuarial gain: $G(t)$)은 투자이익(investment gain: ${}^{I}G(t)$)과 채무이익(liability gain: ${}^{L}G(t)$)으로 구분된다. 즉,

$$
\begin{aligned}
\bullet\ G(t) &= {}^{L}G(t) + {}^{I}G(t) \\
&= EUL_1(t) - AUL_1(t) \\
&= \left[{}^{\exp}AL_1(t) - {}^{\exp}F_1(t)\right] - \left[{}^{act}AL_1(t) - {}^{act}F_1(t)\right] \\
&= \left[{}^{\exp}AL_1(t) - {}^{act}AL_1(t)\right] + \left[{}^{act}F_1(t) - {}^{\exp}F_1(t)\right]
\end{aligned}
$$

여기서 유의할 점은 다음과 같은 사실이다.

- ${}^{L}G(t) \neq {}^{\exp}AL_1(t) - {}^{act}AL_1(t)$
- ${}^{I}G(t) \neq {}^{act}F_1(t) - {}^{\exp}F_1(t)$

보험수리학에서 위험률차 손익은 다양한 원인에 의해 복합적으로 발생하지만 이자율차 손익은 예상이율과 실제 투자수익률의 차이에 의해 비교적 명확하게 산출된다. 이와 동일하게 투자이익 또한 당기에 실현된 연기금 투자수익률과 당기 초에 설정한 예상수익률(예상이율) 간의 차이에 근거하며 실현수익 ${}^{act}I(t)$이 예상수익 ${}^{\exp}I(t)$보다 많을 경우 발생하게 된다. 이러한 이유로 투자이익을 이자이익(interest gains) 혹은 자산이익(asset gains) 등으로 부르기도 한다. 우선 이를 다음과 같이 명확히 정의한다.

- ${}^{I}G(t) = {}^{act}I(t) - {}^{\exp}I(t)$

한편 채무이익은 당해 연도 초 연금채무에 영향을 미치는 계산기초의 각 요소가 100% 실현될 경우의 예상 기말채무와 실제로 당기 말에서 재산정한 연금채무와의 차이에 의해 대부분이 발생한다. 실제로 채무이익은 임금관련 이익(salary gain), 탈퇴관련 이익(withdrawal gain), 사망관련 이익(mortality gain) 그리고 계산기초의 변경으로 인한 연금채무 변동 등으로 다양하게 발생하게 한다. 주의할 점은 계리적 이익은 회계적으로 실현된 이익 개념이 아니라, 단지 계리결산과정에서 합리적으로 추정된 이익이라는 점이다.

다음 절에서 계리적 손익을 분석하기 위한 기초 작업으로 연기금 자산 및 채무를 수리적으로 모형화하고, 그 의미를 계리적 손익 관점에서 설명한다.

3. 연금채무손익 및 투자손익

지금까지 살펴본 바와 같이 계리적 손익은 자산과 채무의 변동성에 의해 발생한다. 그리고 계리적 손익은 연금채무손익과 투자손익으로 구분된다. 이를 명확히 구분하기 위해 먼저 동태적 자산 및 채무 모형(dynamic assert and liability model)을 구축하고 이에 근거하여 설명한다. 제4장에서 설명한 바와 같이 종합보험료방식, 초기채무동결방식, 도달연령방식은 명시적으로 계리적 손익을 산출할 수 없는 적립방식이고 개인평준보험료방식은 임금관련 손익이 존재하지 않는 방식이다. 이러한 이유로 계리적 손익 분석은 가입연령방식 혹은 (예측, 현재)단위적립방식을 중심으로 발전하여 왔다. 물론 현행 K-IFRS는 예측단위적립방식에 근거하여 계리적 손익(보험수리적 손익)을 산출하도록 권고하고 있다.

1) 연금채무손익

연금채무 손익분석을 위하여 먼저 연금채무 성장모형(recursive liability growth model)을 구축하기로 한다. 임의의 평가연도 t의 연시 채무를 $AL_0(t)$, 연말 채무를 $AL_1(t)$라고 하고 표준부담금은 연시에 예상급여는 연말에 각각 발생하는 것으로 가정한다. 그리고 당기에 연금제도의 개정 및 계산기초의 변경이 없다고 가정하면 연금채무의 성장은 아래의 동태적 모형으로 설명할 수 있다.

$$\bullet\ AL_1(t) = (1+i_t)\times\left[AL_0(t)+NC_0(t)-EB_0(t)\right]$$
$$= (1+i_t)\times\left[AL_0(t)+NC_0(t)\right]-EB_1(t)$$

여기서 $NC_0(t)$는 표준부담금, $EB_1(t)$는 예상급여액을 각각 나타내며, i_t는 당해 연도 초에 결정된 예상이율이다. $EB_1(t)$는 평가연도(t) 초의 계산기초에 의해 추정된 연초 예상급여액 $EB_0(t)$과 "$EB_1(t)=(1+i_t)\times EB_0(t)$" 관계임을 주의하기 바란다.

위 성장모형에서 $AL_0(t)$, $NC_0(t)$는 해당 연금제도에서 사용하는 적립방식에 의해 산정된 평가액이다. 물론 $AL_0(t)$는 직전 연도 $AL_1(t-1)$와 같다. 한편 $EB_1(t)$는 해당 연금제도에서 적용하고 있는 급여 산정식(급여지급 사유 및 해당 지급액을 기술함)과 잔존 탈퇴율에 근거하여 계리적으로 산출된 예측 값이다. 예를 들어, 급여 산정식에서 중도탈퇴 시에는 연령에 상관없이 100을, 정상퇴직일 경우에는 1,000을 각각 연도 말에 지급한다고 하자. 그리고 잔존 탈퇴율에 의해 평가연도(t)에 예상되는 중도퇴직자가 $\hat{T}(t)$명이고 예상되는 정상퇴직자가 $\hat{R}(t)$명이라고 하면, "$EB_1(t)=100\times\hat{T}(t)+1{,}000\times\hat{R}(t)$"이다.

다음으로 가입자 집단에 대한 연금채무의 속성을 살펴보기로 한다. 지금까지 가입근로자 집단을 중심으로 설명한 바와 같이 여기서도 가입근로자 집단으로 한정하여 설명한다. 평가연도 t의 연시 가입근로자 집단(set of active employees)을 $W_0(t)$, 잔존 탈퇴율에 의한 연도 중 정상퇴직자 집단을 $\hat{R}(t)$, 연도 중 정상퇴직을 제외한 모든 중도퇴직자 집단을 $\widehat{T}(t)$라고 하고 일반성을 위배함이 없이 연도 중에는 신규가입자가 없다고 가정하면[1] 연도 말 예상 가입근로자 집단 $\widehat{W_1}(t)$는 아래와 같이 정의된다.

- $\widehat{W_1}(t) = W_0(t) - \widehat{R}(t) - \widehat{T}(t)$

따라서 상기 성장모형 "$AL_1(t) = (1+i_t) \times \left[AL_0(t) + NC_0(t)\right] - EB_1(t)$"에서 $EB_1(t)$은 아래와 같이 산출된다. 즉,

- $EB_1(t) = \sum_{\widehat{R}(t)} NRB_k + \sum_{\widehat{T}(t)} TRB_k$

여기서 NRB_k, TRB_k 각각은 정상퇴직자(k)별로 약정된 정상퇴직급여와 중도퇴직자(k)별로 약정된 중도퇴직급여를 의미한다.

따라서 위 모형은 계리적 가정에 의한 예상 연금채무 ${}^{\exp}AL_1(t)$임을 알 수 있다. 즉,

- $AL_1(t) = (1+i_t) \times \left[AL_0(t) + NC_0(t)\right] - EB_1(t) = {}^{\exp}AL_1(t)$

그러나 잔존 탈퇴율에 의한 예상 탈퇴와는 달리 실제로 발생한 탈퇴는 예상치와 차이가 있을 수 있다. 이를 정의하면, 평가연도(t)에 정상퇴직자 집단을 $R(t)$, 연도 중의 정상퇴직을 제외한 모든 중도퇴직자 집단을 $T(t)$ 그리고 일반성을 위배함이 없이 연도 중에는 신규가입자가 없다고 가정하면 연도 말 가입근로자 집단 $W_1(t)$와 실제로 지급하는 급여 총액 $B_1(t)$는 다음과 같이 정의된다.

- $W_1(t) = W_0(t) - R(t) - T(t)$
- $B_1(t) = \sum_{R(t)} NRB_k + \sum_{T(t)} TRB_k$

---

1) 평가연도의 기간 중에 가입하는 신규가입자의 연금채무는 "0"이고 신규 가입자를 위한 부담금 납입 또한 차기로 이연된다. 실제로 근퇴법에 의하면 연금수급권은 1년 이상의 상시근로자에게 부여되므로 신규가입자는 연금채무의 변동과는 무관하다고 가정하였다. 이러한 이유로 연도 중의 신규가입자는 미적립채무에 영향을 미치지 못하며 또한 경험손익분석에도 영향을 미치지 못한다.

그러므로 평가연도(t) 연시 및 연말 시점에서 개별 구성원(k)들의 실제 변화 관계식 "$W_1(t) = W_0(t) - R(t) - T(t)$"을 연금채무에 적용하면 ${}^{act}AL_1(t)$을 정의할 수 있다. 즉,

- $\sum_{W_0(t)} (1+i_t) \times (AL_{0,k} + NC_{0,k}) = \sum_{W_1(t)} AL_{1,k} + \sum_{R(t)} NRB_k + \sum_{T(t)} TRB_k + {}^{L}G(t)$

이를 간략히 표현하면

- ${}^{act}AL_1(t) = (1+i_t) \times \left[AL_0(t) + NC_0(t)\right] - \left[B_1(t) + {}^{L}G(t)\right]$

따라서 다음과 같은 결론에 도달하게 된다.

- ${}^{\exp}AL_1(t) - {}^{act}AL_1(t) = B_1(t) + {}^{L}G(t) - EB_1(t)$
- ${}^{L}G(t) = \left[{}^{\exp}AL_1(t) + EB_1(t)\right] - \left[{}^{act}AL_1(t) + B_1(t)\right]$

마지막으로 채무이익 요소를 살펴보면,

첫째, 연도 말 잔존 가입근로자에 대하여 추정한 잔존 가입근로자 수와 실제 잔존 가입근로자 수의 차이에 기인한 연금채무상의(계리적) 채무이익이 발생한다. 물론 여기에는 임금상승률의 예측 오차에 기인한 연금채무의 변경(이를 "경험임금이익(experience salary gains)"이라고 하며 뒤에서 다루고 있음)뿐 아니라 연시에 적용한 예상이율(할인율)과 연말 평가시점의 예상이율의 차이에 기인한 연금채무 변동까지 모두 포함된다. 즉

- ${}^{\exp}AL_1(t) - {}^{act}AL_1(t) \left[= \sum_{\widehat{W}_1(t)} AL_{1,k} - \sum_{W_1(t)} AL_{1,k}\right]$

둘째, 평가기간 중에 발생할 것으로 예상한 (중도+정상)퇴직자에게 지급된 총액과 실제(중도+정상)퇴직자에게 지급된 총액의 차이에 기인한 채무이익이 발생한다. 이는 경험탈퇴이익(experience withdrawal gains), 경험사망이익(experience mortality gains) 등 탈퇴관련 현금흐름의 차이에 기인한 모든 이익이 포함된다. 즉,

- $EB_1(t) - B_1(t) \left[= (\sum_{\hat{R}(t)} NRB_k + \sum_{\hat{T}(t)} TRB_k) - (\sum_{R(t)} NRB_k + \sum_{T(t)} TRB_k)\right]$

2) 투자손익

이번에는 연금채무 모형에 대응하는 연기금자산 성장모형을 다룬다. 위에서 언급했듯이 우리나라를 비롯하여 대부분의 국가는 재정검증을 정기적으로 시행하는 것을 원칙으로 한다. 임의의 평가연도 t의 연시 시점을 아래 첨자 "0" 그리고 연말 시점을 아래첨자 "1"로 표현하기로 한다. 즉, 연시 자산을 $F_0(t)$, 연말 자산을 $F_1(t)$라고 하고 부담금은 연시에 납입되며 급여는 연말에 지출되는 것으로 가정한다. 따라서 연기금 자산은 아래의 동태적 모형에 의해 성장함을 알 수 있다.

- $F_1(t) = (1 + r_t) \times [F_0(t) + C_0(t)] - B_1(t)$

여기서 $C_0(t)$는 연시에 납입되는 실제 부담금을, $B_1(t)$는 연말에 지급되는 실제 급여지출액을 각각 나타내며 r_t는 평가연도 t의 실제 투자수익률을 의미한다. 직전 연도 말의 재정검증결과를 반영한 특별부담금 그리고 초기과거근무채무 상각액인 보충부담금 등의 조정부담금(adjusting cost: AC)과 표준부담금(normal cost: NC)을 합산한 $C_0(t)$ 수준이 합리적으로 결정된다. 일반적으로 재원적립이 정상적으로 행해지는 경우라면 $C_0(t)$는 다음과 같다.

- $C_0(t) = NC_0(t) + AC_0(t)$

위 모형은 ${}^{act}F_1(t) = F_1(t) \neq {}^{\exp}F_1(t)$이며, 부담금 납입 수준 및 연기금의 자산할당전략에 의해 재원적립의 충실성 여부가 결정되는 구조이다. 이러한 변수 $C_0(t)$, r_t는 연기금의 재정 상태에 따라 조율이 가능한 통제변수(controlling variables)의 성격이 강하지만, 지출관련 변수 $B_1(t)$는 가입근로자의 연금수급권과 직결되므로 급여지출액의 규모를 조정하는 것은 일반적으로 불가능하다. 계산기초에 근거한 예상 연기금자산(적립금) ${}^{\exp}F_1(t)$는 다음과 같다.

- ${}^{\exp}F_1(t) = (1 + i_t) \times [F_0(t) + C_0(t)] - EB_1(t)$

앞 절에서 유도한 연금채무처럼 동일한 방법으로 상기의 자산모형을 이용하면 아래와 같은 결론에 도달한다. 즉,

- $^{act}F_1(t) - {}^{\exp}F_1(t) = (r_t - i_t) \times [F_0(t) + C_0(t)] + [EB_1(t) - B_1(t)]$

위 식에서 투자이익 요소를 구분하여 보면,

- $^{I}G(t) = {}^{act}I(t) - {}^{\exp}I(t) = (r_t - i_t) \times [F_0(t) + C_0(t)]$

여기서 $^{act}I(t) = r_t \times [F_0(t) + C_0(t)]$, $^{\exp}I(t) = i_t \times [F_0(t) + C_0(t)]$

특히, $EB_1(t) - B_1(t) = 0$이면,

- $^{I}G(t) = {}^{act}I(t) - {}^{\exp}I(t) = {}^{act}F_1(t) - {}^{\exp}F_1(t)$

이는 기대 연기금자산보다 실제 연기금자산이 더 커져서 (계리적) 투자이익이 발생하였음을 시사한다.

위의 자산 성장모형은 연시 현금유입 $C_0(t)$ 그리고 연말 현금유출 $B_1(t)$이라는 가정에 근거하고 있어 현실적 적합성이 다소 낮다고 할 수 있다. 실제로 부담금 및 급여의 현금흐름은 연중에 빈번하게 발생하게 된다. 다음으로 이러한 점을 반영한 대표적 모형 2가지를 소개하기로 한다.

먼저, 국제노동기구(ILO)가 권장하는 성장모형을 언급할 수 있다.[2] 즉,

- $F_1(t) = (1 + r_t) \times F_0(t) + \sqrt{1 + r_t} \times [C(t) - B(t)]$

여기서 $C(t), B(t)$ 각각은 연 중앙에 발생함을 전제로 하고 있다.

다음으로, 현금의 유입과 유출 시점을 가정하지 않는 일반모형을 구축할 수 있다. 즉,

- $F_1(t) = F_0(t) + C(t) + I(t) - B(t)$

여기서 $C(t), B(t)$는 부담금 유입 및 급여 지출이 연중에 발생하며 일회성

2) ILO(International Labour Officer; 1919년 창설)는 1940년대부터 세계 각국의 공통적 핫이슈인 국민연금 및 건강보험에 대한 계량적 재정방식(quantitative techniques for national pension financing and health care financing)의 개선을 위한 비영리·독립적 연구 및 자문을 수행해 왔다. 관련 산하 조직으로 1970년초에 출범한 IAS(International Actuarial Service)에 의해 계리기능이 강화되었고 1999년에 FACTS(International Financial and Actuarial Service)로 개편됨에 따라 재무 분석기능이 강화되었다.

혹은 다발성 여부와는 무관하다. 대신에 연중 투자수익 $I(t)$를 모형에 포함하여 현금흐름 시점상의 문제를 해소한다.

모든 모형은 위의 일반모형으로 전환이 가능하다. ILO모형에서 다음과 같이 $I(t)$를 정의하면 일반모형으로 전환된다.

- $r_t \times F_0(t) + \left[\sqrt{1+r_t} - 1\right] \times [C(t) - B(t)] = I(t)$

실제로 일반모형은 확정급여형(DB) 퇴직연금제도의 라이프사이클을 설명할 때([그림 5-1] 참조) 유용하게 적용된다. 살펴보면, 연기금 자산 성장과정은 일반적으로 크게 3 단계로 분류된다. 분류를 위한 보편적 척도로서 균형비(balance ratio)[3]가 사용되며, 상기 모형에서 평가연도(t)별 균형비는 아래와 같이 정의된다.

- $\beta(t) \equiv \dfrac{B(t) - C(t)}{I(t)}$

첫 번째 단계는 제도 도입단계에서 나타나는 특성으로 아래의 식이 성립하는 기간을 신생단계(young stage)라고 한다. 즉, 제도의 시행과 더불어 연기금자산이 성장하는 단계이다.

- $\beta(t) < 1 \Leftrightarrow B(t) < C(t) + I(t) \Leftrightarrow F_0(t) < F_1(t)$

특히, "$\beta(t) < 0 \Leftrightarrow B(t) < C(t)$"이므로 투자수익에 의존할 필요 없이 연기금은 계속 성장하게 된다.

두 번째 단계는 도입단계를 벗어나 제도의 안정성이 형성되는 단계로 아래의 식이 성립하는 기간을 성숙단계(mature stage)라고 한다.

- $\beta(t) \approx 1 \Leftrightarrow B(t) \approx C(t) + I(t) \Leftrightarrow F_1(t) \approx F_0(t)$

즉, 가입자 구성원의 연령별 구조가 일정하게 유지되어 연기금의 성장이 일정수준에서 정체되는 단계를 말한다.

최종 단계는 신규 가입자가 없는 폐쇄형 연금제도(closed pension plan)에서 주로 나타나는 특성으로서 아래의 식이 성립하는 기간을 소멸단계(declining

3) ILO의 연금계리전문가로 활동하는 K. Hirose에 의해 처음으로 도입된 개념이다.

stage)라고 한다.

- $\beta(t) > 1 \Leftrightarrow B(t) > C(t) + I(t) \Leftrightarrow F_0(t) > F_1(t)$

이러한 형태는 이미 쇠퇴기에 접어든 산업의 연금제도에서 주로 발견되며 궁극적으로는 기금의 소진으로 인해 연금제도 또한 소멸하게 된다. 영국의 광부연기금(British Coal Pension Fund)이 전형적인 사례로 자주 언급된다. 퇴직연금제도 또한 기업의 생성, 성숙, 쇠퇴와 같은 [그림 5-1]처럼 일련의 과정을 거치게 된다.

그림 5-1 DB퇴직연기금의 라이프사이클

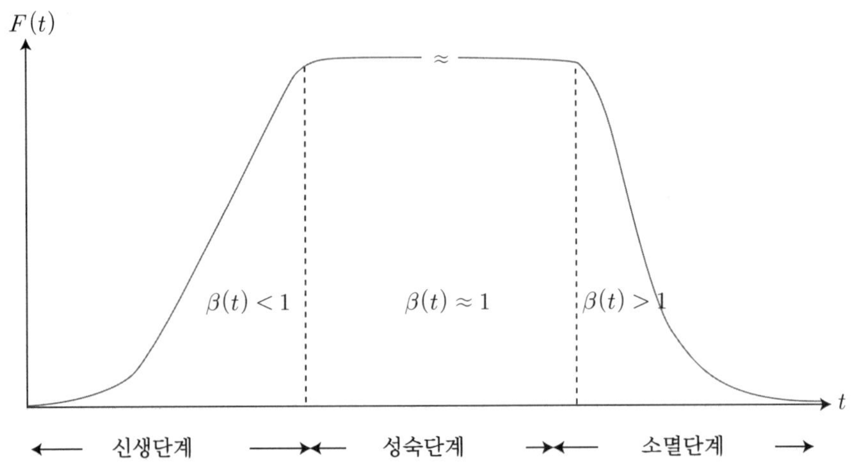

마지막으로 구축한 연기금자산 모형의 단점을 지적한 바와 같이 이를 상당부분 보완하는 ILO의 모형을 적용할 경우 투자이익은 어떻게 산출되는지 살펴보고 마무리한다. ILO모형을 적용할 경우에

- ${}^{act}I(t) = r_t \times F_0(t) + \left[\sqrt{1+r_t} - 1\right] \times [C(t) - B(t)]$
- ${}^{\exp}I(t) = i_t \times F_0(t) + \left[\sqrt{1+i_t} - 1\right] \times [C(t) - EB(t)]$

따라서

- $^{I}G(t) = {}^{act}I(t) - {}^{\exp}I(t)$

$$= (r_t - i_t) \times F_0(t) + \left[\sqrt{1+r_t} - \sqrt{1+i_t} \right] \times C(t)$$

$$+ \left[\sqrt{1+i_t} - 1 \right] \times EB(t) - \left[\sqrt{1+r_t} - 1 \right] \times B(t)$$

물론 $B(t) = EB(t)$이면,

- $^{I}G(t) = {}^{act}I(t) - {}^{\exp}I(t)$

$$= (r_t - i_t) \times F_0(t) + \left[\sqrt{(1+r_t)} - \sqrt{(1+i_t)} \right] \times [C(t) - B(t)]$$

$$= {}^{act}F_1(t) - {}^{\exp}F_1(t)$$

이는 기대적립금보다 실제적립금이 더 커져서 (계리적) 투자이익이 발생하였음을 의미한다.

다음 절에서는 위와 같이 설계한 연기금자산모형 그리고 연금채무모형에 근거하여 미적립채무모형을 도출하고 이에 근거하여 계리적 손익을 재조명하기로 한다.

4. 계리적 손익 분석

보험수리에서 중요하게 다루는 이원별 분석에 상응하는 연금수리 개념이 바로 경험손익 분석(experience gains and losses analysis)이다. 먼저 우리는 앞 절에서 구축한 연기금자산 및 연금채무 수리모형에 근거하여 동태적 미적립채무모형(dynamic unfunded liability model)을 도출하고, 이에 근거하여 경험손익에 대하여 논하기로 한다. 물론, 평가시점 전후로 계산기초의 변경이 없음을 전제로 한다. 앞 절처럼 평가연도 t의 연시 시점을 "0" 그리고 연말 시점을 "1"로 표현하면, 미적립채무는 다음과 같이 정의된다.

- $UL_j(t) = AL_j(t) - F_j(t), \quad \forall j = 0, 1$

여기서 "$UL_j(t) > 0$"이면 적립부족상태(under funded)로서 적립 부족금(actuarial deficit)이 발생하였음을, "$UL_j(t) < 0$"이면 초과적립상태(over funded)로서 잉여금(actuarial surplus)이 발생하였음을 그리고 "$UL_j(t) = 0$"이면 완전

적립상태(fully funded)로서 적립의 과부족이 없음을 각각 의미한다.

따라서 임의의 평가연도 t의 연시 미적립채무를 $UL_0(t)$, 연말 미적립채무를 $UL_1(t)$라고 하면, 경험손익 분석을 위한 미적립채무는 아래의 동태적 모형에 의해 매년 정기적으로 변화한다. 즉,

- $UL_1(t)$

$$= {}^{\exp}AL_1(t) - {}^{act}F_1(t)$$

$$= \left\{(1+i_t) \times \left[{}^{\exp}AL_0(t) + NC_0(t)\right] - EB_1(t)\right\}$$

$$- \left\{(1+r_t) \times \left[{}^{act}F_0(t) + C_0(t)\right] - B_1(t)\right\}$$

$$= (1+i_t) \times UL_0(t) \ + \ (1+i_t) \times \left[NC_0(t) - C_0(t)\right] + \left[B_1(t) - EB_1(t)\right]$$

$$+ \ (i_t - r_t) \times \left[F_0(t) + C_0(t)\right]$$

여기서 제도 시행연도($t=0$) 초에서 산출된 초기과거근무채무 ${}^{\exp}AL_0(0)$ 그리고 초기 출자 연기금 ${}^{act}F_0(0)$에 의해 초기미적립채무 $UL_0(0) = {}^{\exp}AL_0(0) - {}^{act}F_0(0)$가 정의된다. $EB_1(t)$는 평가연도(t) 초의 계산기초에 의해 추정된 연초 예상급여액 $EB_0(t)$와 $EB_1(t) = (1+i_t) \times EB_0(t)$ 관계가 성립한다.

한편 계산기초의 모든 가정($E(r_t) = i_t$ 가정 포함)이 회계 연도에 100% 실현되었다고 하면 $B_1(t) = EB_1(t)$ & $i_t = r_t$이므로 회계연도 말 미적립채무 $UL_1^*(t)$는 다음과 같이 간단히 표현된다.

- $UL_1^*(t) = (1+i_t) \times UL_0(t) \ + \ (1+i_t) \times \left[NC_0(t) - C_0(t)\right]$

우선 상기 미적립채무 $UL_1^*(t)$의 각 항목이 어떠한 수리적 의미를 갖는지에 대해 살펴보기로 한다.

- $(1+i_t) \times UL_0(t)$

: 연시 미적립채무를 예상이율로 부리한 원리금으로서 연말 미적립채무의 증가항목이다. 이는 계산기초상의 추정치와 실제 경험치 간의 차이와는 무관하게 발생하는 자연증가분이다.

- $(1+i_t)\times[NC_0(t)-C_0(t)]$

: 납입하는 부담금과 표준부담금간의 대소에 의해 $UL_1(t)$의 증감이 결정됨을 의미한다. 즉, 표준부담금을 기준으로 과소(과대) 적립하면 $UL_1(t)$가 증가(감소)한다. 이는 계산기초 추정치와 실제 경험치 간의 차이와는 무관하게 사용자의 부담금 납입 수준에 의해 결정되는 $UL_1(t)$의 증감 항목이다. 실제로 재정적립이 불충한 경우에 납입되는 초과 부담금 (excess contribution: $NC_0(t)-C_0(t)<0$)은 특별부담금 요소로서 미적립 채무를 해소(상각)하므로 $UL_1(t)$을 감소시킨다.

다음으로, 경험손익은 계산기초 각 항목의 추정 오차에 기인한 결과이므로 아래와 같이 경험이익 $EG(t)$가 정의된다.

- $EG(t)$

$$= UL_1^*(t) - UL_1(t)$$

$$= EB_1(t) - B_1(t) + (r_t - i_t)\times[F_0(t) + C_0(t)]$$

상기 각 항목은 어떠한 수리적 의미를 갖는지에 대해 살펴보자.

- $EB_1(t)-B_1(t)$

: 계산기초상에서 예상되는 "$\hat{R}(t)+\hat{T}(t)$"에게 지급될 것으로 추정된 $EB_1(t)$와 실제로 당해 연도 중에 발생한 "$R(t)+T(t)$"에 의해 연도 말에 지급된 급여총액 $B_1(t)$와의 차이에 의해 발생된 경험손익을 나타낸다. "$B_1(t) > EB_1(t)$"이면 $UL_1(t)$의 가산항목이므로 차이만큼 경험채무손실이 발생한 것이다(${}^{L}EG(t)<0$). 반대로 "$B_1(t)<EB_1(t)$"이면 이들의 차이만큼 경험채무이익이 발생하였음을 의미한다(${}^{L}EG(t)>0$).

- $(r_t-i_t)\times[F_0(t)+C_0(t)]$

: 당기 연기금 투자수익률의 벤치마크는 예상이율이다. 이는 평가연도 t의 연시 자산 "$F_0(t)+C_0(t)$" 예상 수익률(i_t)과 실제 경험 투자수익률(r_t)과의 차이에 의한 경험투자손익을 나타낸다. 그러므로 "$i_t>r_t$"이면 $UL_1(t)$의 가산항목이므로 $(i_t-r_t)\times[F_0(t)+C_0(t)]$만큼의 경험투자손실이 발생

한 것이다(${}^{I}EG < 0$). 반대로, "$i_t < r_t$"이면 $(i_t - r_t) \times [F_0(t) + C_0(t)]$만큼의 투자이익이 발생한 것이다(${}^{I}EG > 0$).

다음으로, 제1절(개요)의 계리적 손익 정의(경험손익과 수정손익을 모두 포함하는 정의)에 따라 미적립채무를 재조명하기로 한다. 평가연도 t의 계리적 이익 $G(t)$는 아래와 같이 재정의할 수 있다.

- $G(t) = EUL_1(t) - AUL_1(t)$

이를 위해 무엇보다 $EUL_1(t), AUL_1(t)$ 각각에 대한 수리모형이 정의되어야 한다.

첫째, $EUL_1(t)$는 연도 초에 적용한 자산 및 채무 관련 모든 가정이 평가연도 전 기간에 걸쳐 100% 실현될 것을 전제로 기대되는 연도 말 미적립채무이다. 따라서 앞 절에서 설정한 연기금 자산 및 채무 모형을 활용하여 다음과 같은 결과를 유도할 수 있다. 즉,

- $EUL_1(t)$

$$= {}^{\exp}AL_1(t) - {}^{\exp}F_1(t)$$

$$= \{(1+i_t) \times [AL_0(t) + NC_0(t)] - EB_1(t)\}$$

$$- \{(1+i_t) \times [F_0(t) + C_0(t)] - EB_1(t)\}$$

$$= (1+i_t) \times UL_0(t) + (1+i_t) \times [NC_0(t) - C_0(t)]$$

다음으로 앞 절에서 구축한 ${}^{act}AL_1(t), {}^{act}F_1(t)$를 활용하여 평가연도 말의 실제 결과로 산출되는 $AUL_1(t)$는 정의에 의해 아래와 같이 정리된다.

- $AUL_1(t)$

$$= {}^{act}AL_1(t) - {}^{act}F_1(t)$$

$$= \{(1+i_t) \times [AL_0(t) + NC_0(t)] - [B_1(t) + {}^{L}G(t)]\}$$

$$- \{(1+r_t) \times [F_0(t) + C_0(t)] - B_1(t)\}$$

$$= EUL_1(t) + (i_t - r_t) \times [F_0(t) + C_0(t)] - {}^{L}G(t)$$

따라서 계리적 이익의 정의에 의해 다음과 같은 결과를 얻는다.

- $G(t) = EUL_1(t) - AUL_1(t)$

  $= {}^{L}G(t) + (r_t - i_t) \times [F_0(t) + C_0(t)]$

위 결과는 연기금 채무 및 자산 모형에서 각각 도출한 결과의 합과 동일하다. 미적립채무 모형을 활용하면 투자이익은 명시적으로 도출이 가능하지만 채무이익은 계리적 이익 $G(t)$에서 투자이익을 차감하여 산출해야 한다. 즉,

- $G(t) = {}^{L}G(t) + {}^{I}G(t)$

  ${}^{I}G(t) = (r_t - i_t) \times [F_0(t) + C_0(t)]$

  ${}^{L}G(t) = G(t) - {}^{I}G(t)$

다음으로 보험수리에서 다루어지지 않는 임금예측의 오차에 기인한 경험손익 개념을 설명하기로 한다. 이를 제외한 기타 손익은 이미 앞 절에서 설명한 바 있다.

5. 경험임금손익

확정급여형 연금제도에서 정상퇴직급여는 정년(NRA)시점의 임금 혹은 근로기간 전 기간의 평균임금 등 일정 기준의 임금을 기준으로 설계된다. 이 때 계산기초에서 가정한 임금상승률에 의해 예측된 기준임금과 실제 임금상승에 따른 실제 기준임금의 차이에 의해서만 발생하는 연금채무의 변동을 특별히 경험임금손익(experience salary gains and losses)이라고 한다. 이는 상대적으로 간단히 산출되며 이해의 편의상 예측단위적립방식(PUC)을 적용하여 설명하기로 한다. 평가연도(t) 연시 시점에서 (x)인 가입근로자가 정년(r)시점까지 근속하게 되면 최종임금 $S(r-1)$ 대비 근로기간에 비례하여 매년 종신연금을 지급한다고 하자(단, a세 도달 시점에 신규 가입하고 중도퇴직급여는 없으며 연금발생률은 $\frac{1}{r-a}$). 계산기초 상의 예상임금상승률이 h라고 하면 연도 말 예상 연금채무는 아래와 같다.

- $^{\exp}AL_1(t) = \frac{x+1-a}{r-a} \times {}^{\exp}S(x) \times (1+h)^{r-x-1} \times \frac{D_r}{D_{x+1}} \times \ddot{a}_r$

여기서 $^{\exp}S(x) = S(x-1) \times (1+h)$ 이다.

그러나 당해 연도 실질 임금상승률이 $j\ (\neq h)$ 이며 그 외는 모두 계산기초의 가정대로 실현되었다고 하면, 연도 말 실제 연금채무는 아래와 같이 산출된다.

$$\bullet\ {}^{act}AL_1(t) = \frac{x+1-a}{r-a} \times {}^{act}S(x) \times (1+h)^{r-x-1} \times \frac{D_r}{D_{x+1}} \times \ddot{a}_r$$

여기서 $^{act}S(x) = S(x-1) \times (1+j)$ 이다.

이와 같이 당해 연도의 예측임금과 실제임금의 차이에 의해서만 발생하는 계리적 이익을 경험임금이익이라고 한다. 이를 $^{sal}G(t)$ 라고 표현하고 위 예의 경우 다음과 같이 산출된다. 즉,

$$\bullet\ {}^{sal}G(t) = {}^{\exp}AL_1(t) - {}^{act}AL_1(t)$$

$$= \frac{x+1-a}{r-a} \times \left[{}^{\exp}S(x) - {}^{act}S(x)\right] \times (1+h)^{r-x-1} \times \frac{D_r}{D_{x+1}} \times \ddot{a}_r$$

제4장(연금재정 이론)에서 이미 설명한 바와 같이 개인평준보험료방식(ILP)은 상기와 같은 경험임금손익을 잔여근로기간에 걸쳐 기존의 표준부담금에 합산하는 조정부담금으로 해소한다. 즉, 예상임금상승률에 오차가 발생하면 평가 시점마다 이를 반영하여 기존의 산출된 표준부담금을 조정하게 되므로 경험임금손익은 존재하지 않는다. 또한 초기채무동결방식(FIL), 도달연령방식(AAN) 그리고 종합보험료방식(AGG)은 공통적으로 계리적 손익(특히 경험손익)을 수리적으로 그리고 명시적으로 산출할 수 없다. 단지 내재적으로 발생한 경험손익(implicit experience gains and losses)은 차기 이후 예상근로기간에 걸쳐 부담금 속에 포함되어 상각되어 나아가는 구조이다. 즉,

$$\bullet\ G(t) = EUL_1(t) - AUL_1(t) = 0 \ \Leftrightarrow\ EUL_1(t) = AUL_1(t)$$

6. 요약

지금까지의 제시된 계리적 손익 내용을 요약하기로 한다. 물론 일정한 가

정에 의해 도출된 결과이지만 계리적 손익의 개념을 이해하고 이를 적용하는데 필수적인 내용들이다. 특히 다양한 문항으로 구성된 제7장 연습문제를 해결하는데 많은 도움이 될 것이다. 평가연도(t)별로 도출한 주요 결과를 먼저 순서대로 정리하면 총 6가지 모형으로 압축된다. 즉,

- $G(t) = EUL_1(t) - AUL_1(t)$
  $= \left[{}^{\exp}AL_1(t) - {}^{\exp}F_1(t)\right] - \left[{}^{act}AL_1(t) - {}^{act}F_1(t)\right]$
  $= \left[{}^{\exp}AL_1(t) - {}^{act}AL_1(t)\right] + \left[{}^{act}F_1(t) - {}^{\exp}F_1(t)\right]$
- $G(t) = {}^{L}G(t) + {}^{I}G(t)$
- ${}^{\exp}AL_1(t) - {}^{act}AL_1(t) = B_1(t) + {}^{L}G(t) - EB_1(t)$
- ${}^{L}G(t) = \left[{}^{\exp}AL_1(t) + EB_1(t)\right] - \left[{}^{act}AL_1(t) + B_1(t)\right]$
- ${}^{act}F_1(t) - {}^{\exp}F_1(t) = (r_t - i_t) \times \left[F_0(t) + C_0(t)\right] + \left[EB_1(t) - B_1(t)\right]$
- ${}^{I}G(t) = {}^{act}I(t) - {}^{\exp}I(t) = (r_t - i_t) \times \left[F_0(t) + C_0(t)\right]$

위의 결과를 “$G(t) = {}^{I}G(t) + {}^{L}G(t)$” 관계식 관점에서 재해석하면 다음과 같은 주요 결론에 도달한다.

ⓐ ${}^{I}G(t) = 0$ & $EB_1(t) = B_1(t)$ 이면,

$\Rightarrow G(t) = {}^{L}G(t) = {}^{\exp}AL_1(t) - {}^{act}AL_1(t)$

: 이는 다음에서 다룰 보험수리적 손익 산출 조건 및 결과와 동일함.

ⓑ ${}^{L}G(t) = 0$ & $EB_1(t) = B_1(t)$ 이면,

$\Rightarrow {}^{act}AL_1(t) = {}^{\exp}AL_1(t)$ 이고 $G(t) = {}^{I}G(t) = {}^{act}F_1(t) - {}^{\exp}F_1(t)$

ⓒ 연도 초에 설정한 계산기초가 평가연도에 100% 실현되고 연말 시점에 계산기초의 변경이 없다면, $EB_1(t) = B_1(t)$ 이고 ${}^{\exp}AL_1(t) = {}^{act}AL_1(t)$. 따라서 ${}^{L}G(t) = 0$.

ⓓ 연도 초에 설정한 계산기초가 평가연도에 100% 실현되고 연말 시점에 계산기초의 변경이 없으며 또한 실제 투자수익률이 예상이율(할인율)과 정확하게 일치하면, $EB_1(t) = B_1(t)$, ${}^{\exp}AL_1(t) = {}^{act}AL_1(t)$, ${}^{act}F_1(t) = {}^{\exp}F_1(t)$. 따라서 $G(t) = {}^{L}G(t) = {}^{I}G(t) = 0$.

지금까지는 수리모형을 활용한 계리적 접근법을 설명하였다. 이와 동일한 개념으로 다음 장에서는 K-IFRS에서 적용하고 있는 회계적 접근법에 대해 설명하기로 한다. 이들 접근법의 차이를 이해하는 것 또한 실무적 관점에서 매우 유용한 정보를 제공한다. 한편 이에 앞서 연금수리관련 용어들을 근퇴법 관점 그리고 회계적 관점에서 일괄적으로 요약하고자 한다. 이를 통해 이하 전개될 회계적 접근법에 대한 이해의 편의성이 제고될 것이다. 물론 아래의 각 용어는 개념적으로는 대칭되는 용어들이지만, 이를 처리하고 산출하는 과정은 다소 차이가 있음을 다음 절에서 확인할 수 있을 것이다.

표 5-1 근퇴법, K-IFRS, 연금수리학 DB 용어 비교

구분	연금수리학	K-IFRS	근퇴법
납입금 및 연금채무 산정을 위한 가정 (actuarial assumptions)	계산기초 (예: 예상이율)	보험수리적 가정 (예: 할인율)	기초율 (예: 예상이율)
사용자 납입금 (contribution)	부담금 혹은 기여금	기여금 (법인세법: 부담금)	부담금
연금채무 (actuarial liability)	예측급여채무(PBO) 이외 다양함	확정급여채무 (DBO) (법인세법: 퇴직급여충당금)	최소적립금 (statuary reserve)
당기 발생급여 충당금 (standard contribution)	표준부담금 (normal cost)	당기근무원가 (current service cost)	표준부담금 (normal cost)
연기금 (pension fund assets)	연기금자산	사외적립자산	적립금
제도 도입 및 제도 개정 변경에 의한 연금채무 변동액	초기과거근무채무 (IPSL) 후발과거근무채무 (PPSL)	과거근무원가 (past service cost) 주) IPSL 및 PPSL을 통합한 개념	제도 설정 전의 과거근무기간 발생급여 주) IPSL 개념과 동일함. 보충부담금으로 10년 이내 균등상각을 규정함

계산기초 추정(가정)의 오차 및 계산기초 변경에 의한 손익	계리적 손익	보험수리적 손익	해당 용어 없음 주) 특별부담금(재정안정화계획서 실행), 부담금 상계처리, 사용자에게 반환 처리 규정만 있음
연금채무 산정방법론	예측단위적립방식 이외 다양한 방법론	예측단위적립방식	예측단위적립방식 퇴직금추계액방식

Ⅱ K-IFRS 보험수리적 손익

여기서는 연금계리 분야 중에서 보험수리적 손익과 관련된 "제1019호 종업원급여"에 대해서 다루고자 한다(2013년 1월 1일부터 시행되고 있는 종업원급여 개정기준서를 중심으로 다룸).

표 5-2 연금계리와 관련이 있는 한국채택국제회계기준과 국제회계기준

한국채택국제회계기준(K-IFRS)	국제회계기준(IFRS)
제1019호 종업원급여	IAS 19 Employee Benefits
제1026호 퇴직급여제도에 의한 회계 처리와 보고	IAS 26 Accounting and Reporting by Retirement Benefit Plans

먼저 종업원급여의 개념에 대해 간단히 살펴보자.

1. 종업원급여 개요

기업은 근로용역의 제공에 대한 보상(즉, 근로보상)으로 종업원에게 급여(benefits)를 지급한다. K-IFRS에서 종업원급여는 종업원이 제공한 근무용역과 교환하거나 해고하면서 기업이 제공하는 모든 종류의 대가를 말한다. K-IFRS에서는 종업원급여를 다음과 같이 4가지로 분류하고 있다.

• **단기종업원급여**(short-term employee benefits)

: 종업원이 관련 근무용역을 제공하는 연차 보고기간 말 이후 12개월 이전에 전부 결제될 것으로 예상되는 종업원급여, 임금, 사회보장분담금, 유급연차휴가 및 유급병가, 이익분배금·상여금, 현직 종업원을 위한 비화폐성 급여(예: 의료, 주택, 자동차, 무상 또는 일부 보조로 제공되는 재화나 용역) 등을 의미한다.

• **퇴직급여**(post-employment benefits)

: 퇴직 이후에 지급하는 종업원급여(해고급여 제외)를 말한다. 퇴직금(예: 퇴직연금과 퇴직일시금) 또는 그 밖의 퇴직급여(예: 퇴직 이후 생명보험, 퇴직 이후 의료급여 등)가 포함되며 장기급여의 성격을 갖는다(즉, 단기종업원급여는 제외됨).

• **기타장기종업원급여**(other long-term employee benefits)

: 급여의 전부나 일부의 지급기일이 종업원의 관련 근무용역이 제공된 회계기간의 말부터 12개월 이내에 도래하지 않는 종업원급여(퇴직급여와 해고급여 제외)를 말한다. 장기유급휴가(예: 장기근속휴가, 안식년휴가), 그 밖의 장기근속급여(예: 10년 이상 근속 시 포상금 100만원 지급), 장기장애급여 등이 포함된다.

• **해고급여**(termination benefits)

: 종업원을 해고하는 대가로 제공하는 종업원급여를 말한다. 즉, 통상적인 퇴직시점 이전에 종업원을 해고하는 경우 혹은 명예퇴직과 같이 해고의 대가로 종업원의 동의하에 기업에 의해 지급되는 확정된 급여(예: 퇴직위로금)를 말한다.

또한 퇴직급여제도는 기업이 한 명 이상의 종업원에게 퇴직급여를 지급하는 근거가 되는 공식 또는 비공식 협약으로 규정하고 확정기여제도와 확정급여제도로 구분하고 있다.

• **확정기여제도**(defined contribution plans)

: 기업이 별개의 실체(기금)에 고정 기여금을 납부하여야 하고, 그 기금

이 당기와 과거기간에 제공된 종업원 근무용역과 관련된 모든 종업원급여를 지급할 수 있을 정도로 충분한 자산을 보유하지 못하더라도 기업에게는 추가로 기여금을 납부해야 하는 법적의무나 의제의무가 없는 퇴직급여제도로 규정하고 있다. 근퇴법에서 분류하고 있는 확정기여형 퇴직연금제도는 확정기여제도에 해당하며, 추가적 기여금 납부 의무가 없다는 것은 연금채무 및 적립비율(funded ratio)에 대한 개념이 없음을 의미한다.

• **확정급여제도(defined benefit plans)**

: 확정기여제도 이외의 모든 퇴직급여제도로 규정하고 있다. 근로자퇴직급여보장법에서 분류하고 있는 퇴직일시금제도와 확정급여형 퇴직연금제도는 모두 확정급여제도에 해당함을 알 수 있다.

따라서 위의 '퇴직급여' 그리고 '확정급여제도'가 연금계리의 주된 대상이며, 여기에서 다룰 보험수리적 손익과 직접적으로 연관되어 있다.

2. 보험수리적 손익 개요

앞에서 설명한 바와 같이, 계리결산과정에 산출되는 손익을 계리적 손익이라고 한다면 K-IFRS상의 회계결산의 결과로 산출되는 손익을 "보험수리적 손익"이라고 한다. 특히 "K-IFRS 제1019호(종업원급여) 문단 7"에서 보험수리적 손익이 발생하는 요소를 규정하고 있으며 계리적 손익과 보험수리적 손익의 상호 관련성은 다음 주석과 같다.

〈보험수리적 손익 요소〉

① 경험조정: 보험수리적 가정과 실제로 발생한 결과의 차이에서 생기는 손익(experience adjustments: the effects of difference between the previous actuarial assumptions and what has actually occurred).

주) 계리적 손익 중에서 "경험손익(experience gains and losses)"에 해당한다.

② 가정변경: 보험수리적 가정의 변경으로 인해 발생하는 손익(the effects of changes in actuarial assumptions).

주) 계리적 손익 중에서 "수정손익(actuarial revaluation gains and losses)"에 해당한다.

이는 운용관리 퇴직연금사업자의 핵심적 업무이며 해당 기업의 사업연도 말 시점에서 확정급여형 퇴직연금제도에 대한 당기 운용관리 성과를 함축하는 지표이다. 일반적으로 연금관련 회계결산은 회계연도 말(末)에 모든 거래가 이루어지는 것으로 가정하여 결산을 수행하는데(all transactions are assumed to occur at the year end), 이는 이자계산의 편의를 제공하기 위함이다. 손익을 산출하는 결산절차는 크게 부채법과 자산법으로 구분할 수 있다. 이는 계리적 손익 모형에서 정의한 내용과 개념적으로 일치한다.

- $G(t) = EUL_1(t) - AUL_1(t) = \left[{}^{\exp}AL_1(t) - {}^{act}AL_1(t)\right] + \left[{}^{act}F_1(t) - {}^{\exp}F_1(t)\right]$

살펴보면, 부채법에 해당하는 항목은 $\left[{}^{\exp}AL_1(t) - {}^{act}AL_1(t)\right]$ 이며 자산법에 해당하는 항목은 $\left[{}^{act}F_1(t) - {}^{\exp}F_1(t)\right]$ 이다. 손익분석을 위한 계리적 접근법과 회계적 접근법이 정확하게 일치하는 것은 아니다. 왜냐하면 회계적 접근법은 발생주의 원칙을 강조하고 있기 때문이다. 그러므로 계리적 예상 항목을 실제 발생한 항목으로 가능한 범위에서 대체하고 있다. 대표적으로 ${}^{\exp}AL_1(t), {}^{\exp}F_1(t)$ 모형의 항목인 예상퇴직급여지급액 $EB_1(t)$은 모두 실제퇴직급여지급액 $B_1(t)$으로 대체하여 회계결산을 수행한다는 점이다(아래의 회계결산과정 참조). 또한 평가연도 기초에 결정된 보험수리적 가정에 예측단위적립방식(PUC)을 적용하여 확정급여채무의 현재가치(DBO) 및 표준부담금(NC)을 산출하게 된다. 한편, 자산은 공정가치(시가)를 원칙으로 한다. 그러나 여러 차례 국제회계기준이 변경되면서 현재는 부채법에 의한 손익만을 보험수리적 손익으로 인식하고 있다.[4] 이는 위에서 보험수리적 손익이 보험수리적 가정의 경험조정(즉, 오차) 및 가정변경에 기인하는 요소로 한정하고 있음과 일치한다.

3. 부채법(liability approach to actuarial gains and losses)

확정급여채무에 대한 K-IFRS의 회계결산과정을 먼저 살펴보자. 앞 절에서처럼 당해 회계연도 t의 연시 시점을 "0" 그리고 연말 시점을 "1"로 표현하고 연시 시점에서 결정된 할인율을 i_t라고 하자.[5] 회계연도 말 시점에 결산을

4) 우리나라 또한 2011년 K-IFRS 개정으로 자산법에 의한 손익은 보험수리적 손익에서 제외한다.

수행하므로 편의상 "모든 거래는 연도 말에 발생한다"고 가정한다. 보험수리적 손익을 산출하는 부채법 회계결산절차는 다음과 같이 진행된다.

[부채법 회계결산절차]

{연시 확정급여채무: $DBO_0(t)\ [= {}^{act}DBO_1(t-1)]$}
\+ {퇴직급여(이자원가): $DBO_0(t)\times i_t$}
\+ {퇴직급여(당기근무원가): $CS_1(t)$}
\+ {퇴직급여(정산손익): $SGL_1(t)(\leqslant 0)$}
− {정산 발생 시 확정급여채무 정산금액: $L_1(t)$}
\+ {퇴직급여(과거근무원가): (초기+후발)과거근무채무 $PSL_1(t)(\leqslant 0)$}
− {퇴직급여지급액: $B_1(t)$}

{연말 확정급여채무 장부가액: ${}^{\exp}DBO_1(t)$}
− {연말 재 산정된 확정급여채무 (현재가치): ${}^{act}DBO_1(t)$}

보험수리적 손익: ${}^{DBO}G(t) = {}^{\exp}DBO_1(t) - {}^{act}DBO_1(t)$

상기 회계결산철차는 보험수리적 손익을 산출하는 과정과 매우 유사하다. 상기 결산결과 ${}^{DBO}G(t)$가 "정(+)의 값"이면 "확정급여채무에 대한 보험수리적 이익(actuarial gain on obligation)"이 산출된다. 반대로 "부(−)의 값"이면 "확정급여채무에 대한 보험수리적 손실(actuarial loss on obligation)"이 산출된다. 여기서 우리는 회계적 관점에서 주요하게 다루는 근무원가(service cost)에 대해 추가로 부연 설명한다.

- 근무원가는 당기근무원가, 과거근무원가 그리고 정산손익으로 구성되며 모두 당기손익으로 인식한다. 순차적으로 설명하면 다음과 같다.

① 당기근무원가(current service cost)란 당기 회계연도에 종업원이 근무용역을 제공하여 발생한 확정급여채무의 증가액을 말한다. 실무에서는

5) 할인율 i_t는 연 실효이자율(annual effective interest rate of year t)이다. 현금흐름이 연 중앙에서 발생한다면 복리체계에서의 발생이자는 "$\sqrt{1+i_t}-1$"인 반면에, 단리체계의 발생이자는 $\frac{i_t}{2}$이다.

회계연도 기초에 설정한 보험수리적 가정을 적용하여 예측단위적립방식(PUC)에 의해 산출된 표준부담금 $NC_0(t)$의 원리합계로 비용 처리한다. 즉, $CS_1(t) = NC_0(t) \times (1+i_t)$. 살펴보면, 기초에 산출한 표준부담금 ($NC_0(t)$)는 당기근무원가에 대한 계리적 추정금액이므로 추정상의 오차는 보험수리적 손익으로 인식한다는 의미이다. 상기 회계결산절차와 같이 당기근무원가가 발생하면 다음과 같이 회계 처리한다.

- (차변) 퇴직급여(당기근무원가) $CS_1(t)$ (대변) 확정급여채무 $CS_1(t)$

② 과거근무원가(past service cost)는 연금수리학에서 (초기+후발)과거근무채무(PSL)와 동일한 개념이지만 보험수리적 가정의 변경 혹은 적립방식의 변경에 기인한 확정급여채무의 변동금액은 배제된다. 이는 확정급여퇴직연금제도의 변경(도입, 개정, 축소)으로 가입근로자의 과거근무기간 근무용역에 대한 확정급여채무의 변동액을 말한다. 여기서 초기과거근무채무(IPSL)는 제도 도입단계에서 일회성으로 항상 정(+)의 금액으로 산출된다. 한편 후발과거근무채무(PPSL)는 확정급여산출식의 변경(퇴직급여의 조정, 정년 조정 등) 또는 가입근로자의 수를 유의적으로 축소(예: 영업중단, 공장폐쇄, 제도 중단 혹은 종료 등)하는 경우에 발생하며, 해당 연금제도가 지속되는 한 여러 차례 발생할 수 있고 정(+) 또는 부(−)의 금액이 될 수 있다. 예를 들어, 퇴직급여기준을 현행 30일분 평균임금에서 35일 평균임금으로 상향조정하는 경우($PSL_1(t) > 0$) 또는 영업중단, 퇴직급여제도의 중단 등으로 가입근로자의 수가 감소하는 경우($PSL_1(t) < 0$) 등을 언급할 수 있다. 과거근무원가는 "제도의 변경(도입, 개정, 축소)이 발생한 때" 그리고 "관련되는 구조조정원가나 해고급여를 인식할 때" 중에서 이른 시점에 전액 비용으로 인식한다. 상기 회계결산절차와 같이 과거근무원가($PSL_1(t) \lesseqgtr 0$)가 발생하면 다음과 같이 확정급여채무를 증가(혹은 감소)시키는 회계 처리를 한다.

- (차변) 퇴직급여(과거근무원가) $PSL_1(t)$ (대변) 확정급여채무 $PSL_1(t)$
- (차변) 확정급여채무 $PSL_1(t)$ (대변) 퇴직급여(과거근무원가) $PSL_1(t)$

③ 정산손익(settlement gain or loss)은 제도의 정산과정에서 "정산일에 결정되는 확정급여채무" 그리고 "정산가격(이전되는 사외적립자산과 정산과 관련된 직접 비용 포함)" 간의 차이에 의해 산출된다. 여기서 정산은 해당 기업이 타 기관에 확정급여채무의 일부 또는 전부를 이전함으로써 이전한 확정급여에 대해서는 더 이상 재정부담을 하지 않는 거래에서 발생한다. 정산이 발생할 때 다음과 같이 정산손익을 인식한다. 예를 들어, 정산이 회계연도 말에 발생하고 확정급여채무 정산금액($L_1(t)$) 그리고 이에 대한 정산 이전금액($T_1(t)$)에 대한 회계처리는 아래와 같다.

- (차변) 확정급여채무 $L_1(t)$ (대변) 사외적립자산 $T_1(t)$
  퇴직급여(정산손실) $T_1(t)-L_1(t)$

- (차변) 확정급여채무 $L_1(t)$ (대변) 사외적립자산 $T_1(t)$
  퇴직급여(정산이익) $L_1(t)-T_1(t)$

위에서 다루지 않은 기타 사항에 대한 회계처리는 아래와 같다. 즉,

- (차변) 퇴직급여(이자원가) $DBO_0(t)\times i_t$ (대변) 확정급여채무 $DBO_0(t)\times i_t$
  (차변) 확정급여채무 $B_1(t)$ (대변) 사외적립자산 $B_1(t)$

이상에서 살펴본 바와 같이, 보험수리적 손익은 보험수리적 가정의 경험조정(추정 오차) 및 가정변경으로 발생하는 확정급여채무의 변동금액으로 산출된다. 즉,

- ${}^{DBO}G(t) = {}^{\exp}DBO_1(t) - {}^{act}DBO_1(t)$

여기서

$$
\begin{aligned}
{}^{\exp}DBO_1(t) &= DBO_0(t)\times(1+i_t) \\
&\quad + \text{근무원가}\{CS_1(t)+SGL_1(t)+PSL_1(t)\} - L_1(t) - B_1(t)
\end{aligned}
$$

따라서 제도의 변경(도입, 개정, 축소) 또는 정산에 의한 확정급여채무의 변동은 포함하지 않는다. 이는 제도를 도입한 사용자가 통제할 수 없는 외부 요

인에 기인한 바가 크므로 당기 비용으로 인식하는 것은 기업재무의 불안정성을 제고할 개연성이 높다. 이러한 측면이 반영되어 보험수리적 손익은 당기손익으로 처리하지 않고, 발생한 연도에 전액 기타포괄손익(other comprehensive income)으로 인식한다.[6] 보험수리적 손익은 미실현된 손익이며 재측정요소(remeasurements) 중의 하나이다. 이에 대한 사업연도 말 회계처리(분개)를 살펴보면, 보험수리적 손익(${}^{DBO}G(t) \leqslant 0$)이 발생한 경우에는 확정급여채무를 감소(혹은 증가)시키는 회계처리를 수행한다. 즉,

- (차변) 확정급여채무 ${}^{DBO}G(t)$ (대변) 재측정요소(보험수리적 이익) ${}^{DBO}G(t)$
- (차변) 재측정요소(보험수리적 손실) ${}^{DBO}G(t)$ (대변) 확정급여채무 ${}^{DBO}G(t)$

요약하면, 근무원가(당기근무원가+과거근무원가+정산손익) 그리고 이자원가는 모두 당기손익으로 인식하고 보험수리적손익은 기타포괄손익으로 인식한다.

마지막으로 보험수리적 손익이 발생하지 않는 조건은 무엇인가? 즉, 연시에 예상한 연말의 확정급여채무(${}^{\exp}DBO_1(t)$)와 연말시점의 확정급여채무(${}^{act}DBO_1(t)$)와의 차이가 발생하지 않는 경우이다. 이에 대한 정답은 두 가지로 함축된다. 첫째, 연시 시점의 보험수리적 가정과 연말 시점의 보험수리적 가정이 동일하여야 하고 둘째, 연시 시점의 보험수리적 가정이 회계연도 전 기간에 걸쳐 실제로 100% 실현되어야 한다. 그러나 연시 시점의 할인율(연도 초의 우량회사채 시장 수익률 기준)과 연말 시점의 할인율(연도 말 우량회사채 수익률 기준)의 차이가 보편적이므로 할인율 변동으로 인한 보험수리적 가정의 변경은 필연적일 수 있다. 따라서 우리가 통제할 수 없는 경제상황에 의해 발생하므로 보험수리적 손익은 매 회계연도마다 발생한다고 할 수 있다.

예제 (2014년도 보험계리사 기출문제 수정)

㈜한국연금은 근로자 퇴직급여보장법에 의한 확정급여형 퇴직연금제도

6) K-IFRS는 기존 손익계산서를 포괄손익계산서(comprehensive income statement)로 개정하고, 포괄손익은 당기손익과 기타포괄손익으로 구분하여 보고한다. 기타포괄손익은 영업활동과는 무관한 기타 부문에 의한 손익이며 아직 실현되지 않은 손익을 의미한다. 포괄손익계산서를 거쳐 재무상태표에 자본항목의 기타포괄손익누계액에 누적(합산)하여 또한 표기된다. 기타포괄손익의 항목으로 매도가능증권평가손익, 외환차이, 확정급여제도의 재측정요소 등이 있다.

를 다음과 같이 운영 중이다(계속근로 1년 근속에 1개월 평균임금 지급).

	2013.12.31.	2014.12.31.
연령	만 52세	만 53세
1개월 평균임금	200만원	220만원
과거근속(근로자 모두 동일)	10년	11년
근로자수(연령 동일)	50명	50명
퇴직자수(2014년 중)	0명	

K-IFRS 1019호에 근거한 보험수리적 가정은 아래와 같다(단, 기시(연초) 탈퇴 가정).

〈보험수리적 가정〉

	2013.12.31.	2014.12.31.
할인율	5%	4.75%
탈퇴율	0%	0%
임금상승율	4%	4%
정년가정	만 55세	만 55세

2014.12.31. 기준으로 K-IFRS 1019호에 근거한 확정급여채무를 산출하였다.
이 때 발생한 2014년 회계연도에 발생한 보험수리적 손익을 구하시오.
그리고 2014년 회계연도에 발생한 보험수리적 손익을 경험적 손익 및 가정변경에 의한 손익으로 구분하시오.

해설 예측단위적립방식은 개별적립방식의 특성을 가지고 있으므로 우선 1명을 기준으로 계산한 다음 전체 가입근로자에 대해 보험수리적 손익을 구한다.

- 보험수리적 손익: ${}^{DBO}G(2014) = {}^{\exp}DBO_1(2014) - {}^{act}DBO_1(2014)$

여기서 ${}^{\exp}DBO_1(2014) = 2{,}000{,}000 \times 1.04 \times (\frac{1.04}{1.05})^2 \times 11 = 22{,}446{,}266$

$${}^{act}DBO_1(2014) = 2{,}200{,}000 \times (\frac{1.04}{1.0475})^2 \times 11 = 23{,}854{,}701$$

따라서 중도퇴직자가 없으므로 가입근로자 전체의 보험수리적 손익은 70,421,750원(= 1,408,435 × 50) 손실로 산출된다.

다음으로 2014년 회계연도 기간 중에 보험수리적 가정의 추정 오차로 발생한 경험손익으로 "경험임금손익(experience salary gains and losses)"만이 발생하였다. 즉,

$$^{\exp}DBO_1(2014) = 2{,}000{,}000 \times 1.04 \times (\frac{1.04}{1.05})^2 \times 11 = 22{,}446{,}266$$

$$^{act}DBO_1(2014 : \text{임금만 반영}) = 2{,}200{,}000 \times (\frac{1.04}{1.05})^2 \times 11 = 23{,}741{,}243$$

또한 중도퇴직자가 없으므로 가입근로자 전체의 경험임금손익은 64,748,850원(= 1,294,977 × 50) 손실로 산정된다.

그리고 보험수리적 가정의 변경으로 인한 수정손익은 중도퇴직자가 없으므로 "$^{act}DBO_1(2014 : \text{임금만 반영}) -$ "에 의해 5,672,900원(= 113,458 × 50) 수정손실로 산정된다.

4. 자산법(asset approach to actuarial gains and losses)

K-IFRS의 개정(2013년 1월 1일 이후에 시행)으로 현재는 자산법에 의한 결과를 보험수리적 손익으로 인식하지 않는다. 부채법에서 전제한 바와 같이 "모든 거래는 연도 말에 발생한다"라고 가정한다. 여기서 유의할 점은 확정급여채무를 산정할 때 적용되는 할인율은 사외적립자산(plan assets)[7]의 예상투자수익률로 적용한다는 점이다. 회계연도(t) 보고기간 말 시점의 사외적립자산 회계결산과정은 아래와 같다.

[자산법 회계결산절차]

{연시 사외적립자산의 공정가치(시가): $A_0(t)\left[= {}^{act}A_1(t-1)\right]$}
\+ {사외적립자산으로부터의 이자수익(expected return): $A_0(t) \times i_t$}
\+ {기여금: $C_1(t)$}
− {정산발생시 사외적립자산의 이전금액: $T_1(t)$}
− {퇴직급여지급액: $B_1(t)$}

{연말 사외적립자산의 장부금액: $^{\exp}A_1(t)$}
− {연말 재산정된 사외적립자산의 공정가치(시가): $^{act}A_1(t)$}

===

사외적립자산에 대한 재측정요소: $^{PA}G(t) = {}^{act}A_1(t) - {}^{\exp}A_1(t)$}

7) 종업원의 퇴직급여를 지급하기 위하여 기업이 출연한 사외 연기금자산(적립금)이다.

위 결과에 대하여 회계적 해석을 첨언하면, 보고기간 말 현재 "사외적립자산의 공정가치와 장부금액"의 차이를 재측정요소(remeasurement)라고 한다. 사외적립자산에 대한 재측정요소(${}^{PA}G(t)$)는 보험수리적 손익으로 산정하지 않지만, 확정급여채무에 대한 보험수리적 손익과 마찬가지로 발생한 연도에 전액 기타포괄손익으로 인식한다. 연금수리 관점에서 해석하면 "+ 값"이면 사외적립자산의 보험수리적 자산손실(${}^{PA}G(t)>0$)이 발생한 것이며 "− 값"이면 보험수리적 자산이익(${}^{PA}G(t)<0$)이 발생한 것이다. 사업연도 말 회계처리(분개)를 살펴보면, 사외적립자산의 손익이 발생한 경우(${}^{PA}G(t) \leqslant 0$)에 재측정요소 계정과목을 사용하여 사외적립자산을 증가(또는 감소)시킨다. 즉,

- (차변) 사외적립자산 ${}^{PA}G(t)$ (대변) 재측정요소 ${}^{PA}G(t)$
- (차변) 재측정요소 ${}^{PA}G(t)$ (대변) 사외적립자산 ${}^{PA}G(t)$

또한 확정급여채무의 변동성은 할인율에 의한 영향력이 큰 반면에 사외적립자산의 변동성은 실제 투자수익에 기인한 바가 크다. 한편, 이자수익은 당기손익으로 인식하며 회계처리는 다음과 같다.

- (차변) 사외적립자산 $A_0(t)\times i_t$ (대변) 퇴직급여(이자수익) $A_0(t)\times i_t$

이와 같이 사외적립자산의 수익은 사외적립자산에 대한 이자수익과 재측정요소로 구성됨을 알 수 있다. 부채법의 이자원가($DBO_0(t)\times i_t$)에서 자산법의 이자수익($A_0(t)\times i_t$)을 차감한 순액을 "순이자(net interest cost)"라고 하며 포괄손익계산서에는 당기손익으로 인식한다. 즉, 이자원가 및 이자수익을 당기손익으로 회계 처리한 것을 보고기간 말에 통합하여 순이자수익(비용)으로 다음과 같이 회계 처리한다. 이를 정리하면,

- "순이자비용 $=[DBO_0(t)-A_0(t)]\times i_t\ (>0)$"에 대한 회계연도 말 분개
  (차변) 퇴직급여(순이자비용) $[DBO_0(t)-A_0(t)]\times i_t$
  (대변) 확정급여채무 $[DBO_0(t)-A_0(t)]\times i_t$
- "순이자수익 $=[A_0(t)-DBO_0(t)]\times i_t\ (>0)$"에 대한 회계연도 말 분개
  (차변) 사외적립자산 $[A_0(t)-DBO_0(t)]\times i_t$
  (대변) 퇴직급여(순이자수익) $[A_0(t)-DBO_0(t)]\times i_t$

물론, 포괄손익계산서에 보고할 때 위와 같이 당기손익 순액으로 표시하지만 이자원가와 이자수익을 분리하여 보고할 수도 있다.

그리고 기여금(사외적립자산에 출연금) 납입에 대한 회계처리는 아래와 같다.

- (차변) 사외적립자산 $C_1(t)$ (대변) 현금 $C_1(t)$

마지막으로, 확정급여형 퇴직연금제도의 회계연도 말 재정상태에 대한 정보는 재무상태표(statement of financial position)[8]에서 순액(net value)으로 보고된다. 즉,

"확정급여채무(${}^{act}DBO_1(t)$)"와 "사외적립자산의 공정가치(${}^{act}A_1(t)$)" 간의 차이로 산출한다. 차감한 순액이 양수이면 순확정급여부채(net defined benefit liabilities)로 보고되고, 그 순액을 과소적립액(deficit)이라고 한다. 반대로 음수이면 순확정급여자산(net defined benefit assets)으로 보고되고, 그 순액을 초과적립액(surplus)이라고 한다.

- 순확정급여부채 $= {}^{act}DBO_1(t) - {}^{act}A_1(t)\ (>0)$
- 순확정급여자산 $= {}^{act}A_1(t) - {}^{act}DBO_1(t)\ (>0)$

예제 1 제20××년 회계연도의 기초확정급여채무가 1,000이고 기초 사외적립자산이 700이고 기초에 설정된 할인율(예상이율) 5% 그리고 사외적립자산의 당기 운용수익률이 10%이다. 제20××년 회계연도 말 시점에서 인식해야 할 순이자수익(혹은 비용) 그리고 재측정요소를 각각 산출하시오. 또한 이에 대해 각각 회계 처리하시오.

해설 다음 그림은 지금까지 설명해온 수리적 표현을 사용하여 순이자, 재측정요소를 일괄적으로 도식화한 것이다.

8) K-GAAP의 대차대조표(balance sheet)에 해당하는 재무제표(financial statements)의 하나로서 포괄손익계산서(comprehensive income statement)와 함께 퇴직급여의 재정상태에 대한 중요한 회계정보를 제공한다.

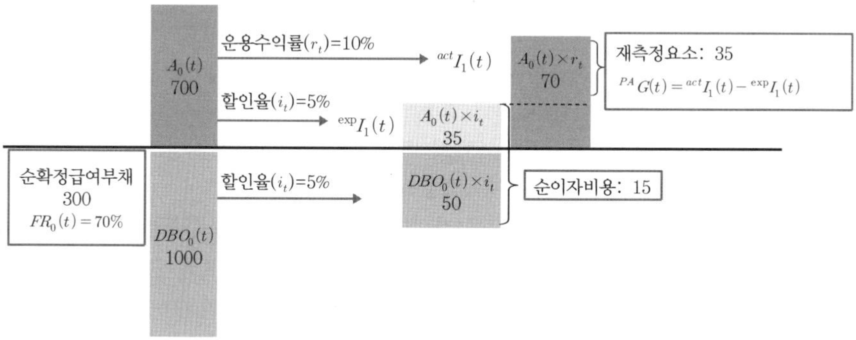

회계처리는 다음과 같다.

당기 인식	회계처리
당기손익	(차변) 퇴직급여(순이자비용) 15 (대변) 확정급여채무 15 또는 (차변) 퇴직급여(이자원가) 50 (대변) 확정급여채무 15 퇴직급여(이자수익) 35
기타포괄손익	(차변) 사외적립자산 35 (대변) 재측정요소 35

예제 2 (2014년도 보험계리사 기출문제)

아래는 ㈜한국연금의 2014.1.1. 및 2015.1.1. 기준 퇴직급여 관련 자산 및 부채 현황이다.

	2014.1.1.	2015.1.1.
계속기준부채	100억원	120억원
표준부담금(Normal Cost)	30억원	40억원
퇴직자산	60억원	80억원
할인율	4%	4%
퇴직금 지급액(2014.12.31. 지급)		20억원
퇴직자산 불입액(2014.12.31. 납입)		30억원

퇴직금 지급액이 전액 퇴직자산에서 지급되었다는 가정 하에 2014년 중 발생한 계리적 손익을 계속기준부채 및 퇴직자산으로 구분하여 구하시오.

해설 보험수리적 손익을 묻는 문제가 아니므로, 부채법과 자산법을 각각 적용하여 재측정요소를 산출하면 계리적 손익이 산출되는 간단한 문제이다.

먼저 부채법을 적용하면,
2014년 초 확정급여채무(100억)+이자원가(4억)+당기근무원가(31.2억)−퇴직급여지급액(20억)±계리적손익=2014년 말 재 산정된 확정급여채무(120억)
따라서 계속기준부채의 계리적 손익=4.8억(손실)
다음으로 자산법을 적용하면,
2014년 초 사외적립자산(60억)+이자수익(2.4억)+퇴직자산 불입액(기여금: 30억)−퇴직금 지급액(20억) ± 계리적 손익=2014년 말 재 산정된 사외적립자산(80억). 따라서 퇴직자산의 계리적 손익=7.6억(이익)

5. 자산인식상한

K-IFRS에서는 순확정급여자산 측정의 한도를 초과적립액과 자산인식상한 중 더 적은 금액으로 할 것을 요구하고 있다. 회계연도 말 사외적립자산의 공정가치가 확정급여채무를 상회하는 초과적립금은 자산인식상한(asset ceiling)까지만 순확정급여자산으로 인정하겠다는 것이다. 이 자산인식상한을 초과한 자산의 공정가치는 재측정요소로서 그 차이만큼 기타포괄손익으로 인식한다. 간단한 예로 확정급여채무가 2,000이고 사외적립자산의 공정가치가 2,400일 때 자산인식상한을 250으로 둔다고 하자. 이 경우 400만큼 초과적립액이 발생하지만 자산인식상환으로 최대 250까지 순확정급여자산으로 인정하고, 나머지 150은 기타포괄손실로서 차감해준다.

예제 (2013년도 공인회계사 1차 기출문제)
㈜거제는 퇴직급여제도로 확정급여제도를 채택하고 있으며, 20X1년초 확정급여채무와 사외적립자산의 장부금액은 각각 ₩1,000,000과 ₩900,000이다. ㈜거제의 20X1년도 확정급여제도와 관련된 자료는 다음과 같다. ㈜거제의 확정급여제도와 관련하여 적용할 할인율은 연 12%이며, 모든 거래는 기말에 발생하고, 퇴직금은 사외적립자산에서 지급한다. 또한 자산인식의 상한은 ₩20,000으로 가정한다.

• 당기근무원가	: ₩100,000
• 퇴직금 지급액	: 150,000
• 사외적립자산에 대한 기여금 납부액	: 400,000
• 보험수리적 가정의 변동을 고려한 20×1년 말의 확정급여 채무	: 1,300,000
• 20×1년 말 사외적립자산의 공정가치	: 1,350,000

동 확정급여제도로 인하여 ㈜거제의 20X1년도 포괄손익계산서상 당기순이익과 기타포괄이익에 미치는 영향은 각각 얼마인가? 단, 법인세효과와 과거근무원가는 고려하지 않는다.

해설

구분	대상 항목			손익에 미치는 영향	
	확정급여 채무	사외적립 자산	자산인식 상한효과	당기 손익영향	기타포괄 손익영향
기초금액	1,000,000	900,000	-	-	-
순이자원가	120,000	108,000	-	(12,000)	-
당기근무원가	100,000	-	-	(100,000)	-
기여금납부	-	400,000	-	-	-
퇴직금지급	(150,000)	(150,000)	-	-	-
평가전 장부금액	1,070,000	1,258,000	0	-	0
재측정요소	230,000	92,000	30,000	-	(168,000)
연도말 재산정금액	1,300,000	1,350,000	30,000	(112,000)	(168,000)

주) 재측정요소=확정급여채무에 대한 재측정요소(즉, 보험수리적 손실(-230,000))
+사외적립자산에 대한 재측정요소(+92,000)
+자산인식상한에 대한 재측정요소(-30,000)

따라서 당기손익에 미치는 영향은 112,000원 감소 그리고 기타포괄이익에 미치는 영향은 168,000원 감소이다.

6. 회계처리 요약

지금까지 수행한 회계처리는 전적으로 연금수리 관점에서 필요한 내용만을 함축하여 설명한 것이다. 물론 다양한 경우로 세분화되고 때론 전제조건이 부여되는 경우도 있지만 이는 논외로 한다. 앞 절에서 살펴본 내용을 중심으로 살펴보면, 회계연도 말에 재무상태표는 순액으로 순확정급여부채(자산)를 공시한다. 순확정급여부채는 과소적립액을 말하고 순확정급여자산은 자산인식상한을 한도로 하는 초과적립액을 말한다. 여기서 과소적립액 및 초과적립액은 다음으로 산출된다. 즉,

- 순확정급여부채(자산)=확정급여채무(현재가치)−사외적립자산(공정가치)

그리고 순확정급여부채(자산)의 회계연도 당기의 변동은 3개의 항목으로 구성됨을 알 수 있었다. 즉,

- 근무원가 항목
  : 당기근무원가($NC_1(t)$)+과거근무원가($PSL_1(t)$)+정산손익($SGL_1(t)$)

- 순확정급여부채(자산)의 순이자비용(수익) 항목
  : 확정급여채무의 이자원가($DBO_0(t)\times i_t$)− 사외적립자산의 이자수익($A_0(t)\times i_t$)

여기서 "당기근무원가+당기순이자비용(수익)=당기퇴직급여"로 산정된다.

- 순확정급여부채(자산)의 재측정요소(remeasurements) 항목
  : 사외적립자산에 대한 재측정요소(${}^{PA}G(t)$ =사외적립자산의 실제수익-이자수익)+확정급여채무에 대한 재측정요소(보험수리적 손익: ${}^{DBO}G(t)$)+자산인식상한에 대한 재측정요소

결론적으로 [그림 5-2]와 같이 근무원가(당기근무원가, 과거근무원가 그리고 정산손익) 및 순이자수익(비용)은 당기손익으로, 재측정요소는 기타포괄손익으로 각각 인식한다.

그림 5-2 확정급여원가 인식방법

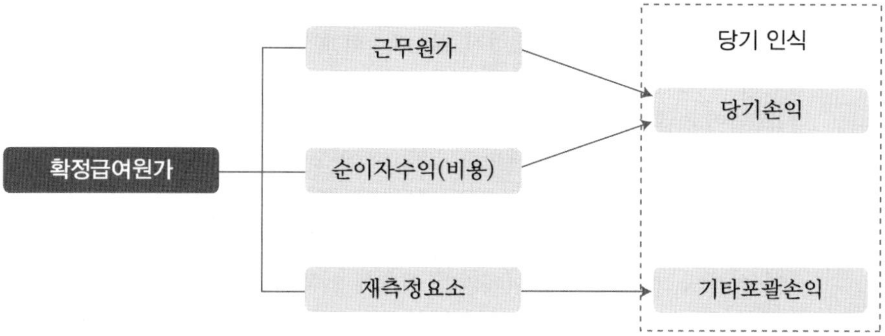

예제 (2015년도 보험계리사 기출문제 수정)
(주)홍길동의 2015년도 말 K-IFRS 1019호에 따른 퇴직급여계정 현황이다.

(단위: 원)

2015 회계연도 말 결산자료	
당기근무원가	400
이자원가	100
이자수익	③
당기퇴직급여	200
퇴직금지급액	70
퇴직연금납입액	150

2014년 12월 31일		2015년 12월 31일 현재 재 산정 결과	
확정급여채무	2,000	확정급여채무	①
사외적립자산	1,500	사외적립자산	1,400
		보험수리적 이익(확정급여채무)	100
		보험수리적 손익(사외적립자산)	②

위에 제시된 표를 이용하여 ①, ②, ③을 산출하시오(단, 모든 퇴직금은 사외적립자산에서 지급되었음).

해설
- 당기퇴직급여비용(200)=당기근무원가(400)+이자비용(100)−이자수익(③=300).
- 사외적립자산에 대한 보험수리적 손익(②)=2015년 회계연도 기말 사외적립자산(1,400)−{2015년 회계연도 기초 사외적립자산(1,500)+이자수익(300)−퇴직금지급액(70)+퇴직연금납입액(150)}=−480(보험수리적 손실 480 인식함)
- 확정급여채무에 대한 보험수리적 이익(100)=2015년 회계연도 기초 확정급여채무(2,000)+당기근무원가(400)+이자원가(100)−퇴직

금지급액(70)−2015 회계연도 말 재 산정 확정급여채무(①=2,330).

참고로 확정기여형 퇴직연금제도는 보험수리적 가정을 세울 필요가 없기 때문에 재측정요소는 발생하지 않는다. 회계처리는 상당히 단순하다. 예를 들어, 회계연도 20×1년 말에 확정기여형 퇴직연금제도의 근로자 총 연봉이 120억이고 회계연도 말 자산관리금융기관에 일괄적으로 매년 법정기여금(30일 분 평균임금)을 이체한다고 할 때 연도 말 회계처리는 아래와 같다.

- (차변) 퇴직급여 120억$\times\frac{30}{360}$ (대변) 현금 120억$\times\frac{30}{360}$

만약 해당 기업이 해당 회계기간 이내에 납입하여야 할 법정부담금을 전부 혹은 일부를 납입하지 않았다면 재무상태표에 미지급한 부담금 총액을 부채(미지급비용)로 인식하고, 법정부담금을 초과하여 납입한 경우에는 자산(선급비용)으로 인식한다.

7. 사외적립자산 공정가치와 계리가치

K-IFRS는 공정가치(fair value)를 '합리적인 판단력과 거래의사가 있는 독립된 당사자 사이의 거래에서 자산이 교환되거나 부채가 결제될 수 있는 금액'으로 정의하고 있다. 모든(공적 혹은 사적) 확정급여형 연금제도에서, 연금채무의 공정가치는 계리사에 의해 산출된 연금채무이며, 이에 대응하는 연기금자산의 공정가치는 시장가격이 된다. K-IFRS의 종업원급여규정에서도 사외적립자산의 공정가치는 시장가격이며, 시장가격을 이용할 수 없는 경우에는 공정가치를 추정하여 결정하도록 규정하고 있다. 그러나 시시각각으로 변하는 시가의 변화를 적립금의 공정가치로 적용한다면 재원 적립의 부담을 안고 있는 사용자에게 손익예측의 불안정성이 발생하는 등 퇴직연금관리에 있어 어려움이 있을 수 있다. 그러면 어떠한 방법으로 공정가치를 추정할 수 있는가? 이에 대한 연금수리학의 대답은 계리가치(actuarial value of pension assets)를 산정하는 것이다. 시장가격을 사용할 수 없는 경우의 계리가치 산출 방법은 세 가지 방법으로 함축된다.

① 특정 연기금자산의 단기적 가격변동성이 심하여 평가 시점의 시장가격을 적용하기 힘든 경우에 평가일 직전 일정 평활기간(예: 12개월, 24개월, 36개월 등)을 설정하고 평균시장가격으로 대체하여 평가하는 방법이다. 가장 일반

적인 방법으로 평활기간의 시가를 단순평균(average)하는 방법을 언급할 수 있다. 다음으로 가격의 변동성을 유연화하기 위해 이동평균법(moving average) 특히 이중이동평균(double moving average, DMA)을 적용하여 산출하는 방안이 있다. 예를 들어, 최근 2년간의 분기별 가격 실제값 $P_{t-1}, P_{t-2}, \cdots, P_{t-8}$ 이 주어진 경우의 단순평균($\overline{P}$)과 4개 분기의 단순이동평균(simple moving average, SMA)은 아래와 같이 계산된다.

- $\overline{P} = \dfrac{P_{t-1} + P_{t-2} + \cdots + P_{t-8}}{8}$
- $SMA_{t-1} = \dfrac{P_{t-1} + P_{t-2} + P_{t-3} + P_{t-4}}{4}$

  $\vdots$

  $SMA_{t-5} = \dfrac{P_{t-5} + P_{t-6} + P_{t-7} + P_{t-8}}{4}$

이와 같이 이중이동평균법은 일차적으로 가격변동성을 단순이동평균으로 완화하고, 다음으로 이들의 평균값을 제시함으로써 해당 기간의 가격변동성을 유연화시킨 DMA_t를 계리가치로 산출하는 것이다. 즉,

- $DMA_t = \dfrac{SMA_{t-1} + SMA_{t-2} + SMA_{t-3} + SMA_{t-4} + SMA_{t-5}}{5}$

그러나 이중이동평균법은 가격의 변동성을 해소하는 측면으로 인해 평활기간 중 최근 가격의 변화를 충분히 반영하지 못한다는 단점이 있다. 이러한 점을 보완하여 아래와 같이 최근 이동평균값에 상대적으로 많은 가중치를 부여하는 방안을 고려할 수 있다(즉, weighted DMA). 예를 들어,

- $WDMA_t = \dfrac{5 \times SMA_{t-1} + 4 \times SMA_{t-2} + 3 \times SMA_{t-3} + 2 \times SMA_{t-4} + SMA_{t-5}}{15}$

② 연금채무 평가에 적용되는 할인율, 물가상승률 등 제반 가정들을 적용할 할인율(r)을 먼저 결정한다. 그리고 해당 연기금자산으로부터 예상되는 미래 현금흐름 $\{CF_t : t = 0, 1, \ldots\}$의 현재가치로 평가하는데 이를 현금흐름할인법(discounted cash flow method)이라고 한다. 즉,

- $PV_t = \sum_{t=0}^{\infty} \dfrac{CF_t}{(1+r)^t}$

현금흐름할인법은 배당할인모형(dividend discount model)이라고도 하며, 시장가격에 대한 신뢰성이 낮았던 과거에 주로 활용성이 높았던 모형이다. 그리고 연금채무가 예상되는 현금흐름의 현가 개념이므로 연기금자산 또한 창출될 것으로 예상되는 현금흐름의 현가로 평가한다면 자산과 부채 평가의 일관성(consistency)을 높일 수 있게 된다. 이와 같은 평가의 일관성 측면 때문에 계리사들에 의해 오랜 기간 선호되어 왔다. 특히 연금채무에 대응하는 연기금자산을 관리하기 위해서 ALM 관점이 요구된다. 이에 따라 시가평가보다는 자산 및 부채의 현금흐름 매칭(cash-flow matching) 측면에서 유용한 현재가치 평가가 선호되고 있다.

③ 이 방법은 K-IFRS의 종업원급여규정에서 예시하고 있는 방법과 유사하다. 즉, 사외적립자산의 만기(만기가 없다면 관련 채무가 결제되기까지의 예상기간)나 예상처분일과 사외적립자산에 관련된 위험을 모두 반영하는 할인율로 산출한 기대 미래현금흐름의 현재가치로 평가한다. 상기 ②와 개념적 접근은 동일하지만 단순히 연금채무와 관련된 할인율을 일괄적으로 적용하기 보다는 사외적립자산의 투자요인별(j)로 관련된 위험을 반영하는 위험조정할인율(risk-adjusted discount rates, r_j)을 구하여 현재가치를 구한다는 점에서 근본적 차이가 있다.

- $PV_t(j) = \sum_{t=0}^{\infty} \frac{CF(j)_t}{(1+r_j)^t}, \quad PV_t = \sum_{j=1}^{n} PV_t(j)$

다시 말해서 이는 각 투자요인별로 예상되는 향후 현금흐름의 현재가치를 산출하는 일종의 위험조정할인법(risk-adjusted discount rate method)이다. 실제로 IFRS 제정과정에서 시가중심으로 사외적립자산을 평가하기를 원하는 회계사의 입장과는 달리 연금계리사들은 부채와 자산 평가의 일관성을 제고하고 아울러 관련 위험을 반영할 수 있다는 측면을 강조하여 위험조정할인법에 의한 평가를 강력하게 주장하였다.

8. DBO, NC 산출 예

여기서 우리는 간단한 예시를 통하여 K-IFRS에서 규정하고 있는 예측단위적립방식(PUC)이 어떻게 확정급여채무의 현재가치(DBO) 그리고 당기근무원가 산출을 위한 표준부담금(NC)을 각각 산출하는지에 대해 알아본다.

1) 급여설계 및 가입구성원

한국산업(주)은 확정급여형 퇴직연금제도를 실시하고 있고 3명의 근로자로 구성되어 있으며 K-IFRS의 적용을 받는다. 즉, 확정급여채무의 현재가치(DBO) 및 표준부담금(NC)의 산출은 예측단위적립방식(PUC)에 의해 산출된다. 가입근로자는 상시근로관계를 유지하는 종업원 3명으로 구성되어 있다. 가입 구성원은 ××11년 회계연도 말 현재 입사한 지 만 1년인 갑(甲), 만 2년인 을(乙), 그리고 만 3년이 된 병(丙) 등 3인으로 구성되어 있다. 모든 근로자는 근속연수 3년이 경과하면 정상 퇴직한다.

퇴직급여는 현행 근퇴법의 최소법정퇴직급여로 설계되어 있다.[9] ××11년 사업연도에 각 종업원들이 수령한 연봉은 다음과 같다(단, 회계연도와 사업연도는 일치함).

- 甲(3천6백만원), 乙(4천2백만원) 그리고 丙(4천8백만원)

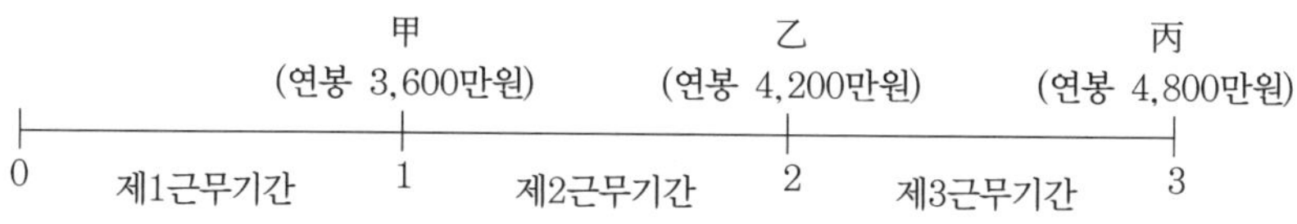

2) 보험수리적 가정

자격을 갖춘 보험계리사에 의해 설정된 보험수리적 가정은 다음과 같으며

9) 근퇴법 제15조(급여수준) "... 급여수준은 가입자의 퇴직일을 기준으로 산정한 일시금이 계속근로기간 1년에 대하여 30일분의 평균임금에 상당하는 금액 이상이 되도록 하여야 한다". 그러므로 최소법정퇴직급여는 계속근로기간 1년에 대하여 30일분 평균임금에 상당하는 금액이다. 일반적으로 "30일분 평균임금"은 퇴직연도 연봉의 $\frac{1}{12}$수준으로 대체하고 있다.

가정의 합리성/적합성은 검증되었다.

- 할인율(예상이율): 5.0%/년

: ××11년 회계연도 말 우량회사채의 시장수익률을 기준으로 산출되었으며, ××12년 회계연도 초에도 변화가 없을 것으로 가정함.

- 예상임금상승률: 3.0%/년

: 모든 종업원에 대해 연령, 승진 등에 의한 승급은 적용되지 않으며, 물가상승률, 기업성장률 등을 참조하여 잔여근로기간 동안 일정한 임금상승률을 가정함.

- 예상조기퇴직률: 10%/년

: 모든 종업원에 대해 잔여근로기간 동안 일정한 조기퇴직률을 가정함.

- 조기퇴직은 각 근무기간(1년)의 중간시점에 발생

: 모든 종업원에 대해 잔여근로기간 동안 일정한 조기퇴직시점을 가정함.

- 적립방식: 예측단위적립방식

상기 조기퇴직 가정에 의해 잔여근무기간 동안 발생할 수 있는 조기퇴직 사건 혹은 근속사건의 가능한 모든 조합은 아래와 같이 정리할 수 있다(단, 丙의 경우 3년을 근무하였으므로 정상 퇴직이 확정됨).

잔여근무기간 / 가입근로자	1년	2년
甲	조기퇴직	–
	근무	조기퇴직
	근무	근무
乙	조기퇴직	–
	근무	–

3) DBO 및 NC 산출

이상과 같은 가정에 의해, 자격을 갖춘 보험계리사는 ××11년 회계연도 말 현재 시점을 기준으로 확정급여채무의 현재가치 ${}^{act}DBO_1(\times\times 11)$를 아래 표와 같이 산출한다. 현행 "근퇴법 제16조(급여 지급능력 확보 등)"에서 규정하고 있는 기준책임준비금(standard legal reserve: SLR) 산정을 위해 필요하기 때문에 참고로 퇴직금추계액(vested benefit obligations: VBO)을 추가하였다. 즉, 재정 검증을 위해 매 사업연도(t) 말 기준책임금준비금을 먼저 산출하여야 한다. 즉,

- $SLR_1(t) = Max\left\{{}^{act}VBO_1(t),\ {}^{act}DBO_1(t)\right\}$

구분	××11년 회계연도 말 시점 (단위: 원)	
	${}^{act}VBO_1(\times\times11)$	${}^{act}DBO_1(\times\times11)$
甲	$36{,}000{,}000\times\frac{1}{12}$ $=3{,}000{,}000$	$36{,}000{,}000\times\frac{1}{12}\times(1.03)^{0.5}\times(0.1)\times(1.05)^{-0.5}$ $+36{,}000{,}000\times\frac{1}{12}\times(1.03)^{1.5}\times(0.9)\times(0.1)\times(1.05)^{-1.5}$ $+36{,}000{,}000\times\frac{1}{12}\times(1.03)^{2}\times(0.9)^{2}\times(1.05)^{-2}$ $=2{,}897{,}762$
乙	$42{,}000{,}000\times\frac{2}{12}$ $=7{,}000{,}000$	$42{,}000{,}000\times\frac{2}{12}\times(1.03)^{0.5}\times(0.1)\times(1.05)^{-0.5}$ $+42{,}000{,}000\times\frac{2}{12}\times(1.03)\times(0.9)\times(1.05)^{-1}$ $=6{,}873{,}301$
丙	$48{,}000{,}000\times\frac{3}{12}$ $=12{,}000{,}000$	$48{,}000{,}000\times\frac{3}{12}=12{,}000{,}000$
합 계	22,000,000	21,771,063

위의 PBO 산출은 현행 실무에서 적용되는 보편적 산출방식을 적용한 것으로 조기퇴직의 시점(단위기간 초기, 중간, 말기 등)에 따라 산출 값은 다소 차이가 발생할 수 있다. 물론 동일한 퇴직 시점을 적용하는 경우라도 산출의 편의성 관점에서 운용관리금융기관마다 다소 차이가 발생할 수 있다. 또한 산출값이 정기적으로 매년 새로이 산출되고 일종의 추정값이므로 산출의 편의성이 일부 반영되어 계산되기도 한다(연금계리 관점에서 값의 편의(bias)는 유의한 수준 이하로 작아야 한다).

다음으로, DBO 적립을 위해 요구되는 ××12년 회계연도 초에 산출하여야 할 표준부담금 $NC_0(\times\times 12)$은 아래 표로 요약된다.

구분	××12년 회계연도 초 $NC_0(\times\times 12)$ (단위: 원)
甲 $^{甲}NC_0(\times\times 12)$	$36{,}000{,}000\times\frac{1}{12}\times(1.03)^{0.5}\times(0.1)\times(1.05)^{-0.5}$ $+36{,}000{,}000\times\frac{1}{12}\times(1.03)^{1.5}\times(0.9)\times(0.1)\times(1.05)^{-1.5}$ $+36{,}000{,}000\times\frac{1}{12}\times(1.03)^{2}\times(0.9)^{2}\times(1.05)^{-2}$ $=2{,}897{,}762$
乙 $^{乙}NC_0(\times\times 12)$	$42{,}000{,}000\times\frac{1}{12}\times(1.03)^{0.5}\times(0.1)\times(1.05)^{-0.5}$ $+42{,}000{,}000\times\frac{1}{12}\times(1.03)^{1}\times(0.9)^{1}\times(1.05)^{-1}$ $=3{,}436{,}651$
丙	0
합 계	6,334,413

예측단위적립방식의 적립특성이 단위기간(회계연도)별 사전적립(annual initial funding)이므로 연금수리 관점에서는 ××12년 회계연도 초에 $NC_0(\times\times 12)$이 납입되어야 한다. 그러나 회계처리는 ××12년 회계연도 말 시점에서 결산이 진행되기 때문에 ××12년 당기근무원가는 퇴직급여라는 계정과목을 사용하여 당기손익항목으로 아래와 같이 회계처리한다.

- (차변) 퇴직급여(당기근무원가) $\left[{}^{甲}NC_0(\times\times 12)+{}^{乙}NC_0(\times\times 12)\right]\times(1+0.05)$

  (대변) 확정급여채무 $\left[{}^{甲}NC_0(\times\times 12)+{}^{乙}NC_0(\times\times 12)\right]\times(1+0.05)$

예측단위적립방식을 확정급여채무 산정 원칙으로 채택한 국제회계기준의 도입에 따라 연금재정 측면에서 다음과 같은 세 가지 측면에서 효과가 나타날 것으로 보인다. 첫째, 확정급여제도에서 발생한 퇴직급여수급권의 표준화가 정착됨에 따라 종업원의 근로복지가 향상될 수 있다. 둘째, 기업 간 확정급여채무의 비교가능성이 제고되고, 아울러 기업 가치 평가 시에 연금재정에 대한 회계정보의 질이 향상될 것이다. 마지막으로 재무제표에 개별기업 또는 관련 연금공단의 연금재정 특성이 반영됨으로써 재무의사결정의 장단기 탄력성이 제고될 것으로 전망된다.

Ⅲ 미적립채무 관리: 극한 평균-분산 접근[10)]

지금까지 모든 변수가 사전에 결정된 확정모형(deterministic models)을 중심으로 미적립채무를 분석하였다. 이에 근거하여 미적립채무 관리를 위한 3가지 방안을 제시한다. 즉, 최적 자산할당 방안, 최적 예상이율(할인율) 설정 방안 그리고 최적 미적립채무 상각 방안을 순차적으로 알아본다. 주요 목적은 연금재정의 안전성(solvency) 더 나아가 적립의 안정성(stability)을 추구하기 위해서 연금계리 전문인력은 무엇을 해야 하는지에 대한 연금계리 컨설팅 가이드라인을 제공한다. 접근방법은 극한 평균-분산 분석(limiting meanvariance approach)을 사용한다.

1. 기본가정 및 수리모형

많은 연구자들에 의해 제시되고 있는 바와 같이, 연기금 재정의 불안전성은 할인율의 변화 요인과 자산운용 수익률의 변화 요인에 의해 좌우된다. 여기서 할인율은 계산기초의 변경에 의해 발생하는 통제 불가능변수이다. 이러한 이유로 우리는 투자수익률의 변동성에 의해 야기되는 재정의 불안전성(즉, 미적립채무)을 주요 관리 대상으로 설정한다. 여기서 다룰 미적립채무는 경험투자손익에 의해 지배됨을 알 수 있다. 논리의 일관성을 위해서 제II절에서 구축한 미적립채무 확정모형을 기본 모형으로 사용하기로 한다.

- $UL_1(t)$

$$= {}^{\exp}AL_1(t) - {}^{act}F_1(t)$$

$$= \left\{(1+i_t)\times\left[{}^{\exp}AL_0(t)+NC_0(t)\right]-EB_1(t)\right\}$$

$$- \left\{(1+r_t)\times\left[{}^{act}F_0(t)+C_0(t)\right]-B_1(t)\right\}$$

10) 성주호(2007) "퇴직연금 손익위험 관리전략에 관한 연구"에 근거하며 앞 장과의 논리적 일관성을 위해 모형을 일부 변경하고 주요 내용을 재해석하는 등의 과정을 거쳐 수정 보완하였다.

$$= (1+i_t)\times UL_0(t) + (1+i_t)\times[NC_0(t)-C_0(t)] + [B_1(t)-EB_1(t)]$$
$$+ (i_t - r_t)\times[F_0(t)+C_0(t)]$$

여기서 미적립채무를 관리하는 첫 시행연도($t=0$) 초에 산출된 과거근무채무 ${}^{\exp}AL_0(0)$ 그리고 연기금 ${}^{act}F_0(0)$에 의해 관리하는 첫 시행연도 초의 미적립채무 $UL_0(0)={}^{\exp}AL_0(0)-{}^{act}F_0(0)$가 정의된다.

상기의 확정모형을 확률모형(stochastic model)으로 전환하기 위해 아래와 같은 가정을 추가한다.

- 가정 1: 투자수익률을 제외한 계산기초의 각 요소는 100% 실현되며, 모든 경제적 가정(임금상승률, 인플레이션에 연동된 경우 연금지급액 증가율 등)의 성장률은 0%이다(no economic growth over time). 그리고 계산기초의 변경은 없다.
- 가정 2: 가입근로자의 연령별 분포는 항상 일정한 정상구성원(stationary membership)을 유지한다.
- 가정 3: 해당연도(t)의 예상투자수익률(r_t)은 2개 자산모형(two-asset model)에 의해 다음과 같이 결정된다.

해당투자연도(t)	무위험자산(riskless assets)	위험자산(risky assets)
투자구성비	$1-\alpha$	$\alpha,\ 0\% \le \alpha \le 100\%$
예상투자수익률	$r\ (r>0)$	$r+\epsilon_t, \epsilon_t \sim iid\,N(\mu>0, \sigma^2<\infty)$

주) $iid\,N(\mu, \sigma^2)$: 상호 독립적이고 평균 μ이고 분산 σ^2인 정규분포를 나타낸다.

- 가정 4: 미적립채무의 상각은 이연상각방식(spread method)을 적용한다.

위의 가정들은 모두 연기금 운용관리 과정에서 투자수익률에 기초한 연기금의 평균-분산 분석을 위한 기본 가정에 해당한다. 이는 투자기간 동안 포트폴리오의 변경이 없는 장기적 포트폴리오 구성비를 결정하는 정태적 자산할당전략(static asset allocation strategies)을 의미한다. 확정급여형 연기금은 장기운용자산이라는 점을 강조하는 것으로서, 포트폴리오 포지션변경을 정기적으로 허용하는 즉, $\{\alpha_t : t=0,1,2\cdots\}$인 동태적 자산할당전략(dynamic asset allocation strategies)의 비효율성을 배제한 것이다.

먼저 가정 1에 의해, 예상이율(할인율)은 전 기간에 대해 일정하다.

- $i_t = i,\ \forall t$

또한 가정 1과 2에 의해 제II절에서 구축한 연금채무 성장방정식은 균형방정식으로 유명한 Trowbridge의 성숙방정식(equation of maturity)으로 전환됨을 알 수 있다. 즉,

- $AL_1(t) = (1+i_t)\times\left[AL_0(t)+NC_0(t)\right] - EB_1(t)\ \left[={}^{\exp}AL_1(t)\right]$

  $\Rightarrow AL_1 = (1+i)\times\left[AL_0 + NC_0\right] - EB_0,\ AL_1 = AL_0$

다음으로 가정 3에 의해 연기금자산의 투자수익률(r_t)은 아래와 같다.

- $r_t = (1-\alpha)\times r + \alpha\times(r+\epsilon_t) = r + \alpha\times\epsilon_t$

여기서 확률시계열 $\{\epsilon_t : t = 1, 2\cdots\}$은 랜덤워크(random walk process)이며 ϵ_t는 해당연도(t)의 위험자산 투자에 따르는 기대투자수익률의 변동성을 표현한다.

따라서 가정 1과 3에 의해 제II절에서 구축한 자산성장모형 또한 아래와 같이 변경된다.

- $F_1(t) = (1+r_t)\times\left[F_0(t)+C_0(t)\right] - B_1(t)\ \left[={}^{act}F_1(t)\right]$

  $\Rightarrow F_1(t) = (1+r+\alpha\times\epsilon_t)\times[F_0(t)+C_0(t)] - EB_1$

여기서 가정 1에 의해 "$E_1(t) = EB_1(t) = EB_1,\ \forall t$"이다.

마지막으로 가정 4는 K-IFRS에서 미적립채무 상각법으로 인정하고 있는 이연상각방식이다. 이미 제4장에서 상각특성 및 수리모형에 대해 설명한 바 있다. 간단히 살펴보면, 연기금 적립 스케줄 $\{C(t):\ t\ =\ 0,\ 1,\ 2, \ldots\}$은 주적립방식에 의해 산정된 $NC(t)$와 보조적립방식인 이연상각방식에 의한 $AC(t)$에 의해 결정된다. 즉,

- $C_0(t) = NC_0 + AC_0(t),\ \ AC_0(t) = k\times UL_0(t),\ k = 1/\ddot{a}_{\overline{n}|}$

위의 "n"은 적립부족액 혹은 초과적립액을 향후 일정기간에 걸쳐 매 평가년도 초에 정기적으로 균등 상각하는 상각기간을 의미한다. 특히, $k(=1/\ddot{a}_{\overline{n|}})$를 이연상각모수(spread parameter)라고 하며 적립계획의 비효율성을 상징적으로 나타낸다고 하여 이를 벌칙이자율(penalty interest rate)이라고도 한다. 따라서 관리변수 $C_0(t)$를 효율적으로 관리한다는 것은 $AC_0(t)$를 최적으로 결정한다는 의미이다. 왜냐하면, $NC_0(t)$는 주어진 계산기초와 적립방식에 의해 기계적으로 산출되는 값이므로 관리의 효율성을 논할 수 없는 변수이기 때문이다. 더 나아가, $AC_0(t)$는 이연상각모수 k에 의해 지배되고 있다. 그러므로 합리적으로 적립계획 $\{C_0(t): t=0, 1, 2, ...\}$을 수립한다는 것은 궁극적으로 k의 값을 최적으로 결정하는 문제로 귀결된다. 최적 "k" 값을 도출하는 과정은 마지막 절에서 다룬다.

최종적으로 상기 가정들을 적용하여 도출되는 아래의 미적립채무 성장모형은 지금까지 다루어 온 확정모형을 확률모형으로 전환한 것이다.

$$
\begin{aligned}
\bullet\ UL_1(t) &\equiv {}^{\exp}AL_1(t) - {}^{act}F_1(t) \\
&= (1+i)\times[UL_0(t) - AC_0(t)] \\
&\qquad + (i - r - \alpha\times\epsilon_t)\times[{}^{act}F_0(t) + C_0(t)] \\
&= (1+r+\alpha\times\epsilon_t)\times(1-k)\times UL_0(t) \\
&\qquad + (i - r - \alpha\times\epsilon_t)\times[AL_0 + NC_0]
\end{aligned}
$$

위 확률모형이 우리가 지금부터 다루게 될 미적립채무 성장모형이다.

2. 자산할당 방안

미적립채무를 관리한다는 것은 미적립채무의 변동성 리스크를 최소화하는 방안이다. 이를 위해 최우선적으로 의사 결정하여야 할 사항이 자산할당 전략을 구축하는 것이다. 자산할당은 투자포트폴리오를 구성하는 것으로 연기금 운용기관의 최대 관심사가 아닐 수 없다. 여기서 Samuelson(1970), Lipman (1989), Balzer(1995) 등에서 방법론으로 채용하고 있는 테일러전개식(Taylor series expansion)에 근거하여 산출된 평균-분산 모형을 이용한 기대효용최대화전략(strategy for maximizing the expected utility)을 사용한다. 아래의 기대효용함수는 연금계리 및 연금재무에서 보편적으로 활용되는 산식으로, 자산의 기대수익률(r_t), 자산수익률의 변동성($Var(r_r)$) 그리고 투자자의 위험회피수준(risk aversion, λ)으로 구성되어 있다.

- $E[U(r_t)] = E(r_t) - \frac{\lambda}{2} \times Var(r_t)$

  여기서 $E(r_t) = r + \alpha \times E(\epsilon_t) = r + \alpha \times \mu \quad vs. \; Var(r_t) = \alpha^2 \sigma^2$

따라서 $\alpha \times \mu$는 위험자산투자에 대한 리스크프리미엄(risk premium), $\frac{\lambda}{2} \times \alpha^2 \sigma^2$는 기대효용에 대한 리스크 패널티(risk penalty)로 그 재무적 의미를 부여할 수 있다.

또한 위의 기대효용곡선을 평균-분산 무차별곡선(mean-variance indifference curve)이라고 부르기도 한다.

최적 자산배분 방안은 [그림 5-3]의 P점을 도출하는 과정이며 이를 위한 기대효용 극대화 문제는 다음과 같이 표현된다.

그림 5-3 기대효용과 무차별곡선

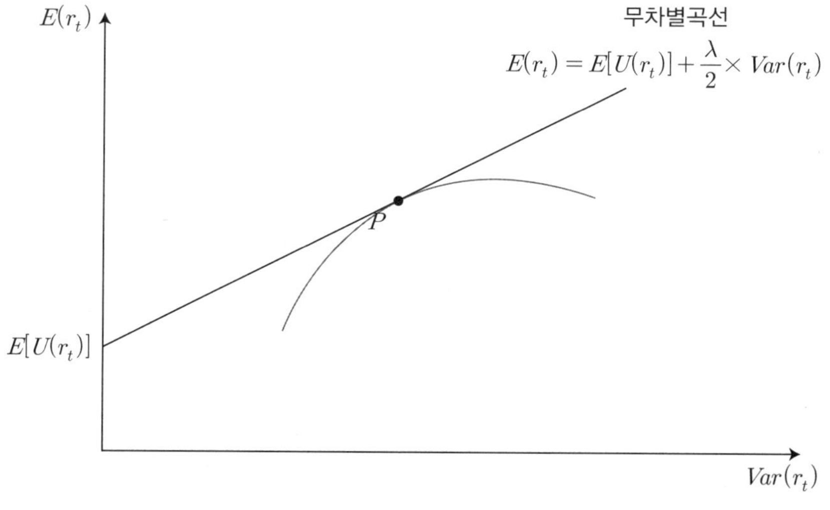

- $\underset{\alpha}{Max}\left\{E(r_t) - \frac{\lambda}{2}\times Var(r_t)\right\}$

  제약식: $E(r_t) = r + \alpha\times \mu,$
  $Var(r_t) = \alpha^2\times\sigma^2$

따라서 α에 대하여 미분을 취하면 우리는 유일한 최적 α(이하 α^*라고 표기함)을 구할 수 있다. 즉,

- $\alpha^* = \frac{\mu}{\lambda\times\sigma^2}$

결론적으로 최적 위험자산 구성비율(α^*)은 분산에 의해 측정된 위험과 투자자의 위험회피 정도에 대해 반비례함을 알 수 있다.

3. 미적립채무의 평균-분산 재귀식

가정 3에 의해 다루어진 식들은 모두 확률과정(stochastic process)에 의해 지배된다고 할 수 있다. 확률투자수익률 $\{r_t:\ t=0,\ 1,\ 2,\ ...\}$에 의해 $\{{}^{act}F_0(t):= 0,1,2,...\}\{UL_0(t):t=0,1,2,...\}$ 그리고 $\{AC_0(t):t=0,1,2,...\}$ 모두 시계열 특성을 갖는다. 연기금의 안전성을 확보하기 위해 우리는 평균-분산 접근법 측면에서 부담금리스크(contribution risk)를 최소화하는 관리전략이 필요하다. 이를 위해 $\{(E[UL_1(t)],\ Var[UL_1(t)]):\ t=0,1,2,...\}$를 규명하여야 한다. 이미 최적 자산배분전략에 의해 $\alpha=\alpha^*$를 구하였으므로 제III-1절(기본가정 및 수리모형)의 미적립채무 확률모형은 다음과 같이 변형된다.

- $UL_1(t:\alpha^*) = (1 + r + \alpha^*\times\epsilon_t)\times(1 - k)\times UL_0(t:\alpha^*)$
  $+ (i - r - \alpha^*\times\epsilon_t)\times[AL+NC]$

위의 재귀식에서 상태변수(state variable) $UL(t)$는 마코브 특성(Markov property)을 가진다는 것을 알 수 있다. 왜냐하면, 평가시점 t까지의 정보집합(information set) $\Psi(t:\alpha^*)\equiv\left\{UL_0(0:\alpha^*),UL_0(1:\alpha^*),...,UL_0(t-1:\alpha^*),UL_0(t:\alpha^*)\right\}$에 대하여 다음이 성립하기 때문이다. 즉,

- $\Pr[UL_1(t:\alpha^*)\,|\,\psi_t] = \Pr[UL_1(t:\alpha^*)\,|\,UL_0(t:\alpha^*)]$

조건부 기댓값 성질을 이용하여 위 식에 기댓값을 취하면 아래와 같이 기댓값에 대한 선형재귀방정식이 도출됨을 알 수 있다. 즉,

- $$\begin{aligned} E[UL_1(t:\alpha^*)] &= E\{E[UL_1(t:\alpha^*)\,|\,\Psi(t:\alpha^*)]\} \\ &= (1 + r + \alpha^* \times \mu) \times (1 - k) \times E[UL_0(t:\alpha^*)] \\ &\qquad + (i - r - \alpha^* \times \mu) \times [AL_0 + NC_0] \\ &= \phi(\alpha^*, k) \times E[UL_0(t)] + R(\alpha^*, i) \end{aligned}$$

여기서

- $\phi(\alpha^*, k) = (1 + r + \alpha^* \times \mu) \times (1 - k)$,
  $R(\alpha^*, i) = (i - r - \alpha^* \times \mu) \times [AL_0 + NC_0]$

위의 평균 재귀식에서 적립관리 실행 초기에 확정적으로 주어진 초기 값 $UL_0(0)$에 대하여 구체화하면

- $$E[UL_1(t)] = \phi(\alpha^*, k)^t \times UL_0(0) + \frac{R(\alpha^*, i) \times [1 - \phi(\alpha^*, k)^t]}{1 - \phi(\alpha^*, k)}$$

위의 해가 운용관리 컨설팅 측면에서 유효한 의미를 갖기 위해서는 유한한 값으로 수렴하여야 한다. 따라서 이를 보증하기 위해서는 아래와 같은 추가 조건이 필요하다. 즉,

- $$0 \le \phi(\alpha^*, k) < 1 \iff 1 - \frac{1}{1 + r + \alpha^* \times \mu} < k \le 1$$

편의상 상기 조건을 만족하는 k를 k°라고 표기한다.

다음으로 조건부 분산 성질을 이용하면 아래와 같이 분산에 대한 선형재귀방정식이 도출됨을 알 수 있다. 즉,

- $Var[UL_1(t:\alpha^*,k^\circ)] = E\{Var[UL_1(t:\alpha^*,k^\circ)\,|\,\Psi(t:\alpha^*,k^\circ)]\}$
$$+ Var\{E[UL_1(t:\alpha^*,k^\circ)\,|\,\Psi(t:\alpha^*,k^\circ)]\}$$

먼저, 첫째 항의 기댓값을 구하면

- $E\{Var[UL_1(t:\alpha^*,k^\circ)\,|\,\Psi(t:\alpha^*,k^\circ)]\}$
$$= E\{[(1-k^\circ)\times UL_0(t:\alpha^*,k^\circ)\times\alpha^*\times\sigma]^2 + [(AL_0+NC_0)\times\alpha^*\times\sigma]^2\}$$
$$- E\{2\times(1-k^\circ)\times UL_0(t:\alpha^*,k^\circ)\times(AL_0+NC_0)\times(\alpha^*\times\sigma)^2\}$$
$$= (\alpha^*\times\sigma)^2\times\{(1-k^\circ)^2\times Var[UL_0(t:\alpha^*,k^\circ)]\}$$
$$+ (\alpha^*\times\sigma)^2\times\{[(1-k^\circ)\times E[UL_0(t:\alpha^*,k^\circ)]-(AL_0+NC_0')]^2\}$$
$$= \tau(\alpha^*,k^\circ)^2\times Var[UL_0(t:\alpha^*,k^\circ)] + \{\tau(\alpha^*,k^\circ)\cdot E[UL_0(t:\alpha^*,k^\circ)] - Q(\alpha^*,i)\}^2$$

여기에서,

$\tau(\alpha^*,k^\circ) = (\alpha^*\times\sigma)\times(1-k^\circ)$ 그리고 $Q(\alpha^*,i) = \alpha^*\times\sigma\times(AL_0+NC_0)$

다음으로, 둘째 항의 분산을 구하면

- $Var\{E[UL_1(t:\alpha^*,k^\circ)|\Psi(t:\alpha^*,k^\circ)]\}$
$$= Var\{\phi(\alpha^*,k^\circ)\times UL_0(t:\alpha^*,k^\circ) + R(\alpha^*,i)\}$$
$$= \phi(\alpha^*,k^\circ)^2\times Var[UL_0(t:\alpha^*,k^\circ)]$$

결론적으로, 부담금리스크의 측도로 사용할 미적립채무의 분산은 다음과 같은 선형재귀식으로 나타난다.

- $Var[UL_1(t:\alpha^*,k^\circ)]$
$$= [\tau(\alpha^*,k^\circ)^2 + \phi(\alpha^*,k^\circ)^2]\times Var[UL_0(t:\alpha^*,k^\circ)]$$
$$+ [\tau(\alpha^*,k^\circ)\times E[UL_0(t:\alpha^*,k^\circ)] - Q(\alpha^*,i)]^2$$

위 식의 일반해를 수학적 귀납법(mathematical induction)을 적용하여 순차적으로 구하여 보면,

- $Var[UL_1(t:\alpha^*,k\diamond)]$

$$
\begin{aligned}
&=[\tau(\alpha^*,k^\diamond)^2+\phi(\alpha^*,k^\diamond)^2]^t\times[\tau(\alpha^*,k^\diamond)\times E[UL_0(0)]-Q(\alpha^*,k^\diamond)]^2\\
&\quad+[\tau(\alpha^*,k^\diamond)^2+\phi(\alpha^*,k^\diamond)^2]^{t-1}\times[\tau(\alpha^*,k^\diamond)\times E[UL_0(1:\alpha^*,k^\diamond)]-Q(\alpha^*,k^\diamond)]^2\\
&\quad\vdots\\
&\quad+[\tau(\alpha^*,k^\diamond)^2+\phi(\alpha^*,k^\diamond)^2]\cdot[\tau(\alpha^*,k^\diamond)\times E[UL_0(t-1:\alpha^*,k^\diamond]-Q(\alpha^*,k^\diamond)]^2\\
&\quad+[\tau(\alpha^*,k^\diamond)\times E[UL_0(t:\alpha^*,k^\diamond)]-Q(\alpha^*,k^\diamond)]^2
\end{aligned}
$$

만약 위의 일반해가 수렴하지 않는다면 운용관리 계리업무의 실제적 실효성을 찾을 수 없다. 따라서 유효한 의미를 갖기 위해서는 일반해가 장기적으로 특정 수치에 수렴함을 보증할 수 있어야 한다. 이를 보증해주는 아래의 추가 조건이 성립할 때 일반해는 수리적, 경제적 의미를 가질 수 있다. $S(\alpha^*)=(\alpha^*\times\sigma)^2+(1+r+\alpha^*\times\mu)^2$ 라고 두면

- $\tau(\alpha^*,k^\diamond)^2+\phi(\alpha^*,k^\diamond)^2<1 \;\Leftrightarrow\; \dfrac{\sqrt{S(\alpha^*)}-1}{\sqrt{S(\alpha^*)}}<k^\diamond\le 1$

이하 논의에서는 상기 조건을 만족하는 $k^\diamond$를 $k^\dagger$라고 표기한다.

4. 조정부담금의 평균-분산 재귀식

조정부담금 납입 계획 $\{AC(t:\alpha^*,k^\dagger):t=0,1,2,\ldots\}$은 앞 절에서 살펴본 통계적 시계열 $\{UL(t:\alpha^*,k^\dagger):t=0,1,2,\ldots\}$에 의해 일대일로 정확하게 대응됨을 알 수 있다. 그러므로, 부담금리스크의 평균-분산 값들 $\{(E[AC_1(t)],Var[AC_1(t)]):t=0,1,2,\ldots\}$은 미적립채무의 평균-분산 재귀식에 의해 각각 순차적으로 결정됨을 알 수 있다. 즉,

- $E[AC_0(t:\alpha^*,k^\dagger)]=k^\dagger\times E[UL_0(t:\alpha^*,k^\dagger)]$
- $Var[AC_0(t:\alpha^*,k^\dagger)]=(k^\dagger)^2\times Var[UL_0(t:\alpha^*,k^\dagger)]$

결론적으로, 부담금리스크 측도와 동일 선상에서, 당기 부담금리스크의 측도로 위 식의 분산을 사용한다.

다음 절에서는 지금까지의 논의의 결과로 도출된 UL 및 AC 의 평균-분산 선형 재귀식을 활용하여, 어떻게 최적 예상이율(할인율)을 결정할 것인지에 대해 알아보도록 한다.

5. 예상이율 설정 방안

이미 살펴본 바와 같이, $\{(E[AC_0(t:\alpha^*,k^\dagger)],\ Var[AC_0(t:\alpha^*,k^\dagger)]) : t=0,1,2,...\}$ 는 전적으로 $\{(E[UL_0(t:\alpha^*,k^\dagger)],\ Var[UL_0(t:\alpha^*,k^\dagger)]) : t=0,1,2,...\}$에 결정된다. 이들의 특성을 고려하여 예상이율(i)을 어느 수준으로 설정할 때, 미적립채무의 변동성을 최소화시킬 수 있는지에 대해 살펴본다. 이미 제2장 할인율 관련 논의에서처럼 경제학자들은 무위험이자율을 사용하여 변동성을 최소화하여야 한다고 주장하고 있다. 하지만 K-IFRS는 매년 회계연도 말 우량회사채의 시장수익률을 기준으로 설정할 것을 규정하고 있다. 여기서 이러한 견해의 차이를 연금수리 관점에서 재조명해보고자 한다. 앞에서 설명한 바와 같이 예정이율이 얼마로 결정되는지에 따라서 표준부담금과 연금채무는 변동된다. 그러므로 i의 결정은 UL 및 AC 값의 변화를 수반한다. 전통적으로 예상이율은 연기금 자산운용의 장기 운용성과에 기초하여야 한다. 이에 근거하여 연금채무와의 수렴 오차를 나타내는 $UL(\infty:\alpha^*,k^\dagger)$, 표준부담금과의 수렴 오차를 나타내는 $AC(\infty:\alpha^*,k^\dagger)$ 각각의 평균을 최소화하는 예상이율을 구하고자 한다. 즉, $\theta \in (0,1)$에 대하여

- $\underset{i}{Min}\ \{\theta \times E[AC(\infty:\alpha^*, k^\dagger)] + (1-\theta)\times E[UL(\infty:\alpha^*, k^\dagger)]\}$

여기서

$$E[AC(\infty:\alpha^*, k^\dagger)] = \lim_{t\to\infty} E[(AC(t:\alpha^*, k^\dagger)] = k^\dagger \times \frac{R(\alpha^*, i_v)}{1-\phi(\alpha^*, k^\dagger)}$$

$$E[UL(\infty:\alpha^*, k^\dagger)] = \lim_{t\to\infty} E[(UL(t:\alpha^*, k^\dagger)] = \frac{R(\alpha^*, i_v)}{1-\phi(\alpha^*, k^\dagger)}$$

상기 해는 아래와 같다. 왜냐하면 $R(\alpha^*, i^*) = 0$.

- $i^* = r + \alpha^* \times \mu$

결론적으로, $C(t)$ 및 $F(t)$ 각각의 이상적 목표값에서 벗어나는 비대칭 통계적 시계열 $\{AC_0(t) = C_0(t) - NC_0\}$ 및 $\{UL_0(t) = AL_0 - F_0(t)\}$를 동시에 조율할 수 있는 주요 통제변수(controlling variables) 중에서 예상이율(i)과 위험자산 투자비중(α)의 최적화 전략을 다루었다. 다음 절에서는 이연상각모수($k^\dagger$)의 최적화에 대해 다룬다.

6. 미적립채무 상각 방안

이연상각방식은 적립 목표값에서 벗어나는 비대칭 통계적 시계열 $\{AC(t) = C(t) - NC(t) : t = 0, 1, \ldots\}$ 및 $\{UL(t) = AL(t) - F(t) : t = 0, 1, \ldots\}$의 변동성(즉, 부담금리스크와 지급능력리스크)을 동시에 조율하도록 설계된 보조적립방식이다. 그 결과 연금계리 전문인력은 적립의 장기적 안정성을 제고할 수 있는 상각 전략을 제시할 수 있어야 한다. 이를 위해 우리는 다음과 같은 적립성과지표(funding performance index, FPI)를 정의한다. 임의의 $\theta \in (0, 1)$에 대하여

- $$FPI(k^\dagger) = \theta \times Var[AC(\infty : \alpha^*, i^*, k^\dagger)] + (1 - \theta) \times Var[UL(\infty : \alpha^*, i^*, k^\dagger)]$$

여기에서

- $$Var[AC(\infty : \alpha^*, i^*, k^\dagger)] = \lim_{t \to \infty} Var[AC(t : \alpha^*, i^*, k^\dagger)] = (k^\dagger)^2 \times \frac{Q(\alpha^*, i^*)^2}{1 - [\tau(\alpha^*, k^\dagger)^2 + \phi(\alpha^*, k^\dagger)^2]}$$

- $$Var[UL(\infty : \alpha^*, i^*, k^\dagger)] = \lim_{t \to \infty} Var[(UL(t : \alpha^*, i^*, k^\dagger)] = \frac{Q(\alpha^*, i^*)^2}{1 - [\tau(\alpha^*, k^\dagger)^2 + \phi(\alpha^*, k^\dagger)^2]}$$

위 “θ”는 기업 재무상태, 사용자의 관심 사항(부담금 안정성 혹은 수급권 보장 등에 대한) 등 제반 내·외생 변수 등을 고려하여 연금계리 전문인력이 합

리적으로 결정하여야 할 사항이다.

이상의 논의 결과를 요약하면 최적 $k^{\dagger}$을 구하기 위한 최적화 문제(optimal control problem)는 아래와 같이 구축된다.

- $\underset{k^{\dagger}}{Min} \ [\theta \times Var(AC(\infty : \alpha^{*}, i^{*}, k^{\dagger}) + (1-\theta) \times Var(UL(\infty : \alpha^{*}, i^{*}, k^{\dagger})]$

$$\Leftrightarrow \ \underset{k^{\dagger}}{Min} \left\{ [\theta \times (k^{\dagger})^{2} + (1-\theta)] \times \frac{Q(\alpha^{*}, i^{*})^{2}}{1 - S(\alpha^{*}) \times (1-k^{\dagger})^{2}} \right\}$$

$k^{\dagger}$에 대한 목적함수 $FPI(k^{\dagger})$는 비선형함수로서 상기 최적화 문제는 일종의 비선형계획법 문제(nonlinear programming problem)에 해당한다. 따라서 최적해를 탐색하기 위해 $FPI(k^{\dagger})$의 함수형태에 대한 검증이 선행되어야 한다. 일차적으로, $k^{\dagger}$에 대하여 미분하여 0으로 두면

- $\theta \times S(\alpha^{*}) \times (k^{\dagger})^{2} + [S(\alpha^{*}) - 2\theta \times S(\alpha^{*}) + \theta] \times k^{\dagger} - (1-\theta) \times S(\alpha^{*}) = 0.$

다음으로 근의 공식을 적용하면 산출되는 두 개의 근 $k_{1}^{\dagger}$, $k_{2}^{\dagger}$(부호 동순)은

$$\frac{-[S(\alpha^{*}) - 2\theta \times S(\alpha^{*}) + \theta] \pm \sqrt{[S(\alpha^{*}) - 2 \times \theta \times S(\alpha^{*}) + \theta]^{2} + 4 \times \theta \times (1-\theta) \times S(\alpha^{*})^{2}}}{2 \times \theta \times S(\alpha^{*})}$$

먼저, 두 근의 적합성을 검증하여 보면, $k_{2}^{\dagger}$값은 제약식을 충족할 수 없다 ($\because \ S(\alpha^{*}) > 1$ 그리고 $\theta \in (0,1)$ 이므로 $k_{2}^{\dagger} < 0$). 따라서 $k_{1}^{\dagger}$만이 적합 가능한 근이다. 다음으로, 두 개의 근이 존재하므로 목적함수 $FPI(k^{\dagger})$는 3차함수 혹은 4차함수로 추론되며, $k_{1}^{\dagger}$는 국부최대점, 국부최소점 혹은 변곡점(local maximum, local minimum or inflection point) 등의 임계점일 수 있다.

이상에서 살펴본 것처럼 목적함수 $FPI(k^{\dagger})$의 복잡성으로 최적해는 아래와 같은 수치 해석적 알고리즘에 의존할 수밖에 없다. 이상의 논의 결과를 집약하면 최종 알고리즘은 아래와 같이 구축된다.

(알고리즘 1) : “$\frac{\sqrt{S(\alpha^{*})} - 1}{\sqrt{S(\alpha^{*})}} < k_{1}^{\dagger} \le 1$” 이면,

$$\Rightarrow \text{ 최적해 } k^* = \underset{k_1^\dagger,\ 1,\ k_0}{Min} \{FPI(k)\}$$

여기서 $k_0 \equiv \lim_{\tau \to 0+} \frac{\sqrt{S(\alpha^*)} - 1}{\sqrt{S(\alpha^*)}} + \tau$ 즉, 관리영역의 최대하한(infimum)으로 정의한다.

(알고리즘 2) : "$\frac{\sqrt{S(\alpha^*)} - 1}{\sqrt{S(\alpha^*)}} < k_1^\dagger \leq 1$"가 아니면,

$$\Rightarrow \text{ 최적해 } k^* = \underset{1,\ k_0}{Min} \{FPI(k)\} \quad \Rightarrow \quad k^* = 1$$

$$(\because \ FPI(1) < FPI(k_0))$$

마지막으로 위 알고리즘을 적용한 수치 결과를 예시하는 것으로 마무리한다.

7. 알고리즘 적용 예시 및 요약

여기서는 지금까지 도출된 최적화 방안에 대하여 수치를 예시한다. 제시하고자 하는 주안점은 연금계리 컨설팅 절차이다. 먼저 연금계리 업무를 수행하는 운용관리 금융기관은 자본시장에서의 예상투자수익률에 대한 기본 가이드라인(즉, 무위험 투자수익률, 투자 대상 위험자산별 리스크 및 리스크프리미엄 등)을 설정한다. 또한 사용자의 위험회피정도에 대하여 다양한 시나리오를 제시한다. 다음으로 연기금 운영의 장기 안정성을 고려하여 연금계리 관점에서 제시할 수 있는 최적 자산할당 방안, 최적 예상이율 설정 방안 그리고 최적 미적립채무 상각 방안 등을 제시한다. 이러한 절차는 수시로 변화하는 경제 및 감독환경에 대응하는 장기 운용 가이드라인으로 활용할 수 있다. 이상의 절차를 요약하면 [그림 5-4]와 같다.

그림 5-4 연금계리 장기 운영 가이드라인(투자위험 예)

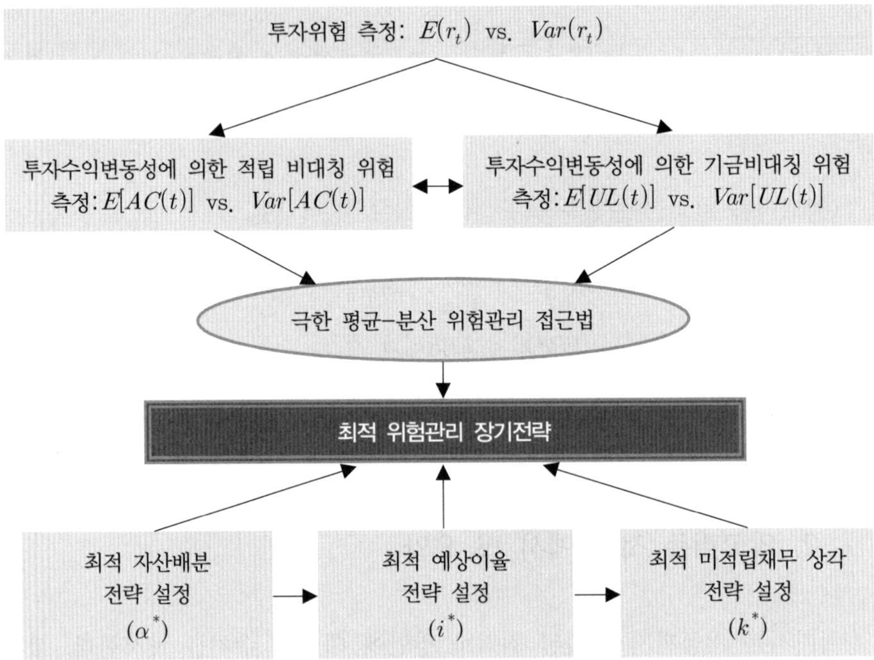

위 연금계리 절차의 수치 예시를 위한 기본가정과 결과는 아래와 같다.

- 수치 예시를 위한 기본 가정
  - 무위험자산의 예상투자수익률: $r=3\%$
  - 위험자산 투자에 따른 리스크프리미엄: $\mu=8\%$
  - 리스크프리미엄의 표준편차: $\sigma=30\%$
  - 투자자의 위험자산 투자에 대한 위험회피계수
    : $\lambda=1.0,\ 1.5,\ 2.0,\ 2.5,\ 3.0,\ 3.5,\ 4.0$
  - 상대적 가중치: $\theta=0.1,\ 0.3,\ 0.5,\ 0.7,\ 0.9$

첫째, 최적 자산배분 전략의 수치 예시는 [그림 5-5]와 같다. 위험자산에 대한 투자위험회피정도가 강하면 강할수록($\lambda\to\infty$), 최적 위험자산 투자비율(α^*)은 '0'으로 수렴함을 알 수 있다.

그림 5-5 최적 위험자산 투자비율(α^*) 예시

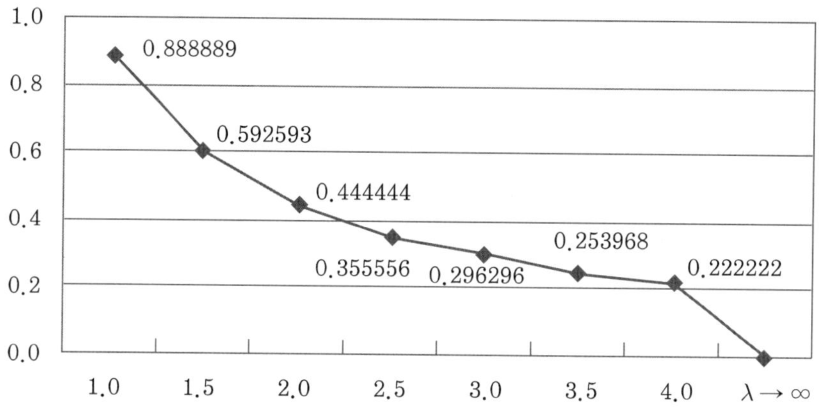

둘째, 위험자산에 대한 최적 투자비율을 반영하는 예상이율(할인율)은 [그림 5-6]으로 요약된다. 위험회피정도가 강하면 강할수록($\lambda \to \infty$), 최적 예상이율(i^*)은 무위험투자수익률(r)로 수렴함을 알 수 있다.

그림 5-6 최적 예상이율(i^*) 예시

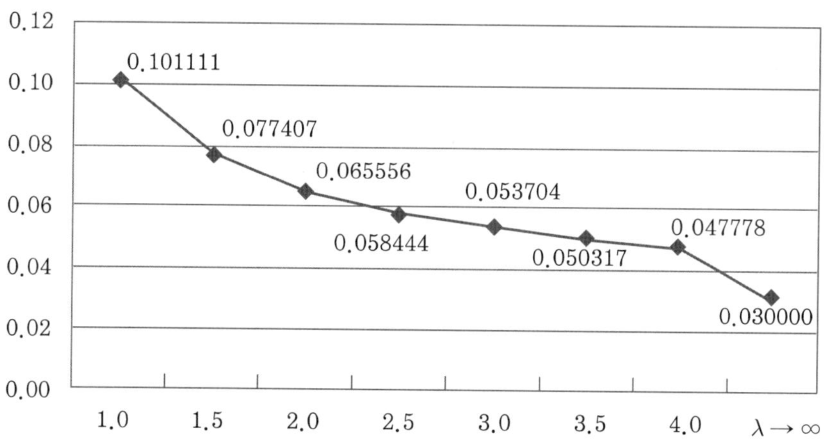

셋째, 위 두 결과에 기초한 (λ, θ) 조합에 대한 미적립채무 상각 예시는 <표 5-3>과 같다. 위험자산에 대한 투자위험회피정도가 강할수록($\lambda \to \infty$) 상

각률이 감소함을 알 수 있다. 또한 지급능력리스크(solvency risk)에 비하여 부담금리스크(contribution risk)가 강조될수록($\theta \rightarrow 1$) 상각률이 감소함을 알 수 있다.

표 5-3 최적 미적립채무 상각률(k^*) 예시

k^*	$\theta=10\%$	$\theta=30\%$	$\theta=50\%$	$\theta=70\%$	$\theta=90\%$	평균
$\lambda=1.0$	0.927231	0.800915	0.683651	0.559008	0.392726	≒ 0.645
$\lambda=1.5$	0.922065	0.788234	0.665038	0.534544	0.359405	
$\lambda=2.0$	0.919609	0.782271	0.656370	0.523278	0.344374	
$\lambda=2.5$	0.918195	0.778860	0.651434	0.516903	0.335968	
$\lambda=3.0$	0.917283	0.776665	0.648269	0.512829	0.330639	
$\lambda=3.5$	0.916648	0.775140	0.646074	0.510011	0.326972	
$\lambda=4.0$	0.916181	0.774021	0.644465	0.507949	0.324299	

끝으로, 향후 확정급여형 퇴직연기금은 빠른 속도로 규모가 확대될 것이다. 그 결과로 투자위험에 대한 대처방안을 모색하는 것 또한 연금계리 업무의 주요 업무가 아닐 수 없다. 향후 연금계리를 담당하는 운용관리 금융기관의 명성은 “얼마나 안정적이고 집약된 연기금 운용관리(stable integrated pension management)를 지속적으로 수행할 수 있는가?”에 의해 결정되어야 한다.

평가문항

1. K-IFRS에서는 보험수리적 손익에 대하여 다음과 같이 규정하고 있다.

   (1) 보험수리적 가정과 실제로 발생한 결과의 차이에서 생기는 손익

   (2) 보험수리적 가정의 변경으로 인해 발생하는 손익

   상기 규정을 각각 연금수리학 관점에서 설명하시오. 그리고 각 경우에 대한 대표적인 예를 하나씩 언급하시오.

2. 계리적 손익은 자산과 채무의 변동성에 의해 정의되고 있다. 여기서 계리적 손익은 투자손익과 채무손익으로 나눌 수 있는데 투자손익이 발생한 경우를 미적립채무 재귀방정식(성장모형)을 구축하여 정의하시오(단, 모든 현금흐름은 보고연도 초에 발생한다고 가정하고, 필요한 변수는 각자 정의하여 사용하시오).

3. ILO(1919년 창설)는 지금까지 연금후진국들에게 연금재정에 대한 자문을 수행하여 왔다. 이들이 권고하는 연기금 자산 성장모형(재귀방정식)을 구축하고 성장모형이 의미하는 수리적 의미를 부연 설명하시오.

4. 확정급여형(DB) 퇴직연기금제도의 라이프사이클은 크게 3단계로 구분된다. 각 단계별 특성을 기술하시오(단, 균형비를 정의하고 이를 사용하여 설명하시오).

5. K-IFRS에서 퇴직급여제도는 기업이 한 명 이상의 종업원에게 퇴직급여를 지급하는 근거가 되는 공식 또는 비공식 협약을 말하며 확정기여제도와 확정급여제도로 구분하고 있다. 여기서 연금계리업무 대상은 확정급여제도이다. 그 이유를 간략하게 기술하시오.

6. 다음 각 명제의 진위여부를 판별하고, 그 이유를 설명하시오.

"Trowbridge(1952)의 성숙방정식은 (계리적) 채무손익이 발생한다."
"정상상태의 연기금 균형방정식(극한방정식)은 (계리적) 투자손익이 발생한다."

7. K-IFRS에서 산출하는 보험수리적 손익과 연금계리 절차에 의해 산출되는 계리적 손익은 산정하는 대상의 범위에서 차이가 있다. 이를 설명하시오(채무손익, 투자손익 개념을 사용할 것).

8. K-IFRS에서 연금계리 관련 퇴직급여원가를 분해하고 각 항목의 회계처리 기준에 대해 설명하시오.

9. 회계연도 말에 당기 보험수리적 손익이 발생하지 않기 위한 전제 조건은 무엇인지 기술하시오.

10. K-IFRS에서 규정하고 있는 확정급여채무(의 현재가치)와 순확정급여부채를 각각 정의하시오.

11. 경험손익과 수정손익을 연금계리 관점에서 비교 구분하시오. 그리고 K-IFRS의 과거근무원가와 연금계리의 과거근무채무는 어떠한 관련성이 있는지 설명하시오.

12. 사외적립자산의 공정가치를 시장가격으로 사용할 수 없는 경우에 적용할 수 있는 계리가치 산출방법에 대해 언급하고 각각의 장단점에 대해 설명하시오.

13. 연금재정의 지속가능성을 담보하기 위해서 연금계리 컨설팅업무는 한층 더 강조된다. 안정적 통합 운용관리(stable integrated pension management)를 지속적으로 수행할 수 있는 연금계리 컨설팅업무 3개와 근거를 기술하시오.

14. 확정급여채무 및 당기근무원가의 산정 원칙으로 K-IFRS는 예측단위적립방식(PUC)을 사용할 것을 권고하고 있다. PUC를 적용함으로써 예측되는 3가지 긍정적인 효과를 기술하시오.

15. 아래의 관계식이 의미하는 바를 설명하고, 등식이 성립하기 위한 조건을 제시하시오.

- ${}^{L}G(t) \neq {}^{\exp}AL_1(t) - {}^{act}AL_1(t)$ vs. ${}^{I}G(t) \neq {}^{act}F_1(t) - {}^{\exp}F_1(t)$

16. 아래 문장을 연금계리 관점에서 논평하시오.

"사용자의 위험회피정도가 강하면 강할수록 위험자산 투지비율은 0으로 수렴하고 예상이율(할인율) 또한 무위험자산 수익률로 수렴한다."

17. 다음 각 명제의 진위여부를 판별하고, 그 이유를 설명하시오.

"보험수리적 손익은 보험수리적 가정의 변경과 경험조정으로 인하여 확정급여채무(현재가치)의 증감이나 사외적립자산 공정가치의 증감이 있을 때 발생한다."

"종업원의 요청으로 인한 해고나 의무적인 퇴직규정으로 인하여 발생하는 종업원급여는 해고급여에 포함된다."

"과거근무원가란 제도 개정(확정급여형 퇴직연금제도 도입, 철회 또는 변경) 또는 축소(대상이 되는 종업원의 수를 유의적으로 감소시킴)로 인해 종업원의 과거기간 근무용역에 대한 확정급여채무(현재가치)가 변동하는 경우의 변동액을 말한나."

"확정급여원가의 구성요소는 근무원가, 순확정급여부채(자산)의 순이자 및 재측정요소로 구성된다."

18. (주)한국전자는 2018년 회계연도 초에 확정급여채무에 해당하는 사외적립자산이 10,000원이다. 2018년 6월 30일에 퇴직급여 1,000원을 지급 완료하였고 또한 6월 30일에 기여금 6,000원을 수령하였다. 2018년 회계연도말의 사외적립자산의 공정가치는 16,000원이다. 2018년 회계연도에 적용되는 할인율은 3%로 일정하고 회계기간 중간에 대해서는 월별 단리(monthly simple interest)를 적용한다. 이러한 경우 2018년 회계연도의 사외적립자산의 실제수익을 당기손익으로 보고해야 할 이자수익 그리고 기타포괄손익으로 보고해야 할 이자수익으로 구분하시오.

제6장

연금재정방식 이론 Ⅱ

CHAPTER 06

연금재정방식 이론 II

정부가 운영하는 확정급여형 공적연금제도(국민연금, 공무원연금, 사학연금, 군인연금 등)는 정부가 제도의 연속성과 가입자의 연금수급권을 무한 보증한다는 특징이 있다. 그러나 정부 재정이 어렵게 되면, 정부는 연금개혁과정을 통하여 연금수급권을 일부 제한하기도 한다. 이러한 공적연금재정은 계속기준에 의해 평가되며, 그 결과로 사적연금재정에서 강조되는 재원적립원칙(funding principle)이 반드시 적용되는 것은 아니다. 이러한 이유로 공적연금재정에 적용되는 연금수리는 사적연금재정에 적용되는 것과는 근본적으로 차이가 있다. 제6장에서는 공적연금재정을 위해 개발된 주요 재정방식과 그 특성을 다룬다.

I 부과방식 재정

사적연금재정은 재원적립원칙에 근거하여 100% 완전적립을 목표로 한다. 그러나 공적연금제도는 일반적으로 정부가 급여 지급과 제도의 연속성을 보증하므로 100% 완전적립을 목표로 하지는 않는다.

1. 개요

우리나라를 비롯하여 대부분의 선진국들의 공적연금은 확정급여형 제도이다. 사전에 약정한 확정급여가 발생하면 이를 충당하기 위한 합리적 방법을 모색하게 되는데 이를 재정방식(financing system) 또는 재원조달방식이라고 한다. 확정급여형 공적연금제도의 재정방식으로는 완전부과방식(full PAYG system)과 완전적립방식(full funding system)이 있는데 완전부과방식은 별도의 연기금자산이 없는 순수한 부과방식을 의미하고 완전적립방식은 연금채무에 해당하는 연기금자산을 100% 적립하고 있는 것을 말한다. 현재 이 두 재정방식 중 어느 한 경우를 취하고 있는 나라는 찾아보기 힘들다. 실제로 완전부과방식을 채택하면 중단기적 유동성리스크에 직면할 개연성이 높으므로 대부분의 공적연금제도는 유동성 부족문제를 해소할 목적으로 유동성기금(notional funds for liquidity)을 일부 보유하고 있다. 또한 공적연금재정의 안정성 및 유동성을 확보하기 위해 유동성기금보다 한층 더 강화된 별도의 예비기금(contingency funds)을 조성하기도 한다. 이는 완전적립방식이 경제 환경 및 인구변화에 유연하게 대처하지 못하는 단점을 보완하기 위함이며 이러한 예비기금에는 아래의 3가지 형태가 있다.

- **완충기금(precautionary funds)**

: 주로 경제 변수(대량실업 등)가 연금재정의 안정성에 미치는 일시적 충격을 완화하기 위해 준비하는 예비기금을 말한다. 일반적으로 (기금)적립배율 100%~300% 수준의 예비기금을 보유한다.

- **평활기금(smoothing funds)**

: 주로 경제 환경 변화 및 인구 변화(베이비붐 세대의 퇴직 등)가 연금재정의 안정성에 미치는 중·장기적 충격을 사전에 예방할 목적으로 별도로 적립하는 예비기금을 말한다. 이는 급격한 보험료의 상승을 완화할 목적에서 사전에 별도로 적립하는 것이다. 즉, 매우 낮은 수준의 적립비율(funded ratio)을 유지한다.

• **영구기금**(permanent funds)

: 가입자의 보험료 부담을 장기투자수익으로 일부 완화할 목적으로 적립하는 기금을 말한다. 대부분의 선진국은 2.5~3.5년 정도의 부과대상 임금보수 총액에 해당하는 기금을 장기투자자산으로 별도 운용하기도 한다.

결론적으로 공적연금제도의 재정방식은 아래 식과 같이 표현할 수 있다. 즉,

• 공적연금재정방식 $= \theta \times$ 완전적립방식 $+ (1-\theta) \times$ 완전부과방식, $0 \leq \theta \leq 1$

여기서 "$\theta = 1$"인 경우는 확정기여형 공적연금제도(예: 칠레, 호주 등)에서만 적용되고 있을 뿐 확정급여형 공적연금제도에서는 찾아볼 수 없다. "$\theta = 0$"인 경우는 일정수준의 유동성기금만을 가지고 있는 국가들(예: 독일, 프랑스 등)이 해당된다. 한편, "$\theta \rightarrow 1$"로 근접하면 수정적립방식(revised funding system)이라 하고 일본, 한국 등에서 발견된다. 또한 "$\theta \rightarrow 0$"으로 근접하면 수정부과방식(revised PAYG system)으로 구분하며 미국, 캐나다 스웨덴 등이 채택하고 있다(<표 6-1> 참조). 이러한 수정적립방식 혹은 수정부과방식은 완전적립방식과 완전부과방식의 중간에 위치하는 혼합형재정방식(mixed funding system)으로 이해할 수 있다. 현재 우리나라의 국민연금(세계 4대) 그리고 일본의 후생연금(세계 최대)은 공적 연기금 규모 수준으로 보았을 때 모두 수정적립방식으로 분류된다.

표 6-1 확정급여형 연금재정방식 특성

재정방식	특성
완전적립방식	매 평가시점 마다 약정한 총 발생급여(연금채무 평가액)에 해당하는 연기금자산(적립금 평가액)을 100% 사전에 적립하는 것을 원칙으로 하는 재정방식. 즉, 항시적으로 적립비율 100%를 적립목표로 하며 이를 위해 가입자별 재원적립원칙(수지상등의 원칙)을 적용하는 사적연금제도에서 활용성이 높음. 이러한 이유로 세내간(intra-generation) 또는 세대간(inter-generation) 연대성(소득재분배) 기능은 없음.

수정적립방식 (부분적립방식)[1]	적립비율 100%를 목표로 하지는 않지만 일정수준 이상의 적립비율을 유지하는 것을 원칙으로 하는 재정방식. 예를 들어, 근퇴법에서 기준책임준비금 대신에 최소적립금을 법정책임준비금으로 설정하여 100% 적립을 원칙으로 하는 경우 또는 국민연금처럼 유동성기금 차원을 벗어난 상당수준의 연기금자산을 별도로 적립하는 경우 등은 이에 해당함.
수정부과방식	완전부과방식에 가깝지만 향후 인구 및 경제 환경 변화에 능동적으로 대처하기 위해 예비기금을 별도로 적립하는 재정방식. 이는 연금채무에 대비한 일정수준의 적립금을 확보하는 수정적립방식과는 차이가 있으며, 단지 보험료의 급격한 상승 요인을 사전에 방지하기 위해 일정 수준의 예비기금을 조성하는 것임.
완전부과방식	당해 연도의 급여지출액은 당해 연도 수입으로 충당하는 균형재정방식으로 유동성기금을 제외한 연기금은 없음. 세내간 및 세대간 연대성 강조 그리고 제도의 연속성이 보장되는 공적연금제도에서 활용성이 높음.

역사적으로 살펴보면, 제도를 처음으로 시행하는 신생단계(즉, 재정수입 > 재정지출)에서는 일반적으로 완전적립방식을 표방하는 재정방식(an extension of the full funding principle)을 취하게 된다. 하지만 시간이 경과됨에 따라 재정성숙단계(즉, 재정수입 ≒ 재정지출)로 접어들게 되면 자연스럽게 완전부과방식으로 전환하게 된다(예: 1957년 부과방식으로 전환한 독일의 경우). 또는 부과방식의 소득재분배 기능을 강조하여 정책적으로 서둘러 부과방식으로 전환하기도 한다(예: 1960년대 초 미국은 소득재분배의 정책적 효과를 위해 수정부과방식으로 전환하였고 1972년에는 완전부과방식으로 전환하였음). 한편 연기금 자산운용의 실패로 인한 재정적자가 가속화되고 인구 고령화로 인한 수지 불균형 상황이 지속될 것으로 판단하여 부과방식으로 전환한 경우도 있다(예: 1970년대 초 일본). 현재 일본의 공적연금(후생연금+공제연금)은 세계최대 연기금을 보유하고 있어 우리나라처럼 수정적립방식의 특성을 갖는다. 이와 같이 대부분의 선진국 공적연금(특히 국민연금)은 (완전, 수정)부과방식을 기본 재정방식으로 채택

1) 수정부과방식을 부분적립방식(partial funding system)으로 분류하기도 한다. 일본 산재보험은 장기성급여(장애연금, 유족연금 등) 발생 시 예상되는 급여총액을 일시에 완전적립하는 반면에 단기성급여(요양급여, 재활급여 등)은 순수부과방식으로 운영하고 있다. 일본에서는 이를 "충족부과방식"이라고 하며, 부분적립방식의 특성을 갖는다.

하고 있다. 이미 제4장에서 설명한 바와 같이 부과방식은 사회보험의 일반재정원칙(연 단위 수지균형재정)에 부합한다. 이러한 간편성으로 인해 보험수리학에서는 주로 적립방식 분석에 초점을 두고 있다.[2)]

결론적으로, 공적연금제도는 제도발족 당시에 적립방식을 채택했다 하더라도 (경제, 인구 등) 환경의 변화로 적립부족이 발생할 수 있다. 도입단계의 "저부담 · 고급여"라는 내재된 재정불균형이 점차 적립부족이라는 결과로 나타나기 때문이다. 이 때 적립부족분을 즉시에 상각하는 추가보험료가 적립되면 적립방식을 유지할 수 있다. 그러나 매년 새로이 발생하는 적립부족을 해소하는 추가재정조치가 계속 지연되면 적립방식은 점차 (수정 혹은 완전)부과방식에 가까워지게 된다. 사적연금제도는 청산기준에 의해 재정평가가 이루어지므로 적립방식이 합리성을 갖는다. 반면에 공적연금제도는 정부가 제도의 연속성을 보장하므로 계속기준에 근거한 완전부과방식도 재정방식으로 인정된다.

2. 부과방식과 폰지게임

국민연금과 같은 공적연금제도는 보편적으로 도입단계에 저부담 · 고급여 체계로 시작하는 점, 세내간(intra-generation) 소득재분배 그리고 세대간(inter-generation) 재정적 형평성 제고와 같은 사회 정책적 기능이 강조되는 점 등으로 개인별 수지상등의 원칙에 합당한 부담금 산정이 어렵다. 이러한 이유로 제도가 성숙되어 가면 부과방식으로 전환되어 가입근로자의 조세수입 및 공적연금보험료 수입에 근거하여 정부가 급여지급을 위한 재원을 조달한다. 그러므로 부과방식은 급여를 수령하는 노령층과 재원조달을 담당하는 젊은층 간의 신 · 구 갈등 요소(즉, 잠재적 미적립연금채무(implicit pension debt)를 세대간 이전하는 결과임)가 내재되어 있다. 실제로 부과방식은 공적연금을 비롯하여 사회보험 전반에 적용되는 보편적 재정방식으로 인식되고 있다. 부과방식의 효용성과 전제조건에 대한 아래의 기고문은 그 시사하는 바가 크다.

2) FACTS(International Financial and Actuarial Service)의 수석계리사였던 Iyer(1999)는 그의 저서를 통해 기업연금에 비교하여 국민연금의 재정이론은 매우 빈약한 것으로 평가하였다. 그 주된 이유로 국민연금이 주로 부과방식으로 운영됨에 따라 정교한 재정이론은 큰 의미가 없기 때문이라고 지적한 바 있다.

"The beauty of social insurance is that it is actuarially unsound. Everyone who reaches retirement age is given benefit privileges that far exceed anything he has paid it. … How is this possible? It stems from the fact that the national product is growing at compound interest and can be expected to do so for as far ahead as the eye cannot see. Always there are more youths than old folks in a growing population. More important, with real incomes growing at some three percent a year, the taxable base upon which benefits rest in any period are much greater than the taxes paid historically by the generation now retired. … A growing nation is the greatest Ponzi game ever contrived."

자료: 1970년 노벨경제학상 수상자 P.A. Samuelson(1915~2009)의 Newsweek 기고문(1967. 2. 13)에서 일부 발췌함.

살펴보면, 경제적으로 그리고 인구 통계적으로 성장하는 국가의 부과방식 재정을 "가장 훌륭한 폰지게임"으로 비유하고 있다. 이는 제4장에서 살펴본 Aaron(1966)의 사회보험역설(social insurance paradox)과 동일한 내용임을 알 수 있다. 폰지게임은 Charles Ponzi(1882~1949)에 의해 1931년 사회적 이슈가 된 미국 금융사기수법을 경제학자들이 탐구하면서 붙여진 경제용어이다. 폰지게임에서는 비정상적으로 높은 수익률을 약속하여 새로운 투자자들을 유인하고 이를 통해 형성된 기금은 그 이전 투자자들의 투자 원금과 이자를 상환하는데 사용되는 현금흐름 특성을 갖는다. 더 많은 신규 투자자 그리고 더 많은 신규 투자금이 확보된다면 폰지게임은 지속되는 것이다. 인구 및 경제가 계속 성장하는 국면이라면 조세재원의 충분성으로 인해 신·구 갈등 요소를 해소할 수 있어 부과방식이 훌륭한 재원조달 방법임을 시사하고 있다. 즉, 적립부족액은 지속적으로 증가하더라도 급여지급에 따르는 재원조달 문제는 발생하지 않는다는 것이다. 반대로 인구구조 및 경제상황이 쇠퇴 국면이라면 폰지게임과 같은 부과방식은 더 이상 연금제도의 지속가능성을 보장할 수 없게 된다. 연금수리학에서는 이와 같은 상황에 처한 공적연금제도는 "파산으로 가는 폰지제도(Ponzi Scheme on the way to bankruptcy)"라고 표현한다. 결론적으로 부과방식은 폰지게임의 긍정적 측면과 부정적 측면이 공존하는 재정방식이다.

우리나라를 비롯하여 대부분의 선진국들이 정기적으로 공적연금제도에 대해 장기재정추계를 실시하는 근본적 이유 또한 이와 무관하지 않다. 실제로 통계청이 발표한 아래의 노년부양비(old-age dependency ratio)[3]를 살펴보면 세대 간 재정 갈등요소가 더욱 확대될 개연성이 높다. 또한 3차에 걸친 국민연금 장기재정추계에서 공통적으로 2060년대 초에 연기금이 고갈될 것으로 추정되고 있어 부과방식에 대한 Samuelson의 극찬, 즉 사회보험역설은 더 이상 지속되기가 힘든 구조이다.

그림 6-1 우리나라의 노년부양비 추계

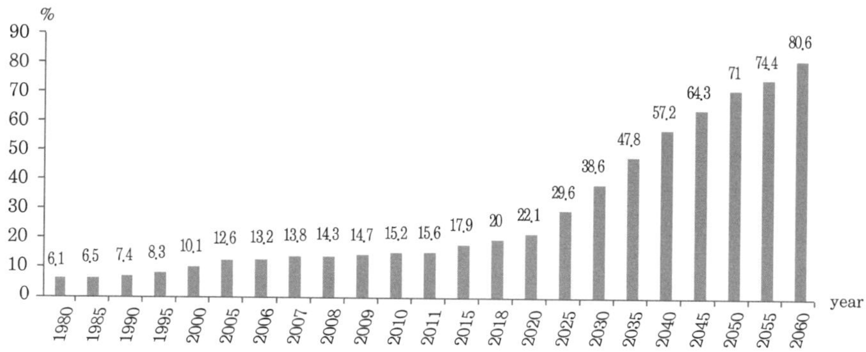

자료: 통계청(2011.12), 장래인구추계

3. 부과방식과 미적립채무

대부분의 선진국 공적연금제도는 확정급여형 연금제도를 운영하고 있으며, 적립준비금 규모의 차이는 있지만 (완전 혹은 수정)부과방식을 채택하고 있다. 따라서 향후 재정의 지속가능성을 정기적으로 점검할 필요성이 있다. 이러한 재정평가의 결과를 미적립채무(unfunded obligations)라고 하며, 대표적으로 미국은 매년, 캐나다는 3년마다 국민연금 미적립채무를 산정하여 공표하고 있다. 우리나라의 경우는 다음 절에서 다룬다.

연금수리학에서는 부과방식을 채택하고 있는 공적연금제도의 미적립채무는 다음과 같이 두 가지로 분류하고 있다.

- 폐쇄형 미적립채무(closed group unfunded obligations, $^{Closed}UL$)
- 개방형 미적립채무(open group unfunded obligations, ^{Open}UL)

3) UN 기준에 의하면, "65세 이상 노령인구 ÷ 15세~64세 생산가능인구"로 정의된다.

공적연금제도는 사적연금제도와는 달리 제도의 연속성을 전제로 설립되었다. 이러한 이유로 폐쇄형 측정법(closed group approach)이든 개방형 측정법(open group approach)이든 모두 제도의 지속성을 전제로 미적립채무를 산정한다. 따라서 발생급여적립방식(예: 예측단위적립방식)이 아닌 예측급여적립방식(예: 가입연령방식) 적용을 원칙으로 한다.

폐쇄형은 평가시점 현재기준으로 기여가입자에게 장래에 지급하여야 할 것으로 추정되는 급여현금흐름(future cost)의 계리현가와 급여수급자에게 연금수급기간 동안 지급할 것으로 추정되는 급여현금흐름의 계리현가를 각각 산정하여 합산한다. 또한 유입될 투자수익(정부지원금이 계획되어 있으면 이를 반영하여) 현금흐름의 현가 그리고 적립기금을 고려하여 미적립채무를 산정한다. 예상되는 현금흐름의 현가 혹은 계리현가는 무한기간(infinite horizon)을 설정하고 계리적 가정, 현재의 기여율 체계, 현재의 급여지급 규정 등을 적용하여 산출한다. 이와 같이 사적연금의 폐쇄형은 현재 가입자의 기발생 급여채무 산출에 초점을 두지만(즉, 기발생주의), 공적연금의 폐쇄형은 현재 가입자에 대한 재정지속성을 점검하므로 향후 급여채무의 증감 여부에 초점을 둔다(즉, 미래발생주의). 평가일 현재(t)를 중심으로 요약하면 다음 표와 같다.

표 6-2 폐쇄형 미적립채무

<table>
<tr><td rowspan="4">현재 기여가입자에게 장래에 지급될
급여(future cost) 현금흐름의 계리현가
+
현재 급여수급자에게 지급될
급여 현금흐름의 계리현가
‖
$^{Closed}APV(TB(t))$</td><td>폐쇄형 미적립채무
(Closed Group unfunded obligation)
$^{Closed}UL(t)$</td></tr>
<tr><td>현재 기여가입자가 장래에 납입할
기여금(future income)의 계리현가
$APV(C(t))$</td></tr>
<tr><td>투자수익(정부지원금 포함) 현금흐름 현가
$PV(I(t))$</td></tr>
<tr><td>적립 기금액
$F(t)$</td></tr>
</table>

주) 급여지급 내용의 변경, 기여율의 변경, 정부지원금 등이 미래 특정시점으로 확정되어 있는 경우는 그 이후 시점부터 반영한다.

- $^{Closed}UL(t) = {}^{Closed}APV(TB(t)) - [F(t) + PV(I(t)) + APV(C(t))], \quad \forall t$

다음으로 개방형은 아래 <표 6-3>처럼 현재 가입자(기여가입자, 급여수령자 등)뿐만 아니라 장래에 유입될 것으로 추정되는 미래 기여가입자를 포함하여 재정상태를 추정하게 된다. 미래 신규 기여가입자를 포함하고, 이들에게 장래에 지급될 것으로 추정되는 급여현금흐름과 이들이 납입할 것으로 추정되는 기여금현금흐름 모두를 고려한다. 2013년에 국제계리사회(IAA)는 국가별로 다양하게 제공되고 있는 사회보장연금(social security pension)의 재정검증을 개방형 측정법으로 수행하도록 관련 규정을 신설하였다.

표 6-3 개방형 미적립채무

현재 기여가입자에게 장래에 지급될 급여(future cost) 현금흐름의 계리현가	개방형 미적립채무 (Open Group unfunded obligation) ${}^{Open}UL(t)$
+ 미래 기여가입자에게 장래에 지급될 급여 현금흐름의 계리현가	투자수익(정부지원금 포함) 현금흐름 현가 $PV(I(t))$
+ 현재 급여수급자에게 지급될 급여 현금흐름의 계리현가	현재 및 미래 기여가입자가 장래에 납입할 기여금의 계리현가 $APV(C(t))$
‖ ${}^{Open}APV(TB(t))$	적립 기금액 $F(t)$

주) 급여지급 내용의 변경, 기여율의 변경, 정부지원금 등이 미래 특정시점으로 확정되어 있는 경우는 그 이후 시점부터 반영한다.

- ${}^{Open}UL(t) = {}^{Open}APV(TB(t)) - [F(t) + PV(I(t)) + APV(C(t))], \quad \forall t$

4. 국가회계기준과 연금충당부채

우리나라는 국가재정 투명성과 공공책임성을 제고하고 공공부문의 생산성 향상에 기여하기 위해 「국가회계법(2007.10.17. 제정, 2009.1.1. 시행)」을 마련하였다. 이어서 「국가회계기준에 관한 규칙(2009.3.19. 공포, 2009.1.1. 시행)」을 규정하고 일반회계·특별회계(18개) 및 모든 기금(62개)의 회계처리에 동일하게 적용한다. 세부적으로 기획재정부는 연금충당부채 산출을 위한 표준지침으로

「연금회계준칙(2011.8.3. 고시, 2011.1.1. 시행)」을 제정하였다. 이는 국제회계기준(IFRS) 종업원급여(IAS 19 Employee Benefits)에서 권고하고 있는 보험수리적 연금채무 평가규정에 기초하고 있다. 요약하면,

- 연금충당부채 산정 대상은 공무원연금과 군인연금으로 한정한다(사학연금과 국민연금은 제외되었음).
- 연금충당부채는 연금수급자와 연금미수급자로 분류하여 산정한다.
- 재정상태표일 현재 인식하여야 할 연금충당부채는 보험수리적 가정(할인율, 급여상승률, 물가상승률 등)에 근거하여 산출한 다음 ⓐ와 ⓑ 합계액으로 한다.

  단, 할인율은 재정상태표일 현재 국공채의 시장수익률을 참조하여 결정하며, 기획재정부장관은 연기금 전문가 자문을 구한 후 공적연금제도에 공통적으로 적용할 할인율을 제시할 수 있다.

  ⓐ 연금수급자에게 재정상태표일 이후 장래 연금수급기간 동안 지급할 것으로 추정되는 연금을 재정상태표일의 현재가치로 평가한 금액

  ⓑ 연금미수급자에게 장래에 지급하여야 할 연금추정지급액 중 재정상태표일 현재 귀속되는 금액을 재정상태표일의 현재가치로 평가한 금액

위에서 ⓐ와 ⓑ에서 "현재가치로 평가한 금액"은 예측단위적립방식(PUC)을 적용한 예측급여채무(PBO)를 의미한다. 그러나 "연금회계준칙" 부칙 제3조 및 "연금회계 평가 및 공시지침"에 따라 2011, 2012 회계연도는 예외적으로 연금미수급자의 연금충당부채는 현재단위적립방식(CUC)을 적용한 누적급여채무(ABO)로 대체할 수 있도록 하였다. 제3장에서 설명한 바와 같이 ABO와 PBO는 서로 다른 연금충당부채를 산출하지만 연금수급자에 대해서는 동일한 값을 제공한다. 다만, 연금미수급자에 대해서는 장래 임금보수 상승률이 할인율보다 크다고 가정하면 PBO가 ABO보다 높은 값을 산출한다. 이상의 설명을 연금수리학 관점에서 정리하면 <표 6-4>와 같다.

표 6-4 연금충당부채 vs. 미적립채무

<table>
<tr><td rowspan="2">재정상태표일 현재(t)
연금미수급자의 연금충당부채
$PBO(t;$ 연금미수급자$)$
+
재정상태표일 현재(t)
연금수급자의 연금충당부채
$PBO(t;$ 연금수급자$)$
‖
재정상태표일 현재(t)
연금충당부채
$PBO(t)$</td><td>재정상태표일 현재(t)
미적립채무
$UL(t)$</td></tr>
<tr><td>재정상태표일 현재(t)
적립 기금액
$F(t)$</td></tr>
</table>

현재 국민연금과 사학연금은 연금충당부채를 산정하여야 할 법적 의무는 없다. 하지만 연금충당부채는 공적연금의 장기재정평가지표 및 국가채무지표로서 유용하기 때문에 향후 그 활용성이 확대될 것으로 예상된다.

5. 장기재정추계

우리나라의 공적연금제도는 부분적립상태에 있으며(군인연금은 완전 고갈) 가까운 미래에 기금이 고갈될 것으로 예측되고 있다. 이와 같이 부과방식 연금제도는 항상 기금고갈과 같은 위기에 노출되어 있어 미래 재정의 수지불균형 정도를 정기적으로 검증하는 절차가 필요하다. 이를 장기재정추계(long-term cash-flow projections)라고 한다. 현재 국민연금, 사학연금, 군인연금 및 공무원연금은 각각 5년마다 40년 이상의 추계기간을 설정하여 장기재정추계를 시행하고 있다. 추계의 궁극적 목표는 현행 제도하에서 추계연도별로 수입과 지출의 규모를 추정하고 최종추계연도 말에 일정 수준의 적립준비금을 확보하기 위한 적정 보험료 수준을 추정하는 것이다. 즉, 현행 보험료율이 장기적인 지불능력을 확보하기에 충분한지에 대해 점검하고, 만약 장기적 지불능력을 확보하기에 불충분하다고 평가될 경우 재정안정에 필요한 보험료를 추계함으로써 재정안정화 방안을 강구하는 데에 초점을 맞추고 있다. 예를 들어, '추계기간 60년, 최종추계연도 말에 기금적립배율을 200% 달성하기 위해서는 추계기간에 걸쳐 매년 16.5%의 보험료율이 요구된다'와 같은 결과를 도출한다. 재정추계는 현재 기여가입자, 급여수급자뿐만 아니라 미래 예상되는 가입자 모두를 포함하여 연금재정을 진단하게 된다. 이와 같은 추계방법론을 개방형측정법[4]이라고 하며 대부분의 나라가 채택하고 있다. 예를 들어, 미국(장기추계기간 75년, 단기추계기간 10년으로 매년 실행), 캐나다(추계기간 75년으로 3년마다 시행), 영국(추계기간 60년으로 5년마다 시행), 일본(추계기간 60년으로 5년마다 시행) 등도 우리처럼 개방형측정법에 근거하여 장기재정추계를 실시하고 있다. 추계를 수행하는 기본 절차에 대해 알아보면 다음과 같다.

- 첫째, 추계기간에 대하여 연도별 가정변수 값을 먼저 추정한다. 주요 가정변수는 [그림 6-2]와 같다.

그림 6-2 장기재정추계 주요 가정변수

인구통계적 연도별 가정	경제적 연도별 가정	제도 연도별 가정
· 출산율 · 출생성비 · 사망률 · 국제이동 (이민 유입, 유출)	· 경제성장률 · (명목, 실질)임금상승률 · (명목, 실질)금리 · 물가상승률 · 기금투자 수익률 · 취업인구비율 · 경제활동참가율	· 지역가입자의 납부예외자 비율 · 지역가입자 징수율 · 사업장 가입자 대비 지역가입자 소득 · 관리비

특히, 장기추계의 불안정성을 보완하기 위해 인구통계변수와 경제변수는 각각 3점 추정치(intermediate, high-cost, low-cost assumptions)를 제시하고 중립적 가정(intermediate assumptions)을 재정추계의 기본 시나리오로 설정한다.

- 둘째, 현행 제도에서 상기 가정변수를 적용하여 추계연도별로 <표 6-5>와 같은 수입·지출 내역을 산출한다. 물론 수입·지출 항목은 나라마다 혹은 운영기관마다 차이가 발생할 수 있다. 예를 들어, 미국의 국민연금제도(OASDI)는 국가보조금을 수입항목으로 잡지만, 우리나라

4) 신규가입자의 유입을 허용하지 않고 특정 평가시점의 기여가입자 그리고 급여수급자에 대해서만 평가하는 것을 폐쇄형측정법이라고 하며 사적연금제도에서 주로 활용된다.

는 보험료 수입과 투자수익으로 한정된다.

표 6-5 추계연도(21년) 수입 · 지출 내역**

추계연도 초 적립기금	수입			지출			추계연도 말 적립기금
	총 기여가입자 수: ②			총 급여수급자 수: ③			
	보험료 수입	투자 수익	총수입	관리비	급여 지급총액	총지출	
①	④	⑤	④+⑤=⑥	⑦	⑧	⑦+⑧=⑨	①+⑥−⑨=⑩

만약 추계기간이 2012년부터 2100년까지라면 총 89개의 연도별 수입 · 지출 내역을 연속적으로 추정한다.

- 셋째, 위와 같은 추계연도별 수입 · 지출 내역으로부터 연금재정 상태를 파악할 수 있는 재정지표를 산출한다. 나라마다 혹은 관리기관마다 산출하는 재정지표는 다소 차이가 있다. 이는 적립기금의 규모, 재정추계의 역사, 재정추계를 위한 내부 인적 역량 등에 기인하는 바가 크다. 보편적으로 혹은 공통적으로 산출되는 주요 재정지표는 <표 6-6>과 같이 요약할 수 있다.

표 6-6 추계연도(21년) 주요 재정지표**

재정수지 (재정수지율)	(기금) 적립배율	부과방식 비용률	노령부양비 (제도부양비)	기금 적립률	급여지출 비율	보전율
⑥−⑨ (⑨÷⑥)	①÷⑨	⑧÷TP	③÷②	⑩÷M	⑧÷M	(⑨−⑥)÷M

주1) 재정수지(actuarial balance)는 모든 나라가 동일하게 정의하고 있지만, 재정수지율(actuarial balance ratio)은 "(⑥−⑨)÷⑨"로 정의하기도 한다(특히 미국의 경우).
주2) TP은 평가연도(2**1년) 부과대상 임금보수총액(taxable payroll)을 그리고 GDP는 평가연도(2**1년) 국내총생산을 각각 나타낸다.
주3) M = GDP 혹은 TP(필요에 따라 두 가지 모두를 예시하기도 함). M을 기준 금액으로 설정하는 이유는 국가경제규모를 반영하기 위함이다. 특히 각 나라마다 경제규모가 다르기 때문에 국가별 공적연금 재정상태를 비교 분석할 때에는 자국의 GDP를 재정지표의 기준 금액으로 널리 사용한다.
주4) 부과방식비용률(혹은 수지균형보험료율)은 완전부과방식 보험료율을 의미하며, 현재 수정적립방식으로 운영되고 있는 (국민, 사학, 공무원)연금제도가 완전부과방식으로 전환되었을 경우에 예상되는 보험료율이다.
주5) 노령부양비는 일반적으로 기여가입자와 급여수급자의 비율로 정의되는데, 국민연금은

노령연금수급자로 한정하여 이를 제도부양비로 정의하고 있다. 현재 우리나라는 저출산, 저성장 그리고 급속한 고령화가 진전되고 있어 향후 급여수급자 수의 급속한 증가와 기여가입자 수의 하락으로 인해 노령부양비가 향후 수십 년간 증가할 것으로 예상되고 있다.

주6) 보전율은 재정수지 적자("⑨-⑥>0"인 경우)가 발생하였을 때 해당 적자 규모를 보전하기 위해 추가로 부담해야 할 보험료율 수준을 나타낸다.

주요 지표에 대해 살펴보면, 재정수지는 장기재정추계의 가장 기본적 지표로서 재정안정성을 나타낸다. 재정수지가 일정한 양(+)의 수준을 유지하면 해당 연금제도는 재정안정화 단계인 성숙단계에 접어들었다고 표현한다. 한편, (기금)적립배율(trust fund ratio)은 다음 연도에 대한 급여지급능력을 측정하는 지표로서 단기 재정 건전성 지표로 활용성이 높다. 실제로 미국의 국민연금제도(OASDI)의 단기재정추계는 10년 단기추계기간 동안 적립배율을 100% 유지하는 것을 적립목표로 두고 있다. 그리고 부과방식비용률(PAYG rate)은 현행 보험료율과의 비교를 위한 주요 지표로 활용된다. 실제로 캐나다 국민연금제도(CPP)는 1983년부터 부과방식비용률이 현행 보험료율을 상회하면서 세대 간 형평성 문제가 점차적으로 확대되었다. 이에 1998년 연금개혁을 통하여 6.4%(1998년) 보험료율을 단기간에 걸쳐 9.9%(2003년 이후)로 상향조정하였다. 이러한 연금개혁을 통하여 부과방식 체계를 수정적립방식 체계로 전환하고, 이로써 장기 재정안정화가 달성되었다. 이에 대한 논리적 근거는 공적연금제도에서 처음으로 수지상등 보험료율인 당기근무원가(current service cost)를 산정한 결과 6.26%(2012년)의 기여율이 필요한 것으로 나타난 반면에 현행 기여율은 9.9%이므로 흑자 재정이 지속될 것으로 전망되기 때문이다.

결론적으로, 장기재정추계를 위해서는 우선적으로 미래 경제 상황, 인구구조 상황 등을 설명하는 가정변수를 설정하고 이를 활용하여 추계연도 별로 수입·지출 내역을 산출한다. 그리고 이에 근거하여 추계연도 별로 재정지표를 산출하는 일련의 과정이 장기재정추계 절차에 해당한다([그림 6-3] 참조). 정부 기관은 추계 결과를 통해 연금재정의 안정성 여부를 파악하여 재정안정성 제고가 필요할 경우에 연금개혁(보험료 수준 조정, 급여지급 내역 조정, 연금수령연령 조정 등)과 같은 재정안정화 방안을 마련하게 된다.

:: 그림 6-3 장기재정추계 기본모형

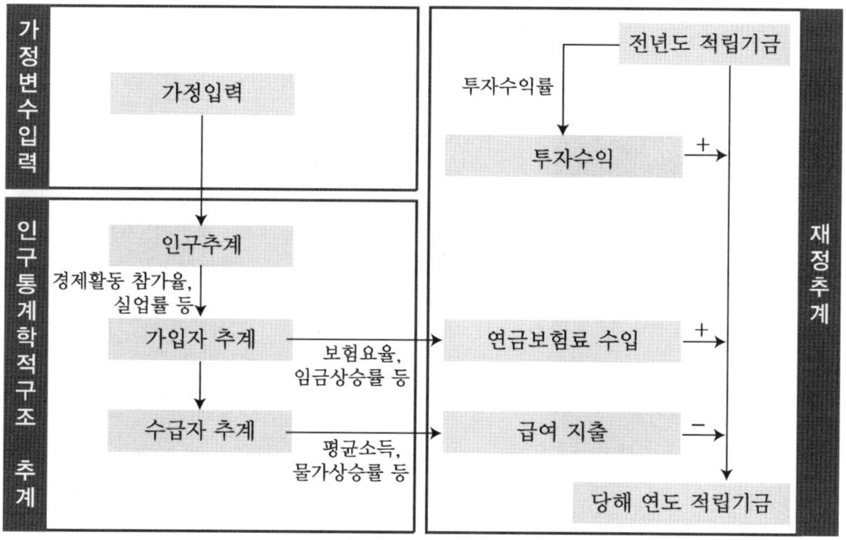

자료: 김순옥 외 7(2001), 국민연금장기재정모형, p. 7 재수정.

마지막으로, 인구구조와 경제상황이 급격하게 변화하는 현대 사회에서 재정추계를 통한 연금재정평가의 중요성은 점점 더 커지고 있다. 해외 선진국들의 경우 18C 후반부터 19C 초반에 공적연금을 도입하여 연금재정의 다양한 위기를 겪으며 경험을 축적하였다. 이를 통해 재정추계를 통한 장기재정안정성 검증의 중요성을 인식하고, 지속적으로 전문성을 제고하고 있다. 실제로 미국 국민연금(OASDI) 장기재정추계는 사회보장청(Social Security Administration) 내에 있는 수석계리사실(office of the chief actuary)에서 매년 수행하고 있다.

그림 6-4 미국 사회보장청 재정추계 조직도(2012년 현재)

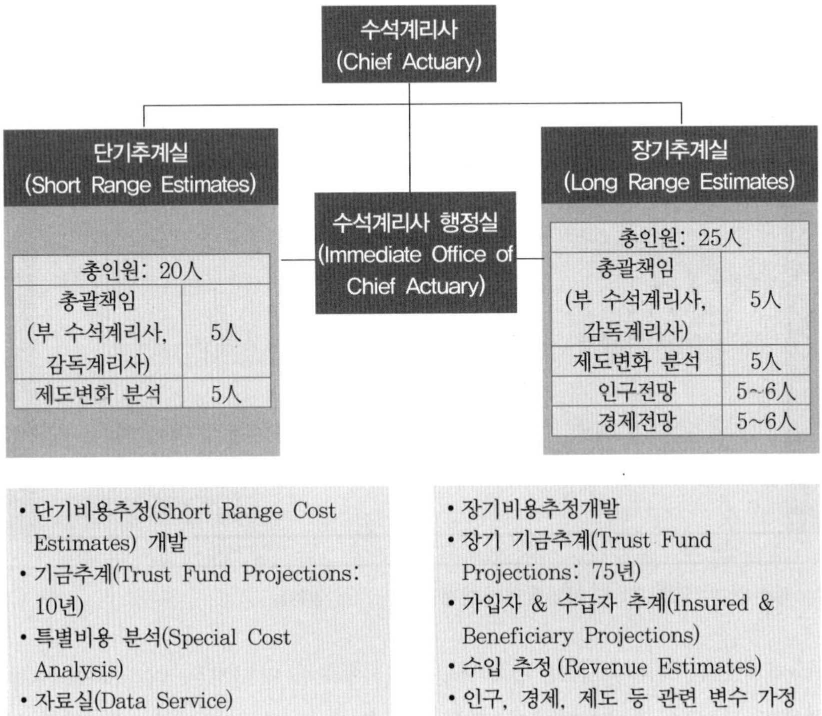

이에 비해 우리나라는 국민연금연구원 재정추계분석실[5]에서 2003년부터 5년마다 국민연금 장기재정추계(60년 이상)를 실시하고 있지만 재정추계조직은 여전히 미흡한 상태이다.

II 공적연금 재정방식 I

공적연금 재정은 계속기준에 의해 평가된다. 이러한 평가를 통해 연금재정의 장기안정성을 확보하고 더 나아가 세대 간의 형평을 추구하는 것이 재

5) 2012년 현재 재정추계팀(박사 3명+석사 1명)과 재정분석팀(박사 3명+석사 2명)으로 구성되어 있지만, 우리나라에서는 가장 전문화된 재정추계조직으로 인정되고 있다.

정방식의 기본 목표가 된다. 이번 절에서는 공적연금제도를 위해 개발된 재정방식을 살펴보고 그 수리적 의미를 검토한다. 사적연금 재정방식은 이산모형(discrete models)에 의해 구축되는 것이 일반적이다. 그러나 공적연금제도는 연중 현금 유입·유출이 빈번하고 장기적 관점에서 재정특성을 다루는 관계로 연속모형(continuous models)을 주로 사용한다. 이하 수리모형은 연속모형을 중심으로 설명하기로 한다.

1. 일반재정모형

사적연금의 적립계획은 연간 연금급여가 거의 일정 수준에 도달하여 큰 변동이 없는 단계에서는 부담금수입과 연기금 투자수익으로 급여비용을 충당하게 된다. 따라서 적립수준이 높을수록 가입자가 직접 부담하는 부담금 총액은 적어진다. 이와 같이 적립방식에서 연금채무 개념을 배제하면 공적연금의 재정특성을 같은 차원에서 이해할 수 있다. 순수부과방식을 채택하는 공적연금제도인 경우에도 유동성 관리 차원에서 일정 수준의 적립준비금을 확보하고 있기 때문이다. 이를 수리적으로 표현하면,

- $$\frac{dF(t)}{dt} = \delta(t) \times F(t) + C(t) \times S(t) - B(t)$$

여기서
평가시점 t에서의 적립준비금: $F(t)$
평가시점 t에서의 부과대상 임금보수총액: $S(t)$
평가시점 t에서의 보험료율: $C(t)$
평가시점 t에서의 급여 총지급액: $B(t)$
평가시점 t에서의 이력(force of interest): $\delta(t)$

위 미분방정식은 적립준비금의 성장모형을 구현한 것이다. 적립준비금의 변동은 투자수익 그리고 재정수지(부담금수입－급여지출)에 의해 결정됨을 시사하고 있다. 제5장에서 언급한 Hirose의 균형비(balance ratio)를 적용하면 이를 좀 더 명확히 할 수 있다. 위 성장모형에서 평가시점(t)에서의 균형비는 아래와 같이 정의된다.

- $\lambda(t) = \dfrac{B(t) - C(t) \times S(t)}{\delta(t) \times F(t)}, \ \forall t$

따라서 임의의 t에 대하여 다음 관계식이 성립함을 알 수 있다.

- $\lambda(t) < 1 \Leftrightarrow \dfrac{dF(t)}{dt} > 0 \ \ vs. \ \lambda(t) = 1$

$$\Leftrightarrow \frac{dF(t)}{dt} = 0 \ \ vs. \ \lambda(t) > 1 \Leftrightarrow \frac{dF(t)}{dt} < 0$$

다음으로 $(0, t)$구간에 대하여 적분을 취하여 해를 구하면,

- $F(t) = F(0) \times e^{\int_0^t \delta(u)\,du} + \int_0^t [C(u) \times S(u) - B(u)] \times e^{\int_u^t \delta(u)\,du}\, du$

여기서 $F(0)$는 공적연금제도 도입 시점의 출연기금을 나타낸다.

일반성을 해하지 않는 범위에서 이력 '$\delta(t) = \delta, \forall t$'라고 가정하면 위 식은 다음과 같이 간단히 표현된다.

- $\dfrac{dF(t)}{dt} = \delta \times F(t) + C(t) \times S(t) - B(t)$
- $F(t) = F(0) \times e^{\delta t} + \int_0^t [C(u) \times S(u) - B(u)] \times e^{\delta(t-u)}\, du$

다음으로 우리는 위 모형들을 중심으로 공적연금제도의 재정방식을 설명한다. 각 재정방식은 보험료율 $C(t)$를 어떻게 규정하는가에 따라 다음과 같이 3가지로 구분된다.

- (완전)부과방식
- 개방형종합보험료방식
- 단계보험료방식

2. 완전부과방식 재정모형

이미 설명한 바와 같이 완전부과방식(full PAYG system)은 수지균형이 전 기간 $(0, \infty)$에 대해 성립하여야 하므로 앞 절의 "$\frac{dF(t)}{dt} = \delta \times F(t) + C(t) \times S(t) - B(t)$" 재정모형에서 '$F(t) = 0, \forall t$'이어야 한다. 따라서 완전부과방식보험료율은 다음과 같이 정의된다.

- $C(t) = \frac{B(t)}{S(t)}, \ \forall t$

그러나 매 순간마다 위 관계식을 만족하는 현실 세계는 존재하지 않는다. 이러한 이유로 부과방식 재정특성을 좀 더 확대하여 살펴보기로 한다.

ⓐ 완전부과방식의 장기수지균형 재정식은 제도의 존속기간 $(0, \infty)$에 걸쳐 아래의 관계식을 만족하여야 한다.

- $\int_0^\infty C(t) \times S(t) \times e^{-\delta t} dt = \int_0^\infty B(t) \times e^{-\delta t} dt$

따라서 장기수지균형 보험료율은 상수($C(t) = C, \forall t$)이므로

- $$C = \frac{\int_0^\infty B(t) \times e^{-\delta t} dt}{\int_0^\infty S(t) \times e^{-\delta t} dt}$$

$$= \frac{C_1 \times \int_0^\infty S_1(t) \times e^{-\delta t} dt + C_2 \times \int_0^\infty S_2(t) \times e^{-\delta t} dt}{\int_0^\infty S(t) \times e^{-\delta t} dt}$$

여기서

- $$C_1 = \frac{\int_0^\infty B_1(t) \times e^{-\delta t} dt}{\int_0^\infty S_1(t) \times e^{-\delta t} dt}, \quad C_2 = \frac{\int_0^\infty B_2(t) \times e^{-\delta t} dt}{\int_0^\infty S_2(t) \times e^{-\delta t} dt}$$

$B_1(t)$: 현재 급여수급자의 급여 총지급액 현금흐름

$B_2(t)$: 미래 급여수급자의 급여 총지급액 현금흐름
$S_1(t)$: 현재 기여가입자의 부과대상 임금보수총액 현금흐름
$S_2(t)$: 미래 기여가입자의 부과대상 임금보수총액 현금흐름

결론적으로, 장기수지균형 보험료율(C)은 현재 기여가입자의 장기수지균형보험료율(C_1)과 미래 기여가입자의 장기수지균형보험료율(C_2)의 가중평균으로 표현됨을 알 수 있다. 공적연금제도의 급여설계를 살펴보면 초기 가입자에게는 "저부담 · 고급여" 제도설계가 일반적이다. 그러므로 세대별로 구분이 가능하다면 "$C_1 > C > C_2$" 관계식이 성립하여야 한다. 그러나 실제로 부과되는 보험료율이 세대별 구분없이 C이므로 현세대는 미래세대로부터 재정적 지원을 "$C_1 - C \cong C - C_2$"만큼 받는 구소가 된다. 이러한 세대 간 수지불균형이 지속되면 세대 간 갈등은 시간이 경과함에 따라 한층 더 악순환 될 수밖에 없다. 이러한 악순환을 단절한 선진 사례로 캐나다를 언급할 수 있다. 캐나다는 1998년 국민연금개혁을 통하여 완전부과방식을 과감히 버리고 수정적립방식으로 전환하였다(예를 들어 기존의 C수준을 C_1수준으로 상향 조정하였음).

ⓑ 위 재정식을 아래와 같이 연도별로 분할하면 연도별 완전부과방식의 재정특성을 알 수 있다.

$$\bullet \int_0^1 C(t)\times S(t)\times e^{-\delta t}\,dt + \int_1^2 C(t)\times S(t)\times e^{-\delta t}dt + \ldots$$

$$+ \int_n^{n+1} C(t)\times S(t)\times e^{-\delta t}\,dt + \ldots$$

$$= \int_0^1 B(t)\times e^{-\delta t}dt + \int_1^2 B(t)\times e^{-\delta t}\,dt + \ldots$$

$$+ \int_n^{n+1} B(t)\times e^{-\delta t}dt + \ldots$$

즉, $(n-1, n)$연도 수지균형을 이루는 연도별 완전부과방식보험료율($C(n)$)은 다음과 같이 정의된다. $\forall\, n = 1, 2, \ldots$에 대하여

$$\bullet\ C(n) = \frac{\int_{n-1}^{n} B(t)\times e^{-\delta t}dt}{\int_{n-1}^{n} S(t)\times e^{-\delta t}\,dt}$$

그러나 공적연금제도에서 완전부과방식을 채택하고 있는 경우는 없으며, 현금 유입과 유출의 불일치에 대비하여 유동성준비금에 해당하는 적립준비금을 일정수준 보유한다. 따라서 $(n-1, n)$연도 부과방식보험료율($C^*(n)$)은 투자수익을 반영하여 다음과 같이 정의된다. $\forall n = 1, 2, \ldots$에 대하여

$$\bullet \ C^*(n) = \frac{\int_{n-1}^{n} B(t) \times e^{-\delta t} dt - F(n-1) \times (e^{\delta} - 1) \times e^{-\delta n}}{\int_{n-1}^{n} S(t) \times e^{-\delta t} dt}$$

3. 개방형종합보험료방식 재정모형

제4장에서 다룬 종합보험료방식은 현재 가입자만을 대상으로 '수지상등의 원칙'이 성립하도록 재정계획을 수립하는 일종의 폐쇄형종합보험료방식이다. 이에 반해 개방형종합보험료방식(open aggregate cost method)은 장래에 제도에 가입할 것으로 예상되는 신규 기여가입자까지도 포함하여 수지균형이 성립하도록 재정계획을 수립하는 방식이다. 종합보험료방식은 사적연금제도의 유한존속을 전제로 재정계획을 세우기 때문에 발생하는 미적립채무를 현재가입자가 모두 탈퇴할 때까지의 기간 동안에 상각(즉, 가입근로자 전체의 평균근속연금 $\dfrac{APV(S(t))}{S(t)} \cong \ddot{a}_{\overline{n}|}$)하도록 계획한다. 그러나 개방형종합보험료방식은 공적연금제도의 무한존속(infinite duration)을 반영하여 영구상각(즉, $\ddot{a}_{\overline{\infty}|}$)하도록 재정계획을 세운다. 따라서 장래가입자를 어떻게 전망할 것인가에 따라 재정계획이 달라진다. 예를 들어, 일정한 특성을 가진 일정 수의 미래가입자가 매년 영구적으로 가입할 것으로 가정하는 것이다. 사적연금제도의 종합보험료방식의 적립특성과 개념상으로는 동일하지만, 장래가입자의 기여와 급여발생에 대해서도 함께 고려한다는 점에서 차이가 있다. 이상의 설명을 수리적으로 표현하면, $(n-1, n)$연도 개방형종합보험료율은 임금보수총액 대비 다음과 같이 정의된다. 즉, $\forall n = 1, 2, \ldots$에 대하여

- $$C(n) = \frac{\int_{n-1}^{\infty}[B_1(t)+B_2(t)]\times e^{-\delta t}dt - F(n-1)\times e^{-\delta(n-1)}}{\int_{n-1}^{\infty}[S_1(t)+S_2(t)]\times e^{-\delta t}dt}$$

여기서

$B_1(t)$: 현재 가입자의 급여 총지급액 현금흐름

$B_2(t)$: 미래 가입자의 급여 총지급액 현금흐름

$S_1(t)$: 현재 가입자의 부과대상 임금보수총액 현금흐름

$S_2(t)$: 미래 가입자의 부과대상 임금보수총액 현금흐름

따라서 인구구조가 정상구성원(stationary membership)이라면 보험료율은 일정할 것이다(즉, $C(n) \cong C, \forall n$). 정상구성원을 전제로 하는 경우에 종합보험료방식에 대비한 일반적 재정특성은 [그림 6-5]와 같이 도식화할 수 있다.

그림 6-5 종합보험료방식 vs. 개방형종합보험료방식

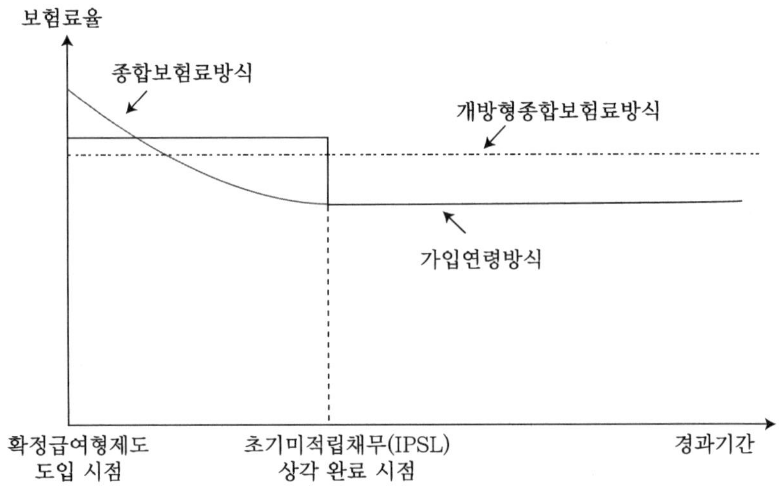

다음으로 상기와 같은 개방형재정방식을 적용할 경우 유의하여야 할 점에 대해 살펴본다.

- 첫째, 장래의 가입자 예측에 유의하여야 한다. 개방형재정방식에서 인구구조가 정상구성원이라면 미래 가입자를 예측하는 것은 문제가 되지 않는다. 현재 가입자의 연령별 분포가 정상인구라면 이를 유지하는데

필요한 신규 가입자 수를 예측하면 충분하다. 그러나 현실에서는 인구 구성은 정상이 아니므로 가령 탈퇴율과 같이 퇴직한 경우라도 퇴직자 총수와 신규 가입자 수가 일치한다고는 말할 수 없다. 이로 인해 예측에는 항상 오차가 발생하기 마련이고 계리적 손익 또한 (직접 산출할 수는 없지만) 항상 잠재되어 있다(implicit gain and loss).

- 둘째, 개방형재정방식은 폐쇄형재정방식(예: 종합보험료방식)보다 적립수준(적립비율)이 일반적으로 낮다. 그리고 적립기금이 부족할 경우 이를 해소하는 기간을 장기로 설정하게 된다. 이러한 재원조달특성으로 인해 적립수준을 향상시킬 수 있는 여지가 매우 낮다. 또한 급여의 발생이 빠르게 전개되고 그 규모가 크게 되면(예: 초기과거근무채무를 인정하는 경우 등) 적립수준은 더욱 악화될 수밖에 없다. 따라서 이미 발생한 급여 이상을 적립하는 것이 사전적립방식의 기본 원칙이므로 개방형재정방식은 사적연금재정으로는 상당히 부적합함을 알 수 있다.

III 공적연금 재정방식 II

경제 성장의 한계, 인구 구조의 노령화 등으로 부과방식은 이미 설명한 바 있는 Aron(1966)의 '사회보험역설', Samuelson(1967)의 '위대한 폰지게임'과 같은 찬사를 더 이상 받기 힘든 환경변화에 직면하고 있다. 특히 국민연금을 둘러싼 세대 간 재정 불균형문제는 이미 사회적 갈등 요소로 자리를 잡고 있다. 여기서 우리는 이러한 부과방식 체계의 문제점을 상당부분 해소할 수 있는 재정방식에 대해 알아본다.

1. 단계보험료방식 재정모형

부과방식의 문제점을 해결하는 대안적 재정방식으로 정착·발전된 것이 단계보험료방식(scaled premium system)[6]이다. 공적연금제도의 도입초기 일반

6) Zalenka(1958), Thullen(1964, 1973), Sakamoto(1982), Iyer(1999), 赤塚正則・大縄將史

현상인 '기금적립액의 지수적 증가' 그러나 저부담·고급여 체계에 기인한 '기금고갈 우려' 등 재정의 극단적 양면성에 미리 대처할 수 있는 재정방식에 대한 논의는 오랫동안 전개되어 왔다. 앞 절에서 설명한 바와 같이 캐나다는 국민연금개혁(1998)을 통하여 부과방식을 과감히 버리고 수정적립방식으로 전환하였다. 그리고 3년마다 재정 재계산을 통하여 10년 경과시점과 60년 경과시점의 적립배율을 최소한 동일하게 하는 최소보험료율을 재산정한다. 이 때 적용되는 기본 개념이 바로 단계보험료방식이다.

1) 개요 및 정의

단계보험료방식의 개념은 1958년 ILO 계리사 Zelenka의 발표논문에서 시작되었다. 기본 개념은 균형기간을 먼저 설정하고 기간 내의 총수입(보험료 수입+투자수익)과 총지출(급여 지출+기타 비용)의 수지균형을 이루는 평준보험료율을 산정하는 것이다. 만약 기간 내에 수지불균형이 이루어지면 다음 균형기간을 설정하여 새로운 보험료율을 재산정하는 연속관리 재정방식(successive control funding system)으로 발전하였다. 이는 Thullen(1964, 1973)의 업적으로 평가되고 있다. 우선 그의 수리적 정의를 살펴보고 다음 절에서 구체화하기로 한다.

[정의: 단계보험료방식]

임의의 균형기간 (m,n)에 대하여,
$F(t)$는 비감소함수($F(m) \le \cdots \le F(\frac{m+n}{2}) \le \cdots \le F(n)$)이고 $F(n)$의 값이 균형기간 최대치가 되게 하는 평준보험료율 $\pi(m,n)$을 단계보험료율이라고 한다. 단, $F(m)$은 주어진 초기 적립액을 나타낸다.

2) 수리모형 I

단계보험료방식 또한 앞 절에서 언급한 재정모형에서 출발한다. 즉,

- $\frac{dF(t)}{dt} = \delta \times F(t) + C(t) \times S(t) - B(t)$

위 연기금 성장모형에서 임의의 균형기간 (m,n)에 대하여 적분을 취하면

(1999), Hirose(1996, 1999) 그리고 성주호·최기홍(2004)에 의해 발전되어 왔다.

- $F(n) = F(m) \times e^{\delta(n-m)} + \int_m^n [C(t) \times S(t) - B(t)] \times e^{\delta(n-t)} dt$

단계보험료방식 정의에 의해 균형기간 (m,n)에 적용되는 평준보험료율 "$C(t) = \pi(m,n),\ \forall t \in (m,n)$"이 단계보험료율이 되기 위해서는 아래의 비감소 함수 조건 ⓐ 그리고 최대 조건 ⓑ를 동시에 만족하여야 한다. 즉,

ⓐ $\forall t \in (m,n),\quad \left.\frac{dF(t)}{dt}\right|_{C(t) = \pi(m,n)} \geq 0$

$$\Leftrightarrow \delta \times F(t) + \pi(m,n) \times S(t) - B(t) \geq 0$$

ⓑ $\left.\frac{dF(t)}{dt}\right|_{C(t) = \pi(m,n);\, t=n} = 0$

$$\Leftrightarrow \delta \times F(n) + \pi(m,n) \times S(n) - B(n) = 0$$

따라서 최종 적립준비금은 $F(n) = \frac{B(n) - \pi(m,n) \times S(n)}{\delta}$ 이므로, 위의 적립준비금 미분방정식의 해를 적용하여 간단히 정리하면 다음과 같은 결론에 도달한다.

- $\pi(m,n) = \dfrac{B(n) + \delta \times \int_m^n B(t) \times e^{\delta(n-t)} dt - \delta \times F(m) \times e^{\delta(n-m)}}{S(n) + \delta \times \int_m^n S(t) \times e^{\delta(n-t)} dt}$

다음으로 $\pi(m,n)$는 비감소함수 조건 ⓐ를 만족하여야 한다. 이에 대한 연구 결과[7]는 다음으로 요약된다.

[S. Iyer(1999) 충분조건]

$\forall t \in (m,n),\ \frac{dB(t)}{dt} > 0$ **그리고** $\frac{d}{dt}\left[\frac{B(t)}{S(t)}\right] \geq 0$ **이면**

$\forall t \in (m,n),\ \left.\frac{dF(t)}{dt}\right|_{C(t) = \pi(m,n)} \geq 0 \Leftrightarrow \delta \times F(t) + \pi(m,n) \times S(t) - B(t) \geq 0$ **이다.**

균형기간 (m,n) 중에 급여지급액($B(t)$)이 증가하고 완전부과방식 보험료율($\frac{B(t)}{S(t)}$)이 감소하지 않는다면, 평준보험료율 $\pi(m,n)$는 단계보험료율이 되

7) S. Iyer(1999), Actuarial mathematics of social security pensions, ILO, p.120-122.

며 균형기간 전 구간에 대하여 초기 적립수준 $F(m)$을 유지하거나 혹은 적립준비금의 증가(즉, $F(m)+\alpha\,(\alpha>0) \le F(n)$)를 가져온다.

3) 수리모형 II

지금까지 고정이자율(즉, $\delta(t)=\delta,\ \forall t$)에 대하여 단계보험료율을 정의하였다. 그러나 공적연금은 장기 재정분석이 보다 실제적이기 때문에 고정이자율을 가정하는 것은 현실적 적합성이 낮다. 이에 성주호・최기홍(2004)은 변동이자율(즉, $\delta(t)\ne\delta,\ \forall t$)을 적용하여 이러한 한계를 극복하였다. 즉,

- $\dfrac{dF(t)}{dt}=\delta(t)\times F(t)+C(t)\times S(t)-B(t)$

임의의 균형기간 (m,n)에 대하여 적분을 취하면

- $F(n)=F(m)\times e^{\int_m^n \delta(t)dt}+\int_m^n [\,C(t)\times S(t)-B(t)\,]\times e^{\int_t^n \delta(u)du}\,dt$

위 고정이자율 경우와 동일한 방법으로 균형기간 (m,n)에 적용되는 평준보험료율 "$C(t)=\pi(m,n),\ \forall t\in(m,n)$"가 단계보험료율이 되기 위해서는 아래의 비감소함수 조건 ⓒ 그리고 최대 조건 ⓓ를 동시에 만족하여야 한다. 즉,

ⓒ $\forall t\in(m,n),\quad \left.\dfrac{dF(t)}{dt}\right|_{C(t)=\pi(m,n)} \ge 0$

$$\Leftrightarrow\ \delta(t)\times F(t)+\pi(m,n)\times S(t)-B(t)\ge 0$$

ⓓ $\left.\dfrac{dF(t)}{dt}\right|_{C(t)=\pi(m,n);\,t=n} = 0$

$$\Leftrightarrow\ \delta(t)\times F(n)+\pi(m,n)\times S(n)-B(n)=0$$

따라서 균형기간 (m,n)에 적용되는 평준보험료율은 다음과 같이 정의된다.

- $\pi(m,n)=\dfrac{B(n)+\delta(n)\times\int_m^n B(t)\times e^{\int_t^n \delta(u)du}\,dt-\delta(n)\times F(m)\times e^{\int_m^n \delta(u)du}}{S(n)+\delta(n)\times\int_m^n S(t)\times e^{\int_t^n \delta(u)du}\,dt}$

정의에 의해 $\pi(m,n)$는 비감소함수 조건 ⓓ를 만족하여야 한다. 이에 대한 연구 결과[8)]는 다음으로 요약된다. 단, [S. Iyer(1999) 충분조건]은 고정이자율 경우의 조건들이므로 변동이자율일 경우로 확대 적용할 수 없다는 것에 유의하여야 한다.

[성주호 · 최기홍(2004) 충분조건]

$\forall t \in (m,n),\ \frac{d}{dt}\left[\frac{B(t)}{\delta(t)}\right] \geq 0$ 그리고 $\frac{d}{dt}\left[\frac{B(t)}{S(t)}\right] \geq 0$ 이면

$\forall t \in (m,n),\ \left.\frac{dF(t)}{dt}\right|_{C(t)=\pi(m,n)} \geq 0 \Leftrightarrow \delta(t)\times F(t)+\pi(m,n)\times S(t)-B(t) \geq 0$ 이다.

균형기간 (m,n) 동안에 상기 충분조건을 만족하면 평준보험료율 $\pi(m,n)$은 단계보험료율이 되며, 균형기간 전 구간에 대하여 초기 적립수준 $F(m)$을 유지하거나 적립준비금의 증가(즉, $F(m)+\alpha\,(\alpha>0) \leq F(n)$)를 가져온다. 실제로 위의 충분조건은 인구구조의 노령화(즉, $\frac{d}{dt}\left[\frac{B(t)}{S(t)}\right] \geq 0$) 그리고 이로 인한 경제성장의 한계(즉, $\frac{d}{dt}\left[\frac{B(t)}{\delta(t)}\right] \geq 0$)에 직면한 대부분의 공적연금제도에 적용될 개연성이 높다.

결론적으로 단계보험료율 $\pi(m,n)$가 적용되는 재정방식은 Hirose의 균형비 관점과 정확하게 일치함을 알 수 있는데, 아래와 같은 균형비 관계식이 성립하기 때문이다.

- $\lambda(t) = \dfrac{B(t)-\pi(m,n)\times S(t)}{\delta(t)\times F(t)} \leqq 1,\ \forall t \in (m,n)$

(단, 등식은 최대조건 최대 조건 ⓓ에 의해 $t=n$일 때 성립한다)

이는 (m,n) 균형기간 중에 최초 적립준비금 $F(m)$이 일정기간 증가(즉, $\lambda(t)<1$) 혹은 일정기간 정체(즉, $\lambda(t)=1$)를 할 수 있지만 궁극적으로는 기간말 $t=n$시점에서 최대 기금(즉, $\lambda(n)=1$)이 조성되는 재정방식임을 시사한다.

마지막으로 다음 절에서 단계보험료방식의 변형에 대해 간단히 살펴보기

8) 성주호 · 최기홍(2004), "국민연금 재정안정화를 위한 균형보험료 접근법", 보험학회지 제67집.

로 한다.

2. 단계보험료방식의 변형

여기서 추가적으로 다룰 내용은 단계보험료방식이 가지는 적용상의 전제조건(충분조건), 적용의 복잡성 그리고 균형기간 설정의 주관성 등을 다소 해소하는 재정방식에 관한 것이다. 단계보험료방식의 변형에 해당하는 2가지 대표적인 재정방식에 대해 알아본다. 이들은 공통적으로 임의의 관리기간(control periods)에 대하여 단계보험료방식처럼 평준보험료율을 제공한다.

- (기금)적립배율 재정방식
- 균형비 재정방식

여기서 적용할 적립준비금 성장모형은 앞 절과 같고, 일정 관리기간은 (m, n)으로 설정한다. 단, 평준보험료율을 제공하므로 $C(t) = C, \forall t \in (m, n)$이고 초기 적립준비금 $F(m)$은 주어졌다고 가정한다.

- $\dfrac{dF(t)}{dt} = \delta \times F(t) + C \times S(t) - B(t)$
- $F(n) = F(m) \times e^{\delta(n-m)} + \displaystyle\int_m^n [C \times S(t) - B(t)] \times e^{\delta(n-t)} dt$

1) 적립배율 재정방식

이미 설명한 바와 같이 공적연금재정에서 다루는 중요 재정지표 중 하나가 (기금)적립배율이다. 적립배율 재정방식은 최종관리시점($t = n$)의 목표적립수준을 적립배율로 설정한 경우 이를 조성할 수 있는 평준보험료율을 제공한다. 위 기금성장모형에서 적립배율(trust fund ratio)은 다음과 같이 정의된다.

- $\tau(t) = \dfrac{F(t)}{B(t)}, \ \forall t \in (m, n)$

최종 관리시점($t = n$)의 목표적립수준을 적립배율 $\tau^*(= \dfrac{F(n)}{B(n)})$로 설정한 경우에 이를 $F(n)$에 대입하고 C에 대해 정리하면 아래와 같은 "적립배율평준보험료율"을 얻게 된다.

- $C = {}^{TR}\pi(m,n) = \dfrac{\tau^* \times B(n) \times e^{-\delta n} + \displaystyle\int_m^n B(t) \times e^{-\delta t}\, dt \; - \; F(m) \times e^{-\delta m}}{\displaystyle\int_m^n S(t) \times e^{-\delta t}\, dt}$

실제로 관리기간을 5년 혹은 10년 등과 같이 일정하게 확정하고 관리기간이 끝나는 시점에 새로운 목표적립배율을 설정하게 된다. 이와 같이 적립배율 재정방식은 순차적으로 원하는 목표 적립수준을 달성할 수 있는 일종의 연속관리 재정방식이다.

2) 균형비 재정방식

단계보험료방식의 또 다른 변형으로는 균형비 재정방식이 있다. 적립배율 재정방식과 동일한 방법으로 임의의 관리기간 (m,n) 말 시점의 목표적립수준을 균형비로 설정하는 것을 말한다. 이미 설명한 바와 같이 균형비(balance ratio)는 다음과 같이 정의된다.

- $\lambda(t) = \dfrac{B(t) - C \times S(t)}{\delta \times F(t)} \leqq 1, \ \forall t \in (m,n)$

최종 관리시점$(t=n)$의 목표적립수준을 균형비 $\lambda^*(= \dfrac{B(n) - C \times S(n)}{\delta \times F(n)})$로 설정한 경우에 이를 $F(n)$에 대입하면,

- $\dfrac{B(n) - C \times S(n)}{\lambda^* \times \delta} = F(m) \times e^{\delta(n-m)} + \displaystyle\int_m^n [\, C \times S(t) - B(t)\,] \times e^{\delta(n-t)} dt$

따라서 C에 대해서 정리하면 아래와 같은 "균형비평준보험료율"을 얻게 된다.

- $C = {}^{BR}\pi(m,n)$

$$= \frac{B(n) + \lambda^* \times \delta \times \displaystyle\int_m^n B(t) \times e^{\delta(n-t)}\, dt \; - \; \lambda^* \times \delta \times F(m) \times e^{\delta(n-m)}}{S(n) \; + \lambda^* \times \delta \times \displaystyle\int_m^n S(t) \times e^{\delta(n-t)}\, dt}$$

특히, $\forall t \in (m, n)$, $\dfrac{dB(t)}{dt} > 0$ 그리고 $\dfrac{d}{dt}\left[\dfrac{B(t)}{S(t)}\right] \geq 0$ (즉, [S. Iyer(1999) 충분조건])을 만족하는 연금재정이라면 균형비평준보험료율 ${}^{BR}\pi(m, n)$은 앞 절에서 다룬 단계보험료율 $\pi(m, n)$과 정확하게 일치함을 알 수 있다.

평가문항

1. 선진국의 공적연금제도는 대부분 완전부과방식에 가까운 재정방식을 채택하고 있다. 이에 따라 연금재정의 안정성 혹은 유동성을 확보하기 위해 3가지 형태의 예비기금 중 하나를 경제상황에 따라 보유한다. 위의 예비기금에 해당하는 3가지 형태의 적립준비금을 기술하시오.

2. 노벨경제학상 수상자인 P. A. Samuelson(1915~2009)의 Newsweek 기고문(1967)에서 사회보험재정을 '위대한 폰지게임(greatest Ponzi game)'으로 비유하였다. 이를 위한 전제조건은 무엇인가? 그리고 일부 국가의 국민연금재정을 '파산으로 가는 폰지게임'으로 비유하기도 한다. 이것의 의미가 무엇인지 설명하시오.

3. 연금수리학에서는 부과방식 공적연금제도의 미적립채무를 다음과 같이 두 가지로 분류하고 있다.
   - 폐쇄형 미적립채무
   - 개방형 미적립채무

   각각의 산출방법과 이 둘의 차이점에 대하여 기술하시오.

4. 개방형 종합보험료방식과 폐쇄형 종합보험료방식의 장단점에 대해 논하시오.

5. 단계보험료방식이 탄생하게 된 사회경제적 환경변화를 기술하고 순수부과방식과의 차이점에 대해 논하시오.

6. ILO의 일본인 연금계리컨설턴트 Hirose는 확정급여형 적립기금액의 경상적 현금흐름(nominal cash-flows)에 대한 연구를 수행하던 중에 $\lambda(t)$와 같은

균형비 재정지표를 개발하였다. 연기금의 성장모형이 다음과 같이 주어졌을 때, Hirose의 균형비를 정의하시오.

- $\dfrac{dF(t)}{dt} = \delta(t) \times F(t) + C(t) \times S(t) - B(t)$
- 그리고 $\lambda(t) < 0$ $vs.$ $0 < \lambda(t) < 1$ $vs.$ $\lambda(t) = 1$ $vs.$ $\lambda(t) > 1$ 각각의 경우에 대하여 적립기금액의 변화 정도(즉, $\dfrac{dF(t)}{dt}$)를 설명하시오.

7. 부과방식 연금제도는 항상 기금고갈의 위기에 노출되어 있기 때문에 대부분의 연금 선진국들은 미래 재정의 수지불균형 정도를 정기적으로 검증하는 장기재정추계를 주기적으로 시행하고 있다. 여기서 장기재정추계의 궁극적인 목표와 그 절차에 대해 설명하시오.

8. 장기재정추계 과정을 통해 산출되는 주요 재정지표의 종류를 나열하고 각각의 재정지표가 의미하는 바를 기술하시오.

9. 연기금의 성장모형이 다음과 같다. 임의의 관리기간 $(0, t)$에 대하여 아래 문항에 답하시오.

- $\dfrac{dF(t)}{dt} = \delta(t) \times F(t) + C(t) \times S(t) - B(t)$ (단, 초기 값 $F(0)$는 주어진 상수임)

① 단계보험료율 $\pi(0, t)$을 정의하시오(단, [S. Iyer(1999) 충분조건]은 만족됨).

② 적립배율평준보험료율 ${}^{TR}\pi(0, t)$을 정의하시오(단, 목표적립배율은 τ임).

③ 균형비평준보험료율 ${}^{BR}\pi(0, t)$을 정의하시오(단, 목표균형비는 λ임).

④ $\pi(0, t)$와 ${}^{BR}\pi(0, t)$를 비교하고 이들이 같게 되는 조건을 기술하시오.

10. 우리나라 국가회계기준에서 규정하고 있는 연금충당부채를 정의하고, 연금수리학에서 정의하는 폐쇄형 미적립채무와의 차이점을 설명하시오. 그리고 연금수급자의 연금충당부채는 예측단위적립방식(PUC)을 적용하든 현재단위적립방식(CUC)을 적용하든 동일한 값을 산출한다. 그 이유를 설명하시오.

제 7 장

핵심문제 및 해설

CHAPTER 07

핵심문제 및 해설

적립방식별 특성에 의해 제시되는 표준부담금, 연금채무 또는 필요한 부담금 산정은 연금계리의 핵심 업무에 해당한다. 다음으로 계리적 손익 평가과정을 거쳐 연금재정을 검증하게 된다. 재정검증의 결과로 미적립채무 혹은 적립비율 등과 같은 재정지표를 산출한다. 이러한 일련의 순차적 과정을 통하여 연금계리 전문인력은 계산기초(보험수리적 가정)를 수정하거나 혹은 (보충부담금, 특별부담금 등) 조정부담금 수준을 결정하게 된다. 이러한 이유들로 연금수리학을 "연금재정을 위한 학문"이라고 한다. 우리는 지금까지 연금재정이론에 집중하여 왔다. 여기서는 앞 장에서 설명한 이론을 더욱 공고히 할 수 있는 문제들로 구성되며 충분한 해설을 첨가하였다. 다루고 있는 문제들은 적립방식 문제, 계리적 손익 문제 또는 이들의 복합 문제 등으로 구성되었다.

I 가입연령방식 핵심문제 및 해설

가입연령방식(ENT)은 전체 가입근로자에 대해서 하나의 가상가입연령을 기준으로 하나의 표준부담률(임금인상을 가정한 경우) 혹은 표준부담금(임금인상을 가정하지 않은 경우)을 산정한다. 따라서 신규 가입연령의 분포가 분산되어 있는 사업장에는 부적합하다. 이에 대한 대안으로 개별가입연령방식이 만들어졌다. 이는 개인별 실제 가입연령(단, 초기과거근무채무를 인정하는 제도이면 사업장 고용 당시의 연령)을 기준으로 가입연령방식과 동일한 방법으로 표준부담률 혹은 표준부담금을 산정하다. 여기서 표준부담률 혹은 표준부담금은 모든 연령에게 동일하게 적용되는 평준보험료개념이다. 따라서

- 실제 발생한 연금채무(accrued benefit obligations)보다 높게 연금채무를 산출한다.
- 발생주의 회계처리 원칙에 적합하지 않지만, 공적연금제도와 같이 연금제도의 연속성을 보장하는 경우에 적용성이 높다.

문제 1

평가시점(21/01/01)에 주어진 다음 정보를 이용하여 개별가입연령방식의 표준부담금(NC) 그리고 연금채무(AL)를 구하시오.**

○ 제도 설계
- 제도 가입: 고용과 동시에 가입됨
- 정상퇴직급여: 기시 즉시 종신연금(연금액은 매년 정상퇴직시점 임금의 30%)
- 정상퇴직연령: 60세

○ 계리적 가정
- 예상이율(할인율): 7%
- $\ddot{a}_{60} = 12.50$ (즉, 종신연금액은 매년 초에 지급받은 것으로 함)
- 근로기간 중 사망이나 조기탈퇴는 없음
- 예상임금상승률: 0.0%

○ 가입근로자 정보(평가시점 현재)

구분	도달연령(x)	과거근무기간(年)	임금
甲	50	6	30,000
乙	35	2	20,000

해설 ○ 먼저, 표준부담금(NC)을 산출한다

구분	甲	乙
(1) 정상퇴직연령까지 총 근무기간(年)	16	27
(2) 정상퇴직 연금액	9,000	6,000

(3) 정상퇴직연령에서의 종신연금 계리현가 : (2)×12.50	112,500	75,000
(4) 가입연령에서의 종신연금 계리현가 : $(3) \times v^{(1)}$	38,108	12,070
(5) $\ddot{a}_{\overline{60-a}\vert}$, 가입연령 = a	10.1079	12.8258
(6) NC = (4)÷(5)	3,770	941
(7) NC 합계	4,711	

○ 다음으로, 연금채무(AL)를 과거법과 미래법을 각각 적용하여 산출하고 비교한다.

• 과거법(retrospective method) 적용

	甲	乙
(8) 과거근무기간	6	2
(9) $\ddot{a}_{\overline{x-a}\vert} \times (1+i)^{x-a}$	7.654	2.215
(10) AL = (6)×(9)	28,856	2,084
(11) AL 합계	30,940	

• 장래법(prospective method) 적용

	甲	乙
(12) $PV(TB(x))$ = $(3) \times v^{60-x}$	57,189	13,819
(13) $\ddot{a}_{\overline{60-x}\vert}$	7.515	12.469
(14) $PV(NC(x))$ = (6)×(13)	28,331	11,730
(15) AL = (12)-(14)	28,857	2,085
(16) AL 합계	30,942	

유의할 점은 과거법과 미래법 값의 차이는 산출과정에서 소수점 처리의 차이에 기인한다는 점이다.

문제 2

평가시점(22/01/01)에 주어진 다음 정보를 이용하여 2**1년 회계연도 말에 인식하여야 할 계리적 손익을 구하시오.**

○ 계리적 가정
- 예상이율(할인율): 6.5%
- 근로기간 중 사망이나 조기탈퇴는 없음
- 예상임금상승률: 0.0%

○ 재정검증 내역

구분	2**1/01/01	2**2/01/01
장래 예상 급여의 계리현가	800,000	1,125,000
기금 적립액(F)	200,000	290,000
연금채무(AL)	450,000	530,000
표준부담금(NC)	50,000	-
회계연도 말(2**1/12/31) 납입부담금(C)	75,000	-

해설 ○ 1단계: 2**1/12/31 시점 기대미적립채무 EUL 및 실제미적립채무 AUL 산출

- $EUL = (AL - F + NC) \times 1.065 - C = 319,500 - 75,000 = 244,500$
- $AUL = 530,000 - 290,000 = 240,000$

○ 2단계: 계리적 손익(G) 산출

- $G = EUL - AUL = 244,500 - 240,000 = 4,500$

따라서 회계연도 말(2**1/12/31)에 인식하여야 할 계리적 이익은 4,500이다.

문제 3

평가시점(21/01/01)에 주어진 다음 정보를 이용하여 제도 변경에 따르는 표준부담금의 증가액을 산정하시오.**

○ 제도 설계
- 제도 가입: 고용과 동시에 가입됨
- 정상퇴직급여: 기시 즉시 종신연금(연금액은 매월 200)
- 정상퇴직연령: 65세

○ 계리적 가정
- 예상이율(할인율): 7%
- $\ddot{a}_{62}^{(12)} = 10.5$, $\ddot{a}_{65}^{(12)} = 10$ (즉, 종신연금은 매월 초에 지급받는 것으로 함)
- 근로기간 중 사망 이외 조기탈퇴는 없음
- 예상임금상승률: 0.0%

○ 계산기수

도달 연령(x)	D_x	N_x
62	328	3,585
63	302	3,257
64	278	2,955
65	256	2,677

○ 가입근로자 정보(평가시점 현재)
- 현재 한 명의 가입근로자 甲이 있으며 62세에 도달하지 않은 상황임

○ 제도 변경: 평가시점 현재 다음과 같이 변경함
- 기존 65세 정상퇴직연령을 62세로 조정하고 변경에 따르는 불이익은 없음
- 변경 전 표준부담금은 2,084.

해설 ○ 우선, 변경 전 표준부담금 2,084의 산출 내역을 파악하여야 한다. 현재 甲의 가입연령(a) 및 임금보수(S)에 대한 정보가 없으므로 다음 과정이 필요하다. 즉,

- $APV(TB(a)) = 200 \times 120 \times \dfrac{D_{65}}{D_a} = \dfrac{6,144,000}{D_a}$
- $APV(S(a)) = S \times \dfrac{N_a - N_{65}}{D_a}$
- $NC = \dfrac{APV(TB(a))}{APV(S(a))} \times S = \dfrac{6,144,000}{N_a - N_{65}} = 2,084$

  $\therefore\ N_a = 5,625$

○ 다음으로, 가입근로자 甲에 대해 62세 정상퇴직을 허용한 경우 표준부담금을 구하면 아래와 같다.

- $APV(TB(a)) = 200 \times 126 \times \dfrac{D_{62}}{D_a} = \dfrac{8,265,600}{D_a}$
- $APV(S(a)) = S \times \dfrac{N_a - N_{62}}{D_a}$
- $NC = \dfrac{APV(TB(a))}{APV(S(a))} \times S = \dfrac{8,265,600}{2,040} = 4,052$

따라서 표준부담금 증가액은 1,968이다.

문제 4

평가시점(22/01/01)에 주어진 다음 정보를 이용하여 2**1년 회계연도 말에 인식하여야 할 계리적 손익을 구하시오.**

○ 재정검증 내역

	2**1/01/01	2**2/01/01
연금채무(AL)	600,000	625,000
기금 적립액(F)	370,000	415,000
회계연도 말 납입부담금(C)	회계연도 초에 납입된 표준부담금(NC) + 회계연도 말 투자수익(I) 40,000	–

단, 예상이율(할인율)은 8%

해답 계리적 손실 1,600

tip • 회계연도 말 납입부담금: $C = (1+i) \times NC + I$

문제 5

평가시점(21/01/01)에 주어진 다음 정보를 이용하여 개별가입연령방식의 표준부담금을 구하시오.**

○ 제도 설계
- 제도 가입: 고용과 동시에 가입됨
- 정상퇴직급여: 기시 즉시 종신연금(연금액은 정상퇴직시점 임금의 50%)
- 정상퇴직연령: 60세
- 근로기간 중 사망 이외의 조기탈퇴는 없음

○ 가입근로자 정보(평가시점 현재)

	가입연령(a)	도달연령(x)	매월 임금
甲	35	40	3,000
乙	25	35	1,000

○ 승급지수(s_y, $y=a, a+1, \ldots, 59$)가 반영된 계산기수

	$\frac{s_{59}}{s_a}$	$\frac{s_{59}}{s_x}$	${}^sD_a$	${}^sN_a - {}^sN_{60}$	${}^sN_x - {}^sN_{60}$	$\frac{D_{60}}{D_a} \times \ddot{a}_{60}^{(12)}$
甲	2.5	2.0	125	3,000	2,500	1.0
乙	3.5	2.5	100	4,500	3,000	0.5

해설 ○ 우선, 甲, 乙 각자에 대해 가입연령 (a)에서의 $APV(TB(a))$을 구한다.

- $APV(TB:\text{甲}) = 12 \times 0.5 \times 3{,}000 \times 2 \times 1 = 36{,}000$
  $APV(TB:\text{乙}) = 12 \times 0.5 \times 1{,}000 \times 2.5 \times 0.5 = 7{,}500$

○ 다음으로 甲, 乙 각자에 대하여 가입연령에서의 $APV(S(a))$를 구한다.

- $S(\text{甲}) = S(x) \times \dfrac{s_a}{s_x} = 36{,}000 \times 2 \div 2.5 = 28{,}800$
  $S(\text{乙}) = 12{,}000 \times 2.5 \div 3.5 = 8{,}571$
- $APV(S:\text{甲}) = S(\text{甲}) \times \dfrac{{}^sN_a - {}^sN_{60}}{{}^sD_a} = 691{,}200$
  $APV(S:\text{乙}) = S(\text{乙}) \times (4{,}500 \div 100) = 385{,}695$

○ 마지막으로 甲, 乙 각자에 대하여 평가시점의 임금(연봉)을 기준으로 표준부담금을 산출하여 합산한다.

- $NC(\text{甲}) = 36{,}000 \times 5.21\% = 1{,}876$
  $NC(\text{乙}) = 12{,}000 \times 1.94\% = 233$
  $\therefore NC = 2{,}109$

따라서 2**2/01/01 평가시점에 인식하여야 할 표준부담금은 2,109이다.

문제 6

평가시점(22/01/01)에 주어진 다음 정보를 이용하여 2**1년 회계연도 말에 인식하여야 할 계리적 손익을 구하시오.**

○ 계리적 가정
- 예상이율(할인율): 7%
- 근로기간 중 사망이나 조기탈퇴는 없음
- 예상임금상승률: 0.0%

○ 재정검증 내역

	2**1/01/01	2**2/01/01
연금채무(AL)	304,300	–
기금 적립액(F)	235,000	275,000
회계연도 말 납입부담금(C)	회계연도 초에 납입된 표준부담금 + 회계연도 말 투자수익 21,000	–

○ 가입근로자 정보(평가시점 현재)

도달연령 (x)	가입자 수	연 임금 $S(x)$	표준부담금 $NC(x)$	장래 예상임금 계리현가	장래 예상급여 계리현가
50	1	15,500	800	250,000	45,000
55	1	18,000	1,025	180,000	105,000
65	1	35,000	–	–	200,000

해설 ○ 2**1년 회계연도 초의 결산내역은 (제5장에서 설명한 것처럼) 2**0년 회계연도 말의 결산내역으로 예측 값이 아니라 실제 산출된 값임에 유의하여야 한다.

- $UL_{2^{**}1/01/01} = 69{,}300$
- $APV(NC(x)) = NC(x) \times \ddot{a}_{\overline{65-x|}}$

여기서

$$\ddot{a}_{\overline{65-50|}} = APV(S(50)) \div S(50) = 250{,}000 \div 15{,}500 = 16.13$$
$$\ddot{a}_{\overline{65-55|}} = APV(S(55)) \div S(55) = 180{,}000 \div 18{,}000 = 10$$

- $APV(NC(50)) = 800 \times 16.13 = 12{,}904$
  $APV(NC(55)) = 1{,}025 \times 10 = 10{,}250$

○ 위의 결과에 의해 2**2/01/01년 연금채무(즉, 2**1/12/31 연금채무), 기대미적립채무, 그리고 실제미적립채무는 각각 다음과 같이 산정된다.

- $AL_{2^{**}2/01/01} = \sum_x APV(TB(x)) - \sum_x APV(NC(x))$
  $= 350{,}000 - (12{,}904 + 10{,}250) = 326{,}846$
- $AUL_{2^{**}2/01/01} = 326{,}846 - 275{,}000 = 51{,}846$
- $EUL_{2^{**}2/01/01} = (UAL_{2^{**}1/01/01} + NC_{2^{**}1/01/01}) \times 1.07$
  $- (NC_{2^{**}1/01/01} \times 1.07 + 21{,}000) = 53{,}151$

$\therefore\ G_{2^{**}2/01/01} = EUL - AUL = 53{,}151 - 51{,}846 = 1{,}305$

따라서 2**1년 회계연도 말에 인식하여야 할 계리적 이익은 1,305.

문제 7

평가시점(2012/01/01)에 주어진 다음 정보를 이용하여 2012년 1월 1일에 인식하여야 할 2012년 표준부담금을 구하시오.

○ 제도 설계
- 제도 가입: 고용과 동시에 가입됨
- 정상퇴직급여: 기시 즉시 종신연금(연금액은 정상퇴직시점 임금의 50%)
- 정상퇴직연령: 65세

○ 계리적 가정
- 예상임금상승률: 6%
- $\ddot{a}_{65}^{(12)} = 10$ (즉, 종신연금은 매월 초에 지급받는 것으로 함)
- 근로기간 중 사망 이외에 조기탈퇴는 없음

○ 평가시점 현재 가입근로자 정보
- 가입근로자는 甲 한 명임
- 생년월일: 1973년 1월 1일
- 입사 시기: 2007년 1월 1일
- 2012년 연간 임금: $S(39)=30,000$

○ 예상임금상승률(6%)이 반영된 계산기수(${}^sD_x$, ${}^sN_x$) 정보

도달연령(x)	D_x	${}^sD_x$	${}^sN_x$
34	921	7,077	239,735
40	652	6,708	205,091
65	99	4,371	62,569

해설 ○ 산출과정을 순차적으로 정리하면 다음과 같다. 즉,
- 도달연령: 39세
- 가입연령: 34세
- 장래 예상 임금: $S(64) = 30,000 \times (1.06)^{25} = 128,756$
- 장래 예상 연금액: $0.5 \times S(64) = 64,378$
- 가입연령에서의 추정 임금: $S(34) = 30,000 \times (1.06)^{-5} = 22,418$
- $APV(TB(34)) = 64,378 \times 10 \times \dfrac{D_{65}}{D_{34}} = 69,201$
- $APV(S(34)) = 22,418 \times \dfrac{{}^sN_{34} - {}^sN_{65}}{{}^sD_{34}} = 561,213$

$$\therefore NC\% = \frac{APV(TB(34))}{APV(S(34))} = 12.33\%$$

(즉, 표준부담률은 연간 임금 대비 0.1233)

따라서 2012년 표준부담금 $NC(39) = 30{,}000 \times 0.1233 = 3{,}699$

문제 8

평가시점(22/01/01)에 주어진 다음 정보를 이용하여 임금 증가에 따른 2**1년 회계연도 말의 계리적 손실(즉, 경험임금손익)을 구하시오.**

○ 제도 설계

- 정상퇴직급여: 기시 즉시 종신연금(연금액은 정상퇴직시점 임금의 50%)

○ 계리적 가정

- 예상이율(할인율): 7.5%
- 예상임금상승률: 6.0%
- 2**1년 회계연도에 조기 탈퇴한 가입근로자는 없음

○ 재정검증 내역

	2**1/01/01	2**2/01/01
장래 예상급여의 계리현가	1,000,000	1,115,566
기금 적립액(F)	300,000	400,000
미적립채무(UL)	300,000	330,696
회계연도 초 표준부담금(NC)	55,000	–
회계연도 말 납입부담금(C)	90,000	–

단, 2**1년 회계연도의 실제 임금상승률은 10%였으며, 임금상승과 투자수익 이외 다른 계리적 가정은 예측했던 대로 실현되었다.

해설 ○ 우선 2**1년 회계연도 말 총 계리적 손익을 먼저 산출한다.

- $EUL = (UL + NC) \times (1+i) - C = 291{,}625$
- $AUL = 330{,}696$

$\therefore G = 291{,}625 - 330{,}696 = -39{,}071$ (즉, 계리적 손실 39,071이 발생함)

○ 다음으로 2**1년 회계연도 말 투자수익관련 계리적 손익(즉, 경험투자손익)을 산출한다.

- ${}^{\exp}F = F \times 1.075 + C = 412{,}500$
- ${}^{act}F = 400{,}000$

$$\therefore\ {}^{I}G = {}^{act}F - {}^{\exp}F = -12{,}500$$ (경험투자손실 12,500이 발생함)

따라서 2**1년 회계연도 말에 인식한 경험임금손익은 아래와 같음을 알 수 있다.

- ${}^{sal}G = G - {}^{I}G = -39{,}071 + 12{,}500 = -26{,}571$

즉, 2**1년 회계연도 말에 인식하여야 할 경험임금손실은 26,571이다.

문제 9

평가시점(2012/01/01)에 주어진 다음 정보를 이용하여 평가시점에 예상되는 조기퇴직 연금채무를 구하시오.

○ 제도 설계
- 제도 가입: 고용과 동시에 가입
- 정상퇴직연령: 65세
- 정상퇴직급여: 기시 즉시 종신연금(연금액은 계속근무기간 1년에 대해 매달 10씩 증가함)
- 조기퇴직급여: 기시 즉시 종신연금(연금액은 정상퇴직급여와 동일하게 발생함. 단, 조기퇴직벌칙금이 연금지급액에 대하여 "[정상퇴직연령-조기퇴직연령]×6%" 적용됨)

연금액은 계속근무기간 1년에 대해 조기퇴직 직전 3년 평균임금의 2%씩 매년 증가함. 단,

○ 계리적 가정
- 예상조기퇴직연령: 60세
- 조기 혹은 정상 퇴직 이전에는 사망 이외의 탈퇴는 없음
- 예상임금상승률: 0.0%

○ 가입근로자 정보(평가시점 현재 한 명만 가입된 상태임)
- 생년월일: 1962/01/01
- 입사시기: 2002/01/01

○ 계산기수와 연금현가

도달연령(x)	D_x	N_x	$\ddot{a}_x^{(12)}$
40	652	8,761	12.98
50	322	3,902	11.66
60	151	1,547	9.79
65	99	904	8.67

해답 조기퇴직 연금채무 5,194

tip
- 도달연령 50세, 가입연령 40세, 예상퇴직연령 60세
- 조기퇴직 시점에서 지급될 연금액: $10 \times 20 \times [1-(0.06 \times 5)] = 140$
- 예상임금상승률이 0.0%이므로 표준부담금은 전 연령대에 동일함 $(NC(x) = NC, \forall x)$.
- 표준부담금을 먼저 산정한 후 과거법을 적용하여 연금채무를 산정하는 것이 편리함.

문제 10

평가시점(22/01/01)에 주어진 다음 정보를 이용하여 퇴직급여지급방식 변경에 따른 평가시점의 미적립채무 변화량을 추정하시오.**

○ 제도 설계
- 정상퇴직급여
  : 기시 즉시 종신연금(계속근무기간 1년에 대해 매달 400씩 지급)
- 정상퇴직급여 지급방식 변경
  : 평가시점(2**2/01/01)부터 기존의 "종신연금" 지급방식을 "10년 보증기간부 종신연금" 지급방식으로 변경함
- 정상퇴직연금: 65세

○ 계리적 가정
- 근로기간 중 사망이나 조기탈퇴는 없음
- $\ddot{a}^{(12)}_{\overline{10}|} = 7.287$ (즉, 종신연금은 매월 초에 지급받는 것으로 함)

○ 기존 종신연금 지급(변경 전)을 전제로 한 재정검증 내역(평가시점 현재)
- 가입근로자에게 지급될 장래 예상 연금지급액의 계리현가
  : APV(TB(가입자)) = 1,500,000
- 연금수령퇴직자에게 지급될 예상 연금지급액의 계리현가
  : APV(TB(퇴직자)) = 500,000
- 기금 적립액: F = 600,000
- 미적립채무: UL = 800,000
- 표준부담금: NC = 75,000

○ 계산기수

도달연령(x)	D_x	$N_x^{(12)}$
65	990	9,000
75	350	2,400

해설 ○ 우선, 정상퇴직연금 지급옵션의 변경에 따른 연금현가를 비교한다.

- $\ddot{a}_{65}^{(12)} = \dfrac{N_{65}^{(12)}}{D_{65}} = 9.091$

- $\ddot{a}_{\overline{65:10|}}^{(12)} = \ddot{a}_{\overline{10|}}^{(12)} + {}_{10|}\ddot{a}_{65}^{(12)} = \ddot{a}_{\overline{10|}}^{(12)} + \dfrac{N_{75}^{(12)}}{D_{65}} = 9.711$

○ 변경에 따른 연금현가 증가비율은 1.068(=9.711÷9.091)이다. 변경 전후의 변화량은 연금현가의 변화에 전적으로 의존하므로 이를 반영하면 다음과 같은 결산 내역을 작성할 수 있다.

	변경 전	변경 후(10년 보증 첨가)
(1) APV(TB(가입자))	1,500,000	1,602,000(=1,500,000×1.068)
APV(TB(퇴직자))	500,000	500,000
(2) APV(TB(합계))	2,000,000	2,102,000
(3) F	600,000	600,000
(4) UL(변경 전)	800,000	–
(5) APV(NC)(=(2)-(3)-(4))	600,000	640,800(=600,000×1.068)
(6) UL(변경 후)	–	861,200
(7) 증가금액의 합계	861,200-800,000 = 61,200	

tip
- $UL = AL - F = APV(TB) - APV(NC) - F$
- $APV(NC) = APV(TB) - UL - F$(장래 예상 표준부담금의 계리현가)

따라서 종신연금 지급방식의 변경으로 예상되는 미적립채무는 861,200이며, 변경 전에 비해 61,200만큼 미적립채무가 증가할 것으로 추정된다.

※ 보충문제(제4장 본문 내용 보충) ※

□ 개요

: 가입연령방식에서 하나의 가상가입연령(즉, 특정가입연령)을 설정하기 곤란한 경우의 대안적 접근을 제시하고자 한다. 이러한 측면을 강조하여 특정가입연령방식이라고도 한다.

: 정상가입구성원(stationary membership)인 경우에 하나의 가상가입연령을 설정하는 것은 문제가 되지 않는다. 왜냐하면 매년 동일한 연령대의 신규가입자가 가입하므로 연령대별 분포가 불변이기 때문이다.

: 그러나 신규 가입연령대 분포가 분산되어 있는 경우에 하나의 가상가입연령을 설정하는 것은 적립의 과·소문제가 발생한다. 이를 해결하는 대안적 접근이 개별가입연령방식임을 제4장에서 설명한 바 있다.

: 우리는 개별가입연령방식(Individual Entry Age Normal Cost Method) 이외에 적용가능한 대안적 접근방법에 대해 다음 예제를 통해 설명한다. 이를 종합가입연령방식(Aggregate Entry Age Normal Cost Method)이라고 한다. 개별가입연령방식과는 달리 모든 신규가입연령에 대해 하나의 표준부담금(임금상승이 없는 경우) 혹은 표준부담률(임금상승이 있는 경우)을 제시한다. 적용성은 가입연령방식 혹은 개별가입연령방식에 비해 상대적으로 낮다.

: 결론적으로 가입연령방식은 3가지로 구분됨을 알 수 있다. 즉,

- (특정)가입연령방식
- 개별가입연령방식
- 종합가입연령방식

□ 종합가입연령방식

평가시점(2012/01/01)에 주어진 다음 정보를 활용하여 종합가입연령방식의 표준부담금 산출과정을 개별가입연령방식의 표준부담금 산출과정과 비교하시오.

○ 제도 설계
- 제도 가입: 고용과 동시에 가입됨
- 정상퇴직연령: 65세
- 정상퇴직급여: 기시 즉시 종신연금(연금액은 계속근무기간 1년에 대해 매월 10씩 증가하며 매월 초에 지급)

○ 계리적 가정
- $\ddot{a}_{65}^{(12)} = 9.35$ (즉, 종신연금은 매월 초에 지급받는 것으로 함)
- 근로기간 중 사망 이외의 조기탈퇴는 없음
- 예상임금상승률: 0.0%

○ 가입근로자 정보(평가시점 현재)

성명	생년월일	입사 시기
甲	1977년 1월 1일	2002년 1월 1일
乙	1967년 1월 1일	2002년 1월 1일

○ 계산기수와 연금현가

도달연령(x)	D_x	$\ddot{a}_{x:\overline{65-x}\vert}$
25	2,441	15.62
35	1,348	14.22
45	737	11.84
55	389	7.92
65	189	0.00

해설 종합가입연령방식과 개별가입연령방식의 차이를 알아보기로 한다. 연금채무 산정원리는 모두 동일하다. 즉, $AL = APV(TB) - APV(NC)$. 그러나 표준부담금 혹은 표준부담률을 산정하는 방법은 서로 상이하다. 여기서 우리는 이런 차이를 설명하고자 한다.

우선 가입정보를 정리한다.

○ 2012년 1월 1일의 가입자 정보

성명	甲	乙
가입연령(a)	25	35
도달연령(x)	35	45
과거근무기간(年)	10	10
정상퇴직시 예상 월 연금액	400	300

위의 정보에서 우리는 신규 가입연령의 격차가 심하여 하나의 가상가입연령을 선정하기 어려운 상황이다. 가입연령방식에 대한 대안적 접근 방법으로 종합가입연령방식 또는 개별가입연령방식을 고려한다.

○ 종합가입연령방식 vs. 개별가입연령방식 비교

ⓐ 가입연령별로 장래에 지급하여야 할 연금지급액의 계리현가를 산출하는 과정은 두 방식 모두 동일하다. 즉,

- $APV(TB(25:\text{甲})) = 400 \times 12 \times 9.35 \times (189 \div 2{,}441) = 3{,}475$
  $APV(TB(35:\text{乙})) = 300 \times 12 \times 9.35 \times (189 \div 1{,}348) = 4{,}719$

ⓑ 종합가입연령방식에서 표준부담금(예상임금상승률이 0.0%이므로)을 산정하는 원리는 甲과 乙 각자의 개별가입연령 표준부담금의 가중평균(convex combination) 개념이다. 살펴보면

- $NC = \dfrac{APV(TB(25:\text{甲})) + APV(TB(35:\text{乙}))}{\ddot{a}_{25:\overline{40|}} + \ddot{a}_{35:\overline{30|}}} \times 2 = 549.20$

이를 변형하면

- $NC = \dfrac{NC(\text{甲}) \times \ddot{a}_{25:\overline{40|}} + NC(\text{乙}) \times \ddot{a}_{35:\overline{30|}}}{\ddot{a}_{25:\overline{40|}} + \ddot{a}_{35:\overline{30|}}} \times 2 = 549.20$

여기서 $NC(\text{甲})$은 개별가입연령방식을 적용할 경우에 산출되는 甲의 표준부담금 그리고 $NC(\text{乙})$은 개별가입연령방식을 적용할 경우에 산출되는 乙의 표준부담금을 각각 나타낸다. 즉,

- $NC(\text{甲}) = \dfrac{APV(TB(25:\text{甲}))}{\ddot{a}_{25:\overline{40|}}} = 222.47$
  $NC(\text{乙}) = \dfrac{APV(TB(35:\text{乙}))}{\ddot{a}_{35:\overline{30|}}} = 331.86$

결론적으로 종합가입연령방식의 표준부담금 산정원리는 개인가입연령방식

의 개인별 표준부담금에 대하여 "가중치 $\theta = \frac{\ddot{a}_{25:\overline{40|}}}{\ddot{a}_{25:\overline{40|}} + \ddot{a}_{35:\overline{30|}}}$"인 가중평균 (convex combination)[1]에 신규가입자의 수를 곱하는 것과 같음을 알 수 있다. 한편 신규가입자 수를 곱하는 것은 종합가입연령방식 또한 개별적립방식의 하나임을 의미한다.

상기 예를 일반화하면, n명의 신규가입자 $甲_1(a_1), 甲_2(a_2), \ldots, 甲_n(a_n)$에 대한 종합가입연령방식과 개별가입연령방식의 표준부담금 산출 관계식은 아래와 같음을 알 수 있다($甲_k(a_k)$는 신규가입자 $甲_k$, 그리고 그의 가입연령이 a_k임을 의미함). 즉,

- $$NC = \frac{\sum_{k=1}^{n} NC(甲_k) \times \ddot{a}_{a_k:\overline{r-a_k|}}}{\sum_{k=1}^{n} \ddot{a}_{a_k:\overline{r-a_k|}}} \times n$$

여기에서 r은 정상퇴직연령(NRA), 그리고 $NC(甲_k)$는 개별가입연령방식을 적용하여 산출되는 신규가입자 $甲_k$의 개별 표준부담금을 나타낸다.

ⓒ 마지막으로, 연금채무 산정 원리 "$AL = APV(TB) - APV(NC)$"에서 종합가입연령방식의 $APV(NC)$만 다르게 산출될 뿐 $APV(TB)$는 개별가입연령방식과 동일하다.

- $$APV(NC)_{2012/01/01} = NC \times \frac{\ddot{a}_{35:\overline{30|}} + \ddot{a}_{45:\overline{20|}}}{2} = 7{,}156$$

결론적으로, 연금채무 산출과정은 평가시점 현재 가입근로자 甲과 乙 각자의 장래 예상 잔여근무기간 연금현가의 단순평균을 적용하는 것이 개별가입연령방식과의 차이점임을 알 수 있다. 이를 일반화하면 평가시점 현재 t에서 가입근로자 k의 도달연령을 x_k라고 하면, 전체 가입근로자들의 예상 잔여근무기간 연금현가의 단순평균으로 산출됨을 알 수 있다.

- $$APV(NC)_t = NC \times \frac{\sum_{k=1}^{n} \ddot{a}_{x_k:\overline{r-x_k|}}}{n}$$

1) 임의의 두 벡터 a, b에 대하여 이를 연결하는 선분을 표현한 것을 convex combination 이라고 하며, 수리적 표현은 $\theta \times a + (1-\theta) \times b,\ 0 \le \theta \le 1$ 이다.

Ⅱ 개인평준보험료방식 핵심문제 및 해설

개인평준보험료방식(ILP)은 예상 장래근로기간에 대해 그리고 가입근로자 각자에 대해 평준보험료를 산정하므로 붙여진 이름이다. 그러므로 개별가입연령방식과는 다음 두 가지 면에서 큰 차이가 있다.

- 최초 가입연령은 연금제도 도입시점 실제연령 혹은 개인별 실제 가입연령을 기준으로 산정함으로 "초기과거근무채무 통합방식"이다. 이에 반해 (특정, 개별 혹은 종합)가입연령방식은 "초기과거근무채무 분리방식"이다.
- 정기적으로 예상임금과 실제임금의 차가 발생하면 이를 차기에 즉시 반영하여 표준부담금을 재계산한다(즉, 직전 연도 표준부담금을 재조정함). 이러한 이유로 임금관련 계리적 손익(즉, 경험임금손익)이 발생하지 않는다.

문제 1

평가시점(2011/01/01)에 주어진 다음 정보를 이용하여 개별가입연령방식과 개인평준보험료방식으로 구한 표준부담금의 차이를 구하시오.

○ 제도 설계
- 연금제도 개시일: 2010/01/01
- 정상퇴직급여: 기시 즉시 종신연금(연금액은 정상퇴직시점 임금의 30%)
- 개별가입연령방식에서 초기과거근무채무를 인정하기로 함

○ 계리적 가정
- 예상이율(할인율): 7%
- 예상임금상승률: 0.0%
- 정상퇴직연령: 65세
- $\ddot{a}_{65}^{(12)} = 9.50$ (즉, 종신연금은 매월 초에 지급받는 것으로 함)
- 근로기간 중 사망이나 조기탈퇴는 없음

○ 가입근로자 정보(평가시점 현재)
- 현재 한 명의 가입근로자가 있음
- 생년월일: 1960년 1월 1일

- 입사 시기: 2005년 1월 1일
- 2010년 연간 임금: 50,000
- 2011년 연간 임금: 60,000

해설 ○ 가입연령 당시의 표준부담금을 먼저 산정한다.

	개인평준 보험료방식	개별가입연령방식	
		2010/01/01	2011/01/01
(1) 가입연령(a)	50	45	45
(2) 정상퇴직 연금액	15,000	15,000	18,000
(3) 정상퇴직연령에서의 종신연금 계리현가: $(2)\times \ddot{a}_{65}^{(12)}$	142,500	142,500	171,000
(4) 가입연령에서의 종신연금계리 현가: $(3)\times v^{65-a}$	51,649	36,825	44,190
(5) 표준부담금: $(4)\div \ddot{a}_{\overline{65-a}|}$	5,300	3,249	3,898

○ 다음으로, 2011/01/01 평가시점에서 작년에 비해 10,000만큼 임금인상이 이루어진 것을 반영하여 조정내역을 산출한다.

(6) 도달 연령(x)	51	−	−
(7) 정상퇴직연금 증가액	3,000	−	−
(8) 정상퇴직연령에서의 종신연금 증가액 계리현가: $(7)\times \ddot{a}_{65}^{(12)}$	28,500	−	−
(9) 도달연령에서의 종신연금 증가액 계리현가: $(8)\times v^{65-x}$	11,053	−	−
(10) 표준부담금 인상분 : $(9)\div \ddot{a}_{\overline{65-x}|}$	1,181	−	−

tip ○ 항목 (9)는 임금인상에 의한 연금채무의 증가분(11,053)을 의미한다. 이와 같이 임금에 의한 증가분은 장래 잔여근로기간에 걸쳐 균등상각(즉, $\frac{11{,}053}{\ddot{a}_{\overline{65-x}|}}$)하고 당기 연초 표준부담금에 즉시 반영한다. 이러한 특성으로 개별평준보험료방식은 임금관련 계리적 손익이 발생하지 않는다.

○ 마지막으로 임금상승에 따른 표준부담금 변경은 다음과 같이 요약된다.

표준부담금	2010/01/01	2011/01/01
개별가입연령방식(A)	3,249	3,898
개인평준보험료방식(B)	5,300	6,481
차이(C = B - A)	2,051	2,583

문제 2

평가시점(2011/01/01)에 주어진 다음 정보를 이용하여 개별가입연령방식과 개인평준보험료방식 각각에 대하여 연금채무를 산출하고 각 방법에서 임금인상으로 인한 연금채무 증가분을 구하시오.

○ 제도 설계
- 연금제도 개시일: 2010/01/01
- 정상퇴직급여: 기시 즉시 종신연금(연금액은 정상퇴직시점 임금의 30%)
- 개별가입연령방식에서 초기과거근무채무를 인정하기로 함

○ 계리적 가정
- 예상이율(할인율): 7%
- 예상임금상승률: 0.0%
- 정상퇴직연령: 65세
- $\ddot{a}_{65}^{(12)} = 9.50$ (즉, 종신연금은 매월 초에 지급받는 것으로 함)
- 근로기간 중 사망이나 조기탈퇴는 없음

○ 가입근로자 정보(평가시점 현재)
- 현재 한 명의 가입근로자가 있음
- 생년월일: 1960년 1월 1일
- 입사 시기: 2005년 1월 1일
- 2010년 연간 임금: 50,000
- 2011년 연간 임금: 60,000

해설 ○ 문제 II-1의 조건과 동일하므로 그 산출 결과를 이용하여 2011/01/01 평가시점의 연금채무를 먼저 산출한다(현재 도달연령은 51세). 요약하면,

	개별 가입연령방식	개인평준 보험료방식
(1) 정상퇴직연령에서의 종신연금 계리현가	171,000	171,000
(2) 도달연령에서의 종신연금 계리현가 : (1) × v^{14}	66,317	66,317

(3) 표준부담금	3,898	6,481
(4) 장래 유입될 표준부담금의 계리현가 : $(3) \times \ddot{a}_{\overline{14}|}$	36,476	60,647
(5) 연금채무: (2) - (4)	29,841	5,670

○ 다음으로, 개별가입연령방식에서 임금상승에 따른 연금채무의 증가액을 산정한다. 이를 위해 2010년 연간임금, 그리고 2010년 표준부담금을 사용하여 평가시점에서의 연금채무를 산정하기로 하자. 요약하면,

개별가입연령방식	2011/01/01
(1) 정상퇴직연령에서의 종신연금 계리현가	142,500 (50,000×0.3×9.5)
(2) 도달연령(51세)에서의 종신연금 계리현가 : $(1) \times v^{14}$	55,264
(3) 표준부담금(2010년)	3,249
(4) 장래 표준부담금의 현재가치 : $(3) \times \ddot{a}_{\overline{14}|}$	30,403
(5) 발생 부채: (2) - (4)	24,861

○ 결론적으로, 개별가입연령방식은 임금상승분(10,000)에 의해 연금채무가 4,980만큼 상승하였다(즉, 24,861에서 29,841로 상승함). 이에 반해 개인평준보험료방식에서는 임금 증감에 따른 연금채무 변화량을 장래에 균등 상각하고 이를 향후 납입할 표준부담금에 반영한다. 따라서 연금채무의 변화는 없다. 임금관련 계리적 손익이 발생하지 않도록 개인평준보험료방식이 개발되었음을 의미한다.

문제 3

평가시점(2011/01/01)에 주어진 다음 정보를 활용하여 2010/01/01, 그리고 2011/01/01 각 시점에서 표준부담률 및 표준부담금을 산출하시오.

○ 제도 설계

- 연금제도 개시일: 2010/01/01
- 정상퇴직급여: 기시 즉시 종신연금(연금액은 정상퇴직시점 임금의 30%)
- 개별가입연령방식에서 초기과거근무채무를 인정하기로 함

○ 계리적 가정

- 예상이율(할인율): 7%

• 예상임금상승률: 4%
• 정상퇴직연령: 65세
• $\ddot{a}_{65}^{(12)} = 9.50$ (즉, 종신연금은 매월 초에 지급받는 것으로 함)
• 근로기간 중 사망이나 조기탈퇴는 없음

○ 가입근로자 정보(평가시점 현재)
• 현재 한 명의 가입근로자가 있음
• 생년월일: 1960년 1월 1일
• 입사 시기: 2005년 1월 1일
• 2010/01/01 연 임금: 50,000(2010년도 임금인상이 반영되지 않은 2009년 실제 임금을 의미함)
• 2011/01/01 연 임금: 60,000(2011년도 임금인상이 반영되지 않은 2010년도 실제 임금을 의미함)

해설

tip ○ 예상임금상승률($h \neq 0$)과 예상이율($i \neq 0$)인 경우에, 그리고 정상퇴직급여가 최종임금을 기준으로 설계되었을 경우에 임금관련 계리현가계산은 새로운 예상이율(j)을 산출하고 이를 적용하는 것이 편리하다. 즉,

• $v = \dfrac{1+h}{1+i} = \dfrac{1}{1+j} \quad \therefore j = \dfrac{1+i}{1+h} - 1.$

따라서 상기 계리적 가정에서 임금인상률 4%, 그리고 예상이율 7%이므로 이하 적용할 새로운 예상이율(할인율)은 2.885%(=(1.07÷1.04)-1)이다.

○ 먼저 2010년 회계연도 초(2010/01/01)의 표준부담금을 산정한다(도달연령은 50세). 요약하면,

(1) 연초 임금	50,000
(2) 정상퇴직연령에서의 예측 임금: (1)×1.04^{15}	90,047
(3) 정상퇴직 연금액: (2)×0.3	27,014
(4) 정상퇴직연령에서의 종신연금 계리현가: (3)×9.5	256,633
(5) 도달연령에서의 종신연금 계리현가: (4)×1.07^{-15}	93,016
(6) 장래 임금의 계리현가: (1)×$\ddot{a}_{\overline{65-50}\rvert}^{(j)}$, $j = 2.885\%$	619,257
(7) 표준부담률	15.02%
(8) 표준부담금: (1)×(7)	7,510

○ 다음으로, 직전연도 임금인상에 의해 2011년 회계연도 초(2011/01/01)에 표준부담금을 재산정한다(도달연령은 51세).

(9) 연초 예상 임금: (1)×1.04	52,000
(10) 실제 임금 증가액(임금 예측 오차): 60,000-(9)	8,000
(11) 정상퇴직 연금액 증가액: (10)×0.3×1.04^{14}	4,156
(12) 도달연령에서의 종신연금 증가액 계리현가 : $(11) \times \ddot{a}_{65}^{(12)} \times 1.07^{-14}$	15,312
(13) 도달연령에서의 임금 증가액 계리현가 : (10) × $\ddot{a}_{\overline{65-51\rvert}}$, $j = 2.885\%$	93,709
(14) 임금 증가액에 기인한 표준부담률 : (12)÷(13)	16.34%
(15) 임금 예측 오차에 기인한 표준부담금 증가액 : (14)×(10)	1,307
(16) 임금 예측 오차가 없을 경우의 표준부담금 : (7)×(9)	7,810
(17) 2011 회계연도 표준부담금: (15)+(16)	9,117

문제 4

평가시점(2011/01/01)에 주어진 다음 정보를 이용하여, 2010년 1월 1일 기준 2010년 총 표준부담금과 2011년 1월 1일 기준 2011년 총 표준부담금의 차액을 구하시오. 단, 총 표준부담금은 연금재원 적립을 위한 표준부담금과 종신보험을 위한 사망보험료로 구성된다.

○ 제도 설계

- 연금제도 개시일: 2010년 1월 1일
- 정상퇴직급여: 연금급여 + 보험급여
  - 연금급여: 기시 즉시 종신연금(연금액은 정상퇴직시점 임금의 60%)
  - 보험급여: 사망보험금(종신보장)은 정상퇴직급여 월 지급액의 50배(단, 생명보험사와의 계약에 의해 제공되는 보험급여)

○ 계리적 가정

- 예상이율(할인율): 8%
- 예상임금상승률: 0.0%
- $12 \times \ddot{a}_{65}^{(12)} = 100$ (즉, 종신연금은 매월 초에 지급받는 것으로 함)
- 근로기간 중 사망이나 조기탈퇴는 없음
- 정상퇴직연령: 65세

○ 종신보험 계약정보

보험가입연령	사망보험금 1,000당 연납 종신보험료	사망보험금 1,000당 해약환급금(65세 시점)
35	30	500
36	32	450

○ 가입근로자 정보(평가시점 현재)

- 현재 한 명의 가입근로자가 있음
- 생년월일: 1975년 1월 1일
- 2010/01/01 월 임금: 3,000
- 2011/01/01 월 임금: 3,300

해설 ○ 임금 인상이 없는 것으로 가정되었지만 2010년에 비해 2011년은 월 300의 임금 증가가 발생하였다. 임금 증가분은 종신연금액, 그리고 사망보험금에 직접적으로 영향을 미친다. 따라서 2011/01/01 시점(도달연령 36세)에서 총 표준부담금(종신연금 표준부담금 + 종신보험료)을 재산정하여야 한다. 요약하면,

(1) 월 임금의 증가	300
(2) 정상퇴직급여(연금+보험) 월 지급액 증가 : (1) × 60%	180
(3) 사망보험금 증가 : (2) × 50	9,000
(4) 종신보험료 증가 : (3) ÷ 1,000 × 32	288
(5) 정상퇴직연령에서의 (연금+보험)급여 증가액 계리현가 : (2) × 100	18,000
(6) 정상퇴직연령에서의 보험급여 증가 : (3) ÷ 1,000 × 450	4,050
(7) 정상퇴직연령에서 추가로 요구되는 연금급여 적립액 : (5) − (6)	13,950
(8) 추가 연금급여 적립액의 계리현가 : $(7) \times v^{29}$	1,497
(9) 추가 연금급여 적립을 위한 표준부담금 증가액 : $(8) \div \ddot{a}_{\overline{29}|}$	124
(10) 총 표준부담금의 증가액 : (4) + (9)	412

문제 5

아래에 주어진 정보를 활용하여 2013년 1월 1일 평가시점에서의 연금채무를 산정하시오(즉, 2012년 회계연도 말에 산출되는 연금채무를 의미함).

○ 제도 설계
- 제도 가입: 고용과 동시에 가입됨
- 연금제도 개시일: 2011년 1월 1일
- 정상퇴직급여: 기시 즉시 종신연금(연금액은 최종 5년 연 임금의 평균 대비 50%)

○ 계리적 가정
- 예상이율(할인율): 7%
- 예상임금상승률: 0.0%
- $\ddot{a}_{65}^{(12)} = 8.74$ (즉, 종신연금은 매월 초에 지급받는 것으로 함)
- 근로기간 중 사망이나 조기탈퇴 없음
- 정상퇴직연령: 65세

○ 가입근로자 정보
- 현재 한 명의 가입근로자가 있음
- 생년월일: 1960년 1월 1일
- 입사시기: 2011년 1월 1일
- 2011년 연 임금: 100,000
- 2012년 연 임금: 92,000

해설

tip ○ 임금 인상이 없다고 가정하였기에 최종 5년 연봉의 평균은 2011년 시점에서는 100,000이며 2012년 시점에서는 92,000임에 유의하여야 한다.

○ 연금채무는 과거 표준부담금의 계리종가(actuarial terminal value)이기 때문에 2011년 표준부담금을 먼저 산출하여야 한다. 여기서 계리종가는 중도 탈퇴가 없다고 가정하였으므로 원리합계와 같다. 제도 시행일 가입연령은 51세이며 예상 잔여근무기간은 14년이다. 따라서

- 2011년 표준부담금: $\dfrac{(100{,}000) \times (0.5) \times \ddot{a}_{65}^{(12)}}{\ddot{s}_{\overline{14|}}} = 18{,}111$

○ 다음으로 2012년 1월 1일에 임금의 감소분(8,000)을 반영하여 2012년

표준부담금을 재산출하여야 한다.

- 2011년 표준부담금의 감소분: $\dfrac{(8{,}000)\times(0.5)\times\ddot{a}_{65}^{(12)}}{\ddot{s}_{\overline{13}|}}=1{,}622$

따라서 2012년 표준부담금은 16,489이다.

○ 과거 표준부담금의 원리합계가 2013/01/01 시점에 인식하여야 할 연금채무(AL)이다. 즉,

- $AL_{2013/01/01}=(18{,}111)\times(1.07)^2+(16{,}489)\times(1.07)=38{,}378$

문제 6

평가시점(2012/01/01)에 주어진 다음 정보를 이용하여 2012년에 추가로 적립해야 할 표준부담금을 구하시오.

○ 제도 설계
- 연금제도 개시일: 2002년 1월 1일
- 정상퇴직급여: 기시 즉시 종신연금(연금액은 매월 초에 5,000씩 지급)
- 적립원칙: 연금제도의 수정으로 인한 변화는 도달연령부터 적립한다.

○ 제도 설계 변경
- 2012년 1월 1일부터 기존의 정상퇴직 종신연금액이 월 5,500으로 인상 조정됨

○ 계리적 가정
- 예상이율(할인율): 8%
- 정상퇴직연령: 65세
- 근로기간 중 사망을 제외한 조기탈퇴는 없음

○ 가입근로자 정보(평가시점 현재) 및 계산기수

입사연령	도달연령(x)	가입근로자 수	D_x	N_x-N_{65}	$N_x^{(12)}$
–	25	0	265	3,390	3,355
25	35	1	125	1,455	1,485
25	45	2	55	570	630
–	55	0	25	170	245
–	65	0	10	0	80

해답 추가적립 표준부담금 총액 = 2014.11

tip
- 정상퇴직급여의 증가(월 500)로 인한 표준부담금의 증가만 고려하면 된다.
- 적립원칙에 의해 도달연령부터 추가 표준부담금이 발생함에 유의한다.
- $\ddot{a}_x^{(12)} = \dfrac{N_x^{(12)}}{D_x}$

Ⅲ (예측, 현재) 단위적립방식 핵심문제 및 해설

예측단위적립방식(PUC)과 현재단위적립방식(CUC)을 총칭하여 단위적립방식(unit credit cost method)이라고 한다. 임금 인상을 가정하지 않으면 이 둘은 동일한 연금채무 및 표준부담금을 제공한다. 또는 임금과 연계되지 않은 급여설계(예: 계속근무기간 당 연금액 100씩 발생)인 경우도 이 둘은 동일한 결과를 제공한다.

- 평가시점 연금채무는 가입자(가입근로자, 퇴직 이후 급여수급권자) 각자의 발생급여(accrued benefits)의 계리현가 합계액으로 산출된다.
- 평가시점 표준부담금은 가입근로자 각자에 대하여 단위기간(예: 1년) 동안 발생할 것으로 기대되는 급여증가분의 계리현가 합계액으로 산출된다.
- 사전적립방식(pre-funding methods)은 가입근로자가 퇴직하기까지 가입기간에 대응하는 연금재원을 완전히 적립하는 재정방식이다. 그러므로 단위적립방식 이상의 적립수준을 제공할 수 있는 적립방식이 사전적립방식이다.
- 이러한 이유로 기타 적립방식에 비해 상대적으로 낮은 표준부담금을 제시하며 또한 발생주의 원칙에 부합한다. 특히, 예측단위적립방식은 IFRS에서 유일하게 인정하는 적립방식이며, 이직률이 높은 사업장의 연금제도에 적용성이 높다.

문제 1

주어진 다음 정보를 이용하여 2011/01/01에 인식하여야 할 표준부담금(즉, 2011년도 표준부담금)을 구하시오.

○ 제도 설계
- 제도 가입: 고용과 동시에 가입
- 정상퇴직급여: 기시 즉시 종신연금(연금액은 계속근무기간 1년에 대해 매월 10씩 증가하며 매월 초에 지급)
- 정상퇴직연령: 65세

○ 계리적 가정
- 예상이율(할인율): 6%
- 근로기간 중 사망 이외의 다른 조기탈퇴는 없음
- 예상임금상승률: 0.0%
- $q_{60} = 0.04$

○ 2010년 가입자 정보 및 재정검증 내역
- 2010/01/01 현재 가입근로자: 100명(단, 모두 60세로 동갑임)
- 2010/01/01 현재 산출된 표준부담금: 100,000
- 2010년 동안 계리적 손익 없음
- 2010년 동안 신규 참여자 없음

해설 ○ 계속근무기간 1년에 대해 월 지급 연금액이 10씩 발생하므로 2010년 표준부담금 100,000은 아래와 같이 산출되었다.

- $NC_{2010} = 100 \times 120 \times \dfrac{N_{65}^{(12)}}{D_{60}} = 100{,}000$

$\therefore \dfrac{N_{65}^{(12)}}{D_{60}} = 8.3333$

○ 다음으로 2011/01/01 산출되는 2011년 표준부담금을 구한다. 유의할 점은 2010년도 계리적 손익이 없기 때문에 계리적 가정이 100% 실현되었다. 즉, $q_{60} = 0.04$이므로 2010년에 4명의 사망자가 발생하여 2011/01/01 산출시점에 96명의 가입근로자가 재직 중이다. 따라서

- $NC_{2011} = 96 \times 120 \times \dfrac{N_{65}^{(12)}}{D_{61}} = 106{,}000$

여기서 $\dfrac{N_{65}^{(12)}}{D_{61}} = \dfrac{N_{65}^{(12)}}{p_{60} \times v \times D_{60}} = 9.2014$

문제 2

아래에 주어진 정보를 활용하여 2011/01/01에 인식하여야 할 표준부담금을 구하시오.

○ 제도 설계
- 제도 가입: 고용과 동시에 가입
- 정상퇴직급여: 기시 즉시 종신연금(연금액은 계속근무기간 1년에 대해 퇴직 직전 3년 임금평균의 2%씩 매년 증가)
- 정상퇴직연령: 65세
- $\ddot{a}_{65}^{(12)} = 8.5$ (즉, 종신연금은 매월 초에 지급받는 것으로 함)

○ 계리적 가정
- 예상이율(할인율): 8%
- 예상임금상승률: 4%
- 근로기간 중 사망이나 조기탈퇴는 없음

○ 가입근로자 정보
- 2011/01/01 현재 가입근로자는 1명 임
- 생년월일: 1956/01/01
- 입사일: 2006/01/01
- 2010년도 임금: 31,000

해설 ○ 연금액은 계속근무기간 1년에 대해 퇴직 직전 3년 임금평균의 2%씩 매년 증가하므로, 2011년 근속으로 발생할 정상퇴직급여 증가분의 계리현가가 표준부담금이다. 산출시점(2011/01/01) 현재 가입근로자의 도달연령은 55세이다. 따라서

- $NC_{2011} = 0.02 \times 31{,}000 \times \dfrac{(1.04)^8 + (1.04)^9 + (1.04)^{10}}{3} \times \ddot{a}_{65}^{(12)} \times v^{10}$
  $= 3{,}476$

문제 3

아래에 주어진 정보를 활용하여 2011/01/01에 인식하여야 할 미적립채무를 구하시오.

○ 제도 설계
- 제도 가입: 고용과 동시에 가입
- 정상퇴직급여: 기시 즉시 종신연금(연금액은 계속근무기간 1년에 대해 매월 20씩 증가하며 매월 초에 지급)

- 정상퇴직연령: 65세

○ 계리적 가정
- 예상이율(할인율) 변경
  : 2011년 1월 1일부터 기존의 7%를 8%로 상향 조정함
- 근로기간 중 사망이나 조기탈퇴는 없음
- 예상임금상승률: 0.0%
- 할인율 7%인 경우에 $\ddot{a}_{65}^{(12)}$=10, 할인율 8%인 경우에 $\ddot{a}_{65}^{(12)}$=9
  (즉, 종신연금은 매월 초에 지급받는 것으로 함)

○ 가입근로자 정보
- 2011/01/01 현재 가입근로자는 1명임
- 생년월일: 1947/01/01
- 입사일: 2005/01/01

○ 2010년 재정검증 내역
- 2010/01/01에 산출된 미적립채무: 2,000
- 2010/01/01에 2010년도 표준부담금만 납입되고 기타 부담금은 없음
- 2010년 동안 투자수익률: 11%

해설 ○ 우선 2010년 표준부담금 및 연금채무를 먼저 산출하여야 한다. 2010/01/01 현재 가입근로자의 도달연령은 63세이고, 과거근무기간은 5년이며, 미래근무기간은 2년이다. 계속근무기간 1년에 대해 매월 20씩 연금액이 증가하므로, 2010/01/01에 산정되는 표준부담금 및 연금채무는 아래와 같다.

- $NC_{2010/01/01} = 20 \times 12 \times \ddot{a}_{65}^{(12)} \times 1.07^{-2} = 2{,}096$
- $AL_{2010/01/01} = 5 \times 20 \times 12 \times \ddot{a}_{65}^{(12)} \times 1.07^{-2} = 10{,}481$

○ 다음으로, 2010/01/01에 산출된 미적립채무가 2,000이므로 당시의 기금적립액은 8,481이다. 왜냐하면,

- $UL_{2010/01/01} = AL_{2010/01/01} - F_{2010/01/01}$

○ 따라서 2011/01/01 시점의 미적립채무는 260이다. 왜냐하면,

- $F_{2011/01/01} = (F_{2010/01/01} + NC_{2010/01/01}) \times (1 + 0.11) = 11{,}740$
- $AL_{2011/01/01} = 6 \times 20 \times 12 \times \ddot{a}_{65}^{(12)} \times 1.08^{-1} = 12{,}000$

문제 4

평가시점(2010/12/31)에 주어진 다음 정보를 이용하여 2011/12/31에 예상되는 기대미적립채무(expected UL)를 추정하시오

○ 계리적 가정
- 예상이율(할인율): 6%
  (단, 1년 이내 기간에 발생하는 예상이자는 월 단리(simple interest rate)를 적용하여 안분 산정함)

○ 2010년 회계연도 말 재정검증 내역
- 2010/12/31에 산출된 2011년 표준부담금: 20,000
- 2010/12/31에 산출된 미적립채무: 250,000
  (단, 2011년 표준부담금이 반영되지 않은 2010년 회계연도 말 미적립채무임)
- 2011년 동안 납입된 부담금
  : 2011/03/31에 7,000, 2011/06/30에 7,000, 그리고 2011/12/31에 20,000이 각각 납입되었음

해답 251,675

tip • $EUL_{2011/12/31} = (UL_{2010/12/31} + NC_{2011}) \times (1+i) - 34{,}000 - {}^{\exp}I$

여기서 예상 투자이익 ${}^{\exp}I(=525)$는 단리를 적용하여 계산하기로 하였음에 유의한다.

문제 5

평가시점(2011/01/01)에 주어진 다음 정보를 이용하여 2010/01/01에 발생한 실제연금채무(actual AL)를 구하시오.

○ 계리적 가정
- 예상이율(할인율): 6%

○ 재정검증 내역
- 2010/12/31에 산출된 2010년 표준부담금: 50,000
- 2011/01/01까지의 기금 적립액: 425,000
- 2011/01/01에 산출된 미적립채무: 450,000
- 2010년 투자수익으로 인한 계리적 이익: 42,600
- 2010년 투자수익 이외 다른 요소로 인한 계리적 이익: 13,400
- 2010/12/31에 부담금 75,000이 납입됨

- 2010/01/01에 퇴직급여 10,000이 지급됨

해설 ○ 상기 재정검증 내역은 2010년 회계연도 말에 실제로 발생한 내역이므로 미적립채무 450,000은 실제미적립채무(actual UL)이다. 따라서

- $AUL_{2011/01/01} = {}^{act}AL_{2011/01/01} - {}^{act}F_{2011/01/01}$

  $\therefore {}^{act}AL_{2011/01/01} = 875,000$

○ 2010/01/01 시점의 실제연금채무는 2009년 회계연도 말에 실제로 발생한 연금채무이므로 아래와 같이 채무이익(${}^{L}G$)을 반영하여야 한다(제5장 I-4절 참조). 즉,

- $${}^{act}AL_{2011/01/01} = {}^{act}AL_{2010/01/01} \times 1.06 + NC_{2010/12/31} - B_{2010/01/01} \times 1.06 - {}^{L}G_{2010}$$

  $$\therefore {}^{act}AL_{2010/01/01} = \frac{875,000 + 10,000 \times 1.06 + 13,400 - 50,000}{1.06} = 800,943$$

문제 6

평가시점(2011/01/01)에 주어진 다음 정보를 이용하여 2011/01/01에 인식하여야 할 기금 적립액(즉, 자산평가액)을 구하시오.

○ 계리적 가정
- 예상이율(할인율): 7%

○ 재정검증 내역

	2010/01/01	2011/01/01
표준부담금	6,000	7,500
연금채무	70,000	75,000
기금 적립액	45,000	−

- 2010/12/31에 부담금 9,000이 납입됨
- 2010년 계리적 이익 4,500이 연말에 발생함
- 2010/07/01에 퇴직급여 2,000이 지급됨

해설 ○ 상기 재정검증 내역 모두 실제로 발생한 결산내역이므로 실제미적립채무(actual UL)의 성장모형을 적용하면 편리하다(제5장 I-4절 참조). 즉,

- $AUL_{2011/01/01} = {}^{act}AL_{2011/01/01} - {}^{act}F_{2011/01/01}$

- $AUL_{2011/01/01} = EUL_{2011/01/01} - G_{2010}$

$$= [AUL_{2010/01/01} + NC_{2010/01/01}] \times 1.07 - 9{,}000 - G_{2010}$$

$$= 19{,}670$$

$$\therefore\ {}^{act}F_{2011/01/01} = {}^{act}AL_{2011/01/01} - AUL_{2011/01/01} = 55{,}330$$

문제 7

평가시점(2011/01/01)에 주어진 다음 정보를 이용하여 2011/01/01에 인식하여야 할 예측급여채무(PBO)를 구하시오.

○ 제도 설계

- 제도 가입: 고용과 동시에 가입
- 정상퇴직급여: 기시 즉시 종신연금(연금액은 계속근무기간 1년에 대해 정상퇴직 직전 3년 평균임금의 2%씩 매년 증가함. 단, 연 연금발생률 2%는 계속근로기간 30년까지만 적용되고 그 이후는 체증이 없음)
- 정상퇴직연령: 65세
- 조기퇴직급여: 기시 즉시 종신연금(연금액은 계속근무기간 1년에 대해 조기퇴직 직전 3년 평균임금의 2%씩 매년 증가함. 단, 조기퇴직벌칙은 연금지급액에 대하여 "[정상퇴직연령-조기퇴직연령]×3%" 삭감함)
- 조기퇴직옵션은 62세 도달시점에 주어짐

○ 계리적 가정

- 예상이율(할인율): 8%
- 예상임금상승률: 6%
- 근로기간 중 사망: 없음
- 62세에 도달할 경우에 조기퇴직할 확률은 15%
- $\ddot{a}_{62}^{(12)} = 8.77$, $\ddot{a}_{65}^{(12)} = 8.2$ (즉, 종신연금은 매월 초에 지급받는 것으로 함)

○ 가입근로자 정보

- 2011/01/01 현재 한명의 가입근로자가 있음
- 생년월일: 1976/01/01
- 입사일: 2009/01/01
- 2011/01/01 현재 기금 적립액: 19,000
- 2010년 임금: 25,000

해설 ○ 평가시점(2011/01/01) 현재 가입근로자의 도달연령은 35세이며 과거근무기간은 2년이다. 62세 조기퇴직급여, 그리고 65세 정상퇴직급여 모두를 고려하여야 한다. 따라서 62세 조기퇴직 3년 평균임금, 그리고 65세 정상퇴직 3년 평균임금을 먼저 구한다.

- $\overline{S(62)} = 25{,}000 \times \dfrac{1.06^{25} + 1.06^{26} + 1.06^{27}}{3} = 113{,}863$
- $\overline{S(65)} = 25{,}000 \times \dfrac{1.06^{28} + 1.06^{29} + 1.06^{30}}{3} = 135{,}613$

○ 다음으로, 도달연령은 35세(과거근무기간 2년)를 기준으로 조기퇴직급여의 총 발생급여채무 및 정상퇴직급여의 총 발생급여채무(30년 한도) 각각을 산출한다.

- $APV(TB(35\text{세} : \text{조기퇴직}))$

$= 0.02 \times 29 \times \overline{S(62)} \times (1 - 0.03 \times 3) \times \ddot{a}_{62}^{(12)} \times v^{27} \times 0.15 = 9{,}897$

- $APV(TB(35\text{세} : \text{정상퇴직}))$

$= 0.02 \times 30 \times \overline{S(65)} \times \ddot{a}_{65}^{(12)} \times v^{30} = 66{,}306$

$\therefore\ AL(35\text{세}) = AL(35\text{세} : \text{조기퇴직}) + AL(35\text{세} : \text{정상퇴직})$

$= \dfrac{2}{29} \times APV(TB(35\text{세} : \text{조기퇴직})) + \dfrac{2}{30} \times APV(TB(35\text{세} : \text{정상퇴직}$

$= 5{,}103$

문제 8

평가시점(2011/01/01)에 주어진 다음 정보를 이용하여 2011/01/01에 인식하여야 할 사용자 표준부담금 및 가입근로자 표준부담금을 각각 산출하시오.

○ 제도 설계
- 제도 가입: 고용과 동시에 가입
- 가입근로자도 부담금을 납입하는 기여형제도(contributory pension plan)
- 정상퇴직급여: 기시 즉시 종신연금(연금액은 계속근무기간 1년에 대해 매달 50씩 발생함)
- 사망퇴직급여: 근로기간 중 사망할 경우 가입근로자의 납입부담금의 원리합계를 사망연도 말에 지급함(단, 이자율은 예상이율로 함)
- 정상퇴직연령: 65세

○ 계리적 가정
- 예상이율(할인율): 6%

• 근로기간 중 사망 이외의 조기탈퇴 없음
• $\ddot{a}_{65}^{(12)} = 10$

○ 계산기수

도달연령(x)	D_x	C_x	M_x
35	2,522	174	1,226
36	2,205	149	1,052
40	1,314	80	576
41	1,160	68	496
64	127	2	45
65	118	1	43

○ 가입근로자 정보
• 2011/01/01 현재 가입근로자 甲 한명만 있음
• 생년월일: 1971/01/01
• 입사일: 2006/01/01

○ 가입근로자 甲의 부담금 납입 내역
• 2010/12/31까지 부담금 납입 누계액(예상이율 6%로 부리됨): 2,500
• 2011년 회계연도 말에 납입할 것으로 예상되는 부담금: 475

해답 사용자 표준부담금 367, 가입근로자 표준부담금 419

tip • 가입근로자는 평가일(2011/01/01) 현재 40세에 도달하였음

: $NC(40\text{세}:\text{정상퇴직}) = 539$

: $NC(40\text{세}:\text{사망퇴직}) = 475 \times \dfrac{D_{41}}{D_{40}} \times {}_{24}q_{41} = 247$

• ${}_{24}q_{41} = 1 - \dfrac{D_{65}}{D_{41}} \times (1+i)^{24} = 0.5881$

위 $NC(40\text{세}:\text{사망퇴직})$ 산출 식에서 유의할 점은 가입근로자의 표준부담금은 납입 이후(41세부터) 예상이율 6%로 부리됨과 동시에 표준부담금 납입 시점으로 현가조치하기 때문에 순이자율(net interest rate) 0.0%를 적용한 것과 같다는 점이다.

• 2011/01/01 시점에서의 가입근로자 표준부담금

: $NC(40\text{세}:\text{甲}) = 475 \times \dfrac{D_{41}}{D_{40}} = 419$

Ⅳ 종합보험료방식 핵심문제 및 해설

종합보험료방식(AGG)은 매 평가시점마다 균형재정 "$F(t) = AL(t), \forall t$"이 달성되도록 장래 적립계획(contribution schedule)을 수립한다. 이를 위해 재정평가 과정에서 발생하는 계리적 손익은 가입근로자들의 장래 예상 평균근무기간에 걸쳐 자동적으로 안분하여 상각하는 적립특성을 갖는다.

- 가입근로자별로 표준부담금, 연금채무를 산정할 수 없으며 단지 평가시점 마다 적립수준 100%를 유지하기 위한 재정균형 부담금(time-related recommended contribution)만을 제시한다.
- 계리적 가정이 100% 실현되고 초기과거근무채무(IPSL)가 완전히 상각되면 종합보험료방식은 가입연령방식과 일치한다.
- 대표적인 통합적립방식이지만, 가입근로자 개인별로 종합보험료방식을 적용하는 경우를 특별히 개별종합보험료방식이라고 한다.

문제 1

평가시점(2011/01/01)에서 주어진 다음과 같은 정보를 활용하여 평가시점에서 산출하여야 할 2011년 부담금을 산출하시오.

○ 제도 설계
- 제도 가입: 고용과 동시에 가입
- 정상퇴직급여: 기시 즉시 종신연금(연금액은 계속근무기간 1년에 대해 정상퇴직시점 임금의 2%씩 발생함)
- 정상퇴직연령: 60세

○ 계리적 가정
- 예상이율(할인율): 8%
- 예상임금상승률: 4%
- 근로기간 중 사망 이외의 조기탈퇴 없음
- $\ddot{a}_{60}^{(12)} = 12.5$

○ 평가시점(2011/01/01) 현재 가입근로자(甲, 乙)정보 및 계산기수

도달연령 (x)	과거근무기간 (年)	2010년 연 임금	$\frac{{}^sN_x - {}^sN_{60}}{{}^sD_x}$	$\frac{D_{60}}{D_x}$
甲: 54	19	50,000	5.471	.630
乙: 43	2	30,000	12.806	.270

주) ${}^sD_x$, ${}^sN_x$, ${}^sN_{60}$ 는 모두 예상임금상승률(4%)이 반영된 계산기수임

○ 기금 적립액

• 평가시점(2011/01/01) 현재 125,000

해설 ○ 우선, 평가시점(2011/01/01) 현재 甲과 乙에게 지급될 장래 총 예상급여의 계리현가 $APV(TB)$을 각각 산출한다.

• $APV(TB:\text{甲}) = 0.02 \times 25 \times 50{,}000 \times (1.04)^6 \times \ddot{a}_{60}^{(12)} \times \frac{D_{60}}{D_{54}}$

$= 249{,}110$

• $APV(TB:\text{乙}) = 0.02 \times 19 \times 30{,}000 \times (1.04)^{17} \times \ddot{a}_{60}^{(12)} \times \frac{D_{60}}{D_{43}}$

$= 74{,}945$

$\therefore \ APV(TB)_{2011/01/01} = \sum_k APV(TB:k) = 324{,}055$

○ 다음으로, 평가시점(2011/01/01) 현재 甲과 乙 각자가 장래 수령할 임금 총액의 계리현가 $APV(S)$를 산출한다.

• $APV(S:\text{甲}) = 50{,}000 \times \frac{{}^sN_{54} - {}^sN_{60}}{{}^sD_{54}} = 273{,}550$

• $APV(S:\text{乙}) = 30{,}000 \times \frac{{}^sN_{43} - {}^sN_{60}}{{}^sD_{43}} = 384{,}180$

$\therefore \ APV(S)_{2011/01/01} = \sum_k APV(S:k) = 657{,}730$

○ 따라서, 2011/01/01 평가시점에서 산출되는 2011년 부담금은 다음과 같다.

• $C_{2011} = \frac{APV(TB)_{2011/01/01} - F_{2011/01/01}}{APV(S)_{2011/01/01}} \times S_{2011/01/01} = 24{,}211$

문제 2

평가시점(2013/01/01)에 주어진 다음의 정보를 활용하여 평가시점에서 산출하여야 할 2013년 회계연도의 사용자 부담금을 구하시오.

○ 제도 설계

- 제도 가입: 고용과 동시에 가입
- 가입근로자도 부담금을 납입하는 기여형제도(contributory pension plan) 단, 근로자 각각은 자기 임금의 1.5%를 기여함
- 사망급여: 근로기간 중 사망할 경우 사망시점까지 납입한 근로자 부담금의 원리합계를 지급함
- 퇴직급여: 일정한 퇴직급여가 설계되어 있음

○ 평가시점(2013/01/01) 현재 재정검증 결과

평가시점 현재 장래 총 예상 퇴직급여의 계리현가 : $APV(TB:\text{퇴직급여})$	1,500,000
평가시점 현재 장래 총 예상 사망급여의 계리현가 : $APV(TB:\text{사망급여})$	30,000
평가시점 현재 근로자 부담금	15,000
평가시점 현재 기금 적립액 : F	400,000
평가시점 현재 근로자 부담금 누계액(이자 포함)	60,000
평가시점 현재 장래 총 예상 임금의 계리현가 : $APV(S)$	8,000,000
2013년 연 임금 : S_{2013}	1,000,000

해설 ○ 평가시점(2013/01/01)에 납입하여야 할 사용자 부담금은 종합보험료방식의 특성에 의해 아래와 같은 절차에 따라 산출된다. 즉, 평가시점 현재를 기준으로

① 장래 총 예상 (퇴직, 사망)급여의 계리현가

: $APV(TB:\text{퇴직급여}) + APV(TB:\text{사망급여}) = 1{,}530{,}000$

② 기금 적립액

: $F = 400{,}000$

③ 장래 총 예상 임금의 계리현가

: $APV(S)$

④ 납입하여야 할 2013년 회계연도 총 부담금

: $C_{2013} = \frac{① - ②}{③} \times S_{2013} = 141,250$

⑤ 가입근로자 부담금

: $S_{2013} \times 1.5\% = 15,000$

따라서 사용자가 납입하여야 할 2013년 부담금은 126,250(즉, ④-⑤)이다.

문제 3

평가시점(2013/01/01)에서 주어진 아래의 정보를 활용하여 평가시점에서 산출하여야 할 2013년 회계연도의 부담금을 구하시오.

○ 제도 설계

- 제도 가입: 고용과 동시에 가입
- 정상퇴직급여: 기시 즉시 종신연금(연금액은 퇴직시점 임금의 50%로서 매월 초에 분할되어 지급됨)
- 정상퇴직연령: 65세

○ 계리적 가정

- 예상이율(할인율): 7%
- 예상임금상승률 변경
  : 평가시점(2013/01/01)부터 기존의 0.0%에서 5%로 상향 조정함
- 근로기간 중 사망 이외의 조기탈퇴 없음

○ 가입근로자 정보

- 2013/01/01 현재 가입근로자 한 명만 있음
- 생년월일: 1951/01/01
- 2013년 연 임금: 40,000
- 임금인상이 반영되지 않은 상황에서 평가시점의 2013년 부담금: 23,615

○ 계산기수

도달연령(x)	D_x	N_x
62	365	3,514
63	335	3,149
64	306	2,814
65	279	2,508
66	254	2,229

해설

tip
- 제도 설계에서 연금액이 매월 초에 지급되므로 $\ddot{a}_{65}^{(12)}$에 대한 정보가 필요하다. 즉,
- $\ddot{a}_{65}^{(12)} = \dfrac{N_{65}^{(12)}}{D_{65}} = \dfrac{N_{65} - \dfrac{11}{24} \times D_{65}}{D_{65}} = 8.53$

○ 예상임금상승률이 반영된 경우(h=5%)와 반영되지 않은 경우(h=0%)의 장래 총 예상 퇴직급여의 계리현가, 그리고 장래 예상 임금의 계리현가 각각의 변화를 먼저 파악하여야 한다. 평가시점 현재 가입근로자의 도달연령이 62세이므로 아래의 정보를 추가로 얻을 수 있다. 즉,

- $APV(TB: h = 0\%) = 0.5 \times 40{,}000 \times \ddot{a}_{65}^{(12)} \times \dfrac{D_{65}}{D_{62}} = 130{,}418$
- $APV(TB: h = 5\%) = 0.5 \times 40{,}000 \times (1.05)^2 \times \ddot{a}_{65}^{(12)} \times \dfrac{D_{65}}{D_{62}}$

  $= 143{,}786$
- $APV(S: h = 0\%) = 40{,}000 \times \dfrac{D_{62} + D_{63} + D_{64}}{D_{62}} = 110{,}246$
- $APV(S: h = 5\%) = 40{,}000 \times \dfrac{D_{62} + D_{63} \times (1.05) + D_{64} \times (1.05)^2}{D_{62}}$

  $= 115{,}519$

○ 다음으로 기금 적립액(F)에 대한 정보는 h=0%인 경우 2013년 부담금이 23,615이므로 아래와 같이 주어진다.

- $NC(h = 0\%) = \dfrac{APV(TB: h = 0\%) - F}{APV(S: h = 0\%)} \times S_{2013} = 23{,}615$

  $\therefore F = 65{,}331$

○ 따라서 예상임금상승률(h=5%)이 반영된 2013년 회계연도 부담금은 아래와 같다. 즉,

- $NC(h = 5\%) = \dfrac{APV(TB: h = 5\%) - F}{APV(S: h = 5\%)} \times S_{2013} = 27{,}166$

문제 4

평가시점(2013/01/01)에서 주어진 아래의 정보를 이용하여 평가시점 현재 정상퇴직연령의 변경으로 인해 인식하여야 할 부담금의 감소액을 산출하시오.

○ 제도 설계
- 제도 가입: 고용과 동시에 가입
- 정상퇴직급여: 기시 즉시 종신연금(연금액은 계속근로기간 1년에 대하여 매달 25씩 발생함)
- 정상퇴직연령 변경: 평가시점(2013/01/01)부터 기존의 정상퇴직연령 60세를 65세로 상향조정함

○ 계리적 가정
- 예상이율(할인율): 7%
- 예상임금상승률: 0.0%
- 근로기간 중 사망이나 조기탈퇴 없음
- $\ddot{a}_{60}^{(12)} = 9.82$, $\ddot{a}_{65}^{(12)} = 8.74$

○ 가입근로자 정보
- 2013/01/01 현재 가입근로자 한 명만 있음
- 생년월일: 1961/01/01
- 입사일자: 2001/01/01

○ 2013/01/01 현재 기금 적립액: 5,000

해답 2,101만큼 감소

tip • 정상퇴직연령 변경 전 부담금은 4,584, 그리고 변경 후 부담금은 2,483

문제 5

평가시점(2010/01/01)에서 주어진 아래의 정보를 이용하여 제도 변경으로 인해 평가시점에서 재산출하여야 할 부담금을 구하시오.

○ 제도 설계
- 제도 가입: 고용과 동시에 가입
- 정상퇴직급여: 기시 즉시 종신연금(매월 초에 일정액을 지급함)
- 정상퇴직연령: 65세
- $\ddot{a}_{65}^{(12)} = 12.0$

○ 제도 변경

- 평가시점(2010/01/01)부터 가입근로자에 대해 정상퇴직급여 지급방식을 다음과 같이 변경함
  : 가입근로자에게 장래에 지급될 정상퇴직 종신연금 월지급액은 변경이 없으며, 단지 정상퇴직 이후 본인이 사망할 경우에 배우자가 생존하는 한 60%를 승계함(단, 제도 변경 시점에의 부부 연령은 동일함)
- $\ddot{a}^{(12)}_{\overline{65:65}} = 14.0$

○ 제도 변경 전 단계에서 수행된 평가시점(2010/01/01) 현재의 재정검증 결과

- 평가시점 현재 가입근로자들에 대한 장래 총 예상 퇴직급여의 계리현가
  : $APV(TB$: 가입근로자$)$ = 450,000
- 평가시점 현재 정상퇴직연금 수령자들의 장래 총 종신연금의 계리현가
  : $APV(TB$: 연금수령자$)$ = 100,000
- 평가시점 현재 기금 적립액: F = 250,000
- 평가시점 현재 2010년 부담금 산출액: 25,000

해설 ○ 문제에서 주어진 제도의 변경 효과는 가입근로자의 $APV(TB$: 가입근로자$)$에만 영향을 미침에 유의하여야 한다. 먼저 종신연금현가의 변경 전후를 비교한다.

- 변경 전 종신연금 현가: $\ddot{a}^{(12)}_{65} = 12.0$
- 변경 후 종신연금 현가: $\ddot{a}^{(12)}_{65} \times 40\% + \ddot{a}^{(12)}_{\overline{65:65}} \times 60\% = 13.2$

즉, 종신연금 현가의 변경 후 대비 변경 전 비율은 1.1임을 알 수 있다.

○ 따라서 종신연금 현가의 비율 변경을 반영하면 아래와 같이 산출된다.

	변경 전 산출 내역	변경 후 산출 내역
①: $APV(TB$: 가입근로자$)$	450,000	495,000 (450,000×1.1)
②: $APV(TB$: 연금수령자$)$	100,000	100,000
③: $APV(TB$: 합계$)$	550,000	595,000
④: 기금 적립액(F)	250,000	250,000
⑤: ③ - ④	300,000	345,000
⑥: $\dfrac{APV(S)}{S}$	12.0	12.0
⑦: 부담금 $C = \dfrac{⑤}{⑥}$	25,000	28,750

tip • $C = \frac{APV(TB) - F}{APV(S)} \times S = \frac{APV(TB) - F}{\ddot{a}_{\overline{n|}}}$

문제 6

부담금은 회계연도 초에 산출된다고 할 때, 2014년, 그리고 2015년 회계연도의 부담금을 각각 산출하시오.

○ 제도 설계
- 제도 가입: 고용과 동시에 가입
- 정상퇴직급여: 일정한 정상퇴직급여가 설계되어 있음
- 정상퇴직연령: 65세

○ 계리적 가정
- 예상이율(할인율): 6%
- 예상임금상승률: 5%
- 근로기간 중 사망이나 조기탈퇴 없음

○ 2014년 회계연도 재정검증 결과

회계연도 초에 산출된 장래 총 예상 임금의 계리현가: $APV(S)$	16,000,000
회계연도 초에 산출된 장래 총 예상 퇴직급여의 계리현가: $APV(TB)$	1,000,000
회계연도 초의 기금 적립액: F_0	500,000
2014년 연 임금	1,000,000

주)
2014년 가입자 현황은 정상구성원(stationary membership)을 유지함
2014년 기금 적립액은 정상상태(steady state)를 유지함
2014년 계리적 가정이 100% 실현되었음

해답 2014년 부담금=31,250, 2015년 부담금=32,812

tip • 2014년 회계연도 초를 0, 회계연도 말을 1로 표현하면 계리적 가정이 100% 실현되었으므로 계리적 손익은 0이다. 또한 가입자가 정상구성원을 유지하고 아울러 기금 적립액이 정상상태이므로 2015년 부담금과 2014년 부담금은 다음 관계가 성립한다. 즉,

• $C_{2014} = \frac{APV_0(TB) - F_0}{APV_0(S)} \times S_{2014}$

- $C_{2015} = \dfrac{APV_1(TB) - F_1}{APV_1(S)} \times S_{2015}$

여기서

$S_{2015} = S_{2014} \times (1+0.05)$,
$APV_0(S) = APV_1(S)$, $APV_0(TB) = APV_1(TB)$, $F_0 = F_1$

V 초기채무동결방식 핵심문제 및 해설

사용자가 확정급여형 연금제도를 처음 시행할 때 근로자들의 과거근무기간을 모두 포함하여 시행함이 일반적이다. 이러한 경우 초기과거근무채무(IPSL)가 높게 발생하여 적립부담이 가중될 수 있다. 초기채무동결방식(FIL)은 이와 같이 제도 도입단계에서 발생할 수 있는 사용자의 적립부담을 경감해 줄 목적으로 개발된 종합보험료방식의 대안적 적립방식이다.

- 가입연령방식(ENT)을 적용하여 제도 도입 연도에 IPSL를 산출하고 이를 상각하는 부담금은 다른 부담금과 분리하기도 한다(정확한 IPSL 산출을 위해 개별가입연령방식(IENT)이 주로 적용됨). 보편적이지는 않지만 제도 도입 단계에 출연 기금(F_0)이 있으며 이를 차감한 후 상각이 이루어진다. 즉, 초기미적립채무(IPSL-F_0)가 처음 상각대상이 된다.
- 재정평가 과정에서 발생하는 계리적 손익은 가입근로자들의 장래 예상잔여근무기간에 자동적으로 안분되어 상각된다.
- IPSL이 모두 상각 완료되면 종합보험료방식과 일치한다.

※ 아래의 문제 및 해설들은 결국 초기채무동결방식의 적립특성을 고려한다면 개별가입연령방식과 종합보험료방식을 재검증하는 과정이다.

문제 1

주어진 아래의 정보를 활용하여 2011년 회계연도 초에 산출하여야 할 부담금을 구하시오.

○ 제도 설계
- 연금제도 개시일: 2010/01/01
- 정상퇴직급여: 기시 즉시 종신연금(연금액은 매월 초에 일정액이 지급됨)
- 초기과거근무채무 인정함
- 정상퇴직연령: 65세
- 제도 개시일 현재 사용자의 출연 기금은 없음

○ 계리적 가정
- 예상이율(할인율): 7%
- 근로기간 중 사망이나 중도탈퇴 없음
- $12 \times \ddot{a}_{65}^{(12)} = 110$

○ 제도 개시일 현재 가입근로자 정보

가입근로자 (2명)	도달연령 (x)	과거근무연수 (年)	정상퇴직인 경우 월 지급 연금액
甲	48	10	1,000
乙	35	3	800

○ 부담금 납입 내역: 2010년 회계연도에는 회계연도 말에 부담금 4,500 납입됨

○ 초기과거근무채무($IPSL = {}^{IENT}AL_0$)의 분리 상각을 위해 별도의 상각기간 (즉, $\dfrac{{}^{IENT}AL_0}{\ddot{a}_{\overline{m|}}}$)을 두지 않음

해설

tip 문제의 마지막 조건($\dfrac{{}^{IENT}AL_0}{\ddot{a}_{\overline{m|}}}$을 적용하지 않음)은 IPSL를 분리하여 별도 상각하지 않고, 제도도입 단계에 산출된 초기값 "$UFIL(0)\left[= {}^{IENT}AL_0 - F_0\right]$"에 의해 평가시점 사이의 미상각초기채무(unamortized frozen initial liability, UFIL) 관계식을 이용하여 차기 미상각초기채무를 추정하는 절차를 따른다. 즉,

- $UFIL(t+1) = [UFIL(t) + {}^{FIL}C(t)] \times (1+i) - C(t) - I_c$,
  $UFIL(0) = {}^{IENT}AL(0) - F(0)$

여기에서

- ${}^{FIL}C(t)$
  : 초기채무동결방식(FIL)에 의해 t년 회계연도 초에 산출된 부담금이며, 제도 도입 연도 초는 개별가입연령방식의 표준부담금 ${}^{FIL}C(0) = {}^{IENT}NC(0)$이 적용된다.
  $\because \ {}^{FIL}C(0) = \dfrac{APV(TB(0)) - {}^{IENT}AL(0)}{\ddot{a}_{\overline{m}|}} = {}^{IENT}NC(0)$
- $C(t)$
  : t년 회계연도에 납입된 실제 부담금
- I_c
  : 부담금 실제 납입액 $C(t)$의 납입 시점에 의해 예정이율로 부리한 이자

한편, 초기채무동결방식 하에서 계리적 손익은 가입자들의 장래 평균 잔여근무연수에 걸쳐 자동적으로 상각되므로 미상각초기채무에 영향을 미치지 않는다. 이는 실제 미상각초기채무(actual UFIL)는 예상 미상각초기채무(expected UFIL)와 같음을 의미한다.

그리고 $UFIL(t)$의 완전 상각은 $C(t)$의 수준에 의해 결정되며, "$UFIL(t) \rightarrow 0$"이면 종합보험료방식에서 산출하는 부담금과 동일한 값을 제공하게 된다.

초기채무동결방식의 이하 나머지 문제들도 위의 미상각초기채무 관계식이 적용되고 있다.

□ 문제 풀이를 위한 절차는 아래와 같다.

○ 1단계
: 초기채무동결방식(FIL) 문제이므로 먼저 초기과거근무채무(IPSL)를 분리하여야 한다. 즉, 개별가입연령방식을 적용한 표준부담금을 산출하여 과거법을 적용한다.

2010년 회계연도 초(2010/01/01) 현재	甲	乙
(1) 입사연령(a)	38	32
(2) 정상퇴직 월 연금액	1,000	800
(3) 정상퇴직연령에서의 연금채무 : $(2) \times 12 \times \ddot{a}_{65}^{(12)}$	110,000	88,000
(4) 입사시점에서의 연금채무 : $(3) \times v^{65-a}$	17,702	9,437
(5) $\ddot{a}_{\overline{65-a}\rceil}$	12.826	13.647
(6) 표준부담금: (4) ÷ (5)	1,380	692
(7) 표준부담금 총액 : 2,072(즉, 도입 첫 해인 2010년 회계연도 초에서 산출되는 부담금임)		

• 설명한 바와 같이, 연금제도 개시 첫 해의 부담금은 가입연령방식에서 산출되는 표준부담금과 일치함에 유의하기 바람

○ 2단계

: 제도 도입 단계이기 때문에 개별가입연령방식에 의해 초기과거근무채무를 산정한다(단, 제도 도입일 현재 출연 기금이 없음).

2010년 회계연도 초 현재	甲	乙
(1) 표준부담금	1,380	692
(2) $\ddot{s}_{\overline{x-a}\rceil}$	14.784	3.44
(3) 초기과거근무채무: (1) × (2)	20,402	2,380
(4) 초기과거근무채무 총액: 22,782		

○ 3단계

: 2011년 회계연도 초에 인식하여야 할 미상각초기채무(UFIL)를 결정한다. 즉,

• $UFIL_{2011/01/01} = (UFIL_{2010/01/01} + {}^{IENT}NC_{2010/01/01}) \times (1+i) - C_{2010/12/31}$

$$= (22{,}782 + 2{,}072) \times 1.07 - 4{,}500$$

$$= 22{,}094$$

○ 4단계

: 2011년 회계연도 초에서의 장래 총 예상 퇴직급여의 계리현가 $APV(TB)$을 산정한다.

2011년 회계연도 초(2011/01/01) 현재	甲	乙
(1) 도달연령(x)	49	36
(2) 정상퇴직연령에서의 연금채무	110,000	88,000
(3) $APV(TB(x))$: $(2) \times v^{65-x}$	37,261	12,370
(4) $\sum APV(TB(x))$: 49,631		

○ 5단계

: 2011년 회계연도 초(2011/01/01) 현재시점에서 향후 적립이 요구되는 총액(즉, 장래 부담금의 계리현가)을 결정한다.

- $APV(C)_{2011} = APV(TB)_{2011} - UFIL_{2011} - F_{2011}$

$$= 49{,}631 - 22{,}094 - 4{,}500$$

$$= 23{,}037$$

○ 6단계

: 2011년 회계연도 초에서의 장래 예상 잔여근무기간 연금현가를 산정한다. 여기서 임금에 대한 정보가 없으므로 $\dfrac{APV(S)}{S}$ 를 직접 산정할 수 없음에 유의한다.

2011년 회계연도 초 현재	甲	乙
(1) 장래 예상 잔여근무기간	16	29
(2) 장래 예상 잔여근무기간 연금현가	10.11	13.14

- 장래 예상 잔여근무기간 연금현가 평균

: $\ddot{a}_{\overline{n}|} = \dfrac{\ddot{a}_{\overline{n1}|,甲} + \ddot{a}_{\overline{n2}|,乙}}{2} = 11.625$

○ 따라서 2011년 회계연도 초에 산출할 부담금은 다음과 같이 결정된다.

- ${}^{FIL}C_{2011} = \dfrac{APV(TB) - UFIL - F}{\ddot{a}_{\overline{n}|}} = 1{,}981.7$

문제 2

평가시점(2011/01/01)에 주어진 아래의 정보를 활용하여 평가시점에서 산출하여야 할 2011년 회계연도의 부담금을 산출하시오.

O 제도 설계

- 정상퇴직급여: 기시 즉시 종신연금(연금액은 정상퇴직시점 임금 대비 일

정 %)
- 초기과거근무채무 인정함
- 가입자는 모두 근로가입자(퇴직연금수령자 없음)

○ 계리적 가정
- 예상이율(할인율): 6%
- 예상임금상승률: 4%
- 근로기간 중 사망, 중도탈퇴, 그리고 신규 가입도 없음

○ 2010년 회계연도 재정검증 결과

회계연도 초에서의 장래 총 예상 퇴직급여의 계리현가: $APV(TB)$	3,000,000
회계연도 초 현재 기금 적립액: F	1,250,000
회계연도 초 현재 미상각초기채무: $UFIL$	750,000
2010년 연 임금 총액: S	600,000
회계연도 초에서의 장래 총 예상 임금의 계리현가: $APV(S)$	15,000,000

○ 2010년 회계연도 적립금 투자수익: 105,000

○ 부담금 납입 내역
: 2010년 회계연도 기간 중에는 회계연도 말에 부담금 125,000 납입됨

○ 초기과거근무채무($IPSL = {}^{IENT}AL_0$)의 분리 상각을 위해 별도의 상각기간 (즉, $\dfrac{{}^{IENT}AL_0}{\ddot{a}_{\overline{m|}}}$)을 두지 않음

○ 투자수익 및 부담금 납입을 제외하고는 상기 가정이 모두 실현됨

해설 ○ 1단계
: 2011년 회계연도 초의 부담금 산정을 위해 회계연도 초 미상각초기채무를 먼저 산정하여야 한다. 이를 추정하기 전에 2010년 회계연도 초에서 산출되어야 할 ${}^{FIL}C_{2010}$를 구한다. 2010년 회계연도 결산자료에 의해,

- $${}^{FIL}C_{2010} = \frac{APV(TB) - UFIL - F}{APV(S)} \times S = 40,000$$

○ 2단계
: 투자수익 및 부담금 납입을 제외하고는 상기 가정이 모두 실현되었고

가입근로자만 존재하는 연금제도이므로 2011년 회계연도 초의 $APV(TB)$을 추정한다.

- $APV(TB)_{2011} = APV(TB)_{2010} \times (1+i) = 3{,}180{,}000$

○ 3단계
: 2011년 회계연도 초의 미상각초기채무 $UFIL$을 추정한다.

- $UFIL_{2011} = (UFIL_{2010} + {}^{FIL}C_{2010}) \times (1+i) - C_{2010/12/31} = 712{,}400$

○ 4단계
: 2011년 회계연도 초의 기금 적립액 F을 추정한다.

- $F_{2011} = F_{2010} + C_{2010/12/31} + \text{투자수익} = 1{,}480{,}000$

○ 5단계
: 2011년 회계연도 초의 $APV(S)$을 추정한다. 2010년 회계연도 중에 신규가입자가 없다고 전제하였고 이러한 가정이 실현되었으므로 다음 관계식이 성립한다. 즉,

- $APV(S)_{2011} = (APV(S)_{2010} - S_{2010}) \times (1+i) = 15{,}264{,}000$

○ 마지막 단계로 2011년도 연 임금 총액 S을 결정한다.

- $S_{2011} = S_{2010} \times (1+h) = 624{,}000$

○ 따라서 2011년 회계연도 초 산출되어야 할 부담금은 다음과 같다.

- $${}^{FIL}C_{2011} = \frac{APV(TB)_{2011} - UFIL_{2011} - F_{2011}}{APV(S)_{2011}} \times S_{2011} = 40{,}374$$

문제 3

주어진 아래의 정보를 활용하여 2011년 회계연도 초에 정보 변경으로 재산출하여야 할 부담금을 구하시오(단, 초기과거근무채무 분리 상각을 위한 부담금은 고려하지 않음).

○ 제도 설계
- 연금제도 개시일: 2010/01/01
- 정상퇴직급여: 기시 즉시 종신연금(연금액은 정상퇴직 직전 최종 5년 평균 임금의 50%)
- 초기과거근무채무 인정함

• 가입자는 근로가입자만 존재하며 정상퇴직연령까지 모두 최소 5년 이상 남음

○ 계리적 가정
  • 근로기간 중 사망이나 중도탈퇴 없음

○ 2011년 회계연도 재정검증 결과

회계연도 초에서의 장래 총 예상 퇴직급여의 계리현가: $APV(TB)$	1,700,000
회계연도 초 현재 기금 적립액: F	200,000
회계연도 초 현재 미상각초기채무: $UFIL$	300,000
회계연도 초에 산출된 부담금: ${}^{FIL}C_{2011}$	80,000

○ 위의 정보들은 2011년 회계연도에 실현되었으나, 차후에 2011년 임금 총액이 결산 결과보다 실제로 10% 더 높다는 사실을 알게 되었다. 중대한 오류에 해당하여 2011년 회계연도 부담금을 재계산하기로 하였다.

해설 ○ 이 문제에서 임금 관련 정보가 없다. 하지만 2011년 회계연도의 변경 전 부담금이 주어져 있다. 이를 활용하여 변경 전 $\frac{APV(S)}{S}$을 추정할 수 있다.

• (변경 전)

$$ {}^{FIL}C_{2011} = \frac{APV(TB)_{2011} - UFIL_{2011} - F_{2011}}{APV(S)_{2011}} \times S_{2011} = 80{,}000 $$

$$ \therefore \quad \frac{APV(S)_{2011}}{S_{2011}} = 15 $$

위의 결과, $\frac{APV(S)_{2011}}{S_{2011}} = 15$는 임금상승과 관계없이 일정함을 알 수 있다.

○ 다음으로, 장래 총 예상 퇴직급여의 계리현가 $APV(TB)$는 임금 총액 10% 상승에 의해 동일하게 10% 증가한다.

• $APV(TB:new)_{2011} = APV(TB:old)_{2011} \times 1.10 = 1{,}870{,}000$

○ 따라서 2011년 회계연도의 부담금 재산정 과정은 아래와 같이 요약된다.

• (변경 후)

$$ {}^{FIL}C_{2011} = \frac{APV(TB:new)_{2011} - UFIL_{2011} - F_{2011}}{APV(S)_{2011}} \times S_{2011} = 91{,}333 $$

문제 4

주어진 아래의 정보를 활용하여 2011년 회계연도 초에 연금계리사가 연금재정의 건전성을 위하여 정책부담금을 산출하기로 하였다. 정책부담금의 구성은 아래 조건에 주어져 있다. 2011년 회계연도의 정책부담금을 구하시오.

○ 제도 설계
- 정상퇴직급여: 기시 즉시 종신연금(연금액은 매월 초에 일정액을 지급함)
- 초기과거근무채무 인정함
- 정상퇴직연령: 65세

○ 계리적 가정
- 예상이율(할인율): 7%
- 근로기간 중 사망이나 조기탈퇴 없음
- $\ddot{a}_{45}^{(12)} = 12.33$, $\ddot{a}_{55}^{(12)} = 10.78$, $\ddot{a}_{65}^{(12)} = 8.74$

○ 2011년도 회계연도 가입자 정보

가입자(3명)	甲	乙	丙
회계연도 초 현재 도달연령(x)	45	55	65
회계연도 초 현재 정상퇴직연령에서 지급될 연간 예상 연금지급액	20,000	20,000	20,000
회계연도 초 현재 가입 상태	가입근로자	가입근로자	정상퇴직

○ 2011년 회계연도 재정검증 결과
- 회계연도 초 현재 미상각초기채무: $UFIL$ = 12,000
- 회계연도 초 현재 기금 적립액: F = 208,800

○ 초기과거근무채무($IPSL = {}^{ENT}AL_0$)의 분리 상각을 위해 별도의 상각기간(즉, $\frac{{}^{ENT}AL_0}{\ddot{a}_{\overline{m}|}}$)을 두지 않음

○ 연금계리사가 제시한 정책부담금은 다음 두 항목의 합으로 산정됨
- 2011년 회계연도 초에 산정하여야 할 부담금
- 2011년 회계연도 초 현재 미상각초기채무 $UFIL$의 기시 10년 확정 상각액

해답 10,935

tip
- 2011년 회계연도 초 현재 미상각초기채무 $UFIL$의 기시 10년 확정 상각액

: $\frac{UFIL}{\ddot{a}_{\overline{10|}}}$

- $^{FIL}C_{2011} = \frac{APV(TB)_{2011} - UFIL_{2011} - F_{2011}}{APV(S)_{2011}} \times S_{2011} = 9{,}338$

문제 5

주어진 다음의 정보를 활용하여 2011년 회계연도 초에 산출하여야 할 2011년 회계연도 부담금을 구하시오.

○ 적립방식의 변경

: 2010년 회계연도 초에 기존의 예측단위적립방식(PUC)을 초기채무동결방식(FIL)으로 변경함

○ 계리적 가정

- 예상이율(할인율): 6%
- 예상임금상승률: 5%

○ 2010년 및 2011년 회계연도 별 재정검증 결과

	2010년 회계연도	2011년 회계연도
회계연도 초에서의 장래 총 예상 퇴직급여의 계리현가: $APV(TB)$	11,000,000	12,000,000
회계연도 초 현재 기금 적립액: F	3,000,000	4,000,000
회계연도 초에서의 장래 총 예상 임금의 계리현가: $APV(S)$	112,500,000	115,000,000
연 임금 총액: S	16,500,000	−
예측단위적립방식(PUC)에 의해 산출된 회계연도 초 현재 산출된 연금채무: ^{PUC}AL	4,325,000	5,000,000
가입연령방식(ENT)에 의해 산출된 회계연도 초 현재 연금채무: ^{ENT}AL	6,500,000	7,600,000

○ 부담금 납입 내역

: 2010년 회계연도 기간 중에는 회계연도 말에 부담금 1,000,000 납입됨

○ 상기 계리적 가정은 2010년 및 2011년 두 회계기간에 걸쳐 실현됨

해설 ○ 2011년 회계연도 초에 적립방식이 초기채무동결방식으로 변경되었다. 상기 문제들을 통해 설명한 바와 같이 2011년 회계연도의 부담금은 다

음 식에 의해 산출된다.

- $$^{FIL}C_{2011} = \frac{APV(TB)_{2011} - UFIL_{2011} - F_{2011}}{APV(S)_{2011}} \times S_{2011}$$

따라서 주어진 정보를 이용하여 2011년 회계연도 초 현재 미상각초기채무 $UFIL_{2011}$을 추정하여야 한다. 기타 필요한 정보는 이미 문제에서 주어진 바와 같다.

○ 1단계
: $UFIL_{2011}$을 추정하기 위해 2010년 회계연도 초의 미상각초기채무 $UFIL_{2010}$을 먼저 산출해야 한다. 왜냐하면, $UFIL_{2010}$은 문제 V-1에서 설명한 바와 같이 초기값 $UFIL(0)\left[= {}^{ENT}AL_0 - F_0\right]$에 해당하기 때문이다. 따라서

- $$UFIL_{2010} = {}^{ENT}AL_{2010} - F_{2010} = 3{,}500{,}000$$

○ 2단계
: $UFIL_{2011}$을 추정하기 위해 다음으로 2010년 회계연도의 부담금을 산정하여야 한다. 이는 아래의 식에 의해 쉽게 도출된다.

- $$^{FIL}C_{2010} = \frac{APV(TB)_{2010} - UFIL_{2010} - F_{2010}}{APV(S)_{2010}} \times S_{2010} = 660{,}000$$

○ 3단계
: $UFIL_{2011}$의 값을 추정한다. 이는 아래 관계식에 의해 산출됨을 확인할 수 있다.

- $$UFIL_{2011} = (UFIL_{2010} + {}^{FIL}C_{2010}) \times (1+i) - C_{2010/12/31} = 3{,}409{,}600$$

○ 마지막으로 2011년 회계연도의 부담금은 아래와 같이 산출된다.

- $$^{FIL}C_{2011} = \frac{APV(TB)_{2011} - UFIL_{2011} - F_{2011}}{APV(S)_{2011}} \times S_{2010} \times (1+h)$$

$$= 691{,}554$$

VI 도달연령방식 핵심문제 및 해설

앞 장에서 다룬 초기채무동결방식(FIL)을 이해했다면 도달연령방식(AAN)을 이해하는 건 어렵지 않다. 유일한 차이점은 도달연령방식의 초기과거근무채무는 가입연령방식이 아닌 (예측, 현재)단위적립방식(UC)을 사용하여 계산한다는 점이다. 다른 모든 산출 과정은 초기채무동결방식과 동일하다. 역사적으로 활용성이 매우 낮은 방식이지만 폐쇄형 연금제도에 한해서 적용성이 인정되어왔다.

※ 아래의 문제 및 해설은 결국 초기채무동결방식과 같은 계산절차에 의해 회계연도마다 요구되는 부담금을 산출하게 된다. 이런 이유로 대표적인 문제 3개를 다루고 마무리하고자 한다.

문제 1

주어진 아래의 정보를 활용하여 2010년 회계연도 초에 산출하여야 할 부담금을 구하시오.

○ 제도 설계
- 연금제도 개시일: 2010/01/01
- 정상퇴직급여: 기시 즉시 종신연금(연금액은 매월 초에 일정액이 지급됨)
- 초기과거근무채무 인정함
- 정상퇴직연령: 65세
- 제도 개시일 현재 사용자의 출연 기금은 없음

○ 계리적 가정
- 예상이율(할인율): 7%
- 근로기간 중 사망이나 중도탈퇴 없음
- $12 \times \ddot{a}_{65}^{(12)} = 110$

○ 제도 개시일 현재 가입근로자 정보

가입근로자 (2명)	도달연령 (x)	과거근무연수 (年)	정상퇴직 월 지급 연금액
甲	48	10	1,000
乙	35	3	800

○ 부담금 납입 내역: 2010년 회계연도에는 회계연도 말에 부담금 4,500 납입됨

○ IPSL 분리 상각을 위해 별도의 상각기간(즉, $\frac{{}^{UC}AL_0}{\ddot{a}_{\overline{m|}}}$)을 두지 않음(여기서 UC는 (예측 혹은 현재)단위적립방식에 의해 산출됨을 의미)

해설 ○ 1단계

: 임금상승률 가정이 없으므로 현재단위적립방식(CUC)과 예측단위적립방식(PUC)은 모두 동일한 초기과거근무채무(IPSL)를 산출한다. 먼저, 도입 첫해 2010년 회계연도 초의 IPSL를 계산한다.

2010년 회계연도 초(2010/01/01) 현재	甲	乙
(1) 입사연령(a)	38	32
(2) 정상퇴직 월 연금액	1,000	800
(3) 과거근무기간에 의해 발생한 월 연금액 : $\frac{x-a}{65-a}\times(2)$	370	73
(4) 도달연령(x)에서의 연금채무 : $(3)\times 12\times \ddot{a}_{65}^{(12)}\times v^{65-x}$	12,885	1,055

• 위 항목 (4)는 연금제도 도입 첫 해 2011년 회계연도 초에 산출되는 과거근무채무(IPSL), 미상각초기채무(UFIL) 또는 단위적립방식(UC)의 연금채무이기도 하다. 즉, $IPSL_{2010} = UFIL_{2010} = {}^{UC}AL_{2010} = 13{,}940$

○ 2단계

: 2010년 회계연도 초에서의 장래 총 예상 퇴직급여의 계리현가 $APV(TB)$을 산정한다.

2010년 회계연도 초(2011/01/01) 현재	甲	乙
(1) 도달연령(x)	48	35
(2) 정상퇴직연령에서의 연금채무	110,000	88,000
(3) $APV(TB(x))$: $(2)\times v^{65-x}$	34,823	11,560
(4) $\sum APV(TB(x))$: 46,383		

○ 3단계

: 2010년 회계연도 초(2011/01/01) 현재 향후 적립이 요구되는 총액(즉, 장래 부담금의 계리현가)을 결정한다.

- $APV(C)_{2010} = APV(TB)_{2010} - UFIL_{2010} - F_{2010}$

$$= 46,383 - 13,940 - 0$$

$$= 32,443$$

○ 4단계

: 2010년 회계연도 초에서의 장래 예상 잔여근무기간 연금현가를 산정한다. 여기서 임금에 대한 정보가 없으므로 $\frac{APV(S)}{S}$ 를 직접 산정할 수 없다.

2010년 회계연도 초 현재	甲	乙
(1) 장래 예상 잔여근무기간	17	30
(2) 장래 예상 잔여근무기간 연금현가	10.45	13.28

- 장래 예상 잔여근무기간 연금현가 평균

: $\ddot{a}_{\overline{n}|} = \dfrac{\ddot{a}_{\overline{n1}|,甲} + \ddot{a}_{\overline{n2}|,乙}}{2} = 11.865$

○ 따라서 도달연령방식(ANN)에 의해 2010년 회계연도 초에 산출되는 부담금은 다음과 같이 결정된다.

- ${}^{ANN}C_{2010} = \dfrac{APV(TB) - UFIL - F}{\ddot{a}_{\overline{n}|}} = 2,734$

tip
- 초기채무동결방식 문제 1 그리고 도달연령방식 문제 1은 모두 동일한 조건이 주어졌다. 부담금 산정 결과를 비교하여 보면 도달연령방식에서 더 높은 값을 제시하고 있다. 즉, 2010년 회계연도 초에 산출되는 초기채무동결방식의 부담금은 2,072인 반면 도달연령방식의 부담금은 2,734이다. 그 이유를 살펴보면, 도달연령방식은 단위적립방식에 의해 과거근무채무를 산정하기 때문이다. 제4장에서 언급한 바와 같이, 우리가 접하는 합리적인 적립방식 중에서 단위적립방식이 가장 낮은 수준의 연금채무를 산정하기 때문이다.

문제 2

평가시점(2013/01/01)에 주어진 다음 정보를 이용하여 2014/01/01에 인식 하여야 할 미상각초기채무(UFIL)를 구하시오.

○ 제도 설계
- 제도 시작일 : 2011/01/01
- 초기과거근무채무 인정함
- 정상퇴직연령: 65세
- 정상퇴직급여: 정상퇴직연령에서 일정액의 종신연금이 지급됨

○ 계리적 가정
- 예정이율(할인율): 7%
- 근로기간 중 사망이나 조기탈퇴 없음

○ 2012년 및 2013년 회계연도 별 재정검증 내역

	2012년 회계연도	2013년 회계연도
회계연도 초 현재 미상각초기채무	495,000	–
회계연도 초 현재 기금 적립액	75,000	–
회계연도 초 현재 부담금 (도달연령방식에 의해 산출된 값)	40,000	45,000
회계연도 말에 납입된 실제 부담금	85,000	90,000

○ 2012년과 2013년의 모든 가정들은 기금 적립액의 투자 수익률이 2012년에는 8%, 그리고 2013년에는 9%를 달성한 점을 제외하고 정확히 실현되었다.

○ IPSL 분리 상각을 위해 별도의 상각기간(즉, $\dfrac{{}^{UC}AL_0}{\ddot{a}_{\overline{m}|}}$)을 두지 않음

해답 479,722

tip
- 도달연령방식 하에서 계리적 손익은 가입자들의 장래 평균 잔여근무연수에 걸쳐 자동적으로 상각되기 때문에 미상각초기채무에 영향을 미치지 않는다. 즉, 실제 미상각초기채무(actual UFIL)는 예상 미상각초기채무(expected UFIL)와 같다.

- 다음과 같은 재귀 관계식에 의해 도출된다(초기채무동결방식 문제 V-1에서 보충 설명한 바 있음).

- $UFIL(t+1) = \left[\, UFIL(t) + {}^{AAN}C(t) \,\right] \times (1+i) - C(t) - I_c,$
  $UFIL(0) = {}^{UC}AL(0) - F(0)$

문제 3

평가시점(2013/01/01)에 주어진 다음 정보를 이용하여 2014년 회계연도 초에 산출하여야 할 2014년 회계연도 부담금을 산출하시오.

○ 제도 설계
- 제도 개시일: 2012/01/01
- 정상퇴직급여: 기시 즉시 종신연금(연금액은 계속근로기간 1년에 대해 매월 35씩 발생함)
- 정상퇴직연령: 65세
- 초기과거근무채무 인정함

○ 계리적 가정
- 예상이자율(할인율): 8%
- 근로기간 중 사망이나 조기탈퇴 없음
- $\ddot{a}_{65}^{(12)} = 8.00$

○ 가입근로자 정보
- 2014/01/01 현재 가입근로자 1명 있음
- 생년월일: 1968/01/01
- 입사일: 1992/01/01

○ 2013년 회계연도 재정검증 결과
- 회계연도 초 현재 도달연령방식에 의해 산출된 부담금: 1,296
- 회계연도 초 현재 미상각초기채무: 12,818
- 회계연도 초 현재 기금 적립액: 3,000
- 회계연도 말에 실제 납입된 부담금: 3,000
- 회계연도 기간 중에 퇴직급여 지급은 없음
- 회계연도 말 결산과정에서 투자관련 계리적 이익 500이 집계되었고 이외에 다른 계리적 손익은 없음

○ IPSL 분리 상각을 위해 별도의 상각기간(즉, $\frac{{}^{UC}AL_0}{\ddot{a}_{\overline{m|}}}$)을 두지 않음

해설 ○ 우선 가입자 정보를 파악한다.

: 총 근속가능기간 = 41년

: 2014년 회계연도 초 현재, 도달연령 = 46세(잔여근무기간 = 19년)

○ 1단계
: 정상퇴직 월 연금액을 산출한다

- $35 \times 41 = 1{,}435$

○ 2단계
: 2014년 회계연도 초에서의 장래 총 예상 퇴직급여의 계리현가 $APV(TB)$을 산정한다.

- $APV(TB)_{2014} = 1{,}435 \times 12 \times \ddot{a}_{65}^{(12)} \times v^{19} = 31{,}921$

○ 3단계
: 2014년 회계연도 초 현재 미상각초기채무를 계산한다.

- $$\begin{aligned} UFIL_{2014} &= (UFIL_{2013} + {}^{AAN}C_{2013}) \times (1+i) - C_{2013/12/31} \\ &= (12{,}818 + 1{,}296) \times 1.08 - 3{,}000 \\ &= 12{,}243 \end{aligned}$$

○ 4단계
: 2014년 회계연도 초 현재 기금 적립액을 추산한다.

- $$\begin{aligned} F_{2014} &= F_{2013} \times (1+i) + I_{2013} + C_{2013/12/31} \\ &= 3{,}000 \times 1.08 + 500 + 3{,}000 \\ &= 6{,}740 \end{aligned}$$

○ 마지막으로 2010년 회계연도에 산출하여야 할 부담금은 아래와 같다 (근로기간 중 사망 혹은 중도탈퇴가 없다고 가정하였음에 유의하기 바람).

- $${}^{AAN}C_{2014} = \frac{APV(TB)_{2014} - UFIL_{2014} - F_{2014}}{\ddot{a}_{\overline{19|}}} = 1{,}247$$

VII 근퇴법 및 K-IFRS 관련 핵심문제 및 해설

지금까지 우리는 주요 재정방식 관련 핵심문제를 다루었다. 여기서는 근퇴법 또는 K-IFRS 관점의 부담금, 연금채무 및 보험수리적 손익 관련 주요 핵심문제를 다룬다. 아울러 연금계리사가 갖추어야 할 "Communication Skills with Employer(sponsor)" 관점의 논술 문제를 다루고 있다.

문제 1

(2014 보험계리사 기출문제 수정)

다음 1인의 자료를 이용하여 예측단위적립방식(Projected Unit Credit)과 가입연령방식(Entry Age Normal Cost)의 표준부담금(Normal Cost)을 구하시오(단, 천원 단위에서 반올림하여 만원을 기준금액으로 산출함).

• 현재 연령 (최초 입사 연령)	만 52세 (만 45세)	• 소급적용 과거근무기간	7년
• 정년퇴직연령	만 55세	• 30일 평균임금	300만원
• 연 임금상승률	5%	• 연 할인율	4%
• 연 탈퇴율	0%		

- 정년퇴직 시점에 지급될 월 종신연금액은 1년 근속기간당 10만원
- $\ddot{a}_{55}^{(12)} = 13,\ v_{4\%}^{10} = 0.6756$

해설 ○ 확정급여산정식 = 10만원 $\times 12 \times \ddot{a}_{55}^{(12)} \times$ 근속연수(즉, 임금관련 정보는 불필요)

- $NC(52:PUC) = 10 \times 12 \times \ddot{a}_{55}^{(12)} \times \dfrac{1}{1.04^3} \fallingdotseq 1{,}387$ 만원
- $APV(TB(45)) = 10 \times 12 \times \ddot{a}_{55}^{(12)} \times 10 \times \dfrac{1}{1.04^{10}} \fallingdotseq 10{,}539$만원
- $NC(45:ENT) = \dfrac{APV(TB(45))}{\ddot{a}_{\overline{10|}}} = \dfrac{10{,}539\text{만원}}{8.42597} \fallingdotseq 1{,}251$ 만원

문제 2

아래의 가입자 1인 정보를 이용하여 표준부담금을 산출하고 연금채무는 과거법과 미래법을 각각 적용하여 서로 같음을 보이시오.

- 제도 도입일: 2016/01/01
- 퇴직급여: 정년퇴직 시점에 지급될 월 종신연금액은 1년 근속기간 당 12만원(단, 과거근무기간 100% 소급 적용됨)
- 재정방식: 가입연령방식(ENT)
- 할인율(예상이율): 연 5%, $\ddot{a}_{60}^{(12)} = 10.37$
- 중도퇴직 및 사망퇴직: 없음
- 퇴직연령(만 60세), 현재연령(만 45세), 입사연령(만 25세)

해설 $APV(TB(25)) = 12\text{만원} \times 12 \times \ddot{a}_{60}^{(12)} \times 35 \times \dfrac{1}{1.05^{35}} \fallingdotseq 9{,}475\text{만원}$

$$NC(25) = \frac{APV(TB(25))}{\ddot{a}_{\overline{35|}}} \fallingdotseq 551\text{만원}$$

다음으로 만 45세를 기점으로 과거법 연금채무와 미래법 연금채무는 같다. 즉,

- $AL(45:\text{미래법}) = APV(TB(45)) - APV(NC(45))$
  $= 12 \times 12 \times 10.37 \times 35 \times (1.05)^{-15} - 551 \times \ddot{a}_{\overline{15|}}$
  $\fallingdotseq 19{,}134\text{만원}$
- $AL(45:\text{과거법}) = 551 \times \ddot{s}_{\overline{20|}} \fallingdotseq 19{,}134\text{만원}$

문제 3

(2015 보험계리사 기출문제 수정)

다음의 사항을 참고하여 아래 물음에 답하시오.

- 산출기준일 현재: 2015/01/01
- 입사연령: 만 30세 도달 시점
- 현재연령: 만 45세 도달함
- 정년가정: 만 60세 도달 시점(단, 정년시점까지 중도퇴직(사망포함)은 없음).
- 매월 초에 지급하는 종신연금액: 0.5%×퇴직 직전 평균임금×근무연수
- 연금지급개시 연령: 만 65세 도달 시점

단, 만 65세 이전에 조기연금 수급 시에 종신연금액은 연 3.0%의 감액률을 적용함(예를 들어, 63세의 경우에 매월 지급되는 조기종신연금액은 정상종

신연금액의 94%를 적용함)

- 연 할인율: 4.0%
- 연 임금상승률: 5.0%
- 현재(만 45세) 평균임금: 5,000,000원
- 산출을 위한 계리정보

$\ddot{a}_{60}^{(12)}=10$, $1.05^{13}=1.8856$, $1.05^{14}=1.9799$, $1.05^{15}=2.0789$, $v_{4\%}^{14}=0.5775$, $v_{4\%}^{15}=0.5553$

(1) 상기 가입자가 60세에 연금을 조기 수급한다고 가정할 경우 예측단위적립방식(Projected Unit Credit)에 의한 연금채무(AL) 및 표준부담금(NC)을 각각 구하시오.

해설

$$AL(45)=0.005\times5{,}000{,}000\times1.05^{14}\times15\times12\times\ddot{a}_{60}^{(12)}\times v_{4\%}^{15}\times0.85\fallingdotseq42{,}053{,}521$$

$$NC(45)=0.005\times5{,}000{,}000\times1.05^{14}\times12\times\ddot{a}_{60}^{(12)}\times v_{4\%}^{15}\times0.85$$

$$\fallingdotseq2{,}803{,}568\ (=\frac{AL(45)}{15})\ (\because \text{중도퇴직이 없음})$$

(2) 다른 가정은 동일한 상태에서 2016.1.1. 기준 평균임금(즉, 실제 경험임금)이 530만원일 때, 임금관련 계리적 손익을 구하시오.

해설 임금상승률 5% 적용한 46세 평균임금(5,250,000원)일 때

$$^{exp}AL(46)=0.005\times5{,}250{,}000\times1.05^{13}\times16\times12\times\ddot{a}_{60}^{(12)}\times v_{4\%}^{14}\times0.85\fallingdotseq46{,}650{,}404$$

46세 실제 경험평균임금이 530만원일 때

$$^{act}AL(46)=0.005\times5{,}300{,}000\times1.05^{13}\times16\times12\times\ddot{a}_{60}^{(12)}\times v_{4\%}^{14}\times0.85\fallingdotseq47{,}094{,}218$$

따라서 경험임금손실이 443,814원 발생한다. 즉,

$$^{exp}AL(46)-{}^{act}AL(46)$$
$$=0.005\times(5{,}250{,}000-5{,}300{,}000)\times1.05^{13}\times16\times12\times\ddot{a}_{60}^{(12)}\times v_{4\%}^{14}\times0.85$$

문제 4

(2015 보험계리사 기출문제 수정)

확정급여형 퇴직연금제도를 운영하고 있는 A기업의 가입자 정보를 활용하여 확정급여채무를 산정하시오.

- 정년가정: 만 55세
- 입사일자: 2005/01/01 생년월일: 1962/01/01

- 30일 평균임금: 4,000,000원
- 산출기준일 : 2015/01/01
- 연 퇴직률: 10%(연초 퇴직을 가정하며 사망퇴직은 없는 것으로 가정)
- 연 임금인상률: 7.0%, 연 할인율: 4.0%
- 확정급여산정식: 근퇴법에 근거한 최소 법정퇴직일시금

해설 2015년 1월 1일 현재 가입자의 연령은 만 53세이고 근속연수는 10년이다. 그리고 근퇴법에 의한 법정퇴직금제도를 설정하고 있으므로 평가일 현재 중도퇴직일시금 및 정년퇴직일시금 수령 가능성에 대해 모두 산정하여야 한다(즉, 연 퇴직률 10% 적용). 따라서

만 53세 초에 중도퇴직할경우 : $4{,}000{,}000 \times 10 \times 0.1 = 4{,}000{,}000$

만 54세 초에 중도퇴직할경우 : $4{,}000{,}000 \times 10 \times 0.9 \times 0.1 \times \left(\frac{1.07}{1.04}\right)$
$= 3{,}703{,}846$

만 55세 초에 정상 퇴직할 경우 : $4{,}000{,}000 \times 10 \times 0.9^2 \times \left(\frac{1.07}{1.04}\right)^2$
$= 34{,}296{,}191$

$\therefore DBO(53) = 4{,}000{,}000 + 3{,}703{,}846 + 34{,}296{,}191 = 42{,}000{,}037$원

문제 5

(2015 연금계리사 기출문제 수정)

(주)한국연금은 근로자퇴직급여보장법에 의한 확정급여형 퇴직연금제도를 2011년 12월 31일 도입하여 아래와 같이 운영 중이다. 다음을 산출하시오(단, 금액 단위는 천원 단위에서 반올림하여 만원 단위로 표시함).

○ 근로자

제도 형태: 계속근로 1년 근속에 30일 평균임금 지급

	2014년 사업연도 말 (2014.12.31.)	2015년 사업연도 말 (2015.12.31.)
• 연령	만 52세	만 53세
• 30일 평균임금	300만원	330만원
• 과거근속(모두 동일)	10년	11년
• 근로자수(연령 동일)	50명	50명
• 적립금	12억원	13억원
• 부담금(12월 31일 납부)	1.2억	
• 퇴직자수(2015년 중)	0명	

아래는 K-IFRS 1019호 확정급여채무 산출시 사용할 보험수리적 가정이다(단, 기시(연초) 탈퇴 가정).

	2014년 사업연도 말 (2014.12.31.)	2015년 사업연도 말 (2015.12.31.)
• 연 할인율	2.5%	2%
• 연령별 탈퇴율	$q_{53}, q_{55} = 10\%$ 기타연령 0%	$q_{53}, q_{55} = 5\%$ 기타연령 0%
• 연 임금상승률	3%	3.5%
• 정년가정	만 60세	만 60세

(1) 2014년 12월 31일 및 2015년 12월 31일 기준으로 확정급여채무(DBO)를 각각 산출하시오.

해설 보험수리적 가정에 의하면 중도퇴직은 만 53세 초에 그리고 만 55세 초에만 발생하며, 정상퇴직은 만 60세 도달연령에서 발생한다. 따라서 2014년 12월 31일 평가시점 현재의 확정급여채무는 다음과 같다.

- 만 53세 초에 중도퇴직할 경우 : $300 \times \left(\frac{1.03}{1.025}\right) \times 10 \times 0.1$

  만 55세 초에 중도퇴직할 경우 : $300 \times \left(\frac{1.03}{1.025}\right)^3 \times 10 \times 0.9 \times 1 \times 0.1$

  만 60세 초에 정상퇴직할 경우 : $300 \times \left(\frac{1.03}{1.025}\right)^8 \times 10 \times 0.9^2$

(주: 만 60세 정상퇴직은 만 53세 그리고 만 55세에 중도탈퇴를 피하여 퇴직하는경우임)

$$\therefore \ {}^{act}DBO_1(2014\text{년})$$
$$= 300 \times 10 \times \left\{0.1 \times \left(\frac{1.03}{1.025}\right) + 0.9 \times 0.1 \times \left(\frac{1.03}{1.025}\right)^3 + 0.9^2 \times \left(\frac{1.03}{1.025}\right)^8\right\} \times 50$$
$$\fallingdotseq 155{,}095(\text{만원})$$

동일한 방법으로 2015년 12월 31일 평가시점 현재 확정급여채무는 다음과 같이 산출된다. 즉,

- 만 53세 초에 중도퇴직할 경우 : $330 \times 11 \times 0.05$

  만 55세 초에 중도퇴직할 경우 : $330 \times \left(\frac{1.035}{1.02}\right)^2 \times 11 \times 0.95 \times 1 \times 0.05$

  만 60세 초에 정상퇴직할 경우: $330 \times \left(\frac{1.035}{1.02}\right)^7 \times 11 \times 0.95^2$

$$\therefore \quad {}^{act}DBO_1(2015\text{년})$$
$$= 330 \times 11 \times \left\{0.05 + 0.95 \times 0.05 \times \left(\frac{1.035}{1.02}\right)^2 + 0.95^2 \times \left(\frac{1.035}{1.02}\right)^7\right\} \times 50$$
$$\fallingdotseq 199{,}380(\text{만원})$$

(2) 2015년 말 당기퇴직급여비용을 산출하시오.

해설

$$NC_0(2015\text{년})$$
$$= 300 \times \left\{0.1 \times \left(\frac{1.03}{1.025}\right) + 0.9 \times 0.1 \times \left(\frac{1.03}{1.025}\right)^3 + 0.9^2 \times \left(\frac{1.03}{1.025}\right)^8\right\} \times 50$$
$$\fallingdotseq 15{,}509(\text{만원})$$

그리고 "당기근무원가 + 당기순이자비용(수익) = 당기퇴직급여"이므로

- 당기근무원가
  : $NC_0(2015\text{년}) \times (1 + \text{할인율}) = 15{,}509 \times 1.025 = 15{,}897(\text{만원})$
- 이자원가
  : ${}^{act}DBO_1(2014\text{년}) \times \text{할인율} = 155{,}095 \times 0.025 = 3{,}877(\text{만원})$
- 이자수익
  : ${}^{act}A_1(2014\text{년}) \times \text{할인율} = 120{,}000 \times 0.025 = 3{,}000(\text{만원})$

  $\therefore$ 2015년 말 시점에 인식할 당기퇴직급여 $= 16{,}774(\text{만원})$

(3) 2015년 12월 31일 현재 확정급여채무에서 인식하여야 할 2015년도의 보험수리적 손익을 구하시오.

해설 ${}^{DBO}G(t) = {}^{\exp}DBO_1(t) - {}^{act}DBO_1(t)$ 관계식에서

$${}^{DBO}G(2015\text{년}) = {}^{act}DBO_1(2014\text{년}) \times (1+i) + NC_0(2015\text{년}) \times (1+i)$$
$$- {}^{act}DBO_1(2015\text{년})$$

$\therefore \quad {}^{DBO}G(2015\text{년}) = 24{,}511(\text{만원})$ 손실

(4) 2015년 12월 31일 기준으로 부채에서 발생한 2015년 총 계리적(보험수리적)손익을 경험조정(experience adjustments)과 가정변경에 의한 이원별(임금상승, 퇴직, 할인) 손익으로 구분하여 산출하시오.

해설 먼저 2015 사업연도에서 임금관련 경험조정으로 인한 보험수리적 손익이 발생하고 있다. 즉, 2014년도에서 추정된 2015년 임금은 309만원(=300만원 ×1.03)이지만 실제 경험임금은 330만원이므로 2015년도에 인식하여야 할

임금관련 보험수리적 경험조정은 다음과 같다. 즉,

- 보험수리적 경험조정

$$^{\exp}DBO_1(2015\text{년 : 예측임금}) - {}^{act}DBO_1(2015\text{년 : 경험임금})$$

$$= (309-330)\times 11\times \left\{0.1+ 0.9\times 0.1\times \left(\frac{1.03}{1.025}\right)^2 + 0.9^2\times \left(\frac{1.03}{1.025}\right)^7\right\}\times 50$$

$$\fallingdotseq -11{,}884(\text{만원}).$$

즉, 경험임금손실 11,884만원이 발생함.

다음으로, 경험조정이 완료된 이후에 추가적으로 (임금, 퇴직, 할인)가정변경에 의한 이원별 보험수리적 손익이 발생한다. 유의할 점은 2015년 경험임금 330만원을 기준으로 산정하여야 경험조정 효과를 배제할 수 있다. 이를 순차적으로 살펴본다.

- 임금상승률 가정만 변경한 경우의 보험수리적 손익

$$^{\exp}DBO_1(2015\text{년 : }3\%) - {}^{act}DBO_1(2015\text{년 : }3.5\%)$$

$$= 330\times 11\times \left\{0.1+ 0.9\times 0.1\times \left(\frac{1.03}{1.025}\right)^2 + 0.9^2\times \left(\frac{1.03}{1.025}\right)^7\right\}\times 50$$
$$- \ 330\times 11\times \left\{0.1+ 0.9\times 0.1\times \left(\frac{1.035}{1.025}\right)^2 + 0.9^2\times \left(\frac{1.035}{1.025}\right)^7\right\}\times 50$$

$$\fallingdotseq -5{,}405(\text{만원}).$$

즉, 임금 가정 변경으로 5,405만원의 보험수리적 손실이 발생함.

- 임금가정 변경 효과를 배제하고 탈퇴율 가정만 변경한 경우의 보험수리적 손익

$$^{\exp}DBO_1(2015\text{년 : }q_{53,55}= 10\%) - {}^{act}DBO_1(2015\text{년 : }q_{53,55}= 5\%)$$

$$= 330\times 11\times \left\{0.1+ 0.9\times 0.1\times \left(\frac{1.035}{1.025}\right)^2 + 0.9^2\times \left(\frac{1.035}{1.025}\right)^7\right\}\times 50$$
$$- \ 330\times 11\times \left\{0.05+ 0.95\times 0.05\times \left(\frac{1.035}{1.025}\right)^2 + 0.95^2\times \left(\frac{1.035}{1.025}\right)^7\right\}\times 50$$

$$\fallingdotseq -1{,}029(\text{만원}).$$

즉, 탈퇴율 가정 변경으로 보험수리적 손실 1,029만원이 발생함.

- 임금 및 탈퇴율 변경 효과를 배제하고 할인율 가정만 변경한 경우의 보

험수리적 손익

$^{exp}DBO_1(2015\text{년} : 2.5\%) - {}^{act}DBO_1(2015\text{년} : 2\%)$

$$= 330 \times 11 \times \left\{0.05 + 0.95 \times 0.05 \times \left(\frac{1.035}{1.025}\right)^2 + 0.95^2 \times \left(\frac{1.035}{1.025}\right)^7\right\} \times 50$$
$$- 330 \times 11 \times \left\{0.05 + 0.95 \times 0.05 \times \left(\frac{1.035}{1.02}\right)^2 + 0.95^2 \times \left(\frac{1.035}{1.02}\right)^7\right\} \times 50$$

$\fallingdotseq -6{,}192$(만원).

즉, 할인율 가정 변경으로 보험수리적 손실 6,192만원이 발생함.

상기의 경험조정 및 가정변경 관련 보험수리적 손익의 총계는 상기 문항 3번의 값과 일치함을 확인할 수 있다(단, 소수점 이하 반올림 차이로 인해 1만원 차이가 있음).

(5) 2015년 말 확정급여채무 조정내역을 작성하시오. (5점)

해설 연시 확정급여채무:

$^{act}DBO_1(2014\text{년}) = DBO_0(2015\text{년}) = 155{,}095$(만원)

(+) 당기근무원가:

$NC_0(2015\text{년}) \times (1 + \text{할인율}) = 15{,}509 \times 1.025 = 15{,}897$(만원)

(+) 이자원가: $^{act}DBO_1(2014\text{년}) \times \text{할인율} = 155{,}095 \times 0.025 = 3{,}877$(만원)

(+) 보험수리적 손실(재측정요소): $^{DBO}G(2015\text{년}) = 24{,}511$(만원)

연말 확정급여채무: $^{act}DBO_1(2015\text{년}) = 199{,}380$(만원)

문제 6

(2015 연금계리사 기출문제)

(주)한국연금은 근속 1년당 30일분의 평균임금을 퇴직하는 근로자에게 퇴직금으로 지급하는 퇴직금제도(사외적립은 없음)를 운영하고 있다. 아래의 정보를 이용하여 (주)한국연금이 임금피크제 도입에 따른 2015년 12월 31일 기준 K-IFRS 1019호에 의한 종업원급여 평가방법에 대하여 설명하시오.

- 2016년 1월 1일부터 정년연령을 만 55세에서 만 60세로 연장하고, 임금피크제도를 2015년 12월 31일부터 도입하기로 취업규칙을 개정하였으며, 임금피크제 대상자의 DC전환을 위해 DC제도를 새로이 도입하였다.

〈임금피크제도 내용〉

만 52세의 임금을 피크임금으로 하여 만 53세는 피크임금의 90%, 만 54세는 피크임금의 80%, 만 55세부터 정년퇴직까지는 피크임금의 70%를 지급하기로 합의하였다.

〈근로자 현황〉

2015년 12월 31일 현재 근로자는 만 20세부터 만 54세까지 각 연령별로 근로자는 10명씩 근무하고 있다.

- 임금피크제도 대상자는 임금피크제를 적용받기 전날 DC제도로 전환하기로 하였다. 2015년 12월 31일에 현재 만 53세, 만 54세인 근로자는 DC제도로 전환하였다.

해설 ○ DC 전환자에 대한 부분

2015년 12월 31일 DC로 전환하는 만 53세 및 만 54세 근로자는 근무원가 항목인 "정산손익"을 계산해서 2015년 퇴직급여(정산손익)로 반영하고 당기손익으로 인식한다.

○ 최종퇴직연령 평가를 55세 → 53세로 변경해서 확정급여채무를 산출한다.

○ 최종퇴직연령 변경을 보험수리적 가정변경으로 보는 경우에 해당 평가로 인한 손익효과는 재측정요소(보험수리적 손익)로 반영하고 기타포괄손익으로 인식한다.

○ 최종퇴직연령 변경을 제도 변경으로 보는 경우 해당 평가로 인한 손익효과는 퇴직급여(과거근무원가)로 반영하고 2015년 당기손익으로 인식한다.

문제 7

퇴직연금제도의 가입자 1인에 대한 가입자 정보는 다음과 같다.

- 가입 날짜: 1월 1일
- 가입 연령: 만 55세 도달시점
- 정상퇴직연령: 만 65세 도달시점
- 각 연도별 근무 기간: 1년
- 연간 실제 투자수익률: 5%

1월 1일 시점 (만) 연령	해당 연도의 임금(단위: 천원)
55	57,000
56	60,000

57	62,500
58	65,000
59	68,000
60	69,000
61	70,000
62	71,500
63	68,000
64	66,000

(1) 확정기여형 퇴직연금제도에 가입한 경우 사용자는 가입자의 연 임금의 3%를 기여금으로 납입하고 가입자는 연 임금의 4%를 기여하며, 사용자는 첫 해에만 가입자의 첫 기여금에 대해서 50% 매칭 기여한다. 모든 기여금은 연말에 납입된다고 가정한다.

① 60세 도달시점에서의 가입자의 계좌잔고는 얼마인가?

② 65세 도달시점에서의 가입자의 계좌잔고는 얼마인가?

(2) 확정급여형 퇴직연금제도에 가입한 경우 확정급여산정식은 다음과 같다. 즉, 평균임금이 60,000(천원) 이하에 대해서 "1.5% × 평균임금 × 급여가 산출되는 시점까지의 근속연수"에 해당하는 종신연금액을 매년 지급하고 평균임금이 60,000(천원)을 초과하면 그 초과분에 대해서 "2.0% × 초과분 평균임금 × 급여가 산출되는 시점까지의 근속연수"에 해당하는 종신연금액을 매년 추가로 지급한다. 여기서 평균임금이란 급여를 산출하기 직전의 3년 연속임금의 산술평균을 말한다.

① 65세 도달시점에서 수령할 정상퇴직 연금액은?

② 정상퇴직연령 이전에 조기 퇴직연금을 신청하면 매년 4%씩 감소된다. 이러한 경우 가입자가 60세 도달시점에서 수령할 조기퇴직 연금액은?

문제 8

전 세계적으로 확정급여형(DB) 퇴직연금제도를 확정기여형(DC) 퇴직연금제도로 전환하는 사용자가 최근 늘고 있다. 이러한 추세가 발생하는 합리적 이유들을 연금계리 관점에서 나열하시오.

해설

- DB의 경우 재정검증이 한층 더 강화되고 아울러 향후 부담해야 할 부담금 수준을 또한 예측하기 힘든 점

- 기업 경영관점에서 DB 운용관리 및 자산관리 비용이 DC에 비해 상대적으로 높은 점. 특히 DC는 연금계리 관련 비용이 없는 점
- 경제 상황 불황으로 DB 가입자들이 사용자의 기업재무 환경과 상관없이 항시적 수급권을 확보하려는 점
- 사용자들이 투자리스크를 가입자에게 전가할 수 있는 점
- 사용자 부담금에 대한 예측가능성 제고
- 고용불안으로 이직이 빈번하게 발생하는 경제 환경에서 DC가 용이한 점 등등

문제 9

확정급여형 퇴직연금제도에서 고연령 인력의 자발적 퇴직을 유도하는 조기퇴직우대제도가 활용될 수 있다. 어떻게 활용될 수 있는가?

해설 사용자는 퇴직연금제도 안에 "early retirement window plan"이라고 종종 일컬어지는 조기퇴직우대제도를 제공할 수 있다. 이 제도는 장년 근로자에게 제한된 기간 동안 보조금을 지급하거나 혜택이 증대되는 퇴직급여를 제공한다. 보조급여(subsidized benefit)란 조기에 연금을 개시해도 감액을 시키지 않는 것을 말한다. 예를 들어, 정년 60세인 경우에 55세에 조기퇴직할 경우 잔여기간 5년을 인정하여 조기퇴직급여를 제공하는 일종의 강화급여(enhanced benefit)를 도입하면 장년 근로자의 구조조정이 필요한 경우에 사용자가 활용하기 매우 효과적이며 해당 근로자와 사용자 모두에게 혜택을 줄 수 있다. 즉, 근로자는 추가급여를 받을 수 있고, 사용자는 해고 없이 인력을 감원할 수 있는 장점이 있다.

문제 10

확정급여형 퇴직연금제도에서 허용 가능한 기여금 범위(allowable funding range)를 강행적으로 규정하는 경우가 있다(적용 예: 미국). 그 이유를 설명하시오.

해설 정기적으로 매년 납입하여야 할 최소기여금(minimum required contribution)은 당해 연도에 발생한 급여 그리고 미적립된 과거 발생급여의 합리적 상각액을 충당하기에 충분해야 한다. 이는 가입자의 수급권을 보호하는 최소한의 규정으로 인식된다. 또한 세제혜택을 받을 수 있는 최대기여금을 설정할 필요성이 있다. 즉, 최대공제기여금(maximum deductible contribution)은 '법인세 차감 전 당기순이익'이 발생할 때 당해 연도의 법인세 회피 수단으로 해당 연금제도의 재정상태와 무관하게 과도하게 기여금을 납부하는 것을 막기 위함이다. 또는 최대적립비율을 설정하여 이보다 초과

적립하는 것을 막기도 한다(영국 사례는 105%를 한도로 설정하고 있음). 이는 연금제도가 조세회피수단(tax haven)으로 악용되는 것을 사전에 방지하기 위한 조치이다. 사용자는 최소기여금과 최대공제기여금 사이에서 자유롭게 납부할 수 있다.

문제 11

확정급여형(DB) 연금제도의 재정평가에서 폐쇄형 측정법(closed fund approach)과 개방형 측정법(open fund approach)의 차이에 대해 논하시오. 그리고 "이론적 또는 실무적 관점에서 확정급여형 퇴직연금제도에서 개방형은 적용할 수 없다"라는 명제의 진위 여부를 판단하고 그 이유를 기술하시오.

tip 제1장 5절 기타 연금제도 참조

문제 12

저출산, 저성장, 저고용, 평균 수명 연장 등이 지속되면 순수부과방식에 의한 국민연금제도는 폰지게임(Ponzi Game)이 될 수 있다. 그 이유를 설명하시오.

tip 재정불균형 상태가 가속화되면 신・구세대 간의 갈등요소가 점증함(debt legacy 문제가 심화됨). 결국 수지불균형 상태가 지속되어 제도의 연속성을 담보할 수 없음.

문제 13

대한연금(주)에 근무하는 홍길동은 현재 확정급여형 퇴직연금제도에 가입되어 있다. 아래의 주어진 조건을 활용하여 다음 물음에 답하시오.

- 평가일 현재 t시점, 홍길동의 연령은 만 40세에 도달함.
- 홍길동의 입사는 만 30세에 도달한 시점
- 평가일 현재 t, 홍길동의 연봉은 S(t)로 표현됨.
- 회사 내부 정규퇴직연령(NRA)은 만 60세 도달시점
- 예측 임금상승률은 연 β이고, 적용되는 할인율은 연 λ임.
- 근속 1년마다 연금 발생률(annual pension benefit accrual rate)은 Θ이며, 만 60세 도달시점부터 기시금 연 종신연금($\ddot{a}_{60}$)이 지급됨.
- 홍길동에게 적용되는 중도 탈퇴율은 연 q로 일정함.
- 홍길동은 중간정산을 한 적이 없고, 연금수급권은 입사와 함께 발생함.

(1) 평가일 현재 t시점에서의 홍길동의 연금채무 Accumulated Benefit Obligation

(ABO)를 수리적으로 표현하시오.

(2) 평가일 현재 t시점에서의 홍길동의 연금채무 Projected Benefit Obligation (PBO)를 수리적으로 표현하시오.

(3) 평가일 현재 t시점에서의 홍길동의 연금채무 Retirement Benefit Obligation (RBO)를 수리적으로 표현하시오.

tip 제3장 I 절 회계연금채무 참조

문제 14

확정급여형 퇴직연금제도에서 연금재정의 최종 목적은 "급여의 지급능력"을 확보하는 것이다(maintaining the continued solvency). 이러한 지급능력을 확보하려는 근퇴법 상의 규정 사항과 이에 대응하는 K-IFRS 상의 권고 사항을 비교우위 관점에서 기술하시오.

tip
- 할인율 설정의 차이: 10년 만기 국고채 3년 평균 vs. 우량회사채 시장 수익률
- 최소적립금 vs. 확정급여채무
- 과거근무채무(10년 이내 균등상각) vs. 과거근무원가(즉시 전액 비용으로 인식)
- 재정안정화계획서(3년 이내 균등상각 계획) vs. 퇴직급여원가
- 연도별 최소적립비율 vs. 과소적립액(100% 적립비율 기준) 등등

문제 15

DB형 연금재정모형(financial asset & liability model for DB plan)을, 이산형 일차 선형 자산 재귀모형 및 채무 재귀모형(discrete first-order linear asset & liability recursive equation)으로 특징되는 동태모형(dynamic models)으로 구성할 수 있다. 아래 각 함수를 이용하여 물음에 답하시오(단, 추가적인 가정이 필요하면 가정을 추가하여도 무방함).

- $B(t)$: benefit expenditure function occurring at the end of each accounting year t (실제 급여 지급액)
- $NC(t)$: normal cost function occurring at the beginning of each accounting year t (즉, 표준부담금 함수)
- $C(t)$: actual contribution function at the end of each accounting year t (즉, 실제 납입부담금 함수)
- $F(t)$: pension asset function representing the excess of cash inflows over cash

outflows, which is valued at the end of each accounting year t, where $F(0)=0$ (즉, 초기 기금이 없음을 의미함)
- $L(t)$: the defined benefit obligation function, which is valued at the end of each accounting year t, where $L(0)=0$ (즉, 과거근무채무가 없음을 의미함)
- i: effective annual interest rate for each accounting year t
- i_t: effective annual rate of return over accounting year t

(1) 연금채무의 성장모형을 재귀모형으로 구축하시오.
(2) 연기금자산의 성장모형을 재귀모형으로 구축하시오.
(3) 조선시대에 대동법을 시행한 재상 김육의 양입위출(量入爲出)에 의한 균형재정(balanced finance)이 되기 위한 조건들을 기술하시오.
(4) 상기 (1)의 연금채무 성장모형이 Trowbridge(1952)의 equation of maturity이 되기 위한 전제 조건들을 기술하고, 이러한 조건들을 적용하여 equation of maturity를 구축하시오.
(5) 상기 (2) 연기금자산의 성장모형에서 연기금자산이 steady state에 도달하기 위한 전제 조건들을 언급하고 이에 근거한 극한방정식을 구축하시오.

tip 제3장 I 절 성숙방정식 및 극한방정식 참조

문제 16

확정급여형 연금가입자는 모두 두 기간, 즉 제1기간(연금기여기간) 및 제2기간(연금수령기간)에 걸쳐 생존하는 중복세대모형(overlapping generation model)을 가정한다. 연기금은 부분적립형(partially funded)으로 운용되며, 적립비율(funded ratio)은 θ이다. 제1기간 시작점에서의 기여금은 C이며 제2기간 시작점에서 수령하는 종신연금액은 기여금에 대해 완전적립형(fully funded)인 경우에 제1기간 수익률(i_1), 순수부과형(fully unfunded)인 경우에 제1기간 수익률(i_2)로 운용된 투자수익(net return)과 동일하다. 여기서 $i_1 \sim N(\mu_1, \sigma_1^2)$, $i_2 \sim N(\mu_2, \sigma_2^2)$, i_1 and i_2는 서로 독립이다.

(1) 제2기간 초의 연금수령액을 나타내는 확률변수 R을 정의하시오.
(2) 기대효용함수(expected utility function)가 다음과 같이 정의되는 경우에 $E(U(R)) = E(R) - \frac{\lambda}{2} Var(R)$ ((단, λ는 주어진 위험회피도), 기대효용을 최대화시키는 최적 적립비율(optimal funded ratio: θ^*)을 상기 주어진 변수들을 활용하여 표현하시오(단, $\mu_2 < \mu_1 < \lambda \cdot\ \sigma_1^2 \cdot\ C$).

tip $R= [\theta \times i_1 + (1-\theta) \times i_2] \times C$

문제 17

연금채무에 평가에 적용되는 할인율(discount rate or settlement rate)에 대한 학문간 입장이 다르다. 다음 물음에 답하시오.

(1) 고용노동부가 재정검증차원에서 제시하고 있는 할인율을 정의하시오.
(2) K-IFRS에서 권고하는 할인율을 설명하시오.
(3) 재무경제학자와 연금계리사 각자가 전통적으로 생각하는 할인율에 대한 견해의 차이를 설명하시오.

tip 제3장 I 절 계산기초 참조

부 록

별첨 I　연금계리업무 관련 근로자퇴직급여보장법

별첨 II　연금계리 실무 해설서

별첨 III　연금계리관련 주요 고용노동부 고시

별첨 IV　영문 약어

□ 별첨 Ⅰ

연금계리업무 관련 근로자퇴직급여보장법

2005. 12. 1 제정
2007.4.11. 타법개정
2008.2.29. 타법개정
2008.3.28. 일부개정
2009.2.4. 타법개정, 일부개정
2010.7.5. 타법개정
2010.11.18. 타법개정
2012.6.11. 타법개정
2011.7.26 전부개정(2012.7.26시행)

근로자퇴직급여 보장법	근로자퇴직급여 보장법 시행령	근로자퇴직급여 보장법 시행규칙
근로자퇴직급여 보장법 제1장 총 칙 제1조(목적) 이 법은 근로자 퇴직급여제도의 설정 및 운영에 필요한 사항을 정함	근로자퇴직급여 보장법 시행령 제1조(목적) 이 영은 「근로자퇴직급여 보장법」에서 위임된 사항과 그 시행에 필	근로자퇴직급여 보장법 시행규칙 제1조(목적) 이 규칙은 「근로자퇴직급여 보장법」 및 같은 법 시행령에서 위임된 사

근로자퇴직급여 보장법	근로자퇴직급여 보장법 시행령	근로자퇴직급여 보장법 시행규칙
으로써 근로자의 안정적인 노후생활 보장에 이바지함을 목적으로 한다. 제2조(정의) 이 법에서 사용하는 용어의 뜻은 다음과 같다. 1. "근로자"란 「근로기준법」 제2조제1항제1호에 따른 근로자를 말한다. 2. "사용자"란 「근로기준법」 제2조제1항제2호에 따른 사용자를 말한다. 3. "임금"이란 「근로기준법」 제2조제1항제5호에 따른 임금을 말한다. 4. "평균임금"이란 「근로기준법」 제2조제1항제6호에 따른 평균임금을 말한다. 5. "급여"란 퇴직급여제도나 제25조에 따른 개인형퇴직연금제도에 의하여 근로자에게 지급되는 연금 또는 일시금을 말한다. 6. "퇴직급여제도"란 확정급여형퇴직연금제도, 확정기여형퇴직연금제도 및 제8조에 따른 퇴직금제도를 말한다. 7. "퇴직연금제도"란 확정급여형퇴직연금제도, 확정기여형퇴직연금제도 및 개인형퇴직연금제도를 말한다. 8. "확정급여형퇴직연금제도"란 근로자가 받을 급여의 수준이 사전에 결정	요한 사항을 규정함을 목적으로 한다.	항과 그 시행에 필요한 사항을 규정함을 목적으로 한다.

근로자퇴직급여 보장법	근로자퇴직급여 보장법 시행령	근로자퇴직급여 보장법 시행규칙
되어 있는 퇴직연금제도를 말한다. 9. "확정기여형퇴직연금제도"란 급여의 지급을 위하여 사용자가 부담하여야 할 부담금의 수준이 사전에 결정되어 있는 퇴직연금제도를 말한다. 10. "개인형퇴직연금제도"란 가입자의 선택에 따라 가입자가 납입한 일시금이나 사용자 또는 가입자가 납입한 부담금을 적립·운용하기 위하여 설정한 퇴직연금제도로서 급여의 수준이나 부담금의 수준이 확정되지 아니한 퇴직연금제도를 말한다. 11. "가입자"란 퇴직연금제도에 가입한 사람을 말한다. 12. "적립금"이란 가입자의 퇴직 등 지급사유가 발생할 때에 급여를 지급하기 위하여 사용자 또는 가입자가 납입한 부담금으로 적립된 자금을 말한다. 13. "퇴직연금사업자"란 퇴직연금제도의 운용관리업무 및 자산관리업무를 수행하기 위하여 제26조에 따라 등록한 자를 말한다. 제3조(적용범위) 이 법은 근로자를 사용하는 모든 사업 또는 사업장(이하 "사업"이		

근로자퇴직급여 보장법	근로자퇴직급여 보장법 시행령	근로자퇴직급여 보장법 시행규칙
라 한다)에 적용한다. 다만, 동거하는 친족만을 사용하는 사업 및 가구 내 고용활동에는 적용하지 아니한다. 제 2 장 퇴직급여제도의 설정 제4조(퇴직급여제도의 설정) ① 사용자는 퇴직하는 근로자에게 급여를 지급하기 위하여 퇴직급여제도 중 하나 이상의 제도를 설정하여야 한다. 다만, 계속근로기간이 1년 미만인 근로자, 4주간을 평균하여 1주간의 소정근로시간이 15시간 미만인 근로자에 대하여는 그러하지 아니하다. ② 제1항에 따라 퇴직급여제도를 설정하는 경우에 하나의 사업에서 급여 및 부담금 산정방법의 적용 등에 관하여 차등을 두어서는 아니 된다. ③ 사용자가 퇴직급여제도를 설정하거나 설정된 퇴직급여제도를 다른 종류의 퇴직급여제도로 변경하려는 경우에는 근로자의 과반수가 가입한 노동조합이 있는 경우에는 그 노동조합, 근로자의 과반수가 가입한 노동조합이 없는 경우에는 근		

근로자퇴직급여 보장법	근로자퇴직급여 보장법 시행령	근로자퇴직급여 보장법 시행규칙
로자 과반수(이하 "근로자대표"라 한다)의 동의를 받아야 한다. ④ 사용자가 제3항에 따라 설정되거나 변경된 퇴직급여제도의 내용을 변경하려는 경우에는 근로자대표의 의견을 들어야 한다. 다만, 근로자에게 불리하게 변경하려는 경우에는 근로자대표의 동의를 받아야 한다. 제5조(새로 성립된 사업의 퇴직급여제도) 법률 제10967호 근로자퇴직급여 보장법 전부개정법률 시행일 이후 새로 성립(합병·분할된 경우는 제외한다)된 사업의 사용자는 근로자대표의 의견을 들어 사업의 성립 후 1년 이내에 확정급여형퇴직연금제도나 확정기여형퇴직연금제도를 설정하여야 한다. 제6조(가입자에 대한 둘 이상의 퇴직연금제도 설정) ① 사용자가 가입자에 대하여 확정급여형퇴직연금제도 및 확정기여형퇴직연금제도를 함께 설정하는 경우 제15조 및 제20조제1항에도 불구하고 확정급여형퇴직연금제도의 급여 및 확정기여형퇴직연금제도의 부담금 수준은 다음		

근로자퇴직급여 보장법	근로자퇴직급여 보장법 시행령	근로자퇴직급여 보장법 시행규칙
각 호에 따른다. 1. 확정급여형퇴직연금제도의 급여: 제15조에 따른 급여수준에 확정급여형퇴직연금규약으로 정하는 설정 비율을 곱한 금액 2. 확정기여형퇴직연금제도의 부담금: 제20조제1항의 부담금의 부담 수준에 확정기여형퇴직연금규약으로 정하는 설정 비율을 곱한 금액 ② 사용자는 제1항제1호 및 제2호에 따른 각각의 설정 비율의 합이 1 이상이 되도록 퇴직연금규약을 정하여 퇴직연금제도를 설정하여야 한다.		
제7조(수급권의 보호) ① 퇴직연금제도의 급여를 받을 권리는 양도하거나 담보로 제공할 수 없다. ② 제1항에도 불구하고 가입자는 주택구입 등 대통령령으로 정하는 사유와 요건을 갖춘 경우에는 대통령령으로 정하는 한도에서 퇴직연금제도의 급여를 받을 권리를 담보로 제공할 수 있다. 이 경우 제26조에 따라 등록한 퇴직연금사업자는 제공된 급여를 담보로 한 대출이 이루어지도록 협조하여야 한다.	제2조(퇴직연금제도 수급권의 담보제공 사유 등) ① 「근로자퇴직급여 보장법」(이하 "법"이라 한다) 제7조제2항 전단에서 "주택구입 등 대통령령으로 정하는 사유와 요건을 갖춘 경우"란 다음 각 호의 어느 하나에 해당하는 경우를 말한다. 1. 무주택자인 가입자가 본인 명의로	

근로자퇴직급여 보장법	근로자퇴직급여 보장법 시행령	근로자퇴직급여 보장법 시행규칙
제8조(퇴직금제도의 설정 등) ① 퇴직금제	주택을 구입하는 경우 2. 가입자, 가입자의 배우자 또는 「소득세법」 제50조제1항에 따른 가입자 또는 가입자의 배우자와 생계를 같이하는 부양가족이 질병 또는 부상으로 6개월 이상 요양을 하는 경우 3. 담보를 제공하는 날부터 역산하여 5년 이내에 가입자가 「채무자 회생 및 파산에 관한 법률」에 따라 파산선고를 받은 경우 4. 담보를 제공하는 날부터 역산하여 5년 이내에 가입자가 「채무자 회생 및 파산에 관한 법률」에 따라 개인회생절차개시 결정을 받은 경우 5. 그 밖에 천재지변 등으로 피해를 입는 등 고용노동부장관이 정하여 고시하는 사유와 요건에 해당하는 경우 ② 법 제7조제2항 전단에서 “대통령령으로 정하는 한도”란 다음 각 호의 구분에 따른 한도를 말한다. 1. 제1항제1호부터 제4호까지의 경우: 가입자별 적립금의 100분의 50 2. 제1항제5호의 경우: 천재지변 등으	

근로자퇴직급여 보장법	근로자퇴직급여 보장법 시행령	근로자퇴직급여 보장법 시행규칙
도를 설정하려는 사용자는 계속근로기간 1년에 대하여 30일분 이상의 평균임금을 퇴직금으로 퇴직 근로자에게 지급할 수 있는 제도를 설정하여야 한다. ② 제1항에도 불구하고 사용자는 주택구입 등 대통령령으로 정하는 사유로 근로자가 요구하는 경우에는 근로자가 퇴직하기 전에 해당 근로자의 계속근로기간에 대한 퇴직금을 미리 정산하여 지급할 수 있다. 이 경우 미리 정산하여 지급한 후의 퇴직금 산정을 위한 계속근로기간은 정산시점부터 새로 계산한다.	로 입은 가입자의 피해 정도 등을 고려하여 고용노동부장관이 정하여 고시하는 한도 제3조(퇴직금의 중간정산 사유) ① 법 제8조제2항 전단에서 "주택구입 등 대통령령으로 정하는 사유"란 다음 각 호의 어느 하나에 해당하는 경우를 말한다. 1. 무주택자인 근로자가 본인 명의로 주택을 구입하는 경우 2. 무주택자인 근로자가 주거를 목적으로 「민법」 제303조에 따른 전세금 또는 「주택임대차보호법」 제3조의2에 따른 보증금을 부담하는 경우. 이 경우 근로자가 하나의 사업 또는 사업장(이하 "사업"이라 한다)에 근로하는 동안 1회로 한정한다. 3. 근로자, 근로자의 배우자 또는 「소득세법」 제50조제1항에 따른 근로자 또는 근로자의 배우자와 생계를 같이하는 부양가족이 질병 또는 부상으로 6개월 이상 요양을 하는 경우 4. 퇴직금 중간정산을 신청하는 날부터 역산하여 5년 이내에 근로자가 「채	

근로자퇴직급여 보장법	근로자퇴직급여 보장법 시행령	근로자퇴직급여 보장법 시행규칙
	무자 회생 및 파산에 관한 법률」에 따라 파산선고를 받은 경우 5. 퇴직금 중간정산을 신청하는 날부터 역산하여 5년 이내에 근로자가 「채무자 회생 및 파산에 관한 법률」에 따라 개인회생절차개시 결정을 받은 경우 6. 「고용보험법 시행령」 제28조제1항제1호부터 제3호까지의 규정에 따른 임금피크제를 실시하여 임금이 줄어드는 경우 7. 그 밖에 천재지변 등으로 피해를 입는 등 고용노동부장관이 정하여 고시하는 사유와 요건에 해당하는 경우 ② 사용자는 제1항 각 호의 사유에 따라 퇴직금을 미리 정산하여 지급한 경우 근로자가 퇴직한 후 5년이 되는 날까지 관련 증명 서류를 보존하여야 한다.	
제9조(퇴직금의 지급) 사용자는 근로자가 퇴직한 경우에는 그 지급사유가 발생한 날부터 14일 이내에 퇴직금을 지급하여야 한다. 다만, 특별한 사정이 있는 경우에는 당사자 간의 합의에 따라 지급기일을 연장할 수 있다. 제10조(퇴직금의 시효) 이 법에 따른 퇴직금을 받을 권리는 3년간 행사하지 아니하면 시효로 인하여 소멸한다.		

근로자퇴직급여 보장법	근로자퇴직급여 보장법 시행령	근로자퇴직급여 보장법 시행규칙
제11조(퇴직급여제도의 미설정에 따른 처리) 제4조제1항 본문 및 제5조에도 불구하고 사용자가 퇴직급여제도나 제25조제1항에 따른 개인형퇴직연금제도를 설정하지 아니한 경우에는 제8조제1항에 따른 퇴직금제도를 설정한 것으로 본다. 제 3 장 확정급여형퇴직연금제도 제13조(확정급여형퇴직연금제도의 설정) 확정급여형퇴직연금제도를 설정하려는 사용자는 제4조제3항 또는 제5조에 따라 근로자대표의 동의를 얻거나 의견을 들어 다음 각 호의 사항을 포함한 확정급여형퇴직연금규약을 작성하여 고용노동부장관에게 신고하여야 한다. 1. 퇴직연금사업자 선정에 관한 사항 2. 가입자에 관한 사항 3. 가입기간에 관한 사항 4. 급여수준에 관한 사항 5. 급여 지급능력 확보에 관한 사항 6. 급여의 종류 및 수급요건 등에 관한 사항 7. 제28조에 따른 운용관리업무 및 제29		제2조(퇴직연금규약의 신고 등) ① 「근로자퇴직급여 보장법」(이하 "법"이라 한다) 제13조 또는 제19조에 따라 확정급여형퇴직연금규약이나 확정기여형퇴직연금규약을 신고하려는 사용자(법 제6조에 따라 확정급여형퇴직연금규약 및 확정기여형퇴직연금규약을 함께 설정하는 사용자를 포함한다)는 별지 제1호서식의 확정급여형(확정기여형, 혼합형) 퇴직연금규약 신고서에 다음 각 호의 서류를 첨부하여 지방고용노동관서의 장에게 제출하여야 한다. 1. 퇴직연금규약 2. 근로자의 과반수를 대표하는 노동조합 또는 근로자 과반수의 동의를 받

근로자퇴직급여 보장법	근로자퇴직급여 보장법 시행령	근로자퇴직급여 보장법 시행규칙
조에 따른 자산관리업무의 수행을 내용으로 하는 계약의 체결 및 해지와 해지에 따른 계약의 이전(移轉)에 관한 사항 8. 운용현황의 통지에 관한 사항 9. 가입자의 퇴직 등 급여 지급사유 발생과 급여의 지급절차에 관한 사항 10. 퇴직연금제도의 폐지·중단 사유 및 절차 등에 관한 사항 11. 그 밖에 확정급여형퇴직연금제도의 운영을 위하여 대통령령으로 정하는 사	제4조(확정급여형퇴직연금규약의 규정 사항) ① 법 제13조제11호에서 "대통령령으로 정하는 사항"이란 다음 각 호에 따른 사항을 말한다. 1. 부담금의 산정 및 납입에 관한 사항 2. 법 제28조에 따른 운용관리업무(이하 "운용관리업무"라 한다)와 법 제29조에 따른 자산관리업무(이하 "자산관리업무"라 한다)의 수행에 대한 수수료의 부담에 관한 사항 3. 가입자에 대한 교육의 방법 및 절차 등에 관한 사항 4. 복수의 퇴직연금사업자와 운용관리업무에 관한 계약을 체결한 경우 업무의 처리방안에 관한 사항. 이 경우 법 제17조제5항에 따라 가입자가	았음을 증명하는 자료 ② 제1항에 따른 사용자는 신고한 퇴직연금제도의 설정 내용을 변경한 경우에는 다음 각 호에 해당하는 서류를 첨부하여 그 사실을 지방고용노동관서의 장에게 통보하여야 한다. 1. 변경 전과 변경 후의 내용을 비교하여 작성한 퇴직연금규약 2. 근로자의 과반수를 대표하는 노동조합 또는 근로자의 과반수 동의를 받았음을 증명하는 자료(근로자에게 불리한 변경의 경우로 한정한다) 3. 근로자의 과반수를 대표하는 노동조합 또는 근로자 과반수의 의견을 들었음을 증명하는 자료(근로자에게 불리한 변경이 아닌 경우로 한정한다) 제3조(확정급여형퇴직연금규약의 부담금 산정 및 납입) ① 「근로자퇴직급여 보장법 시행령」(이하 "영"이라 한다) 제4조제1항제1호에 따른 부담금은 각 호의 구분에 따른다. 1. 표준부담금: 법 제14조제1항에 따라 퇴직연금제도의 설정 이후로서 표준
제14조(가입기간) ① 제13조제3호에 따른 가입기간은 퇴직연금제도의 설정 이후 해당 사업에서 근로를 제공하는 기간으		

근로자퇴직급여 보장법	근로자퇴직급여 보장법 시행령	근로자퇴직급여 보장법 시행규칙
로 한다. ② 해당 퇴직연금제도의 설정 전에 해당 사업에서 제공한 근로기간에 대하여도 가입기간으로 할 수 있다. 이 경우 제8조제2항에 따라 퇴직금을 미리 정산한 기간은 제외한다. 제15조(급여수준) 제13조제4호의 급여 수준은 가입자의 퇴직일을 기준으로 산정한 일시금이 계속근로기간 1년에 대하여 30일분의 평균임금에 상당하는 금액 이상이 되도록 하여야 한다.	개인형퇴직연금제도의 계정을 지정하지 아니하는 경우 급여를 이전(移轉)할 퇴직연금사업자의 지정에 관한 사항을 포함한다. ② 제1항제1호에 따른 부담금을 산정하는 퇴직연금사업자는 재정균형을 장기적으로 유지할 수 있도록 장래 급여에 소요되는 비용예상액, 예상운용수입액 등을 고려하여야 하며, 그 세부 기준은 고용노동부령으로 정한다. ③ 사용자는 매년 1회 이상 정기적으로 부담금을 납입하여야 한다. ④ 제1항제2호에 따른 수수료는 사용자가 부담한다. ⑤ 제1항제3호에 따른 가입자 교육의 방법과 절차 등에 관한 세부 사항은 고용노동부령으로 정한다. ⑥ 복수의 퇴직연금사업자와 운용관리업무에 관한 계약을 체결한 사용자는 그 퇴직연금사업자 중 하나를 대표 퇴직연금사업자(이하 "간사기관"이라 한다)로 선정하여 제22조제1항제3호 각 목의 업무를 수행하도록 하여야 한다.	부담금을 산출하는 시점에서 장래 근무기간분에 대하여 발생하는 급여를 충당하기 위한 부담금 2. 보충부담금: 법 제14조제2항 전단에 따라 퇴직연금제도의 설정 전의 과거 근무기간분에 대하여 발생한 급여를 충당하기 위한 부담금 3. 특별부담금: 법 제16조에 따라 급여 지급능력 확보 여부 등을 확인한 결과 적립금이 영 제7조제1항의 수준에 미치지 못하는 경우 이를 충당하기 위한 부담금 ② 제1항에 따른 부담금은 예상이율, 예상임금상승률, 예상퇴직률, 예상사망률 등(이하 "기초율"이라 한다)을 기초로 산정한다. ③ 기초율은 3년마다 산출하되, 부담금의 기초가 된 기초율이 실제 상황과 현저한 차이가 발생하는 경우 다시 산출하여야 한다. ④ 예상이율은 산출 직전 사업연도 말을 기준으로 「자본시장과 금융투자업에 관한 법률 시행령」 제307조제2항제3호에 따라 채무증권의 매매거래(증권시장 밖에서의 매매거래만 해당한다)에 대한

근로자퇴직급여 보장법	근로자퇴직급여 보장법 시행령	근로자퇴직급여 보장법 시행규칙
		정보 관리 및 공시에 관한 업무를 수행하는 법인이 발표하는 10년 만기 국고채의 36개월 평균수익률로 한다. ⑤ 예상이율을 제외한 기초율은 해당 사업 또는 사업장(이하 "사업"이라 한다)의 경험통계를 기초로 하여야 한다. 다만, 다음 각 호의 어느 하나에 해당하는 경우에는 고용노동부장관 또는 보험개발원장이 발표하는 자료를 활용한 기초율을 이용할 수 있다. 1. 해당 사업이 성립된 지 3년 미만인 경우. 다만, 합병・분할로 인하여 설립된 경우는 제외한다. 2. 화재 등으로 경험통계 자료를 분실한 경우 3. 경험통계를 장래 예측을 위해 사용하기에 부적합한 경우 ⑥ 제1항제2호의 보충부담금은 10년 이내에 충당될 수 있도록 산정되어야 한다. ⑦ 퇴직연금사업자는 제1항의 부담금을 산정하는 데 사용한 기초율을 선택하는 등의 경우에 그 합리적 근거를 분명하게 밝혀야 한다.

근로자퇴직급여 보장법	근로자퇴직급여 보장법 시행령	근로자퇴직급여 보장법 시행규칙
		제4조(가입자에 대한 교육의 방법 및 절차 등) 영 제4조제1항제3호에 따른 퇴직연금제도 가입자에 대한 교육의 방법 및 절차에 관한 사항은 다음 각 호의 구분에 따른다. 1. 영 제32조제1항제1호의 제도 일반에 관한 내용은 가입자가 수시로 열람할 수 있도록 사내 정보통신망 또는 해당 사업장 등에 상시 게시할 것. 다만, 제도 도입 후 최초 교육은 교육자료를 우편으로 발송하거나 직원연수·조회·회의·강의 등 대면하여 전달하는 방식으로 실시하여야 한다. 2. 영 제32조제1항제2호의 확정급여형 퇴직연금제도의 교육사항은 다음 각 목 중 하나 이상의 방법으로 할 것 가. 서면 또는 전자우편 등을 통한 정기적인 교육자료의 발송 나. 직원연수·조회·회의·강의 등의 대면 교육의 실시 다. 정보통신망을 통한 온라인 교육의 실시 라. 해당 사업장 등에 상시 게시 3. 영 제32조제1항제3호의 확정기여형

근로자퇴직급여 보장법	근로자퇴직급여 보장법 시행령	근로자퇴직급여 보장법 시행규칙
		퇴직연금제도의 교육사항은 제2호가목부터 다목까지 중 하나 이상의 방법으로 할 것 4. 사용자가 법 제32조제2항 후단에 따라 운용관리업무를 수행하는 퇴직연금사업자에게 가입자 교육의 실시를 위탁한 경우 사용자는 퇴직연금사업자와 교육시기, 구체적 교육방법 등을 포함한 계약을 체결하고, 퇴직연금사업자는 영 제32조에 따른 교육사항에 대하여 위탁계약의 내용에 따라 교육을 실시할 것
제16조(급여 지급능력 확보 등) ① 확정급여형퇴직연금제도를 설정한 사용자는 급여 지급능력을 확보하기 위하여 매 사업연도 말 다음 각 호에 해당하는 금액 중 더 큰 금액(이하 "기준책임준비금"이라 한다)에 100분의 60 이상으로 대통령령으로 정하는 비율을 곱하여 산출한 금액(이하 "최소적립금"이라 한다) 이상을 적립금으로 적립하여야 한다. 다만, 제14조제2항에 따라 해당 퇴직연금제도 설정 이전에 해당 사업에서 근로한 기간을 가입기간에 포함시키는 경우 대통령령으로	제5조(확정급여형퇴직연금제도의 최소적립금 수준) ① 법 제16조제1항 각 호 외의 부분 본문에서 "대통령령으로 정하는 비율"이란 법 제16조제1항에 따른 기준책임준비금(이하 "기준책임준비금"이라 한다) 대비 적립금 비율로 다음 각 호의 구분에 따른다. 1. 2012년 7월 26일부터 2013년 12월 31일까지의 기간: 100분의 60 2. 2014년 1월 1일부터 2015년 12월 31일까지의 기간: 100분의 70 3. 2016년 1월 1일부터 2017년 12월 31	제5조(기준책임준비금의 산정방식) ① 법 제16조제1항제1호에서 "고용노동부령으로 정하는 방법"이란 제3조제2항부터 제5항까지의 기초율을 사용하여 예상퇴직시점의 급여를 산출하고 이를 예상가입기간 단위로 배분하여 할당하는 방법을 말한다. ② 법 제16조제1항제2호에서 "고용노동부령으로 정하는 방법"이란 해당 가입자의 가입기간에 대하여 법 제15조에 따른 급여수준을 곱하여 예상급여를 산출한 후 가입자별 예상급여를 합하는

근로자퇴직급여 보장법	근로자퇴직급여 보장법 시행령	근로자퇴직급여 보장법 시행규칙
정하는 비율에 따른다. 1. 매 사업연도 말일 현재를 기준으로 산정한 가입자의 예상 퇴직시점까지의 가입기간에 대한 급여에 드는 비용 예상액의 현재가치에서 장래 근무기간분에 대하여 발생하는 부담금 수입 예상액의 현재가치를 뺀 금액으로서 고용노동부령으로 정하는 방법에 따라 산정한 금액 2. 가입자와 가입자였던 사람의 해당 사업연도 말일까지의 가입기간에 대한 급여에 드는 비용 예상액을 고용노동부령으로 정하는 방법에 따라 산정한 금액	일까지의 기간: 100분의 80 4. 2018년 1월 1일 이후: 고용노동부령으로 정하는 100분의 80 이상의 비율 ② 법 제16조제1항 각 호 외의 부분 단서에서 "대통령령으로 정하는 비율"이란 법 제14조제2항에 따라 해당 퇴직연금제도의 설정 전에 해당 사업에서 제공한 근로기간(이하 이 항에서 "과거근로기간"이라 한다)을 가입기간에 포함시키는 경우 해당 근로기간에 대한 기준책임준비금 대비 적립금 비율로서 과거근로기간의 연수(年數)와 가입 후 연차(年次)의 구분에 따라 고용노동부장관이 정하여 고시하는 비율을 말한다.	방법을 말한다. 제6조(적립금의 산정) 법 제16조제2항 본문에 따라 확정급여형퇴직연금제도의 운용관리업무를 수행하는 퇴직연금사업자는 다음 각 호의 방법에 따라 적립금을 산정하여야 한다. 1. 매 사업연도 말 직전 12개월간의 시가(時價) 평균에 따른 금액으로 산정할 것. 이 경우 산정된 금액이 사업연도 말 현재 시가에 따라 산정된 금액의 100분의 90 이하 또는 100분의 110 이상이 될 때에는 각각 100분의 90 또는 100분의 110으로 산정할 것 2. 제1호에도 불구하고 손실이 확정되었거나 예금·적금 등 특정시점까지 시간이 지나면서 자산가치가 일정하게 상승하는 운용방법의 경우에는 사업연도 말 시가를 적용하여 산정할 것
② 확정급여형퇴직연금제도의 운용관리업무를 수행하는 퇴직연금사업자는 매 사업연도 종료 후 6개월 이내에 고용노동부령으로 정하는 바에 따라 산정된 적립금이 최소적립금을 상회하고 있는지 여부를 확인하여 그 결과를 대통령령으로 정하는 바에 따라 사용자에게 알려야	제6조(재정검증 결과의 통보) ① 퇴직연금사업자는 법 제16조제2항에 따라 산정된 적립금과 법 제16조제1항 본문에 따른 최소적립금(이하 "최소적립금"이라 한다)을 비교하여 적립금의 부족 여부, 적립금 및 부담금 납입 현황, 제7조제2항제1호에 따른 재정안정화계획서 작	

근로자퇴직급여 보장법	근로자퇴직급여 보장법 시행령	근로자퇴직급여 보장법 시행규칙
한다. 다만, 최소적립금보다 적은 경우에는 그 확인 결과를 근로자대표에게도 알려야 한다.	성 여부 등을 사용자에게 서면으로 알려야 한다. 다만, 적립금이 최소적립금보다 적은 경우에는 근로자의 과반수가 가입한 노동조합이 있는 경우에는 그 노동조합에 서면으로 알리고, 근로자의 과반수가 가입한 노동조합이 없는 경우에는 전체 근로자에게 서면, 사내 게시 또는 정보통신망에 의한 방법으로 알려야 한다. ② 제1항에 따른 통보에 필요한 양식은 고용노동부장관이 정하여 고시한다.	
③ 사용자는 제2항에 따른 확인 결과 적립금이 대통령령으로 정하는 수준에 미치지 못하는 경우에는 대통령령으로 정하는 바에 따라 적립금 부족을 해소하여야 한다. ④ 제2항에 따른 확인 결과 매 사업연도 말 적립금이 기준책임준비금을 초과한 경우 사용자는 그 초과분을 향후 납입할 부담금에서 상계(相計)할 수 있으며, 매 사업연도 말 적립금이 기준책임준비금의 100분의 150을 초과하고 사용자가 반환을 요구하는 경우 퇴직연금사업자는 그	제7조(적립금 부족의 판단기준 및 해소방안) ① 법 제16조제3항에서 "대통령령으로 정하는 수준"이란 최소적립금의 100분의 95를 말한다. ② 사용자는 법 제16조제3항에 따라 적립금이 제1항의 수준에 미치지 못하는 경우 다음 각 호의 조치를 하여 적립금 부족을 해소하여야 한다. 1. 사용자는 적립금 부족을 3년 이내에 균등하게 해소할 수 있도록 부족 금액에 대한 자금 조달방안, 납입 계획 등의 내용을 포함한 계획서(이하	

근로자퇴직급여 보장법	근로자퇴직급여 보장법 시행령	근로자퇴직급여 보장법 시행규칙
초과분을 사용자에게 반환할 수 있다.	"재정안정화계획서"라 한다)를 구체적으로 작성하고 3년간 보존할 것 2. 사용자는 제6조에 따라 퇴직연금사업자로부터 재정검증 결과를 통보받은 날부터 60일 이내에 근로자의 과반수가 가입한 노동조합이 있는 경우에는 그 노동조합, 근로자의 과반수가 가입한 노동조합이 없는 경우에는 전체 근로자와 퇴직연금사업자에게 재정안정화계획서를 통보할 것 3. 사용자는 적립금 부족분을 충당하기 위한 부담금을 납입하는 등 재정안정화계획서를 성실하게 이행할 것	
제17조(급여 종류 및 수급요건 등) ① 확정급여형퇴직연금제도의 급여 종류는 연금 또는 일시금으로 하되, 수급요건은 다음 각 호와 같다. 1. 연금은 55세 이상으로서 가입기간이 10년 이상인 가입자에게 지급할 것. 이 경우 연금의 지급기간은 5년 이상이어야 한다. 2. 일시금은 연금수급 요건을 갖추지 못하거나 일시금 수급을 원하는 가입자에게 지급할 것 ② 사용자는 가입자의 퇴직 등 제1항에 따른 급여를 지급할 사유가 발생한 날부터 14일 이내에 퇴직연금사업자로 하여금 적립금의 범위에서 지급의무가 있는 급여 전액(사업의 도산 등 대통령령으로 정하는 경우에는 제16조제1항제2호에 따른 금액에 대한 적립금의 비율에 해당하는 금액)을 지급하도록 하여야 한다. 다만, 퇴직연금제도 적립금으로 투자된 운용자산 매각이 단기간에 이루어지지 아	제8조(급여 전액지급 예외 사유) 법 제17조제2항 본문에서 "사업의 도산 등 대통령령으로 정하는 경우"란 다음 각 호와 같다. 1. 사업주가 「채무자 회생 및 파산에 관한 법률」에 따른 파산선고를 받은 경우 2. 사업주가 「채무자 회생 및 파산에 관한 법률」에 따른 회생절차개시 결정을 받은 경우	

<table>
<tr><th>근로자퇴직급여 보장법</th><th>근로자퇴직급여 보장법 시행령</th><th>근로자퇴직급여 보장법 시행규칙</th></tr>
<tr><td>니하는 등 특별한 사정이 있는 경우에는 사용자, 가입자 및 퇴직연금사업자 간의 합의에 따라 지급기일을 연장할 수 있다.
③ 사용자는 제2항에 따라 퇴직연금사업자가 지급한 급여수준이 제15조에 따른 급여수준에 미치지 못할 때에는 급여를 지급할 사유가 발생한 날부터 14일 이내에 그 부족한 금액을 해당 근로자에게 지급하여야 한다. 이 경우 특별한 사정이 있는 경우에는 당사자 간의 합의에 따라 지급기일을 연장할 수 있다.</td><td>3. 사업주가 「임금채권보장법 시행령」 제5조제1항제2호 또는 제3호에 해당하는 경우
4. 기준책임준비금 중 적립금의 비율이 제5조제1항에 따른 비율보다 낮은 경우. 이 경우 퇴직연금제도의 설정 전에 해당 사업에서 제공한 근로기간을 가입기간에 포함시키는 경우에도 제5조제1항에 따른 비율을 적용한다.
5. 다음 값이 고용노동부장관이 정하여 고시한 비율 이상인 경우
(사업연도 개시일 이후 해당 사업의 가입자에게 지급한 퇴직급여의 누계액) / (사업연도 개시일의 적립금 + 사업연도 개시일 이후 납입된 부담금의 합계액)
6. 그 밖에 급여를 전액 지급하면 다른 근로자의 수급이 제한되는 경우로서 고용노동부령으로 정하는 경우</td><td></td></tr>
<tr><td>④ 제2항 및 제3항에 따른 급여의 지급은 가입자가 지정한 개인형퇴직연금제도</td><td>제9조(개인형퇴직연금제도로의 이전 예외 사유) 법 제17조제4항 단서에서 "가입</td><td></td></tr>
</table>

근로자퇴직급여 보장법	근로자퇴직급여 보장법 시행령	근로자퇴직급여 보장법 시행규칙
의 계정으로 이전하는 방법으로 한다. 다만, 가입자가 55세 이후에 퇴직하여 급여를 받는 경우 등 대통령령으로 정하는 사유가 있는 경우에는 그러하지 아니하다. ⑤ 가입자가 제4항에 따라 개인형퇴직연금제도의 계정을 지정하지 아니하는 경우에는 해당 퇴직연금사업자가 운영하는 계정으로 이전한다. 이 경우 가입자가 해당 퇴직연금사업자에게 개인형퇴직연금제도를 설정한 것으로 본다.	자가 55세 이후에 퇴직하여 급여를 받는 경우 등 대통령령으로 정하는 사유"란 다음 각 호의 어느 하나에 해당하는 경우를 말한다. 1. 가입자가 55세 이후에 퇴직하여 급여를 받는 경우 2. 가입자가 법 제7조제2항에 따라 급여를 담보로 대출받은 금액 등을 상환하기 위한 경우. 이 경우 가입자가 지정한 개인형퇴직연금제도의 계정으로 이전하지 아니하는 금액은 담보대출 채무상환 금액을 초과할 수 없다. 3. 퇴직급여액이 고용노동부장관이 정하는 금액 이하인 경우	
제18조(운용현황의 통지) 퇴직연금사업자는 매년 1회 이상 적립금액 및 운용수익률 등을 고용노동부령으로 정하는 바에 따라 가입자에게 알려야 한다.		제7조(운용현황의 통지) ① 법 제18조에 따라 퇴직연금사업자는 적립금액 및 운용수익률 등을 다음 각 호의 하나에 해당하는 방법으로 가입자에게 알려야 한다. 1. 우편 발송 2. 서면 교부 3. 정보통신망에 의한 전송 4. 그 밖에 이에 준하는 방식으로서 운용관리업무의 위탁계약을 체결할 때 당사자가 합의한 방법

□ 별첨 Ⅱ

연금계리 실무 해설서

2017년10월

※ 기존의 "연금계리 모범규준"은 2017년 6월 12일 폐지되고, 한국보험계리사회의 "연금계리 실무 해설서"가 이를 대체함.

제1장 총 칙

제1조(목적) 이 해설서는 퇴직연금사업자(이하 "사업자"라 한다)가 근로자퇴직급여보장법(이하 "법"이라 한다), 동법 시행령(이하 "시행령"이라 한다), 동법 시행규칙(이하 "시행규칙") 및 퇴직연금감독규정(감독규정시행세칙을 포함한다. 이하 "감독규정"이라 한다) 등에 의한 퇴직연금업무를 수행함에 있어서 모범이 되는 업무 및 절차를 설명하여, 통일적이고 안정적인 연금계리업무 지원을 목적으로 한다.

제2장 부담금의 산출

제2조(부담금 산정 세부기준) 시행규칙 제3조제1항의 부담금 산정에 관한 사항은 다음 각항과 같다.

① 연 1회 이상 정기적으로 납입되도록 계산하며, 정액 또는 임금에 일정 비율을 곱하는 방식으로 산출한다.

② 부담금은 재정균형을 장기적으로 유지할 수 있도록 장래 급여에 소요되는 비용예상액, 예상운용수입액 등을 고려하여 정기적으로 납입되도록 산출하여

야 하며, 부담금 산출시 적용하는 재정방식은 예측단위적 립방식(Projected Unit Credit Method)으로 한다.

③ 제2항의 예측단위적립방식은 가입자별 장래 급여의 현재가치를 각 근무기간에 대응하는 "수급권단위"로 분할 · 할당하고, 그 단위에 해당하는 금액을 각 근무기간 중에 부담금으로 납입하여 장래 급여지급의 재원을 적립하는 방식이다.

④ 부담금은 표준부담금, 보충부담금 및 특별부담금으로 구분하여 산출한다.

1. 표준부담금은 퇴직연금제도의 설정 이후로서 표준부담금을 산출하는 시점에서 장래 근무 기간분에 대하여 발생하는 급여를 충당하기 위한 부담금을 말한다.
2. 보충부담금은 부담금을 산출하는 시점에서 과거 근무기간에 대하여 발생한 미적립채무(UAL, Unfunded Accrued Liability)를 충당하기 위한 부담금을 말한다.
3. 특별부담금은 법 제16조에 따라 급여 지급능력 확보 여부 등을 확인한 결과 적립금이 최소적립금의 95%에 미치지 못하는 경우 이를 충당하기 위한 부담금을 말한다.

[예시] 사업년도말 재정검증시 부담금을 안내하고, 기업에서 급격한 인원변동으로 인해 기중에 재계산 부담금 안내를 요청한 경우

▷ 20×7.9.30일 회사의 인수합병으로 인해 급격한 인원변동이 발생하여 재계산 부담금 안내를 요청하는 경우

1) 20×7.9.30 부담금 재계산
- 기존의 사외적립금 : 100
- 20×7.9.30일 기준 계속기준책임준비금 : 3,000
- 20×7.9.30일 재계산을 시행한 결과
  (a) 보충부담금 900(과거분 계속기준책임준비금 1,000 - 적립금 100), 표준부담금 150
  (b) 특별부담금 : 없음(기중 재평가시 특별부담금 재산정 없음, 20×7.06.30 재정검증결과 안내시 특별부담금 660 안내 완료)
  (c) 20×7.12.31일 적립금(재계산 결과에 따라 20×7.12.31 부담금 납입 가정) : 1,850*
  * 기존 사외적립금 100 + 특별부담금 660 + 보충부담금 900 + 표준부담금 150 + 이자수익 40 = 1,850

2) 20×8.6.30 재정검증

• 20×8.6.30일 재정검증 및 재계산을 시행한 결과 계속기준책임준비금 3,500

(a) 표준부담금 150

(b) 보충부담금 200 (=1,650 $\div \ddot{a}_{\overline{n}|i}$)

* 계속기준책임준비금 − 적립금 = UAL = 3,500 − 1,850 = 1,650

* Max{(계속기준책임준비금 3,500 − 적립금 1,850) $\div \ddot{a}_{\overline{n}|i}$, 0)

n : 보충부담금 상각기간

i : 부담금 산출 예상이율

(c) 특별부담금 : 810*

* 계속기준책임준비금 3,500 × 최소적립비율 80% × 95% − 사외적립자산 1,850 = 810

구분	적립금	부담금			
		보충	표준	특별	실제납입
기존 적립금	100				
20×7.06.30 재정검증 및 재계산		200	50	660	
20×7.09.30 재계산		900	150	-	
20×7.12.31 (부담금납입완료)	1,850				1,710**
20×8.06.30 재정검증 <보충부담금 산출>		200	150	810	

** 1,710 = 900(보충) + 150(표준) + 660(특별)

④ 부담금 계산에 사용되는 가입자 정보는 부담금 계산 기준일 이전 6개월 이내의 것을 원칙으로 한다.

⑤ 사업자를 변경하여 사외적립자산(퇴직보험 포함)이 타사로 이전되는 경우 부담금은 다음 각호의 방법과 같이 산정할 수 있다.

1. 사외적립자산 이전시 과거분 급여에 해당하는 부분부터 적립하는 것으로 간주하는 방법

[예시] 과거분에 해당하는 부분부터 적립하는 경우

▷ 20×6.10.01일 A회사는 기존에 퇴직연금을 운영하던 B사업자에서 C사업자로 퇴직연금사업자를 변경하면서 사외적립자산을 이전하고, 부담금은 기존 적립금(퇴직보험 및 퇴직연금)과 같이 회사 회계연도 말(12.31일)에 납입하는 방식으로 운영
- 기존제도의 사외적립금 : 10억원
  (부담금계산일 현재 사외적립자산(퇴직보험 및 퇴직연금 적립금))
- 과거급분급여 13억
- 부담금 산출결과 : 표준부담금 2억원, 보충부담금 3억원(일시상각 가정)
  (a) 20×6.10.01일(사외적립자산이전일) : 적립금(퇴직보험 및 퇴직연금) 10억원 납입
  (b) 20×6.12.31일(회계연도말, 부담금 납입일) : 표준부담금 2억원, 보충부담금 3억원 납입

2. 사외적립자산 이전시 장래분, 과거분을 각각 적립하는 것으로 간주하는 방법

[예시] 과거분, 장래분을 각각 적립하는 경우

▷ 20×6.10.01일 A회사는 B사업자에서 C사업자로 퇴직연금사 업자를 변경하면서, 당년도는 기존퇴직연금사업자(B사)로부터 적립금만 이전하고 추가적인 부담금 납입은 차년도부터 납입하는 방식으로 운영
- 기존제도의 사외적립금 : 10억원{이전일 현재 사외적립자산 (퇴직 보험 및 퇴직연금 적립금)}
- 과거분 급여 : 13억원
- 부담금 산출결과 : 표준부담금 2.5억원, 보충부담금 3.5억원
  (a) 20×6.10.01일(C사업자 기준 이전받는 당년, 부담금 납입일) : 사외적립자산(퇴직보험 및 퇴직연금) 10억원 이전으로 초년도 부담금 처리(표준부담금 2.5억원, 보충부담금 7.5억원)
  (b) 20×7.12.31일 차년도 부담금 납입 : 표준부담금 2.5억원, 보충부담금 3.5억원 별도 납입

⑥ 제도년도 조정, 제도폐지 등으로 1년 미만의 단기제도년도가 적용될 경우, 적용일수 비례로 부담금을 조정할 수 있다.

⑦ 임원인 가입자에게 적용하는 부담금은 다음 각호의 방법으로 직원과 구분하여 산출할 수 있다.

1. 표준부담금 : 1년 후 퇴직할 경우의 예상 퇴직급여에서 부담금계산기준

일에 퇴직할 경우의 예상 퇴직급여를 차감하는 방식

2. 보충부담금 : 부담금계산기준일에 퇴직할 경우의 예상 퇴직급여를 필요 적립액으로 하여 산출하되 상각방법은 임원이 아닌 근로자와 통합하여 동일하게 산출한다.

⑧ 사업자는 부담금 계산기준 및 결과가 확정되거나 변경되는 경우 별지1 양식에 따라 이를 사용자에게 통지하여야 한다.

제3조(보충부담금의 상각방법)

① 보충부담금은 과거근무기간에 해당하는 급여(확정급여채무, Accrued-Liability)에서 연금자산을 차감한 금액(미적립채무, UAL)을 일정기준에 의해 상각될 수 있도록 산출한다.

1. 연금자산은 부담금 산출 기준일의 사외적립자산 총 금액을 의미한다.
2. 미적립채무는 Max(계속기준책임준비금-연금자산, 0)으로 산출한다.

② 보충부담금의 상각방법은 다음 각호의 방법 중에서 선택하여 적용하되, 10년 이내 상각될 수 있도록 산출한다.

1. 균등상각 : 미적립채무를 일정기간을 정하여 해당기간동안 균등하게 상각
2. 탄력상각 : 균등상각 방법으로 계산된 금액(보충부담금 하한)과 미상각 미적립채무액(보충부담금 상한) 범위 내에서 매년 상각액을 탄력적으로 적용
3. 정률상각 : 미적립채무에 일정비율을 곱하여 상각(미상각 미적립채무액이 표준부담금보다 적을 경우에는 미상각액 전부를 보충부담금으로 할 수 있다)

③ 재계산을 통해 새롭게 미적립채무가 발생한 경우 보충부담금은 다음 각목의 방법 중 하나를 선택하여 적용한다.

1. 새롭게 발생한 미적립채무액에 상각기준을 적용하여 산출한 금액을 기존 보충부담금에 합산하여 적용하는 방법
2. 기존의 미상각 미적립채무액과 새롭게 발생한 미적립채무액을 합산하여 새롭게 상각기준을 적용하여 산출하는 방법

제4조(부담금의 재산출)

① 사업자는 퇴직연금제도를 운영함에 있어 부담금의 재산출이 필요하다고 판단되는 경우 부담금을 재계산할 수 있다. 부담금 산출시 적용한 기초율이 다음 각호와 같은 이유로 실제 상황과 현저한 차이가 발생할 것으로 예상되는 경우에는 다시 산출하여야 한다.

1. 가입자의 수가 현저히 변동하는 경우
2. 가입자의 자격 또는 급여의 수준을 변경하는 경우
3. 기타 장래 연금재정의 균형에 상당한 영향을 미칠 것으로 예상되는 경우
4. 사용자가 경험통계를 제공하지 않는 등 기초율 산출을 위한 통계자료 확보가 불가능한 경우

② 사업자는 퇴직연금제도를 운영함에 있어 부담금은 3년마다 산출하여야 한다.

제 3 장 경험기초율 산출

제5조(기초율의 세부기준) 사업자는 부담금 계산시 다음 각항에서 정한 기초율 산정방식을 선택하여 적용할 수 있다. 이때 기초율 산정과 관련된 합리적인 근거를 명시해야 한다. 기초율 산정에 관한 세부기준은 다음 각항과 같다.

① 예상이율은 부담금 산출시점 직전 사업연도 말을 기준으로 시행규칙 제3조 제4항에 정하는 법인이 발표하는 10년 만기 국고채의 36개월 평균수익률로 한다.

② 예상퇴직률과 예상사망률은 당해 사업의 직전 3년 이상의 퇴직자 및 사망자 경험통계를, 예상임금상승률은 당해 사업의 3년 이내 재직자 통계를 기초로 하며, 구체적인 산출방법은 제6항에 따른다. 단, 시행규칙 제3조제5항 각호의 사유에 해당하는 경우(경험통계 산출이 불가능하거나 부적합한 경우) 다음 각 호의 기초율 적용이 가능하다.

1. 매월 고용노동부가 조사, 발표하는 사업체 노동력조사에 의해 산출한 기초율(근로실태부문의 연평균 전체 임금총액 증가율의 3개년 기하평균 등)
2. 보험업법에 의한 보험요율산출기관이 산출한 기초율

③ 예상이율을 제외한 기초율은 해당 사업 또는 사업장(이하 “사업”이라 한

다)의 경험통계를 기초로 하여야 한다. 다만, 다음 각 호의 어느 하나에 해당하는 경우에는 고용노동부장관 또는 보험요율산출기관이 발표하는 자료를 활용한 기초율을 이용할 수 있다.

1. 해당 사업이 성립된 지 3년 미만인 경우. 다만, 합병·분할로 인하여 설립된 경우는 제외한다.
2. 화재 등으로 경험통계 자료를 분실한 경우
3. 경험통계를 장래 예측을 위해 사용하기에 부적합한 경우

④ 사업자의 합리적인 판단하에 경험률을 적용할 수 있는 적정 인원수준에 대한 기준을 내부적으로 마련하여 운영하되, 적정인원기준을 충족하더라도 비정상적인 통계치가 산출*되는 경우에는 예외적으로 직전 과거자료 또는 표준율을 사용할 수 있다. 이때 그 판단근거를 최소 3년간 보관하여야 한다.

* 퇴직률이 0%로 산출되거나 구조조정 등으로 너무 높게 나타나는 경우, 계약직비중 등이 높아져 임금상승률이 부의 값(-)으로 나타나는 경우 등

⑤ 사업자는 표준율의 합리적 산출을 위해 보험업법 제176조에서 정한 보험요율 산출기관이 통계자료를 요청하는 경우 적극 협조하여야 한다.

⑥ 경험통계를 기초로 한 예상퇴직률(사망률) 및 예상임금상승률의 세부 산출방법은 아래 각 호에 따른다.

1. 예상퇴직률, 예상사망률 및 예상임금상승률을 경험통계를 기초로 산출할 수 있는 가입자수와 경험통계기간은 보험업감독규정 제7-74조를 참고하여 각 사업자별로 기준을 정한다.
2. 경험통계를 기초로 예상퇴직률 및 예상사망률 산출방법은 다음 각 목을 따른다.
   가. 퇴직자(또는 사망퇴직자, 이하 동일)에 대한 경험통계 자료는 산출시점의 가입자명부 및 직전 3년 이상의 퇴직관련 자료가 명기되어 있는 퇴직자 명부(사망 퇴직률 산출시는 사망 퇴직자로 함. 이하 예상퇴직률과 예상사망률은 동일한 방식으로 산출함)를 대상으로 산출한다.
   나. 가입자명부와 퇴직자명부의 작성일은 동일하게 설정한다.
   다. 산출대상 기간에 급격한 퇴직자의 변동이 발생한 연도가 있는 경우에는 그 연도를 제외하고 산출한다.

라. 최저연령은 근로기준법 제64조(최저연령과 취직인허증)의 최저연령으로 설정한다.

마. 연령별 인원분포 작성을 위한 대상자의 연령은 계산기준일을 기준으로 1년 단위로 구분된 기간별 기시시점의 만연령으로 계산한다.

바. 기초퇴직률*은 퇴직자를 재직자로 나누어 산출(퇴직자 및 재직자는 기중입사자를 반영하지 않는 기시재직자만을 대상으로도 산출 가능)한다.

* (퇴직자) = 기시재직자 중 퇴직자 + 기중입사자 중 퇴직자 ÷ 2

* (재직자) = 기시재직자 + 기중입사자 ÷ 2

사. 제바목에서 산출된 기초퇴직률은 직선보간법·5점이동평균법 등 기초퇴직률에 적합한 방법을 사용하여 보정한다.

아. 안전율은 80~120% 범위 내에서 결정한다.

3. 경험통계를 기초로 예상임금상승률(경험임금상승률) 산출방법은 다음 각 목을 따른다.

가. 경험임금상승률은 재직자 통계를 기초로 한 연령별 승급지수와 임금인상률을 혼합하여 적용한다.

나. 연령별 승급지수의 산출방식은 다음 기준을 적용한다.

1) 재직자 통계를 기초로 연령별 평균임금 산출한다.

2) 연령별 평균임금에 선형회귀식 등을 적용하여 연령별 수정된 보정임금(이하 "수정된 보정임금"이라 한다) 산출한다.

3) 연령별 승급지수는 연령별 수정된 보정임금을 기준연령의 수정된 보정임금으로 나누어 산출(x세 승급지수 = x세 수정된 보정임금 ÷ 기준연령(k세) 수정된 보정임금)한다.

다. 임금인상률은 소비자 물가상승률, 가입단체의 경험임금인상률 및 임금정책 등을 고려하여 산출한다.

라. 연령별 경험임금상승률*은 연령별 승급지수에 임금인상률(base-up)을 반영하여 산출한다.

* x세의 경험임금상승률 = x세의 승급지수×$(1+\text{임금인상률})^{(x\text{세}-k\text{세})}$

⑦ 경험기초율 산출시, 상기에 기술한 산출방식이외의 합리적인 기법의 통계방식을 적용하여 산출할 수 있다.

제 4 장 재정검증

제6조(재정검증 세부기준) 사업자 중 간사기관은 사용자의 매 사업년도 종료 시마다 법 제16조제1항제1호(계속기준책임준비금) 및 제2호(비계속기준 책임준비금)에 의한 금액 중 큰 금액(기준책임준비금)에 시행령 제6조에서 정하는 비율(최소적립비율)을 곱하여 산출한 금액(최소적립금) 이상이 적립되어 있는지를 확인하여야 한다. 별지2 양식에 따라 이를 사용자에게 통지하여야 하며, 적립금 부족여부 검증(이하 '재정검증')세부기준은 다음 각 항과 같다.

① 재정검증은 퇴직연금제도를 도입한 해의 사업연도말부터 실시하며, 이 경우 과거근무기간 연차는 1차년도로 한다.

② 다른 퇴직연금사업자로부터 이전된 계약의 경우 퇴직연금제도 도입일자를 기준으로 재정검증을 실시한다.

③ 재정검증 결과 양식 작성 시 납입현황의 해당기간은 기업의 회계연도로 하며, 부담금 산정액은 해당기간에 산정된 부담금으로 한다. 다만, 부담금 산정주기와 기업의 회계연도가 일치하지 않는 경우에는 부담금 산정액을 해당기간에 맞춰 일할 또는 월할계산하는 등 합리적 기준을 수립하여 보정할 수 있다. 또한, 기초율 현황에 단일률을 기재할 수 없는 경우에는 "표준율" 또는 "경험률"로 명시하며, 기초율의 세부현황을 제공하여야 한다.

④ 재정검증 결과는 매 사업연도 종료 후 6개월 이내에 <고용노동부 고시(별지2 참고)> 양식에 따라 사용자에게 통보하여야 하며, 적립금이 최소적립금보다 적은 경우에는 그 확인 결과를 근로자대표에게도 통보하여야 한다. 다만, 근로자대표가 근로자의 과반수가 가입한 노동조합이 아닌 경우 전체 근로자에게 서면, 사내 게시 또는 정보통신망에 의한 방법으로 통보하여야 한다.

⑤ 최소적립비율은 시행령 제5조에서 정한 수준을 적용하며, 세부기 준은 다음 각호에서 정한 사항에 따른다.

1. 과거근무기간을 소급하여 도입한 제도의 최소적립비율은 퇴직연금규약에서 정한 장래근무기간, 과거근무기간 각각의 최소적립비율을 가입기간별로 가중평균하여 적용한다. 이때 과거근무기간 및 퇴직연금 설정 이후의 가입기간은 전 가입자의 평균을 사용한다.

[예시] 장래근무기간 및 과거근무기간에 대한 가입기간별 가중평균 산식

◇ 최소적립비율 = (제도도입시 소급적용된 과거근무기간 × A+퇴직연금설정 이후의 가입기간 × B) ÷ 전체 가입기간 • A : 제도도입시 소급적용된 과거근무기간에 해당하는 최소적립비율 • B : 시행령 제5조제1항에서 정한 기간별 최소적립비율 • 전체가입기간 : 제도도입시 소급적용된 과거근무기간 + 퇴직연금설정 이후 가입기간

2. 제도도입시 과거근무기간 및 가입기간은 소수점 둘째자리, 최종 산출된 최소적립비율은 소수점 셋째자리까지 반올림하여 적용한다.

[예시] 법정최소적립비율 계산 사례

◇ (가정) A회사는 퇴직금제도를 폐지하고 과거근무기간을 소급하여 퇴직연금제도를 도입(제도도입 시점에 근로자는 갑, 을, 병, 정 4명이었으며 각각의 과거근무기간은 각각 7년, 4년, 2년, 0년)

◇ (계산) 근로자 변동이 없는 경우 4차년도('17년)의 최소적립비율

- 소급된 과거근무기간 평균 : (7+4+2+0)/4 = 3.25년
  - 4차년도 과거근무기간의 최소적립비율 : 70%
- 4차년도의 전체 가입기간 : 7.25년
- 법정최소적립비율
  - 기간 : 2016년 1월 1일 ~ 2017년 12월 31일
  - 장래근무기간 : 80%
  - 과거근무기간

가입 후 연차	1년미만	1~3년	3~6년	6~10년	10년 이상
1차년도	60%	30%	20%	15%	12%
2차년도	<u>70%</u>	60%	40%	30%	24%
3차년도	<u>80%</u>	<u>70%</u>	60%	45%	36%
4차년도	-	<u>80%</u>	<u>70%</u>	60%	48%
5차년도	-	-	<u>80%</u>	<u>70%</u>	60%
6차년도	-	-	-	<u>80%</u>	<u>70%</u>
7차년도	-	-	-	-	<u>80%</u>

☞ 최소적립비율 = (3.25 × 70% + 4 × 80%) ÷ 7.25 = 75.5%

제7조(계속기준책임준비금) 계속기준 책임준비금 산출 세부기준은 다음 각항과 같다.

① 계속기준 책임준비금은 예측단위 적립방식을 사용하여 산출한다.

② 계속기준 책임준비금 산출에 사용하는 기초율은 "제4조(기초율의 세부기준)"에서 정한 바에 따른다.

1. 예상이율은 0.25%포인트 단위로 반올림(예 : 4.374%는 4.25%, 4.376%는 4.50%)하며, 계속기준 책임준비금 산출시점 직전 사업연도말을 기준*으로 산출한다.

   * 12월 결산법인의 재정검증을 '17.6월에 실시할 경우 예상이율 산출기간은 '14.1월부터 '16.12월까지의 기간으로 산출

2. 예상사망률, 예상퇴직률, 예상임금상승률 등 기초율에 대해서는 직전 부담금 산정시 사용한 율을 적용하며, 재정검증과 부담금 산정을 동시에 실시하는 경우에는 해당 시점 부담금 산정시 사용한 기초율을 적용

③ 임원의 경우 법 제16조제1항제2호에 따른 금액을 기준책임준비금으로 할 수 있다.

제8조(적립금의 산정) 적립금의 산정에 관한 세부기준은 다음과 같다.

① 적립금 평가는 매 사업연도 말 직전 12개월간의 일별 시가 평균으로 한다. 단, 평가된 금액이 사업연도 말 현재 시가에 따라 평가된 금액의 100분의 90 이하 또는 100분의 110 이상이 될 경우 각각 100분의 90 또는 100분의 110으로 산정한다. 이때 손실이 확정되었거나 예금·적금 등 특정시점까지 시간이 지나면서 자산가치가 일정하게 상승하는 운용방법의 경우에는 사업연도 말 시가를 적용한다.

② 제1항의 적립금 평가 시 설정일로부터 사업연도말까지 12개월 미만인 경우에는 해당 기간의 일별 시가 평균으로 한다.

③ 제1항의 일별 시가 평균으로 평가된 금액과 사업연도말 현재 시가를 비교하여 100분의 90 또는 100분의 110으로 보정하는 방식은 "실적배당형 운용방법별 일별 기준가를 평균하여 사업연도말 잔고 좌수와 곱한 금액의 전체 실적배당형 운용방법별 합산금액"과 "실적배당형 운용방법별 사업연도말 기준가를 사업연도말 잔고 좌수와 곱한 금액의 전체 실적배당형 운용방법별 합산금액"을 비교하여 보정한다.

제9조(간사기관의 역할)
① 간사기관으로 선정된 사업자는 재정검증을 실시하기 위하여 사용자 또는 퇴직연금 규약을 통해 비간사기관을 확인하여야 하고, 간사기관 지정·변경 사실을 비간사기관에 통지하여야 하며, 비간사기관이 요청하는 경우에는 재정검증 결과를 비간사기관에 통지하여야 한다.
② 복수 사업자와 계약한 사용자가 간사기관을 지정하지 아니한 경우 사업자는 타사에 적립금 금액을 요청하여 재정검정을 실시하고 검증결과에 따라 재정안정화계획서 제출 요청 및 재정검증 결과에 따른 급여지급을 하여야 한다. 이때, 간사기관을 지정하지 않은 사용자에게 간사기관 지정을 요청하며, 간사기관 요청에도 불구하고 사용자가 간사기관을 지정하지 아니할 경우에는 사용자에 사업년도 말 기준 적립금 정보를 요청한다.
③ 비간사기관은 간사기관의 요청에 따라 간사기관이 재정검증을 실시할 수 있도록 매 사업연도 종료 후 2개월 이내에 별지3의 자료를 엑셀파일 등으로 작성하여 전자우편 등을 통해 간사기관에 제공하여야 한다.

제10조(초과적립금의 처리) 재정검증 결과 초과적립금이 발생한 경우 처리방법은 다음 각 호와 같다.
① 초과적립금은 재정검증 결과 적립금이 기준책임준비금을 초과한 경우 해당 금액으로 한다.
② 사업자는 매 사업년도 말 적립금이 기준책임준비금을 초과한 경우 그 초과분을 사용자의 요구에 따라 향후 납입할 부담금에서 상계할 수 있으며, 매 사업년도 말 적립금이 기준책임준비금의 100분의 150을 초과하고 사용자가 반환을 요구할 경우 그 초과분을 사용자에게 반환할 수 있다.

적립금 수준에 따른 처리기준 요약

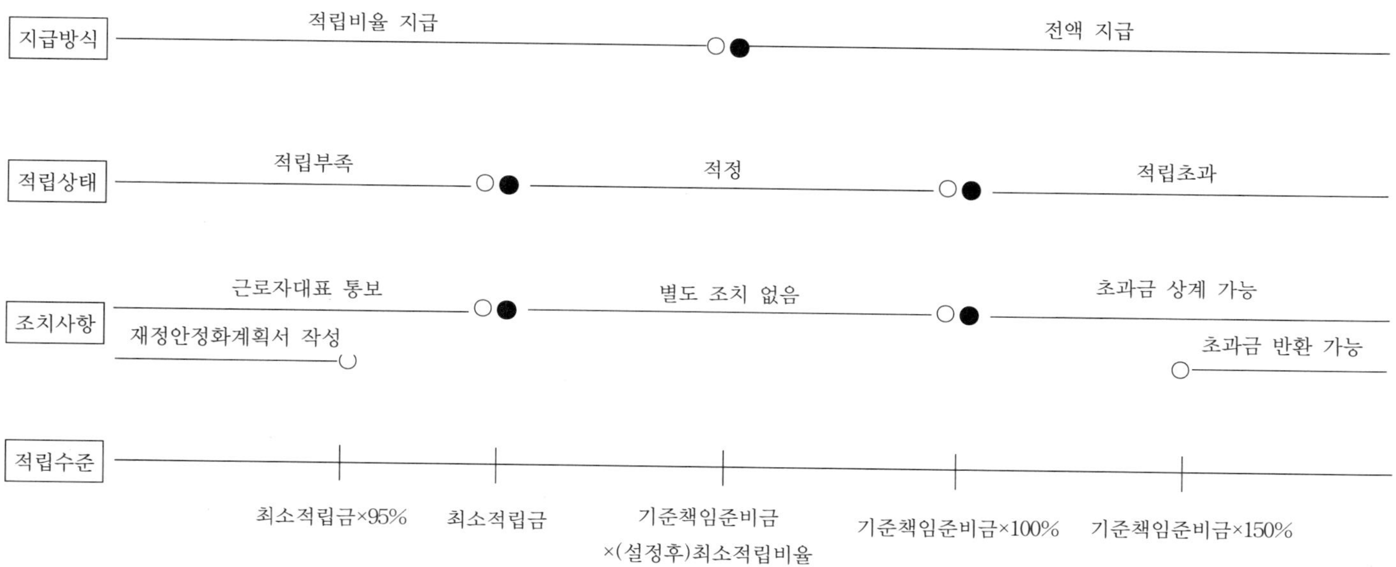

1) 최소적립금 : 기준책임준비금 × 최소적립비율(가입기간 전체)
2) 기준책임준비금 : 계속기준 금액과 비계속기준 금액 중 큰 값

확정급여형 퇴직연금제도 부담금 산출 결과 양식

점 검 항 목		
1. 가입단체 현황		
1-1. 단체/제도명		
1-2. 부담금 산출 기준일(Data 기준일)		
1-3. 부담금 적용 기준일		
1-4. 가입자 현황	종업원 임 원 합 계	명 명 명
1-5. 기준급여 합계	종업원 임 원 합 계	원 원 원
1-6. 가입자 평균연령/ 평균근속년수	종업원 임 원 합 계	세/ 년 세/ 년 세/ 년
1-7. 퇴직급여충당금		원
1-8. 퇴직보험/신탁 적립금		원
2. 부담금 산출 기초율		
2-1. 예상이율		%
2-2. 예상사망률		
2-3. 예상퇴직률		
2-4. 예상임금상승률		
2-5. 임금인상률 적용 유무		有(%), 無

점 검 항 목	
3. 부담금 계산방식	
3-1. 재정방식	
3-2. 과거근무채무 상각방식	
3-3. 과거근무채무 상각기간/상각률	
3-4. 부담금 납입주기	
4. 부담금 계산결과	
4-1. 표준부담금(年) 종업원 임 원 소 계	원 원 원
4-2. 표준부담금(납입주기별) (급여대비 %)	원 (%)
4-3. 과거근무채무액	원
4-4. 보충부담금(年)	원 ~ 원
4-5. 보충부담금(납입주기별) (급여대비 %)	원 ~ 원 (% ~ %)
4-6. 부담금 합계(年) [4-1 + 4-4]	원 ~ 원
4-7. 부담금 합계(납입주기별) [4-2 + 4-5]	원 ~ 원
5. 일시전환부담금	원

■ 확정급여형퇴직연금제도의 재정검증결과 통보 양식 고시[별지 서식]

확정급여형퇴직연금제도의 재정검증결과 통보 양식

(앞 쪽)

수신처	통보일자

□ 일반 현황

제도 설정일	납입 주기	법정 최소적립비율			결산연월	가입자 수	30일분 평균 임금 합계
		설정 전[1)]	설정 후[2)]	전체[3)]			
년 월 일	연납	%	%	%	년 월	명	천원

1) 「근로자퇴직급여 보장법」(이하 "법"이라 한다) 제14조제2항에 따라 퇴직연금제도의 설정 전에 해당 사업에서 제공한 근로기간을 가입기간에 포함시키는 경우, 법 제16조제1항에 따라 과거근로기간에 대하여 해당 사업연도(연차)에 적립하여야 하는 최소적립비율을 말합니다.

2) 법 제16조제1항에 따라 제도 설정 이후 가입기간에 대하여 해당 사업연도에 적립하여야 하는 최소적립비율을 말합니다.

3) 퇴직연금제도 설정 전 과거근로기간과 설정 후 가입기간 전체에 대하여 법 제16조제1항에 따라 퇴직급여 지급을 위한 비용 예상액(이하 "기준책임준비금"이라 한다)에 대비하여 해당 사업연도에 적립하여야 하는 최소적립비율을 말합니다.

$$\text{산출식} = \frac{[(\text{평균 과거근로기간} \times \text{고시에 따른 해당 기간의 최소적립비율}) + (\text{퇴직연금 설정 이후의 평균 가입기간} \times \text{해당 사업연도의 최소적립비율(60, 70 또는 80중 어느 하나)})]}{\text{가입기간 전체}}$$

□ 납입 현황

(해당 기간: 년 월 일~ 월 일)

부담금 산정액	부담금 납입액	차액[4)]
원	원	원

4) 해당 기간에 적립하여야 하는 부담금 산정액과 해당 기간에 납입된 금액을 비교하여 부족액 또는 초과액을 차액으로 표시하였습니다.

□ 기초율5) 현황

예상이율	예상임금상승률	예상퇴직률	예상사망률
%	%	%	%

5) 기초율은 예정이율, 예정임금상승률, 예정퇴직률, 예정사망률을 말하며, 「근로자퇴직급여 보장법 시행규칙」(이하 "시행규칙"이라 한다) 제3조에 따른 기준 및 경험통계를 기초로 하였습니다.

□ 검증 결과

(확인 기준일 : 년 월 일)

최소적립금 산출		적립금 평가액 산출	
계속기준 금액[6)]	원	원리금보장[9)] 평가액	원
비계속기준 금액[7)]	원	실적배당[10)] 평가액	원
최소적립금[8)]	원	평가적립금 합계[11)]	원

검증결과[12)]	*검증결과에 따른 조치사항 안내의 예시 사례를 참고하여 작성*

(뒤쪽)

6) 법 제16조제1항제1호 및 같은 법 시행규칙 제5조제1항에 따라 급여지급을 위하여 수리적으로 계산한 금액입니다(가입자의 예상 퇴직시점까지의 가입기간에 대한 급여에 드는 비용 예상액의 현재가치에서 장래 근무기간분에 대하여 발생하는 부담금 수입 예상액의 현재가치를 뺀 금액으로서 국제회계기준에 부합하는 회계방식인 예측단위 적립방식으로 산정).

7) 법 제16조제1항제2호 및 같은 법 시행규칙 제5조제2항에 따라 급여지급을 위하여 계산한 퇴직급여추계액입니다(가입자와 가입자였던 사람의 해당 사업연도 말일까지의 가입기간에 대한 급여에 드는 비용 예상액을 산정, 가입기간에 급여수준을 곱하여 산출한 가입자별 예상급여를 합하는 방식으로 산정).

8) 법 제16조제1항에 따라 산출한 계속기준 금액과 비계속기준 금액 중 더 큰 금액(기준책임준비금이라 한다)에 시행령 제5조에 따른 최소적립비율(일반현황의 전체 법정 최소적립비율 값)을 곱하여 산출한 금액을 말합니다.

9) 법 제16조제2항 및 같은 법 시행규칙 제6조제2호에 따른 평가금액입니다.

10) 법 제16조제2항 및 시행규칙 제6조제1호에 따라 평가된 금액입니다. 다만, 시행규칙 제6조제1호 후단에 따라 평가된 금액이 사업연도 말 현재 시가에 따른 금액의 100분의 90이하 또는 100분의 110 이상인 경우에는 100분의 90 또는 100분의 110으로 평가한 금액입니다.

12개월간의 시가평균에 따른 평가금액	사업연도 말 시가에 따른 금액
원	원

11) 원리금보장 운용방식의 평가액과 실적배당 운용방식의 평가액의 합계액을 말합니다.

12) 최소적립금과 평가적립금의 합계액을 비교하여 과부족 여부를 표시하였습니다.

□ 조치 사항

결과구분	부족금액	조치사항	참고
적립부족	원	*검증결과에 따른 조치사항 안내(예시)를 참고하여 사업주가 조치하여야 할 내용을 기재*	

「근로자퇴직급여 보장법」제16조제2항 및 같은 법 시행령 제6조에 따라 0000 사업연도 말 기준으로 확정급여형퇴직연금제도 설정에 따른 급여지급능력 확보를 위해 재정검증을 실시하고 그 결과를 위와 같이 알려드립니다.

년 월 일

퇴직연금사업자 기관명 (서명 또는 인)

확정급여형퇴직연금제도 설정 사업장 대표(또는 근로자대표) 귀하

붙임	검증결과에 따른 조치사항 안내(예시)

< 검증결과에 따른 조치사항 안내(예시) >

[사례 1] 기준책임준비금 × 해당 사업연도의 최소적립비율① ≤ **평가적립금** ≤ 기준책임준비금 × 100%

검증결과	조치사항	참고
적정	해당 없음	급여 전액지급(시행령 제8조제4호에 따른 전액 지급의 예외 사유가 아님)

[사례 2] 최소적립금② ≤ **평가적립금** < 기준책임준비금 × 해당 사업연도의 최소적립비율①(60, 70, 또는 80% 중 어느 하나)

검증결과	조치사항	참고
적정	해당 없음	시행령 제8조제4호에 해당. 다음 재정검증결과 통보 시까지 사외(퇴직연금사업자) 적립금의 범위에서는 법 제16조제1항제2호에 따른 금액에 대한 적립금의 비율에 따라 급여 지급됨

[사례 3] 기준책임준비금 × 100% < **평가적립금** ≤ 기준책임준비금 × 150%

검증결과	초과금액	조치사항
적립초과	원	초과분은 향후 납입할 부담금에서 상계할 수 있으며, 법 제17조제2항에 따라 사외(퇴직연금사업자) 적립금의 범위에서 급여 전액 지급됨

[사례 4] 기준책임준비금 × 150% < **평가적립금**

검증결과	초과금액	조치사항	참고
적립초과	원	초과분은 향후 납입할 부담금에서 상계할 수 있음	법 제17조제2항에 따라 사외(퇴직연금사업자) 적립금의 범위에서 급여 전액 지급됨
	원	사용자의 반환 요구 시 초과분을 반환할 수 있음	

[사례 5] 최소적립금②×95%≤ **평가적립금** <최소적립금②

결과구분	조치사항	참고
적립부족	최소적립금에 미달하나 재정안정화계획서 작성 대상은 아님	법 제16조제2항에 따라 이 안내서는 근로자대표에게도 통보되며, 시행령 제8조제4호에 해당됨. 다음 재정검증결과 통보 시까지 사외(퇴직연금사업자) 적립금의 범위에서 급여지급은 법 제16조제1항제2호에 따른 금액에 대한 적립금의 비율에 해당하는 금액이 지급됨

[검증결과 6] **평가적립금** < 최소적립금② × 95%

결과구분	부족금액③	조치사항	참고
적립 부족	원	○ 법 제16조제3항 및 같은 법 시행령 제7조에 따른 재정안정화계획서의 작성 대상임 - 재정안정화계획서는 3년 이내에 적립금 부족을 균등하게 해소할 수 있도록 부족 금액에 대한 자금조달 방안, 납입 계획 등을 포함하여 작성하고, 3년간 보존하여야 함 ○ 동 통보서를 받은 날부터 60일 이내에 근로자대표와 당 사업자에게 재정안정화계획서를 통보하여야 하며, 재정안정화계획서에 따라 적립금 부족을 성실하게 해소하여야 함	법 제16조제2항에 따라 이 안내서는 근로자대표에게도 통보되며, 시행령 제8조제4호에 해당됨. 다음 재정검증결과 통보 시까지 사외(퇴직연금사업자) 적립금의 범위에서 급여지급은 법 제16조제1항제2호에 따른 금액에 대한 적립금의 비율에 해당하는 금액이 지급됨

① 전체 가입기간(과거근로기간 소급 가입한 경우 그 기간도 포함)에 대하여 해당 연도별 최소적립비율(2013년까지는 100분의 60, 2014년~2015년은 100분의 70, 2016년~2017년은 100분의 80)을 적용

※ 과거근로기간에 대하여도 고시에 따른 최소적립비율을 적용하지 아니함

② 아래 산출식에 따른 가입기간 전체에 대한 최소적립비율에 기준책임준비금을 곱하여 산출한 금액

$$\text{산출식} = \frac{[(\text{평균 과거근로기간} \times \text{고시에 따른 해당 기간의 최소적립비율}) + (\text{퇴직연금 설정 이후의 평균 가입기간} \times \text{해당 사업연도의 최소적립비율(60, 70 또는 80\% 중 어느 하나)})]}{\text{가입기간 전체}}$$

③ 부족금액은 최소적립금의 95% 금액에서 평가적립금을 뺀 금액

〈별첨3〉

확정급여형 퇴직연금제도 적립금 평가 확인서 양식

☐ 작성일자 : 2×18년 ×월 ×일
☐ 발신 : 비간사기관 A생명보험㈜

[담당자 정보]

구 분	담당자	확인자
이 름		
전화번호		
이메일		
팩스번호		
주소		

☐ 수신 : 간사기관 B은행
☐ 적립금 평가액 기준일 : 2×17년 12월 31일
☐ 부담금 납입액 해당기간 : 2×17년 1월 1일~2×17년 12월 31일
☐ 적립금 현황

○ A생명(비간사기관명)은 2×17년 12월 31일 기준 적립금 평가액 정보를 아래와 같이 제공합니다.

(단위 : 원)

계약자명	사업자 등록번호	계약일자	부담금 납입액	원리금보장 평가액	실적배당 평가액①	실적배당 평가액②
ABC회사	123-45-67890	2009-06-30	10,000,000	500,000,000	200,000,000	210,000,000
DEF회사	987-65-43210	2012-12-31	30,000,000	800,000,000	300,000,000	290,000,000

주1) 실적배당형 운용방법별 합산금액
주2) 실적배당 평가액① : 12개월간 시가의 평균금액
주3) 실적배당 평가액② : 사업연도말 현재 시가

□ 별첨 Ⅲ

과거근로기간에 대한 확정급여형퇴직연금제도의 최소적립비율

일부개정 2017.12.18. 고용노동부고시 제2017-68호

Ⅰ. 과거근로기간에 대한 확정급여형퇴직연금제도의 최소적립비율

〈기간: 2012년 7월 26일 ~ 2013년 12월 31일〉

과거근로기간 연수(年數) / 가입 후 연차(年次)	1년 미만	1년 이상 3년 미만	3년 이상 6년 미만	6년 이상 10년 미만	10년 이상
1차 년도	100분의 60	100분의 30	100분의 20	100분의 15	100분의 12
2차 년도	-	100분의 60	100분의 40	100분의 30	100분의 24
3차 년도	-	-	100분의 60	100분의 45	100분의 36
4차 년도	-	-	-	100분의 60	100분의 48
5차 년도	-	-	-	-	100분의 60

※ 과거근로기간과 퇴직연금 설정 이후의 가입기간을 합산한 가입기간 전체에 대한 최소적립비율은 다음의 산식에 따라 산정함

[(전체 가입자의 평균 과거근로기간×해당 기간의 최소적립비율) + (전체 가입자의 퇴직연금 설정 이후의 평균 가입기간×60%)] / 전체 가입자의 과거근로기간을 포함한 평균 전체 가입기간

주) 과거근로기간에 대한 최소적립비율이 100분의 60인 연도의 다음 연도부터의 최소적립비율은 가입기간 전체에 대하여 100분의 60을 유지하여야 함

〈기간: 2014년 1월 1일 ~ 2015년 12월 31일〉

과거근로기간 연수(年數) / 가입 후 연차(年次)	1년 미만	1년 이상 3년 미만	3년 이상 6년 미만	6년 이상 10년 미만	10년 이상
1차 년도	100분의 60	100분의 30	100분의 20	100분의 15	100분의 12
2차 년도	100분의 70	100분의 60	100분의 40	100분의 30	100분의 24
3차 년도	-	100분의 70	100분의 60	100분의 45	100분의 36
4차 년도	-	-	100분의 70	100분의 60	100분의 48
5차 년도	-	-	-	100분의 70	100분의 60
6차 년도	-	-	-	-	100분의 70

※ 과거근로기간과 퇴직연금 설정 이후의 가입기간을 합산한 가입기간 전체에 대한 최소적립비율은 다음의 산식에 따라 산정함

[(전체 가입자의 평균 과거근로기간×해당 기간의 최소적립비율) + (전체 가입자의 퇴직연금 설정 이후의 평균 가입기간×70%)] / 전체 가입자의 과거근로기간을 포함한 평균 전체 가입기간

주) 과거근로기간에 대한 최소적립비율이 100분의 70인 연도의 다음 연도부터의 최소적립비율은 가입기간 전체에 대하여 100분의 70을 유지하여야 함

〈기간: 2016년 1월 1일 ~ 2018년 12월 31일〉〈개정 2017. 12. 18〉.

과거근로기간 연수(年數) / 가입 후 연차(年次)	1년 미만	1년 이상 3년 미만	3년 이상 6년 미만	6년 이상 10년 미만	10년 이상
1차 년도	100분의 60	100분의 30	100분의 20	100분의 15	100분의 12
2차 년도	100분의 70	100분의 60	100분의 40	100분의 30	100분의 24
3차 년도	100분의 80	100분의 70	100분의 60	100분의 45	100분의 36
4차 년도	-	100분의 80	100분의 70	100분의 60	100분의 48
5차 년도	-	-	100분의 80	100분의 70	100분의 60
6차 년도	-	-	-	100분의 80	100분의 70
7차 년도	-	-	-	-	100분의 80

※ 과거근로기간과 퇴직연금 설정 이후의 가입기간을 합산한 가입기간 전체에 대한 최소적립비율은 다음의 산식에 의하여 산정함

[(전체 가입자의 평균 과거근로기간×해당 기간의 최소적립비율) + (전체 가입자의 퇴직연금 설정 이후의 평균 가입기간×80%)] / 전체 가입자의 과거근로기간을 포함한 평균 전체 가입기간

주) 과거근로기간에 대한 최소적립비율이 100분의 80인 연도의 다음 연도부터의 최소적립비율은 가입기간 전체에 대하여 100분의 80을 유지하여야 함

〈기간: 2019년 1월 1일 ~ 2020년 12월 31일〉〈개정 2017. 12. 18〉.

과거근로기간 연수(年數) / 가입 후 연차(年次)	1년 미만	1년 이상 3년 미만	3년 이상 6년 미만	6년 이상 10년 미만	10년 이상
1차 년도	100분의 60	100분의 30	100분의 20	100분의 15	100분의 12
2차 년도	100분의 70	100분의 60	100분의 40	100분의 30	100분의 24
3차 년도	100분의 80	100분의 70	100분의 60	100분의 45	100분의 36
4차 년도	100분의 90	100분의 80	100분의 70	100분의 60	100분의 48
5차 년도	-	100분의 90	100분의 80	100분의 70	100분의 60
6차 년도	-	-	100분의 90	100분의 80	100분의 70
7차 년도	-	-	-	100분의 90	100분의 80
8차 년도					100분의 90

※ 과거근로기간과 퇴직연금 설정 이후의 가입기간을 합산한 가입기간 전체에 대한 최소적립비율은 다음의 산식에 의하여 산정함

[(전체 가입자의 평균 과거근로기간×해당 기간의 최소적립비율) + (전체 가입자의 퇴직연금 설정 이후의 평균 가입기간×90%)] / 전체 가입자의 과거근로기간을 포함한 평균 전체 가입기간

注) 과거근로기간에 대한 최소적립비율이 100분의 90인 연도의 다음 연도부터의 최소적립비율은 가입기간 전체에 대하여 100분의 90을 유지하여야 함

〈기간: 2021년 1월 1일 ~ 2020년 12월 31일〉〈개정 2017. 12. 18〉.

과거근로기간 연수(年數) / 가입 후 연차(年次)	1년 미만	1년 이상 3년 미만	3년 이상 6년 미만	6년 이상 10년 미만	10년 이상
1차 년도	100분의 60	100분의 30	100분의 20	100분의 15	100분의 12
2차 년도	100분의 70	100분의 60	100분의 40	100분의 30	100분의 24
3차 년도	100분의 80	100분의 70	100분의 60	100분의 45	100분의 36
4차 년도	100분의 90	100분의 80	100분의 70	100분의 60	100분의 48
5차 년도	100분의 100	100분의 90	100분의 80	100분의 70	100분의 60
6차 년도	-	100분의 100	100분의 90	100분의 80	100분의 70
7차 년도	-	-	100분의 100	100분의 90	100분의 80
8차 년도				100분의 100	100분의 90
9차 년도					100분의 100

※ 과거근로기간과 퇴직연금 설정 이후의 가입기간을 합산한 가입기간 전체에 대한 최소적립비율은 다음의 산식에 의하여 산정함

[(전체 가입자의 평균 과거근로기간×해당 기간의 최소적립비율) + (전체 가입자의 퇴직연금 설정 이후의 평균 가입기간×100%)] / 전체 가입자의 과거근로기간을 포함한 평균 전체 가입기간

注) 과거근로기간에 대한 최소적립비율이 100분의 100인 연도의 다음 연도부터의 최소적립비율은 가입기간 전체에 대하여 100분의 100을 유지하여야 함

Ⅱ. 행정사항

1. 시행일

이 고시는 발령한 날부터 시행한다. <개정 2017. 12. 18.>

2. 다른 고시의 폐지

「과거근로기간에 대한 확정급여형퇴직연금의 적립금 수준 고시」(2005. 10. 5. 노동부고시 제2005-29호)는 폐지한다.

3. 재검토기한(3년)

고용노동부장관은 「훈령·예규 등의 발령 및 관리에 관한 규정」에 따라 고시에 대하여 2016년 1월 1일 기준으로 매 3년이 되는 시점(매 3년째의 12월 13일까지를 말한다)마다 그 타당성을 검토하여 개선 등의 조치를 하여야 한다. <개정 2017. 12. 18.>

□ 별첨 Ⅳ: 영문 약어

AAN	Attained Age Normal Cost Method	도달연령방식
ABO	Accumulated Benefit Obligation	누적급여채무
AC	Adjusting Cost	조정부담금
ADS	Actual Death Strain	(즉시종신연금에서) 실제보험금
AGG	Aggregate Cost Method	종합보험료방식
AL	Actuarial Liability or Accrued Liability	(계리적)연금채무
ALDA	Advanced Life Delayed Annuities	고연령거치종신연금
ALM	Asset & Liability Management	자산부채종합관리
APV	Actuarial Present Value	계리현가
APV(AC)	Actuarial Present Value of Adjusting Cost	조정부담금의 계리현가
APV(C)	Actuarial Present Value of Cost	납입부담금의 계리현가
APV(FSB)	Actuarial Present Value of Future Service Benefits	장래근무에 의해 발생할 급여의 계리현가
APV(NC)	Actuarial Present Value of Normal Cost	표준부담금의 계리현가
APV(PSB)	Actuarial Present Value of Past Service Benefits	과거근무에 의해 발생한 급여의 계리현가
APV(TB)	Actuarial Present Value of Total Service Benefits	향후 지급될 총급여의 계리현가
AUL	Actual Unfunded Liability	실제미적립채무
CD	Contribution Durability	부담금항상성
CL	Contribution Liquidity	부담금유동성
CPP	Canada Pension Plan	캐나다 국민연금제도
CS	Contribution Stability	기금안정성
CUC	Current Unit Credit Cost Method	현재단위적립방식
DB	Defined Benefit	확정급여형
DBO	Defined Benefit Obligation	확정급여채무
DC	Defined Contribution	확정기여형
DMA	Double Moving Average	이중이동평균

DP	Deffered Pension	거치연금
DSAR	Death Strain At Risk	위험보험금
EA	Enrolled Actuary	연금계리사(미국)
EDS	Expected Death Strain	(즉시종신연금에서) 기대보험금
ENT	Entry Age Normal Cost Method	가입연령방식
ERISA	Employee Retirement Income Security Act	미국 근로자퇴직소득보장법
EUL	Expected Unfunded Liability	기대미적립채무
FFA	Fellow of the Faculty of Actuaries	보험계리사(스코틀랜드)
FIA	Fellow of the Institute of Actuaries	보험계리사(잉글랜드)
FIL	Frozen Initial Liability Cost Method	초기채무동결방식
FPI	Funding Performance Index	적립성과지표
FR	Funded Ratio	적립비율
FS	Fund Solvency	기금안전성
FSA	Fellow of the Society of Actuaries	보험계리사(미국)
FSB	Future Service Benefit	장래근무발생급여
GAD	Government Actuaries Department	영국정부계리국
GLWB	Guaranteed Lifetime Withdrawal Benefit	종신 중도 인출금 보증
GMAB	Guaranteed Minimum Accumulation Benefit	최저 연금 적립금 보증
GMIB	Guaranteed Minimum Income Benefit	종신 중도 인출금 보증(GLWB)의 다른말
GMWB	Guaranteed Minimum Withdrawal Benefit	최저 연금액 확정 보증
IBO	Indexed Benefit Obligation	물가연동채무
IENT	Individual Entry Age Normal Cost Method	개별가입연령방식
IFRS	International Financial Reporting Standards	국제회계기준
ILO	International Labour Organization	국제노동기구

ILP	Individual Level Premium Method	개인평준보험료방식
ILY	Implied Longevity Yield	(자가연금화전략에서) 최소투자요구수익률
IPSL	Initial Past Service Liability	초기과거근무채무
IRP	Individual Retirement Pension	개인형퇴직연금제도
K-GAAP	Korean Generally Accepted Accounting Principles	과거한국기업회계기준
K-IFRS	Korean International Financial Reporting Standards	한국채택국제회계기준
LDI	Liability Driven Investment	부채연계투자전략
LI	Lifetime Income	생애소득
MP	Mortality Profit (ADS − EDS)	위험률차(사차)이익
MW	Money's Worth of Purchased Annuities	구입한 연금 상품의 금전적 가치
NC	Normal Cost	표준부담금
NCF	Net Cash Flows	순현금흐름
NCL	Normal Cost Liability	표준부담금채무
NRA	Normal Retirement Age	정상퇴직연령
OASDI	Old Age, Survivors, Disability Insurance	미국 국민연금제도
PALM	Pension Asset & Liability Management	연금자산부채종합관리
PAYG	Pay As You Go	부과방식
PBGC	Pension Benefit Guaranty Corporation	미국 노동부 산하의 연금급여지급보장공사
PBO	Projected Benefit Obligation	예측급여채무
PPF	Pension Protection Fund	영국 연금보험기금(PBGC와 유사한 기능)
PPSL	Post Past Service Liability	후발과거근무채무
PSL	Past Service Liability (IPSL+PPSL)	과거근무채무
PSO	Pension Scheme Office	영국 국세청 산하 연금제도 운영관리처
PUC	Projected Unit Credit Cost Method	예측단위적립방식

PV(I)	Present Value of Investment Returns	투자수익의 현가
RBO	Retirement Benefit Obligation	총급여채무
SCL	Supplemental Cost Liability	보충부담금채무
SLR	Standard Legal Reserve	기준책임준비금
SMA	Simple Moving Average	단순이동평균
TF	Fund of Tontine Annuity	톤틴 연기금 적립금
TP	Taxable Payroll	과세대상 임금보수총액
UDD	Uniform Distribution of Deaths Throughout the Year	사망자 수가 일년을 기준으로 일정하게 분포됨
UFIL	Unamortized Potion of FIL	미상각초기채무
UL	Unfunded Liability	미적립채무
VBO	Vested Benefit Obligation	보장급여채무
WDMA	Weighted DMA	가중된 이중이동평균

참고문헌

[국내문헌 및 논문]

김병률 번역, 田村正雄 저, 알기쉬운 연금재정, 법문사, 2012.

김성일, 성주호, 박준범, 김용태, 퇴직연금관리총론, 홍문사, 2012.

성주호, 퇴직연금 손익 위험 관리전략에 관한 연구, 보험개발원 보험연구소, 2007.

성주호, 퇴직연금 용어해설서, 한국투자증권, 2011.

성주호, 최기홍, 공적연금재원조달에 대한 거시경제학적 접근법과 계리학적 접근법의 비교연구, 보험금융연구 39호, 2008.

_____, 국민연금 재정 안정화를 위한 균형보험료 접근법, 한국보험학회 67집, 2004.

이경희, 퇴직자산의 지급방식 간 부족 리스크와 수익 분석, 박사학위논문, 경희대학교, 2009.

한국보험계리사회 공역, 일본보험계리사회 저, 연금수리, 2003.

[외국문헌 및 논문]

Andrew J., G. Cairns, Pension Funding in a Stochastic Environment: The Role of Objectives in Selecting an Asset Allocation Strategy, Proceedings of the Fifth AFIR International Symposium, 1995.

Arthur W. Anderson, Pension Mathematics for Actuaries 2nd edition, Actex, 1992.

Dan M, Kyle N, John J, Sylvester J, Fundamentals of Private Pensions, University of Pennsylvania Press, 1996.

David Blake, Pension Finance, John wiley & Sons, Ltd, 2006.

Dennis E., Jack S., Managing Pension Plans, Harvard Business School Press, 1998.

E.M. Lee, An Introduction to Pension Schemes, Chameleon Press Ltd, 1986.

Ermanno Pitacco, Michel Denuit, Steven Haberman and Annamaria Olivieri, Modelling Longevity Dynamics for Pensions and Annuity Business, Oxford University Press, 2009.

Haberman S., Sung J,H., Dynamic approaches to pension funding, Insurance: Mathematics & Economies, 1994.

Haberman S., Sung J,H., Dynamic programming approach to pension funding: the case of incomplete state information, ASTIN BULLETIN, 2002.

Haberman S., Sung J,H., Optimal pension funding dynamics over infinite control horizon when stochastic rates of return are stationary, Insurance: Mathematics & Economics, 2005.

Hans U. Gerber, Life Insurance Mathematics, Springer, 1995.

Henry Aaron, The social insurance paradox, The Canadian Journal of Economics and Political Science, 1966.

Kyounghee Lee, Jooho Sung, A New Korean Defined Contribution Plan Framework to Enhance Retirement Income Security: Combining Lifecycle Funds with Compulsory Annuitisation, The Geneva papers on Risk and Insurance, 2010.

L. Newton, Hans U, James C, Donald A, Cecil J, Actuarial Mathematics, The Society of Actuaries, 1997.

Milevsky, Optimal Asset Allocation towards the End of the Life Cycle: To Annuitize or Not to Annuitize?, The Journal of Risk and Insurance, 1998.

Milevsky, Robinson, Chris A., A Sustainable Spending Rate without Simulation, Financial Analysts Journal, 2005.

Milevsky, The Implied Longevity Yield: A Note on Developing an Index for Life Annuities, Journal of Risk and Insurance, 2005.

Mitchell, O., Poterba, J., Warshawsky, M. and Brown, J, New evidence on the money's worth of individual annuities, American Economic Review, 1999.

Owadally, Haberman, Efficient Gain and Loss Amortization and Optimal Funding in Pension Plans, North American Actuarial Journal, 2004.

P. Booth, R. Chadburn, D. Cooper, S. Haberman, D. James, Modern Actuarial Theory and Practice, Chapman & Hall/CRC, 1999.

Ronald J. Ryan and Frank J. Fabozzi, Rethinking Pension Liabilities and Asset Allocation, The Journal of Portfolio Management, 2002.

Subramaniam lyer, Actuarial Mathematics of Social security pensions, ILO, 1999.

The Pensions Management Institute, Pensions Terminology, PMI/PRAG Publication

William Farrimond, Duane. L Mayer, Actuarial Cost Methods A Review, American Society of Pension Actuaries, 1994.

William H. Aitken, Pension Funding and Valuation 2nd edition, ACTEX, 2010.

찾아보기

ㄱ

ㅂ

ㅅ

ㅎ

[저자약력]

서울대학교 통계학 학사, 석사
Cass Business School, University of London, 금융보험학 박사(연금재정 전공)

현) 경희대학교 경영대학 교수, 보험계리사, 연금계리사

[주요 논문]

- Dynamic approaches to pension funding, Insurance: Mathematics and Economies(1994).
- Dynamic programming approach to pension funding: the case of incomplete state information, ASTIN BULLETIN(2002).
- Optimal pension funding dynamics over infinite control horizon when stochastic rates of return are stationary, Insurance: Mathematics & Economics(2005).
- A New Korean Defined Contribution Plan Framework to Enhance Retirement Income Security: Combining Lifecycle Funds with Compulsory Annuitization, The Geneva papers on risk and insurance(2010).
- An Empirical Analysis on Asset Allocation using a Liability-Driven Investment(LDI) Approach for Defined Benefit Pension Plans in Korea, Asia-Pacific Risk and Insurance Association(2012).
- Explaining Why Retirees Do Not Choose Annuities in Korea: A Probability of Consumption Shortfall Approach, 공저, Journal of Finance and Economics(2018).

등 국내외 게재 논문 100여 편

[저 서]

대학생을 위한 실용금융(2021), 제3판, 공저, 금융감독원
알기쉬운 보험연금수리학(2020), 공저, 법문사
계리실무의 이해(2016) SOA 번역서, 공역, 신조사
연금수리학: 이론과 실무(2016), 개정판, 공저, 보험연수원
보험학연구의 미래(2015), 공저, 성문기획
근로자퇴직급여보장법(2015), 공저, 신조사
연금수리학: 연금재정(2013), 법문사
퇴직연금관리총론(2012), 공저, 홍문사
퇴직연금용어해설서(2011), 한국투자증권(주)
부자투자론(2010), 공저, 신정
보험수리(2009), 삼성생명(주)
현대경영경제수학(2002), 공저, 한빛출판사

최신 연금수리학 [수정2판]

2016년 4월 25일 초판 발행
2018년 6월 1일 초판 3쇄 발행
2019년 9월 15일 수정판 발행
2023년 6월 1일 수정2판 2쇄 발행

저 자 성 주 호
주 관 한국보험계리사회
발행인 배 효 선
발행처 도서출판 法 文 社

주 소 10881 경기도 파주시 회동길 37-29
등 록 1957년 12월 12일 제2-76호(윤)
전 화 031-955-6500~6, 팩 스 031-955-6525
e-mail(영업) : bms@bobmunsa.co.kr
(편집) : edit66@bobmunsa.co.kr
홈페이지 http://www.bobmunsa.co.kr
조 판 광 진 사

정가 35,000원 ISBN 978-89-18-91198-4